Martin Kuckenburg
Lag Eden im Neandertal?

Martin Kuckenburg

Lag Eden im Neandertal?

Auf der Suche nach dem frühen Menschen

ECON

2. Auflage 1999
Verlagshaus Goethestraße GmbH & Co. KG, München

Lektorat: Dr. Klaus von Seckendorff
Gesetzt aus der Sabon-Antiqua
Satz und Lithographie: Heinrich Fanslau GmbH, Düsseldorf
Papier: Papierfabrik Schleipen GmbH, Bad Dürkheim
Druck und Bindearbeiten:
Bercker, Graphischer Betrieb GmbH, Kevelaer
Printed in Germany
ISBN 3-430-15773-0

Meiner Mutter
Hedwig Kuckenburg gewidmet,
die seit Jahren zeigt,
wie man älter werden kann,
ohne alt zu werden.

Inhalt

Einleitung ... 11

1 Gab es einen »fossilen Menschen«?
Das Ringen um den Entwicklungsgedanken ... 19
2 Von der Bestie zum Gentleman:
Der Neandertaler ... 43
3 Marksteine der Menschheitsevolution ... 73
4 Die »Schwarze Eva« und ihre Kinder:
Stammt der moderne Homo sapiens aus Afrika? ... 95
5 Der große Techniker ... 117
6 Der Mensch und die Jagd ... 139
7 Frühe Lebensweise unter Afrikas Sonne ... 155
8 Elefantenjäger im Herzen Europas ... 199
9 Die Geheimnisse der Bilderhöhlen ... 241
10 Auf der Suche nach den Ursprüngen der Kunst ... 275
11 Frühe Religion und moderne Fiktion ... 315

Nachwort: Der Mythos vom Super-Sapiens ... 353

Glossar ... 364
Literaturverzeichnis ... 367
Zitatennachweis ... 386
Bildquellennachweis ... 392
Personenregister ... 394
Ortsregister ... 397

Sprachlos, mit halbem Menschengesicht
lauert das Monster im trüben Licht.
Betracht' es nur anders, und schon zeigt sich Dir
die Weisheit des Weisen und Schönheit hier.

G. Rostrevor Hamilton[1]

Es kann auch gar nicht anders sein, als daß die Urkunden um so dürftiger und lückenhafter (...) werden, je älter und entfernter sie sind.
So gleicht unser Weg dem Suchen nach der Quelle eines Stromes; er führt schließlich in jene Gebirgsregion, wo der Anstieg steiler und mühsamer wird, die Pflanzen- und Tierwelt in Geröllhalden und Felsen erstirbt und Nebentäler und Vorgipfel den Blick verwirren; werden wir die Quelle finden?

Georg Kraft[2]

Einleitung

Finster und klirrend kalt ist die Nacht. Nur mit Mühe erkennt man in der fast baumlosen, in Schnee und Eis gehüllten Landschaft eine kahle Felswand, die hinter ein paar kümmerlichen Sträuchern steil aufragt. Doch dann wird ein schwacher Lichtschein sichtbar. Er dringt aus einer kleinen Höhle, die ein wenig oberhalb des Talgrundes in den Fels führt. Verschwommene Schatten tanzen im Eingangsbereich, begleitet von seltsamen schmatzenden Geräuschen aus der Tiefe der Höhle.

Nur ein paar Schritte noch, dann fällt der Blick auf ein halbes Dutzend wilder Gestalten, die um ein kleines Feuer kauern. Geradezu bizarr wirken sie in ihrer Häßlichkeit: ungeschlachte, gedrungene Körper, über und über behaart und nur mit einigen Fellstücken notdürftig verhüllt. Ihre Gesichter sind von abstoßender Roheit, mit einer affenartigen Schnauze und stumpf blickenden Augen unter der vorspringenden Stirn. Ihre riesigen gelben Zähne schlagen diese Kreaturen laut schmatzend und rülpsend in gewaltige Tierschenkel, wobei ihnen immer wieder blutige, halb zerkleinerte Stücke aus dem Mund fallen.

Plötzlich wirft eine der Gestalten ihren abgenagten Knochen in die Höhlenecke. Schwerfällig erhebt sie sich, um eine neue Fleischportion von dem Tierkadaver neben dem Feuer abzureißen, der einen unange-

nehmen Geruch verströmt. Dem Größten und Stärksten der Sippe scheint das nicht zu passen: Er greift sich einen der vielen Knochen, die auf dem Boden herumliegen. Heftig schnaubend und bedrohlich blickend bewegt er sich auf den unterlegenen Artgenossen zu. Der läßt das eben erst abgetrennte Fleischstück verschreckt fallen und zieht sich in den Kreis der anderen zurück, die das Geschehen laut grunzend und fauchend mitverfolgt haben.

Höhlenleben vor hunderttausend Jahren – so wie es uns in zahllosen Steinzeitromanen, Filmen, Comics und Karikaturen präsentiert wird. Jeder kennt das Klischee: Neandertaler oder auch einfach nur »Urmenschen«, das sind hängeschultrige Wesen mit schlurfendem Gang, mit schwachsinnigem Gesichtsausdruck und stierem Blick, die zwar gewaltige Muskelpakete, aber um so weniger Grips besitzen. Sie können nicht sprechen, sondern bestenfalls grunzen oder stammeln, weshalb sie Streitigkeiten mit der stets geschulterten Keule auszutragen pflegen.

In Werbeanzeigen für Autos oder Milchprodukte drohen sie uns mit ihren Holzknüppeln und Steinbeilen; in Fernsehsketchen und Zeichentrickfilmen stellen sie ihre Tölpelhaftigkeit und Primitivität unter Beweis. Ihre wilden Gesichter blicken uns von Buchumschlägen und Zeitschriftentitelblättern entgegen. Ihr Name taucht überall dort auf, wo es um Roheit, Brutalität und vollkommene Unfähigkeit geht: »Das Erbe des Neandertalers« gilt als der Inbegriff schlechter Eigenschaften, wird für Aggressivität, Kriege und »Hau-drauf-Mentalität« verantwortlich ge-

Abb. 1 »Ungeschlachte Kreaturen« – Neandertalerdarstellungen aus den fünfziger Jahren

macht. Altmodische und überholte Phänomene in unserer Gesellschaft werden als »neandertalerhaft« etikettiert – der Name des Vorfahren ist zum beleidigenden Schimpfwort geworden.

Die öffentliche Meinung hat sich dieses wenig schmeichelhafte Bild vom Urmenschen nicht einfach ausgedacht, es stammt ursprünglich aus der Wissenschaft. Im späten 19. und frühen 20. Jahrhundert interpretierte die damals noch junge Urgeschichtsforschung in ihrem Bemühen, die »Affenabstammung« des Menschen und den seither erzielten Entwicklungsfortschritt möglichst augenfällig zu verdeutlichen, die aufgefundenen Frühmenschenreste als betont »primitiv« und schuf so ein Bild von unseren Urahnen, das oftmals eher einer bösartigen oder lächerlichen Karikatur glich als einer realistischen Darstellung. Dieses Bild konnte sich ungeachtet aller neuen Erkenntnisse und fachlichen Korrekturen bis heute in unseren Köpfen festsetzen. In den letzten Jahren hat es vor allem in Amerika und England sogar erneut einflußreiche wissenschaftliche Fürsprecher gefunden.

Allerorten hört und liest man, die Ursprünge unserer Gene und unserer Kultur seien eben doch nicht bei den »ungeschlachten« Neandertalern und anderen »tierhaften« Urmenschen zu suchen, sondern bei einer kleinen Gruppe fortschrittlicher und intelligenter Sapiens-Menschen, die sich vor hunderttausend Jahren aus Afrika aufgemacht habe, die ganze Welt zu kolonisieren und den Boden für den modernen menschlichen Geist, für unsere heutige Kreativität und Kultur zu bereiten. Erst mit diesem »Exodus aus Afrika« habe, so wird uns von einflußreichen Fachleuten versichert, die wirkliche Geburtsstunde des Menschen, *unsere* Geburtsstunde geschlagen. Alles, was diesem »Auszug aus dem Garten Eden« vorausging, sei nur ein eher »tierisches« Vorspiel gewesen. Dieses Szenario wird nicht umsonst bisweilen als »Arche-Noah-Theorie« bezeichnet, denn so wie im biblischen Gleichnis die alte, sündige Menschheit untergehen mußte, um Platz für Gottes auserwähltes Volk zu schaffen (vgl. S. 21), so mußten hier die Neandertaler und andere »primitive« Frühmenschen unseren überlegenen afrikanischen Ahnen weichen, weil sie dem Fortschritt im Wege standen. Der Neandertaler dient also einmal mehr als Gegenbild zum überlegenen, omnipotenten Homo sapiens, als entwicklungsgeschichtlicher Bremsklotz und »Verlierer«, der an seiner eigenen Unfähigkeit und Beschränktheit – und an dem kreativen Genie unserer Vorfahren – verdientermaßen zugrunde ging.

Was ist dran an diesem Bild, das seit geraumer Zeit nicht nur in populären Büchern und Magazinen, sondern auch auf wissenschaftlichen Kongressen und in Fachzeitschriften massiv propagiert und verbreitet wird? Eine klare und vor allem einhellige Antwort auf diese Frage gibt es nicht, denn die Fachwelt selbst ist über diesen Themen heillos zerstritten, und wer sich gutgläubig zwei verschiedene Bücher darüber kauft, wird rasch irritiert feststellen, daß er bei Autor X die exakt gegenteilige Auskunft erhält wie bei Autor Y. Das ist im Grunde auch nicht verwunderlich, denn sehr viel mehr als Knochen und bearbeitete Steine haben uns unsere Urahnen bis vor etwa fünfzigtausend Jahren kaum hinterlassen, und es ist eine ebenso gewaltige wie gewagte Aufgabe, aus diesen spärlichen Überresten die gesamte Entwicklungsgeschichte unserer Gattung in den letzten fünf Millionen Jahren rekonstruieren zu wollen.

Die Schädel- und Skelettreste der Vor- und Frühmenschen, mit denen sich die Paläanthropologie (die Wissenschaft von den ausgestorbenen Menschenformen) beschäftigt, geben zwar einigermaßen klare Auskunft über die körperlichen Merkmale unserer Vorfahren, über ihre Gehirngröße und bestimmte Verhaltensanpassungen wie die Fähigkeit zum aufrechten Gang oder zum differenzierten Gebrauch der Hände; doch schon bei der Frage nach den Abstammungs- und Verwandtschaftsverhältnissen der verschiedenen Frühmenschentypen schwindet diese Sicherheit schnell dahin, und erst recht vermag kein Paläanthropologe Auskunft darüber zu geben, was sich hinter den massiven knöchernen Stirnen und den großen Augenhöhlen der uns so fremdartig anmutenden Schädel einstmals abgespielt haben mag, was ihre Besitzer intellektuell und kulturell zu leisten vermochten.

Diese Fragen versucht in erster Linie die urgeschichtliche Archäologie zu beantworten, die sich mit den dinglichen Hinterlassenschaften beschäftigt, mit den Steingeräten und Feuerstellen, Lagerstätten und Nahrungsresten unserer Vorfahren. Ihre Vertreter befinden sich dabei oftmals in einer ähnlichen Situation wie der Detektiv, der aus einem Blutfleck, einer Haarnadel und einer Zigarettenspitze den ganzen Hergang eines Verbrechens in allen Einzelheiten rekonstruieren soll. Man hat die Archäologie von den Aufgabenstellungen und Methoden her deshalb zu Recht mit der Kriminalistik verglichen, und doch besteht zwischen beiden ein grundlegender Unterschied. Der Kriminalist kann bei seinen Nachforschungen nämlich Zeugen befragen und Verdächtige verhören; am Ende seiner Arbeit stehen günstigstenfalls Aussagen und Geständnisse, die seine Schlußfolgerungen eindeutig bestätigen oder aber widerlegen. Er ist sich bei Abschluß eines Falles also oft im klaren darüber, ob er recht hatte oder nicht. Der urgeschichtliche Archäologe hingegen erlangt fast nie letzte Gewißheit, denn die Akteure der Ereignisse und Dramen, mit denen er sich beschäftigt, sind seit vielen zehn- oder hunderttausend Jahren tot, und kein Augenzeuge wird ihm jemals darüber Auskunft geben, ob er ihre stummen Zeugnisse und Hinterlassenschaften richtig gedeutet hat oder nicht. Der Triumph der definitiven Bestätigung bleibt ihm somit in der Regel versagt, doch dafür braucht er auch nur selten eine eindeutige Widerlegung zu fürchten – was den Mut zur Spekulation natürlich beträchtlich erhöht.

Aufgrund dieser Sachlage geht es in der urgeschichtlichen Archäologie gewöhnlich vorwiegend um Möglichkeiten und Wahrscheinlichkeiten, ist hieb- und stichfestes Wissen vergleichsweise spärlich gesät, während an Mutmaßungen und Hypothesen niemals Mangel herrscht. Definitive Antworten auf die Grundfragen des Menschwerdungsprozesses wird man folglich vergeblich suchen; der wirklich Interessierte muß sich letztlich selbst mit dem Faktenmaterial, den unterschiedlichen Interpretationen und widerstreitenden Forschungspositionen auseinandersetzen, will er sich nicht mit plakativen und oberflächlichen »Schein-Gewißheiten« abspeisen lassen.

Eine solche Vertiefung in die Wissenschaft von unseren Ursprüngen ist eine ausgesprochen spannende und lehrreiche Angelegenheit, läßt sie doch erkennen, wie vielfältig – und vieldeutig – das aus der Urgeschichte stammende Fundmaterial ist, wie außerordentlich dünn die Fundamente der oftmals so selbstbewußt präsentierten urgeschichtlichen Theorien häufig sind und in welch bemerkenswertem Maße diese Theorien zeitbedingten oder auch schlicht subjektiven Vorlieben und Abneigungen geschuldet sind. Bei näherem Hinsehen stößt man überall auf Vorurteile und weltanschauliche Glaubenssätze, kurz auf Ideologie, Ideologie und nochmals Ideologie.

Das vorliegende Buch möchte den Leser mitnehmen auf eine solche Studien- und Erlebnisreise durch die weiten Räume und Landschaften der Urgeschichtsforschung, aber auch ihre Dschungel und Labyrinthe. Dabei will es sowohl Reiseführer als auch Appetitanreger zur weiteren Beschäftigung mit dem Thema sein. Die Tour wird weder kurz noch immer ganz einfach werden – dafür bietet sie faszinierende Einsichten und spannende Unterhaltung. Im ersten Teil des Buches geht es um die Suche nach dem frühen Menschen, beginnend beim Streit um unsere »Affenabstammung« vor über 130 Jahren bis hin zu den aktuellen Kontroversen um den Neandertaler, die »afrikanische Eva« und die Ursprünge der heutigen Menschheit. Wir werden die unterschiedlichen Frühmenschenformen und ihre Entdeckungsgeschichte kennenlernen, die zugleich eine Geschichte des Kampfes zwischen dem Entwicklungsgedanken und dem Schöpfungsglauben war, ein immerwährender Streit um die tierische Natur oder den göttlichen Ursprung des Menschen.

Geht es in diesen Kapiteln vorwiegend um die Paläanthropologie, also die Auswertung der knöchernen Überreste unserer Vorfahren, so werden wir uns im umfangreicheren zweiten Teil des Buches auf das Gebiet der Urgeschichtsarchäologie begeben und die technischen und kulturellen Hinterlassenschaften der Frühmenschen unter die Lupe nehmen, ihre Steinwerkzeuge und Nahrungsreste ebenso wie ihre künstlerischen und religiösen Zeugnisse – und natürlich die Schlüsse, die die Forschung aus alldem zieht.

Für die Beantwortung der Frage nach unseren geistigen und verhaltensmäßigen Wurzeln sind diese »dinglichen« Hinterlassenschaften wie erwähnt von besonderer Bedeutung, weil sie im Gegensatz zu den Skelettfunden einen unmittelbaren Einblick in den intellektuellen und kulturellen Entwicklungsstand unserer Urahnen zu geben vermögen, ihre technische und geistige Kreativität. Gerade dies sind ja die Faktoren, über die wir heute in erster Linie unser »Menschsein« definieren.

Zu einer guten Besichtigungstour gehört es, die Dinge aus unterschiedlichen Perspektiven zu sehen, und so war es mir bei der Präsentation der genannten Themen ein wesentliches Anliegen, Forschungskontroversen – die es wie erwähnt mehr als reichlich gibt – ausführlich und möglichst objektiv nachzuzeichnen und die wichtigsten der widerstreitenden Positionen in Zitaten selbst zu Wort kommen zu lassen. Vor allem aber habe ich mich darum bemüht, jeweils das gesamte relevante Faktenmaterial in Text und möglichst auch Bild zu präsentieren, damit sich der Leser ein eigenes Urteil bilden kann. In diesem Sinne habe ich mich über weite Strecken hinweg eher als Reporter und Chronist verstanden denn als »Schiedsrichter« oder Verfechter einer eigenen Position. Dennoch wird dem aufmerksamen Leser nicht verborgen bleiben, auf welcher Seite ich selbst stehe, und um es unmißverständlich und prägnant klarzumachen, habe ich meine eigene Auffassung in einem »polemischen« Nachwort kurz zusammengefaßt.

Zu bedanken habe ich mich vor allem bei Dr. Robert G.Bednarik, der großzügig einige für dieses Buch sehr bedeutsame Abbildungen zur Verfügung stellte, und bei Dr. Stephanie Moser, Dr. Hartmut Thieme und Prof. Dr. Helmut Ziegert, die mir eine Reihe wichtiger Aufsätze und Veröffentlichungen aus ihrer Feder überließen. Herzlich danken möchte ich ferner den Verantwortlichen und Mitarbeitern des ECON Verlags, die das Ihre zum Gelingen des Projekts beitrugen – besonders Lutz Dursthoff für sein Interesse an der Buchidee, Bettina Eltner für ihre engagierte und umsichtige Betreuung, Dr. Klaus von Seckendorff für sein vorzügliches Lektorat, Hans Winkens für die ansprechende Aufmachung und Christa Hohendahl für ihre Geduld bei der Beschaffung der Bildrechte. Wolfgang Bogner und Harald Volz haben mir wertvolle technische Hilfe geleistet – vor allem aber hat meine Familie die beträchtlichen Belastungen, mit denen die Fertigstellung des Werkes verbunden war, mit viel Geduld und Liebe mitgetragen.

Widmen möchte ich das Buch meiner Mutter Hedwig Kuckenburg, ohne deren stete Solidarität und Unterstützung es nicht hätte entstehen können und die diesmal auch meine »erste Leserin« war.

Tübingen, im Mai 1997
Martin Kuckenburg

Nachsatz: Während der letzten Arbeiten an diesem Buch erfuhr ich vom Tod von Prof. Dr. Joachim Hahn, bei dem ich in den achtziger Jahren studieren durfte. Mit ihm hat die deutsche Urgeschichtsarchäologie einen ihrer bedeutendsten Forscher und fähigsten Lehrer verloren – das Buch sei daher auch seinem Andenken gewidmet.

Technische Hinweise

Im Text sind alle urgeschichtlichen Daten in der fachwissenschaftlich üblichen Zeitangabe »vor heute« (v. h.) angegeben. 15 000 v. h. entspricht dabei ungefähr 13 000 v. Chr.

Die hochgestellten Fußnoten beziehen sich auf den Zitatennachweis im Anhang des Buches. Auf einen darüber hinausgehenden Anmerkungsapparat wude verzichtet, da es sich um eine populärwissenschaftliche Veröffentlichung handelt. Um dem interessierten Leser dennoch eine eingehendere Beschäftigung auch mit Einzelaspekten des behandelten Themenkreises zu ermöglichen, findet sich im Anhang des Buches ein umfangreiches, nach Sachgebieten geordnetes Literaturverzeichnis, das mit wenig Mühe auch speziellere im Text erwähnte Publikationen auffindbar macht.

1. Kapitel

Gab es einen »fossilen Menschen«? Das Ringen um den Entwicklungsgedanken

Die Frage aller Fragen für die Menschheit«, schrieb 1863 der englische Biologe Thomas Henry Huxley,

»ist die Bestimmung der Stellung, welche der Mensch in der Natur einnimmt und seiner Beziehungen zu der Gesamtheit der Dinge. Woher unser Stamm gekommen ist, welches die Grenzen unserer Gewalt über die Natur und der Gewalt der Natur über uns sind, auf welches Ziel wir hinstreben: das sind die Probleme, welche sich von neuem und mit unvermindertem Interesse jedem zur Welt geborenen Menschen darbieten.«[1]

Zu den meisten Zeiten und bei den meisten Völkern wurde diese »Frage aller Fragen« nicht mit rationalen Erklärungen, sondern durch mythische Überlieferungen beantwortet, die sich einer Beurteilung nach den Kriterien der Logik entzogen und Gefühle der Unsicherheit hinsichtlich der Herkunft und Bestimmung des Menschen gar nicht erst aufkommen ließen. In der griechisch-römischen Antike allerdings suchte man im Zeichen eines früh erblühten Rationalismus bereits nach »vernunftgemäßen« Erklärungen und gelangte dabei zu Anschauungen, in denen sich mythische Elemente mit erstaunlich »modern« anmutenden Vorwegnahmen des Entwicklungsgedankens vermischten. Der römische Dichter Horaz (1. Jahrhundert v. Chr.) etwa ging von einer Herkunft der Menschheit aus dem Tierreich aus, wenn er schrieb:

»Als die Tiere zuerst aus der neu geformten Erde hervorkrochen, eine stumme, unflätige Herde, fochten sie um Eicheln und Zufluchtsorte mit ihren Nägeln und Fäusten, dann mit Knitteln und zuletzt mit Waffen, welche sie, von der Erfahrung belehrt, angefertigt hatten. Alsdann erfanden sie Namen für Dinge und Worte, um ihre Gedanken auszudrücken, wonach sie anfingen vom Krieg abzustehen, Städte zu befestigen und Gesetze aufzustellen«.[2]

Die Bibel und der Ursprung der Welt

Solche antiken »Entwicklungstheorien« verloren jedoch mit der Ausbreitung des Christentums ihren Einfluß und gerieten weitgehend in Vergessenheit. In Europa galt während des ganzen Mittelalters und bis weit in die Neuzeit hinein der biblische Schöpfungsmythos als die verbindliche Antwort auf die »Frage aller Fragen«, und dessen Kernaussagen lauteten bekanntlich ganz anders. In fünf Tagen schuf Gott nach der Genesis Himmel und Erde mitsamt allen lebendigen Wesen: »Und Gott machte die Tiere des Feldes, ein jedes nach seiner Art, und das Vieh nach seiner Art und alles Gewürm des Erdbodens nach seiner Art.« Am sechsten Tag aber schuf er als Krone der Schöpfung den Menschen:

»Gott sprach: Lasset uns Menschen machen, ein Bild, das uns gleich sei. (...) Und Gott schuf den Menschen zu seinem Bilde, zum Bilde Gottes schuf er ihn; und (er) schuf sie als Mann und Weib. Und Gott segnete sie und sprach zu ihnen: Seid fruchtbar und mehret euch und füllet die Erde und machet sie euch untertan und herrschet über die Fische im Meer und über die Vögel unter dem Himmel und über das Vieh und über alles Getier, das auf Erden kriecht. (...) So wurden vollendet Himmel und Erde mit ihrem ganzen Heer.«[3]

Dieser Schöpfungsmythos ließ an Klarheit und Eindeutigkeit nichts zu wünschen übrig: Alle Tiere und der Mensch waren in ihrer heutigen Gestalt (»ein jedes nach seiner Art«) in einem einmaligen göttlichen Schöpfungsakt geschaffen worden. Der Mensch war kein Tier unter Tieren, sondern das Ebenbild Gottes, die Krone der Schöpfung. Und es war sein gottgegebener Auftrag, sich die Erde und die auf ihr lebenden anderen Wesen untertan zu machen.

Diese Dogmen bildeten unter der geistigen Vorherrschaft des Christentums rund anderthalb Jahrtausende lang die unverrückbare Grundlage jeglicher Forschung und Lehre, das aller Philosophie und Wissenschaft übergeordnete ideologische Programm. Natur und Tierwelt hatten danach bereits vom Tage der Schöpfung an so existiert, wie man sie kannte, und gleiches galt auch für den Menschen. Bildliche Darstellungen des Schöpfungsberichts illustrierten diese Überzeugung äußerst plastisch und eindringlich (Abb. 2). Kein Gelehrter brauchte sich wie in der Antike den Kopf über eine allmähliche Formung der Natur und des Menschengeschlechts aus niederen Anfängen oder über Gemeinsamkeiten zwischen dem Menschen und den Tieren zu zerbrechen. Unabhängige Geister, die

Abb. 2 Darstellung des biblischen Schöpfungsberichts aus dem 16. Jahrhundert (Gemälde von Lucas Cranach, d. Ä.)

es trotzdem taten (ihrer gab es natürlich genug), wurden durch geistigen und sozialen Druck, Schreib- und Lehrverbote oder durch die Aussicht auf ein Leben im Kerker zur Räson bzw. zum Schweigen gebracht. Die von der Kirche autorisierte Forschung befaßte sich vornehmlich mit Auslegungsproblemen, etwa mit der Frage, wann genau der göttliche Schöpfungsakt stattgefunden habe. Man ging dabei allgemein von einem nur wenige Jahrtausende zurückliegenden Zeitpunkt aus: Der irische Erzbischof James Ussher datierte 1658 die Erschaffung der Erde und des Menschen nach der Bibel auf das Jahr 4004 v. Chr., und der britische Gelehrte John Lightfoot erklärte ebenfalls im 17. Jahrhundert: »Der dreifaltige Gott schuf den Menschen um die dritte Stunde des Tages, das heißt um 9 Uhr am Morgen des 23. Oktober 4004 v. Chr.«[4]

Die Suche nach dem »Sintflutmenschen«

Die Bibel ließ dennoch ein Schlupfloch für Ansätze einer »Vorzeitforschung« offen: den Bericht über die Sintflut. Nach dem 1. Buch Mose, 6 und 7 »reute es (Gott), daß er die Menschen gemacht hatte«, weil er sah, daß ihre »Bosheit groß war auf Erden und alles Dichten und Trachten ihres Herzens nur böse war immerdar«. Zur Bestrafung ließ er es »vierzig Tage und vierzig Nächte« lang regnen und vernichtete durch diese Sintflut (= *Sünd*flut) die gesamte lebendige Schöpfung. »Alles, was Odem des Lebens hatte auf dem Trockenen, das starb. So wurde vertilgt alles, was auf dem Erdboden war, vom Menschen an bis hin zum Vieh und zum Gewürm und zu den Vögeln unter dem Himmel.« Nur der von Gott auserwählte Noah und die Menschen und Tiere in der von ihm erbauten

Arche überlebten und bevölkerten die Erde nach dem Verschwinden der Wassermassen von neuem.[5]

Diese Darstellung regte in der beginnenden Neuzeit eine Reihe von Forschern dazu an, nach den geologischen Zeugnissen der Sintflut, des *Diluviums* (lat. »Überschwemmung«), und der ihr zum Opfer gefallenen *diluvialen* (vorsintflutlichen) Lebewesen zu suchen. Besonders der strenggläubige Züricher Oberarzt und Chorherr Johann Jakob Scheuchzer machte sich im frühen 18. Jahrhundert in dieser Hinsicht einen Namen. Er deutete in der Erde aufgefundene steinerne Fische und Riesenschnekken, wie man sie lebend nicht kannte, als Opfer und Zeugnisse des göttlichen Strafgerichts. Im Jahre 1726 präsentierte er ein großes versteinertes Skelett (das sich später als das eines ausgestorbenen Riesensalamanders entpuppte), als »Beingerüst eines in der Sündflut ertrunkenen Menschen« (Abb. 3). Dieser »alte Sünder«, Sintflutmensch oder *Homo diluvii testis*, war nach Scheuchzers Worten ein »recht seltenes Denkmal jener verfluchten Menschengeschlechter der ersten Welt«, die seinen Berechnungen zufolge 4032 Jahre zuvor untergegangen war. Vor allem aber war er eine ernste Mahnung an die Welt, vom sündigen Treiben abzulassen:

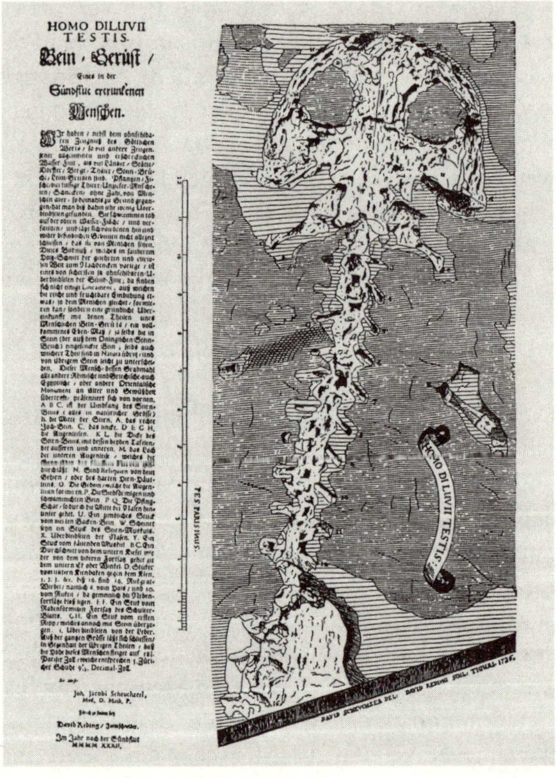

Abb. 3
1726 erschienenes Flugblatt von Johann Jakob Scheuchzer über den Fund eines »Sintflutmenschen« – in Wahrheit das Skelett eines ausgestorbenen Riesensalamanders

»Betrübtes Beingerüst von einem alten Sünder,
Erweiche, Stein, das Herz der neuen Bosheitskinder!«

dichtete der brave Christenmensch auf einem Flugblatt über das Fossil[6] und schuf so einen Vers, der nach den Worten des Wissenschaftshistorikers Herbert Wendt »die Jahrhunderte überlebte, unzählige Male auf feucht-fröhlichen Studentenabenden vorgetragen wurde und durch den der Klassiker der Urzeitforschung auch in die Geschichte des unfreiwilligen Humors eingegangen ist«[7]. Wissenschaft und Moral lagen damals eben nahe beieinander, und wie wir noch des öfteren sehen werden, ist das bei genauerem Hinsehen auch heute nicht viel anders.

Die Geistlichkeit war von Scheuchzers Bestätigung des Sintflutberichts angetan, und eine große Zahl begeisterter Laien, die unter der Bezeichnung »Diluvianer« bekannt wurden, eiferten dem Züricher Freizeitforscher nach und suchten nunmehr allerorten nach versteinerten Zeitgenossen des »Alten Sünders«. Die meisten Gelehrten hingegen verhielten sich reserviert gegenüber den »vorsintflutlichen« Relikten, die mit ihrer fremdartigen Gestalt nicht so recht ins Bild der von Anbeginn an gleichartigen Schöpfung passen wollten, und taten sie als zufällig entstandene Naturspiele ab. Dies galt nicht zuletzt für den großen »Ordner der Natur«, den Biologen Carl von Linné, der 1735 in seinem Werk *Systema naturae* alle damals bekannten Pflanzen und Tiere in unterschiedliche Klassen, Ordnungen, Gattungen und Arten einteilte und nach dem heute noch gültigen System lateinischer Doppelnamen benannte. Er ging dabei von dem Grundsatz aus: »Es gibt so viel verschiedene Arten von Tieren und Pflanzen, als ursprünglich (...) vom unendlichen Gott erschaffen worden sind.«[8] Linné nahm an, daß diese Arten sich seither nicht verändert hatten. Für ausgestorbene Tier- und Pflanzenformen war somit in seinem System kein Platz, und Scheuchzers »Armer Sünder« landete zusammen mit anderen Fossilien im *Regnum lapideum* (»Reich der Steine«), wurde also der unbelebten Natur zugeordnet – ein schwerer Schlag für die gerade erst aufkeimende Urzeitforschung.

Die Lehre von den »Erdkatastrophen«

Die große Stunde der Paläontologie, der Wissenschaft von den Lebewesen früherer Erdzeitalter, schlug erst, als mit dem Fortschreiten der geologischen Forschung Fossilien regelmäßig und in solchen Mengen zutage kamen, daß der Schluß unausweichlich wurde, es müsse sich um die Überreste ausgestorbener Tier- und Pflanzenarten handeln. Die Geologen erkannten überdies, daß für bestimmte Erdschichten bestimmte Arten von Versteinerungen charakteristisch waren. Immer wieder beobachteten sie in diesen Erdschichten deutliche Spuren von Überschwemmungen, Vereisungen, Erdbeben und Vulkanausbrüchen. Der französische Hofgelehrte Georges Leclerc Buffon zog daraus in der zweiten Hälfte des 18. Jahrhunderts den Schluß, es müsse in der Erdgeschichte nicht nur *eine* Sintflut, sondern deren gleich mehrere gegeben haben. Im Wechsel dieser Katastrophen seien Flora und Fauna nicht nur einmal, sondern mehrfach ausgelöscht worden und wieder von neuem entstanden. Diesen Gedanken griff der französische Zoologe Georges Cuvier auf und baute ihn zu einem umfassenden theoretischen System aus, das die Forschung während der ganzen ersten Hälfte des 19. Jahrhunderts beherrschen sollte – zur untrennbar mit seinem Namen verbundenen »Katastrophentheorie«.

Diese Theorie ersetzte das bisherige statische Bild der Naturgeschichte durch ein dynamisches und führte zu einer vorher nicht gekannten Intensivierung der praktischen Forschungsarbeit. Insofern bedeutete sie einen gewaltigen Schritt vorwärts für Geologie und Paläontologie. Doch gleichzeitig errichtete sie – zumindest in der von Cuvier ausgearbeiteten Form – neue theoretische Barrieren gegen eine evolutionistische Naturforschung. Der französische Gelehrte sah die Aufeinanderfolge der unterschiedlichen Erdepochen mit ihren verschiedenartigen Tier- und Pflanzenwelten nämlich keineswegs als das Resultat einer schrittweisen evolutionären Entwicklung an, sondern deutete sie als eine Folge streng voneinander getrennter Einzelabschnitte, zwischen denen es keinerlei Übergänge und Verbindungsglieder gab.

Mit besonderem Nachdruck wies er den Gedanken von sich, »daß die neuen Gattungen, welche ich unter den fossilen Tieren entdeckt oder aufgestellt habe, (...) die Stammeltern einiger der heutigen Tiere gewesen sein könnten« – fehlten doch jegliche »Mittelformen«, wie man sie »von diesen stufenweisen Umwandlungen finden müßte«. Nach Cuviers Überzeugung waren vielmehr »die Arten der frühern Zeiten eben so beständig als die unsrigen«[9] – sie veränderten sich nicht und entwickelten sich schon gar nicht zu anderen Arten weiter, sondern wurden periodisch von den durch Spuren in der Erde nachweisbaren Katastrophen vernichtet und durch völlig neue Formen ersetzt. An die Stelle *eines* Schöpfungsaktes traten hier also mehrfach wiederholte Neuschöpfungen – das Weltbild der Bibel wurde durch Cuviers Theorie nicht überwunden, sondern nur in wissenschaftliche Begriffe übersetzt und geradezu potenziert.

»Der fossile Mensch existiert nicht!«

Besonders hemmend wirkte sich diese Sichtweise im Hinblick auf die »Frage aller Fragen« nach dem Ursprung des Menschen aus. Auch das Menschengeschlecht war Cuvier zufolge nicht aus älteren Formen hervorgegangen, sondern unvermittelt auf der Erde erschienen – und zwar erst in der allerjüngsten geologischen Epoche, nach der letzten der großen »Erdrevolutionen«. Diluviale Menschenfunde konnte es demnach nicht geben, und Cuvier zog mit dem berühmt gewordenen Schlachtruf *l'homme fossile n'existe pas* (»der fossile Mensch existiert nicht«) gegen alle zu Felde, die über ein höheres Alter des Menschengeschlechts nachdachten. Er schrieb sich dadurch auf wenig vorteilhafte Weise in die Annalen der Urgeschichtsforschung ein. In seinen späteren Lebensjahren schwächte er dieses Verdikt zwar ab und betonte nur mehr, »daß das Menschengeschlecht damals nicht in den Ländern, wo fossile Knochen entdeckt worden sind, vorhanden gewesen« sei, möglicherweise aber anderswo.[10] Doch entscheidend blieb, daß Cuvier als damals höchste Autorität in paläontologischen Fragen alle zu seiner Zeit bekanntgewordenen und in der Diskussion befindlichen fossilen Menschenfunde als nicht authentisch und beweiskräftig abtat.

Und derartige Funde gab es damals durchaus bereits in bemerkenswerter Zahl. Besonders in Deutschland und England hatten Gelehrte und Freizeitforscher in Steinbrüchen und Höhlen wiederholt menschliche Schädel- und Skelettreste zusammen mit Knochen ausgestorbener Tiere wie Mammut oder Höhlenbär entdeckt, was den Schluß nahelegte, daß der frühe Mensch ein Zeitgenosse dieser urtümlichen Tierarten gewesen sein mußte. Da man jedoch wußte, daß diese Tiere die letzte »Erdrevolution« nicht überlebt hatten, der Mensch hingegen nach Cuviers Lehre erst in der darauffolgenden jüngsten Erdperiode aufgetaucht war, konnte nicht sein, was nicht sein durfte: Cuvier und andere Autoritäten boten alle Argumentationskünste auf, um nachzuweisen, daß die zusammen aufgefundenen Menschen- und Tierknochen in Wahrheit nicht gleich alt und nur vom Zufall vereint worden seien. Und sie behielten mit diesen Einwänden tatsächlich die Oberhand über jene, die dem Augenschein trauten und in den Funden Belege für ein unerwartet hohes Alter des Menschengeschlechts sahen.

Wenig Erfolg beschieden war in der ersten Hälfte des 19. Jahrhunderts auch allen anderen Denkansätzen und Entwürfen, die dem Schöpfungsglauben im allgemeinen und der Katastrophentheorie im besonderen widersprachen. Zwar wies der junge englische Geologe Charles Lyell 1830 in einem Buch nach, daß die periodischen Umbildungen und Umschichtungen der Erde keineswegs durch plötzliche, alles vernichtende Katastrophen zustande gekommen waren, sondern vielfach durch langsame, stetige Veränderungen von Klima und Erdoberfläche; auch begann man damals zu erkennen, daß die letzte der großen »Erdrevolutionen« tatsächlich keine Überflutungskatastrophe, sondern eine Vereisungsperiode – eine »Eiszeit« – gewesen war. Doch obgleich diese und andere Einsichten das geologische Fundament der Katastrophentheorie faktisch zerstörten, wirkten sie sich kaum auf die biologische und paläontologische Forschung aus. Der deutsche Zoologe und Naturphilosoph Ernst

Haeckel sprach 1903 rückblickend von einer »völlige(n) Resignation, (die) während des Zeitraumes von 1830 bis 1859 mit Bezug auf die Entstehung der Organismen, auf die Schöpfung der Tier- und Pflanzenarten, in der Biologie herrschte«, und führte als Beleg dafür die Tatsache an, daß keiner seiner akademischen Lehrer »während meiner ganzen Universitäts-Studien (...) die Frage von der Entstehung der Arten auch nur einmal berührt« habe, da sie als »supranaturalistisch und transzendental« galt.[11]

Lamarcks Entwicklungsmodell: genial und doch ignoriert

Dabei gab es zu dieser Zeit bereits einen umfassenden entwicklungstheoretischen Entwurf, den der französische Zoologe Jean-Baptiste Lamarck 1809 in seinem Werk *Philosophie zoologique* vorgelegt hatte. Lamarck wandte sich darin explizit gegen die Katastrophentheorie und führte die Vielfalt der lebenden wie der ausgestorbenen Tier- und Pflanzenarten auf natürliche Entwicklungsprozesse zurück, die fast unmerklich langsam vor sich gegangen waren. In ihrem Verlauf kumulierten, so postulierte der französische Gelehrte, kleinste Veränderungen der Organismen, die durch Anpassungen an eine sich ständig wandelnde Umwelt verursacht waren, und führten schließlich zur Entstehung gänzlich neuer Formen und Arten. Äußere Eingriffe oder katastrophenartige Brüche gab es nach Lamarck bei diesen Entwicklungsprozessen nicht. Folglich waren die fossilen, ausgestorbenen Arten auch nicht plötzlich von der Erde verschwunden und durch neue ersetzt worden, sondern sie waren die Stammformen der heutigen, welche ganz allmählich aus ihnen hervorgingen.

Auch auf die Frage nach der Herkunft des Menschen ging Lamarck in seinem weitsichtigen Werk ein. »Wenn der Mensch von den Tieren nur hinsichtlich der Organisation verschieden wäre«, formulierte er vorsichtig,

»so würde sich leicht zeigen lassen, daß (seine) Organisationscharaktere (...) das Produkt von (...) Abänderungen in seinen Handlungen und von Gewohnheiten sind, die er angenommen hat und die den Individuen seiner Rasse eigentümlich geworden sind. Wenn irgendeine Affenrasse, hauptsächlich die vollkommenste derselben, durch die Verhältnisse oder durch irgendeine andere Ursache gezwungen wurde, die Gewohnheit, auf den Bäumen zu klettern, (...) aufzugeben, und wenn die Individuen dieser Rasse während einer langen Reihe von Generationen gezwungen waren, ihre Füße nur zum Gehen zu gebrauchen, (...) so ist es (...) nicht zweifelhaft, daß die Vierhänder schließlich zu Zweihändern umgebildet wurden.« Wenn sie darüber hinaus »den Gebrauch ihrer Kiefer als Waffen zum Beißen, Zerfleischen und Packen oder als Werkzeuge zum Zerschneiden des Grases aufgaben und dieselben nur noch zum Kauen benutzten, so ist es ebenfalls nicht zweifelhaft, (...) daß ihre Schnauze sich mehr und mehr verkürzte, schließlich vollständig verschwand«.[12]

Diese Gedanken sind in ihrem Kern bis heute aktuell geblieben (vgl. Kap. 3), und so ist es aus heutiger Sicht schwer nachzuvollziehen, daß Lamarcks genialer Entwurf zur damaligen Zeit keinerlei Beachtung fand und in den Bibliotheken verstaubte, während Cuviers Katastrophentheorie einen Triumph nach dem anderen feierte und von den Biologen als der Weisheit letzter Schluß betrachtet wurde. Und doch war genau dies der Fall: Cuvier heimste höchste Ehren ein und erhielt einflußreiche Ämter, während Lamarck, nachdem er wegen Erblindung seine Professur verloren hatte, 1829 unter ärmlichen Verhältnissen und nahezu vergessen starb. Daß sich seine Theorie nicht durchsetzen konnte, hing wohl nur am Rande mit ihrer ungenügenden empirischen Untermauerung und mit einer Reihe von Irrtümern des Forschers in Einzelfragen zusammen. Der Hauptgrund lag zweifellos darin, daß sie den gängigen Schöpfungs- und Katastrophenszenarien widersprach und für deren Sturz ein halbes Jahrhundert zu früh kam. Erst nach dem Siegeszug des Darwinismus in der zweiten Jahrhunderthälfte wurde auch Lamarcks Entwurf »wiederentdeckt« und übte einige Zeit lang erheblichen Einfluß auf die fachwissenschaftliche Diskussion aus.

Schopenhauers »Genieblitze« zum Ursprung des Menschen

Auch andere bemerkenswerte Ideen zum Ursprung des Menschen blieben vor dem Anbruch der »darwinistischen Ära« weitgehend unbeachtet – zum Beispiel Gedanken, die der deutsche Philosoph Arthur Schopenhauer 1851 in seinem Werk *Parerga und Paralipomena* zu diesem Thema äußerte. Schopenhauer ging von der Annahme aus, »daß wir (...) die ersten Menschen uns zu denken hätten als in Asien vom Pongo (Orang-Utan, MK) (...) und in Afrika vom Schimpansen geboren, wiewohl nicht als Affen, sondern sogleich als Menschen«.[13] Diese Vorstellung mutet etwas absonderlich an, der Philosoph knüpfte an sie jedoch eine Reihe von Überlegungen zu den Daseinsbedingungen des frühen Menschen, die noch heute durch ihre Aktualität verblüffen. So argumentierte er beispielsweise, die Urheimat unseres Geschlechts könne »nur zwischen den Wendekreisen« gelegen haben,

> »weil in den andern Zonen der neu entstandene Mensch im ersten Winter umgekommen wäre. Denn er war, wenn auch wohl nicht ohne mütterliche Pflege, doch ohne Belehrung herangewachsen und hatte von keinen Vorfahren Kenntnisse ererbt. Also mußte der Säugling der Natur zuerst an ihrem warmen Busen ruhen, ehe sie ihn in die rauhe Welt hinausschicken durfte.«[14]

Im Kern bewegen sich, bei allen Unterschieden in der Formulierung, auch die Überlegungen der heutigen Urgeschichtsforscher zur Besiedlung der Erde noch in ganz ähnlichen Bahnen, wie wir später sehen werden (vgl. Kap. 3).

Schopenhauer fuhr fort:

»In den heißen Zonen nun aber ist der Mensch schwarz, oder wenigstens dunkelbraun. Dies also ist, ohne Unterschied der Rasse, die wahre, natürliche und eigentümliche Farbe des Menschengeschlechts und nie hat es eine von Natur weiße Rasse gegeben. (...) Erst nachdem der Mensch außerhalb der ihm allein natürlichen, zwischen den Wendekreisen gelegenen Heimat, lange Zeit hindurch sich fortgepflanzt hat (und, in Folge dieser Vermehrung, sein Geschlecht sich bis in die kälteren Zonen verbreitet), wird er hell und endlich weiß. (...) Demnach nun muß jedenfalls der Adam unserer Rasse schwarz gedacht werden, (und lächerlich ist es, wenn Maler diesen ersten Menschen weiß, in der durch Verbleichung entstandenen Farbe, darstellen).«[15]

Auch diese Passage wirkt geradezu »brandaktuell« und nimmt neueste Lehrmeinungen der letzten zehn Jahre vorweg – auch wenn aus dem schwarzen »Adam« mittlerweile eine schwarze »Eva« geworden ist, die angebliche »Urmutter« aller heute lebenden Menschen (vgl. Kap. 4).

Abschließend bemerkte der Philosoph:

Wie die dunkle Farbe, so auch ist dem Menschen die vegetabilische (pflanzliche, MK) Nahrung die natürliche. Aber wie jener, so bleibt er auch dieser nur im tropischen Klima getreu. Als er sich in die kälteren Zonen verbreitete, mußte er dem ihm unnatürlichen Klima durch eine ihm unnatürliche Nahrung entgegenwirken. Im eigentlichen Norden kann man ohne Fleischspeise gar nicht bestehn; (...) Der Mensch ist also zugleich weiß und karnivor (fleischfressend, MK) geworden.«[16]

Auch diesen Überlegungen werden wir später in sehr viel »modernerem« Zusammenhang erneut begegnen (vgl. Kap. 6).

Derartige »Genieblitze« waren schon 1851 möglich, aber sie hingen damals noch gleichsam in der Luft, ihnen fehlte die solide Grundlage, auf der sie sich von spekulativen Gedankenspielereien zu ernsthaften wissenschaftlichen Hypothesen hätten weiterentwickeln können. Diese Grundlage wurde wenig später, in den Jahren 1858 bis 1863 geschaffen, und zwar von Forschern mehrerer Wissenschaftszweige, deren Fragestellungen und Methoden ganz unterschiedlich waren und doch zum gleichen Ergebnis führten – zu der Einsicht nämlich, daß sich der Mensch in unerdenklich weit zurückliegender Vorzeit aus tierischen, affenartigen Vorfahren entwickelt hatte.

Darwin leitet eine neue Ära ein

Den fundamentalsten Beitrag zu dieser Einsicht leistete bekanntlich der englische Naturforscher Charles Darwin mit seiner 1859 veröffentlichten Evolutionstheorie, die sich im Gegensatz zu Lamarcks früherem Entwurf (vgl. S. 26) im Sturmschritt durchsetzte und eine neue wissenschaftliche Ära einleitete. Die Entstehungsgeschichte dieser Theorie ist selbst zu einer Legende der modernen Wissenschaft geworden. Darwin hatte in den Jahren 1832 bis 1836 als junger Mann an einer Weltumsegelung auf dem Forschungsschiff »Beagle« teilgenommen. In der Tier- und Pflanzenwelt der dabei besuchten Kontinente konnte er eine Fülle von Erscheinungen beobachten, die der Lehre von der Unveränderlichkeit der Arten (vgl. S. 23) widersprachen und auf einen Artenwandel, ja auf die Entstehung neuer Spezies aus älteren Formen hindeuteten. Soweit freilich war Lamarck Jahrzehnte zuvor auch schon gediehen (vgl. S. 26) – ihm fehlte nur eine einleuchtende Erklärung der Ursachen für diesen Artenwandel und die Art und Weise, in der er sich vollzog. Lamarck hatte angenommen, daß die Organe der Tiere sich durch häufigen Gebrauch oder Nichtgebrauch veränderten, daß diese Veränderungen durch Vererbung weitergegeben wurden und sich kumulativ verstärkten (sogenannte »Vererbung erworbener Eigenschaften«). Der lange Hals der Giraffe war nach seinem Modell beispielsweise dadurch entstanden, daß die Tiere immer wieder Nahrung auf hohen Bäumen gesucht und die dadurch verursachte Streckung des Halses an ihre Nachkommen weitervererbt hatten, welche ihre Hälse noch höher streckten usw. Diese Hypothese blieb jedoch allzu spekulativ und vermochte überdies viele der in der Natur beobachteten Erscheinungen nicht recht zu erklären. Darwin entwarf ein anderes, überzeugenderes Erklärungsmodell, das er mit einer eindrucksvollen Fülle an empirischem Material untermauerte. So gelang es ihm, den Entwicklungsgedanken auf eine neue, tragfähige Grundlage zu stellen.

Die Grundzüge dieses Modells gehören heute zum biologischen Allgemeinwissen: Pflanzen- und Tierarten verändern sich durch »Anpassungskonkurrenz«, durch den sogenannten »Kampf ums Dasein« (*struggle for life*), in dem bevorzugt diejenigen Individuen überleben und zur Fortpflanzung gelangen, die aufgrund ihrer genetischen Ausstattung den Anforderungen der jeweiligen Umwelt am besten angepaßt sind (*survival of the fittest*). Weitergegeben wird demnach bevorzugt jenes Erbgut, das seinen Trägern einen »Selektionsvorteil« verschafft. Durch diese »natürliche Zuchtwahl« oder Auslese bilden sich optimal der Umwelt angepaßte Arten heraus, die natürlich in stetiger Veränderung begriffen sind, weil sich auch die Daseinsbedingungen ständig wandeln. Um auf Lamarcks Giraffenbeispiel zurückzugreifen: Die Tiere dieser Art mußten sich nach Darwins Modell nicht mühsam strecken, um ihren langen Hals zu bekommen; einige Individuen besaßen vielmehr eine natürliche Anlage dazu, und weil sie in der Nahrungs- und Fortpflanzungskonkurrenz erfolgreicher waren als die anderen, verstärkte sich dieses Merkmal gewissermaßen »automatisch« von Generation zu Generation und wurde schließlich zu einem Merkmal der ganzen Art.

Hochkonjunktur für Konkurrenztheorien

Interessanterweise hatte Darwin sein Erklärungsmodell ursprünglich aufgrund einer »außerbiologischen« Anregung entwickelt, nämlich nach der Lektüre des berühmten *Essay on the Principle of Population* (»Aufsatz über das Bevölkerungsgesetz«) des britischen Nationalökonomen Thomas Robert Malthus. Malthus entwarf in dieser Arbeit das fatalistische Szenario eines chronisch überhöhten Wachstums der menschlichen Bevölkerung, das sich durch periodische Hunger- und Seuchenkatastrophen immer wieder selbst regulieren müsse, wenn es nicht durch gezielte Maßnahmen gedrosselt werde – Ansichten, die Darwin bereits 1838 auf den Gedanken einer natürlichen Auslese auch im Tier- und Pflanzenreich brachten. »Außerbiologische Faktoren« dürften gleichfalls eine wesentliche Rolle beim grandiosen Erfolg von Darwins Theorie gespielt haben: Die Wirtschaftspolitik im 19. Jahrhundert folgte der Lehre des Nationalökonomen Adam Smith, nach der Eigennutz und ungezügelte Konkurrenz die wichtigsten ökonomischen Triebkräfte und Ordnungsfaktoren waren, und auch die Weltpolitik wurde als Konkurrenz-, ja als Daseinskampf der Völker und Nationen betrachtet. Da paßte eine Theorie, die das Konkurrenzprinzip zur universellen Triebkraft der ganzen Natur und zum wichtigsten Hebel ihrer Weiterentwicklung erklärte, gut in die gesellschaftliche und politische Landschaft.

Nichtsdestotrotz löste Darwins Hauptwerk »Über die Entstehung der Arten durch natürliche Zuchtwahl« bei seinem Erscheinen 1859 heftige Reaktionen und kontroverse Diskussionen aus. Dies war vorhersehbar gewesen, und um diese Diskussionen nicht mit unnötigen Emotionen zu belasten, hatte der stets vorsichtige Darwin die Frage nach der Herkunft des Menschen in seinem Buch zunächst völlig ausgeklammert und nur mit einem einzigen orakelhaften Satz gestreift, dessen berühmt gewordene Formulierung lautete: »Licht wird auch fallen auf den Menschen und seine Geschichte.«[17] Er selbst trug seine Ansichten zu dieser Frage erst 1871 in dem Werk »Die Abstammung des Menschen und die geschlechtliche Zuchtwahl« vor, in dem er unsere Gattung auf affenartige Vorfahren zurückführte und nicht nur die körperlichen, sondern auch die psychischen und emotionalen Merkmale des Menschen aus tierischen Vorformen ableitete.

Die »Affenabstammung« des Menschen

Die Frage der menschlichen Abstammung ließ sich aber natürlich nicht so lange aus der Diskussion heraushalten, sondern stand – als geradezu unvermeidliche Konsequenz aus der Entwicklungstheorie – von Anfang an im Mittelpunkt der Debatten um Darwins Werk. Es waren weniger skrupelhafte, kampfeslustigere Forscher als Darwin selbst, die seine Theorie schon kurze Zeit nach ihrer Veröffentlichung auch auf diese Frage anwandten und die »Affenabstammung« des Menschen proklamierten

Abb. 4
Darwin als Affe – englische Karikatur von 1871

(Abb. 4). Dabei stützten sie sich vorwiegend auf Ergebnisse aus dem Bereich der vergleichenden Anatomie: 1863 und in den Folgejahren erschienen gleich mehrere bedeutsame Werke, in denen der Wissensstand zu dieser Frage zusammengefaßt und die These von der tierischen Herkunft des Menschen untermauert wurde.

Am Anfang standen die einflußreichen »Zeugnisse für die Stellung des Menschen in der Natur« des englischen Zoologen und Mediziners Thomas Henry Huxley. Huxley verglich in dieser Arbeit die anatomischen Merkmale unseres Skeletts, Schädels und Gehirns mit denen der Affen und Menschenaffen und gelangte zu dem klassischen, als »Huxleys Gesetz« bekanntgewordenen Resultat, »daß die anatomischen Verschiedenheiten, welche den Menschen vom Gorilla und Schimpansen scheiden, nicht so groß sind als die, welche den Gorilla von den niedrigeren Affen trennen«. Er sah dadurch Linnés Urteil (vgl. S. 23) bestätigt, »daß der Mensch ein Glied derselben Ordnung ist (...) wie die Affen und Lemuren«, und bezeichnete es als kaum zweifelhaft, »daß der Mensch (...) durch allmähliche Wandlung eines menschenähnlichen Affen oder (...) als eine Abzweigung desselben ursprünglichen Stammes wie jene Affen entstanden« sei.[18]

Die »wirkliche Abstammung der Menschenarten von den Affen« proklamierte im selben Jahr 1863 auch der deutsche Zoologe Carl Vogt in seinen »Vorlesungen über den Menschen«. Er hob hervor, »daß alle so großen Unterschiede, welche heute beide auszeichnen, (...) durch natürliche Zuchtwahl und Mischung hervorgegangen sind«.[19] Noch einen Schritt weiter ging der deutsche Zoologe Ernst Haeckel (Abb. 5) in einem Vortrag »Über die Entwicklungstheorie Darwins«, den er ebenfalls 1863 vor der Versammlung Deutscher Naturforscher und Ärzte zu Stettin hielt. Der damals noch nicht dreißigjährige Wissenschaftler erklärte vor dem ehrwürdigen Auditorium seine Schlußfolgerungen aus der Darwinschen Theorie:

»Was uns Menschen selbst betrifft, so hätten wir also konsequenterweise als die höchst organisierten Wirbeltiere unsere uralten gemeinsamen Vorfahren in affenähnlichen Säugetieren, weiterhin in känguruhartigen Beuteltieren, noch weiter hinauf (...) in eidechsenartigen Reptilien, und endlich in noch früherer Zeit (...) in niedrig organisierten Fischen zu suchen.«[20]

Diese hier erstmals angedeutete »Ahnenreihe« des Menschen baute Haekkel in seinen späteren Werken immer weiter aus, wobei er wie Darwin und Huxley betonte, daß der Mensch aus keiner der heute noch existierenden Affenarten hervorgegangen sei. »Die affenartigen Stammeltern des Menschengeschlechts sind längst ausgestorben«, schrieb er 1868: »Vielleicht werden wir ihre versteinerten Gebeine noch dereinst teilweise in Tertiärgesteinen des südlichen Asiens oder Afrikas auffinden«[21] – eine Vermutung, die sich Jahrzehnte später bestätigen sollte (vgl. Kap. 3).

Ein wahrer Sturm der Empörung

Trotz solcher Klarstellungen wirkte die Theorie von der »Affenabstammung« des Menschen auf weite Teile der Öffentlichkeit wie ein Schock. Besonders die Kirche und das konservative Bürgertum empfanden die Verlängerung des menschlichen Stammbaums in die »Niederungen« der Tierwelt hinein als gotteslästerliche, unwürdige Zumutung – für sie war die neue Theorie schlicht skandalös: »Nachfahren von Affen! Mein Gott, hoffen wir, daß das nicht wahr ist; sollte es aber doch wahr sein, so laßt uns dafür beten, daß es nicht allgemein bekannt wird« – so lautete der vielzitierte Stoßseufzer der Frau des Bischofs von Worcester nach einem Streitgespräch mit Thomas Huxley im Jahre 1860.[22] Er bringt das Entsetzen der sogenannten »besseren Kreise« plastisch zum Ausdruck, das sich in einem heute kaum mehr vorstellbaren Sturm der Empörung manifestierte. »Hatte man es vorher nur mit den Philosophen zu tun, die meistens sich vornehm in ihre Toga hüllen und gewöhnlich nur zu einem sehr kleinen Kreise Auserwählter reden«, beschrieb Carl Vogt diesen Protest in dem ihm eigenen deftigen Stil,

Abb. 5
Der deutsche Zoologe und Evolutionstheoretiker Ernst Haeckel vor Skeletten aus seiner Sammlung

»so hatte man hier die ganze Klerisei nebst sämtlichen gläubigen Schafen und stößigen Böcken auf dem Halse – und was das sagen will, das kann nur derjenige wissen, der sich einmal mittendrin befunden hat.« »Die Kanzeln der orthodoxen Kirchen, die Betstühle der pietistischen Oratorien, (...) die Präsidentensessel der Konsistorien hallen wider von den unerhörten Attentaten gegen jegliche Grundlage der menschlichen Existenz, welche durch den Materialismus und den Darwinismus begangen werden. Man wundert sich, daß Leute mit solchen Ansichten gute Bürger, brave Kerle, zärtliche Gatten und Väter sein können«.[23]

Der Grund für diese Empörung lag vorderhand natürlich in der Unvereinbarkeit der Entwicklungstheorie mit dem (wörtlich verstandenen) biblischen Schöpfungsbericht (vgl. S. 20). »Es unterliegt keinem Zweifel«, schrieb wiederum Vogt dazu:

»die Darwinsche Theorie setzt den persönlichen Schöpfer und dessen zeitweilige Eingriffe in die Umgestaltung der Schöpfung und in die Schaffung der Arten ohne weitere Umstände vor die Türe, indem sie dem Wirken eines solchen Wesens auch nicht den geringsten Raum läßt. (...) Es entsteht keine neue Art durch schöpferischen Eingriff, es verschwindet keine durch göttlichen Vernichtungsbefehl – der natürliche Verlauf der Dinge, der Entwicklungsprozeß sämtlicher Organismen und der Erde selbst genügen an und für sich zur Hervorbringung sämtlicher Erscheinungen. Auch der Mensch ist dann nicht ein besonderes Geschöpf, in spezieller Weise und verschieden von den übrigen Tieren gefertigt, mit einer ganz besonderen Seele und einem von Gott selbst eingeblasenen Odem versehen – sondern der

Mensch ist dann nur das höchste Entwicklungsprodukt der fortgeschrittenen tierischen Zuchtwahl, hervorgegangen aus der zunächst unter ihm stehenden Gruppe der Affen.«[24]

Der von Vogt zuletzt angesprochene Aspekt dürfte das eigentliche, tiefere Motiv der Zornesausbrüche gewesen sein, denn »der ganze Stolz, der in der menschlichen Natur liegt, empört sich bei dem Gedanken, daß der Herr der Schöpfung behandelt werden könne wie ein anderes Naturobjekt auch«.[25] Haeckel verglich die »Erkenntnis vom tierischen Ursprung und Stammbaum des Menschengeschlechts« daher mit »dem Schritte des Copernicus, der zum ersten Male klar auszusprechen wagte, daß die Sonne sich nicht um die Erde bewege, sondern die Erde um die Sonne«. Ebenso wie durch diese Einsicht des großen Astronomen »die geozentrische Weltanschauung des Menschen umgestoßen wurde«, werde durch die »Anwendung der Deszendenztheorie auf den Menschen die anthropozentrische Weltanschauung umgestoßen, der eitle Wahn, daß der Mensch der Mittelpunkt der irdischen Natur und das ganze Getriebe derselben nur dazu da sei, um (ihm) zu dienen«[26] – eine Weltanschauung, die ja wie erwähnt auf dem biblischen Schöpfungsbericht basierte (vgl. S. 20).

Religiös bedingte Skrupel

Die Auseinandersetzung zwischen wissenschaftlichem Rationalismus und christlich-anthropozentrischem Weltbild, die für Forscher wie Vogt und Haeckel vorwiegend ein Kampf mit äußeren, erkenntnisfeindlichen Mächten wie der Kirche war, spielte sich bei Darwin – dem Urheber des ganzen Aufruhrs – in der eigenen Familie und im Zwist seiner Gedanken ab. Darwin war niemals Atheist oder Materialist, sondern wurde im Verlauf seiner Forschungen in vermutlich langwierigem inneren Ringen vom überzeugten Christen zum Agnostiker, der die Gottesfrage für unklärbar hielt. In seinem Werk »Die Abstammung des Menschen« wandte er sich zwar entschieden gegen den Glauben, »daß der Mensch seinen Ursprung einem separaten Schöpfungsakt verdankt«, umging aber die Frage, »ob ein Schöpfer und Regierer des Weltalls existiert«, mit dem Hinweis, sie sei »von einigen der größten Geister, welche je gelebt haben, bejahend beantwortet worden«.[27] Daß Darwin dieses Werk erst 1871 veröffentlichte und seine Entwicklungstheorie damit erst sehr viel später als andere Forscher auf den Menschen anwandte (vgl. S. 30), hing wohl nicht zuletzt mit religiös bedingten Skrupeln und Rücksichtnahmen zusammen. In einem Brief an Karl Marx, der ihm den zweiten Band des »Kapital« widmen wollte (was Darwin höflich ablehnte), bekannte er 1880:

»Es ist übrigens möglich, daß der Gedanke an den Schmerz, den ich einigen Angehörigen meiner Familie bereiten würde, wenn ich begänne, direkte Angriffe auf die Religion so oder anders zu unterstützen, mich hier über Gebühr beeinflußt hat.«[28]

Besonders seine Frau Emma war besorgt, die Anwendung seiner Theorie auf den Menschen werde »Gott noch weiter wegrücken«.[29]

Bissiges von »Darwins Bulldogge«

Darwins Mitstreiter waren hingegen nicht von solchen Skrupeln geplagt. Ohne ihre selbstbewußte und oftmals bissige Auseinandersetzung mit den Vertretern des orthodoxen Standpunktes hätte die Evolutionstheorie wohl kaum so schnell Fuß fassen können. Der Streit wurde je nach Gesinnung, Temperament und Situation ganz unterschiedlich ausgefochten: Man kämpfte mit harten Bandagen, aber auch mit differenzierten Argumenten. Thomas Huxley beispielsweise, der sich selbst im Scherz einmal »Darwins Bulldogge« nannte, wischte 1860 bei einer Podiumsdiskussion mit Bischof Samuel Wilberforce die provozierende Frage des Geistlichen, ob er lieber großväter- oder großmütterlicherseits von einem Affen abstammen wolle, mit der berühmten Antwort vom Tisch, er wolle

»lieber einen miserablen Affen zum Großvater haben (als) einen durch die Natur hochbegabten Mann von großer Bedeutung und großem Einfluß, der aber diese Fähigkeiten und den Einfluß nur dazu benutzt, um eine Lächerlichkeit in eine ernste wissenschaftliche Diskussion hineinzutragen«.[30]

In seinem erwähnten Werk von 1863 (vgl. S. 31) bekundete er hingegen Verständnis für das Unbehagen, das die These von der äffischen Abstammung des Menschen bei vielen seiner Zeitgenossen auslöste, und versicherte der Leserschaft seine Überzeugung, »daß, mag der Mensch von den Tieren stammen oder nicht, er zuverlässig nicht eins derselben ist«. Und er begründete die anthropozentrische Weltsicht gleichsam auf »evolutionistischer« Grundlage neu, indem er auf »die wunderbare Gabe verständlicher und vernünftiger Rede« hinwies, die der Mensch allein besitze und durch die er »wie auf dem Gipfel eines Berges weit über das Niveau seiner niedrigen Mitgeschöpfe erhaben und über seine gröbere Natur hinaus verklärt dasteht«.[31]

Die »wilden Völker«

Solche Formulierungen galten jedoch in erster Linie dem »zivilisierten« europäischen Menschen. Die Angehörigen anderer Kulturstufen und »Rassen« wurden von den Gründervätern des Evolutionismus mit weniger salbungsvollen Worten bedacht. »Ist es wirklich wahr«, fragte wiederum Huxley an einer anderen Stelle seines Buches,

»daß der Poet, Philosoph oder Künstler, dessen Genius der Ruhm seiner Zeit ist, von seiner hohen Stellung erniedrigt wird durch die unzweifelhafte historische (...) Gewißheit, daß er der direkte Abkömmling irgendeines nackten und halbtierischen Wilden ist, dessen Intelligenz gerade hinreichte, ihn etwas verschlagener als den Fuchs, dadurch aber um so mehr gefährlicher als den Tiger zu machen?«[32]

Die Antwort lautete selbstverständlich »nein«, und sie sollte Huxleys Lesern den Gedanken an die Affenabstammung des Menschen akzeptabler machen – freilich auf Kosten der »halbtierischen Wilden«. Und dabei handelte es sich keineswegs um einen »Ausrutscher«, denn auch Darwin wies 1871 in seiner »Abstammung des Menschen« auf unsere »barbarischen« Wurzeln hin, um der These von der tierischen Abstammung der Menschheit etwas von ihrer Schärfe zu nehmen. »Mein Erstaunen beim ersten Anblick einer Herde Feuerländer an einer wilden und zerklüfteten Küste«, schrieb er im Schlußabsatz des Buches über ein Erlebnis auf der »Beagle« (vgl. S. 29),

»werde ich nie vergessen; denn ganz plötzlich fuhr es mir durch den Kopf: so waren unsere Vorfahren. Diese Menschen waren absolut nackt und mit Farbe beschmiert, ihre langen Haare waren durcheinander gewirrt, ihr Mund schäumte in der Erregung, und ihr Ausdruck war wild, erschreckt und mißtrauisch. Sie kannten kaum irgendeine Kunst, und gleich wilden Tieren lebten sie von dem, was sie gerade erlangen konnten. (...) Wer einen Wilden in seiner Heimat gesehen hat, wird sich nicht mehr schämen, anzuerkennen, daß in seinen Adern das Blut noch niedrigerer Kreaturen fließt. Ich für meinen Teil möchte lieber von jenem heroischen kleinen Affen abstammen, der seinen schrecklichen Feind angriff, um das Leben seines Wärters zu retten, (...) als von einem Wilden, der sich an den Qualen seiner Feinde weidet, blutige Opfer darbringt, ohne Gewissensregung seine Kinder tötet, sein Weib als Sklavin behandelt, keinen Anstand kennt und von dem gräßlichsten Aberglauben gejagt wird.«[33]

Diese Passagen enthüllen die Schattenseite des Darwinismus, der die evolutionäre Entwicklung bedenkenlos mit »Fortschritt« gleichsetzte und daher die jüngste Entwicklungsstufe der menschlichen Gesellschaft, die westliche Zivilisation, ganz selbstverständlich als das eigentliche »Ziel« und die höchste Blüte der Evolution ansah. Von dieser Warte aus betrachtet erschienen alle anderen Gesellschaftsformen und Kulturen als geringerwertige »Vorläufer«, als bloße »Zwischenstationen« auf dem langen Weg vom Affen zum gesitteten Europäer des viktorianischen Zeitalters. Besonders aggressiv und rassistisch wurde diese Sichtweise, wenn sie kulturelle Unterschiede mit biologischen und intellektuellen gleichsetzte, wie es bei Gelehrten, die vorwiegend in Kategorien der Zoologie und der Anatomie dachten, nur allzu leicht geschah. Den sogenannten »niederen Rassen« wurde dabei nicht nicht selten eine Art »Zwischenstellung« zwischen dem europäischen Menschen und den Affen zugewiesen, denn »den Gelehrten des 19. Jahrhunderts war schlicht und einfach nicht klar«, wie die amerikanische Anthropologin Pat Shipman hervorhebt, »daß alle Menschen zu einer einzigen biologischen Art gehören. (...) Selbst die Frage, ob die Rassen sich untereinander paaren und gesunde Nachkommen hervorbringen können, war ernsthaft umstritten.«[34]

Entwicklungstheorie und Rassismus

Diese Verachtung für die »Wilden« trieb die krassesten Blüten. Carl Vogt etwa schrieb 1863 in seinen erwähnten »Vorlesungen über den Menschen« mit Blick auf die Anatomie »des Negers«:

»Die meisten der Charaktere, die sich schon in der äußeren Bildung (...) erkennen lassen, erinnern unwiderstehlich an den Affen: der kurze Hals, die langen, mageren Glieder, der aufgetriebene Hängebauch – alles dies läßt unverkennbar den verwandten Affen durch die Menschenhülle hervorschimmern.«[35]

Auch im Aufbau des Gehirns bestehe, so fuhr er fort, »eine außerordentliche Ähnlichkeit (...) zwischen dem Affen und dem niederen Menschen«, die so weit gehe, »daß man ganz gewiß das Gehirn der Buschmännin eher zu den Affen, als zu den weißen Menschen stellen würde«. Daher zeige die schwarze Rasse auch nur ein äußerst beschränktes geistiges Leistungsvermögen: »Die intellektuellen Fähigkeiten«, so Vogt, »bleiben stationär, und das Individuum sowie die Rasse im Ganzen werden unfähig, weiter vorzuschreiten.« Sein Tip für den Umgang mit »Negern«: »Die allgemeine Regel der Sklavenhalter ist, daß man die Sklaven behandeln müsse wie ursprünglich gutgeartete, aber verwahrloste und schlecht erzogene Kinder.«[36]

Diese Sätze, die einen heutzutage erschauern lassen, stammen wohlgemerkt von dem neben Haeckel wichtigsten deutschen Parteigänger Darwins, und sie finden sich in einem Buch, in dem Vogt den Anthropozentrismus und die religiösen Vorurteile der Kirche scharf angriff (vgl. S. 32). Dem Zoologen kam offenbar gar nicht in den Sinn, daß seine abfälligen Urteile über die »Neger« und andere »niedere Rassen« um keinen Deut besser waren als der Hochmut des Klerus in Entwicklungsfragen, und daß der Anthropozentrismus der Kirche (vgl. S. 34) im extremen »Ethnozentrismus« der Darwinisten, ihrem Glauben an die Überlegenheit der europäischen Rasse, sein ebenbürtiges Gegenstück fand.

Fast noch stärker als Vogt war freilich Haeckel, der in Deutschland einflußreichste frühe Entwicklungstheoretiker, in dieser rassistischen Sichtweise befangen. Je älter und berühmter er wurde, desto deutlicher traten schwerwiegende ideologische Verirrungen in seinem Werk hervor. »Das, was den Menschen so hoch über die Tiere (...) erhebt, und was seinen Lebenswert unendlich erhöht«, schrieb er 1904 in einem hunderttausendfach verkauften populären Buch mit dem Titel »Die Lebenswunder«,

»ist die Kultur, und die höhere Entwicklung der Vernunft, die ihn zur Kultur befähigt. Diese ist aber größtenteils nur Eigentum der höheren Menschenrassen und bei den niederen nur unvollkommen oder gar nicht entwickelt. Diese Naturmenschen (z. B. Weddas, Australneger) stehen in psychologischer Hinsicht näher den Säugetieren (Affen, Hunden), als dem hochzivilisierten Europäer; daher ist auch ihr individueller Lebenswert ganz verschieden zu beurteilen.«[37]

Solche Sätze nahmen die menschenverachtenden Rassentheorien der Nazis vorweg und werfen ein wenig vorteilhaftes Licht auf die Pioniere und Wegbereiter der Evolutionstheorie. Doch ist hier nicht der Ort, um diesen Aspekten im einzelnen nachzugehen und die historischen Verdienste des Darwinismus gegen seine historischen Verirrungen und Verfehlungen abzuwägen. Für unsere Zwecke genügt es, diese Schattenseiten des »klassischen« Evolutionismus zu kennen und im Auge zu behalten, denn sie hatten beträchtliche Auswirkungen auf das Bild, das man sich im späten 19. und beginnenden 20. Jahrhundert vom frühen Menschen machte, und werden uns daher noch des öfteren begegnen.

Geburt einer neuen Wissenschaft

Die Popularität, die der Darwinismus bis heute im öffentlichen Bewußtsein genießt, sollte freilich nicht darüber hinwegtäuschen, daß auch andere Wissenschaftszweige maßgeblich an der Erkenntnis vom allmählichen evolutionären Aufstieg des Menschen aus tierischen Ursprüngen beteiligt waren, vor allem die urgeschichtliche Archäologie. Brachten Darwins Theorien den christlichen Schöpfungsglauben ins Wanken, so erschütterten zur selben Zeit archäologische Entdeckungen die »biblische Chronologie«, also die Vorstellung von einer nur kurzen Existenzspanne der Menschheit (vgl. S. 21). Sie bewiesen, daß die frühesten Anfänge des Menschen und seiner Kultur in unerdenklich weit zurückliegender Vorzeit zu suchen waren.

Schon im 18. und frühen 19. Jahrhundert hatte man wie erwähnt immer wieder einmal menschliche Skelettreste oder Steinwerkzeuge zusammen mit Knochen ausgestorbener Tiere gefunden (vgl. S. 25), und der englische Landedelmann John Frere bemerkte bereits 1797 zu einigen von ihm entdeckten Silexgeräten:

> »Die Lage, in der diese Waffen gefunden wurden, könnte uns dazu verführen, sie einem sehr fernen Zeitraum zuzuschreiben, ja sogar einem Zeitraum vor der Existenz unserer gegenwärtigen Welt.«[38]

Der französische Naturforscher Paul Tournal prophezeite mit Blick auf derartige Entdeckungen schon 1829 ahnungsvoll:

> »Die Geologie wird unsere kurzen Geschichtsannalen ergänzen und den Menschen stolz auf das hohe Alter seiner Rasse machen, denn sie allein kann künftig uns bestimmte Angaben über die Zeit des ersten Erscheinens des Menschen auf unserer Erde geben.«[39]

Doch das war in jenen Jahren noch Zukunftsmusik, an die abgesehen von einigen Außenseitern niemand glaubte. Die große Stunde der urgeschichtlichen Archäologie sollte – ebenso wie diejenige der Entwicklungstheorie – erst um die Mitte des 19. Jahrhunderts schlagen, und ihr Durchbruch war untrennbar verbunden mit dem Namen des französischen Amateurforschers Jacques Boucher de Perthes, der auch als »Vater der Vorgeschichte« bezeichnet wird.

Ein Zolldirektor sucht den frühen Menschen

Boucher de Perthes war Zolldirektor in Abbeville an der Somme in Nordfrankreich und durchsuchte als vielseitig interessierter Mann die Kiesgruben der Umgebung nach Fossilien. Seit 1838 stieß er dabei in bis zu zehn Meter tief gelegenen Schichten und vermischt mit den Knochen ausgestorbener Tierarten immer wieder auf auffällige birnen- oder tropfenförmige, symmetrisch bearbeitete Steingeräte, die berühmten »Faustkeile« (vgl. Kap. 5). Die meisten anderen Amateurforscher hätten sich vermutlich damit begnügt, den Rat irgendeines Fachgelehrten zu diesen seltsamen Artefakten einzuholen und ihre Entdeckung in irgendeiner entlegenen Regionalzeitschrift bekanntzugeben, woraufhin die Stücke wieder der Vergessenheit anheimgefallen wären wie bereits viele andere vergleichbare Funde zuvor. Boucher de Perthes aber ging einen anderen Weg: Er wandte sich bewußt an ein breites Publikum, stellte seine Fundstücke öffentlich aus und publizierte sie in den Jahren 1847 bis 1865 in drei dickleibigen Bänden mit dem Titel »Keltische und vordiluviale Altertümer«, nachdem er von 1838 bis 1841 bereits ein fünfbändiges Werk »Über die Schöpfung« veröffentlicht hatte.

Diese Bücher enthielten ein merkwürdiges Gemisch aus Richtigem und Falschem, Genialem und Abstrusem. Boucher de Perthes war, zumindest am Beginn seiner Entdeckungen, keineswegs ein Anhänger des Entwicklungsgedankens, der ja damals erst in unvollkommenen Ansätzen existierte (vgl. S. 26). Er glaubte vielmehr an die Sintflut und die »Katastrophentheorie« (vgl. S. 24) und suchte seine Entdeckungen mit der Bibel in Einklang zu bringen. Dabei bewegte er sich jedoch eher auf den Spuren Scheuchzers und seines »Sintflutmenschen« (vgl. S. 22) als im Fahrwasser von Cuvier und dessen Leitsatz *l'homme fossile n'existe pas* (vgl. S. 25). »Die Tradition erkennt an«, schrieb de Perthes 1847 im ersten Band seiner »Altertümer«, »daß vor der Sintflut Menschen existierten. Warum sollten wir (also) keine Spuren dieser Menschen oder Bruchstücke ihrer Werke entdecken?« Und er fuhr fort: »Wer weiß, ob sich nicht sogar hier unter unseren Füßen und an diesem Platz die Zeugnisse solcher menschlichen Werke und eines Altertums finden, das alle Erwartungen übersteigt?« Diese Zeugnisse seien »keine eigentlichen Monumente«, es handle sich »weder um Bauten noch um Meisterwerke, sondern um einfache Gebrauchsgeräte«. Derartige Geräte seien zweifellos zunächst aus Holz gefertigt gewesen,

»doch um dieses Holz zu bearbeiten, benötigte man eine härtere Substanz. Er (der diluviale Mensch, MK) nahm dazu Knochen, Muscheln, Steine, die er so formte, wie es seine Arbeit erforderte. Solcherart waren die ersten Werkzeuge, (...) die man wiederfinden kann und meiner Meinung nach auch tatsächlich wiederfindet.«[40]

Und dann präsentierte er seiner staunenden Leserschaft die Faustkeile und anderen Objekte, die er in den Kiesgruben um Abbeville gesammelt hatte.

Ablehnung und Triumph eines Außenseiters

Durch diese Art der Präsentation interessierte de Perthes – ähnlich wie 120 Jahre zuvor Scheuchzer (vgl. S. 23) – eine breitere Öffentlichkeit für seine Funde und zwang so letztlich auch die Fachgelehrten zu einer Stellungnahme. Deren Urteil allerdings fiel denkbar negativ aus: Sie bezeichneten die von dem Zolldirektor gesammelten Steingebilde als Naturspiele (und tatsächlich hatte de Perthes neben den Faustkeilen auch zahlreiche natürlich geformte Steine als Geräte oder »Figurensteine« in seinem Werk abgebildet); sie zogen die Schichtzugehörigkeit der Stücke in Zweifel, ja sie verdächtigten die Kiesgrubenarbeiter, Objekte gefälscht und dem leichtgläubigen Laien untergejubelt zu haben (und in der Tat gingen de Perthes und mit ihm ein Großteil der französischen Fachleute später einer derartigen Fälschung – allerdings eines menschlichen Unterkiefers – auf den Leim). Der Amateurforscher drohte durch diese Expertenurteile der Lächerlichkeit anheimzufallen, doch er hielt an seinen Überzeugungen fest und nahm einen jahrelangen Kleinkrieg mit der Fachwelt in Kauf: Noch 1858 bezeichnete ein französischer Archäologenkongreß seine Kollektion als »eine wertlose Sammlung zufällig aufgelesener Steine«.[41]

Doch im selben Jahr begann sich das Blatt zu wenden – und zwar durch die Einmischung britischer Forscher. Bei Brixham in England hatte man 1858 eine Höhle ausgegraben, in der sich einmal mehr Steinwerkzeuge zusammen mit Knochen ausgestorbener Tiere fanden, doch diesmal ließen die Fundumstände keinen Zweifel an ihrer zeitlichen Zusammengehörigkeit zu. Die Grabung, die von den einflußreichen britischen Geologen Hugh Falconer und Joseph Prestwich überwacht worden war, leitete einen Meinungsumschwung innerhalb der englischen Wissenschaft ein.

Beide Forscher besuchten noch im gleichen Jahr auch das Sommetal und besichtigten dort die Sammlung von de Perthes, dessen Funde weit über Frankreich hinaus bekannt geworden waren. Vor Ort überzeugten sie sich von der Richtigkeit seiner Fundstättenbeschreibungen. Im darauffolgenden Jahr, als Darwins Hauptwerk erschien (vgl. S. 30), begab sich auch Charles Lyell, der zu dieser Zeit international renommierteste Geologe, zu dem Amateurforscher nach Abbeville und wohnte persönlich der Bergung eines Faustkeils in einer Kiesgrube bei St. Acheul bei. Im September 1859 berichtete er darüber in einer Rede auf einem Fachkongreß, die man gleichsam als die offizielle »Geburtsurkunde« der neuen Urgeschichtswissenschaft bezeichnen könnte. Lyell hob darin besonders hervor, daß die Bildung solch gewaltiger Kiesschichten, wie sie an den Fundstätten vorhanden waren – »bisweilen 100 Fuß (30 m, MK) über dem heutigen Niveau der Somme« – eine »lange Zeitperiode in Anspruch genommen« habe, und daß auch die in den Fundschichten nachgewiesenen Knochen von »Elefanten, Nashörnern und anderen Arten von Vierfüßlern, die heute in Europa fremd sind«, »einen großen Zeitraum zwischen der Herstellungsperiode der Werkzeuge und der Eroberung Galliens durch die Römer« vermuten lasse.[42]

Wie alt ist die Menschheit?

Wie groß dieser Zeitraum gewesen sein könnte, darüber mochte Lyell zunächst nicht spekulieren – er beschränkte sich auf den Hinweis, daß »das Altertum des Menschen wohl sehr viel weiter zurückreicht, als wir es uns bisher vorgestellt haben«.[43] Schon dies war aber eine wichtige Rückendeckung für de Perthes, der bereits 1847 die Möglichkeit angedeutet hatte, die »vordiluvialen« Tierknochen könnten »tausende, ja vielleicht hunderttausende von Jahren« alt sein.[44]

Ähnliche Zeiträume nannte wenig später auch Lyell. 1863, im Jahr der ersten großen Veröffentlichungen über die »Affenabstammung« des Menschen (vgl. S. 31), publizierte er ein umfangreiches Werk mit dem Titel »Das Alter des Menschengeschlechts auf der Erde«, in dem er das gesamte damals bekannte geologische und archäologische Material zur ältesten Geschichte der Menschheit zusammenstellte und erörterte. Konzentrierten sich die Darwinisten in ihren erwähnten Büchern und Vorträgen vor allem auf den Nachweis der tierischen Ursprünge des Menschen (vgl. S. 31/32), so lieferte Lyells Werk den endgültigen, mit dem ganzen Gewicht seiner wissenschaftlichen Autorität vorgetragenen Beleg dafür, daß man diese Ursprünge in unerdenklich weit zurückliegenden geologischen Zeiträumen zu suchen hatte. »Wir sind jetzt außer Stande«, schrieb er,

> »die Grenzen weder des Anfangs noch des Endes der ersten Steinzeit, da der Mensch mit den ausgestorbenen Säugetieren zusammenlebte, zu bestimmen, aber es kann nicht zweifelhaft sein, daß sie von sehr langer Dauer gewesen sein muß.«

Und um die Größenordnungen zu verdeutlichen, wies er darauf hin, daß der »Urzustand der Barbarei vielleicht zehn- oder hunderttausende von Jahren« gedauert haben mochte.[45]

Für eine Generation, die noch im Glauben an die göttliche Erschaffung der Welt und des Menschen um das Jahr 4000 v. Chr. erzogen worden war (vgl. S. 21), war es ein gewaltiger Erkenntnissprung, der sich innerhalb der sechs Jahre zwischen 1858 und 1863 vollzogen hatte. Man wußte nun, daß es den so lange umstrittenen »fossilen Menschen« tatsächlich gegeben hatte, und konnte in den diluvialen Ablagerungen – die man mittlerweile nicht mehr der Sintflut, sondern einer großen Kälteperiode, dem »Eiszeitalter«, zuschrieb (vgl. S. 25) – gezielt nach ihm und seinen kulturellen Hinterlassenschaften suchen. Vor allem aber waren die Forscher erpicht darauf, die Übergangsform zwischen ihm und den noch älteren äffischen Vorfahren zu finden, aus denen das Menschengeschlecht ursprünglich hervorgegangen sein mußte – jenes »fehlende Bindeglied« (*missing link*) zwischen Affe und Mensch, das man von nun an als theoretisches Postulat voraussetzte, ohne zunächst wirkliche Belege dafür vorweisen zu können.

Und bei dieser Suche sollte bald schon Deutschland ins Zentrum des Interesses rücken – genauer gesagt ein kleines Tal bei Düsseldorf, in dem nur wenige Jahre zuvor Teile eines altertümlichen Skeletts entdeckt worden waren, das ein guter Anwärter für dieses »Missing link« zu sein schien ...

2. Kapitel

Von der Bestie zum Gentleman: Der Neandertaler

Das Neandertal, 13 Kilometer östlich von Düsseldorf, ist heute weltbekannt, obwohl es eigentlich gar nicht mehr existiert. Wo Stiche aus dem frühen 19. Jahrhundert eine wildromantische Schlucht mit steil aufragenden Felsklippen zeigen (Abb. 6), findet der Besucher heute nur noch ein unauffälliges, bewaldetes Steinbruchgelände vor. Dennoch kommen Jahr für Jahr mehrere zehntausend Menschen von nah und fern hierher, um dem frühen Vorfahren ihre Reverenz zu erweisen, der das Tal von New York bis Peking und von Sydney bis Moskau bekannt gemacht hat. Der Neandertaler – in seiner modernen Schreibweise mit »t« oder in der traditionellen Orthographie mit »th« (*Neanderthaler*) – ist bis heute der bekannteste urzeitliche Mensch geblieben, und für viele ist er der »Urmensch« schlechthin. Trotz seiner Popularität erinnerte bis vor kurzem dort, wo er entdeckt wurde, nur ein kleiner, provisorischer Museumsbau an ihn. Seit Oktober 1996 ist das anders: Zum 140. Jahrestag seiner Entdeckung wurde vor Ort ein großes, aufwendig gestaltetes Museum eröffnet, das dem Besucher die Urgeschichte der Menschheit mittels perfekt rekonstruierter Neandertalerfiguren (Abb. 13), hochmoderner Videoinstallationen und instruktiver Demonstrationsobjekte anschaulich vor Augen führt.

1856, als die Fossilien ans Tageslicht kamen, war das Neandertal wie

Abb. 6
Das Neandertal
auf einer Darstellung
von 1835

erwähnt noch eine Schlucht mit steilen Kalksteinwänden, in denen sich zahlreiche kleinere und größere Höhlen befanden. Der industrielle Abbau des Gesteins, dem das Tal schließlich zum Opfer fallen sollte, war jedoch bereits in vollem Gange. Bei diesen Arbeiten entdeckte man auch das Skelett des heute so berühmten »Altmenschen«. Zwei Arbeiter stießen darauf, als sie im August 1856 die Sedimentablagerungen in einer der Höhlen, in der sogenannten Kleinen Feldhofer Grotte, ausräumten. Die fossilen Knochen lagen etwa 60 Zentimeter tief im Lehm und wurden von den Männern zunächst nicht weiter beachtet, sondern zusammen mit dem Erd- und Gesteinsschutt ins Tal hinunter geworfen. Dort jedoch fielen sie einem der Steinbruchbesitzer auf. Weil er sie für Höhlenbärenknochen hielt, ließ er die größeren unter ihnen aus dem Schutt aufsammeln und dem Elberfelder Lehrer Johann Carl Fuhlrott übergeben, der sich in der Region als Naturforscher einen Namen gemacht hatte.

Ein Lehrer identifiziert den ältesten Menschen

Fuhlrott erkannte die Skelettreste – ein Schädeldach, ein Becken und mehrere Arm- und Beinknochen sowie diverse Rippen (Abb. 7) – auf Anhieb als menschlich, bemerkte aber auch, daß sie sich erheblich vom Skelett des modernen Menschen unterschieden. An der Schädeldecke (der untere Teil des Schädels fehlte bzw. war nicht aufgesammelt worden) fielen Fuhlrott die »länglich-ovale Form und ungewöhnliche Größe«, die »schmale, flache, fast fliehende Stirn« und »die außerordentlich starke Entwicklung der Stirnhöhlen« auf, »wodurch die Augenbrauenbogen, welche in der Mitte ganz miteinander verschmolzen sind, (...) weit vorspringen«. Die Hirnschale war nach seiner Beobachtung überdies »durch ungewöhnliche Dicke ausgezeichnet«, ein Merkmal, das sie »indes mit allen übrigen Knochen gemein (hatte), an denen außerdem alle Höcker, Grate und Leisten, die dem Ansatze der Muskeln dienen, ebenfalls ungewöhnlich stark ausgebildet« waren.[1]

Aufgrund dieser ungewöhnlichen Merkmale sowie der Fundumstände schloß Fuhlrott, das Skelett müsse »aus der vorhistorischen Zeit, wahrscheinlich aus der Diluvialperiode stammen und daher einem urtypischen Individuum unseres Geschlechts einstens angehört haben«. Doch als er diese Ansicht 1857 auf einer Versammlung von Naturforschern in Bonn vortrug, erging es ihm nicht viel anders als Boucher de Perthes in Frankreich mit seinen Steinwerkzeugen (vgl. Kap. 1): Die meisten der anwesenden Gelehrten schüttelten den Kopf angesichts dieser abstrusen und gewagten Behauptung, die sich noch nicht einmal durch Beifunde von Steingeräten oder diluvialen Tierknochen erhärten ließ.

Die Lehrmeinung vom nachdiluvialen Ursprung des Menschen (vgl. Kap. 1) war damals noch weitgehend unerschüttert, die große Debatte über Darwin und die Entwicklungstheorie sollte erst zwei Jahre später einsetzen – die Voraussetzungen für eine unvoreingenommene Diskussion der Skelettreste aus dem Neandertal waren also 1857 noch nicht gegeben. Die Reaktion auf Fuhlrotts Vortrag fiel derart entmutigend aus, daß der Forscher seinen ersten schriftlichen Bericht über den Fund im Jahre 1859 mit der Bemerkung schloß, er wolle »auf jeden Versuch einer Propaganda für meine Überzeugung gern verzichte(n), und das entscheidende Urteil über die Existenz fossiler Menschen der Zukunft anheim stelle(n)«. Trotz dieser demonstrativen Zurückhaltung ließ es sich die Redaktion der Zeitschrift, in der der Aufsatz erschien, nicht nehmen, in einem Nachsatz ausdrücklich »zu bemerken, daß wir die vorgetragenen Ansichten nicht teilen können«, und Fuhlrotts Argumente ablehnen zu kommentieren.[2]

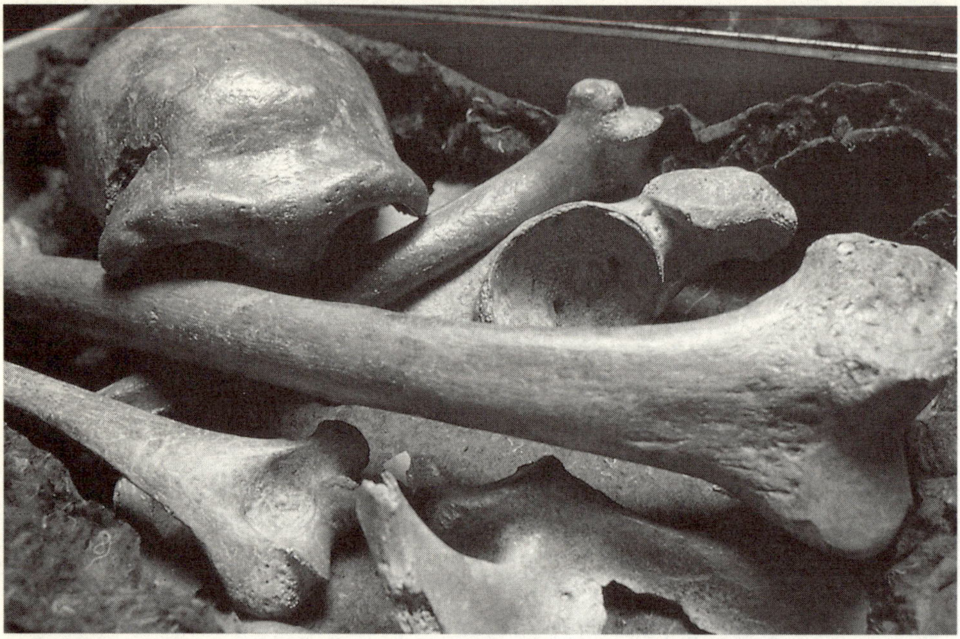

Abb. 7
Das Schädeldach und die fossilen Knochen aus dem Neandertal

Einen Fürsprecher unter den Fachgelehrten fand der Elberfelder Lehrer anfangs nur in dem an der Universität Bonn lehrenden Anatomen Hermann Schaaffhausen. Dieser untersuchte die Skelettreste aus dem Neandertal einige Monate nach ihrer Auffindung gründlich und unterstützte Fuhlrott bereits auf der erwähnten Bonner Tagung. Er vertrat dort die Ansicht,

»daß die auffallende Form dieses Schädels für eine natürliche Bildung zu halten sei, welche (...) auch bei den rohesten Rassen sich nicht finde, (und) daß diese merkwürdigen menschlichen Überreste einem höheren Altertume als der Zeit der Kelten und Germanen angehörten«.

Die Möglichkeit eines diluvialen Ursprungs der Knochen schloß er nicht aus, sah sie aber nach den »Umständen der Auffindung« auch nicht als bewiesen an.[3] In einem ausführlicheren Aufsatz gelangte Schaaffhausen 1858 nach der Sichtung umfangreichen Vergleichsmaterials zu dem Urteil:

»Die menschlichen Gebeine und der Schädel aus dem Neandertal übertreffen (alle anderen) an jenen Eigentümlichkeiten der Bildung, die auf ein rohes und wildes Volk schließen lassen; sie dürfen (...) für das älteste Denkmal der früheren Bewohner Europas gehalten werden«, jedoch »würde es nicht zu rechtfertigen sein, in dem Schädelbau etwa den rohesten Urtypus des Menschengeschlechtes erkennen zu wollen«.[4]

Hauptbeweisstück für die Evolutionstheoretiker

Zu dem Zeitpunkt, als Schaaffhausen dieses Urteil niederschrieb, handelte es sich noch um eine Angelegenheit von rein regionaler Bedeutung, doch nach dem Erscheinen von Darwins »Entstehung der Arten« 1859 und dem Beginn der Debatte um den Ursprung des Menschen (vgl. Kap. 1) erlangte der Fund aus dem Neandertal rasch internationale Publizität und Bedeutung. Die fossilen Menschenknochen, die man zu dieser Zeit sonst kannte, waren zwar teilweise mit ausgestorbenen Tierarten zusammen gefunden worden (vgl. S. 25), sie unterschieden sich aber anatomisch nicht so stark von denen des heutigen Menschen, daß sie zur Klärung der Frage nach der »Affenabstammung« hätten herangezogen werden können; sie stammten vom sogenannten Cro Magnon-Menschen (benannt nach einem Fundort in Frankreich), der während der letzten 35 000 Jahre des Eiszeitalters in Europa lebte (vgl. Kap. 4) und heute unserer eigenen Art *Homo sapiens sapiens* zugerechnet wird. Die Knochen aus dem Neandertal hingegen unterschieden sich beträchtlich von denen des modernen Menschen und schienen einem bislang völlig unbekannten Typus anzugehören. Vor allem die britischen Vorkämpfer der Evolutionstheorie, die archäologischen Hinweisen auf ein hohes Alter der Menschheit starke Beachtung schenkten, stürzten sich daher mit wahrer Begeisterung auf sie, um auszuloten, was sie zu der heiß diskutierten Frage nach der Abstammung des Menschen auszusagen vermochten.

Charles Lyell, der rührige und an Fragen der menschlichen Urgeschichte intensiv interessierte Geologe (vgl. Kap. 1), besuchte 1860 auf einer Europareise auch Fuhlrott und das Neandertal und brachte einen Gipsabguß der dort aufgefundenen Schädeldecke mit nach England. Dieses Duplikat zeigte er Thomas Henry Huxley, der »sogleich bemerkte, daß dies der affenähnlichste Menschenschädel sei, den er je gesehen«.[5] Beide Forscher beschrieben und besprachen das Stück daraufhin ausführlich in ihren 1863 erschienenen Werken »Zeugnisse für die Stellung des Menschen in der Natur« und »Das Alter des Menschengeschlechts auf der Erde« (vgl. Kap. 1), und so wurden die Fossilien aus jenem kleinen Tal bei Düsseldorf schon bald zu einem Hauptbeweisstück in der Debatte über die Herkunft des Menschen.

Affenähnlich, aber nicht das »Missing link«

Huxley beschrieb die Schädeldecke in seinem erwähnten Werk wie folgt:

> »Von welcher Seite wir auch diesen Schädel betrachten, mögen wir seine vertikale Abplattung, die enorme Dicke seiner Augenbrauenwülste, sein schräges Hinterhaupt oder seine lange und gerade Schuppennaht berücksichtigen, wir stoßen auf affenähnliche Charaktere, wodurch er zu dem affenähnlichsten menschlichen Schädel wird, der bis jetzt entdeckt ist.«

Der Schädel mußte nach Huxleys Berechnungen in seinem ursprünglichen und vollständigen Zustand jedoch ein Fassungsvermögen von über 1230 Kubikzentimeter gehabt haben, das deutlich über den niedrigsten beim modernen Menschen gemessenen Volumina lag (vgl. Kap. 3). »Eine so große Gehirnmasse« lasse vermuten, so der Zoologe, »daß die affenähnlichen Beziehungen, die dieser Schädel andeutet, nicht tief in die Organisation eingedrungen sind«. Diese Folgerung sah er auch durch die übrigen Teile des Skeletts bestätigt, die zeigten, »daß die absolute Höhe und (die) relativen Verhältnisse der Gliedmaßen durchaus die eines mittelgroßen Europäers waren«. – »In keiner Weise können daher«, so Huxley zusammenfassend,

> »die Neandertal-Knochen als die Überreste eines zwischen Affe und Mensch in der Mitte stehenden menschlichen Wesens angesehen werden. Höchstens beweisen sie die Existenz eines Menschen, dessen Schädel etwas auf dem Affentypus zurückgeht, ebenso wie eine Brieftaube (...) zuweilen das Gefieder des ursprünglichen Stammes der *Columba livia* anlegt.«[6]

Der Neandertaler war mit anderen Worten kein »Affenmensch« und auch nicht das sehnsüchtig gesuchte »Missing link« (vgl. Kap. 1), sondern ein wirklicher Mensch mit einigen Anklängen an den Schädelbau der Affen (ein solches Wiederauftauchen stammesgeschichtlich älterer Merkmale wird in der modernen Biologie als »Atavismus« bezeichnet). Für einen glühenden Verfechter der »Affenabstammung« des Menschen war das ein bemerkenswert zurückhaltendes und differenziertes Urteil, denn gerade in der damaligen Situation wäre den Evolutionisten der Nachweis eines fossilen »Bindegliedes« zwischen Mensch und Affe als Argument gegen ihre Gegner wie gerufen gekommen. Daß Huxley (ebenso wie Lyell) nicht der Versuchung erlag, den Neandertaler als ein solches »Missing Link« auszugeben, zeugt von seiner wissenschaftlichen Redlichkeit und beweist, daß kämpferisches Engagement für eine geistesgeschichtliche Richtung (vgl. Kap. 1) nicht unbedingt zu ideologischer Verbohrtheit und einseitigen Interpretationen führen muß.

»Homo neanderthalensis«

Andere Gelehrte vertraten hingegen eine sehr viel radikaler »evolutionistische« Interpretation des Fundes. Der in Irland lehrende Forscher William King bescheinigte der Schädeldecke aus dem Neandertal 1863 deutlich mehr affenartige als menschliche Züge und gelangte zu dem Urteil:

> »Alles in allem ist ein bemerkenswertes Fehlen jener Umrisse und Proportionen zu verzeichnen, die das Vordergesicht unserer Spezies auszeichnen; und kaum jemand kann bestreiten, daß dieser Mangel das Neandertaler Fossil mehr an die Menschenaffen als an den *Homo sapiens* annähert.«[7]

Der Gelehrte wies die Skelettreste daher einer primitiven Menschenart zu, die nicht unserer Spezies *Homo sapiens* angehört habe und die er als *Homo neanderthalensis* bezeichnete. Ein Jahr später, 1864, äußerte er sogar Zweifel, ob die Knochen überhaupt von einem Menschen und nicht vielmehr von einem fossilen Menschenaffen stammten. Trotz dieses Meinungswechsels bürgerte sich der von ihm eingeführte wissenschaftliche Name *Homo neanderthalensis* besonders in der englischsprachigen Fachwelt rasch ein, und manche Forscher verwenden ihn noch heute (vgl. Kap. 4).

Altmensch oder »wilder Peter«?

Andererseits gab es vor allem in Deutschland aber auch zahlreiche Gelehrte, die die Skelettfragmente aus dem Neandertal überhaupt nicht als Beleg eines vom modernen Menschen grundsätzlich verschiedenen Typus ansahen, sondern als die Reste eines kranken oder »abnormen« Menschen der historischen Zeit. Besonders nachhaltig vertrat diese Auffassung Franz Joseph Carl Mayer, ein Kollege Schaaffhausens an der Bonner Universität, der über diese Frage 1864 einen polemischen Schlagabtausch mit den britischen Evolutionisten vom Zaune brach. Mayer, der die Knochen im Gegensatz zu den meisten anderen Autoren im Original untersucht hatte, diagnostizierte »Verkrümmungen und krankhafte Wucherungen« an einigen von ihnen und führte diese auf »Osteomalazie (Knochenerweichung, MK) oder Rachitis« zurück, wie sie durch »Aufenthalt in feuchter Wohnung und bei Kartoffelnahrung« verursacht werde.

Aufgrund dieser Befunde wandte er sich gegen die Annahme, daß der »Neanderschädel einem sehr niederen Typus und somit, wie daraus unrichtig geschlossen wird, einer vorhistorischen Zeit angehöre« und erklärte es für wahrscheinlicher, daß »ein verwahrloster, verwilderter, verkrüppelter Mensch, eine Art wilder Peter« in der kleinen Höhle im Neandertal Zuflucht gesucht und dabei den Tod gefunden habe. Vielleicht, so spekulierte er, stamme das Skelett von einem berittenen mongolischen Kosaken des russischen Heeres, das 1813/14 während der Befreiungskriege gegen Napoleon mehrere Monate lang in der Region gelagert hatte, bevor es über den Rhein gegen Frankreich zog. Als Argument hierfür wies er vor allem auf die starke Krümmung der fossilen Oberschenkelbeine hin, die »nicht normal« sei, jedoch häufig bei Männern vorkomme, »welche von früher Jugend an als Reiter herangewachsen sind«.[8]

Virchows schwerwiegender Irrtum

Bei seinen Widersachern erzielte der Bonner Anatom mit diesen Mutmaßungen einen Heiterkeitserfolg, doch er war keineswegs der einzige, der solche Überlegungen anstellte. Andere Gelehrte wollten die Knochen aus dem Neandertal einem »Kelten«, einem »alten Holländer«, einem

»Friesen« oder gar schlicht einem »Idioten« zuschreiben. In Deutschland gewannen solche Spekulationen endgültig die Oberhand, als 1872 der Berliner Mediziner und Anatom Rudolf Virchow, der in seinem Fachbereich höchstes Ansehen genoß und der Berliner Gesellschaft für Anthropologie, Ethnologie und Urgeschichte vorstand, in die Diskussion eingriff und sich für einen nichtfossilen Charakter der Neandertaler Skelettreste aussprach. Virchow bestätigte, daß die Knochen eine »Reihe von pathologischen Erscheinungen« zeigten, die Mayer »ganz richtig erkannt und nur in einer etwas grotesken Weise ausgeführt« habe, und er rekonstruierte anhand dieser Befunde eine ganze Krankheitsgeschichte. Man könne »mit voller Sicherheit schließen«, so schrieb er,

»daß das fragliche Individuum in seiner Kindheit in einem geringen Grade an Rachitis gelitten, daß es dann eine längere Periode kräftiger Tätigkeit und wahrscheinlicher Gesundheit durchlebt hat, welche nur durch mehrere schwere Schädelverletzungen, die aber glücklich abliefen, unterbrochen wurde, bis sich später *Arthritis deformans* mit anderen, dem höheren Alter angehörigen Veränderungen einstellte, insbesondere der linke Arm fast ganz steif wurde«.

Virchow folgerte aus dieser Diagnose, »daß man es wird aufgeben müssen, den Neandertal-Schädel als hinreichendes Zeugnis einer Rasse anzusehen«, daß vielmehr »eine durchaus individuelle Bildung« vorliege, aus der »in keiner Weise eine Annäherung an irgend einen Affenschädel abgeleitet werden« könne. Zum Alter des Skelettrestes äußerte er sich nur vorsichtig, hob jedoch hervor, daß dieser von einem Mann stamme, der trotz seiner schwerwiegenden Deformationen »ein hohes Greisenalter erlebte«. Es seien dies

»Umstände, welche auf einen sicheren Familien- oder Stammesverband schließen lassen, ja welche vielleicht auf eine wirkliche Seßhaftigkeit hindeuten. Denn schwerlich dürfte in einem bloßen Nomaden- oder Jägervolke eine so viel geprüfte Persönlichkeit bis zum hohen Greisenalter hin sich zu erhalten vermögen.«[9]

Dieses »Indiz« (das auf einem klassischen Vorurteil basierte, denn wie man heute weiß, wurden sehr viele verletzte oder kranke Neandertaler offenbar bis zum Tod von ihren Gruppenangehörigen betreut und versorgt) sprach seiner Ansicht nach gegen ein allzuhohes Alter des Fundes.

Virchow verteidigte diese Einschätzung, die sich als eines der schwerwiegendsten Fehlurteile in der Geschichte der Paläanthropologie erweisen sollte und zumindest die deutsche Forschung jahrzehntelang hemmte, in der Folgezeit verbissen und ließ sich auch von neuen, ähnlich gearteten Funden nicht überzeugen. So bezeichnete er 1882 zwei durch ihre Größe und Gestalt von allen historischen Vergleichsstücken stark unterschiedene menschliche Unterkiefer, die in La Naulette in Frankreich und in der

Schipkahöhle in Mähren gefunden worden waren, als Beispiele individueller »Anomalien« und wandte sich gegen die Deutung ihrer Besonderheiten als »Rasseneigentümlichkeit«.[10]

Die Weltanschauung prägt den Blick

Diese vollkommen unterschiedliche Beurteilung der gleichen Knochen durch verschiedene Anatomen, die ja allesamt kompetente Fachleute auf ihrem Gebiet waren, hing in hohem Maße mit den weltanschaulichen Grundpositionen und Prämissen zusammen, mit denen sie an die Untersuchung der Skelettreste herangingen und die ihr Urteil unbewußt prägten. Für Huxley und Lyell war es, wie wir im letzten Kapitel gesehen haben, eine ausgemachte Sache, daß der Mensch von affenartigen Vorfahren abstammte – das Vorhandensein »pithekoider« (affenähnlicher) Züge an einem fossilen Schädel paßte von daher vorzüglich in ihr Konzept, und es ist bemerkenswert, daß sie diese Züge nicht überzeichneten, sondern sich insgesamt eher zurückhaltend äußerten (vgl. S. 49). Auch Fuhlrott, der wissenschaftliche Entdecker des Neandertalers, stand der Abstammungstheorie aufgeschlossen gegenüber und war – wie spätere Schriften aus seiner Feder zeigten – mit den Werken der englischen und deutschen Evolutionisten wohlvertraut. Sein fachlicher Mentor Schaaffhausen glaubte zwar offenbar an einen göttlichen Schöpfer als Ausgangspunkt der Weltentstehung, ging aber dennoch von einer evolutionären Entwicklung innerhalb der bestehenden Welt aus. »Was die Erschaffung des Menschen betrifft«, so schrieb er bereits 1853, sechs Jahre vor dem Beginn der großen Evolutionsdebatte, in einem Aufsatz »Über Beständigkeit und Umwandlung der Arten«:

> »Soll es seiner unwürdig sein, wenn wir ihn als die höchste und letzte Entwicklung des tierischen Lebens betrachten; (...) ist er darum weniger gut aus der Hand seines Schöpfers hervorgegangen, wenn dieser in dem dunklen Schoße ungezählter Jahrtausende die Tiergestalt nach und nach veredelte, bis das menschliche Gebilde, das man sein Ebenbild genannt hat, erreicht war?«[11]

Mayer, der erste entschiedene Gegner einer »evolutionistischen« Interpretation des Neandertaler Fundes, war dagegen ein entschlossener Anhänger des christlichen Schöpfungsglaubens in seiner traditionellen Form. Er vertrat die Überzeugung, »daß der Mensch, wie er jetzt ist, (...) als besondere Spezies entstanden (...) oder durch göttliche Allmacht geschaffen worden« sei und bezeichnete daher »die Existenz einer niederen Urrasse des Menschengeschlechtes (als) eine bloße Fiktion«. Die Theorie Darwins widersprach nach seiner Auffassung nicht nur dem Axiom, daß »ein Wesen nicht den Keim eines anderen, von ihm verschiedenen, in und aus sich erzeugen könne«, sondern war auch »der aus dem Universum uns entgegen leuchtenden Allmacht oder Schöpfung von Wesen in unendlicher Mannigfaltigkeit unwürdig«. Entsprechend dieser weltanschaulichen Maxime erschien ihm die Zuordnung der Neandertaler Skelettreste zu einem modernen Kosaken (vgl. S. 50) als angebrachter denn ihre fossile Deutung,

> »weil man jede Möglichkeit der Erklärung in Erwägung ziehen darf, ehe man sich zur Annahme eines Alters des Fundes von Jahrtausenden entschließt. (...) Und wirklich möchte eine strenge Kritik nirgends in dem Gebiete der Naturwissenschaft notwendiger sein, als bei der in das Dunkel der Vorzeit tief gehüllten Frage über die ersten Anfänge oder über den sogenannten Ursprung des Menschengeschlechts«.[12]

Virchow und der Darwinismus

Als komplexer erweisen sich die Verhältnisse im Falle Virchows, dessen Urteil so großen Einfluß in der deutschen Fachwelt haben sollte (vgl. S. 50). Virchow war als überragender intellektueller Kopf lebenslang von der inneren Logik und Geschlossenheit der Darwinschen Theorie fasziniert und hatte sie in den ersten Jahren nach ihrer Veröffentlichung auch lebhaft begrüßt, obwohl er sie von Anfang an als ein noch nicht hinreichend bewiesenes, erst noch konkreter zu untermauerndes Denkmodell betrachtete. »Nichts stärkt den Mut des einzelnen Menschen im Ringen um die höchsten Güter mehr«, sagte er 1869 in einem populären Vortrag,

> »als das Bewußtsein, daß es einen wirklichen Fortschritt in der Welt gibt. (...) Darum erscheint die Deszendenz-Theorie, obwohl an sich unbewiesen und in ihren einzelnen Ausstellungen vielleicht vielfach irrig, nicht nur als ein logisches, sondern auch ein sittliches Postulat. Nicht als ein neues Dogma, sondern als eine Leuchte auf dem dunkeln Wege weitergehender Forschung wird sie der Menschheit reichen Segen bringen.«[13]

Im Laufe der folgenden Jahre verschob sich sein Urteil über den Darwinismus aber immer mehr zur negativen Seite, so daß er 1877 in einer oft zitierten Rede mit dem Titel »Die Freiheit der Wissenschaft im modernen Staat« schließlich nachhaltig davor warnte, die Evolutionstheorie in den Schulen zu lehren, wie es Haeckel und andere Gelehrte forderten. »Jeder Versuch, unsere Probleme zu Lehrsätzen umzubilden, unsere Vermutungen als die Grundlagen des Unterrichts einzuführen, der Versuch insbesondere, die Kirche einfach zu depossedieren (enteignen, MK) und ihr Dogma ohne weiteres durch eine Deszendenzreligion zu ersetzen, (...) dieser Versuch muß scheitern«, führte er darin aus und setzte hinzu:

> »Positiv müssen wir anerkennen, daß noch immer eine scharfe Grenzlinie zwischen dem Menschen und dem Affen besteht. Wir können nicht lehren, wir können es

nicht als eine Errungenschaft der Wissenschaft bezeichnen, daß der Mensch vom Affen oder von irgend einem anderen Tiere abstamme.«[14]

Die Gründe für diesen Sinneswandel waren vielfältiger Art. Virchow war ein streng analytischer, auf pedantische Exaktheit und absolute Nachweisbarkeit aller wissenschaftlichen Lehrsätze bestehender Kopf, und die zahlreichen spekulativen Behauptungen, weltanschaulichen Bekenntnisse, rassischen Werturteile und »naturreligiösen« Schwärmereien, mit denen Haeckel und andere Evolutionisten ihre Vorträge und Schriften garnierten, waren ihm von Grund auf zuwider; nicht umsonst sprach er in seiner oben zitierten Rede abfällig von einer »Deszendenzreligion« und an anderer Stelle von »spekulierender Naturphilosophie« und »Gefühlswissenschaft«.[15]

Dazu kam, daß Virchow als erfahrener Anthropologe und Archäologe zahllose Schädel und Skelette aus Gräbern und Siedlungen unterschiedlicher vorgeschichtlicher Epochen untersucht hatte und dabei »immer wieder (auf) einen Menschen« gestoßen war, »wie wir es auch sind« – er glaubte daher mit der Zeit nicht mehr an die Existenz andersgearteter Urmenschen. »Noch vor zehn Jahren«, so führte er in seinem Vortrag von 1877 aus, meinte man,

»wenn man etwa einen Schädel im Torf fand oder in Pfahlbauten oder in alten Höhlen, (...) wunderbare Merkmale eines wilden, noch ganz unentwickelten Zustandes an ihm zu sehen. Man witterte eben Affenluft. Allein, das hat sich allmählich immer mehr verloren. Die alten Troglodyten (Höhlenbewohner, MK), Pfahlbauern und Torfleute erweisen sich als eine ganz respektable Gesellschaft. Sie haben Köpfe von solcher Größe, daß wohl mancher Lebende sich glücklich preisen würde, einen ähnlichen zu besitzen.«[16]

Ein heikles Politikum

Nicht zuletzt aber machte sich Virchow als Mitbegründer der Deutschen Fortschrittspartei und aktiver liberaler Politiker offenbar auch Sorgen um die politischen Auswirkungen, die eine gewissermaßen »offizielle« Anerkennung des Darwinismus auf das gesellschaftliche und politische Klima haben könnte. »Nun stellen Sie sich einmal vor, wie sich die Deszendenztheorie heute schon im Kopfe eines Sozialisten darstellt!« rief er seinen Zuhörern in der erwähnten Rede über »Die Freiheit der Wissenschaft« zu, und fuhr in Anspielung auf die Pariser Kommune von 1871 fort:

»Ja, meine Herren, das mag Manchem lächerlich erscheinen, aber es ist sehr ernst, und ich will hoffen, daß die Deszendenztheorie für uns nicht alle die Schrecken bringen möge, die ähnliche Theorien wirklich im Nachbarlande angerichtet haben. Immerhin hat auch diese Theorie, wenn sie konsequent durchgeführt wird, eine ungemein bedenkliche Seite, und daß der Sozialismus mit ihr Fühlung gewonnen hat, wird Ihnen hoffentlich nicht entgangen sein. Wir müssen uns das ganz klar machen.«[17]

Vielerlei Motive veranlaßten Virchow also zur kritischen Distanz gegenüber dem Evolutionismus und spielten sicherlich auch eine Rolle bei seiner so folgenschweren Fehlbeurteilung des Neandertalers. Und dennoch wäre es vermutlich zu einfach, dieses Fehlurteil allein aus einer verstockten Ablehnung der Entwicklungstheorie zu erklären, denn auch Carl Vogt, der glühende und neben Haeckel einflußreichste Verfechter des frühen Evolutionismus in Deutschland (vgl. Kap. 1), urteilte 1863, »der Vorkopf des Neanderschädels« sei »ganz derjenige eines Idioten oder Mikrozephalen (abnorm Kleinköpfigen, MK)«.[18] Selbst ein eingefleischter Darwinist deutete also die besonderen Merkmale des Schädeldachs damals als individuelle Fehlbildungen, und dieser Umstand läßt auch Virchows (und Mayers) Irrtum in einem etwas milderen Licht erscheinen. Im Neandertal waren außer den fossilen Knochen eben keinerlei geologische oder materielle Anhaltspunkte für eine Zuordnung des Skeletts gefunden worden, weder Artefakte noch Tierknochen (vgl. S. 46), und das machte die Beurteilung unter den damaligen Voraussetzungen in gewissem Maße zu einem riskanten Glücksspiel.

Als Urmensch rehabilitiert

Doch die archäologische Forschung schritt weiter voran, und 1886 gelang eine Entdeckung, die alle Zweifel beseitigen und zur endgültigen Anerkennung des Neandertalers als fossiler Mensch führen sollte. In einer Höhle bei Spy unweit der Stadt Namur in Belgien stieß man damals auf zwei Skelette, die ganz ähnliche Merkmale zeigten wie der Fund aus dem Neandertal. Sie waren freilich viel vollständiger als dieser und umfaßten auch Knochenpartien, die dort gefehlt hatten – vor allem große Teile des Gesichtsschädels. Dieser wich in seiner Formung nicht weniger stark von unserem heutigen ab als der schon aus dem Neandertal bekannte Stirn- und Schädeldachbereich (vgl. S. 48), so daß nun vernünftigerweise nicht mehr von individuellen Mißbildungen die Rede sein konnte. Die Häufung der Belege zeigte vielmehr eindeutig, daß in der Tat ein eigener Menschentyp vorlag, der sich in seinen Eigenarten deutlich vom modernen Homo sapiens unterschied. Außerdem ließ die geologische Situation, in der man die Skelette von Spy – zusammen mit zahlreichen primitiven Steingeräten und Knochen ausgestorbener Tiere – fand, keine Zweifel an ihrem »diluvialen« Alter zu.

Diese Entdeckung führte zu einem allmählichen Meinungswandel auch in der deutschsprachigen Forschung, die bisher überwiegend Virchows Urteil gefolgt war. Dennoch sollte es noch bis ins neue Jahrhundert dauern, bis auch der Fund aus dem Neandertal (der in England längst als fossiler Mensch anerkannt war) in Deutschland gewissermaßen offiziell als Urmensch »rehabilitiert« wurde. Dies geschah in einer Arbeit, die der Straßburger Anatom und Virchow-Schüler Gustav Schwalbe

1901 veröffentlichte und in der er anhand zahlreicher detaillierter Knochenmessungen nachwies, daß der Schädel aus dem Düsseltal »eine größere Anzahl von Merkmalen« aufweise, »welche keine der ausgestorbenen und jetzt lebenden Rassen des Homo sapiens besitzt«, so daß das Fossil »mehr oder weniger weit außerhalb der Variationsbreite des Menschen« stehe. Daher müsse man, so folgerte der Forscher, »seinen Träger (auch) für eine besondere Art erklären«, eben den *Homo neanderthalensis* (vgl. S. 49).[19] Dieses Urteil wurde angesichts der erdrückenden Beweislast nunmehr fast überall akzeptiert. Damit war der Streit um den fossilen Charakter des Neandertalers ein- für allemal entschieden; in den Mittelpunkt der Debatte rückte nun die Frage nach seinem körperlichen und geistigen Entwicklungsstand und nach seiner Stellung im »Familienstammbaum« der Menschheit.

»Finsternis hinter Überaugenwülsten«

Die meisten Forscher wiesen dem neuentdeckten Urmenschen auf der evolutionären Stufenleiter einen Platz irgendwo zwischen den historischen Naturvölkern und den Menschenaffen zu. Diese Sichtweise legte es nahe, auch seine geistigen und emotionalen Fähigkeiten weit unter denen des modernen Menschen anzusiedeln. Der gewaltige knöcherne Überaugenwulst und die flache, fliehende Stirn, die schon bei dem Schädeldach aus dem Neandertal aufgefallen waren (vgl. S. 45), schienen diese Roheit und Geistesschwäche geradezu handgreiflich zu bestätigen. Das »starke Vortreten der Augenbrauengegend« müsse »dem menschlichen Antlitz einen ungemein wilden Ausdruck gegeben haben«, merkte Hermann Schaaffhausen bereits 1858 an und fügte hinzu: »Man darf diesen Ausdruck einen tierischen nennen, weil der vorspringende obere Augenhöhlenrand auch für die Gesichtsbildung der großen Affen bezeichnend ist.« Im Hinblick auf die Größenabmessungen der allerdings unvollständigen und daher nur schwer zu beurteilenden Hirnschale bemerkte er: »Die Schädelhöhle läßt mit Rücksicht auf die ungemeine Kraft des Körperbaues auf eine geringe Hirnentwicklung schließen.«[20]

Noch wesentlich krasser fiel das Urteil von William King aus, jenem irischen Anatomen, der die Bezeichnung *Homo neanderthalensis* prägte (vgl. S. 49). »Die besonderen Fähigkeiten des Menschen«, so schrieb er 1864,

> »finden ihren sichtbaren Ausdruck in seinem hochgewölbten Schädeldach, das (...) ein wesentliches Charakteristikum der menschlichen Art ist. Doch in Anbetracht der Tatsache, daß der Schädel aus dem Neandertal in hohem Maße affenartig ist, (...) fühle ich mich gezwungen anzunehmen, daß die Gedanken und Wünsche, die ihm einst innewohnten, niemals diejenigen eines Tieres überstiegen. (...) Geht man davon aus, (...) daß die Fähigkeiten der Affen kaum zu verbessern sind und daß diese Wesen keine moralischen und religiösen Vorstellungen zu entwickeln vermö-

gen, so spricht alles für die Annahme, daß eine ähnliche Finsternis auch das Wesen umgab, von dem das Fossil stammt.«[21]

Was verrät die Physiognomie?

Widerspruch gegen diese und ähnliche Deutungen erhoben in erster Linie jene Gelehrten, die das hohe Alter des Neandertalers anzweifelten und in ihm einen mißgebildeten Menschen der historischen Zeit sehen wollten. Zur Untermauerung ihrer Position mußten sie die Besonderheiten des Fossils natürlich herunterspielen und lehnten deshalb auch den Gedanken einer in der Morphologie zum Ausdruck kommenden Zurückgebliebenheit oder Entwicklungskluft strikt ab. Virchow betonte in seinem Aufsatz von 1872, daß »der Innenraum des (Neandertaler Schädels) (...) keineswegs eine so auffällige Kleinheit besitzt, daß man daraus auf eine besondere Inferiorität (Minderwertigkeit, MK) der Rasse schließen könne«,[22] und Mayer hob 1864 hervor, »vorspringende Augenbrauenbogen« seien »auch unter zivilisierten Völkern nicht selten« und daher keineswegs ein »Ausdruck niederer tierischer Bildung«. Wichtiger als solche wertenden Beurteilungen sei, so schrieb er, »die Frage, was ist die Bestimmung, der Zweck, der Nutzen, (...) der *Sinus frontales*; warum sind sie bei intelligenten Männerschädeln bald da und bald fehlen sie diesen ganz?« Und er stellte die bis heute aktuell gebliebene Frage, was solche morphologischen Eigenheiten überhaupt über den Entwicklungsstand und das intellektuelle Leistungsver-

Abb. 8 Darstellung des Neandertalers von La Chapelle als wilder Halbaffe (Zeichnung 1909 von Kupka)

mögen ihres Trägers auszusagen vermögen. »Der Unterschied des Menschen vom Affen gehört in erster Instanz vor das Forum des Psychologen«, schrieb er,

»welcher in dem Sprachtalent des Menschen, in dem Begriff der Kausalität, in seinem Fortbildungstrieb und insbesondere in seinen ethischen Ideen und Idealen eine unermeßliche Kluft zwischen Mensch und Affe (...) findet. Fragt nun der Psychologe den Anatomen um den Nachweis dieses Unterschiedes im Körper oder im Schädel und Gehirn, (...) so werden wir ihm nicht antworten, dieser Unterschied ruht in der Größe der Augenbrauenbogen oder in dem Zurückweichen der Stirn, weil dieses kompensiert werden kann, sondern in dem Rauminhalt des Schädels, als Ausdruck der Größe des Gehirns, wodurch der Mensch (...) das Tier und den Affen selbst weit übertrifft.«[23]

Körperliche Eigenheiten der beschriebenen Art ließen folglich keine Aufschlüsse über Fragen der Intelligenz und des Geistes zu, wesentlich waren vielmehr ihre *funktionellen* Ursachen und Auswirkungen. Damit hatte der Bonner Anatom, ungeachtet seines Irrtums im Grundsätzlichen, einen wichtigen Punkt angesprochen, der für die Forschung knapp ein Jahrhundert später große Bedeutung gewinnen sollte (vgl. S. 68).

Vergebliche Warnungen

Auch die Evolutionisten teilten aber nicht durchweg das zitierte drastische Urteil von King. Der englische Anatom William Turner hob 1864 vielmehr hervor, das Neandertaler Schädeldach fände vereinzelte Parallelen »nicht nur bei den Schädeln vieler noch existierender wilder Rassen, sondern selbst bei denen der modernen europäischen Nationen« und mahnte daher zur Vorsicht mit Verallgemeinerungen über »die Affenähnlichkeit oder die psychischen Anlagen des Mannes, zu dem es gehörte«.[24] Und auch der trotz seines Engagements für Darwins Theorie stets abwägende und differenziert urteilende Huxley (vgl. S. 48/49) warnte im gleichen Jahr davor,

»daß man ja nicht das Zeugnis von dem Vorhandensein pithekoider (affenartiger, MK) Charaktere mit den Schlüssen verwechsele, die auf dieses Zeugnis gegründet werden möchten. Wenn der Zergliederer von Jeremias Bentham (eines britischen Moralphilosophen, MK) einen *levator claviculae* (...) gefunden hat, (...) so wird er mit vollem Rechte sagen, daß dieses pithekoide Charaktere sind, aber es folgt (daraus) keineswegs, daß er hätte vermuten dürfen, der Philosoph sei das ›fehlende Bindeglied‹ oder ein *Homo pithecoides* (gewesen)«.

Ebenso seien die Überaugenwülste und die fliehende Stirn des Neandertalers »höchst unzweifelhafte pithekoide Charaktere«, doch ändere dies nichts daran, »daß der Neandertal-Mensch in keiner Hinsicht zwischen dem Menschen und dem Affen in der Mitte steht«, wie der Forscher bereits zuvor betont hatte (vgl. S. 48). »Die Pflicht des Anatomen«, so Huxley,

> »scheint mir ebensowenig darin zu liegen, auf solchen Abweichungen des menschlichen Baues voreilige Theorien aufzuführen, als darin, dieselben zu ignorieren, wenn sie vorkommen. Mögen sie vermerkt und nach ihrem wahren Werte gewürdigt werden – die Zukunft wird uns ihre Bedeutung enthüllen.«[25]

Der »Alte« von La Chapelle

Dieses nachdenkliche Urteil gereichte Huxley zur Ehre – es war jedoch zu differenziert, zu wenig plakativ, um einen wirklich breiten Einfluß ausüben zu können. Das gleichzeitig so abstoßende wie prickelnd-faszinierende Bild vom »Affenmenschen« war entschieden eingängiger und wirkungsvoller, und daher gewann es mehr und mehr an Boden, je zahlreicher die Reste von Neandertalern wurden, die die Archäologie ans Tageslicht brachte. Eine in dieser Hinsicht besonders fruchtbare Forschungsperiode waren die Jahre 1908 bis 1914, in denen in Südwestfrankreich die Überreste von nicht weniger als einem Dutzend Neandertalern ausgegraben wurden. Ihre Fundorte – Le Moustier, La Ferrassie und La Quina – gehören heute gewissermaßen zu den »heiligen Stätten« der Urgeschichtsarchäologie, und wir werden ihnen auch in diesem Buch noch des öfteren begegnen. Als besonders bedeutsam und folgenschwer für die Beurteilung dieses Menschentyps sollte sich aber ein Skelett erweisen, das 1908 in einer kleinen Höhle bei dem Dorf La Chapelle-aux-Saints in der Dordogne ausgegraben wurde. Es war vollständiger und besser erhalten als alle anderen bis dahin geborgenen Überreste dieses Altmenschen, und so sollte es für fast ein halbes Jahrhundert sein Bild und sein »Image« bestimmen, so wie das Fossil aus dem Neandertal seinen Namen geprägt hatte.

Der Neandertaler von La Chapelle war zusammen mit einer Anzahl von Steingeräten in einer annähernd rechteckigen Grube aufgefunden worden, und zwar: in Rückenlage mit angezogenen Beinen, so daß man von Anfang an eine bewußte Bestattung annahm (vgl. Kap. 11). Es handelte sich um einen nur 1,60 m großen Mann, dessen Schädel zerbrochen, aber in den Einzelteilen noch vollständig vorhanden war, und in dessen Kiefer sich nur noch wenige Zähne befanden; nicht zuletzt aufgrund dieses Umstandes und zahlreicher anderer Degenerationserscheinungen seines Skeletts schrieb man ihm lange Zeit ein Lebensalter von über fünfzig Jahren zu und bezeichnete ihn als den »Alten von La Chapelle-aux-Saints«. Heute glauben die Anthropologen hingegen, daß dieser »Alte« trotz seines Zustands bei seiner Bestattung noch keine vierzig Jahre alt war! Seine Knochen wurden dem renommierten französischen Anthropologen Marcellin Boule zur Bearbeitung übergeben, der den Schädel aus den vorhandenen Einzelfragmenten neu zusammensetzte, das Skelett

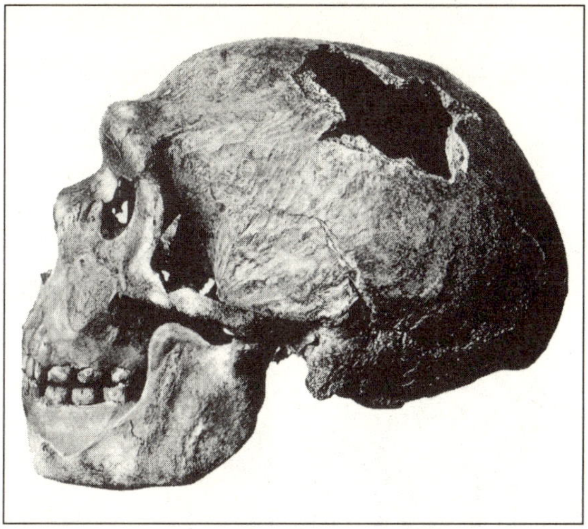

Abb. 9
Der Neandertalerschädel von La Chapelle-aux-Saints in Frankreich nach der Restauration durch Marcellin Boule

sorgfältig untersuchte und in einer Reihe zwischen 1911 und 1913 veröffentlichter Berichte ausführlich beschrieb.

Boule rekonstruiert ein »brutales Aussehen«

Der von Boule restaurierte Schädel (Abb. 9) zeigte neben der bereits bekannten »fliehenden« Stirn und den kräftigen Überaugenwülsten eine schnauzenartig vorspringende Kieferpartie und ein nach hinten zurückweichendes Kinn, die dem insgesamt auffallend flachen und langgestreckten Schädel ein noch ungewöhnlicheres Aussehen verliehen als die Stirnpartie allein (Abb. 10). Boule ging in seinen Veröffentlichungen ausführlich auf diese fremdartigen Merkmale ein und hob sie noch zusätzlich durch eine Sprache hervor, die mit Adjektiven wie »niedrig« (*inférieur*), »tierisch« oder »äffisch« sowie mit unterschwelligen Wertungen anderer Art nicht geizte. Man betrachte seine folgende Beschreibung der Physiognomie des Mannes von La Chapelle einmal unter diesem Aspekt:

»Die Dimensionen (des) Gesichts sind größer als bei allen bekannten Menschenrassen. (...) (Die) oberen Augenränder (...) vereinigen sich zu einem fortlaufenden, vorspringenden Wulst, der ganz und gar dem knöchernen Visier der Schädel von Schimpansen und Gorillas (...) gleicht. (...) Die Augenhöhlen zeigen ein seltsames Aussehen, (...) (sie sind) um die Hälfte größer als bei einem modernen Menschen gleicher Schädelkapazität. (...) Die Nase ist sehr breit (...) wie bei der Mehrzahl der Menschen schwarzer Rassen. (...) Der Oberkiefer ist derb, massiv und nach vorn verlängert. (...) Dadurch entsteht die bereits erwähnte Schnauzenbildung, die (...) viel dazu beiträgt, dem Gesicht dieses Menschen ein tierisches Aussehen zu verleihen.«[26]

Dieser »primitiven« Kopfgestaltung entsprach laut Boule ein nicht minder ungeschlachter Köperbau, den er knapp mit den Worten umriß:

Abb. 10
Schädelprofil eines klassischen Neandertalers (aufgerasterte Fläche) und eines heutigen Europäers (schwarze Umrißlinien) im Vergleich

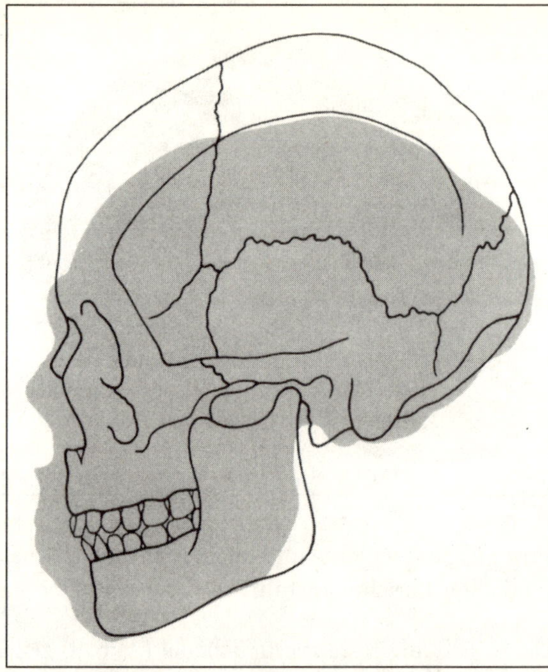

»Sehr großer Schädel auf kurzem, massivem Rumpf; Gliedmaßen kurz, stämmig, robust.«[27] Vor allem aber schloß der Anthropologe aus der starken Krümmung der Oberschenkelknochen und bestimmten Details in der Gestaltung der Schienbeingelenke und der Halswirbel, daß der Neandertaler noch nicht völlig aufrecht habe stehen können und vergleichbar einem aufgerichteten Menschenaffen leicht gebeugt und mit weit vorgestrecktem Kopf durch die Welt geschlurft sei (Abb. 11).

In dieser Rekonstruktion haben wir sie bereits deutlich vor uns, die primitive, abstoßende und häßliche Kreatur, der wir in der Eingangsszene dieses Buches begegnet sind und die von zahllosen Zeichnern, Fotomonteuren und Filmregisseuren phantasievoll in Szene gesetzt, von ebenso zahllosen Schriftstellern und Journalisten wortgewaltig beschrieben wurde. Und Boule selbst ließ keinen Zweifel daran, wie er diese Kreatur einschätzte, wenn er vom »brutalen Aussehen (ihres) kräftigen und schweren Körpers« und vom »Vorrang der rein vegetativen oder tierischen Funktionen gegenüber den Hirnfunktionen« sprach.[28]

Großer Schädel, kleiner Geist?

Was indes nicht so recht in dieses Bild passen wollte, war das Schädelvolumen von rund 1600 Kubikzentimetern, das Boule bei seinem Mann von La Chapelle und bei anderen Neandertalern gemessen hatte, und das das Durchschnittsvolumen des heutigen Menschen von rund 1400 deutlich

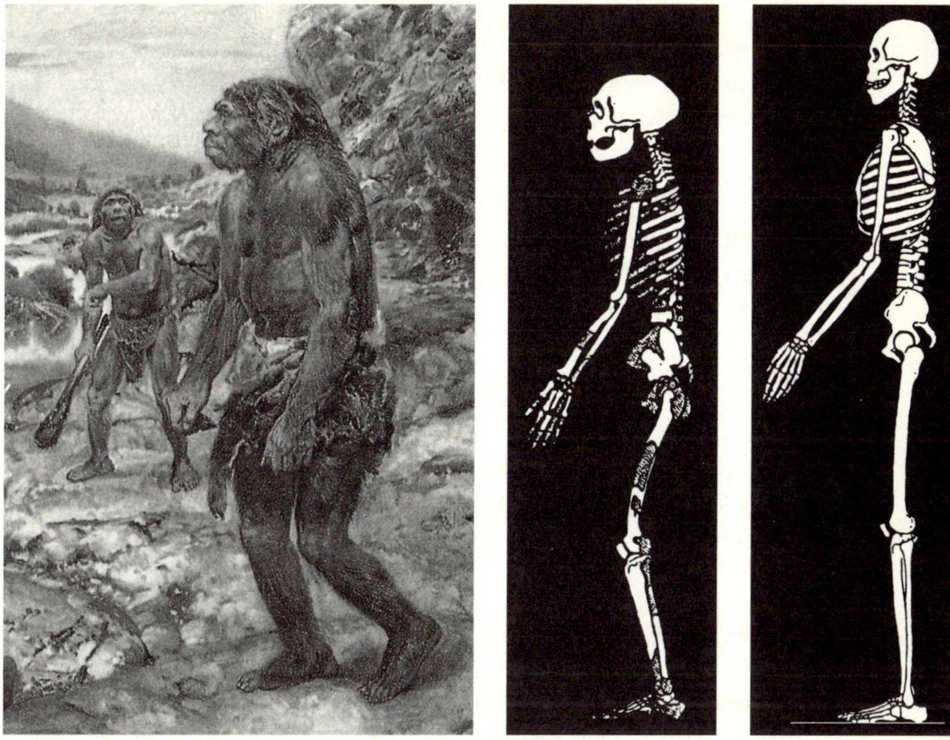

Abb. 11
Nach früherer Lehrmeinung konnte der Neandertaler (Mitte) sich noch nicht vollständig aufrichten wie ein moderner Mensch (rechts), sondern stand und ging affenartig gebeugt mit angewinkelten Knien (Zeichnungen rechts nach Marcellin Boule; Gemälde links: Z. Burian)

übertraf (vgl. Kap. 3). Doch der Anthropologe räumte dieses unwillkommene Detail mit dem lapidaren Hinweis beiseite, »für sich allein betrachtet« könne

»das Hirnvolumen nicht als intellektueller Maßstab eines Menschen angesehen werden. Es ist seit langem bekannt, daß »ein kleiner Chronometer einer großen Weckuhr überlegen« ist, und daß die Dickköpfe nicht stets die starken Köpfe sind.«

Worauf es ankomme, sei nicht so sehr die Größe des Gehirns, sondern seine Struktur und Qualität, und um diese habe es bei dem »Alten« von La Chapelle nicht zum besten gestanden, wie Boule anhand eines Gipsausgusses des Schädelinneren, der die Gehirnoberfläche in groben Umrissen erkennen ließ, nachweisen zu können glaubte. Eines der Hauptmerkmale des Neandertalerhirns war seinem Urteil nach

»die Einfachheit und das plumpe Aussehen seiner Windungen. Die Schädelinnenmoulagen (Schädelausgüsse, MK) moderner Menschen zeigen im allgemeinen Eindrücke zahlreicherer und viel komplizierterer Windungen. In dieser Hinsicht gleicht das Hirn des Neandertalers am meisten den Hirnen von Großaffen oder Mikrokephalen (Geisteskranken mit kleinem Gehirn, MK).«

Vor allem aber lieferte der Schädelausguß von La Chapelle laut Boule Hinweise auf eine geringere Entwicklung der Stirnlappen und eine stärkere Ausbildung der Hinterhauptslappen des Gehirns als beim modernen Menschen. »Wenn aber ein Ergebnis in der Hirnphysiologie feststeht«, so der Anthropologe,

»dann ist es dieses, daß die vorderen Teile der Stirnlappen für (die) intellektuelle Tätigkeit unerläßlich sind. Verletzungen an dieser Stelle (...) haben geistige Störungen im Gefolge; eine beiderseitige Atrophie der Stirnlappen (ihr Schwund, MK) führt zur Verblödung.«

Die Schlußfolgerung des Forschers ließ an Deutlichkeit nichts zu wünschen übrig:

»Es ist wahrscheinlich, daß der Neandertaler nur rudimentäre geistige Fähigkeiten besaß, die sicherlich denen der Anthropoiden (Menschenaffen, MK) überlegen, aber zweifellos denen aller heutigen Menschenrassen unterlegen waren. Er besaß ohne Zweifel auch nur eine rudimentäre Sprache.«[29]

Alles in allem also ein außerordentlich düsteres Bild, das kaum krasser von dem des modernen Homo sapiens hätte abstechen können. »Welch ein Kontrast zu den Menschen der nächsten geologischen und archäologischen Periode, den Menschen vom Typ Cro Magnon« (vgl. S. 47), vermerkte Boule selbst:

»Sie hatten einen schöneren Körper, einen feiner ausgebildeten Kopf mit steiler und flächiger Stirn, und sie hinterließen uns in ihren Höhlen unzählige Beweise ihres handwerklichen Könnens (...) und ihrer geistigen Fähigkeiten. Sie waren die ersten, die den ehrenvollen Namen *Homo sapiens* wirklich verdienten.«[30]

Die These von der Ausrottung

Der so abstoßende und primitive *Homo neanderthalensis* konnte keinesfalls ihr (und somit auch unser) Vorfahr sein, wie es eine Anzahl von Forschern bis dahin erwogen hatten – Boule erklärte ihn vielmehr zu einem ausgestorbenen Seitenzweig, einem »toten Ast« des menschlichen Entwicklungsstammbaums, der »ohne Hinterlassung von Nachkommenschaft erloschen« sei. Neben und vor dem Neandertaler mußten demnach andere, »progressivere« bzw. »besonders begabte« Menschenformen existiert haben, aus denen vor etwa 35 000 Jahren der frühmoderne Cro Magnon-Mensch hervorging. »(Der Neandertaler) war im Verhältnis zu (ihnen) das, was heute die sogenannten niederen Rassen im Vergleich zu den höheren sind«, mutmaßte Boule und spekulierte munter weiter: »Vielleicht kann man sogar sagen, daß er eine degenerierte Art gewesen ist.«[31] War es ein Zufall, daß er kurz nach dem Auftauchen dieser fortschrittlicheren Zeitgenossen von der urgeschichtlichen Bildfläche verschwand oder bestand ein Zusammenhang zwischen den beiden Ereignissen? Hatten die Cro Magnon-Menschen bzw. ihre Stammeltern, die von Boule und seinen Nachfolgern auch als »Präsapiens«-Menschen bezeichnet wurden, vielleicht irgend etwas mit dem plötzlichen Aussterben ihres primitiveren Zeitgenossen zu tun?

Boule deutete diese Möglichkeit nur an, ohne ihr weiter nachzugehen, doch er hatte alle Bausteine zur Verfügung gestellt, aus denen sich eine plausibel erscheinende Theorie zusammenbasteln ließ. Seine Fachkollegen übernahmen fast durchweg seine Hypothesen und Schlußfolgerungen, sofern sie nicht ohnehin ihrer eigenen Überzeugung entsprachen, und dachten da weiter, wo der französische Forscher aufgehört hatte. »Was am Ende des Moustérien (der Kulturepoche des Neandertalers, MK) geschah, können wir nur erahnen«, spekulierte beispielsweise der englische Anthropologe Arthur Keith 1915,

»aber all jenen, die das Schicksal der eingeborenen Rassen in Amerika und Australien mitverfolgen, wird es nicht schwerfallen, sich das Verschwinden des *Homo neanderthalensis* zu erklären. Er wurde von einer überlegenen Form ausgerottet.«[32]

Die plumpen Tiermenschen des Herbert George Wells

Diese angebliche Ausrottung des Neandertalers durch den modernen Homo sapiens sollte in den nachfolgenden Jahrzehnten eines der beliebtesten Motive der Urgeschichtsforschung werden und auch im öffentlichen Bewußtsein tiefe Wurzeln schlagen. Es findet sich in fast allen populären Darstellungen über die frühe Menschheitsgeschichte, die zu jener Zeit entstanden – unter anderem auch in mehreren Arbeiten des britischen Schriftstellers Herbert George Wells, der durch seine Romane »Der Krieg der Welten« und »Die Zeitmaschine« berühmt geworden ist. In seinem historischen Werk »Eine kurze Geschichte der Welt« beschrieb der Autor den vermuteten urgeschichtlichen Vernichtungsfeldzug 1926 wie folgt:

»Jahrtausende hindurch waren die Neandertaler die höchstentwickelten Tiere, die die europäischen Landstriche bis dahin gesehen hatten. Dann, vor ungefähr dreißig- oder fünfunddreißigtausend Jahren, als das Klima wärmer wurde, kam ein Geschlecht ihnen verwandter Geschöpfe, die klüger und verständiger waren und miteinander sprechen und zusammenwirken konnten, aus dem Süden in die Welt der Neandertaler gezogen. Sie vertrieben die Neandertaler aus ihren Höhlen und von ihren Lagerplätzen; sie jagten nach derselben Nahrung; wahrscheinlich bekämpften sie ihre haarigen Vorgänger und rotteten sie aus. Diese Neulinge aus dem Süden oder Osten – bis heute kennen wir das Gebiet ihres Ursprunges nicht –, die schließlich die Neandertaler gänzlich aus der Welt vertrieben, waren von unserm Blut und unsrer Art, die ersten wahren Menschen.«[33]

1921 machte Wells den Kampf auf Leben und Tod zwischen den beiden so unterschiedlichen »Rassen« sogar zum Motiv einer Kurzgeschichte mit dem Titel »Die Grizzlys« (*The Grisly Folk*). Er bezeichnete die Neandertaler darin als »häßliche, starke, plumpe Tiermenschen«, die zwar von gewaltiger Größe und furchterregendem Äußeren gewesen seien (in einer Szene beschreibt er einen »riesigen Neandertaler mit furchtbar gesträubter Mähne« und »brüllend wie der Donner, in jeder Hand ein großes Felsstück«), jedoch nur über geringe Verstandeskräfte verfügt hätten; »wir können nicht erfassen, was für seltsame Ideen einander in diesen merkwürdig geformten Hirnen jagten. Genauso könnten wir versuchen, zu träumen und zu fühlen wie ein Gorilla«, formulierte Wells an einer Stelle. Diese Geistesschwäche war ihm zufolge die »Achillesferse« der Neandertaler und sollte schließlich auch ihren Untergang besiegeln: »Die Menschen waren rascher, klüger und geselliger«, heißt es am Schluß der Geschichte,

> »– sie kämpften nach vorbedachten Plänen. Sie schwärmten aus, sie umzingelten den Feind und beunruhigten und beschossen ihn von allen Seiten. Sie kämpften gegen die Grizzlys wie Hunde gegen Bären. Sie riefen einander zu, was jeder tun sollte, der Neandertaler aber konnte nicht sprechen, er verstand nicht, was sie sagten. Sie bewegten sich zu rasch für ihn und kämpften zu listig.
> Zahlreich und zäh waren die Zweikämpfe und die Schlachten, die diese beiden Rassen in jenem dunklen Zeitalter vor dreißig- oder vierzigtausend Jahren auf den windigen Steppen austrugen. (...) Aber das Geschlecht der Sieger war unser Geschlecht; wir stammen von jenen sonnengebräunten, buntbemalten Wesen ab, die liefen, kämpften, einander halfen; das Blut, das in unseren Adern fließt, glühte in jenen Kämpfen, gefror in den Schrecken der vergessenen Vergangenheit.«[34]

Noch 35 Jahre später (1956) mutmaßte der britisch-dänische Prähistoriker Geoffrey Bibby in ähnlicher Weise, »auf den eisbedeckten Einöden und (...) in den winddurchbrausten Tälern« des urgeschichtlichen Europa hätten sich »blutige Dramen ereignet (...), mit denen verglichen die Indianerkriege recht zahm wirken würden«.[35] Doch zu dieser Zeit hatte das auf Boules Ergebnissen aufgebaute Theoriegebäude bereits erste Risse bekommen, die innerhalb kurzer Zeit immer größer wurden. Ein Stein nach dem anderen brach aus dem scheinbar so festgefügten Bauwerk heraus, und noch vor Anbruch der sechziger Jahre wurde die Ruine gänzlich abgerissen und gab den Weg frei für eine völlig neue Sichtweise des Neandertalers und seiner Rolle in unserer Evolutionsgeschichte.

Boules Irrtümer werden deutlich

Wie kam es zu dieser überraschenden Entwicklung? Zunächst einmal hatte sich herausgestellt, daß Boules Rekonstruktion des zwar weitgehend vollständigen, aber in viele Einzelstücke zerbrochenen (vgl. S. 59)

Skeletts von La Chapelle eindeutig zu affenähnlich ausgefallen war. Wo immer die Wahl zwischen einer eher »äffischen« und einer eher »menschlichen« Zusammensetzung der Knochen und Skeletteile bestand, hatte der Anthropologe sich unter dem Einfluß vorgefaßter Meinungen für die erstere Möglichkeit entschieden. Dies aber war exakt die falsche Wahl gewesen, wie spätere Funde von Neandertalern in Europa und im Nahen Osten zeigten, die einen überraschend »menschlichen« Skelettbau aufwiesen, und so billigte man einen solchen etwa seit Mitte der fünfziger Jahre auch dem Mann von La Chapelle zu.

Des weiteren wurde im Laufe der Jahre immer deutlicher, daß Boule vielfach falsche Schlüsse aus richtigen Beobachtungen gezogen hatte. Ein Musterbeispiel dafür war seine einflußreiche Hypothese vom gebeugten, schlurfenden Gang des Neandertalers: Die Besonderheiten im Aufbau der Halswirbel und der Beingelenke, mit denen er diese Hypothese begründete, waren zwar tatsächlich vorhanden, es stellte sich jedoch nach und nach heraus, daß sie auch bei heutigen Menschen vereinzelt vorkommen, ohne daß dies einer vollen Streckung des Körpers und einem aufrechten Gang auch nur im geringsten hinderlich wäre. Sollte der »Alte« von La Chapelle in dieser Hinsicht dennoch Probleme gehabt haben, so dürften sie weniger mit der grundsätzlichen Anatomie der Neandertaler als vielmehr mit krankheitsbedingten Veränderungen am Skelett dieses Individuums zusammengehangen haben: Der Mann litt, wie man nun allgemein hervorhob, unter einer schweren, die Knochen verformenden Arthritis, die Boule zwar erkannt, in seinen Überlegungen jedoch nicht ausreichend berücksichtigt hatte.

An diesem Detail zeigte sich, wie weit das Pendel nach der Überwindung der »pathologischen« Fehlurteile Mayers und Virchows um die Jahrhundertwende ins andere Extrem ausgeschlagen war: Hatten diese die krankhaften Verformungen der Skelettreste aus dem Neandertal noch verabsolutiert und als Argument gegen die Annahme eines eigenen Menschentyps ins Feld geführt (vgl. S. 50), so wurden sie von den nachfolgenden Forschergenerationen vielfach ignoriert oder sogar zu »Artmerkmalen« erklärt, was natürlich nicht weniger falsch war.

Auch bei der Interpretation des Schädelabdrucks von La Chapelle (vgl. S. 62) war Boule nach Meinung späterer Fachleute viel zu weit gegangen. Derartige Abdrücke seien – so wurde nun fast einhellig betont – viel zu schattenhaft und verschwommen, um wirklich genaue und zuverlässige Aufschlüsse über die Gehirnstruktur zu erlauben. Selbst wenn die von Boule beschriebenen Abweichungen gegenüber unserem Gehirnaufbau aber wirklich existiert hätten, könne wegen des Mangels an Vergleichsdaten letztlich niemand sagen, ob das Konsequenzen im Hinblick auf die intellektuellen und psychischen

Eigenheiten der Neandertaler gehabt hätte und welcher Art diese gewesen seien.

Spezialisierung, nicht »Minderwertigkeit«

Trotz dieser Korrekturen an Boules Rekonstruktionen und Schlußfolgerungen blieben indes immer noch zahlreiche anatomische Besonderheiten übrig, die den Neandertaler grundlegend vom modernen Menschen unterschieden – vor allem die allgemeine Stärke und Robustheit seiner Knochen und seine außergewöhnliche Schädelform. Auch diese Eigenheiten wurden nun jedoch in einem anderen Licht gesehen: Man hielt sie nicht mehr einfach für »primitive« oder »äffische« Merkmale, sondern fragte – wie es schon der vielbelächelte Mayer 1858 getan hatte – nach ihrer Ursache und Funktion (vgl. S. 57). Dabei bildeten sich zwei unterschiedliche Theorien heraus, die im Prinzip bis heute nebeneinander bestehen.

Die eine erklärte den massigen, gedrungenen Körperbau der Neandertaler und das zugehörige »schwere« Skelett als eine biologische Anpassung an die überwiegend kalte und rauhe Lebensumwelt dieser Altmenschen. Ein kurzer, kräftiger Rumpf speichert die Wärme besser als ein langgestreckter, schmaler Körper, weshalb auch bei den heutigen Naturvölkern die großen und schlanken Typen eher in den warmen, äquatornahen Regionen beheimatet sind, während die kleinen und stämmigen Typen häufiger in den kühleren, nördlichen Zonen vorkommen (man denke beispielsweise an die arktischen Eskimo). Das kräftige Skelett und der kurze, massige Körper des Neandertalers wäre nach dieser Theorie also ein Resultat der eiszeitlichen Lebensumwelt dieses Altmenschen gewesen, und auch seine besondere Schädelmorphologie erklären die Vertreter dieses Ansatzes mit den kaltzeitlichen Umweltbedingungen. Die »vorspringende« Gesichtsform habe dafür gesorgt, daß das temperaturempfindliche Gehirn möglichst weit von der Nase entfernt war, durch die die kalte Luft eingeatmet wurde, und dank der Größe der Nasen- und Stirnhöhlen (aus der die auffälligen Überaugenwülste resultierten) sei es möglich gewesen, diese Atemluft vor dem Eindringen in die Lungen optimal zu erwärmen.

Der andere Erklärungsansatz sah in den beschriebenen Besonderheiten hingegen eher eine Anpassung an bestimmte Verhaltensgewohnheiten und eine bestimmte Lebensweise. Die zahlreichen Verletzungen und Verschleißerscheinungen am Skelett des Mannes von La Chapelle und vieler anderer Neandertaler dokumentierten eindrucksvoll, daß die Altmenschen ungleich stärkeren körperlichen Belastungen ausgesetzt waren als der moderne Mensch, und um diesen Beanspruchungen – auf langen Fußmärschen durch verschneite Landschaften, beim Transport schwerer Lasten und bei der Jagd auf große Tiere – gewachsen zu sein, hätten sie eben einen sehr viel robusteren und kräftigeren Körperbau benötigt. Die eigentümliche Morphologie des Neandertalergesichts leiten die Anhänger dieser Richtung in erster Linie aus einer ungewöhnlich starken Beanspruchung des Kiefers und der Zähne ab, insbesondere der Schneidezähne. Die Altmenschen benutzten ihr Vordergebiß – wie charakteristische Aussplitterungen und Abnutzungsspuren beweisen – nämlich nicht nur zum Abbeißen und Zerkleinern der Nahrung, sondern darüber hinaus auch als eine Art »dritte Hand« zum Festklemmen von Objekten und als Hilfsmittel zum Weichkauen von Häuten, Leder und ähnlichem, wie es noch heute die Eskimo tun. Diese starken Beanspruchungen führten nach Vermutung der erwähnten Forscher nicht nur zu der außergewöhnlichen Größe von Kiefer und Zähnen sowie zu der ansatzweisen »Schnauzenbildung«, sondern hatten auch zur Folge, daß alle anderen Teile des Schädels, an denen für die Kieferbewegung wichtige Muskeln ansetzten, äußerst kräftig und robust ausgebildet wurden. So sei durch funktionale Beanspruchungen und Erfordernisse im Laufe der Zeit die charakteristische Schädelform der Neandertaler entstanden.

Ein Opfer rassistischer Vorurteile

Doch gleichgültig, ob es sich nun um Anpassungen an bestimmte Lebensgewohnheiten oder an eine besondere Umwelt handelte – entscheidend war, daß man die anatomischen Besonderheiten des Neandertalers nun »funktionell« interpretierte und nicht mehr als Ausdruck einer entwicklungsmäßigen »Minderwertigkeit«, Zurückgebliebenheit oder gar eines »halbäffischen Charakters« ansah. Die Forschung erkannte jetzt auch, wieviel Ideologie und Vorurteile in den Bewertungen Boules und seiner Generation gesteckt hatten und wie subjektiv diese Bewertungen trotz ihrer Untermauerung durch scheinbar »objektive« Meßdaten letztlich gewesen waren. Als »menschlich« hatten Boule und andere nur die moderne *europäische* Körperbildung anerkannt, denn manche der als »tierhaft« verunglimpften Merkmale – etwa die Überaugenwülste oder der leicht vorspringende Kiefer – finden sich auch heute noch bei einer Reihe von Völkerschaften anderer Kontinente, beispielsweise bei den australischen Aborigines. »(Boules) Maßstab war das kaukasische Ideal, das ihn jeden Morgen in seinem Rasierspiegel grüßte«, faßten die britischen Forscher Christopher Stringer und Clive Gamble diese Voreingenommenheit unlängst knapp und treffend zusammen,[36] in der die rassistische Seite des Darwinismus fortlebte (vgl. Kap. 1).

Und noch aus einer anderen trüben Quelle hatten Boule und seine Zeitgenossen bei ihrer Verwandlung des Neandertalers in einen debilen Halbaffen geschöpft: aus den Traditionen der »Physiognomik« und der »Phrenologie«. Es handelte sich dabei um Pseudowissenschaften, die im 18. und frühen 19. Jahrhundert ihre Blütezeit hatten, vielerorts aber noch bis in die Mitte unseres Jahrhunderts hineinwirkten. Ihr Ziel war die Entwicklung von Methoden, die es ermöglichen sollten, aus dem Äußeren einzelner Menschen oder ganzer Menschengruppen Hinweise auf deren innere Veranlagungen, geistige Fähigkeiten und Charakterzüge abzuleiten. Willensstarke, intelligente und »hochwertige« Menschen waren ihnen zufolge beispielsweise an einer hohen »Denkerstirn« und einem stark hervortretenden, »energischen« Kinn zu erkennen, während platter Schädel, flache Stirn und ein schwaches Kinn angeblich für »labile«, charakter- und geistesschwache Individuen wie Verbrecher, »Asoziale« oder »Schwachsinnige« kennzeichnend waren. Dieser pseudowissenschaftliche Unfug feierte traurige Triumphe in der menschenverachtenden Rassenlehre und »Charakterkunde« der Nazis, doch auch zuvor schon richtete er in Gestalt der sogenannten »Kriminal-« und »Rassenanthropologie« der Jahrhundertwende viel Unheil an und trug zur Verächtlichmachung und Ausgrenzung ganzer Bevölkerungsgruppen bei.

Auch der Neandertaler war, so erkannte man nun, in gewisser Weise ein Opfer dieser Pseudowissenschaften geworden, und das Szenario seiner Ausrottung durch den Homo sapiens (vgl. S. 63/64) spiegelte nur die rassistische Ideologie von der angeblich notwendigen Verdrängung der »minderwertigen« Menschenrassen durch die »höherwertigen« wider, die zu grausamen Exzessen der europäischen Staaten gegenüber den Kolonialvölkern geführt hatte und ihren Höhepunkt in dem monströsen Vernichtungsfeldzug der Nazis gegen alles »Nichtarische« fand.

Derartige ideologische Einflüsse sollten nun ein- für allemal ausgemerzt werden, und so revidierte die Urgeschichtsforschung im Einklang mit der weltweiten Ächtung von Rassismus und ethnischen Vorurteilen nach dem Zusammenbruch des Faschismus auch ihr diskriminierendes Urteil über die Neandertaler. Diese Altmenschen waren zwar, so lautete die neue Lehrmeinung, anders als wir, aber sie waren deswegen nicht verachtenswert, »halbtierisch« oder geistig minderbemittelt. »Vorschnäuzigkeit, Kinnlosigkeit, Stirnwülstigkeit und flacher Stirnschädel entsprechen nicht unserem Schönheitsideal«, stellte der deutsche Historiker Fritz Kern 1953 fest, »(sie) enthalten indes keine arthafte Inferiorität (Minderwertigkeit, MK) oder gar untermenschliche Züge.«[37] Und diese neue Beurteilung setzte sich um so schneller durch, als zunehmend deutlich wurde, daß nur ein kleiner Teil dieser Altmenschen, nämlich die sogenannten »klassischen« Neandertaler Westeuropas, die beschriebenen Merkmale überhaupt in voller Ausprägung zeigten, während ihre mittel- und osteuropäischen Artgenossen und die Altmenschen des Nahen Ostens nur sehr gemäßigte »neandertaloide« Züge aufwiesen. Legte man bei der Definition dieses ausgestorbenen Menschentyps also den Durchschnitt der Individuen und nicht die »Extrembeispiele« wie den Mann von La Chapelle zugrunde, so bewegte er sich nur geringfügig außerhalb der Variationsbreite der heutigen Menschheit, die ja ebenfalls ungeheuer vielgestaltig ist.

Ein unauffälliger Gentleman mit Hut

So wurde das althergebrachte Bild vom hängeschultrigen Kretin oder der halbtierischen Bestie durch das Bild eines zwar noch etwas drollig aussehenden, aber uns im Grunde doch ähnlichen und ebenbürtigen Artgenossen abgelöst (Abb. 13). Trotz aller Unterschiede, schrieben die britischen Anatomen William L. Straus Jr. und A. J. E. Cave 1957, sei es

»zweifelhaft, ob der Neandertaler, wenn man ihn wiedererstehen lassen und in eine moderne New Yorker U-Bahn setzen könnte, mehr Aufmerksamkeit erregen würde als einige der anderen Fahrgäste – vorausgesetzt, er wäre gebadet, rasiert und modern gekleidet.«[38]

Der amerikanische Anthropologe Carleton S. Coon machte bereits 1939 die Probe aufs Exempel und ließ eine Zeichnung anfertigen, auf der der Mann von La Chapelle mit modischem Kurzhaarschnitt und frischrasiertem Kinn in Schlips, Anzug und Mantel zu sehen war (Abb. 12). Das Ergebnis fiel verblüffend »modern« aus – besonders, da Coon seinem Neandertaler den Hut so tief in die Stirn zog, daß die Überaugenwülste fast völlig verdeckt waren. Nein, dieser gepflegte, unauffällige Gentleman mit Hut konnte keine Bestie und auch kein stammelnder Wilder sein – er war ohne Zweifel ein Mensch wie du und ich. Und so wurde der gar nicht lange zuvor mit häßlichen Worten aus unserem Stammbaum Verbannte denn reumütig wieder in den Familienkreis aufgenommen und mit dem Ehrennamen »vernunftbegabter Mensch« belegt: Aus der 1864 von King geprägten, 1901 von Schwalbe bestätigten und wenig später von Boule weithin durchgesetzten Bezeichnung *Homo neanderthalensis*, die ihn als eigene Art vom *Homo sapiens* absetzte (vgl. S. 49), wurde in den fünfziger Jahren das offizielle, bis heute gültige Taxon *Homo sapiens nean-*

Abb. 12
Halbaffe oder Gentleman? Neandertalerrekonstruktionen von 1888 (links), 1939 (rechts) und aus den fünfziger Jahren (Mitte, Zeichnung Z. Burian)

Abb. 13 Moderne Neandertalerrekonstruktion aus dem Neanderthal Museum in Mettmann

derthalensis, das ihn als eine ausgestorbene Unterart, gewissermaßen eine fossile »Rasse« des *Homo sapiens* kennzeichnete. Und daß er tatsächlich unser direkter Vorfahr gewesen sein könnte, hielten viele Forscher während der folgenden Jahrzehnte zumindest für möglich.

»Von der Bestie zum Gentleman in nur wenigen Jahren« oder »Wir basteln uns unseren eigenen Neandertaler« könnte man dieses Kapitel zynisch überschreiben, und in der Tat zeigt das wechselvolle Schicksal dieses Altmenschen seit seiner Entdeckung so drastisch wie kaum ein anderes Beispiel die Ideologieanfälligkeit der Urgeschichtsforschung, die uns auch im weiteren Verlauf dieses Buches auf Schritt und Tritt begegnen wird. Der Leidensweg des Neandertalers war an dem hier erreichten Punkt auch noch keineswegs beendet, denn in den vergangenen zehn Jahren ist er erneut in heftige Turbulenzen geraten und wurde von vielen Paläanthropologen ein weiteres Mal aus der Reihe unserer Vorfahren gestrichen. Doch bevor wir auf diese aktuellen Diskussionen im einzelnen eingehen, wollen wir einen Blick auf die menschliche Entwicklungsgeschichte in ihrem Gesamtverlauf werfen, ohne deren Kenntnis die Kontroverse um den Neandertaler und den modernen Homo sapiens wie auch alle anderen Debatten der aktuellen Urgeschichtsforschung nicht nachvollziehbar wären.

3. Kapitel

Marksteine der Menschheitsevolution

Der Neandertaler war die zuerst entdeckte, zugleich aber auch die jüngste vormoderne Menschenform: Wie wir heute wissen, lebte er vor etwa 130 000 bis 30 000 Jahren in Europa und im Nahen Osten (die sogenannten »klassischen« Neandertaler Westeuropas wie der Mann von La Chapelle tauchten sogar erst in der Zeit vor rund 60 000 Jahren auf), während die Abspaltung der menschlichen von der äffischen Evolutionslinie sich bereits vor über fünf Millionen Jahren vollzog (Abb. 14). Den Pionieren der Urgeschichtsforschung waren diese Relationen natürlich noch nicht bekannt, doch die vergleichsweise oberflächennahe Einbettung der Neandertalerskelette ließ bereits erkennen, daß diese trotz ihrer vermeintlich »affenartigen« Züge um einiges jünger sein mußten als etwa die von Boucher de Perthes im Sommetal unter meterdicken Kiesschichten aufgefundenen Steingeräte (vgl. Kap. 1). Die Suche nach unseren allerfrühesten Vorfahren ging also weiter, und tatsächlich stieß man auf immer ältere Menschenformen, je weiter die Forschung voranschritt.

Der mysteriöse Affenmensch von Java

Ernst Haeckel vermutete die »affenartigen Stammeltern des Menschengeschlechts« wie erwähnt »in Tertiärgesteinen des südlichen Asiens oder Afrikas« (vgl. Kap. 1).[1] Im Jahre 1887 verpflichtete sich ein junger

Geologisch-klimatische Epochen	Jahre vor heute	Hominidentypen	Archäologische Kulturen (Gerätetypen)	Kulturell-technologische Entwicklung
Holozän = Nacheiszeit	**8/7000**	**Neolithikum = Jungsteinzeit**		Neolithische Kulturen bei uns, Keramik
	10 000	**Mesolithikum = Mittelsteinzeit**		Bei uns: Nacheiszeitliche Jäger, Fischer und Sammler
Pleistozän = Eiszeitalter			**Paläolithikum = Altsteinzeit** – **Jungpaläolithikum**: **Magdalénien Gravettien**	Um 10 000 v. h.: In Vorderasien Übergang zu Ackerbau und Viehzucht
				Speerschleuder, Harpune, Pfeil und Bogen
			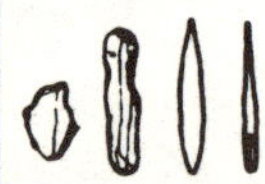	Beginn der »Eiszeitkunst«
Späte Würm-Eiszeit	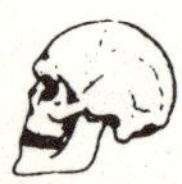 40 000	*Homo sapiens sapiens (frühmoderner Mensch)*	**Aurignacien** Klingen-industrien	Schmuck aus Tierzähnen, Muscheln und Elfenbein, häufig
Frühe Würm-Eiszeit	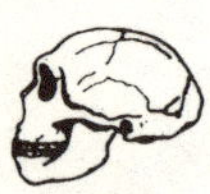 100 000	*Homo sapiens neanderthalensis (Neanderthaler)*	**Mittelpaläol.**:  **Moustérien** Abschlag-industrie	Bestattungen mit Beigaben. Kultische Praktiken (?)
Eem-Warmzeit			**Altpaläolithikum**: 	Früheste graphische Zeugnisse
Riß-Eiszeit		*Archaischer Homo sapiens Steinheim = Swanscombe-Mensch*		Ritueller Kannibalismus (?)
Holstein-Warmzeit	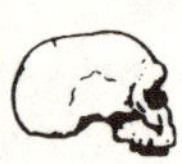 300 000		**Acheuléen Abbevillien** Faustkeil-industrien	Zelt- bzw. hüttenartige Behausungen
				Systematische Großwildjagd
Mindel-Eiszeit	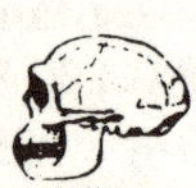 1 Million	*Homo erectus – Sinanthropus – Homo heidelbergensis – Pithecanthropus*		Feuernutzung nachgewiesen
Wechsel von Warm- und Kaltzeiten				Beginnende Jagd auf Tiere (?)
	 2 Millionen	*Homo habilis Homo rudolfensis*	**Oldowan** Geröllgeräte-industrie	Erste Steingeräte in Ost- und Südafrika
Pliozän	 4 Millionen	*Australopithecus – boisei – robustus – africanus – afarensis*	Aufrechter Gang auf zwei Beinen (Bipedie), Freiwerden der Hände	

Abb. 14 Übersichtstabelle zur Entwicklungsgeschichte des Menschen und seinen frühesten technologisch-kulturellen Errungenschaften. Es handelt sich um eine stark vereinfachte und schematisierte Darstellung – die einzelnen Hominidenarten und archäologischen Kulturen folgten in der Realität nicht immer linear aufeinander, sondern »überlappten« sich teilweise oder liefen über lange Zeiträume nebeneinander her (vgl. Abb.18)

holländischer Mediziner namens Eugène Dubois als Militärarzt nach Niederländisch-Ostindien, um auf den Inseln des Malaiischen Archipels, wo heute noch der Orang-Utan und der Gibbon beheimatet sind, nach dem »Missing link« zu suchen. Dubois forschte zunächst einige Jahre lang eher erfolglos auf Sumatra, doch dann ließ er sich auf die Insel Java versetzen und wurde mit schier unglaublichem Glück innerhalb kurzer Zeit fündig. 1891/92 stieß sein aus Sträflingen bestehender Arbeitstrupp am Ufer des Solo-Flusses bei Trinil auf ein äußerst wuchtiges Schädeldach mit gewaltigem Überaugenwulst, einen menschlichen Oberschenkelknochen sowie menschliche Zähne, die laut Dubois von einem Wesen stammten, welches er *Pithecanthropus erectus* (»aufgerichteter Affenmensch«) nannte. Den Begriff *Pithecanthropus* hatte er von Haekkel übernommen, der schon Jahre zuvor die Zwischenstufe zwischen (ausgestorbenen) Menschenaffen und Mensch so bezeichnet hatte – ausschließlich aufgrund evolutionstheoretischer Überlegungen, ohne irgendwelche fossilen Belegstücke.

Diese hatte Dubois gewissermaßen »nachgeliefert«, und er war fest davon überzeugt, sein Pithecanthropus sei »eine Übergangsform zwischen dem Menschen und dem Affen, (...) ein äußerst ehrwürdiger Affenmensch, der eine Stufe in unserer Phylogenese (Stammesgeschichte, MK) repräsentiert«.[2] Außer Haeckel unterstützte freilich niemand innerhalb der Fachwelt seine Interpretation: Nach Meinung eines Teils der Gelehrten stammten die erwähnten Fossilien ganz einfach von einem ausgestorbenen Menschenaffen, nach Meinung eines anderen Teils von einem entwickelten Menschen, und eine dritte Gruppe äußerte Zweifel daran, ob der so »menschlich« wirkende Oberschenkelknochen überhaupt mit der so »äffisch« anmutenden Schädeldecke zusammengehöre (Zweifel, die bis heute fortbestehen). Dubois' Pithecanthropus blieb, kurz gesagt, ein Mysterium, und um die Jahrhundertwende wurde über ihn ebenso heftig, kontrovers und orientierungslos gestritten wie wenige Jahrzehnte zuvor über den Neandertaler.

Der Urmensch vom Drachenhügel

Die Situation begann sich erst gegen Ende der zwanziger Jahre zu klären, als in einem Kalksteinhügel bei der kleinen chinesischen Ortschaft Zhoukoudian (früher: Chou K'ou Tien), 50 Kilometer südwestlich von Peking, fossile Menschenreste gefunden wurden, die eine unübersehbare Ähnlichkeit mit dem Schädeldach von Java aufwiesen. Zhoukoudian war eine bekannte Fossilienlagerstätte – der Hügel hieß im Volksmund »Drachenhügel«, weil die dort in riesigen Mengen abgelagerten Tierknochen nach Meinung der Einheimischen von »Drachen« stammten. Der in Peking tätige kanadische Anatom Davidson Black begann 1927 an diesem Ort mit großangelegten Ausgrabungen, nachdem zuvor bei kleineren Schürfungen frühmenschliche Zähne entdeckt worden waren. Die Untersuchungen, die nach seinem Tod 1934 von anderen Forschern fortgesetzt wurden, dauerten bis 1937 an und waren überaus erfolgreich – ein Meilenstein der urgeschichtlichen Archäologie. Eingelagert in 40 Meter mächtige Schichten voller Tierknochen, die das Areal einer eingestürzten großen Höhle anfüllten, fanden sich nicht nur dicke Ascheablagerungen und große Mengen von Steingeräten, die die Anwesenheit des frühen Menschen bezeugten, sondern auch reiche Überreste dieses Menschen selbst: Von 1927 bis 1937 wurden nicht weniger als 14 Schädel und Schädelbruchstücke, 11 Unterkiefer, 147 Zähne und ein knappes Dutzend Gliedmaßenknochen gefunden, die von mindestens 40 verschiedenen Individuen stammten. Dieses umfangreiche Material, das 1941 in den Wirren des Zweiten Weltkriegs spurlos verschwand, zeigte deutliche archaische Merkmale, wie man sie ähnlich auch schon vom Neandertaler her kannte – starke Überaugenwülste, schnauzenartig vorspringende Kiefer, fliehende Stirn- und Kinnpartien sowie eine ungewöhnliche Massivität aller Knochen –, jedoch in noch markanter ausgeprägter Form. Die aufgefundenen Hirnschädel waren mit einem mittleren Volumen von 1075 Kubikzentimetern um etwa ein Viertel kleiner als die durchschnittlicher heutiger Europäer (und diejenigen der Neandertaler), aber ungefähr zweieinhalbmal so groß wie die moderner Menschenaffen, welche ein Gehirnvolumen von bis zu 450 Kubikzentimetern besitzen können. Auch die wenigen aufgefundenen Gliedmaßenknochen waren trotz ihrer ungewöhnlichen Massivität und Schwere eindeutig menschlich und ließen keinerlei »äffische« Merkmale erkennen. So konnte kaum ein Zweifel daran bestehen, daß es sich hier um einen echten Frühmenschen handelte, wenngleich um einen noch wesentlich älteren und »primitiveren« als den Neandertaler. Black prägte für ihn 1929 die Bezeichnung *Sinanthropus pekinensis* (»Chinamensch von Peking«), und sein Nachfolger, der deutsche Anatom und Anthropologe Franz Weidenreich, bestätigte und untermauerte dieses Taxon Ende der dreißiger Jahre.

Urheimat Asien?

Besonders bemerkenswert war die Ähnlichkeit des »Peking-Menschen« mit dem Pithecanthropus von Java. Sie trat noch deutlicher hervor, als 1937 bis 1941 der deutsch-holländische Paläanthropologe Ralph von Koenigswald bei Ausgrabungen auf der Insel weitere – und sehr viel umfangreichere – Schädel- und Skelettreste des »Java-Menschen« zutage förderte. Die Einsicht gewann immer mehr an Boden, daß die javanischen und die chinesischen Fossilien nicht wirklich unterschiedlichen Arten angehörten, sondern daß sie im Grunde nur regionale Varietäten ein und desselben Frühmenschentypus repräsentierten. In den fünfziger Jahren trug man dieser Erkenntnis Rechnung, indem man sie unter dem gemeinsamen Artnamen *Homo erectus* (»aufgerichteter Mensch«) zusammenfaßte. Der »Java-Mensch« hieß nun offiziell *Homo erectus erectus* und galt als die etwas »primitivere« und ältere, nämlich bis zu einer Million Jahre zurückreichende Spielart; der »Peking-Mensch« erhielt die Bezeichnung *Homo erectus pekinensis* und wurde als die »fortschrittlichere« und auch deutlich jüngere, vor etwa 500 000 bis 200 000 Jahren lebende Varietät angesehen. Homo erectus als Typus war der älteste bekannte Mensch, weit älter als die Neandertaler und daher auch »Ur«- oder »Frühmensch« genannt, während sich zur Umschreibung der letzteren vielerorts der Begriff »Altmensch« einbürgerte. Der Homo erectus schien eine vor allem in Asien beheimatete Art zu sein, so daß der asiatische Kontinent in jener Zeit häufig als die »Urheimat« des Menschen angesehen wurde. Black beispielsweise vermerkte 1926, die Funde von Zhoukoudian seien »ein weiteres Glied in der schon sehr starken Beweiskette, (...) daß Zentralasien die Ursprungsstätte der Hominiden ist«.[3]

Die Wiege stand in Afrika

Diese Auffassung mußte jedoch korrigiert werden, nachdem in den fünfziger und sechziger Jahren bei großangelegten Ausgrabungen in Ostafrika auch dort immer öfter Knochenreste des angeblich »asiatischen« Frühmenschen entdeckt wurden. Die ersten dieser Funde barg das berühmte Forscherehepaar Louis und Mary Leakey aus etwa 700 000 bis 1 Million Jahre alten Schichten der Olduwai-Schlucht in Tansania; die Fossilien waren also etwa gleichalt wie diejenigen des Pithecanthropus von Java. In den siebziger und achtziger Jahren entdeckte jedoch Louis' und Marys Sohn Richard Leakey am Turkanasee (früher Rudolfsee) in Kenia Homo erectus-Reste, die weit älter als eine Million Jahre waren – den »Rekord« hält bis heute ein Schädel, der nach naturwissenschaftlichen Datierungen ein Alter von 1,8 Millionen Jahren besitzt.

Mit 1,5 Millionen Jahren nur wenig jünger ist das fast vollständige Skelett eines etwa elfjährigen Homo erectus-Jungen, das Leakey und sein Team von 1984 bis 1988 bei Nariokotome am Turkanasee freilegten (Abb. 15); es wurde zu Recht als Sensation gewertet, denn nirgends sonst hat man bisher auch nur annähernd so umfangreiche Überreste eines einzigen frühmenschlichen Individuums gefunden – die allermeisten Homo erectus-Fossilien beschränken sich auf Schädelteile, einzelne Kiefer und Zähne. Das Skelett von Nariokotome zeigte in aller Deutlichkeit, wie »menschlich« der Körperbau des Homo erectus trotz einiger Unterschiede im Detail bereits war, und es korrigierte auch das pauschale Bild vom untersetzten, stämmig gebauten Urmenschen: Der »Turkana-Junge«, wie man ihn auch nennt, war bei seinem Tod nicht weniger als 1,60 m groß und hätte nach den Schätzungen der Experten als Erwachsener eine beachtliche Größe von 1,85 m und ein »Idealgewicht« von

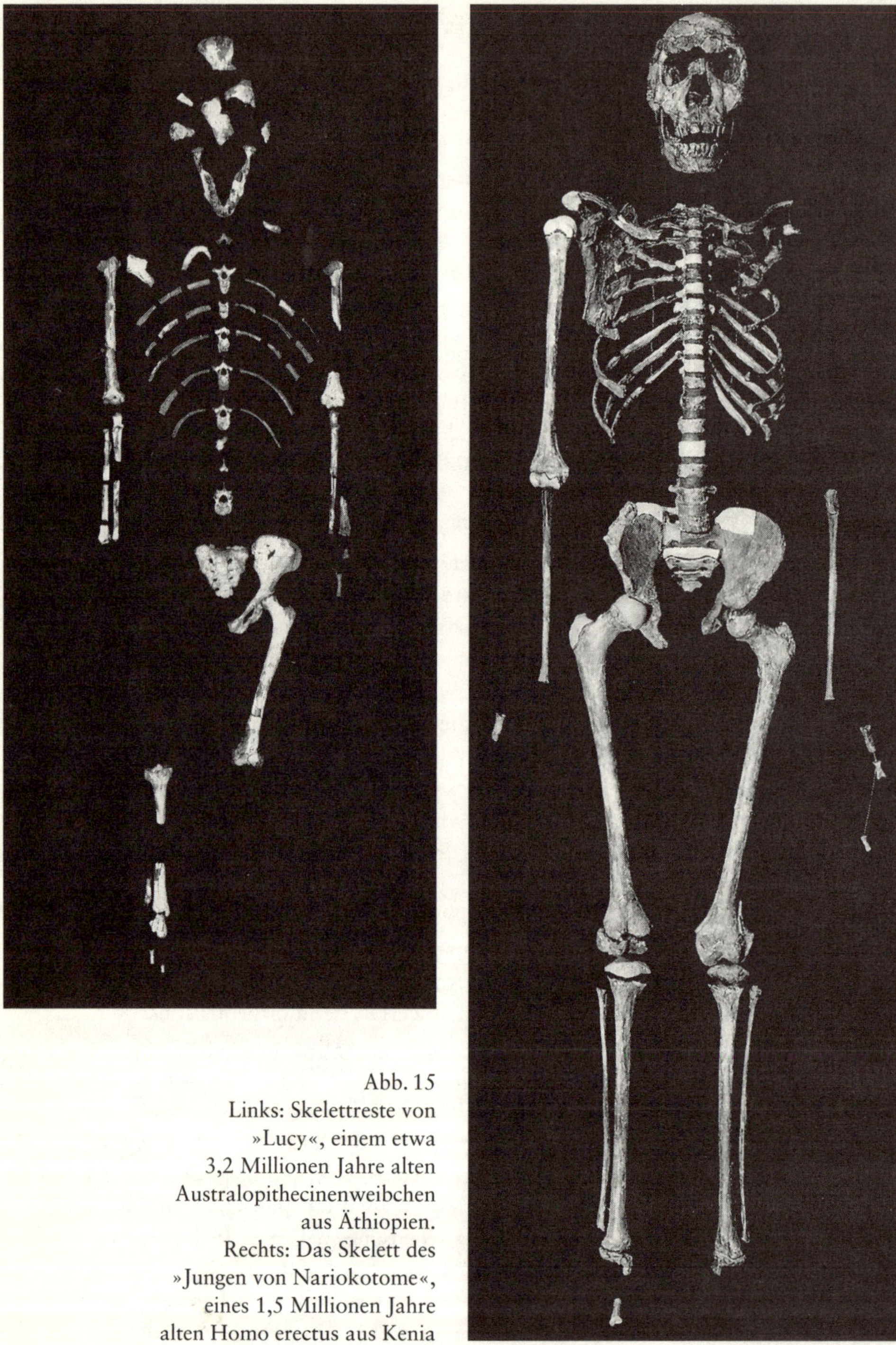

Abb. 15
Links: Skelettreste von »Lucy«, einem etwa 3,2 Millionen Jahre alten Australopithecinenweibchen aus Äthiopien.
Rechts: Das Skelett des »Jungen von Nariokotome«, eines 1,5 Millionen Jahre alten Homo erectus aus Kenia

knapp 70 kg erreicht – dabei spielte sicherlich eine Rolle, daß er in einer äquatorialen und damit ausgesprochen heißen Region lebte, wo ein schlanker Körperbau wie erwähnt von Vorteil ist (vgl. Kap. 2).

Vor allem aber führten die erwähnten ostafrikanischen Funde dazu, daß die Forschung das Konzept von der »asiatischen Urheimat« des frühen Menschen aufgab. Nun, da die mit Abstand ältesten Belege des Homo erectus vom Schwarzen Kontinent stammten, ging man allgemein davon aus, daß er dort vor etwa 2 Millionen Jahren auch entstanden war und sich erst später nach Asien und in andere Teile der Welt ausgebreitet hatte. Diese Vermutung wurde gestützt durch den Nachweis anderer, noch weit älterer Vor- und Frühmenschenformen, die man etwa zur gleichen Zeit oder früher in Afrika entdeckte, und die den Schluß nahelegten, daß der Schwarze Kontinent das Zentrum der Menschheitsevolution überhaupt gewesen war.

Die Entdeckung des »Südaffen«

Diese Entdeckungen reichten bis zurück ins Jahr 1924, als der junge Anatom Raymond Dart von der Universität Johannesburg zwei Kisten mit Fossilien öffnete, die in einem Steinbruch bei Taung in Südafrika gesammelt worden waren. Er entdeckte darin einen versteinerten Gehirnabdruck und einen genau dazu passenden Gesteinsbrocken, der nach mehrwöchiger Präparierungsarbeit den vollständigen Gesichtsschädel eines etwa vierjährigen Kindes mit gerundeter Stirn und Milchzähnen freigab. »Es war das erste Mal«, schrieb Dart später über seine Entdeckung,

> »daß jemand das Vorrecht genoß, von einem der ausgestorbenen affenähnlichen Verwandten des Menschen das vollständige Gesicht zu sehen und den ganzen Kopf genau zu rekonstruieren. Das Gehirn war so groß und das Gesicht war so menschlich, daß ich überzeugt war, daß hier in der Tat einer unserer frühen Vorfahren vorlag, der auf dem afrikanischen Kontinent gelebt hatte; und da er den südlichen Teil von Afrika zum Heimatland hatte, nannte ich ihn *Australopithecus africanus*, daß heißt afrikanischer Südaffe.«[4]

Das »Kind von Taung«, wie es später liebevoll genannt wurde, war zu diesem Zeitpunkt freilich noch ein völlig isoliertes Einzelstück, und so teilte es zunächst das Schicksal aller anderen paläanthropologischen Erstfunde von Fuhlrotts Neandertaler bis zu Dubois' Pithecanthropus: Es wurde über lange Jahre hinweg keineswegs als Urahn des Menschen anerkannt, sondern von den meisten Fachleuten als fossiler Überrest eines Menschenaffen betrachtet. Anerkennung fand der Australopithecus erst, nachdem der in Südafrika tätige Arzt und Paläontologe Robert Broom in den dreißiger und vierziger Jahren weitere Überreste dieses »Südaffen« aus Höhlen und Steinbrüchen des

Landes zusammengetragen hatte, Reste ausgewachsener Individuen, an denen sich die Merkmale der Gattung sehr viel deutlicher erkennen ließen. Ihr Schädel war noch sehr schimpansenähnlich, und auch ihre Gehirngröße lag mit einem mittleren Volumen von 450 Kubikzentimetern im Bereich heutiger Menschenaffen, doch ihr Gebiß zeigte bereits menschenähnliche Merkmale. Vor allem aber deuteten Skelett- und Gliedmaßenknochen, die Broom gesammelt hatte, darauf hin, daß die »Südaffen« bereits aufrecht und zweibeinig durch die Welt gegangen waren. Ein Zweifel erschien kaum möglich: Hier lag endlich – mehr als ein dreiviertel Jahrhundert nach dem Erscheinen von Darwins »Entstehung der Arten« (vgl. Kap. 1) – ein fossiler Typus vor, der dem nahekam, was die Begründer der Evolutionstheorie sich unter dem »Missing link« vorgestellt hatten.

Der »Nußknackermensch«

Die meisten von Brooms Südaffenfunden stimmten in ihren wesentlichen Merkmalen mit Darts »Kind von Taung« überein und wurden daher dem *Australopithecus africanus* zugeordnet – ein Schädel aus Kromdraai war jedoch deutlich größer und kräftiger gebaut als die anderen und wurde daher unter der Bezeichnung Paranthropus robustus (etwa: »robuster Beinahemensch«; heute: *Australopithecus robustus*) als eigener Typus klassifiziert. Damit zeichnete sich die Existenz zweier Linien innerhalb der Australopithecinengruppe ab, einer leichter gebauten, »grazilen«, und einer massiger gestalteten, »robusten«, wobei diese Unterschiede vor allem den Schädelbau und die Zähne betrafen. Den gewaltigsten Südaffenschädel entdeckten dann allerdings Louis und Mary Leakey im Jahre 1959 bei ihren Ausgrabungen in Olduwai, und er begründete den Weltruhm des Ehepaars. Der *Zinjanthropus boisei*, wie sie ihn nannten (wörtlich »Boises Ostafrikamensch«; Charles Boise war ein wichtiger Geldgeber der Leakeys), besaß enorme Backenzähne mit fast markstückgroßen Kauflächen und einen so mächtigen Kiefer, daß sich zur Verankerung der ihn bewegenden Muskeln auf dem Schädeldach ein regelrechter »Knochenkamm« herausgebildet hatte, wie ihn auch die Gorillas besitzen. Man erkannte dies rasch als anatomische Anpassungen an den überwiegenden Genuß harter pflanzlicher Kost wie Nüsse, Wurzeln, Samen usw. und bezeichnete den *Australopithecus boisei*, wie er später offiziell genannt wurde, daher scherzhaft auch als »Nußknackermensch«. Bemerkenswert ist, daß beide erwähnten »robusten« Südaffenarten nicht etwa älter waren als der »grazile« *Australopithecus africanus*, sondern im Gegenteil deutlich jünger: Sie lebten, wie man heute weiß, vor etwa zwei bis einer Million Jahren, während der *africanus* vor rund drei Millionen Jahren auftauchte und vor etwa zwei Millionen Jahren wieder verschwand (Abb. 16).

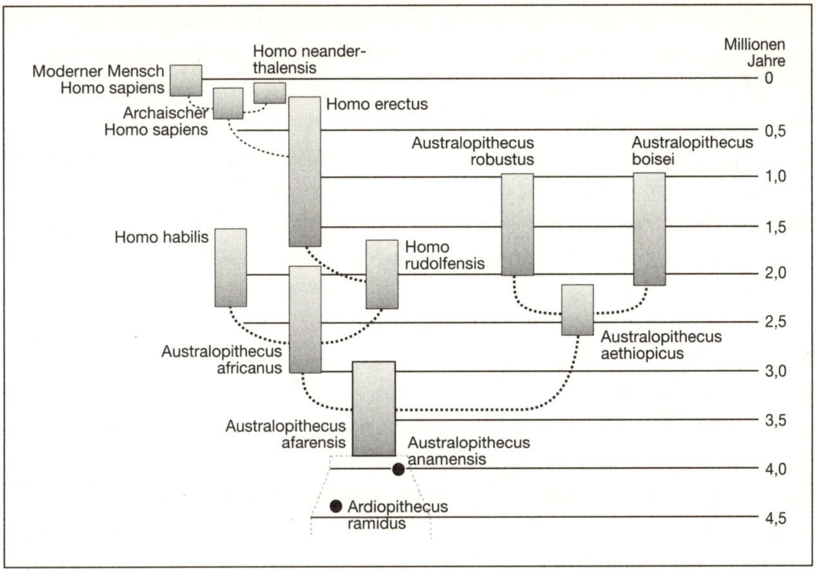

Abb. 16
Einer von vielen möglichen Entwürfen des Entwicklungsstammbaums der Hominiden (Menschenartigen)

Ein Skelett namens »Lucy«

Seit den beschriebenen »klassischen« Australopithecinenfunden sind zahlreiche weitere Fossilien dieser Gattung entdeckt worden. Keines aber hat soviel Aufsehen erregt wie »Lucy«, ein knapp zur Hälfte erhaltenes weibliches Südaffenskelett, das die amerikanischen Paläanthropologen Donald Johanson und Tim White 1974 in der Afar-Region in Äthiopien entdeckten (Abb. 15). Die Australopithecinenfrau, deren Spitzname auf den bekannten Beatles-Song »Lucy in the Sky with Diamonds« zurückgeht, ist der bis heute umfangreichste Beleg eines einzelnen Südaffen und wurde einer neuen Art namens *Australopithecus afarensis* zugeordnet. Lucys Skelett demonstriert eindrucksvoll, wie deutlich sich diese Lebewesen noch von uns unterschieden: Sie hatte im Vergleich zum heutigen Menschen deutlich längere Arme und kürzere Beine, war maximal 1,20 Meter groß und dürfte zu Lebzeiten kaum mehr als 30 Kilogramm gewogen haben. Johanson und White vermuten nach umfangreichen Resten anderer Skelette am gleichen Fundort allerdings, daß ihre männlichen Artgenossen bis zu 1,50 Meter groß wurden und über 60 Kilo wiegen konnten – ein ähnlich ausgeprägter Geschlechterunterschied (»Geschlechtsdimorphismus«) ist heute beispielsweise beim Gorilla zu beobachten. Die wichtigste Erkenntnis, die man aus Lucys Skelettbau und vor allem ihrer Becken- und Oberschenkelgestaltung gewann, war aber, daß sie tatsächlich bereits an den aufrechten Gang auf zwei Beinen angepaßt war, wie es Broom schon Jahrzehnte zuvor für seine südafrikanischen Australopithecinen vermutet hatte (vgl. S. 80), ohne aber mit dieser Hypothese bei allen Forschern Zustimmung zu finden.

Die ältesten Hominiden

Lucy lebte nach naturwissenschaftlichen Datierungen vor etwa 3,2 Millionen Jahren, und andere *afarensis*-Funde werden auf ein Alter von bis zu 3,4 Millionen Jahren veranschlagt. In jüngster Zeit kamen aber gleich an zwei Stellen Afrikas australopithecine Fossilien zutage, die noch weit älter datiert werden. Richard Leakeys Ehefrau Meave meldete 1994 aus Kanapoi unweit vom Turkanasee den Fund eines 4,1 Millionen Jahre alten Kieferknochens, der einerseits affenähnlichere Züge zeigt als derjenige von *afarensis*, dessen Zähne jedoch andererseits bereits deutlich menschenähnlich sind. Sie ordnete ihn einer neuen Art namens *Australopithecus anamensis* (»Südaffe vom See«) zu. Und Tim White, der Mitentdecker von »Lucy«, fand 1993 im äthiopischen Aramis 4,4 Millionen Jahre alte Überreste eines Wesens, das nach seiner Ansicht bereits aufrecht ging und das er *Ardipithecus ramidus* – etwa: »Bodenaffe an der Wurzel« – nannte.

Bis ganz dicht an unsere Wurzeln, den Beginn der Menschheitsevolution nämlich, wäre die Forschung mit diesen Funden in der Tat herangerückt, sollte sich ihre Zuordnung und ihr Alter bestätigen. Denn in der Zeit vor etwa 5 bis 7 Millionen Jahren – also unmittelbar vor der Periode, aus der die Fossilien stammen – muß nach den Ergebnissen der modernen Molekularbiologie (die Arbeitsweise dieser Wissenschaftsdisziplin werden wir im nächsten Kapitel genauer kennenlernen) der letzte gemeinsame Vorfahr von Mensch und Schimpanse existiert haben. Erst danach trennte sich der Entwicklungszweig der Hominiden (»Menschenartigen«), der schließlich bis zu uns führte, endgültig von der Linie der Menschenaffen ab und nahm seinen eigenen Weg. Leider liegen gerade aus diesem so wichtigen »Trennungszeitraum« bislang so gut wie keine verwertbaren Fossilien vor, doch mit den erwähnten Neufunden ist man dem »kritischen Punkt« ein entscheidendes Stück nähergekommen. Auch wenn mit *Australopithecus anamensis* und *Ardipithecus ramidus* sicherlich noch nicht die allerersten Hominiden gefunden sind, verstärken diese Fossilien doch die Hoffnung, daß sie (und damit die frühesten Vorfahren, die wir nicht mehr mit den Menschenaffen teilen) in nicht allzu ferner Zukunft tatsächlich entdeckt werden könnten. Die kommenden Jahre versprechen für die Paläanthropologie in dieser Hinsicht also spannend zu werden.

Der »geschickte Mensch«

Auf welche Weise aber entwickelten sich die so kleinen und kleinhirnigen Australopithecinen zum großen und auch schon vergleichsweise großhirnigen Homo erectus, wie er mit dem »Jungen von Turkana« vor 1,6 Millionen Jahren belegt ist? Bis heute ist diese Frage nicht in allen Einzelheiten geklärt. Eine entscheidende Rolle muß dabei jedoch ein vor 2,4 bis 1,6 Millionen Jahren lebender Hominide gespielt haben, dessen erste

Überreste Louis Leakey zu Beginn der sechziger Jahre in der Olduwai-Schlucht fand und den er als *Homo habilis* (»geschickter Mensch«) bezeichnete. Seither sind in Olduwai, am Turkana-See und andernorts umfangreiche weitere Reste dieses frühesten *Homo* zutage gekommen, und dennoch steht er seit seiner Benennung im Mittelpunkt andauernder Kontroversen. Der Grund liegt in erster Linie darin, daß der Homo habilis nicht durch so »markante« und unverwechselbare Besonderheiten gekennzeichnet ist wie die Australopithecinen oder der Homo erectus, sondern daß er in mancherlei Hinsicht wie eine Mischung aus diesen beiden Formen erscheint.

So war er offenbar noch kaum größer als »Lucy« und besaß wie sie überlange Arme und kurze Beine, doch seine Zähne waren schon deutlich »menschlicher« als die der Südaffen, und sein Gehirn hatte mit einem Volumen von 500 bis 800 Kubikzentimetern den Größenbereich der Menschenaffen endgültig hinter sich gelassen. Auch die Anatomie seiner Hand war nach Ausweis der fossilen Funde bereits weitgehend menschlich, so daß die Forschung in ihm gern den Hersteller der ersten einfachen Steingeräte (vgl. Kap. 5) sah und sieht, die etwa vor 2,5 bis 2 Millionen Jahren in Ostafrika entstanden (darauf spielt auch sein Name »geschickter Mensch« an). Manche Fachleute haben allerdings darauf hingewiesen, daß diese Verknüpfung keineswegs zweifelsfrei nachgewiesen ist und daß prinzipiell auch die gleichzeitig lebenden Australopithecinen als Werkzeughersteller in Frage kommen. In neuester Zeit sind überdies viele Paläanthropologen zu der Auffassung gelangt, daß sich hinter den frühesten, mehr als zwei Millionen Jahre alten Homo habilis-Fossilien tatsächlich eine eigene Art verbirgt, der sie die Bezeichnung *Homo rudolfensis* gegeben haben (von »Rudolfsee«, dem früheren Namen des Turkanasees). Doch in derartige Einzelheiten brauchen wir uns nicht weiter zu vertiefen – für uns ist wesentlich, daß aus dieser ältesten *Homo*-Gruppe irgendwann vor annähernd zwei Millionen Jahren der Homo erectus hervorging, der erste »wirkliche« Mensch, dessen Existenz ja für die Zeit vor 1,8 Millionen Jahren zweifelsfrei belegt ist (vgl. S. 77).

Ein »Grundschema« und viele offene Fragen

Mit den beschriebenen Entdeckungen der sechziger Jahre in Ostafrika war die »klassische« evolutionäre Abfolge von Australopithecus, Homo habilis, Homo erectus, Neandertaler und Homo sapiens sapiens komplett, und ungeachtet aller neuen Funde und Erkenntnisse dürfte an ihr auch kaum mehr zu rütteln sein. Dennoch wäre es verfehlt, unsere gesamte Entwicklungsgeschichte auf diese einfache Abfolge, dieses »Grundschema« der Hominidenevolution reduzieren zu wollen. Denn zum einen lösten die genannten Gattungen und Arten einander keineswegs bruchlos ab, sondern existierten zum Teil über längere Zeiträume nebeneinander her: vor zwei Millionen Jahren beispielsweise die robusten Australopithecinen und der Homo habilis, vielleicht auch der Homo rudolfensis (Abb. 16). Zum anderen umfaßten, wie wir gesehen haben, die meisten dieser evolutionären »Grundtypen« zahlreiche unterschiedliche Einzelformen – die Gattung der Australopithecinen etwa ein halbes Dutzend verschiedener Arten, den Homo erectus, den afrikanischen Frühmenschen, den »Java«- und den »Peking«-Menschen usw. –, deren Verhältnis zueinander keineswegs immer geklärt ist. Der menschliche Entwicklungsstammbaum gleicht dementsprechend insgesamt eher einem in die Breite wuchernden Busch als einem schlanken, nach oben strebenden Bäumchen (Abb. 16), und die meisten seiner Zweige und Triebe sind evolutionäre »Abweichler« von der Linie, die letztlich zum heutigen Menschen führte. Welche indes solche Nebenzweige waren und welche nicht, ist nach wie vor weithin unklar und Gegenstand fortdauernder Kontroversen unter den Paläanthropologen. Viele Forscher sehen beispielweise im *Australopithecus afarensis* die große Stammform, aus der die gesamte spätere Menschenlinie hervorging, andere hingegen im *africanus*. Einige sind davon überzeugt, die Gattung *Homo* habe sich erst vergleichsweise spät aus den Südaffen entwickelt, andere sehen sie dagegen seit Jahrmillionen neben ihnen herlaufen usw. Diese Streitigkeiten füllen ganze Fachbibliotheken und sind selbst für Eingeweihte mitunter nur schwer nachzuvollziehen, weshalb wir sie hier beiseite lassen wollen. Wichtiger ist es, einige fundamentale Schritte der Menschheitsevolution nochmals kurz im Überblick zu betrachten, und zwar in der Reihenfolge ihres evolutionären Auftretens: die Herausbildung des aufrechten Gangs nämlich, die Entwicklung des menschlichen Gehirns und die »Eroberung« großer Teile der Welt durch den frühen Menschen.

Seit wann geht der Mensch aufrecht?

Heutzutage ist zweifelsfrei geklärt, daß der aufrechte Gang, die sogenannte »Bipedie« (Zweibeinigkeit), allen anderen charakteristisch menschlichen Eigenschaften um Jahrmillionen vorausging. Bei der noch deutlich schimpansenähnlichen und kleinhirnigen »Lucy« war er bereits vollständig ausgeprägt (vgl. S. 81), und in einer 3,6 Millionen Jahre alten Schicht aus gehärteter Vulkanasche in Laetoli in Tansania fand Mary Leakey 1978 sogar versteinerte Fußspuren von zwei (oder drei) Hominiden, die aufrecht und zweibeinig über den feuchten Boden dahingeschritten sein mußten und deren Fußabdrücke sich nur geringfügig von den unseren unterschieden. Diese Befunde sind insofern erstaunlich, als keiner der heutigen Affen oder Menschenaffen sich gewohnheitsmäßig aufrecht fortbewegt. Schimpansen oder Gibbons können sich zwar problemlos auf zwei Beine aufrichten und tun dies bei der Futtersuche und anderen Anlässen auch des öfteren, ihre Fortbewegung in dieser Stellung wirkt aber eher ungeschickt und bleibt auf wenige Gelegenheiten beschränkt. So hat man sich in der Forschung schon seit jeher gefragt, welche Faktoren unsere Urahnen zu einer so ungewöhnlichen und unter den Primaten einzigartigen Bewegungsweise veranlaßt haben könnten.

Die Erklärungsversuche reichten von der Vermutung, die frühen Hominiden hätten die Vierbeinigkeit aufgegeben, um ihre Hände für die Herstellung von Steinwerkzeugen und andere Tätigkeiten frei zu haben (eine geradezu klassische Verwechslung von Ursache und Wirkung), bis zu der Hypothese, ein aufgerichteter Primat habe Überlebensvorteile gehabt, weil er Raub- und Beutetiere schon auf weite Entfernungen erspähen und so schneller und besser reagieren konnte. Die letztgenannte Hypothese ging von einer offenen, unbewaldeten Savannen- oder Steppenlandschaft als Lebensraum aus. Sie erhielt zusätzliches Gewicht, als die Wissenschaft feststellte, daß in Afrika vor etwa vier Millionen Jahren eine tiefgreifende Klimaveränderung einsetzte, in deren Gefolge die Waldgebiete immer mehr zusammenschmolzen und sich besonders im Osten des Kontinents eine Park- und Savannenlandschaft mit deutlich spärlicherem Baumbewuchs ausbreitete. Dies war nach Meinung vieler Experten der ideale Schauplatz für die Verwandlung eines vierbeinigen Waldprimaten in einen zweibeinigen Steppenhominiden: Unsere Urahnen seien bei Strafe ihres Untergangs zur Anpassung an die veränderten Umweltverhältnisse gezwungen gewesen, und dabei hätte nicht nur der Vorteil der besseren Sicht, sondern auch eine größere Schnelligkeit und Ausdauer zur Herausbildung und Perfektionierung des zweibeinigen Gangs geführt. Umfangreiche Studien der letzten Jahre haben überdies statistisch belegt, daß die in Äquatornähe enorme Sonneneinstrahlung bei einem aufrechtgehenden Steppenbewohner zu einer sehr viel geringeren Körpererhitzung und entsprechend geringerem Flüssigkeitsverlust führt als bei einem auf allen vieren laufenden.

Zweibeiner schon im Wald

Kritiker wandten freilich ein, dies könne nicht die einzige Erklärung sein, denn auch die afrikanischen Paviane seien ja überaus erfolgreiche Steppenbewohner, ohne daß sie dazu die angestammte primatentypische Vierbeinigkeit hätten aufgeben müssen. Unterstützung haben solche Zweifel an der »Steppenhypothese« in Sachen Zweibeinigkeit durch die erwähnten Hominiden-Neufunde der letzten Jahre erhalten. Tim White schließt wie erwähnt aus bestimmten anatomischen Eigenheiten seines *Ardipithecus ramidus* (vgl. S. 82), daß dieser mutmaßlich früheste Urahn bereits auf zwei Beinen ging. Die zusammen mit ihm geborgenen zahlreichen Knochen von Stummelaffen, Kudu-Antilopen und anderen waldbewohnenden Tieren bezeugen jedoch, daß der Fundort vor 4,4 Millionen Jahren keineswegs in einer Steppe, sondern in bewaldetem Gebiet lag. Meave

Leakey hält ihren jüngst entdeckten, 4,1 Millionen Jahre alten *Australopithecus anamensis* vom Turkanasee (vgl. S. 82) ebenfalls für einen aufrechtgehenden Waldbewohner, und neue Auswertungen der Tierreste aus südafrikanischen Höhlen und Steinbrüchen haben gleichfalls ergeben, daß dort zur Zeit des *Australopithecus africanus* vor drei bis zwei Millionen Jahren der Baumbewuchs eine sehr viel größere Rolle spielte als bisher angenommen.

Die Hominiden begannen also allem Anschein nach bereits im Wald aufrecht zu gehen, und damit wird die Steppenhypothese in ihrer herkömmlichen Form natürlich hinfällig. Alternative Erklärungsansätze liegen noch nicht vor, aber die Suche nach ihnen hat begonnen. Viele Forscher konzentrieren sich dabei auf die Frage, bei welchen Gelegenheiten die nichtmenschlichen Primaten sich aufrichten oder auch kurze Wegstrecken auf zwei Beinen zurücklegen. Dies ist nach den Beobachtungen der Verhaltensforscher vor allem beim Abpflücken hochhängender Früchte oder Blätter und beim Tragen von Nahrungsmitteln oder anderen Objekten der Fall. So könnte die zweibeinige Lebensweise unserer Urahnen möglicherweise mit der Gewohnheit begonnen haben, gesammelte Kost nicht mehr sofort und restlos zu verzehren, sondern einiges davon über größere Entfernungen hinweg zu transportieren – ein Punkt, auf den wir in anderem Zusammenhang noch einmal ausführlicher zurückkommen werden (vgl. Kap. 7).

Vielleicht müssen die aktuellen Ergebnisse und Überlegungen aber auch gar nicht unbedingt als in krassem Gegensatz zur Steppenhypothese stehend betrachtet werden: Wenn Ostafrika vor 4 bis 5 Millionen Jahren von einer »Mosaik-Landschaft« geprägt war, in der sich bewaldete Seeufer und Flußtäler mit weiten, offenen Savannen- und Graslandschaften abwechselten, dann trugen möglicherweise ganz unterschiedliche »Ökotope« und Umweltbedingungen zur Veränderung der Lebens- und Fortbewegungsweise unserer frühesten Vorfahren bei, und die Faktoren »Wald« und »Steppe« müssen sich dabei nicht widersprochen, sondern können einander auch ergänzt haben.

Menschenfuß mit »Affenzehe«

Ein solches Nebeneinander könnte auch ein anderes merkwürdiges Phänomen erklären helfen, auf das die Forschung erst in den letzten Jahren gestoßen ist. Trotz ihrer nachgewiesenen zweibeinigen Fortbewegungsweise scheinen sich die Australopithecinen nämlich bis vor etwa 2 Millionen Jahren gewisse anatomische Eigenheiten bewahrt zu haben, die ihnen auch das Klettern in den Bäumen erleichterten. So stellten die südafrikanischen Paläanthropologen Ronald Clarke und Phillip Tobias 1994 fest, daß die Fußknochen eines von ihnen *Little Foot* (»kleiner Fuß«) getauften *Australopithecus africanus* aus einer südafrikanischen Höhle eine abspreizbare und gut bewegliche große Zehe (sogenannte »Affenzehe«) aufwiesen, wie sie unseren äffischen Verwandten als Klammerhilfe beim Klettern in Bäumen und Astwerk dient. Die beiden Forscher beurteilten die Anatomie des aufgefundenen Fußes als eine Art »Kompromiß« zwischen dem menschlichen Lauf- und dem äffischen Kletterfuß und schlossen daraus, »daß Australopithecus wahrscheinlich noch kein ausschließlicher Bodenzweibeiner, sondern eher ein abwechselnder Zweibeiner und Kletterer war«.[5]

Einige Experten haben auch bei *Australopithecus afarensis*, also »Lucys« Linie, trotz der im Grundsatz zweifelsfrei bipeden Anatomie eine auffallende Krümmung der Finger- und Zehenknochen festgestellt, die sie als Kletteranpassung deuten. So erscheint es durchaus möglich, daß die Australopithecinen – vielleicht begünstigt durch das Leben in einer an Gegensätzen reichen Umwelt – über ein vielfältigeres Spektrum an Fortbewegungsweisen verfügten und noch nicht so ausschließlich wie wir auf den zweibeinigen Gang am Boden fixiert waren. Auch auf diesen Punkt und seine möglichen Hintergründe werden wir an anderer Stelle noch einmal zurückkommen (vgl. Kap. 7).

Die »Explosion« des Gehirns

Der aufrechte Gang setzte sich also vermutlich nicht gleich so vollständig durch, wie man das lange Zeit glaubte – dennoch ist er zweifellos dasjenige menschliche Merkmal, das sich bei unseren Urahnen als erstes herausgebildet hat. Das markante Wachstum und die Umstrukturierung des Gehirns begannen erst zwei bis drei Millionen Jahre später. Nachdem dieser Prozeß einmal in Gang gekommen war, entwickelte er allerdings eine nach den Maßstäben der biologischen Evolution rasante Dynamik und verwandelte einen bereits aufrecht gehenden, aber dennoch vormenschlichen Hominiden innerhalb weniger hunderttausend Jahre endgültig in *Homo*, den Menschen. Einige Eckdaten dieser im Tierreich einzigartigen »Explosion« des Denkorgans wurden ja bereits genannt: Bewegte sich das Gehirnvolumen der Australopithecinen mit etwa 400 bis 500 Kubikzentimetern noch im Größenbereich heutiger Schimpansen oder Orang-Utans, die ebenfalls 450 erreichen können (Abb. 17), so lag das des Homo habilis mit 500 bis 800 deutlich darüber. Beim Homo erectus fand dann eine sprunghafte Vergrößerung des Gehirns auf 700 bis 1300 Kubikzentimeter statt (die Werte über 1000 stammen dabei vorwiegend von jüngeren Homo erectus-Individuen aus der Zeit vor etwa 500 000 Jahren). Bei den Altmenschen vor etwa 300 000 bis 200 000 Jahren waren bereits Gehirnvolumina von 1100 bis 1300 die Regel, und der klassische Neandertaler erreichte und übertraf wie erwähnt mit 1350 bis 1750 Kubikzentimetern den Größenbereich des heutigen Menschen, der zwischen etwa 1200 und 1700 schwankt.

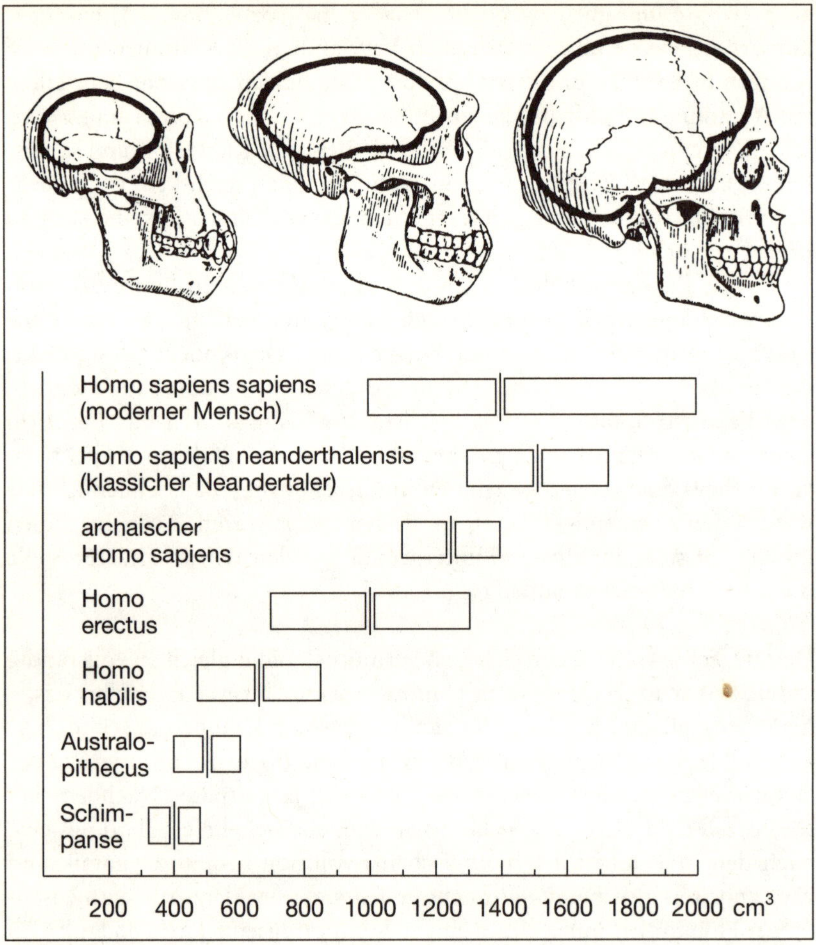

Abb. 17 Oben: Vergleich des Gesichts- und Gehirnschädels von Schimpanse (links), Homo erectus (Mitte) und modernem Mensch (rechts). Unten: Übersicht über das Schädelvolumen des Schimpansen, der wichtigsten Hominiden und des modernen Menschen (offene Balken = Variationsbreite; Mittelstrich = Durchschnittswert)

Das Gehirnvolumen wuchs also innerhalb von »nur« drei Millionen Jahren um das Dreifache an – eine unter evolutionsbiologischen Gesichtspunkten fast unglaubliche Steigerung, die nur durch eine schrittweise Umbildung des gesamten Schädels möglich wurde. Mit der zunehmenden Vergrößerung des Hirnschädels ging nämlich eine fortschreitende Verkleinerung des Gesichtsschädels einher, die zusammen mit dem allmählichen Zurücktreten der sonst bei den Primaten üblichen Schnauzenbildung eine zunehmende Annäherung an die charakteristisch »menschliche« Gesichtsform zur Folge hatte. Allerdings blieben, wie wir in dem Kapitel über die Neandertaler gesehen haben, bis vor mindestens 40 000 Jahren immer noch so viele »archaische« Merkmale erhalten, daß die Pioniere der Urmenschenforschung, die noch keinen Homo erectus oder Australopithecus als Vergleichsmaßstab kannten, den evolutionsgeschichtlich bereits so weit fortgeschrittenen Neandertaler allen Ernstes als »Halbaffen« einstuften (vgl. Kap. 2).

Natürlich muß das beschriebene Gehirnwachstum in Relation zur Entwicklung des Körpergewichts gesetzt werden, denn die jüngeren Hominidenarten waren ja deutlich größer und schwerer als die älteren (vgl. S. 77 und 81). Doch auch bei Berücksichtigung dieses Faktors und Zugrundelegung des relativen Gehirnvolumens (im Verhältnis zum Körpergewicht) ergibt sich immer noch eine Steigerung der Hirngröße von den Australopithecinen bis zum modernen Menschen um rund das Zweieinhalbfache. Beim Abtragen dieser »bereinigten« Größenwerte auf einer Zeitskala zeigt sich sehr deutlich, daß die Wachstumskurve des Gehirns beim Homo habilis steil anzusteigen begann und beim Homo erectus nochmals eine Versteilung erfuhr.

»Wetzsteine« des Geistes

Schon seit langem rätseln die Forscher darüber, welche Faktoren diese »plötzliche« und nach biologischen Maßstäben überaus rasche Entwicklung des Denkorgans bei unseren Urahnen verursacht haben könnten. Daß es schwerwiegende Faktoren gewesen sein müssen, legt die übereinstimmende Festellung der Fachleute nahe, daß mit dem Größenwachstum auch eine grundlegende »Neuverschaltung« und »Umschichtung« des Gehirns gegenüber dem der Menschenaffen einherging – es handelte sich also nicht nur um einen quantitativen, sondern um einen tiefgreifenden qualitativen Veränderungsprozeß.

Früher wollte man ihn vor allem aus den technischen und kulturellen Erfordernissen der Lebensweise des frühen Menschen erklären, insbesondere aus den Anforderungen der Steingeräteherstellung und der Jagd (vgl. Kap. 5 und 6); heute betrachten viele Forscher dagegen eher soziale Faktoren wie die Sicherung des Gruppenzusammenhalts und die Ausbalancierung der Gruppenhierarchie, das Schmieden von Bündnissen und Allianzen zwischen einzelnen Individuen und das »intelligente« Austragen von Rangordnungskämpfen als den wichtigsten »Wetzstein für den Geist unserer Urahnen« und die Hauptstimulanz ihrer Gehirnentwicklung. All das sind jedoch letztlich reine Spekulationen, die – wie wir im zweiten Teil dieses Buches feststellen werden – den Moden der Zeit unterworfen sind und daher vermutlich mehr über die Denkgewohnheiten und -klischees ihrer Urheber aussagen als über die urgeschichtliche Realität. Bei nüchterner Betrachtung muß man eingestehen, daß niemand wirklich weiß, warum das Gehirn unserer Vorfahren während der letzten drei Millionen Jahre in der beschriebenen Weise »explodierte«, und daß auch zweifelhaft ist, ob es tatsächlich eine einzelne Ursache gab, die dabei die Hauptrolle spielte. Sehr viel wahrscheinlicher ist, daß die Gehirnentwicklung aus der Gesamtheit der Veränderungen resultierte, denen die Le-

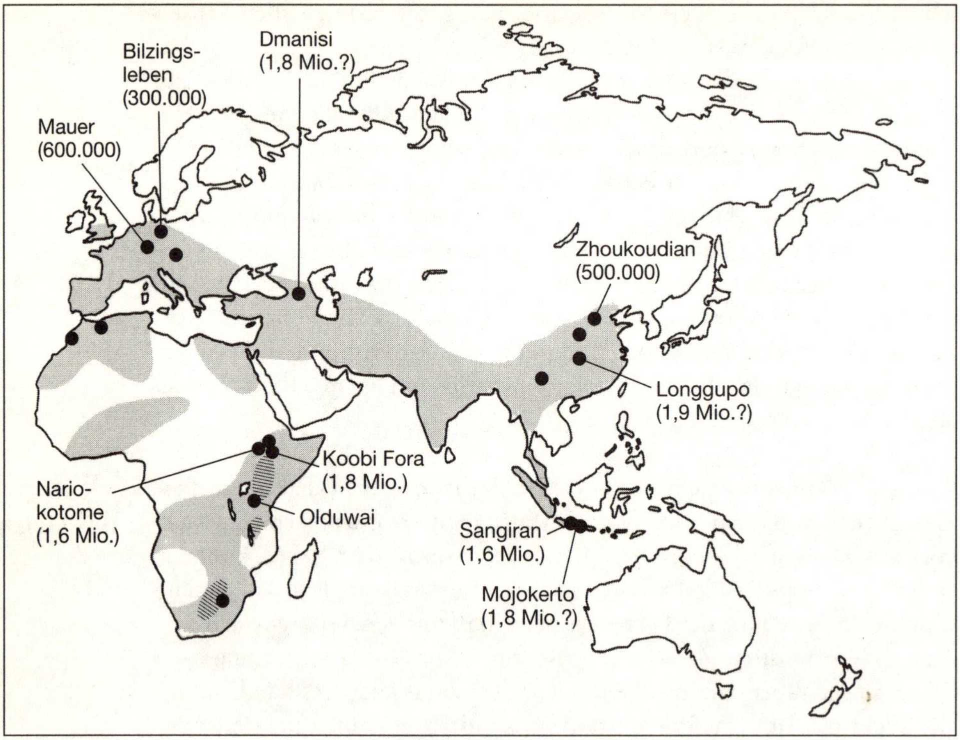

Abb. 18 Das Ursprungsgebiet der Hominiden (schraffiert) und die vom frühen Menschen bis vor etwa 300 000 Jahren besiedelten Regionen der alten Welt (gerasterte Flächen) mit wichtigen Fossilfundorten (schwarze Punkte)

bensweise des frühen Menschen während des genannten Zeitraums unterworfen war, und die gleichermaßen technologische und kulturelle wie soziale Faktoren umfaßten – wir werden darauf im zweiten Teil dieses Buches noch zurückkommen.

Speziell hervorgehoben werden sollte aber, daß nach übereinstimmender Meinung fast aller Gehirnexperten die schrittweise Herausbildung der Sprache einer der wichtigsten Faktoren innerhalb dieses »Gesamtpakets« an Ursachen gewesen sein dürfte. »Wenn die Hominiden nicht die Sprache nutzten und verfeinerten, dann würde ich gerne wissen, was sie mit ihren selbstbeschleunigt wachsenden Gehirnen taten«, schrieb etwa die amerikanische Anthropologin Dean Falk,[6] und ihr Kollege Terrence Deacon vermutet: »Die Sprache (war) die wesentliche Ursache, nicht einfach eine Konsequenz der Evolution des menschlichen Gehirns.«[7] Diese Stellungnahmen speziell mit der Herausbildung unseres Denkorgans beschäftigter Anthropologen sind besonders bemerkenswert, weil es in jüngster Zeit unter den urgeschichtlichen Archäologen Mode geworden ist, die Sprache als eine sehr späte Errungenschaft des Menschen hinzustellen, die angeblich erst beim modernen Homo sapiens entstanden sei.[8]

Die Besiedlung Eurasiens

Der dritte evolutionsgeschichtliche Schritt, den wir betrachten wollen, ist die Besiedlung Eurasiens durch den frühen Menschen (Abb. 18). Nach traditioneller Auffassung begann sich erstmals der Homo erectus vor etwa 1 Million Jahren über Afrika hinaus auszudehnen. Als früheste Nachweise seiner Expansion galten die Fossilien des Pithecanthropus auf Java, denen ein Alter von 1 Million bis 500 000 Jahren zugeschrieben wurde (vgl. S. 77), die 500 000 bis 200 000 Jahre alten Funde des »Peking-Menschen« von Zhoukoudian (vgl. S. 76/77) und ein Homo erectus-Unterkiefer, der 1907 in einer Sandgrube bei Mauer unweit von Heidelberg gefunden wurde. Dieser sogenannte *Homo heidelbergensis* ist mit einem Alter von über 600 000 Jahren bis heute der früheste Menschenfund Mitteleuropas geblieben. Ansonsten aber hat sich das Bild vom »Exodus aus Afrika« in den letzten Jahren durch Neufunde und Neudatierungen (zumeist mit Hilfe radioisotopischer Verfahren, bei denen der Anteil bzw. Zerfall bestimmter radioaktiver Elemente im Probenmaterial gemessen und ausgewertet wird) radikal gewandelt.

1993 datierten die amerikanischen Geochronologen Carl Swisher und Garniss Curtis Bodenproben von zwei javanischen Pithecanthropus-Fundstellen (Sangiran und Modjokerto) mittels eines solchen Verfahrens neu und kamen zu dem Ergebnis, daß die dort eingelagerten Fossilien nicht 1 Million bis 700 000 Jahre alt seien, wie bisher angenommen, sondern 1,6 bzw. 1,8 Millionen Jahre. Anfang 1995 gaben der deutsche Urgeschichtsforscher Gerhard Bosinski und georgische Archäologen den Fund eines frühmenschlichen Unterkiefers und zahlreicher Steingeräte in der georgischen Ruinenstadt Dmanisi südwestlich von Tiflis bekannt, und zwar in Ablagerungen, die nach dem zugehörigen Tierknochenspektrum und naturwissenschaftlichen Datierungen gleichfalls 1,6 bis 1,8 Millionen Jahre alt sein müssen. Und Ende 1995 berichteten chinesische, amerikanische und kanadische Wissenschaftler über Grabungsergebnisse in der zentralchinesischen Longgupo-Höhle (Provinz Sichuan), wo in 1,8 bis 1,9 Millionen Jahre alten Schichten ein frühmenschliches Unterkieferbruchstück und ein einzelner Schneidezahn sowie zwei mutmaßliche Steingeräte zutage gekommen waren.

Verließ bereits der Homo habilis Afrika?

Durch diese Neufunde bzw. Neudatierungen hat sich die Besiedlungsgeschichte Eurasiens mit einem Schlag auf 2 Millionen Jahre verdoppelt. Doch die genannten Entdeckungen sorgten auch noch aus einem anderen Grund für erhebliches Aufsehen: Die Bearbeiter der Fossilien von Longgupo sind nämlich der Auffassung, diese ähnelten mehr den ältesten Homo-Typen Ostafrikas (Homo habilis und ähnliche, vgl. S. 83) als dem klassischen Homo erectus, und auch am Unterkiefer von Dmanisi wurden habilis-artige Züge festgestellt. Die Erforscher der chinesischen Fundstelle schließen aus ihren Beobachtungen, »der erste Hominide, der Asien erreichte«, habe »einer anderen Art als dem echten Homo erectus« angehört,[9] und letzterer sei möglicherweise erst in Asien selbst aus dem habilis-artigen Einwanderer hervorgegangen. Ein solches Szenario liefe darauf hinaus, im Homo erectus wieder eine genuin asiatische Art zu sehen, wie es in der älteren Forschung ja üblich war (vgl. S. 77), wobei sich dann freilich die Frage stellen würde, wie sein etwa gleichzeitiges Auftauchen auch in Ostafrika (vgl. S. 77–79) zu erklären ist. Eine Rückwanderung einzelner Gruppen aus Asien nach Afrika wäre eine mögliche Erklärung, eine gleichzeitige Herausbildung auf beiden Kontinenten eine andere (auf die Problematik einer solchen »parallelen Evolution« werden wir im nächsten Kapitel genauer eingehen). Die Diskussion über diese Fragen ist zur Zeit in vollem Gange, doch nicht wenige Fachleute halten sie beim jetzigen Kenntnisstand für weit überzogen. Wie brüchig das Faktenwissen einstweilen noch ist, verdeutlicht der Umstand, daß einige Paläanthropologen das Kieferfragment aus der Longgupo-Höhle gar keinem Frühmenschen, sondern einem ausgestorbenen Menschenaffen zuweisen wollen!

Trotz vieler Unklarheiten im Detail dürfte an der frühesten Besiedlung Eurasiens bereits vor annähernd 2 Millionen Jahren aber kaum mehr zu zweifeln sein. Noch vor kurzem wäre der Gedanke an eine so frühe Ausbreitung unserer Urahnen von den meisten Fachleuten rundweg ablehnt worden, denn man sah als unabdingbare Voraussetzung ein großes Gehirn (mit über 1000 Kubikzentimetern Volumen) sowie eine bereits vergleichsweise entwickelte Steingerätetechnik und Kultur an, die den frühen Menschen ein Stück weit von den Umweltverhältnissen unabhängig machte (vgl. Kap. 5).

In jüngerer Zeit haben freilich Forscher wie der britische Anthropologe Alan Turner darauf hingewiesen, daß Wanderungen von Tieren auch über weite Entfernungen hinweg nichts Ungewöhnliches sind, sofern sie sich zwischen ähnlich gearteten Klima- und Umwelträumen abspielen, und eben das scheint bei der ersten Ausbreitungswelle des frühen Menschen der Fall gewesen zu sein. Die Pithecanthropus-Fundstätten auf Java lagen wie seine afrikanische Urheimat innerhalb der Tropen, und auch der Süden Asiens einschließlich der Fundstätte Longgupo war nach den Rekonstruktionen der Fachleute von offenen, subtropischen Landschaften ähnlich wie in Afrika geprägt. Selbst unter den Tierknochen der am weitesten nördlich gelegenen Fundstätte Dmanisi dominierten nach Angaben Gerhard Bosinskis »Arten der offenen Graslandschaft eines warmen Klimas«, so daß der frühe Mensch auch hier »sein angestammtes Biotop – die Savanne – nicht verlassen« mußte.[10]

Vorstoß Richtung Norden

Ganz anders sah es hingegen weiter im Norden aus, in Mitteleuropa und Nordchina, wohin unsere Vorfahren frühestens vor etwa einer Million Jahren vorgedrungen zu sein scheinen. Hier wechselten zum Teil langandauernde Kälteperioden, die berühmten »Eiszeiten« oder Glaziale, sich mit meist kürzeren Erwärmungsphasen, den »Zwischeneiszeiten« oder Interglazialen ab, und die Klima- und Umweltverhältnisse unterschieden sich markant von denen der äquatorialen Breiten. Während der Eiszeiten war es über lange Zeiträume hinweg schneidend kalt, aber auch während der wärmeren Interglaziale gab es kühle Winter mit vereinzeltem Frost und Schnee, vor allem aber einen ausgeprägten Jahreszeitenwechsel, durch den pflanzliche Kost nur saisonal verfügbar war.

In diese zumindest zeitweise rauhen Gefilde konnte »Mutter Natur« den frühen Menschen erst hinausschicken, nachdem sie ihn lange »an ihrem warmen Busen« genährt hatte, wie es Schopenhauer 1851 poetisch formulierte (vgl. Kap. 1) – prosaischer gesagt: nachdem er technische Hilfsmittel zur Kompensation der Umweltverhältnisse entwickelt hatte. Das Feuer ist an afrikanischen Fundplätzen seit über 1 Million Jahren belegt (vgl. Kap. 5), und auch die Steingerätetechnik machte vor etwa 1,5 Millionen Jahren große Fortschritte (vgl. S. 124). Diese Errungenschaften waren es vermutlich, die dem frühen Menschen vor ungefähr 1 Million Jahren den Weg in die gemäßigten Breiten Eurasiens eröffneten, wenn auch zunächst wohl nur während der Erwärmungsperioden. Spätestens vor einer halben Million Jahren sind unsere Vorfahren dann schon bis nach Mitteldeutschland und Südengland vorgedrungen, und möglicherweise erlaubten es ihnen einfache Behausungen und Kleidungsstücke (vgl. Kap. 5) nun auch, zeitweise während der Kältephasen hier zu verweilen. In allen Einzelheiten ist diese Besiedlungs- und Ausbreitungsgeschichte noch nicht erschlossen, doch zeigen chronologisch geordnete Fundstellenkarten, wie Bosinski sie vor einigen Jahren vorgelegt hat, schon jetzt eindrucksvoll das schrittweise Vordringen Richtung Norden, das ungefähr mit den archäologisch belegten Fortschritten in Technologie und Kultur einher ging.

»Weiße Flecken« auf der Siedlungskarte

Damit hatte der frühe Mensch bereits vor mehreren hunderttausend Jahren geschafft, was kein Tier zustande bringt: Er hatte sich mit Hilfe technischer und kultureller Erfindungen in ganz unterschiedliche Klima- und Umweltzonen ausgebreitet und völlig verschiedenartige Lebensräume erobert. Einstweilen verschlossen blieben ihm allerdings noch die subarktischen Weiten Nordeuropas und Nordasiens, die erst sehr viel später besiedelt wurden, und der amerikanische und der australische Kontinent, die durchs Meer von der Alten Welt abgetrennt waren. Zwischen Nordasien (Sibirien) und Nordamerika (Alaska) bildete sich in Zeiten starker

Meeresspiegelsenkungen zwar mehrfach eine Landbrücke im Bereich der Beringstraße heraus (»Beringia«); da sie aber im äußersten Norden beider Kontinente lag, wurde sie erst vor etwa 30 000 oder 40 000 Jahren überquert, als der Mensch sich an arktische und subarktische Klimaverhältnisse angepaßt hatte. Australien wiederum war während der letzten Jahrmillionen niemals mit dem Festland verbunden, so daß seine Besiedlung erst erfolgen konnte, als der Mensch das offene Meer mit Flößen oder Booten zu überqueren gelernt hatte (nach konventioneller Auffassung etwa vor 60 000, möglicherweise aber auch schon vor ungefähr 120 000 Jahren, vgl. dazu Kap. 10).

Trotz dieser großen »weißen Flächen« auf der Siedlungskarte hatte sich der frühe Mensch vor etwa 300 000 Jahren zumindest schon die Hälfte der Alten Welt erobert (Abb. 18). Wie verlief seine weitere Entwicklung in diesem riesigen Raum, wo und auf welche Weise bildete sich der moderne Homo sapiens, die heutige Menschheit, heraus? Über diese Fragen, die uns verständlicherweise besonders bewegen, ist in den letzten Jahren ein heftiger Streit entbrannt, und er soll im Mittelpunkt des folgenden Kapitels stehen.

4. Kapitel

Die »Schwarze Eva« und ihre Kinder: Stammt der moderne Homo sapiens aus Afrika?

Wie der bisherige Überblick gezeigt hat, schritt die Erforschung der menschlichen Entwicklungsgeschichte immer weiter in die Vergangenheit zurück, je weiter die Paläanthropologie vorankam. Stand das späte 19. Jahrhundert noch ganz im Banne der Diskussion um den evolutionsgeschichtlich jungen Neandertaler, so konzentrierte man sich in der ersten Hälfte unseres Jahrhunderts auf die Erforschung des um ein Vielfaches älteren Frühmenschen Homo erectus, und in den fünfziger und sechziger Jahren rückten die ältesten Wurzeln der Menschheitsentwicklung, die Jahrmillionen alten Australopithecinen und der Homo habilis, ins Zentrum der Diskussion und sorgten für immer neue Sensationen.

Nachdem auf diese Weise die wichtigsten Grundlinien der Menschheitsevolution geklärt schienen, hat sich in den achtziger Jahren das Interesse wieder auf die jüngeren Abschnitte unserer Stammesgeschichte verlagert. Nicht mehr sosehr die ältesten Hominidenfunde standen während des letzten Jahrzehnts im Mittelpunkt der fachlichen und öffentlichen Diskussion, sondern die Frage, wann, wo und auf welche Weise sich der anatomisch moderne Mensch, der Homo sapiens sapiens, herausgebildet hat und wie es zu erklären ist, daß seine Varietäten (»Rassen«) heute als einzige überlebende Menschenform die Welt bevölkern.

Afrika: »Hinterhof« oder Zentrum der Sapiens-Evolution?

Bis vor etwa 20 Jahren vermutete man seine Wiege zumeist in Europa oder im Vorderen Orient, von wo schon seit langem bis zu 30 000 Jahre alte Skelettreste des Cro Magnon-Menschen und verwandter Formen bekannt waren, die als die weltweit ältesten modern-menschlichen Fossilien galten. In Afrika tauchte der Homo sapiens sapiens nach lange vorherrschender Lehrmeinung erst vor etwa 15 000 bis 10 000 Jahren auf, deutlich später als in Europa und Westasien. Die Entwicklung auf dem Schwarzen Kontinent kam dieser Theorie zufolge nach der Blütezeit der älteren Hominiden zum Stillstand; Afrika geriet evolutionsgeschichtlich in den Windschatten der nördlicheren Regionen, wohin sich, wie man annahm, das Zentrum der menschlichen Entwicklung verlagert hatte.

Diese Auffassung, die in erster Linie auf der Spärlichkeit und Lückenhaftigkeit der damals bekannten Fossilfunde beruhte, ganz sicher aber auch von gängigen eurozentristischen und rassistischen Klischees (vgl. Kap. 1) beeinflußt war, begann sich in den siebziger Jahren allmählich zu wandeln, als neues Material auftauchte. Von mehreren Fundstätten Süd- und Ostafrikas (vor allem Omo-Kibish in Äthiopien und den Höhlen Border Cave und Klasies River Mouth in Südafrika) wurden menschliche Schädel- und Skelettreste bekannt, die nach den Analysen der Bearbeiter erstaunlich modern anmuteten, aber aus bis zu 100 000 Jahre alten Fundschichten stammten. Diese Funde vertrugen sich, wie die Forscher hervorhoben, nicht mit der Theorie vom evolutionsgeschichtlichen »Hinterhof Afrika«, sondern deuteten im Gegenteil darauf hin, daß sich der Homo sapiens sapiens auf dem Schwarzen Kontinent wesentlich früher entwickelt haben mußte als in den anderen Teilen der Alten Welt. 1975 formulierte der deutsche Anthropologe Rainer Protsch auf der Basis dieses Materials die These, der moderne Mensch sei ursprünglich in Afrika entstanden und habe sich von dort aus später über die anderen Kontinente ausgebreitet (Abb. 19). Diese Hypothese wurde in der Folgezeit von zahlreichen Forschern wie dem britischen Paläanthropologen Christopher Stringer und seinem deutschen Kollegen Günter Bräuer übernommen, ausgebaut und mit einer Fülle weiteren Materials belegt. Sie ist heute unter der Bezeichnung »Out-of-Africa-Theorie« weltweit bekannt und überaus einflußreich, trägt aber auch so phantasievolle (und wohl nicht zufällig der biblischen Geschichte entnommene) Namen wie »Garten-Eden-Theorie« und »Arche-Noah-Hypothese« (vgl. S. 13).

Die »multiregionale Hypothese«

Bei einer Gruppe von Fachleuten, die in dem amerikanischen Anthropologen Milford H. Wolpoff ihren energischsten Sprecher fand, stieß das neue Modell vom afrikanischen Ursprung der modernen Menschheit hingegen auf erbitterte Ablehnung. Wolpoff und die ihm nahestehenden Wissenschaftler bezeichneten die fossilen Belege für die »Out of Africa«-

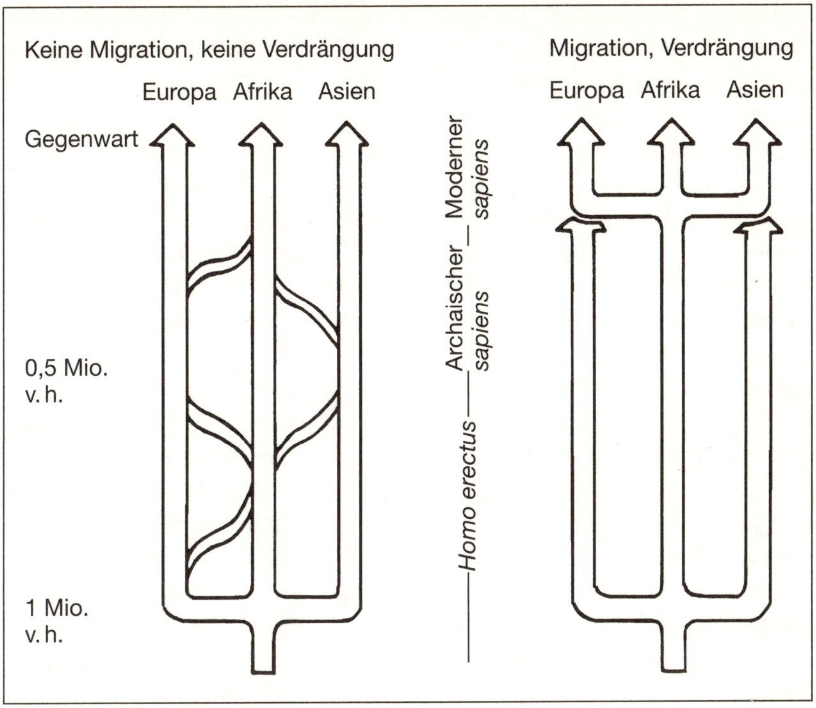

Abb. 19 Schematische Darstellung des »multiregionalen« Modells der Menschheitsevolution (links) mit Entwicklungskontinuität in den einzelnen Regionen bei wechselseitigem Genaustausch und Schema des konkurrierenden »Out of Africa«-Modells (rechts), demzufolge eine frühmoderne Sapiens-Bevölkerung aus Afrika auswanderte und die älteren Hominidenformen Asiens und Europas verdrängte bzw. ausrottete

Theorie als »spärlich, unzusammenhängend und größtenteils nicht sicher datiert«[1] und bestritten darüber hinaus, daß es sich tatsächlich um frühmoderne Menschen handle. Eine weltweite Untersuchung des fossilen Materials lasse, so argumentierten sie, nirgendwo einen einzelnen Ausgangspunkt der Sapientisierung, einen paläanthropologischen »Garten Eden«, erkennen. Vielmehr zeige sich in allen Teilen der Welt eine regionale Kontinuität der Entwicklung vom Homo erectus bis zum modernen Menschen, die größere Einwanderungswellen und Bevölkerungsbrüche ausschließe (Abb. 19). Die heutigen physischen Merkmale und Besonderheiten der Völker in den verschiedenen Weltteilen bildeten sich gemäß dieser »multiregionalen Hypothese«, wie sie üblicherweise genannt wird, schon bei den Frühmenschen der einzelnen Regionen heraus und stellen somit ein uraltes evolutionäres Erbe dar. Trotz dieser jahrhunderttausendealten Unterschiede und Besonderheiten hätten aber ständige überregionale Kontakte und Vermischungen zwischen den frühmenschlichen Bevölkerungen dafür gesorgt, daß diese sich nicht immer mehr auseinanderentwickelten, sondern daß ein einheitlicher und weltweiter evolutionärer Trend gewahrt blieb, der zum modernen Homo sapiens führte.

Es war im Grunde eine Neuauflage des alten Streits um die Herausbildung des Cro Magnon-Menschen aus dem Neandertaler oder aber aus älteren, neben diesem herlaufenden Präsapiens-Formen (vgl. Kap. 2), der nun, da die Forschung die früher übliche Fixierung auf Europa tendenziell überwunden hatte, auf der Ebene globalerer Konzepte ausgetragen wurde. Wie die früheren Debatten blieb er zunächst auf den engen Kreis der Paläanthropologen beschränkt und wurde ausschließlich auf der Basis fossilen Materials geführt, ohne daß die Öffentlichkeit nennenswerten Anteil daran nahm. Dies änderte sich Mitte der achtziger Jahre jedoch schlagartig, als eine Wissenschaftsdisziplin in die Debatte eingriff, die auf den ersten Blick gar nichts mit der Erforschung der Ursprünge des Menschen zu tun zu haben schien: die Molekularbiologie.

Die Genetiker mischen mit

Anfang 1986 veröffentlichte eine Arbeitsgruppe britischer Forscher unter Leitung von Jim Wainscoat die Ergebnisse einer genetischen Untersuchung an Menschen aus vier Kontinenten, bei der die im Kern aller Körperzellen befindliche DNA (Desoxyribonukleinsäure) analysiert worden war, auf der sämtliche genetischen Informationen in Form von Basenpaaren aus den vier Grundbausteinen Adenin, Thymin, Cytosin und Guanin gespeichert sind. Die Wissenschaftler hatten die festgestellten Basensequenzen nach ihren Gemeinsamkeiten und Unterschieden geordnet und dabei eine »große genetische Distanz zwischen afrikanischen und nichtafrikanischen Bevölkerungen« festgestellt. Sie schlossen daraus auf eine »ursprüngliche Aufspaltung menschlicher Bevölkerungen in eine afrikanische und eine eurasische Gruppe« und nahmen dabei Bezug auf die in der Paläanthropologie entwickelte »Out of Africa«-Theorie (vgl. S. 96). »Unsere Daten«, so schrieben sie, »stimmen mit einem Modell überein, nach dem eine Gründerpopulation aus Afrika auswanderte und in der Folge alle nicht-afrikanischen Bevölkerungen hervorbrachte«, wobei – so vermuteten sie aufgrund bestimmter genetischer Details – »die Gründerpopulation klein war«.[2]

Diese Ergebnisse und Schlußfolgerungen – im Februar 1986 in der britischen Wissenschaftszeitschrift »Nature« publiziert – fanden eine spektakuläre Bestätigung, als im Januar 1987 ein Team um den einflußreichen amerikanischen Biochemiker Allan C. Wilson in derselben Zeitschrift eigene Forschungsergebnisse zu diesem Thema veröffentlichte. Wilson und seine Mitarbeiter Rebecca L.Cann und Mark Stoneking hatten DNA-Proben von 147 asiatischen, afrikanischen, europäischen und australischen Frauen untersucht – und zwar nicht Proben der DNA des Zellkerns, sondern der DNA der Mitochondrien, kleiner Organellen im Plasma der Zellen, die für deren Energieversorgung zuständig sind. Diese »Mini-Kraftwerke« besitzen ihr eigenes, vom Zellkern unabhängiges Erbgut, eben die Mitochondrien-DNA (mtDNA), die aus jeweils rund 16 500 Basenpaaren besteht – was nur einem winzigen Bruchteil des in der Zellkern-DNA konzentrierten Genmaterials entspricht. Dieses Erbgut wird nur in der mütterlichen Linie (von der Mutter an ihre weiblichen wie männlichen Kinder) weitergegeben; die väterlichen Mitochondrien und die in ihnen enthaltenen Gene gehen bei der Befruchtung des Eies durch die Samenzelle verloren. Veränderungen in der mtDNA kommen daher allein durch Mutation zustande, nicht durch die Neukombination unterschiedlicher Gensätze im Rahmen der Fortpflanzung, wie dies bei der Kern-DNA der Fall ist. Solche Mutationen häufen sich überdies im mitochondrialen Erbgut fünf- bis zehnmal schneller auf als in den Genen des Zellkerns; die mtDNA verändert sich also in deutlich rascherem Rhythmus, weshalb sie auch vergleichsweise geringfügige genetische »Distanzen« erkennen läßt. Diese Besonderheiten machen sie zu einem besonders geeigneten Indikator für Studien über stammesgeschichtliche (phylogenetische) Beziehungen, da hier ja möglichst markante und einfach zu interpretierende Daten erwünscht sind.

Ist der Ursprung unserer DNA afrikanisch?

Just um solche stammesgeschichtlichen Beziehungen ging es den Genetikern um Wilson: Sie wollten herausfinden, wie die verschiedenen ethnischen und regionalen Gruppen der heutigen Menschheit miteinander verwandt sind, wie sich der weitverzweigte Stammbaum des modernen Menschen herausgebildet hat. Zu diesem Zweck erstellten sie mit Hilfe eines in den USA gebräuchlichen Computerprogramms namens PAUP (»Phylogenetic Analysis Using Parsimony«) ein Entwicklungsdiagramm, in dem die 133 verschiedenen mtDNA-Typen, die sich in den untersuchten Zellproben unterscheiden ließen, nach dem Prinzip der »sparsamsten Lösung« angeordnet und auf einen gemeinsamen Urtyp zurückgeführt wurden (Abb. 20). Als »sparsamste« und »beste« Lösung gilt bei derartigen Untersuchungen ein Stammbaum, der die wenigsten Bevölkerungsbewegungen und genetischen Mutationen zur Herleitung des durch die Daten definierten Endzustands voraussetzt. Alle mit Hilfe von PAUP aus den mtDNA-Proben erschlossenen »wahrscheinlichsten« Stammbäume wiesen, so die Genetiker aus Berkeley, »zwei Ursprungszweige« auf, von denen »einer ausschließlich aus Afrikanern bestand, der andere alle fünf untersuchten Bevölkerungen einschloß«. Die Forscher folgerten aus dieser Verteilung, daß »die gemeinsame Ursprungs-DNA afrikanisch war« und daß Afrika als »wahrscheinliche Quelle des menschlichen Mitochondrien-Gen-Pools« anzusehen sei.[3]

Eine »Urmutter« von 200 000 Jahren?

Sie gingen freilich noch einen Schritt weiter und betonten, der Stammbaum führe alle »mütterlichen Linien in den heutigen menschlichen Bevölkerungen auf eine gemeinsame Urahnin« zurück – eine einzige Afrikanerin also, von der die mtDNA der gesamten modernen Menschheit

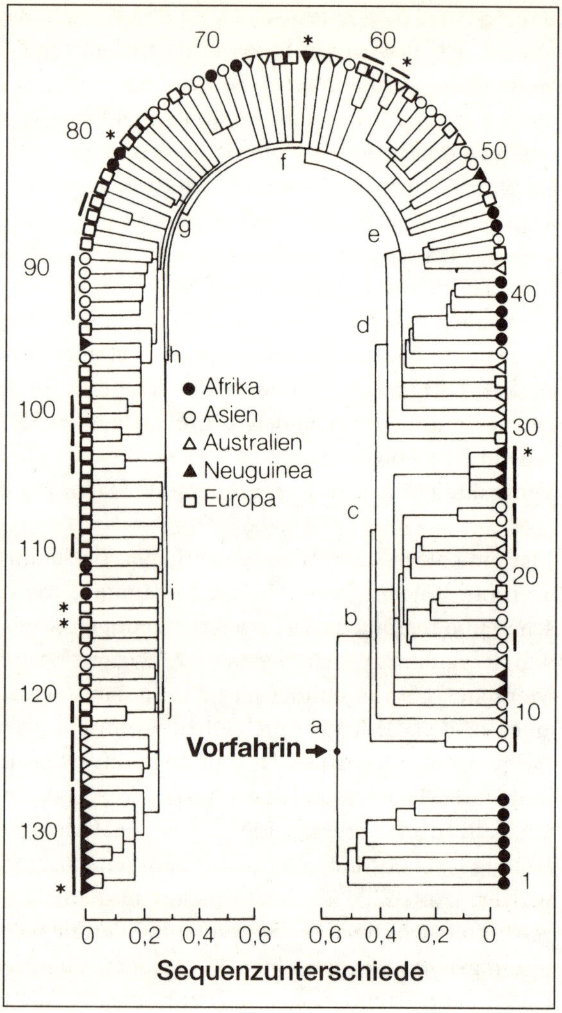

Abb. 20
1987 veröffentlichter »Stammbaum« der Mitochondrien-DNA von 134 Frauen aus verschiedenen Weltteilen, der zur Begründung der Theorie von der »mitochondrialen Eva« führte. Sein »tiefster« Zweig (unten rechts) besteht ausschließlich aus afrikanischen mtDNA-Typen, was die Vermutung nährte, die gemeinsame genetische Vorfahrin (Pfeil) sei Afrikanerin gewesen

abstamme. Und sogar das Alter dieser »Eva«, wie die genetische »Urmutter« bald genannt wurde, glaubten die Wissenschaftler relativ genau abschätzen zu können, denn wenn die Mutationen der mtDNA mit einer gewissen Regelmäßigkeit vonstatten gehen, dann läßt sich aus einem gegebenen Quantum an Veränderungen leicht auf den dafür benötigten Entwicklungszeitraum zurückschließen. Natürlich muß man dazu das »Schrittempo« dieser sogenannten »molekularen Uhr« kennen. Wilson und seine Mitarbeiter versuchten es zu erschließen, indem sie die (aus einer Vielzahl aufeinanderfolgender Mutationen resultierenden) mtDNA-Unterschiede von Einwohnern spät besiedelter Weltgegenden wie Australien, Amerika oder Neu-Guinea zu den archäologisch erschlossenen, ungefähren Besiedlungsdaten dieser Regionen (50 000 Jahre vor heute oder später, vgl. aber S. 309 und 311) in Bezug setzten. Sie errechneten auf diese Weise, daß sich die menschliche mtDNA in einer Million Jahren um zwei bis vier Prozent verändere. Die von ihnen untersuchten weltweiten mtDNA-Proben wiesen hingegen nur Sequenzunterschiede von 0,57 Prozent auf; daraus schlossen die Forscher, daß »die gemeinsame Vorfahrin aller überlebenden mtDNA-Typen vor 140 000–290 000 Jahren« gelebt haben müsse, im Mittel also vor etwa 200 000 Jahren.[4]

Verdrängung statt Vermischung

Diese Ergebnisse schienen eindrucksvoll die »Out of Africa«-Theorie zu bestätigen, derzufolge »der Übergang von archaischen zu anatomisch modernen Formen des Homo sapiens sich zuerst vor ungefähr 100 000 bis 140 000 Jahren in Afrika vollzog und alle heutigen Menschen Nachkommen dieser afrikanischen Bevölkerung sind«, wie das Team um Wilson die Theorie knapp zusammenfaßte. Die Forscher plädierten überdies für eine besonders »strenge« und extreme Variante dieses Szenarios. Hatten einige der »Out of Africa«-Vertreter unter den Paläanthropologen bis dahin die Möglichkeit eingeräumt, daß die aus dem Schwarzen Erdteil ausgewanderten modernen Menschen sich in ihren neuen europäischen und asiatischen Lebensräumen mit den dort ansässigen Neandertalern oder anderen archaischen Menschenformen vermischt hatten, so schlossen die Genetiker nunmehr diese Möglichkeit mehr oder minder kategorisch aus. Hätten die Neandertaler oder andere nichtafrikanische Frühmenschenformen Gene zum Erbgut des Homo sapiens beigesteuert, so argumentierten sie, dann müßten unter den Europäern oder Asiaten durch das Überleben dieser sehr alten Gensequenzen weit größere genetische Unterschiede zu beobachten sein als unter den Afrikanern. Gerade dies war aber nicht der Fall: Die afrikanischen Bevölkerungen wiesen bei weitem die größte mtDNA-Variabilität auf, und das – so erklärten die Forscher – weil ihre Gene die meiste Zeit zur Entwicklung und Veränderung gehabt hätten. Man müsse folglich davon ausgehen, daß die Frühmenschen außerhalb des afrikanischen »Garten Eden« »keine überlebenden mtDNA-Linien zum Genpool unserer Art beisteuerten« und wahrscheinlich »ohne größere Vermischungen durch die Homo sapiens-Einwanderer aus Afrika ersetzt« wurden.[5] Aus dem paläanthropologischen Auswanderungsmodell mit der Option einer Hybridisierung (Vermischung) wurde auf diese Weise ein kategorisches Verdrängungsmodell.

»Eva« macht Schlagzeilen

Dieses betont sensationelle Szenario bot im Gegensatz zu den bis dahin eher abstrakt geführten akademischen Diskussionen genug Stoff für die Phantasie und Ansatzpunkte für populäre und »mythologische« Ausschmückungen, um in den Medien und der Öffentlichkeit ein echter Renner zu werden. Zeitungen und Zeitschriften stürzten sich mit wahrer Begeisterung auf die »Urmutter der gesamten Menschheit« und malten in grellen Farben die Story vom Siegeszug ihrer Gene auf dem ganzen Erdball aus, die gleichzeitig die Geschichte vom Niedergang aller vormodernen Menschenformen war – eine für uns zweifellos schmeichelhafte Geschichte, handelte es sich doch letztlich um unsere Gene und unseren Siegeszug. »Eva« nahm dabei in den Medien bisweilen geradezu ikonenhafte Züge an: Im Nachrichtenmagazin »Der Spiegel« wurde sie als »schwarze Schönheit (...) mit hoher Stirn und grazilen Gliedmaßen« beschrieben,[6] und das US-Nachrichtenmagazin »Newsweek« machte eine Story über die Ergebnisse des Wilson-Teams mit einem Titelblatt auf, das die »Mitochondrien-Eva« als dunkelhäutige Verführerin samt Apfel neben einem offenkundig nicht ganz abgeneigten »schwarzen Adam« zeigte. Anderswo wurde von einer »unglaublichen Frau« und einer »ganz besonderen Mutter« gesprochen,[7] ja selbst von einer »Super-Eva« war in einem amerikanischen Zeitungsbericht die Rede.[8]

Auch die Fachwelt zeigte sich überwiegend beeindruckt von den Ergebnissen der Forscher um Wilson. Zwar übten eine Reihe von Molekularbiologen vorsichtige Kritik an einzelnen ihrer Verfahrensmethoden und Schlußfolgerungen, doch insgesamt fiel die Reaktion eher positiv aus. Die »Eva«-Hypothese schien eine unanfechtbare und überzeugende Erklärung für den Ursprung der heutigen Menschheit geliefert zu haben, und immer mehr Genetiker veröffentlichten in der Folgezeit eigene Forschungsergebnisse, die dieses Modell unterstützten. All das trug merklich zur Hebung des Selbstbewußtseins der Molekularbiologen bei: »Manchmal führen Fossilien in die Irre«, erklärte beispielsweise die Wilson-Mitarbeiterin Cann 1987 dem US-Nachrichtenmagazin »Time«: »Wir versuchen, ein besseres Bild davon zu entwerfen, wie die Menschheit sich entwickelte.«[9] Und auch sonst schien es nicht wenigen Beobachtern, als werde in Zukunft nicht mehr die Fossilforschung, sondern die Genetik die führende Rolle bei der Entschlüsselung unserer Entwicklungsgeschichte spielen. »Die in den letzten Jahren erzielten Wissensdurchbrüche der Paläanthropologie wurden allesamt in Genlabors erzielt«, war im »Spiegel« zu lesen,[10] und die deutsche Wochenzeitung »Die Zeit« schrieb:

> »Mit dem Einbruch der Molekularbiologen, Genetiker und Linguisten in die Domäne der fossiliensammelnden Paläanthropologen scheint ein alter Wissenschaftsstreit entschieden. Die verschiedenen menschlichen Rassen entstanden nicht aus einer multiregionalen Entwicklung unterschiedlicher Frühmenschen zu heutigen Erdenbürgern. Der Homo erectus ist ausgestorben. Es lebe der Mensch.«[11]

Die »Out of Africa«-Fraktion trumpft auf

Die Vertreter der »Out of Africa«-Theorie unter den Paläanthropologen waren trotz dieser unterschwelligen Abwertung ihrer Disziplin hocherfreut über die unerwartete Rückendeckung, die sie von seiten der Genetiker erhalten hatten. Bereitwillig arbeiteten sie deren Ergebnisse und Schlußfolgerungen in ihr eigenes Modell ein. Dabei übernahmen sie mehrheitlich auch die Auffassung Wilsons und seiner Mitarbeiter, daß es keinen nennenswerten Genaustausch zwischen den angestammten Menschenformen Eurasiens und den frühmodernen Invasoren aus Afrika gegeben habe, die sich vor 100 000 bis 30 000 Jahren in deren Heimatgebieten niederließen – daß erstere also ohne jede Weitergabe ihres Erbguts von der Erde verschwunden seien. Vor allem aber traten sie ihren »multiregionalen« Widersachern nunmehr viel rigider und selbstbewußter gegenüber: »Paläanthropologen, die die wachsende Fülle genetischer Daten über die Beziehungen zwischen menschlichen Populationen nicht zur Kenntnis nehmen, (handeln) auf eigene Gefahr«, beschieden beispielsweise die britischen »Out of Africa«-Wortführer Christopher Stringer und Peter Andrews in einem Aufsatz ihre Kollegen.[12]

Die Anhänger des multiregionalen Modells, mit derart unverhohlenen Warnungen konfrontiert und zunehmend als starrköpfige Verfechter einer überlebten Theorie abgetan, sammelten sich um Milford Wolpoff (vgl. S. 96) und mühten sich nach Kräften, die Schwachpunkte einer Beweiskette zu finden, die sich auf schwer durchschaubare Datenanalysen stützte und der der Nimbus naturwissenschaftlicher Exaktheit und Präzision anhaftete. Die Position der Multiregionalisten wurde aber noch zusätzlich durch neue Erkenntnisse der Fossilforschung selbst geschwächt, die kurze Zeit nach der Veröffentlichung der »Eva«-Theorie bekannt wurden. Diese Ergebnisse betrafen Europa und den Nahen Osten und waren wiederum Früchte der »Datierungsrevolution«, die schon bei der Neuinterpretation der afrikanischen Vorgeschichte in den siebziger Jahren eine so große Rolle gespielt hatte (vgl. S. 96).

Die Multiregionalisten nahmen wie erwähnt an, daß die modernen Bewohner Europas und des Vorderen Orients aus den zuvor dort beheimateten Neandertalern hervorgegangen waren, und führten damit jene Forschungstradition fort, die in diesem archaischen Menschentyp den unmittelbaren Vorfahr und Stammvater des Homo sapiens sapiens sah (vgl. Kap. 2). Die zeitliche Abfolge der Fossilfunde in Europa schien diese Konzeption zu stützen, denn der Neandertaler war dort bis vor etwa 40 000 Jahren, der frühmoderne Cro Magnon-Mensch hingegen erst seit etwa 30 000 Jahren belegt; in den Jahrtausenden dazwischen, aus denen keine Knochenfunde vorlagen, vermutete man die evolutionäre Umbildung des ersteren in den zweiten.

Auch für den Vorderen Orient schien das Modell zu passen: Dort hatte man ebenfalls Überreste von Neandertalern und eher modern anmutenden Menschen aus der Altsteinzeit gefunden, und wie in Europa hielt man erstere für die älteren. Man schätzte, daß die Neandertaler bis vor etwa 50 000 Jahren, die protomodernen Menschen seit etwa 40 000 Jahren im Nahen Osten gelebt hätten, und verband mit dieser vermuteten Abfolge auch hier die Vorstellung, der moderne Menschentypus sei aus dem Neandertaler hervorgegangen. Eine Reihe von Forschern nahm darüber hinaus an, die »Proto-Cro-Magnon-Menschen« des Nahen Ostens seien vor etwa 35 000 Jahren nach Europa gewandert und hätten sich dort zum »klassischen« Cro Magnon-Typus weiterentwickelt – eine frühe, noch ganz auf den Nahen Osten ausgerichtete Version der »Garten-Eden-Theorie«.

Neue Daten stürzen alte Theorien

Die hier vorausgesetzte Aufeinanderfolge von Neandertaler und modernem Mensch mußte freilich revidiert werden, als in den Jahren 1987 bis 1989 Material aus mehreren israelischen Fundstellen mit den neuentwickelten naturwissenschaftlichen Altersbestimmungsverfahren datiert wurde, von denen schon im letzten Kapitel die Rede war. Proben aus einer Schicht der Kebara-Höhle, in der das Skelett eines typischen Neandertalers gefunden worden war, ergaben noch ein Alter von rund 60 000 Jahren, das in etwa den Erwartungen entsprach. Sensationell fielen hingegen die Datierungen für Skelettreste protomoderner Menschen aus den Höhlen Jebel Qafzeh und Skhul aus: Die Knochen lagen laut Analyse in 80 000 bis 100 000 Jahre alten Schichten, waren also mehr als doppelt so alt wie zuvor vermutet und von gleichem Alter wie die frühesten modernen Menschenfunde Afrikas, die so viel Aufsehen erregt hatten (vgl. S. 96). Vor allem aber übertrafen sie das Alter des Neandertalerskeletts von Kebara um bis zu 40 000 Jahre. Die Abfolge der beiden Menschenformen im Nahen Osten schien damit auf den Kopf gestellt zu sein. Ein Jahr später änderte sich das Bild erneut, als Proben aus einer Schicht der Tabun-Höhle, die Neandertaler-Überreste geliefert hatte, auf ein Alter von 100 000 bis 120 000 Jahren datiert wurden. Nun sah (und sieht) es so aus, als habe der Neandertaler rund 50 000 Jahre lang – von etwa 100 000 bis 50 000 vor heute – in dieser Region gelebt, und als seien er und der protomoderne Mensch mindestens während eines Teils dieser Periode Zeitgenossen gewesen.

»Die klare Schlußfolgerung aus diesen Zeitbestimmungen lautet, daß Neandertaler und frühmoderne Menschen getrennte und parallellaufende evolutionäre Linien waren, nicht Vorfahren und Abkömmlinge«, kommentierte Stringer 1991 den Befund.[13] In der Tat ist dieser Schluß zwingend, wenn man nicht von der Annahme ausgehen will, der Homo sapiens sapiens sei aus nur einem Teil der Neandertalerbevölkerung hervorgegangen, während andere Gruppen noch Jahrzehntausende lang unverändert neben dem evolutionären Abkömmling weiterexistierten. Die meisten Fachleute sehen die These vom Neandertaler als direktem Vorfahr des modernen Menschen daher durch den nahöstlichen Befund als widerlegt an; nur wenige Paläanthropologen halten heute noch daran fest. Viele Fossilforscher nehmen darüber hinaus mittlerweile an, daß die Neandertaler des Vorderen Orients ursprünglich aus Europa stammten, von wo sie sich vor der Kälte der letzten Eiszeit zurückgezogen hatten, und daß sie dabei im Levantegebiet mit den ersten frühmodernen Auswanderern aus Afrika zusammentrafen. Ob es sich um eine wirkliche Begegnung, ein echtes Nebeneinander oder nur um eine zeitlich alternierende Besiedlung des gleichen Gebiets handelte, ist noch nicht gesichert. Einige Fachleute erwägen aufgrund des hohen Alters der Qafzeh- und Skhul-Fossilien auch die Möglichkeit, daß der moderne Mensch im Nahen Osten selbst entstanden sei, doch kann sich diese These bislang weder auf genetische Ergebnisse noch auf aussagekräftige Fossilfunde stützen.

Die letzten Neandertaler Europas

Auch in Europa »überlappen« sich mittlerweile die fossilen und archäologischen Belege für den Neandertaler und den frühmodernen Menschen, so daß nach Meinung der meisten Forscher auch hier beide Menschentypen mehrere Jahrtausende lang nebeneinander existiert haben müssen. 1991 wurde ein bei Saint-Césaire in Frankreich ausgegrabenes Neandertalerskelett auf ein Alter von rund 36 000 Jahren datiert, Funde im französischen Arcy-sur-Cure deuten darauf hin, daß hier Neandertaler noch vor 34 000 Jahren lebten, und die allerjüngsten Belege dieses Menschentyps stammen aus Zafarraya in Südspanien und sind nach neuesten Datierungen jünger als 30 000 Jahre. Aufgrund charakteristischer Steingerätefunde vermutet man aber bereits seit etwa 40 000 Jahren den Homo sapiens sapiens in Europa (vgl. Kap. 5), und so ist eine Periode der Koexistenz beider Menschenformen sehr wahrscheinlich, wenngleich sie sich bis heute nicht definitiv nachweisen ließ – frühmoderne Skelettreste sind bei uns nämlich erst aus der Zeit vor etwa 30 000 Jahren bekannt.

Dieses vermutete Nebeneinander von Homo sapiens sapiens und Neandertaler schließt nach Ansicht der meisten Paläanthropologen auch in Europa ein Hervorgehen des einen aus dem anderen aus, und diese Auffassung sehen viele Forscher auch durch die Morphologie des Skeletts von Saint-Césaire bestätigt. »Da der Schädel von Saint-Césaire«, so schrieben die Bearbeiter des Fundes 1991,

> »trotz seiner späten Zeitstellung klassische Merkmale des Neandertalers ohne Hinweis auf eine Evolution in Richtung des modernen Menschen aufweist, wird die

Idee, daß der erstere durch Weiterentwicklung zum letzteren ausgestorben sein könnte, chronologisch unhaltbar.«[14]

Auch überzeugende Hinweise auf eine Vermischung beider Menschenformen gibt es nach Ansicht der meisten Anhänger des »Out of Africa«-Modells nicht. »Obwohl Europa und Südwestasien die umfangreichsten fossilen Belege für diese Zeitperiode liefern, fehlen in beiden Regionen Übergangsformen zwischen dem Neandertaler und dem modernen Homo sapiens«, schrieben Stringer und Andrews 1988 (vgl. S. 103),[15] und Stringer bekräftigte 1991 mit Blick auf den Nahen Osten:

»Als der Neandertaler von Kebara lebte, hätten die beiden Zweige schon seit 40 000 Jahren zueinander Kontakt haben können, und dennoch weist sein Skelett keinerlei Anzeichen für irgendeine Vermischung mit der modernen Linie auf – im Gegenteil, es handelt sich um eines der charakteristischsten Neandertalerskelette mit robustem Körperbau überhaupt.«[16]

Eine eigene Art?

Dieser Umstand lasse darauf schließen, so der Forscher, daß es sich keineswegs nur um zwei Unterarten der gleichen Spezies (Homo sapiens) gehandelt habe, wie man seit den sechziger Jahren annahm, sondern vielmehr doch um zwei gänzlich unterschiedliche biologische Arten, wie man ja bis in die fünfziger Jahre hinein vermutet hatte (vgl. Kap. 2). Stringer und seine Anhänger propagieren daher eine Rückkehr zu dem ursprünglichen biologischen Artnamen *Homo neanderthalensis* (statt *Homo sapiens neanderthalensis*, vgl. Kap. 2) – ein Schwenk, der von den Gegnern dieser Fraktion hämisch als »großer Sprung zurück« bezeichnet wird.

Tatsächlich nahm und nimmt der britische Forscher in all diesen Fragen eine Extremposition ein, die nicht einmal von den Anhängern des »Out of Africa«-Modells durchgehend geteilt wird. Gemäßigtere Vertreter dieses Modells wie der deutsche Paläanthropologe Günter Bräuer (vgl. S. 96) rechnen durchaus mit der Möglichkeit einer Vermischung zwischen den frühmodernen afrikanischen Einwanderern und den ortsansässigen Altmenschen, so daß die aus dem Kontakt hervorgegangenen Bevölkerungen keineswegs »reinrassig afrikanisch« gewesen wären. Bräuer selbst präsentierte 1980 ein nahe der Insel Hahnöfersand bei Hamburg gefundenes, etwa 36 000 Jahre altes Stirnbein als möglichen Beleg für eine Mischbevölkerung: Seine geringe Aufwölbung und die Knochendicke kennzeichnen es eindeutig als neandertaloid, die deutlich reduzierten Überaugenwülste weisen hingegen in eine modernere Richtung. Auch andere Neandertalerfossilien des mittleren und östlichen Europa zeigen nach Meinung vieler Paläanthropologen »moderne« Anklänge, und die Anhänger des multiregionalen Evolutionsmodells (vgl.

S. 96/97) glauben auch bei den frühmodernen Cro Magnon-Menschen Europas bestimmte Merkmale feststellen zu können, die nur als »Erbe des Neandertalers« erklärbar seien – all diese Beobachtungen sind freilich äußerst umstritten. Weitgehend einig ist man sich hingegen darüber, daß die heute als frühmodern eingestuften Menschen des Vorderen Orients noch eine ganze Reihe ausgesprochen archaischer Züge aufwiesen – man sah sie daher in der älteren Forschung geradezu als Musterbeispiel einer »Misch«- oder »Übergangsbevölkerung« an.

Das Verschwinden der Altmenschen

Trotz dieser nicht wenigen Indizien für mögliche Kontakte und Vermischungsvorgänge übernahmen Stringer und seine Anhänger wie erwähnt gegen Ende der achtziger Jahre das Verdrängungsmodell der Genetiker (vgl. S. 101) und redeten seither dem totalen Triumph des Homo sapiens sapiens über den Neandertaler das Wort. Damit aber wurden fast unvermeidlich die Gespenster einer längst überwunden geglaubten Forschungsära wieder wachgerufen, und die mittlerweile doch schon beträchtlich angestaubten Vorstellungen vom Krieg zwischen den beiden Menschenformen und von der gewaltsamen Ausrottung der tumben Neandertaler durch die cleveren Sapiens-Invasoren (vgl. Kap. 2) feierten fröhliche Urständ. »Invasoren! Das Wort allein versetzte die Phantasie in Aufruhr«, schrieb 1990 der amerikanische Wissenschaftsautor Michael H. Brown in einem populären Buch über die »Eva«-Theorie:

> »Knirschende Zähne, Keulenschläge gegen dickwandige Schädel, geschleuderte Dolomitsteine, der neue, ›einfallende‹ Homo sapiens gegen die alten Wulstbrauen. Es war atemberaubend, sich die alles überschwemmenden Horden vorzustellen, die vom tiefsten Afrika aus durch den Mittelmeerraum zogen, Lehmhütten niedertrampelnd, Nahrungsvorräte plündernd, Höhlen in Beschlag nehmend, unentwickelte Erectus- und Neandertaler-Bevölkerungen erobernd und ermordend.«[17]

In nicht wenigen Zeitungsberichten und Zeitschriftenartikeln wurden tatsächlich derartige Bilder heraufbeschworen, ja sie fanden sogar Eingang in die von Fachleuten verfaßte Literatur. »Ich vermute«, so spekulierte beispielsweise 1993 der amerikanische Physiologe Jared Diamond in einem populärwissenschaftlichen Buch über die Menschheitsevolution,

> »daß sich die Ereignisse in Europa (...) (zu jener Zeit) nicht viel anders abspielten als in vielen anderen Teilen der Welt der Neuzeit, in denen ein zahlenmäßig überlegenes Volk mit fortgeschrittener Technologie in das Territorium eines zahlenmäßig und technologisch unterlegenen Volkes eindrang. Als die europäischen Siedler nach Nordamerika kamen, starben die meisten Indianer an eingeschleppten Krankheiten.

Von den Überlebenden wurden die meisten entweder gleich getötet oder von ihrem Land verjagt, (...) (die übrigen wurden) in Gebiete abgedrängt, an denen die Europäer kein Interesse hatten (...). Ganz analog dürften die Cro Magnons mit Krankheiten, Mord und Vertreibung das Ende der Neandertaler herbeigeführt haben.«

Den Gedanken an eine Vermischung der beiden Gruppen lehnte Diamond als unwahrscheinlich ab, denn »sollte das Verhalten der Neandertaler so primitiv und ihr Aussehen so prägnant gewesen sein, wie ich vermute, dürften nur wenige Cro Magnons den Wunsch zur Paarung verspürt haben«.[18]

»Untergang mit einem Winseln, nicht mit einem Knall«

Stringer und andere maßgebliche Wortführer der »Out of Africa«-Theorie äußerten sich zurückhaltender. Sie gingen nicht von einer kriegerischen Ausrottung aus, sondern gaben einem Modell des »Auskonkurrierens« der Altmenschen den Vorzug. »Das wahre Schicksal der Neandertaler«, mutmaßte Stringer 1991,

»mag die schrittweise Verdrängung in abgelegenere und weniger begünstigte Landschaften gewesen sein, wo ihre schwindende Zahl einer größeren Zermürbung durch die Wechselfälle des Klimas und schwankender Nahrungsressourcen sowie durch Krankheiten ausgesetzt gewesen sein könnte. Die Neandertaler gingen vermutlich mit einem Winseln, nicht mit einem Knall unter.«[19]

Immer wieder zitiert wurde in diesem Zusammenhang eine Studie des amerikanischen Anthropologen Ezra Zubrow, in der der Forscher vorrechnete, daß die Neandertaler der Konkurrenz der frühmodernen Menschen innerhalb eines Jahrtausends erlegen wären, wenn sie eine nur um zwei Prozent höhere Sterblichkeitsrate gehabt hätten. Wodurch diese verursacht gewesen sein könnte, wußten die Anthropologen zwar auch nicht zu sagen – sie gaben diese Frage jedoch an die Archäologen weiter, und die lieferten, wie wir im zweiten Teil des Buches sehen werden, eine ganze Reihe scheinbar einleuchtender Erklärungen, die sich freilich bei genauerem Hinsehen als äußerst fragwürdig erweisen.

Wolpoff und die »Multiregionalisten« geißelten das gesamte beschriebene Szenario unterdessen in zahllosen Artikeln, Aufsätzen und Vorträgen als rassistisch. Empört wandten sie sich gegen die Vorstellung von »Killer-Afrikanern« und einem »pleistozänen Holocaust«[20] – jedoch mit wenig Erfolg. Immer mehr Anthropologen sahen in der »Out of Africa«- und Verdrängungstheorie ein im ganzen schlüssiges, mit den Fakten übereinstimmendes Modell. Nur wenige vermochten sich der suggestiven Anziehungskraft der Bilder zu entziehen, die Stringer und die Molekularbiologen mit so kraftvollen Strichen entwarfen.

»Eva« gerät ins Zwielicht

So etwa standen die Dinge, als sich der Wind fünf Jahre nach der Veröffentlichung der »Eva«-Theorie überraschend zu drehen begann. »Wird der afrikanische Boden unter den Füßen der mitochondrialen Eva brüchig?« fragte die amerikanische Wissenschaftszeitschrift »Science« am 7. Februar 1992,[21] und eine Woche später stellte das britische Konkurrenzblatt »Nature« fest: »Die Idee eines afrikanischen Ursprungs hat möglicherweise eine tödliche Verletzung erlitten.«[22]

Anlaß dieser kritischen Kommentare waren die Ergebnisse mehrerer amerikanischer Molekularbiologen, die sich unabhängig voneinander die Daten des Wilson-Teams besorgt hatten. »Ich wollte nur testen, ob die Hypothese, die gemeinsame Vorfahrin habe in Afrika gelebt, durch die vorliegenden Daten gerechtfertigt wird«, zitierte »Science« den Genetiker Alan R.Templeton, »und ein Computerdurchlauf genügte, um zu sagen: nein.«[23] Die Forscher um Wilson, so kritisierte Templeton in einem Brief an die Zeitschrift, hatten offenkundig nur eine einzige Auswertungsserie mit dem Computerprogramm PAUP (vgl. S. 99) durchgeführt – »eine Art der Analyse, die für eine so große Datenmenge unangemessen ist«. Er selbst fand bei einzigem Probedurchlauf mit PAUP 100 Stammbäume, die um zwei Schritte »kürzer« und damit »wahrscheinlicher« waren als der von Wilson und seinen Mitarbeitern publizierte (vgl. S. 100). Sie alle wiesen eine nichtafrikanische Wurzel auf und ließen »afrikanische Stichproben jünger, nichtafrikanische hingegen älter« erscheinen[24] – genau das umgekehrte Bild wie bei der ursprünglichen Auswertung also.

Millionen gleichwertiger Stammbäume

Diese diametral entgegengesetzten Resultate bei der Analyse der gleichen Daten mit demselben Programm seien nicht weiter erstaunlich, führte »Science« in einem kommentierenden Artikel aus, denn

> »unglücklicherweise bietet PAUP oft nicht nur einen einzigen ›sparsamsten‹ Stammbaum für jeden Datensatz an. Tatsächlich kann es Millionen von gleich guten Stammbäumen geben. Nach jedem Computerdurchlauf werden eine Anzahl möglicher Genealogien ausgespuckt – und es ist Sache der Forscher, zu entscheiden, wie viele Computerdurchläufe ausgeführt und wie viele Hunderte oder Tausende von Stammbäumen nach jedem Lauf zur späteren Analyse im Computer gespeichert werden sollen«.[25]

Das Team aus Berkeley hatte seine Auswertung nach nur einem einzigen Computerdurchlauf gestoppt, der 100 einander ähnliche Stammbäume ergeben hatte – der amerikanische Biologe David R. Maddison führte zur Überprüfung nicht weniger als 4500 Auswertungsserien durch und fand über 10 000 Stammbäume, die »kürzer« und damit »wahrscheinlicher« waren als derjenige des Wilson-Teams. Sie ließen sich in verschiedene

Klassen unterteilen, »jede Klasse mit unterschiedlichen Implikationen für die Ursprungsheimat. (...) Einige Stammbäume weisen eindeutig auf Asien hin, einige auf Afrika, und einige gleichermaßen auf alle Regionen.« – »Es gibt nicht die eine, eindeutig erschließbare Urheimat«, folgerte er.

Als das wichtigste Resultat seiner Untersuchung aber bezeichnete er eine »methodische Lehre«: In der phylogenetischen Analyse müßten, so schrieb er, »alternative Hypothesen entwickelt und in Betracht gezogen werden«; es gelte, »alle gleichermaßen denkbaren Möglichkeiten von Wanderungswegen für viele unterschiedliche und akzeptable Stammbäume zu überprüfen«. Das Team aus Berkeley habe diesen Grundsatz vernachlässigt, wie es »gängige Praxis in phylogenetischen Auswertungen« sei. Auch wenn man ihn befolge, bleibe eine »zuverlässige Ableitung von Geschehnissen auf der Bevölkerungsebene aus genetischen Phylogenien« aber »schwierig, weil dazu noch viele methodische Durchbrüche erforderlich« seien.[26]

David Swofford, der Erfinder des Computerprogramms PAUP, das alle zitierten Forscher für ihre Analysen benutzt hatten, schloß sich dieser Kritik an, und auch eine Gruppe von Forschern um den Molekularbiologen S. Blair Hedges urteilte in einem Brief an »Science«, »die verfügbaren Sequenzdaten (reichten) nicht aus, um den geographischen Ursprung der menschlichen mtDNA statistisch zu erschließen«.[27] Damit war einer der wichtigsten Stützpfeiler der »Eva«-Theorie zusammengebrochen, und die peinlichen Umstände dieses Kollapses schienen geeignet, die Evolutionsgenetik insgesamt in Verruf zu bringen. Denn was in der Fachwelt und in der Öffentlichkeit jahrelang als die geniale Lösung einer die Gemüter bewegenden Menschheitsfrage gefeiert worden war, entpuppte sich nun zumindest teilweise als Produkt simpler Verfahrensfehler, methodischer Nachlässigkeiten und wissenschaftlicher Selbstüberschätzung.

»Nach fünf Jahren als aufsteigender Star der Studien über menschliche Evolutionsgeschichte ist Eva in freien Fall geraten«, kommentierte »Science« die Situation im August 1992.[28] Nun frohlockten diejenigen unter den Fossilforschern, die sich von Anfang an gegen die so selbstsicher vorgetragenen Schlüsse der Genetiker gewandt und auch in jenen Jahren hartnäckig an ihren Gegenmodellen festgehalten hatten, als ihnen der Wind kräftig ins Gesicht blies – an erster Stelle Milford Wolpoff (vgl. S. 96). »Es ist vorbei für Eva«, stellte er Anfang 1993 mit Genugtuung fest[29] und proklamierte auf Konferenzen und Tagungen genüßlich das Ende der genetischen Menschheitsmutter. Bei denjenigen Paläanthropologen hingegen, die sich vorbehaltlos den Analysen der Genetiker angeschlossen hatten, machte sich Katerstimmung breit.

Totgesagte leben länger

Endgültige Grabreden auf die »Eva«-Theorie erwiesen sich freilich als verfrüht, denn ihre Urheber und Anhänger waren weit davon entfernt, die Flinte einfach ins Korn zu werfen. Sie bemühten sich vielmehr, die Theorie auf neuer, exakterer Grundlage zu reorganisieren und haben dabei in den vergangenen Jahren beträchtliche Erfolge erzielt. »Der Stammbaum ist nur ein Teil des Arguments«, hob die »Eva«-Miturheberin Cann unmittelbar nach dem Kollaps des ursprünglichen Modells hervor; »die große Unterschiedlichkeit der (...) afrikanischen (mtDNA-)Linien bleibt bestehen«.[30] Wie erwähnt hatten die Forscher ja festgestellt, daß das mitochondriale Erbgut afrikanischer Bevölkerungen eine deutlich größere Variabilität aufweist als dasjenige anderer Erdpopulationen und hatten daraus geschlossen, daß die Afrikaner eine erheblich längere Zeit der Entwicklung und genetischen Auffächerung durch Mutationen hinter sich haben müßten (vgl. S. 101).

Andere Genetiker sind auch bei neueren Untersuchungen der mitochondrialen wie der Zellkern-DNA immer wieder auf diese größere Variabilität bei den Bewohnern des Schwarzen Kontinents gestoßen, und so gehen die meisten von ihnen nach wie vor (oder nun erst recht) von einem afrikanischen Ursprung des modernen Menschen aus. »Man braucht keinen Computer, um zu sehen, daß die Verschiedenheit unter den Afrikanern viel größer ist«, zitierte »Science« schon 1992 den Genetiker Antonio Torroni – »so bedeutet die Tatsache, daß die statistische Analyse (bei der ursprünglichen Erstellung der ›Eva‹-Theorie, MK) nicht in der effizientesten Weise durchgeführt wurde, nicht, daß die Theorie als solche falsch ist«.[31]

Der »Eva«-Kritiker Alan R. Templeton zieht hingegen die statistischen Methoden in Zweifel, mit denen die größere afrikanische mtDNA-Variabilität errechnet wurde und verweist auf andere Untersuchungen, nach denen bestimmte Segmente der Kern-DNA bei nichtafrikanischen Bevölkerungen ebenso große oder größere Unterschiede aufweisen wie bei afrikanischen Populationen. Dies ist seiner Ansicht nach ein Hinweis darauf, »daß die Diversivitätsgrade der menschlichen Bevölkerungen eher einem sequenzspezifischen als einem populationsspezifischen Muster folgen«,[32] daß sie mit anderen Worten weniger davon abhängen, welche Bevölkerungen, als vielmehr welche genetischen Marker man untersucht.

Zeit ist nicht der einzige Faktor

Andere Molekularbiologen haben in den letzten Jahren darüber hinaus die gängige Praxis in Frage gestellt, genetische Vielfalt allein auf den Zeitfaktor zurückzuführen, also genetisch diversifiziertere Bevölkerungen wie die afrikanischen automatisch für älter, genetisch »einheitlichere« hingegen für jünger zu erklären. Diese simple Denkweise, die der »Eva«-

Theorie wie den meisten anderen gleichartigen Untersuchungen zugrunde liegt, läßt mögliche andere Einflußfaktoren wie eine unterschiedliche Bevölkerungsgröße oder einen unterschiedlichen Genaustausch in den verschiedenen Regionen völlig außer acht, obwohl diese ebenfalls für die beobachteten Resultate verantwortlich sein können. »Kleine Populationen neigen dazu, an genetischer Vielfalt zu verlieren«, schrieb »Science« 1996 unter Berufung auf den britischen Genetiker John Clegg, »und eine Serie von Schrumpfungen und nachfolgenden Ausdehnungen (der Bevölkerung, MK) würde zu einer weitgehenden Vereinheitlichung (ihrer genetischen Muster, MK) führen.«[33] Das eiszeitliche Eurasien mit seinem periodischen Wechsel von Warm- und Kaltzeiten, Siedlungsvorstößen und -rückzügen sicherlich nicht allzu großer Frühmenschengruppen (vgl. Kap. 3) hätte einen äußerst überzeugenden Schauplatz für eine solche Aufeinanderfolge von Bevölkerungsengpässen (»bottlenecks«) und -expansionen abgegeben, und es könnten die Spuren dieser Vorgänge sein, die sich bis heute in unserem Erbgut finden.

Der Schwarze Kontinent wies demgegenüber sehr viel konstanter siedlungsgünstige Bedingungen für eine große Bevölkerung auf (vgl. Kap. 3), und tatsächlich haben Untersuchungen der amerikanischen Forscher John H. Relethford und Henry C. Harpending ergeben, daß »die langfristige effektive Bevölkerungszahl Afrikas (...) etwa dreimal so groß gewesen sein könnte wie diejenige Europas, Australasiens und des Fernen Ostens«. »Wenn dem so war«, betonen die Forscher weiter, »dann sind genetische Distanzen, die unter der Voraussetzung gleicher effektiver Bevölkerungszahlen ausgewertet werden, irreführend«; »die wohlvertrauten Nachweise einer (...) afrikanischen Unterschiedlichkeit« würden dann »nicht das Modell eines sehr jungen afrikanischen Ursprungs unterstützen, wie oft behauptet wird«, sondern vielmehr »die Resultate der früheren Unterschiede in der Bevölkerungsgröße« widerspiegeln.[34]

Die Meinungsunterschiede unter den Molekularbiologen haben mit diesen kontroversen Stellungnahmen annähernd die gleiche Bandbreite erreicht wie diejenigen unter den Paläanthropologen, in der Genetik stehen sich die gleichen widerstreitenden Grundpositionen gegenüber wie in der Fossilforschung – und ein Konsens ist nicht in Sicht. »Die Geschichte von der mitochondrialen Eva, die einst – wie ihr biblisches Gegenstück – eine klare und überzeugende Erklärung dafür zu bieten schien, wo die Menschheit geboren wurde, ist eine zunehmend dunkle Angelegenheit geworden«, urteilte der britische Forscher Steve Jones 1992.[35] Wenn die »Eva«-Theorie in modifizierter Form auch nach wie vor die Unterstützung vieler, wenn nicht der meisten Genetiker genießt, so hat die Entwicklung der letzten Jahre doch gründlich mit der Vorstellung aufgeräumt, unsere Ursprünge ließen sich durch die Auswertung einiger

Gensätze heutiger Erdenbewohner mit über jeden Zweifel erhabener Gewißheit und Präzision klären.

Ein »genetischer Fingerabdruck« vom Neandertaler

Eine grundsätzlich veränderte Situation ergäbe sich indes, wenn es den Genetikern gelänge, DNA-Reste aus den Knochen unterschiedlicher paläolithischer Menschenformen zu gewinnen und untereinander sowie mit denen heutiger Menschen zu vergleichen. Die Analyse solcher »Paläo-DNA«-Sequenzen würde – ähnlich dem »genetischen Fingerabdruck« in der modernen Verbrechensbekämpfung – unmittelbare Aufschlüsse erlauben und den stark fehleranfälligen Rückschluß von heutigen genetischen Distanzen auf frühere Zustände unnötig machen. Daher wird schon seit einigen Jahren intensiv nach DNA-Spuren unserer Urahnen gefahndet, und kürzlich scheint dabei ein entscheidender Durchbruch erzielt worden zu sein.

Mitte Juli 1997, einen Monat vor dem Erscheinen des vorliegenden Buches, gaben der Urgeschichtsforscher Ralf W. Schmitz vom Rheinischen Landesmuseum in Bonn und die in München tätigen Paläogenetiker Svante Pääbo und Matthias Krings bekannt, daß es ihnen gelungen sei, Genreste des namengebenden Neandertalers aus dem Rheinland (vgl. Kap. 2) zu isolieren und erfolgreich auszuwerten. In einer 3,5 Gramm schweren Probe aus dem Oberarmknochen des seit seiner Auffindung so umstrittenen Altmenschen entdeckten die Genetiker kleine Bruchstücke der Mitochondrien-DNA (vgl. S. 98), gleichsam »Erbgut-Schnipsel«, die sie mit einem noch relativ neuartigen Verfahren im Labor vervielfältigten und zu einem mtDNA-Strang von 380 Basenpaaren Länge zusammenfügten (vgl. S. 98). Beim Vergleich dieser rekonstruierten »Neandertaler-mtDNA« mit dem entsprechenden Erbgutabschnitt heutiger Menschen fand das Forscherteam Differenzen bei durchschnittlich 26 Basenpaaren, während man beim Vergleich der modernen Sequenzen untereinander im Mittel nur jeweils acht Abweichungen zählte. Der »genetische Abstand« des Neandertalers zum heutigen Menschen wäre demnach etwa dreimal so groß wie die Distanzen innerhalb der modernen Menschheit – nach dem Urteil der Forscher eine zu große Kluft, als daß dieser Altmensch noch länger als unser unmittelbarer Vorfahr in Betracht käme.

Erst zukünftige Forschungen werden erweisen können, ob dieses Ergebnis, das in den Medien auf reges Interesse stieß, tatsächlich bereits die Lösung des so lange diskutierten Neandertalerproblems darstellt oder nur ein erster Schritt zu dieser Lösung ist. Die »Vervielfältigung« von Erbgutbruchstücken im Labor und ihre Zusammenfügung zu längeren DNA-Ketten ist nämlich eine äußerst delikate und fehleranfällige Angelegenheit, bei der kleinste Verunreinigungen mit Fremd-DNA von Bakterien, Pilzen oder Menschen schwerwiegende Verfälschungen der Ergeb-

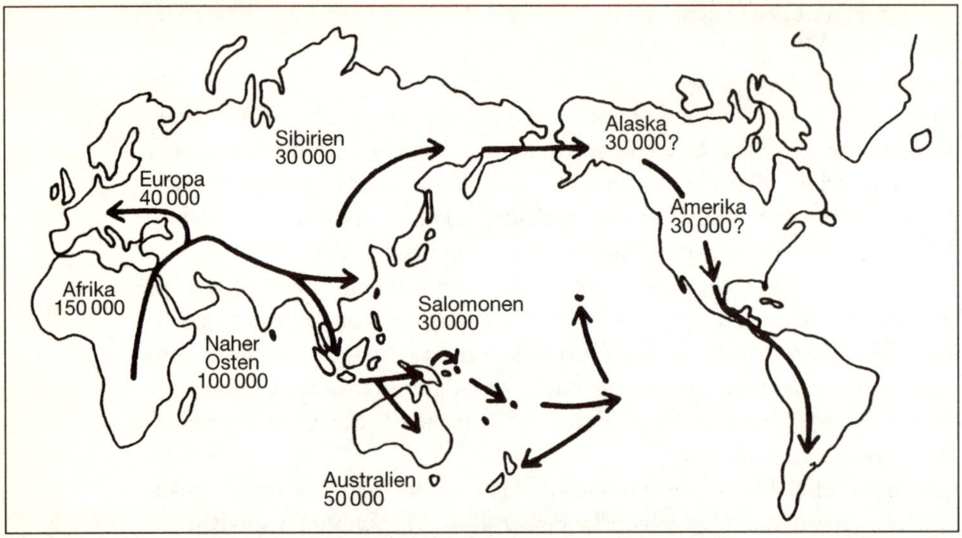

Abb. 21 Die wichtigsten Daten und Stationen der Kolonisation der Erde durch den frühmodernen Menschen nach dem »Out of Africa«-Modell

nisse zur Folge haben können. Obwohl Pääbo zu den weltweit führenden Experten auf dem Gebiet der Paläogenetik zählt und sein Team bei der Auswertung der Proben alle nur erdenkliche Sorgfalt walten ließ, wäre daher eine Überprüfung und Bestätigung der Resultate an DNA-Resten anderer Neandertaler wünschenswert und notwendig.

Ebenso dringend erforderlich wäre auch die Untersuchung von Erbgutresten frühmoderner Menschenfunde aus Afrika und dem Vorderen Orient. Träfe die Theorie von der Einwanderung unserer Vorfahren aus diesen Regionen zu, so müßten sie ein deutlich »moderneres«, also uns ähnlicheres DNA-Muster zeigen als der Neandertaler, was bisher noch nicht erwiesen ist. Auch in diesem Fall wären aber Vermischungsvorgänge zwischen den beiden Menschenformen nicht gänzlich ausgeschlossen, denn Beobachtungen an Tieren haben gezeigt, daß sich bei der Verschmelzung zweier Populationen ein einzelner Typus der Mitochondrien-DNA nahezu ausschließlich durchsetzen kann, während die Kern-DNA Erbgutanteile beider Mischbevölkerungen aufweist.

Kontinuität in Asien?

Vieles bleibt also noch abzuwarten und ist weniger gewiß, als es in der ersten Begeisterung über den jüngsten Forschungsdurchbruch vielleicht den Anschein hatte, doch ohne Zweifel wird die Luft für die wenigen noch verbliebenen Verfechter einer »regionalen Kontinuität« in Europa und Vorderasien – also einer Weiterentwicklung des Neandertalers zum modernen Homo sapiens – immer dünner. Die Vertreter der »Out of Africa«-Theorie möchten die neuesten Ergebnisse denn auch als eine Art »Generalbestätigung« ihres Modells werten, doch dieser Anspruch ist bei weitem überzogen: Europa und Vorderasien sind ja bekanntlich nicht die ganze Welt, während die »Out of Africa«-Theorie den Anspruch erhebt, ein weltweit gültiges Modell zu sein (Abb. 21). In Asien, Australien und Indonesien liegen die Dinge aber bislang weitaus weniger klar als in Europa, und bestimmte Befunde scheinen hier eher mit den Grundannahmen der multiregionalen Theorie in Einklang zu stehen als mit einem Einwanderungsmodell.

In China beispielsweise sind aus der Zeit vor 250 000 bis 100 000 Jahren, das heißt nach dem Verschwinden des Homo erectus oder zeitgleich mit seinen letzten Vertretern, deutlich modernere Menschenformen mit größerem Gehirn nachgewiesen, wie sie in dieser Periode auch in Afrika auftraten – man faßt sie unter der Bezeichnung »archaischer Homo sapiens« zusammen, und ihre bekanntesten chinesischen Belege stammen aus Dali und Jinniushan. Will man das parallele Vorkommen dieser frühen Sapiens-Typen auf dem Schwarzen Kontinent und in Fernost nicht mit einer eigenen Wanderung »Out of Africa« erklären, so kann es eigentlich nur auf eine eigenständige, aber dennoch gleichgerichtete Entwicklung in beiden Erdteilen zurückzuführen sein, auf eine »parallele Evolution« also, wie sie die Multiregionalisten in ihrem Modell ja annehmen (vgl. S. 97). Und da in Afrika aus diesem »archaischen« Formenkreis letztlich der moderne Homo sapiens hervorging, könnte das gleiche möglicherweise auch in Asien geschehen sein. Ein sicheres Urteil hierüber ist leider nicht möglich, da aussagekräftige Funde aus der »kritischen Zeitperiode« zwischen 100 000 und 40 000 Jahren v. h., das heißt zwischen den letzten Belegen des archaischen Sapiens und den ersten Zeugnissen des modernen Menschen, bislang fehlen.

Schon Franz Weidenreich (vgl. Kap. 3) und anderen Forschern war aber aufgefallen, daß die modernen Ostasiaten viele Besonderheiten ihrer Schädel- und Gesichtsform mit dem vor 500 000 bis 200 000 Jahren lebenden Peking-Menschen (vgl. Kap. 3) teilen, und die heutigen Vertreter der multiregionalen Theorie haben diese Beobachtung aufgegriffen und durch eine Vielzahl exakter Daten konkretisiert und untermauert. Eines der am häufigsten zitierten Beispiele sind die Schneidezähne, die bei den heutigen Chinesen ebenso wie beim *Sinanthropus* (vgl. Kap. 3) eine charakteristische »Schaufelform« aufweisen, wie sie in anderen Regionen der Welt nur sehr viel seltener vorkommt. Ähnliche »morphologische Kontinuitäten« bestehen auch in Australasien zwischen dem »Java-Menschen« (vgl. Kap. 3) und den ersten frühmodernen Bewohnern Australiens, und so ist der Gedanke keineswegs abwegig, daß in diesem Teil der Welt die regionalen Urbevölkerungen einen viel größeren Anteil an der Herausbildung des modernen Menschen gehabt haben könnten, als es in Europa der Fall war und als die »Out of Africa«-Theorie annimmt.

Ein Prüfstein für die Paläanthropologie

Das vorliegende Kapitel endet daher mit einem großen Fragezeichen. So unbefriedigend dies sein mag, spiegelt es doch den heutigen Forschungsstand wider, der in dieser Frage leider alles andere als schlüssig und überzeugend ist. Dieser Umstand ist um so bedenklicher, als es sich nicht um irgendeine Frage handelt, sondern um *die* zentrale Frage der aktuellen Paläanthropologie, um die in den letzten zehn Jahren die meisten Diskussionen kreisten und zu der eine Unmenge von Studien durchgeführt wurden. »Die Frage der Entstehung des anatomisch modernen Menschen« ist durch diese intensiven Bemühungen, wie der Anthropologe Winfried Henke 1993 feststellte,

> »geradezu zu einem Prüfstein der Leistungsfähigkeit der Paläanthropologie geworden. Sollte es uns nicht gelingen, dieses Problem zu lösen, so ist es als sehr fraglich anzusehen, ob wir überhaupt in der Lage sind, stammesgeschichtliche Fragen hinreichend zu beantworten, denn von keiner Periode liegen mehr Funde und Befunde vor, und dennoch muß ein großer Teil der Paläanthropologen ›auf der falschen Spur‹ sein.«[36]

Das klingt nicht sehr optimistisch, ist jedoch eine realistische Beschreibung der Situation. Kann vielleicht die urgeschichtliche Archäologie – also das Studium der materiellen Hinterlassenschaften und Kulturzeugnisse unserer Vorfahren – der Fossilforschung und der Evolutionsgenetik aus dem Dilemma heraushelfen, in dem sich beide Disziplinen augenscheinlich derzeit befinden?

Um diese Frage soll es – neben vielen anderen – im zweiten Teil dieses Buches gehen.

5. Kapitel

Der große Techniker

In den vorangegangenen Kapiteln haben wir uns vornehmlich mit der Entwicklungsgeschichte des Menschen, seiner Herkunft und der Herausbildung seiner körperlichen Eigenarten beschäftigt, kurz gesagt: mit seiner biologischen Evolution. Doch der Mensch ist nicht nur *Natur*-, sondern auch *Kultur*wesen, und so war sein Heraustreten aus dem Tierreich, die sogenannte Menschwerdung oder »Hominisation«, kein rein biologischer, sondern über weite Strecken hinweg ein kultureller Prozeß. Der Begriff »Kultur« umfaßt dabei das gesamte weite Feld der Technologie, der geistigen Entfaltung und sozialen Organisation, mittels derer der Mensch schon früh gestaltend auf die Natur und seine eigene Entwicklung einwirkte.

Die »kulturelle Evolution«

Die Tiere passen sich in einem langwierigen Prozeß biologisch-genetischer Entwicklung ihrer Umwelt an. Durch natürliche Auslese entwickeln sie eine für das Überleben günstige, den Umweltbedingungen optimal entsprechende körperliche Ausstattung einschließlich spezialisierter Körperorgane wie Flügel oder Flossen, Hufe oder Krallen, Schnäbel, Reiß- oder Nagezähne. Was sie zum Leben und Überleben benötigen, ist ihnen also zumeist von Natur aus mitgegeben, und nur in vergleichsweise geringem Maße ergänzen sie diese natürliche Ausrüstung durch zusätzliche

Hilfsmittel für bestimmte Tätigkeiten: Spechtfinken holen beispielsweise mit Hilfe kleiner Kakteenstacheln Insektenlarven unter Baumrinden hervor, Meerkatzen, Seeotter und Geier benutzen Steine, um Nüsse, Muscheln oder Eier zu öffnen, und Schimpansen brechen sich kleine Stöckchen zurecht und befreien sie von störenden Blättern, um mit ihnen in Termitenhügeln nach den als Leckerbissen begehrten Insekten zu fischen.

Allein der Mensch hat die Nutzung solcher »äußerer«, körperfremder Hilfsmittel im Laufe seiner Evolution so stark ausgeweitet und perfektioniert, daß sie zum unverzichtbaren Teil seiner selbst wurden. Zunächst noch in bescheidenem, dann in beachtlichem und schließlich in gigantischem Ausmaß ersetzte er körperliche Spezialisierungen und Anpassungen durch künstlich hergestellte, gezielt eingesetzte Werkzeuge und Gerätschaften, durch »technische« Errungenschaften also (von griech. téchné = »Kunstfertigkeit«). Mit Hilfe der so geschaffenen »technologischen Kultur« gelang es ihm, sich allmählich von seiner naturgegebenen biologischen Ausstattung zu emanzipieren, ja diese gewissermaßen zu potenzieren. Möglich war dies freilich nur, weil er sich auch in geistiger Hinsicht weitgehend von den instinktiven, genetisch festgelegten Verhaltensmustern löste, die das tierische Dasein so stark prägen (und einengen), und weil der aufrechte Gang die Ausbildung der Hand als Arbeitsorgan ermöglicht hatte (vgl. Kap. 3).

Künstliche Organe ersetzen körperliche

So oder ähnlich erklären Denker und Philosophen den erstaunlichen Erfolg unserer Gattung, seit der Darwinismus im letzten Jahrhundert klar machte, daß wir tatsächlich aus dem Tierreich stammen und uns gegenüber allen anderen Kreaturen – darunter sehr viel größeren und stärkeren – behaupten mußten, ohne daß uns dabei ein in das Erdenschicksal eingreifender Gott zu Hilfe geeilt wäre. Der frühe Mensch stand, so schrieb der Schriftsteller und Ingenieur Max Eyth 1903,

> »inmitten einer Welt voller Feinde und tödlicher Gefahren, ein schwaches Geschöpf ohne natürliche Waffe den mit Zähnen und Klauen, Pelzen und Panzerhäuten versehenen Bestien gegenüber, die zehnmal seine Stärke, seine Schnelligkeit und Gewandtheit besaßen, nackt, den Unbilden jeder Witterung, jedes Klimas ausgesetzt (...). Das erbarmungswürdige Geschöpf *mußte* zugrunde gehen, würde jedes verständige Wesen gesagt haben, (...) (es) bedurfte Hilfsmittel, Werkzeuge, Waffen«.[1]

Und es erhielt sie beziehungsweise schuf sie sich selbst in Gestalt der Technik und Kultur. Schon nach der antiken Mythologie schenkte Prometheus dem Menschen das Feuer, weil er vergessen hatte, ihn wie die anderen Tiere mit spezialisierten Körperorganen und besonderen Fähigkeiten auszustatten. Dem deutschen Philosophen Johann Gottfried Herder zufolge verwandelte eben diese Kultur den Menschen aus einem »Mängelwesen« in den »ersten Freigelassenen der Schöpfung«. Mit Beginn der Industrialisierung setzte sich dann endgültig die Konzeption des *Homo faber* durch, des (Geräte) »verfertigenden Menschen«: Der amerikanische Politiker und Naturforscher Benjamin Franklin bezeichnete unsere Spezies als »*a toolmaking animal*«, ein »Werkzeuge fabrizierendes Tier«, und der große Analytiker und Kritiker des Industriesystems, Karl Marx, stimmte ihm in seinem 1867 erschienenen Hauptwerk »Das Kapital« ausdrücklich zu. »Der Gebrauch und die Schöpfung von Arbeitsmitteln, obgleich im Keim schon gewissen Tierarten eigen, charakterisieren den spezifisch menschlichen Arbeitsprozeß«, schrieb Marx dort und fügte hinzu, durch den Werkzeuggebrauch mache der Mensch »das Natürliche selbst zum Organ seiner Tätigkeit, ein Organ, das er seinen eigenen Leibesorganen hinzufügt, seine natürliche Gestalt verlängernd«.[2] »Der Mensch stattet sich mit Organen (Wirkteilen) aus, die von seinem Körper losgelöst sind«, formulierte 70 Jahre später auch der deutsche Anthropologe Friedrich Keiter: »Der Hammer ersetzt die Faust, die Zange die Zähne, der Löffel die Hohlhand, die Kleidung das Haarkleid, das Schwert die Pranke usw. Aber auch die ›geistigen‹ Kulturgüter sind solche losgelöste Organfunktionen.«[3]

Dieser Gedanke wurde jahrzehntelang von den unterschiedlichsten Autoren in den unterschiedlichsten Variationen wiederholt. Seine natürliche Schwäche habe den Urzeitmenschen gezwungen, schrieb etwa Carl W. Neumann 1932 in einem vielgelesenen populärwissenschaftlichen Werk mit dem Titel »Das Werden des Menschen und der Kultur«,

> »sich neue Organe anzuschaffen, künstliche, nach außen verlegte, die wesentlich zwar dieselben Aufgaben wie die leiblichen erfüllten, jedoch mit vielfach verstärkter Kraft. Was Arm und Faust nicht zu leisten vermochten, vollbrachte mit spielender Leichtigkeit die (...) hölzerne Keule, ja schon ein mit der vollen Armkraft (...) geschmetterter Stein. Der gleiche Stein wurde ferner zum Hammer, und wenn er ein Feuersteinsplitter war und eine scharfe Kante besaß, ein Werkzeug zum Kratzen, Schaben und Schneiden, ein besseres als die Nägel der Finger oder die Schneidezähne des Mundes (...). In langer, aufsteigender Entwicklungsreihe ist so das menschliche Werkzeug entstanden und mit und neben ihm die Waffe.«[4]

Technik schafft Überlegenheit

Mit Hilfe des Werkzeugs und anderer Gerätschaften aber gelang es dem Menschen, so lautet das Erklärungsmodell weiter, seine ursprüngliche Schwäche in eine Stärke zu verwandeln und aus der früheren Not eine Tugend zu machen. Die technologisch-kulturelle (statt körperlich-biologische) Anpassungsweise verschaffte ihm ein Reaktionsvermögen und eine Flexibilität, wie sie in der Tierwelt unbekannt ist. »Wird eine Tierart durch irgendwelche Umstände aus ihrem bisherigen Lebensraum in einen anders gearteten verpflanzt«, hob der deutsche Völkerkundler Karl Weule 1910 hervor,

»so bleibt sie nur lebensfähig, wenn sie körperlich reagiert; treten ihr neue und ungewohnte Feinde entgegen, so muß sie ihre natürlichen Waffen entwickeln oder aber ihre Fluchtapparate ausbilden; kommt sie in ein kälteres Klima, so kann sie nur weitergedeihen, wenn sie ihre Organe mit Fettpolstern umhüllt oder mit einem dichteren Haar- oder Federkleid. Nichts von alledem bedrückt den Menschen; muß er einen Gegner bekriegen, so tut er das mit selbsterfundenen, außerkörperlichen Waffen (...), soll er sich aber gegen die Unbilden des Klimas schützen, so baut er sich eine Wohnung, oder aber er schafft sich künstliche Körperhüllen, die Kleidung – kurz, er hat mit dem frei und in jeder Lebenslage verfügbaren Händepaar die Möglichkeit gewonnen, die alte körperliche Anpassungsnotwendigkeit durch eine weit vollkommenere außerkörperliche Anpassungsfähigkeit zu ersetzen.«[5]

»Die Herausbildung einer neuen Körperausstattung als Reaktion auf Umweltveränderungen«, betonte der britische Prähistoriker Kenneth P. Oakley 1956,

»erfordert normalerweise hunderttausende (...) von Jahren; doch indem der Mensch körperfremde Ausstattungsmittel wie Werkzeuge, Waffen, Schutzbauten oder Kleidung erfand, die er je nach Bedarf wieder aufgeben oder verändern konnte, wurde er die anpassungsfähigste aller Kreaturen. Mit dem Feuer, wetterfesten Unterkünften und Häuten oder anderer Bekleidung zu seiner Verfügung gewann der Mensch die Freiheit, sich in jede klimatische Zone auszubreiten.«[6]

Auch Neumann schwärmte bereits 1932, der Mensch sei vermittels der Technik das einzige Geschöpf, das »an den Polen wie in der glühenden Sandwüste atmen, in Abgrundtiefen des Ozeans tauchen und sich ins Luftmeer erheben kann«. Er vermöge zwar »nicht (zu) fliegen wie der Vogel«, so der Autor weiter,

»aber er segelt im Flugzeug oder im lenkbaren Luftschiff kaum weniger leicht und geschwind über Festland und Meer. Den halben Planeten überzieht er mit einem eisernen Schienennetz, und Dampf oder Elektrizität sich zunutze machend, durchsaust er mit rasender Schnelligkeit ganze Erdteile. Er hat keine Grabfüße wie der Maulwurf, aber er durchbricht, wenn er will, breite Gebirgsketten und sprengt Straßen gewaltsam durch härtesten Fels (...). Er kann nicht schwimmen wie ein Fisch, aber er baut sich gigantische Eisenkolosse, die ihn durch die brandenden Wogen der Weltmeere sicher hindurchtragen, und arbeitet als Taucher mit gleicher Ruhe und Sicherheit in der Tiefe des Wassers wie auf der Oberfläche.«[7]

Dieser hymnische Lobgesang auf den »großen Techniker« ruft heutzutage eher ein gewisses Schmunzeln hervor, denn er atmet unübersehbar den Geist längst vergangener, fortschrittsgläubiger Jahrzehnte, und

Abb. 22
»Man the Toolmaker« bei der Arbeit – Neandertalermodell aus den zwanziger Jahren

gleichzeitig sind die in ihm so euphorisch gepriesenen technischen Wunderwerke wie Eisenbahnen, Luftschiffe und Ozeanriesen heute selbst schon wieder hoffnungslos veraltete Relikte einer in erster Linie schwerindustriellen Kultur. Doch setzt man an ihre Stelle Mikrochips und Datenautobahnen, Internet und Gentechnik, so ähneln die zitierten Passagen nicht wenigen neueren Stellungnahmen zum Standort und den Errungenschaften des modernen Menschen, wobei mittlerweile als Tribut an negative Erfahrungen in der Regel kleinlaut hinzufügt wird, der Mensch habe mit seiner technologischen Weltbeherrschung erstmals auch die Gefahr der mutwilligen Vernichtung dieser Welt und damit seiner selbst heraufbeschworen.

»Man the Toolmaker«

Auf dem Hintergrund der skizzierten Philosophie kann es nicht verwundern, daß auch die urgeschichtliche Archäologie den Menschen schon früh vorwiegend als »Werkzeughersteller« beschrieb (Abb. 22), als »*Man the Toolmaker*«, wie der Titel eines 1949 von Kenneth P. Oakley veröffentlichten, einflußreichen Buches lautete. Dabei spielte freilich auch die archäologische Quellensituation eine gewichtige Rolle, denn Steinwerkzeuge sind bei weitem die häufigsten – und bis vor wenigen Jahrzehntausenden zumeist sogar die einzigen – Zeugnisse, aus denen sich frühmenschliche Kultur und Geistesentwicklung erschließen läßt. Gedanken und Worte, Ideen und andere Elemente der sogenannten »geistigen Kultur« versteinern bekanntlich nicht und hatten deshalb auch keine Chance auf archäologische Überlieferung, bis um etwa 3000 v. Chr. das Aufzeichnungssystem der Schrift erfunden wurde; an diesem Punkt setzt man daher gewöhnlich die Grenze zwischen »geschichtlicher« und »vorgeschichtlicher«, »historischer« und »prähistorischer«, Zeit an.[8]

Doch auch von der sogenannten »materiellen Kultur«, den Gerätschaften und technischen Hilfsmitteln, Kleidungsstücken und anderen Gebrauchsobjekten der Frühmenschen ist nur ein verschwindend kleiner Rest erhalten geblieben, denn auch diese »gegenständliche Kultur« war Zerfallsprozessen ausgesetzt, denen nur die härtesten und widerstandsfähigsten Materialien zu widerstehen vermochten. Geräte aus Holz, Behältnisse aus Rinde oder Pflanzenfasern, Kleidungsstücke oder Behausungen aus Fell oder Häuten sowie die meisten anderen Gegenstände aus organischem und damit vergänglichem Material finden sich selbst an Fundplätzen der Nacheiszeit nur unter Ausnahmebedingungen (beispielsweise bei kontinuierlicher Lagerung in Wasser). Unter den archäologischen Hinterlassenschaften des Eiszeitalters kommen sie praktisch nicht vor, obwohl sie sicherlich bereits eine große Rolle im Alltagsleben spielten. Aus dieser Zeit sind für uns überlieferungsbedingt fast nur die nahezu unzerstörbaren Steingeräte sowie – in den jüngeren Perioden – auch Objekte aus Knochen, Geweih oder Elfenbein auffindbar. Aus diesem kärglichen, ja geradezu irreführend armseligen Quellenmaterial muß der urgeschichtliche Archäologe seine Schlüsse über die Anfänge der Menschheitsgeschichte ziehen.

Es konnte unter diesen Voraussetzungen nicht ausbleiben, daß die Urgeschichte lange Zeit fast ausschließlich als »Werkzeuggeschichte« aufgefaßt und geschrieben wurde – was dem skizzierten »industriellen Zeitgeist« ja durchaus entgegenkam (vgl. S. 120/121). Dieser einseitig technologische Blickwinkel hat sich tief in die urgeschichtliche Nomenklatur und Periodeneinteilung eingegraben. Schon die Bezeichnung »Steinzeit« – und zwar in unserem Falle »Altsteinzeit« oder »*Paläolithikum*« (von griech. »*palaiós*« = »alt« und »*lithos*« = »Stein«) für die Kul-

Abb. 23
Ein frühes Geröllgerät und die Herstellungsweise derartiger »pebble tools«

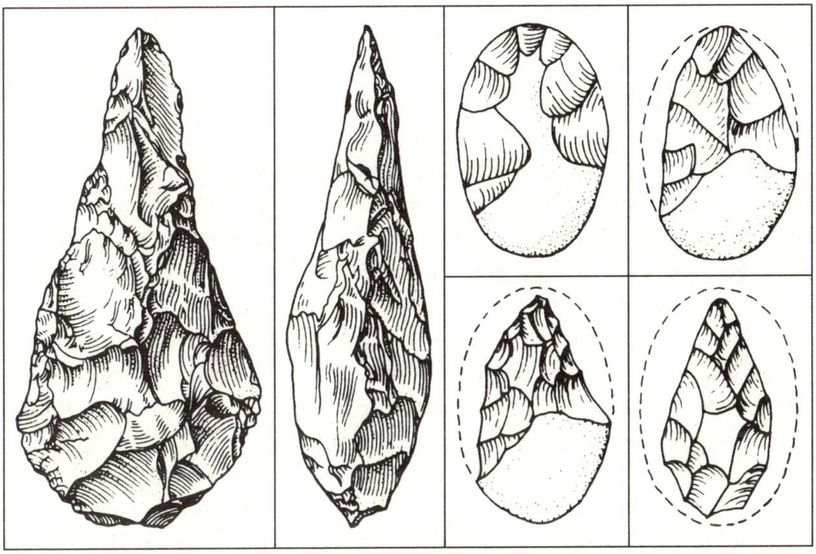

Abb. 24
Ein Faustkeil des entwickelten Acheuléen und seine Fertigungstechnik

turen des Eiszeitalters vor über 10 000 Jahren – ist vom hauptsächlichen Rohmaterial der Werkzeuge und Geräte (aber eben nur der *überlieferten* unter ihnen!) abgeleitet, und auch die Unterscheidung der verschiedenen paläolithischen Einzelperioden und -kulturen (Abb. 14) wurde anhand jeweils charakteristischer Steingeräteformen vorgenommen, die bis heute als »archäologische Leitfossilien« dienen.

Vom Geröllgerät zum Faustkeil

Die frühesten dieser Steingeräte wurden in 2,5 bis 1,5 Millionen Jahre alten Fundstätten Ostafrikas gefunden und nach der berühmten Olduwai-Schlucht in Tansania (vgl. Kap. 3) als »Oldowan« bezeichnet. Es handelt sich um einfache, ungefähr faustgroße Gerölle, von denen mit Hilfe eines anderen Steins an einem Ende einige »Abschläge« entfernt wurden, so daß eine zumeist unregelmäßige Arbeitskante entstand (Abb. 23). Diese »Geröllgeräte« (engl. »*pebble tools*«) eigneten sich – wie heutige Versuche zeigten – vor allem für hackende beziehungsweise zertrümmernde Tätigkeiten (daher werden sie im Englischen auch als »*chopper*« oder »*chopping tools*« = »Hackmesser« oder »Zerhacker«

bezeichnet), während sich mit den bei ihrer Herstellung anfallenden sehr scharfkantigen »Abschlägen« ausgezeichnet schneiden ließ. Da diese Geräte etwa gleichzeitig mit dem Homo habilis beziehungsweise dem Homo rudolfensis (vgl. Kap. 3) auftauchten und sie während ihrer ganzen Daseinszeit begleiteten, schreibt man sie gewöhnlich diesen frühesten *Homo*-Formen zu. An einigen Fundorten des Oldowan kamen aber auch Reste »robuster« Australopithecinen (vgl. Kap. 3) zutage, so daß manche Forscher auch in ihnen mögliche Hersteller dieser Artefakte sehen.

Seit etwa 1,5 Millionen Jahren entstanden dann in Afrika sehr viel aufwendiger gearbeitete und auch ästhetisch ansprechendere Steingeräte: die berühmten »Faustkeile«. Es handelt sich bei ihnen um vereinzelt bis zu 30 Zentimeter große Werkzeuge von ovaler, tropfen- oder birnenförmiger Gestalt, die hergestellt wurden, indem man von einem Kernstein oder einem großen Abschlag auf beiden Seiten eine Vielzahl flacher, »muscheliger« Abschläge entfernte (Abb. 24). Im Laufe der Jahrhunderttausende durchliefen sie eine Entwicklung von anfangs noch relativ massiven und dicken »Zweiseitern« (engl. »*bifaces*«) zu schließlich ausgesprochen schmalen und eleganten Geräten von perfekter Symmetrie, die die Leitform des nach dem französischen Fundort St. Acheul benannten »Acheuléen« bilden. Ihre genaue Verwendungsweise ist seit jeher Gegenstand vielfältiger Spekulationen und bis heute nicht völlig geklärt. Moderne Experimente zeigten, daß sich ihre scharfe Spitze ausgezeichnet zum Schneiden eignete, während der breite »Griff« unter Umständen zum Schaben, Glätten von Gegenständen oder ähnlichen Tätigkeiten verwendet worden sein könnte.

Da die ersten Faustkeile in Afrika nur wenige Jahrhunderttausende nach dem Auftauchen des Homo erectus (vgl. Kap. 3) belegt sind, schreibt man ihre »Erfindung« allgemein ihm zu; der Homo erectus dürfte sie dann auch nach Europa und in den Südteil Asiens gebracht haben, wo sie seit etwa 500 000 Jahren vorkommen und bis vor etwa 150 000 Jahren hergestellt wurden – bei uns zuletzt vermutlich von frühen Neandertalern. Der ostasiatische »Peking-Mensch« (vgl. Kap. 3) und seine Zeitgenossen kannten hingegen keine Faustkeile, sondern verwendeten bis vor etwa 200 000 Jahren vergleichsweise grobe Geröllgeräte und Abschläge, und auch in Europa existierten neben dem Acheuléen zahlreiche »faustkeilfreie« Stationen, die nach dem englischen Fundort Clacton-on-Sea als »Clactonien« bezeichnet werden. Ob dieses Vorhandensein beziehungsweise Fehlen von Faustkeilen in den einzelnen Regionen und Fundstätten stets auf unterschiedliche Menschengruppen mit verschiedenen Kulturtraditionen hinweist oder ob es auch durch andere Faktoren wie Rohmaterialvorkommen, Umweltbedingungen oder verschiedenartige Tätigkeiten mitverursacht sein kann, ist in der Fachwelt heftig umstritten.

Abschlag- und Klingengeräte

Waren die bisher besprochenen Werkzeugformen für das »Altpaläolithikum« typisch, so gewannen mit dem Beginn des »Mittelpaläolithikums« vor mehr als 100 000 Jahren aus Abschlägen gefertigte Geräte, sogenannte »Abschlagindustrien«, immer mehr an Bedeutung. Die bekannteste unter ihnen ist das nach dem Fundort Le Moustier in Frankreich benannte »Moustérien«, das als die klassische Steingerätekultur des europäischen und vorderasiatischen Neandertalers gilt. Ein großer Teil der Werkzeuge dieser Kultur wurde in der bereits vor etwa 200 000 Jahren entwickelten, nach einem Vorort von Paris benannten »Levallois-Technik« produziert, bei der man gezielt Abschläge von vorbestimmter Form und Größe aus sorgfältig präparierten Kernsteinen gewann (Abb. 25), was die Fähigkeit voraussetzte, den späteren Abschlag bereits im Kern zu »sehen«. Die so gewonnenen Abschläge wurden zu verschiedenen Spezialgeräten weiterverarbeitet, vor allem zu unterschiedlichen Schaber- und Spitzenformen.

Eine weitere revolutionäre Veränderung erfuhr die Steingerätetechno-

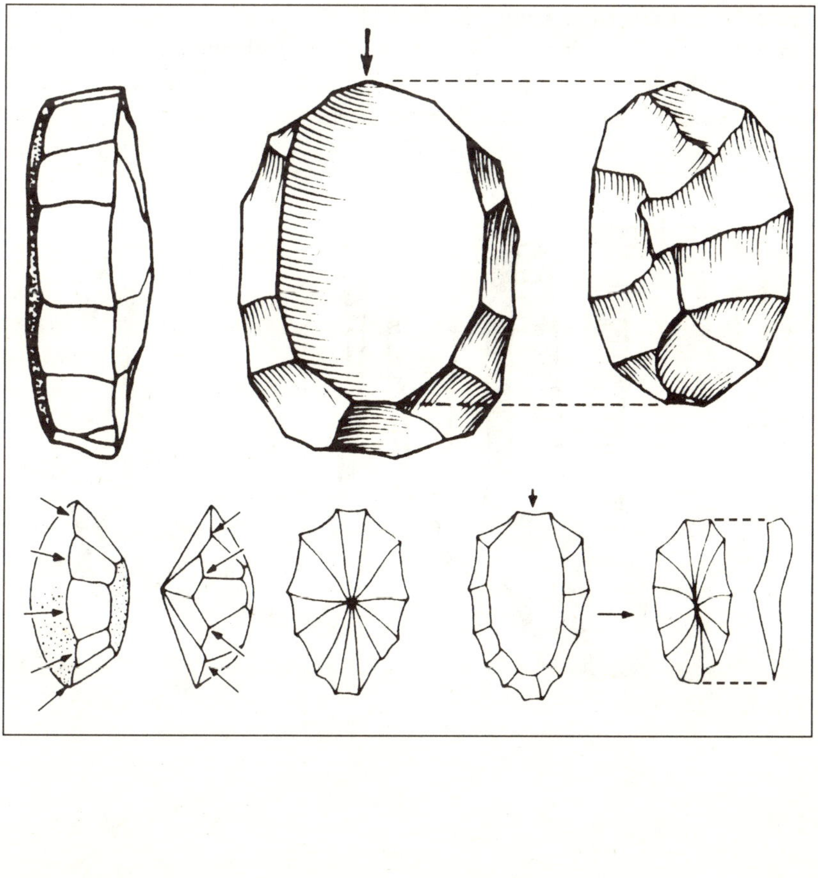

Abb. 25
Ein Levallois-Kernstein mit zugehörigem Abschlag. Die Levallois-Technik ermöglichte die kontrollierte Gewinnung von Abschlägen durch eine spezielle Vorbearbeitung des Kernsteins

logie im »Jungpaläolithikum« vor 40 000 bis 11 000 Jahren. In den nach französischen Fundorten benannten »klassischen« Kulturen des Aurignacien (ca. 36 000 bis 28 000 v. h.), Gravettien (ca. 28 000 bis 20 000 v. h.) und Magdalénien (ca. 18 000 bis 12 000 v. h.) trennte der frühmoderne Mensch, der für diese Periode auf allen Kontinenten belegt ist (vgl. Kap. 4), nach einem äußerst ausgeklügelten und rationellen Verfahren serienmäßig langschmale Abschläge, sogenannte »Klingen«, von präparierten Feuersteinknollen ab (Abb. 26) und verarbeitete sie zu einer Vielzahl »standardisierter« und regional variierender Werkzeugtypen weiter. Darüber hinaus ist aus dem Jungpaläolithikum ein breites Spektrum von Gerätschaften und Schmuckstücken aus Knochen, Geweih und Elfenbein – häufig aus mehreren Teilen zusammengesetzt – überliefert, und gänzlich neue Waffenformen, aber auch Kunstwerke tauchen in dieser Periode scheinbar aus dem Nichts auf. Die beiden zuletzt genannten Aspekte werden wir in späteren Kapiteln noch ausführlich erörtern (vgl. Kap. 6, 9 und 10).

»Erster Meißelhieb zum Parthenon«

Für frühere Forschergenerationen bestand kein Zweifel daran, daß schon die ältesten Steingeräte »wesentliche, vollgültige Urkunden vom Menschen«, »seinem Wollen und Können als Kulturträger« waren, wie es der deutsche Prähistoriker Georg Kraft 1942 formulierte[9], und bereits alle späteren Kulturfortschritte in keimhafter Form enthielten. Der Entdecker der ersten Faustkeile, Jacques Boucher de Perthes (vgl. Kap. 1), schrieb in diesem Sinne bereits im letzten Jahrhundert:

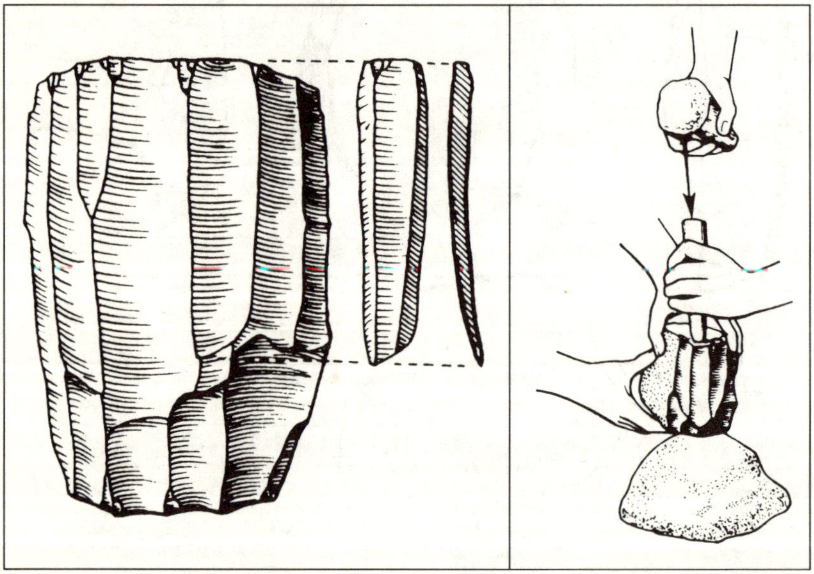

Abb. 26
Ein prismatischer Klingenkern des Jungpaläolithikums, von dem sich durch Druck oder »indirekten Schlag« mit Hilfe eines Zwischenstücks zahlreiche langschmale Steinklingen ablösen ließen

»Der erste, der einen Silex (Feuerstein, MK) gegen einen anderen schlug, tat auch den ersten Meißelhieb, um die Marmorwerke des Parthenon zu bilden; (...) in ihrer Unvollkommenheit beweisen diese groben Steine das Dasein des Menschen ebensosehr als ein ganzer Louvre.«[10]

Der britische Archäologe Osbert Guy Stanhope Crawford bemerkte 1921:

»Es scheint eine riesige Kluft zwischen dem ersten allgemein verbreiteten Steingerät und dem neuesten hochspezialisierten Flugzeug zu liegen, doch wenn der erste Schritt einmal getan ist, fällt der Rest vergleichsweise leicht.«[11]

Ganz ähnlich urteilte 1941 auch der englische Biologe Julian Huxley, es bestehe »kein grundlegender Unterschied zwischen der bewußten Verwendung eines retuschierten Feuersteins als Werkzeug und dem Entwurf der hochentwickeltsten Maschine durch den Menschen«.[12] Und der deutsche Naturforscher Eberhard Dennert widmete 1929 sein Buch »Das geistige Erwachen des Urmenschen« im gleichen Geiste »dem Andenken an den größten Erfinder aller Zeiten, den Schöpfer des ersten Werkzeugs«.[13]

Nur eine »affenartige Technologie«?

Seit bekannt geworden ist, daß auch bestimmte Tierarten sich von Zeit zu Zeit »außerkörperlicher« Hilfsmittel bedienen (vgl. S. 118), hat der menschliche Gerätegebrauch freilich einiges von seiner Einzigartigkeit verloren, und die Fachwelt beurteilt die technischen Leistungen unserer ältesten Vorfahren zum Teil sehr viel ungnädiger als früher. Nicht wenige Experten sind heute der Meinung, die frühesten Geröllgeräte (vgl. S. 123) bezeugten noch keineswegs ein höheres technisches Vermögen, als es auch termitenfischende Schimpansen oder Muscheln knackende Seeotter unter Beweis stellen (vgl. S. 118), und ihre Verfertiger vor 2,5 bis 1,5 Millionen Jahren müßten daher auch keine wesentlich größeren Verstandeskräfte besessen haben als diese Tiere. Der amerikanische Archäologe Thomas Wynn beispielsweise, der das »kognitive Niveau« paläolithischer Steingeräte mit Hilfe eines von dem berühmten schweizerischen Entwicklungspsychologen Jean Piaget für andere Zwecke erarbeiteten Kriterienkatalogs zu erschließen versucht, hält das Oldowan für eine »im wesentlichen affenartige Technologie«. »Wenn wir in groben Umrissen den Komplex an Wissen rekonstruieren, der für eine bestimmte Episode des Gebrauchs von Oldowan-Geräten erforderlich war«, erläutert Wynn, »so ist er demjenigen vergleichbar, den wir bei Schimpansen beobachten können.«[14] »Dies würde bedeuten«, so folgert der Forscher an anderer Stelle, »daß der Evolutionsprozeß der Hominiden vor mehr als 1,5 Millionen Jahren (dem ungefähren Ende des Oldowan) wenig mit zunehmender Intelligenz zu tun hatte«; einschränkend setzt er jedoch hinzu, die Steingeräte ließen immer nur die »Mindestkompetenz« ihrer Verfertiger erkennen, die natürlich nicht deren höchstem Leistungsvermögen entsprochen haben müsse: »Es gibt kein Verfahren, um die Möglichkeit auszuschließen, daß urgeschichtliche Einsteins rohe Steingeräte anfertigten, während sie über die Relativität aller Dinge spekulierten«, bemerkt der Forscher scherzhaft.[15]

Andere Experten stimmen zwar zu, daß die Herstellungstechnik der frühen Geröllgeräte und Abschläge (vgl. S. 123) äußerst simpel war, sehen jedoch andere Hinweise auf einen bereits deutlich übers Tierische hinausgehenden Charakter dieser Industrie. Der amerikanische Archäologe Nicholas Toth beispielsweise, der ausführliche experimentelle Studien zur Produktion und dem Gebrauch der Oldowan-Geräte durchgeführt hat, stellte anhand ihrer technischen Merkmale fest, daß »die Hominiden (anscheinend) teilweise behauene Kernstücke mit sich umher(trugen), vielleicht in einfachen Behältnissen«, von denen sie bei Bedarf jederzeit Abschläge entfernen konnten. »Dieses räumlich-zeitliche Muster weist darauf hin«, so Toth,

> »daß die Hominiden (...) erheblich besser organisieren und planen konnten als heutige Schimpansen. Obwohl einige Schimpansen Werkzeuge (hauptsächlich aus Holz, MK) für späteren Gebrauch machen, liegen zwischen Herstellung und Verwendung gewöhnlich weniger als ein paar Minuten. Außerdem transportieren Schimpansen nur selten Objekte weiter als hundert Meter. Im Gegensatz dazu dürften die Hominiden fast immer Rohmaterial für den möglichen künftigen Gebrauch mitgeführt haben.«

Außerdem stellte der Archäologe fest, daß die Träger des Oldowan bereits »einen scharfen Blick für fehlerhafte Lavagerölle (besaßen), die sich schlecht abschlagen lassen«, und bereits »gelernt (hatten), solch minderwertiges Material auszusondern«[16] – der verstorbene amerikanische Archäologe Glynn Isaac bezeichnete sie daher 1978 in einem Aufsatz als »die ersten Geologen«.

»Steinkunstwerke oder Arbeitsabfall«?

Sehr viel höhere technische und kognitive Fähigkeiten spiegeln ohne Zweifel die Werkzeuge des nachfolgenden Acheuléen wider (vgl. S. 124). Entwickelte Faustkeile, wie sie vor etwa 700 000 Jahren in Afrika und vor etwa 500 000 Jahren auch in Europa hergestellt wurden, weisen nicht nur in der Vorderansicht, sondern auch im Längs- und Querschnitt eine nahezu vollkommene Symmetrie auf. Hinzu kommt ein oftmals einheitliches Verhältnis von Länge und Breite. »Was hier sichtbar wird, ist nicht nur vollkommene Beherrschung der Technik, sondern auch ein ausgesprochener Sinn für gute, für reine Form«, urteilte Kraft 1942 und fügte hinzu, diese Geräte »vereinigten stammhaft, was sich später als reine Technik und reine Kunst trennt«.[17] Auch Neumann stellte 1932 bei ihnen »schon Merkmale echter Kunstwerke« fest, »die man mit Wohlgefallen betrachtet«.[18]

Die jüngere Forschung fragt vor allem nach den geistigen und mentalen Voraussetzungen für die Anfertigung der Faustkeile. So schließt der britische Prähistoriker John A.Gowlett aus ihnen, »daß der Homo erectus vor 700 000 Jahren (bereits) einen geometrisch exakten Sinn für Proportionen besaß«. Schon vor Beginn des Arbeitsprozesses müsse er »ein wohldefiniertes geistiges Bild des angestrebten Endprodukts« im Kopf gehabt haben, das er dann Schlag für Schlag aus dem Stein herausarbeitete – ähnlich wie heute ein Bildhauer eine Skulptur. »Ein Faustkeil des Acheuléen«, schreibt Gowlett,

»kann durch die Abtrennung Hunderter kleiner Abschläge angefertigt worden sein. (...) Das Wesen dieses Prozesses besteht darin, (...) daß diese Abschläge in einer Abfolge – einer Operationskette – entfernt werden und daß jeder einzelne Arbeitsschritt dem Endziel untergeordnet werden muß. Tatsächlich muß nach jedem einzelnen Schlag geprüft werden, ob das Zwischenprodukt noch mit der angestrebten Endform zu vereinbaren ist.«[19]

Die Faustkeilherstellung war also ein relativ komplizierter Prozeß, der laut Gowlett »einen ganzen Komplex miteinander verknüpfter Fähigkeiten« erforderte.[20] Der Forscher plädiert daher dafür, das geistige Vermögen der Produzenten dieser Steingeräte nicht zu gering zu veranschlagen. Auch der mit Blick auf das Oldowan noch so skeptische Wynn (vgl. S. 127) stimmt hierin zu und urteilt: »Die Geometrie der Faustkeile des jüngeren Acheuléen setzt eine Intelligenzstufe voraus, wie sie charakteristisch für moderne Erwachsene ist.«[21]

Manche Forscher lehnen diese – früher nahezu unstrittigen – Schlußfolgerungen heute allerdings ab und betrachten Form und Symmetrie der Faustkeile eher als das Ergebnis technischer und materialbedingter Faktoren denn als Ausdruck geistiger Konzeptionen und Fähigkeiten. Den extremsten Standpunkt in dieser Richtung vertreten die beiden australischen Wissenschaftler Iain Davidson und William Noble, die in den Faustkeilen keineswegs das angestrebte Endprodukt eines auf ihre Formung hin ausgerichteten Herstellungsprozesses sehen, sondern vielmehr »zufällige« Abfallprodukte bei der Gewinnung von Steinabschlägen. »Relativ einfache Arbeitsziele (beidseitige Abschlagentfernung von zwei Kanten her)«, schreibt Davidson,

»bringen Stein›kerne‹ hervor, die die Archäologen als ›Zweiseiter‹ klassifizieren würden. Die Technik könnte durch Beobachtung und Nachahmung erlernt worden sein, etwa so wie Schimpansen dabei geholfen wird, das Knacken von Nüssen zu lernen. Die Hauptfrage ist, ob jemals die Absicht vorlag, einen Faustkeil von (...) ›vorbedachter Form‹ herzustellen, oder ob der ›Faustkeil‹ ein Nebenprodukt stereotyper Bewegungsfolgen zur Produktion von Gebrauchsabschlägen war, mit keinerlei Entscheidungen, die über die Entfernung des nächsten Abschlags hinausgingen. (...) Wir ziehen es vor, den ›Faustkeil‹ als einen ›Kern‹ zu sehen, der oft weggeworfen wurde, wenn sich keine weiteren Abschläge mehr aus ihm gewinnen ließen.«[22]

Viele Experten haben demgegenüber zu Recht darauf hingewiesen, daß die bei der Faustkeilherstellung anfallenden Abschläge meist zu klein waren, um sinnvoll verwendet werden zu können, und daß ein zufällig entstandener Kern niemals eine derart perfekte Symmetrie gezeigt hätte, wie sie bei vielen Faustkeilen vorliegt. Die zitierte Auffassung ist daher ein krasses Beispiel für das heute weit verbreitete Bestreben, die Fähigkeiten und Leistungen unserer älteren Vorfahren gezielt herunterzuspielen, das uns in den folgenden Kapiteln noch des öfteren begegnen wird.

Das »kulturelle Feuer«

Derartige Bestrebungen werden der Realität um so weniger gerecht, als die Frühmenschen noch über weitere kulturelle Errungenschaften verfügten, die weit über die im Tierreich vorhandenen Möglichkeiten hinausgingen. An erster Stelle ist hier die Verwendung des Feuers (Abb. 27) zu nennen, deren früheste Spuren möglicherweise fast 1,5 Millionen Jahre weit zurückreichen. In Schichten dieses Alters in der Swartkrans-Höhle in Südafrika fanden sich jedenfalls angebrannte Tierknochen, die nach chemischen Analysen Temperaturen von 300 bis mehr als 500° C ausgesetzt waren, wie sie für Lagerfeuer charakteristisch sind; und an der 1,4 Millionen Jahre alten Fundstätte Chesowanja in Kenia entdeckte man zusammen mit Oldowan-Steingeräten über 40 kleine »Flecken« verbrannten Lehms, die nach dem Urteil der Ausgräber von frühmenschlichen Feuerstellen stammen könnten. In beiden Fällen sind die Brandspuren allerdings nicht mit »baulichen« Befunden wie Steinumfassungen, Aschegruben oder ähnlichem verbunden (die über so lange Zeiträume hinweg auch kaum erhaltungsfähig gewesen wären), so daß manche Experten sie nicht mit menschlichem Wirken in Zusammenhang bringen, sondern eher auf Buschfeuer oder andere natürliche Brände zurückführen möchten. Solange kein besseres Material vorliegt, wird sich diese Frage wohl leider kaum zweifelsfrei klären lassen.

Aus der letzten halben Million Jahre liegen dann aber von einer Vielzahl afrikanischer, asiatischer und europäischer Fundstätten eindeutige und kaum mehr bezweifelbare Spuren frühmenschlicher Feuer vor. In Zhoukoudian in China (vgl. Kap. 3) ebenso wie in Vértesszöllös in Un-

Abb. 27
Die Beherrschung und Nutzung des Feuers war für den frühen Menschen von enormer Bedeutung (Zeichnung: Adelhelm Dietzel)

garn, in Bilzingsleben in Thüringen (vgl. S. 134) wie in Torralba in Spanien (vgl. Kap. 8) zeugen Brandschichten, Aschelinsen und angekohlte oder verfärbte Steingeräte und Tierknochen von einer offenbar alltäglichen und gewohnheitsmäßigen Feuernutzung durch den »späten« Homo erectus, dem man diese etwa 500 000 bis 300 000 Jahre alten Fundstätten zuschreibt. Zwar handelte es sich wahrscheinlich noch nicht um selbstentfachtes Feuer, sondern um solches, das durch Blitzschlag oder andere natürliche Ursachen entstanden war und von den Frühmenschen mit Hilfe brennender Zweige an ihre Lagerplätze verbracht und dort sorgsam gehütet wurde – dennoch bedeutete es eine Errungenschaft von enormer Tragweite.

Das Feuer ermöglichte ein Leben und Überleben auch unter ungünstigen Klimabedingungen (vgl. Kap. 3), es erhellte die Nacht, bot Schutz vor Raubtieren (vgl. Kap. 7), eignete sich als Hilfsmittel bei der Jagd (vgl. Kap. 8) und erlaubte nicht zuletzt auch das Braten und Rösten von Fleisch oder Pflanzen und damit die Zubereitung schmackhafterer und bekömmlicherer Nahrung. Es verwandelte den menschlichen Lagerplatz in eine Art von »kulturellem Mikrokosmos«, eine eigene kleine Welt, innerhalb deren günstigere und angenehmere Bedingungen herrschten als in der Welt ringsum. »Im Lichtschein des Feuers«, schrieb Kraft,

»lebt (der Mensch) in seiner eigenen Welt, in der Kultur, in einem aus der Natur abgesonderten Raum. (...) Das Feuer – später der Herd – ist der Mittelpunkt seines Lebens und seines Lebensgefühls; (...) der Mensch ist gezwungen, ins Licht zu sehen, und er tut es gern«.[23]

Daher gilt das Feuer ganz zu Recht als das ursprünglichste Symbol für die Umformung und Nutzung der Naturkräfte durch den Menschen. Nicht umsonst wurden in vielen Religionen »heilige Feuer« verehrt und schenkte Prometheus dem Menschen gerade dieses Element als Keimzelle und Inbegriff der Kultur (vgl. S. 118).

Die ersten Behausungen

Ein weiteres wichtiges technologisches Hilfsmittel, über das der Mensch offenkundig schon früh verfügte, waren einfache zelt- oder hüttenartige Behausungen. Bereits in 1,4 Millionen Jahre alten Schichten der Olduwai-Schlucht in Tansania entdeckte man einen großen Steinring und andere auffällige Strukturen, die von der älteren Forschung als Überreste derartiger Baulichkeiten gedeutet wurden – heute gibt man freilich anderen Erklärungen den Vorzug, auf die wir an späterer Stelle noch ausführlicher zu sprechen kommen werden (vgl. Kap. 7). Aus der Zeit seit etwa 600 000 Jahren liegt dann aber eine größere Zahl derartiger Befunde vor, und zwar überwiegend aus Europa, dessen winterkaltes Klima einen Aufenthalt des Menschen ohne Feuer, wärmende Kleidung und eben auch einfache Schutzbauten kaum zugelassen hätte (vgl. Kap. 3).

Bei Prezletice nahe Prag gruben tschechische Forscher inmitten zahlreicher Steingeräte und Tierknochen ein noch über 30 Zentimeter hoch erhaltenes Oval aus Lehm und Steinen aus, das eine etwa zwei mal drei Meter große Fläche am Ufer eines kleinen Sees umschloß. Die Struktur wies an einer Stelle eine schmale »Lücke« auf, und just hier fand sich eine Feuerstelle – die Ausgräber vermuten daher eine »Winterhütte« mit Außenherd, die nach ihren Datierungen vor etwa 600 000 Jahren errichtet wurde.

Rund 200 000 Jahre jünger sind mögliche Behausungsspuren, die man 1966 an einem Acheuléen-Lagerplatz bei Terra Amata im Stadtgebiet von Nizza freilegte. Nach der Beschreibung des Ausgräbers Henri de Lumley handelte es sich gleichfalls um ovale Steinringe von vier mal sieben bis zu sechs mal fünfzehn Metern Umfang, die in mehreren aufeinanderfolgenden Siedlungsschichten beobachtet wurden; dem Archäologen zufolge markierten sie Hüttenwände aus nebeneinander in den Boden gesteckten und oben zusammengebundenen Zweigen, deren Stabilisierung sie dienten. Im Inneren wurden die Behausungen nach de Lumley von zwei bis drei senkrechten Mittelpfosten getragen, zwischen denen sich eine zentrale Herdstelle mit steinernem Windschutz befand. Es hätte sich also um

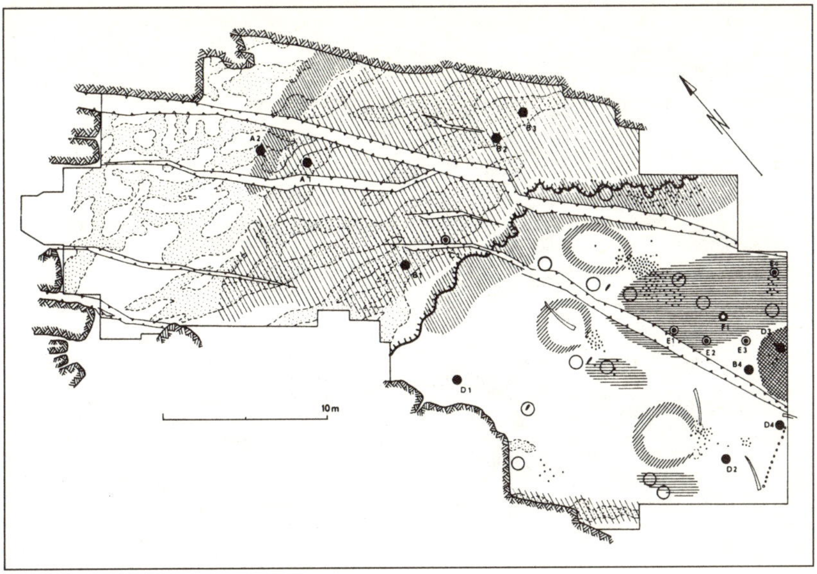

Abb. 28
Schematischer Befundplan des Homo erectus-Lagerplatzes von Bilzingsleben in Thüringen.
Die Rundstrukturen im rechten Bildteil markieren Behausungsgrundrisse (zum Teil mit Elefantenstoßzähnen), die kleinen schwarzen Punkte bezeichnen Fundstellen frühmenschlicher Schädelreste

bereits recht große und technisch komplexe Hüttenbauten gehandelt, für die es in dieser Form sonst nirgends im älteren Paläolithikum einen Beleg gibt. Dieser Umstand und die keineswegs eindeutigen archäologischen Befunde haben dazu geführt, daß de Lumleys Rekonstruktionen, die in den späten sechziger und den siebziger Jahren eine bedeutende Rolle spielten, heute in der Fachwelt überwiegend mit Skepsis betrachtet werden und es unklar bleibt, ob in Terra Amata wirklich irgendwelche über die Feuerstellen hinausgehenden Siedlungsstrukturen existierten.

Kaum derartige Zweifel gibt es hingegen bei einem über 300 000 Jahre alten Homo erectus-Lagerplatz nahe Bilzingsleben in Thüringen (Abb. 28). Der Urgeschichtsforscher Dietrich Mania legte dort mit seinem Team die Reste von gleich drei kreisförmigen bzw. ovalen Grundrissen mit drei bis fünf Metern Durchmesser frei, die aus großen Steinen und Knochen bestanden (Abb. 29). Im Zentrum eines dieser Grundrisse fand sich ein Elefantenstoßzahn von über zwei Metern Länge, der eine Stützfunktion gehabt haben könnte, und auch am Rand einer zweiten Struktur wurde ein solcher Zahn entdeckt. Vor allem aber wiesen alle drei Grundrisse auf ihrer südöstlichen Seite eine »Öffnung« mit vorgelagerten Holzkohleresten auf, so daß sich hier jeweils ein Eingang mit Feuerstelle befunden haben dürfte. Mania vermutet »eine über den Grundrissen errichtete einfache Konstruktion, sei es als Windschirm oder als richtige Überdachung«,[24] die aus Fellen oder Häuten bestand und am Boden durch die aufgefundenen Steine und großen Knochen beschwert wurde (Abb. 30). Aus der Völkerkunde ist ein solcher einfacher Behausungstyp

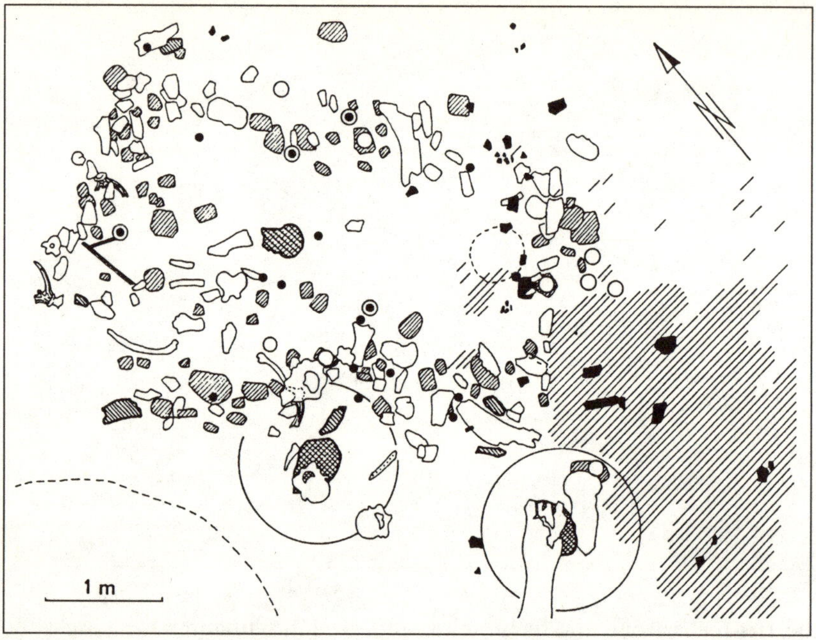

Abb. 29 Behausungsgrundriß aus Steinen und Knochen in Bilzingsleben; die schraffierte Fläche rechts bezeichnet Holzkohlenreste von einer vorgelagerten Feuerstelle

vielfach bekannt, und auch für Bilzingsleben scheint er angesichts des dreimal gleichen, überzeugenden Befundes zweifelsfrei nachgewiesen zu sein.

Schon vor mehreren hunderttausend Jahren waren unsere Vorfahren also frühe »Baumeister«, und sie blieben es mit aufsteigender Tendenz. Ob in Rheindahlen im Rheinland, in der Lazaret-Höhle in Südfrankreich oder im Wadi el Adjal in der libyschen Sahara: an vielen 150 000 bis 200 000 Jahre alten Fundstätten fanden sich charakteristische Steinringe, Pfostengruben oder Fundkonzentrationen, die auf die Errichtung einfacher Behausungen hindeuten. Im jüngeren Paläolithikum entwickelten sich aus diesen dann kegelförmige Stangenzelte und große Gerippebauten, wie wir sie noch von den neuzeitlichen Indianern und anderen Völkerschaften her kennen. Deren konstruktive Komplexität und Perfektion war gewiß um ein Vielfaches größer als die ihrer primitiven Vorläufer, und doch wären sie ohne diese kaum denkbar gewesen.

Die Frage der Kontinuität

Ebenso lassen sich auch andere oft erst dem Jungpaläolithikum zugeschriebene technische Errungenschaften in einfacherer Form bereits im Altpaläolithikum feststellen, wenn man etwas genauer hinschaut. In Bilzingsleben und an anderen etwa gleichalten Fundplätzen wurden beispielsweise eine ganze Anzahl von Gerätschaften aus Knochen, Geweih und Elfenbein gefunden, während in Handbüchern oft zu lesen ist, die systematische Verarbeitung dieser Materialien habe erst vor etwa 40 000 Jahren begonnen. Anhand bestimmter Werkzeugtypen und charakteristischer Abnutzungs- und Gebrauchsspuren an Knochengeräten glaubt Dietrich Mania für Bilzingsleben auch auf die Bearbeitung von Fellen und Häuten – möglicherweise zur Herstellung von Beuteln, Säcken oder auch einfachen Kleidungsstücken – schließen zu können. Vor allem war aber Holz offenkundig ein überaus wichtiger Werkstoff, der dem Stein an Bedeutung vermutlich gleichkam – dies belegen nicht wenige Reste hölzerner Waffen und anderer Artefakte, die an mehreren altpaläolithischen Fundplätzen zutage kamen (vgl. Kap. 8). An einer rund 400 000 Jahre alten Grabungsstelle bei Schöningen in Niedersachsen beispielsweise entdeckte der Archäologe Hartmut Thieme 1992 drei nahezu gleichartige Aststücke von Tannen mit jeweils einer künstlich eingeschnittenen Kerbe an einem Ende, in die vermutlich ein steinernes oder knöchernes Einsatzstück eingeklemmt wurde – es handelte sich also wahrscheinlich um Teile zusammengesetzter Gerätschaften, sogenannter »Kompositgeräte«, wie sie nach dem gängigen Lehrbuchwissen eigentlich erst für das zehnmal spätere Jungpaläolithikum angenommen werden.

Trotz solcher im Grunde recht vielversprechenden Funde und Befunde ist es in den letzten 15 Jahren vor allem in der angloamerikanischen Forschung immer üblicher geworden, »wirklich« menschliche Technologie und Kultur erst mit dem modernen Homo sapiens beginnen zu lassen und sie als das Resultat einer plötzlichen, unvermittelten »jungpaläolithischen

Abb. 30 Zeichnerische Rekonstruktion der Bilzingslebener Behausungen mit arbeitenden Frühmenschen im Vordergrund (Zeichnung: Adelhelm Dietzel)

Revolution« ohne ältere Anknüpfungspunkte und Vorläufer hinzustellen. Diese vermutete »kulturelle Revolution« wird zumeist auch als ein wichtiger Faktor bei der Ablösung des Neandertalers durch den frühmodernen Menschen angesehen. Christopher Stringer etwa, Wortführer der »Out of Africa«-Theorie (vgl. Kap. 4), und der britische Wissenschaftsautor Robin McKie schrieben 1996 über das Aurignacien, die erste »klassische« Kultur des Jungpaläolithikums:

»Die Geräte des Aurignacien zeigen eine völlig neue Art der Steinbearbeitung und eine profundere, komplexere Art des Denkens. Wenn ein Neandertaler ein mittelpaläolithisches Steinwerkzeug herstellen wollte, nahm er einen Brocken Feuerstein und schlug mit einem anderen Stein darauf herum, bis ein Faustkeil oder eine Speerspitze geformt war. Die modernen Handwerker des Aurignacien schlugen oben auf den Feuerstein, so daß er in viele Splitter zerbrach, die verschiedene Verwendungszwecke hatten: Kratzer, Messer, Speerspitzen, Gravierwerkzeug, Bohrer usw. Dies weist auf viel komplexere Gedankengänge hin. (...) Der Neandertaler hatte nur einen Zweck im Sinn, er stellte ein einfaches paläolithisches Taschenmesser her. Der moderne Mensch produzierte ein steinzeitliches Schweizer Messer.«

Und als »der afrikanische Aufsteiger, Homo sapiens« schließlich in die Siedlungsgebiete der Neandertaler eindrang und »seine High-Tech-Steingeräte mitbrachte«, da war das Resultat »das Aussterben der letzten der ersten Europäer«.[25]

Schon ein Vergleich mit unserer Skizze der komplizierten mittelpaläolithischen Levallois-Technik zeigt, daß das Steinbearbeitungsvermögen der Neandertaler hier fast karikaturenhaft verzerrt dargestellt ist – die mittelpaläolithischen Abschlaggeräte waren den jungpaläolithischen Klingenwerkzeugen sicherlich vom Gesichtspunkt der technologischen »Rationalität« her unterlegen, kaum aber in der Komplexität ihrer Herstellung (vgl. S. 125). Doch die Dinge liegen noch weitaus komplizierter, denn in Wirklichkeit ist nicht einmal zweifelsfrei geklärt, ob tatsächlich der frühmoderne Mensch die jungpaläolithische Klingentechnik »erfand« und einbürgerte, oder ob dies nicht die letzten Vertreter des angeblich so »rückständigen« Neandertalers selbst taten.

Importiertes Jungpaläolithikum?

Die ältesten Spuren des Aurignacien reichen in Spanien, Mittel- und Südosteuropa nämlich mittlerweile etwa 40 000 Jahre weit zurück, und damit bis in eine Zeit, in der der moderne Mensch in Europa noch nicht eindeutig durch Knochenfunde belegt ist – dies ist erst vor etwa 35 000 Jahren der Fall. Erst seither kann der Homo sapiens sapiens aufgrund häufiger Funde von Klingengeräten zusammen mit frühmodernen Skelettresten also als sicherer Träger des Jungpaläolithikums gelten – ob er dieses bei seiner vermuteten Einwanderung bereits mitbrachte, wie es die

Anhänger des »Out of Africa«-Modells annehmen, oder erst in der Region entwickelte beziehungsweise gar vorfand, bleibt hingegen völlig offen. Die Altersdaten der frühesten Aurignacienfunde lassen, wie der deutsche Prähistoriker Jürgen Richter kürzlich gezeigt hat, jedenfalls keine allmähliche Ausbreitung von Ost nach West erkennen, wie es bei einer Einwanderung aus Afrika über Vorderasien eigentlich zu erwarten wäre; das Aurignacien taucht vor 40 000 Jahren vielmehr in Osteuropa wie in Spanien gleichzeitig auf, und der angebliche »Out of Africa«-Brückenkopf Nahost (vgl. Kap. 4) erweist sich mit Daten von nur 34 000 Jahren geradezu als »spätes Randgebiet«.[26]

Die Anhänger der »Out of Africa«-Theorie halten das Jungpaläolithikum dennoch für ein Mitbringsel der afrikanischen Einwanderer, und zwar nicht zuletzt deshalb, weil an mehreren Fundstätten des Schwarzen Kontinents wie auch Vorderasiens bereits vor 70 000 bis 100 000 Jahren vereinzelte Klingenkulturen (vgl. S. 126) nachgewiesen sind, die sich markant von den sonst in dieser Zeit üblichen Abschlagkulturen (vgl. S. 125) abheben. In Afrika werden sie nach einem an der Küste des Südkaps gelegenen Fundort »Howiesons Poort-Industrie« genannt und kommen in den gleichen Fundstätten vor wie die ersten Belege des frühmodernen Menschen (vgl. Kap. 4); im Vorderen Orient bezeichnet man sie als »Prä-Aurignacien« oder »Amudien«, ohne sie dort eindeutig einer bestimmten Menschenform zuordnen zu können. Dennoch drängt sich natürlich der Gedanke auf, in diesen Funden kämen bereits die jungpaläolithische Technologie und das »frühmoderne Verhalten« zum Ausdruck, die sich dann später im Jungpaläolithikum voll entfalteten.

Die genannten Klingenkulturen waren indes eine vorübergehende (möglicherweise durch Umweltveränderungen verursachte) Erscheinung und wurden bald wieder von gewöhnlichen mittelpaläolithischen Abschlagkulturen abgelöst. Während der längsten Zeit ihrer Existenz benutzten die frühmodernen Menschen Afrikas also Steingeräte, die sich in keiner Weise von den zu dieser Zeit auch anderswo verfertigten abhoben, und die archäologischen Hinterlassenschaften ihrer Verwandten im Nahen Osten unterschieden sich erst recht in nichts von denen der gleichzeitig dort lebenden Neandertaler (vgl. Kap. 4). Dieser Umstand widerspricht der Behauptung, die frühmodernen Bevölkerungen seien in ihrem Verhalten besonders »fortschrittlich« gewesen, und er widerlegt ebenso die Annahme, man könne aus der Art der Steingeräte ohne Schwierigkeiten Rückschlüsse auf den Menschentypus ziehen, der sie verwendete.

Gegen diese Annahme spricht auch die Tatsache, daß die Neandertaler Frankreichs und Spaniens, nachdem sie jahrzehntausendelang die unverwechselbaren Abschlaggeräte des Moustérien verfertigt hatten (vgl. S. 125), in den letzten Jahrtausenden ihrer Existenz offenbar manchenorts zur Herstellung von Klingengeräten übergingen. Die jungpaläolithische Regionalindustrie des »Châtelperronien« wurde jedenfalls an mindestens zwei französischen Fundorten – Saint Césaire (vgl. Kap. 4) und Arcy-sur-Cure (vgl. Kap. 10) – zusammen mit Knochenresten von Neandertalern gefunden, was der Fachwelt nicht geringes Kopfzerbrechen bereitet hat. Da das Châtelperronien sich teilweise mit dem frühen Aurignacien zeitlich überkreuzt, nehmen die Anhänger der »Out of Africa«-Theorie an, es sei entstanden, indem die Neandertaler die überlegene Technologie der frühmodernen Einwanderer nachzuahmen versuchten (vgl. Kap. 10). Doch das ist vorläufig nicht mehr als eine unbewiesene Vermutung – die Industrie kann ebensogut auch aus einheimischen Wurzeln hervorgegangen sein, denn bereits im Moustérien gab es immer wieder vereinzelte Steingerätekomplexe, die sich durch einen bemerkenswert hohen Anteil an langschmalen Abschlägen auszeichneten und die den Ausgangspunkt einer völligen Umstellung auf die Klingentechnik hätten bilden können.

Die hier nur kurz angerissenen Fragen gehören zu den großen, seit Jahrzehnten ungelösten Rätseln der urgeschichtlichen Archäologie. Wir werden sie auch in diesem Buch nicht eindeutig klären können – deutlich gemacht werden sollte indes, daß die vorliegenden Lösungsvorschläge keineswegs so widerspruchsfrei und überzeugend sind, wie uns das ihre Verfechter mitunter weiszumachen versuchen. Manchmal scheint es trotz High-Tech-Archäologie und modernsten Untersuchungsmethoden geradezu, als gebe die Urzeit ihre Geheimnisse nur widerstrebend und in der Art eines Vexierbildes preis – diese Beobachtung werden wir auch in den nachfolgenden Kapiteln immer wieder machen.

6. Kapitel

Der Mensch und die Jagd

Fragt man eine Reihe von Leuten, was ihnen zum Thema »Urmensch« einfällt, so werden neben den Begriffen »Steinwerkzeuge« und »Höhlenmensch« mit Sicherheit auch die Stichworte »Jagd auf wilde Tiere« und »Jäger und Sammler« häufig genannt werden. Die Jagd gehört zu den heutzutage populärsten Aspekten des urgeschichtlichen Lebens, und in der Tat war sie nicht nur eine der wichtigsten Betätigungen unserer Vorfahren, sondern auch eine, deren Spuren am frühesten wahrgenommen wurden. Schon die ältesten Entdeckungen über das Zusammenleben des Menschen mit eiszeitlichen Tieren (vgl. Kap. 1) lieferten auch Hinweise darauf, daß unsere Vorfahren sich von diesen Tieren ernährt, daß sie sie erlegt und verspeist hatten. So entstand schon früh das Bild vom »großen Jäger der Urzeit«.

Jüngste Forschungen haben freilich gezeigt, daß dieses Bild keineswegs immer so sicher fundiert ist, wie es lange Zeit schien, und im letzten Jahrzehnt hat sich ein heftiger Streit darüber entzündet. So ist die Erforschung der Lebens- und Ernährungsweise unserer Vorfahren heute wieder zu einem der spannendsten und zugleich umstrittensten Gebiete der Urgeschichtsforschung geworden – so vielschichtig und facettenreich, daß wir drei Kapitel benötigen werden, um uns mit den wesentlichsten Aspekten des Themas vertraut zu machen.

Doch beginnen wir am Anfang der Geschichte – bei den aufsehenerregenden Funden, die man im letzten Jahrhundert in den Mooren Oberschwabens machte, an der Quelle des Flüßchens Schussen bei Bad Schussenried unweit von Biberach. Hier nämlich, in der weiten Landschaft zwischen Schwäbischer Alb und Bodensee, wurden vor 130 Jahren die ersten Spuren urzeitlicher Jagdgebräuche in Mitteleuropa entdeckt.

Rentierknochen in Oberschwaben

1856 beschloß die Königlich Württembergische Finanzverwaltung, die Lokomotiven einer durch diese Gegend verlaufenden Eisenbahnlinie aus Wirtschaftlichkeitsgründen mit Torf zu befeuern und zu diesem Zweck ein großes Moorgebiet nördlich der Schussenquelle zu entwässern. Mit Hilfe zweier Drainagegräben gelang dies mühelos – freilich mit dem unguten Nebeneffekt, daß die Ergiebigkeit der Flußquelle immer stärker nachließ und mehrere dort ansässige, von der Wasserkraft abhängige Industriebetriebe in ihrer Existenz bedroht waren. Um das Wasseraufkommen wieder zu steigern, ließ ein besonders stark betroffener Mühlenbesitzer die Schussenquelle durch zwei Gräben tieferlegen. Im Aushub des einen Grabens stieß man dabei auf zahlreiche gut erhaltene Tierknochen und Geweihreste. Diese ungewöhnlichen Funde ließen die Baustelle binnen kürzester Zeit zum beliebten Ausflugsziel und Spielplatz für die Kinder der Umgebung werden.

Auch ein naturkundlich interessierter Schussenrieder Apotheker bekam Wind von der Angelegenheit. Er schickte eine Kiste mit Knochen- und Geweihresten an das Stuttgarter Naturalienkabinett, und dort erkannte der zuständige Konservator, der Geologe und Paläontologe Oscar Fraas, sofort die überragende Bedeutung des Materials. Die Knochen und Geweihe stammten nämlich – wie der gelehrte Mann mit sachkundigem Blick feststellte – von dem seit Menschengedenken nur noch in arktischen Breiten beheimateten Rentier, und sie wiesen überdies deutliche Bearbeitungsspuren auf. Es handelte sich somit möglicherweise um Relikte aus dem damals gerade erst entdeckten Eiszeitalter (vgl. Kap. 1), und allem Anschein nach hatte sich der Mensch daran zu schaffen gemacht – ein sensationeller Verdacht, der genauere Nachprüfung verlangte.

Der Stuttgarter Konservator führte daher im Herbst 1866 an der Fundstelle Ausgrabungen durch, die zu den Pionierleistungen der urgeschichtlichen Archäologie in Mitteleuropa zählen und noch heute durch ihre für damalige Zeiten erstaunliche Sorgfalt und Umsicht beeindrucken. Nicht minder eindrucksvoll waren ihre Resultate: Was Fraas zusammen mit rund einem Dutzend Arbeitern in zehn Tagen aus der Schussenquelle barg, machte so sehr Furore, daß die Funde sogar auf der Pariser Weltausstellung im Jahre 1867 gezeigt wurden.

Abb. 31
Die 1866 angeschnittene Fundschicht der Schussenquelle in Oberschwaben mit darin arbeitenden Ausgräbern

Die Hauptfundschicht befand sich im unteren Teil des mehrere Meter durch den Quellgrund gezogenen Grabens (Abb. 31), in einer Lage aus Sand und Moos. Fraas schilderte die Situation, die er und seine Arbeiter in dieser Fundschicht antrafen, wie folgt:

»Ein zäher, schwarzblauer Schlamm füllte Moos und Sand und den kleinsten Hohlraum der Geweihe und Knochen, und verbreitete einen moderartigen Geruch. Wir befanden uns, wie der Verlauf der Grabarbeiten es lehrte, in einer zu Abfällen benutzten Grube, in der neben den Knochen und Knochensplittern abgeschlachteter und von Menschen verspeister Tiere, neben Kohlenresten und Aschen, neben rauchgeschwärzten Herdsteinen und Brandspuren, (auch) zahlreiche Messer, Pfeil- und Lanzenspitzen von Feuerstein und die verschiedenartigsten Handarbeiten aus Rentiergeweih übereinanderlagen. (...) (Es sprang) klar in die Augen, daß die vortreffliche Erhaltung der Beingeräte und Knochen lediglich dem Wasser zu danken war, das im Moos und Sand sich halten konnte. Die Moosbank glich einem wassergetränkten Schwamme, sie schloß ihren Inhalt hermetisch von aller Luft ab und konservierte in ihrem ewig feuchten Schoße, was vor Jahrtausenden ihr anvertraut worden war.«[1]

Tatsächlich handelte es sich bei der von Fraas vermuteten »Abfallgrube« wohl um die Reste eines Teiches, in den die Tierknochen hineingeworfen worden waren und in dem sie sich erhielten, während sie auf der übrigen Bodenoberfläche natürlichen Zerfallsprozessen zum Opfer fielen. Dies würde bedeuten, daß die bei der Grabung zutage geförderten Funde nur einen Teil der ursprünglich vorhandenen Hinterlassenschaften ausmachten und daß sich ganz in der Nähe ein Lagerplatz befunden haben könnte. Doch allein schon die aus dem Teich geborgenen Knochenmengen waren äußerst imposant: Nach Fraas stammten sie von »mehreren hundert« Rentieren – heute sprechen die Experten vorsichtiger von mehreren Dutzend – sowie von einigen wenigen Individuen anderer, ebenfalls kälteliebender Tierarten. Die Funde bezeugten damit zweifelsfrei eine Kaltzeit, in der nach Fraas' Worten »nur hochnordische Tiere die oberschwäbische Hochebene bevölkerten«; und die etwa 500 bis 600 Steingeräte, die man zwischen diesen Tierresten fand, bewiesen, wie Fraas in seinem Grabungsbericht hervorhob, eindeutig: »In dieser Eiszeit lebte schon der Mensch.«[2] Ein solcher Nachweis war äußerst bedeutsam in einer Zeit, in der über die Existenz des »diluvialen Menschen« immer noch heftig gestritten wurde (vgl. Kap. 1).

Frühe Einblicke in die Eiszeitwelt

Fraas zog aber noch sehr viel weitergehende und detailliertere Schlüsse aus seinem Fundmaterial. Viele der Rentierschädel, so stellte er fest, waren zerschlagen, und fast alle Röhrenknochen zerbrochen – offenkundig, um an das darin enthaltene Mark zu gelangen. Es konnte also, so der Forscher, kaum ein Zweifel an den »gastronomischen Intentionen« der Menschen von der Schussenquelle, an ihrer »Stillung des Hungers durch Fleischmahlzeiten« bestehen. Freilich werden Rentiere in einigen nördlichen Regionen, zum Beispiel in Lappland, bis heute als halbdomestizierte Herdentiere gehalten, und so lautete die Kardinalfrage, »ob wohl unsere Funde Reste zahmer Herden oder gejagter Tiere wären«. Anhand der Knochen selbst wagte Fraas diese Frage nicht zu entscheiden. Daß im Fundmaterial jegliche Hinweise auf zumindest heute für die Rentierhaltung unentbehrliche Hunde fehlten, veranlaßte ihn jedoch, »die Reste aller an der Schussen begrabenen Rentiere als von gejagten Tieren abstammend (zu) betrachten«. Er fügte hinzu: »Möglich, daß gerade die Menge derselben Jäger aus der Ferne anzog und die fetten Jagdgründe dieselben zur Ansiedlung an der Schussen einluden.«[3]

Damit ergab sich nach Fraas folgendes Gesamtbild:

»Wir haben Oberschwaben von Moränen (Gletscherschuttablagerungen, MK) durchzogen und von abschmelzenden Gletschern, deren Wasser den Gletschersand in moosbewachsene Tümpel waschen; wir haben ein grönländisches Moos, das in mächtigen Bänken die feuchten Sande überzieht; wir haben wohl selbstverständlich zwischen den Schuttwällen der Gletscher weite grüne Triften, auf denen sich in Rudeln das Rentier umhertreibt wie heutzutage an der Waldgrenze Sibiriens oder in Norwegen und Grönland. (...) Auf diesem Schauplatze nun haben wir den Menschen, wenn man so will, den Menschen der Eiszeit, wohl den ältesten ersten Kolonisten Oberschwabens, allem Anschein nach einen Jäger, welchen die Jagd auf Rentiere einlud, einige Zeit und wahrscheinlich nur die bessere Jahreszeit an der Grenze des Eises und Schnees zuzubringen. (Wenn) auch vom Skelette (dieses) Menschen nichts in der Grube lag, so ward doch von den Werken seiner Hände allerlei aufbewahrt, was auf das Leben und Treiben der ältesten Bewohner Schwabens einiges Licht wirft.«[4]

Eine Jagdstation vor 13 000 Jahren

Bedenkt man, daß diese Zeilen vor nunmehr 130 Jahren nach der allerersten wissenschaftlich durchgeführten Altsteinzeitgrabung in Mitteleuropa niedergeschrieben wurden, so kann man nur die treffsicheren und zukunftsweisenden Schlüsse bewundern, die der Begründer der süddeutschen Urgeschichtsarchäologie aus dem ihm vorliegenden begrenzten Material zog. Die seither durchgeführten umfangreichen Forschungen haben das von ihm hier mit wenigen Worten entworfene Bild zwar in vielerlei Hinsicht erweitert und vertieft, aber sie haben auch gezeigt, wie zutreffend und tragfähig es in seinen Grundzügen bereits war.

Man weiß heute, daß die Schussenquelle zu einer Reihe von späteiszeitlichen Jagdstationen in Süddeutschland gehörte, an denen vor ca. 13 000 Jahren Jäger des Magdalénien (vgl. Kap. 5) den Rentieren während ihrer jahreszeitlichen Wanderungen zwischen den Sommer- und den Winterweidegründen auflauerten. Noch heute schließen sich die wilden Rentiere (Karibus) Nordamerikas alljährlich im Frühjahr und im Herbst zu riesigen Herden zusammen, um auf immer wieder den gleichen Routen in ihre Sommer- bzw. Winterreviere zu ziehen; noch heute nutzen die Eskimo und andere Jägergruppen diese günstige Gelegenheit, um die Tiere an geeigneten Stellen wie Flußübergängen, Engpässen oder Tälern abzupassen und in großer Zahl zu erlegen – besonders im Herbst, wenn es gilt, Fleischvorräte für den Winter anzulegen. Ebenso verfuhren offenkundig auch schon die Magdalénien-Jäger in Süddeutschland, wie neuere Untersuchungen Alfred Schulers an dem Knochenmaterial von der Schussenquelle vermuten lassen. Die Entwicklungsstadien der dortigen Rentiergeweihe und die Durchbruchstadien der Zähne weisen auf eine Erlegung der Tiere vorwiegend im Spätsommer und im Frühherbst hin. Dies gilt auch für andere große Jagdstationen wie den Petersfels bei Engen im Hegau, wo die Reste von über tausend ebenfalls vorwiegend im Herbst (und in geringerer Zahl im Frühjahr) getöteten Rentieren gefunden wurden.

Mit Harpune und Speer auf Rentierjagd

Sogar den Waffen, mit denen die Eiszeitjäger solch reiche Beute machten, zumindest aber der Technik der Herstellung kam Fraas bereits vor 130 Jahren auf die Spur. Fast alle der zahlreichen an der Schussenquelle aufgefundenen Rentiergeweihe wiesen nämlich Spuren menschlicher Bearbeitung auf. Besonders ins Auge fielen dabei etwa 30 Geweihstangen, aus deren Innenseite mit Steingeräten jeweils ein langer, schmaler »Span« herausgelöst worden war (Abb. 32). Fraas erkannte richtig, daß diese Geweihspäne zu »Beinnadeln, Pfeil- und Speerspitzen, Angeln und dergleichen« weiterverarbeitet wurden, die der »Selbsterhaltung durch Jagd und Erringung von Nahrung« dienten.[5] An der Schussenquelle selbst wurden freilich zu wenige dieser »Endprodukte« gefunden, um dem Forscher eine

Abb. 32
Rentiergeweih mit herausgelöstem Span, der sich zu Waffenspitzen oder anderen Gerätschaften weiterverarbeiten ließ

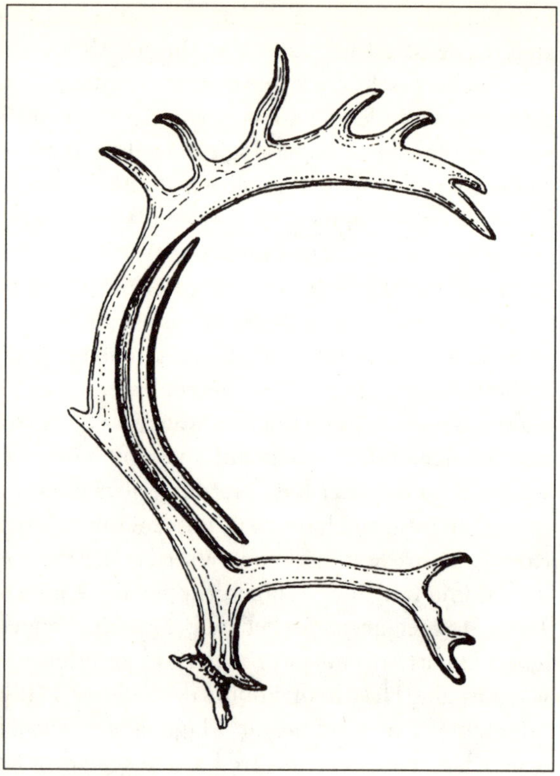

genaue Identifizierung der verschiedenen Waffen- und Gerätearten zu erlauben. Umfangreichere Funde an anderen Magdalénien-Stationen in Deutschland, Frankreich und der Schweiz brachten hier in den nachfolgenden Jahrzehnten Klarheit und sorgten vor allem dafür, daß man einen genaueren Einblick in die Waffentechnik am Ende der letzten Eiszeit bekam.

Zweierlei Arten von Geschoßspitzen aus Geweih wurden immer wieder entdeckt: zum einen einfach gearbeitete, symmetrische Spitzenformen, die wahrscheinlich mit Hilfe von Harz oder Birkenpech und einer Sehnenumwicklung an leichten Holzspeeren befestigt worden waren (Abb. 33 links); zum anderen recht aufwendig gearbeitete, harpunenartige Formen mit Widerhaken auf einer oder beiden Seiten (Abb. 33 Mitte), die offenkundig ein Herausgleiten des Projektils aus dem Körper der Beute nach erfolgreichem Wurf verhindern sollten. Da die Gefahr des Herausgleitens nur bestand, wenn an der Spitze gezogen wurde, dürfte es sich bereits um Harpunen mit einer Schnur gehandelt haben, die der Jäger beim Wurf in der Hand behielt (Abb. 33). Die Projektile saßen vermutlich nur locker auf dem Speer auf: Drang die Widerhakenspitze in den Tierkörper ein, dann löste sie sich mitsamt der Schnur vom Holzschaft ab, und der Jäger hatte seine Beute buchstäblich »an der Leine«.

Beide Waffentypen, der einfache Wurfspeer wie die komplexere Harpune, wurden vermutlich mit Hilfe sogenannter Speerschleudern (»Propulsoren«) ins Ziel gebracht, unterarmlanger Stäbe aus Holz oder Knochen mit einem Widerhaken am »hinteren« Ende. Auf dieses Hilfsgerät legte man den Speer oder die Harpune beim Wurf auf, wodurch die Schwungkraft des Armes verstärkt und die Wurfweite wie auch die Treffgenauigkeit beträchtlich gesteigert wurde (Abb. 34). Die Speerschleuder war noch bis in unser Jahrhundert hinein bei verschiedenen völkerkundlich erforschten Jägergruppen in Gebrauch, unter anderem bei den Eskimo und den australischen Aborigines, so daß ihre Identifizierung nicht schwerfiel, als sie auch an zahlreichen Fundstellen des europäischen Magdalénien entdeckt wurde.

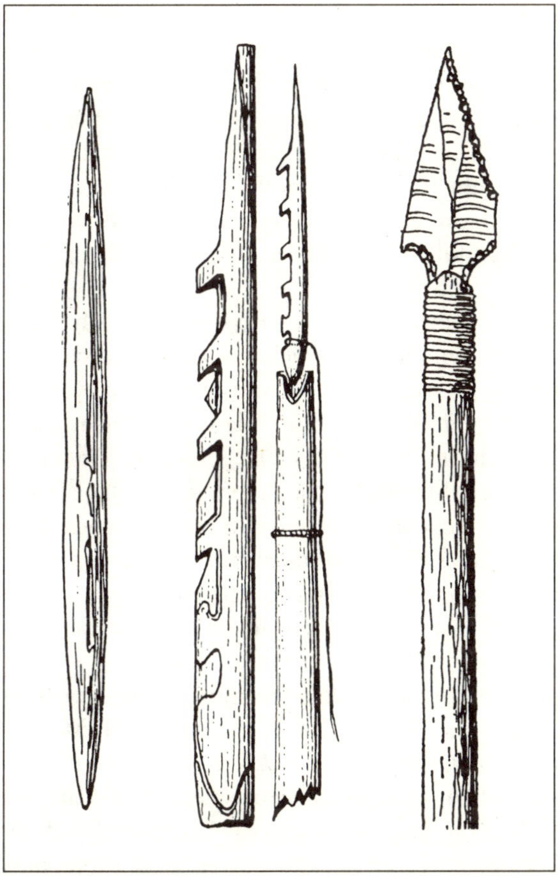

Abb. 33
Projektilformen der späteiszeitlichen »Hamburger« und »Ahrensburger Kultur«. Von links: Einfache Knochenspitze, einreihige Harpune aus Rentiergeweih, steinerne Pfeilspitze im Holzschaft (nicht maßstabgetreu)

Abb. 34
Handhabung und Funktionsweise der Speerschleuder

Pfeil und Bogen in Norddeutschland

Unklar blieb lange Zeit, ob die verschiedenen Waffentypen bei der Jagd auf unterschiedliche Tierarten Verwendung gefunden hatten. Hier erbrachten Ausgrabungen wichtige Aufschlüsse, die der norddeutsche Prähistoriker Alfred Rust von 1933 bis 1936 in Meiendorf und Stellmoor durchführte, zwei Fundplätzen der sogenannten »Hamburger Kultur«, einer regionalen Ausprägung des Magdalénien in Norddeutschland. An beiden Fundstätten hatten die Eiszeitjäger – wie an der Schussenquelle – überwiegend Rentiere erlegt, und auch in Meiendorf und Stellmoor hatten Teiche und Seen für eine ausgezeichnete Konservierung des Fundmaterials gesorgt. Manche Knochen und Geweihe wurden in einem Zustand geborgen, als stammten sie von frisch erlegten Tieren. Sie ließen selbst kleinste Details erkennen, darunter bei manchen Knochenresten Einschußlöcher, die einen Rückschluß auf die bei der Jagd verwendeten Waffen zuließen.

In Meiendorf fanden sich beispielsweise mehrere Vogelknochen mit kleinen, runden Einschußlöchern, die vermutlich von Geweihspitzen des einfachen, symmetrischen Typs stammten. An der gleichen Fundstätte entdeckte man andererseits ein Rentierschulterblatt mit einem stark asymmetrischen Einschußloch, in das eine vor Ort gefundene einreihige Geweihharpune genau hineinpaßte (Abb. 35). Alfred Rust schloß 1934 aus diesen Befunden, daß die Vogeljagd vorwiegend mit einfachen Spitzen betrieben worden sei und daß die Widerhakenspitzen keineswegs nur zum Speeren von Fischen oder anderen Wassertieren gedient hätten, wie es bei heutigen Harpunen zumeist der Fall ist, sondern auch bei der Jagd auf Rentiere eine wichtige Rolle spielten.

In der etwa gleichalten Fundschicht von Stellmoor entdeckte Rust zwei Jahre später aber mehrere Rentierschulterblätter mit Einschußlöchern, die unverkennbar von Geschoßspitzen des runden Typs stammten, sowie zwei Rentierknochen, in denen abgebrochene Projektile aus Feuerstein steckten. Offenkundig hatte man also das Hauptjagdwild mit ganz unterschiedlichen Waffentypen erlegt, die teilweise mit Projektilen aus Geweih oder Knochen, teilweise aber auch mit solchen aus Stein bestückt gewesen waren (Abb. 33).

Sowohl die Feuersteinspitzen als auch die rundlichen Einschußlöcher in den Knochen waren auffallend klein, und so äußerte Rust die Vermutung, daß sie nicht von Speeren, sondern von Pfeilspitzen stammten, daß die Jäger der Hamburger Kultur also neben Speer, Speerschleuder und Harpune auch schon Pfeil und Bogen gekannt und benutzt hätten. Diese Hypothese ist freilich bis heute in der Fachwelt umstritten geblieben, denn möglicherweise existierten damals auch sehr leichte Wurfspeere mit an Pfeilspitzen erinnernden kleinen Projektilen, so daß eine Unterscheidung allein anhand der Größe problematisch ist. Aus der vor rund 10 000 Jahren in der gleichen Region verbreiteten »Ahrensburger Kultur« sind dann aber eindeutige Funde von Holzpfeilen und auch ein hölzerner Bogen bekannt, so daß die Bogenwaffe hier spätestens am Übergang zur Nacheiszeit zweifelsfrei belegt ist.

Das Bild vom »großen Jäger« der Urzeit

Man lernte, wie unser kurzer Überblick gezeigt hat, die Rentierjäger der späten Eiszeit also schon in den Anfängen der Forschung recht gut kennen. Schon früh fanden sich auch zahlreiche Hinweise auf die Bejagung anderer Tiere durch den urgeschichtlichen Menschen. An dem etwa 20 000 Jahre alten Fundort Solutré in Frankreich wurden beispielsweise riesige Mengen von Pferdeknochen zusammen mit jungpaläolithischen Steingeräten ausgegraben, und an mehreren ebenso alten (oder noch älte-

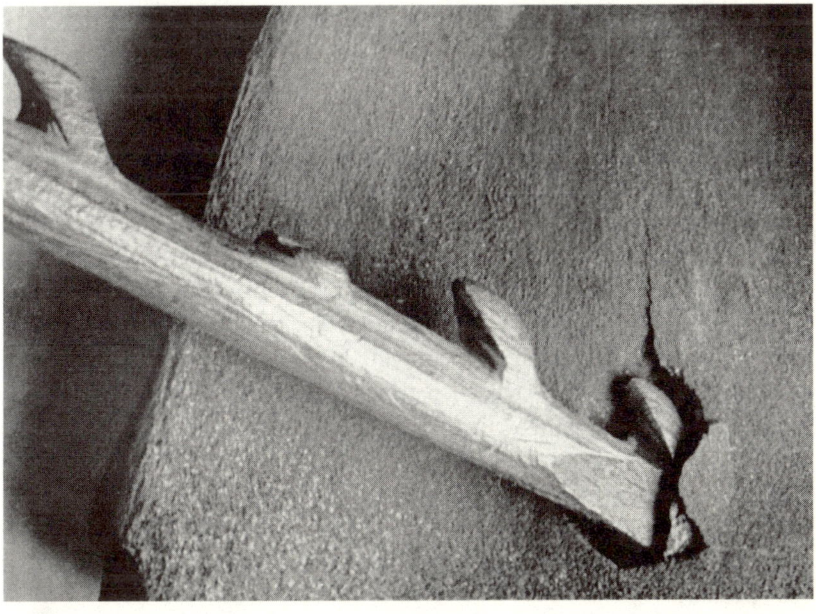

Abb. 35 Einschußloch in einem Rentierschulterblatt aus einer späteiszeitlichen Fundschicht von Meiendorf bei Hamburg, in das eine am gleichen Fundort ausgegrabene Knochenharpune fast exakt hineinpaßt

ren) Fundstätten Osteuropas entdeckte man die Knochen einer großen Zahl von Mammuten inmitten reicher menschlicher Kulturreste. Wieder andere Befunde schienen auf eine ausgeprägte und weit zurückreichende Bejagung des Höhlenbären hinzudeuten. All diese Entdeckungen trugen dazu bei, daß nicht nur der paläolithische »Rentierjäger«, sondern auch der »Mammut«- und der »Höhlenbärenjäger« (Abb. 36) zu einem festen Bestandteil des Bildes von unseren urgeschichtlichen Vorfahren wurde – und es bis heute geblieben ist.

Neben der Fleischgewinnung durch die Jagd hatte, so vermutete man schon früh, auch das Sammeln wildwachsender Pflanzen eine gewisse Bedeutung für die Ernährung des altsteinzeitlichen Menschen. Diese Nahrungskomponente ließ sich freilich wegen der Vergänglichkeit botanischer Reste archäologisch kaum nachweisen, so daß über ihren Umfang und ihr Gewicht nur spekuliert werden konnte. In jedem Fall paßte das Bild von der jägerisch-sammlerischen Nahrungsgewinnung gut zu der Tatsache, daß auch die »primitivsten« neuzeitlichen Gruppen, die man aus der Völkerkunde kannte, ihren Lebensunterhalt auf diese Weise bestritten, so daß hier offenkundig wirklich die erste und einfachste Stufe menschlicher Existenzsicherung und »Wirtschaftsentwicklung« vorlag. Und da man zu jener Zeit die neuzeitlichen Wildbeuterkulturen ohnehin gerne als »Relikte« und überlebende Zeugnisse urzeitlicher Lebensweise und Kultur ansah (vgl. Kap. 1), empfand man das Bild der altsteinzeitlichen Jäger bis ins Detail diesen zeitgenössischen Vorbildern nach.

Die Nahrungspalette tropischer Wildbeuter

Eine wesentliche Rolle spielte dabei die Beobachtung, daß bei den neuzeitlichen Wildbeutern in tropischen und subtropischen Regionen die pflanzliche Kost, die in ihrer warmen Umwelt das ganze Jahr über zur Verfügung steht, den größeren Teil der Nahrung stellt, während das Fleisch der Beutetiere nur einen geringeren, wenngleich sehr begehrten und ernährungsphysiologisch wichtigen Beitrag zum Speisezettel leistet. In noch weit höherem Maße ist diese Dominanz pflanzlicher Kost bei den stammesgeschichtlichen Verwandten des Menschen, bei den tropischen Affen und Menschenaffen, zu beobachten, die entweder ausschließliche Pflanzenfresser sind oder aber wie die Paviane und Schimpansen nur ab und zu jagen und Fleisch fressen (vgl. Kap. 7). Da man auch die ursprüngliche Heimat des Menschen schon früh in den warmen äquatorialen Klimazonen vermutete (vgl. Kap. 1), lag die Folgerung nahe, eine Ernährung vorwiegend von Pflanzen und Früchten habe auch am Ausgangspunkt der Menschwerdung gestanden. Der in Deutschland sehr beliebte populärwissenschaftliche Autor Carl W. Neumann (vgl. Kap. 5) etwa vermutete 1932, der Urmensch werde während seiner frühesten Daseinsperiode

»vorzugsweise nach Art der Buschmänner, Bongo und Wedda (Volksgruppen in Afrika bzw. Sri Lanka, MK) seinen Lebensunterhalt mit Pflanzen oder Teilen von Pflanzen, in erster Linie Wurzeln und Früchten, sowie mit allerlei leicht zu erbeutendem ›niederem‹ Jagdwild bestritten haben. Das Sammeln von Früchten und Wurzelgraben wird wie bei vielen heutigen Völkern Sache der Frauen gewesen sein, die mindestens sich selbst und die Kinder durch solche Arbeit erhalten mußten, während die eigentliche Jagd (...) den Männern vorbehalten blieb.«[6]

Die hier vermutete Arbeitsteilung zwischen sammelnden Frauen und jagenden Männern ist bis heute ein konzeptioneller Eckpfeiler der meisten Theorien über die altsteinzeitliche Kultur geblieben (vgl. Kap. 7), so daß manche Forscher lieber von »Sammlerinnen und Jägern« statt von »Jägern und Sammlern« sprechen.

Neumann hob des weiteren hervor, daß sich die fleischliche Nahrungskomponente bei den neuzeitlichen Wildbeutern keineswegs nur auf das eigentliche Jagdwild beschränkt, sondern auch tierisches Eiweiß in Formen umfaßt, die dem europäischen Gaumen wenig munden würden. Wenn die südafrikanischen Buschmänner zeitweise nicht über größere Beutetiere verfügen, so berichtete er, dann »verzehren sie Eidechsen oder Schlangen, Heuschrecken oder Insektenlarven, Pflanzenwurzeln oder die Pilze, die auf den Termitenhügeln wuchern«. Über die Eßgewohnheiten der (pflanzenanbauenden, aber daneben auch jagenden und sammelnden) Bongo im Sudan zitierte er einen älteren Forschungsbericht:

»Alles was kreucht und fleucht, von den Ratten und Mäusen des Feldes bis zur Schlange, vom Aasgeier bis zur Hyäne im immer räudigen Fell, vom fetten Riesenskorpion bis zu den Larven der geflügelten Termiten mit ihren öligen, mehlwurmartigen Leibern, gilt bei (ihnen) als würdig zur Jagd.« – »Selbst die abscheulichen Eingeweidewürmer, die an den Magenwänden der Rinder wie eine Auskleidung auftreten, streifen sie frisch von ihren Sitzen und führen sie handvollweise roh in den Mund.«[7]

Wo Kälte herrscht, wird Jagd zur Regel

Die modernen tropischen Jäger und Sammler gerieten also auch bei einem zeitweiligen Ausbleiben größeren Jagdwildes kaum in existentielle Nöte. Je weiter man freilich nach Norden schaute, desto bedeutsamer und unverzichtbarer wurde die Jagd für die Ernährung der wildbeuterischen Gruppen. Die nicht vom Bodenbau lebenden Indianerstämme Nordamerikas und Kanadas beispielsweise waren in hohem Maße von der Jagd auf Bison, Rentier (Karibu) und andere Huftierarten abhängig, und bei den Eskimo erreichte der Anteil der tierischen Nahrung (unter Einschluß des Fleischs erbeuteter Meeressäugetiere und gefangener Fische) über 90 Prozent. Dies war nicht weiter erstaunlich – existierten doch in der arktischen Lebensumwelt dieser nördlichsten Jäger kaum

Pflanzen, die sich zum Verzehr durch den Menschen eigneten. Die bedeutsamste pflanzliche Nahrung der Eskimo war der im Magen der Rentiere befindliche Brei aus bereits vorverdauten (und daher auch für den Menschen genießbaren) Flechten und Gräsern, der sofort nach der Erlegung der Tiere in noch körperwarmem Zustand als eine Art »Gemüsesuppe« getrunken wurde und als besonderer Leckerbissen galt.

Völkerkundliche Beobachtungen dieser Art legten den Schluß nahe, daß die Großtierjagd auch in der menschlichen Urgeschichte durch Klimaabkühlungen verstärkt worden sein mußte, daß sie sozusagen ein »Produkt der Eiszeit« war. Neumann schrieb darüber 1932:

> »Die Pflanzenkost wurde knapp und knapper, je stärker der Eishauch von Norden blies, und mit der Schrumpfung des Pflanzenreichtums schwand auch die niedere Tierwelt dahin, die ihrer ganzen Veranlagung nach von bestimmten Gewächsen abhängig war. Der Mensch geriet in die Lage des Raubtiers, das so oder so seinen Unterhalt, seinen Lebensbedarf sich erjagen muß(te).«[8]

Die Rolle fleischlicher Nahrung

Indem der Urmensch sich diesem Zwang beugte, beschleunigte er aber, so vermuteten die frühen Urgeschichtsforscher weiter, auch seine eigene Evolution, denn die Jagd und die durch sie gewonnene Fleischnahrung wirkten in vielerlei Hinsicht als Entwicklungsstimulanz, als »Motor der Evolution«. Der »Übergang von der bloßen Pflanzennahrung zum Mitgenuß des Fleisches« markiere »einen wesentlichen Schritt zur Menschwerdung«, urteilte schon 1876 Friedrich Engels, der sich als Weggefährte von Karl Marx und theoretischer Mitbegründer des Marxismus auch intensiv mit urgeschichtlichen Fragen beschäftigte. »Die Fleischkost«, so Engels weiter,

> »enthielt in fast fertigem Zustand die wesentlichsten Stoffe, deren der Körper zu seinem Stoffwechsel bedarf; sie kürzte mit der Verdauung die Zeitdauer der übrigen vegetativen (...) Vorgänge im Körper ab und gewann damit mehr Zeit, mehr Stoff und mehr Lust für die Betätigung des eigentlich tierischen (animalischen) Lebens. Und je mehr der werdende Mensch sich von der Pflanze entfernte, desto mehr erhob er sich auch über das Tier. (...) Am wesentlichsten aber war die Wirkung der Fleischnahrung auf das Gehirn, dem nun die zu seiner Ernährung und Entwicklung nötigen Stoffe weit reichlicher zuflossen als vorher und das sich daher von Geschlecht zu Geschlecht rascher und vollkommener ausbilden konnte. Mit Verlaub der Herren Vegetarier, der Mensch ist nicht ohne Fleischnahrung zustande gekommen.«[9]

Engels war ganz offensichtlich kein Kostverächter, und man ist versucht, seine Ausführungen über die »chemischen Bedingungen der Menschwerdung« als antiquierte Schnitzel-Propaganda abzutun. Doch auch heutige Evolutionsbiologen und Ernährungsexperten sehen einen engen Zusammenhang zwischen der enormen Vergrößerung des Gehirns in der Entwicklungsgeschichte der Hominiden (vgl. Kap. 3) und einer wachsenden Bedeutung von Fleisch als Komponente ihrer Ernährung, die die physiologischen Voraussetzungen für die Versorgung des immer komplizierter werdenden Denkorgans schuf. Das Gehirn macht zwar nur etwa zwei Prozent unseres Körpergewichts aus, so betonen die Experten, doch es verbraucht beim heutigen erwachsenen Menschen etwa ein Viertel der dem Körper zugeführten Energie, beim Säugling sogar rund 60 Prozent.

Eine hochwertige und vor allem energiereiche Kost war und ist daher für das Wachstum und die Versorgung dieses anspruchsvollen Organs unverzichtbar, und die in der Lebensumwelt unserer Urahnen verfügbaren pflanzlichen Nahrungsmittel hätten dazu allein nicht ausgereicht. Auch aus heutiger Sicht wäre der Mensch also kaum zu dem geworden, was er ist, wenn er sich nicht im Laufe seiner Evolution zum auch ein bestimmtes Quantum an Fleisch verzehrenden Gemischtköstler entwickelt hätte.

Jagd als Motor der Evolution

Eine noch bedeutsamere Rolle als die Fleischnahrung selbst spielte in den Überlegungen der frühen Urgeschichtsforscher freilich der Modus ihrer Beschaffung, die Jagd. Sie übte, so vermutete man allgemein, eine entscheidende kräftemobilisierende und -steigernde Wirkung auf die frühen Menschen aus. »Da es ihnen gleichermaßen am Instinkt wie an den natürlichen Waffen der Fleischfresser mangelte«, spekulierte 1904 beispielsweise der britische Chirurg und Anthropologe Harry Campbell, waren sie

> »gezwungen, sich auf der Jagd nach Beute auf ihre höhere Intelligenz zu verlassen, (und) Intelligenz wurde im Kampf ums Dasein so wichtig wie nie zuvor. (...) Mit dem Kommen des Jagdzeitalters erhielt die geistige Evolution (daher) einen großen Anstoß.«[10]

Neben dem Intellekt wurden, so mutmaßte man, bei den Frühmenschen aber auch noch andere wichtige Fähigkeiten und Eigenschaften durch die Jagd stimuliert und gefördert. »Großwildjagd ist eine gute Erziehung«, lautete ein gängiges Motto in den ersten Jahrzehnten unseres Jahrhunderts, und Jagdsafaris in den Kolonialgebieten galten bis zum Zweiten Weltkrieg als hoch angesehener, »charakterbildender« Sport der imperialen Schichten, der Tugenden wie Durchsetzungskraft, Furchtlosigkeit und Selbstdisziplin stärken sollte. Wenn sich aber der moderne Buschgänger oder Kolonialoffizier bei der Löwen- und Elefantenjagd in »Selbstzucht« übte, dann mußte die Bezwingung von Mammuten oder Höhlenbären im Paläolithikum zu einer »Zucht« in noch sehr viel fundamentalerem Sinne beigetragen haben, nämlich zur »Daseinsertüchtigung« und evolutionären Höherentwicklung des frühen Menschen – so etwa lauteten die Überlegungen.

Hohe Schule der werdenden Menschheit?

Dieser Gedanke findet sich in der älteren urgeschichtlichen Literatur in vielerlei Ausprägungen (Abb. 36). »Die erzieherische Bedeutung der Jagd (kann) nicht hoch genug eingeschätzt werden«, schrieb beispielsweise der deutsche Prähistoriker Georg Kraft 1942:

»Mehr noch als die Feuersteintechnik war die Jagd die hohe Schule der werdenden Menschheit. K. Th. Preuß hebt hervor, wie hier ein starker Wille auf ein lebendiges Ziel gerichtet wird, wie der Wildbeuter mit spezifisch menschlichen Mitteln (...) auf das Tier einwirkt (...) Die Jagd ist eine Sache persönlicher Fähigkeit und erfordert ganze Leidenschaft und Einsatz: Beobachtung, Erfahrung, Geschick, List, Geduld, im Kampf Mut, Stärke und Geistesgegenwart, in der Verfolgung Ausdauer. Und in der Urzeit waren nicht nur die Waffen primitiv, es fehlte auch der Jagdhund, der heute bei fast allen Wildbeutern dem Menschen zur Hilfe kommt.«[11]

Um so mehr, so argumentierte man, mußten durch die Anforderungen und Gefahren der Jagd die Kräfte des paläolithischen Menschen geweckt, seine Fähigkeiten entwickelt und sein Verstand geschärft worden sein. Die erfolgreiche Bezwingung der Beute bestärkte aber auch, so vermutete man, sein Selbstvertrauen, und vertiefte sein Gefühl der Überlegenheit gegenüber den Tieren. Nochmals Kraft:

Abb. 36 »Urmenschen auf der Höhlenbärenjagd«. Schulwandbild aus den dreißiger Jahren nach einem Gemälde von F. Roubal

»Je gefährlicher das Leben, um so größer war nach der Jagd der Triumph, nur vergleichbar dem Sieg des Kämpfers, eine Steigerung des Machtbewußtseins und unmittelbaren Lebensgefühls bis zur Trunkenheit, aber auch der dankbaren Verpflichtung an hilfreiche Mächte. Nur schwer können wir Heutigen mit unseren Jagdhunden, Ferngläsern und ferntragenden Waffen uns in Mühseligkeit und Überschwang jener urtümlichen Zustände hineinfühlen, bei denen alles auf die persönlichen Fähigkeiten der Jäger und die Gunst des Geschicks ankam.«[12]

Aus eigener Kraft die Natur bezwingen

Sieg, Triumph, Machtbewußtsein – die Wahl der Worte verrät nicht nur, daß man die Jagd in dieser Forschungsperiode zuweilen als eine andere Form des Krieges ansah (der ja von manchen ebenfalls als »charakter«- und »persönlichkeitsbildend« gepriesen wurde), sondern ebenso, daß die Erlegung der Beute durch den Jäger in einem tieferen Sinne die Bezwingung der Natur durch den Menschen symbolisierte, ihre Unterwerfung unter seinen Willen und seine Bedürfnisse. Der frühe Mensch arbeitete sich durch die Jagd, das war die Überzeugung vieler Gelehrter dieser älteren Generation, buchstäblich »aus der Tierwelt heraus«, erhob sich über sie und etablierte sich als Höhepunkt der biologischen Evolution, der im naturwissenschaftlichen Denken etwa den gleichen Stellenwert innehatte wie die »Krone der Schöpfung« im christlichen Weltbild. Doch während der von Gott geschaffene Erdenmensch seinen Status dem Wirken höherer Mächte verdankte, mußte der Urmensch des darwinistischen Zeitalters ihn sich in langwierigem Existenzkampf selbst erringen, und dabei spielte nach allgemeiner Überzeugung eben die Jagd eine Schlüsselrolle. »Wild war zahlreich und Pflanzennahrung rar«, schrieb der einflußreiche amerikanische Anthropologe Henry Fairfield Osborn 1927 über das paläolithische Dasein in den kühleren Klimazonen:

»Der Kampf ums Überleben war hart, er rief alle erfinderischen und nutzbringenden Fähigkeiten des Menschen wach und ermutigte ihn zur Formung und Verwendung erst hölzerner und dann steinerner Waffen für die Jagd. Er nötigte die Menschen der Kulturdämmerung, (...) starke Glieder für lange Fußmärsche zu entwickeln, starke Lungen zum Rennen und einen schnellen Blick sowie Gewieftheit für die Jagd.«[13]

»Gelobt sei, was hart macht«

All dies geschah jedoch, so die Überzeugung Osborns und vieler anderer Gelehrter der damaligen Forschergeneration, nur dort, wo eine harte und kärgliche Natur als strenge Zuchtmeisterin es erzwang, nicht dagegen in Regionen, die überreich mit natürlichen Gütern gesegnet waren. »Der Aufstieg des Menschen«, so Osborn weiter,

»stagniert oder ist sogar rückläufig in Gebieten, in denen das natürliche Nahrungsaufkommen üppig und ohne Anstrengungen verfügbar ist – in den tropischen oder subtropischen Regionen, wo natürliche Nahrungsfrüchte häufig sind, läßt die individuelle und rassische Leistung des Menschen sofort nach; (...) aufkeimende Intelligenz und frühe Zivilisation der Menschheit wurden hingegen in offenen Landschaften begünstigt, wo die Nahrungsvorkommen rar und ohne individuelle Anstrengung und Findigkeit nicht nutzbar waren.«[14]

Mit anderen Worten: Erst durch die »Vertreibung aus dem Paradies« wurde der Mensch eigentlich zum Menschen, zu jenem hart arbeitenden, sich seinen Erfolg mühsam erkämpfenden, seine Nahrung »im Schweiße seines Angesichts« essenden, aber auch mit berechtigtem Selbstbewußtsein und Stolz auf andere Kreaturen herabblickenden Wesen, als das ihn eine puritanische Weltanschauung schon seit langem sah. Und diese Auffassung von der entwicklungshemmenden, degenerierenden Wirkung einer allzu üppigen Umwelt und den stimulierenden, fortschritts- und kulturfördernden Kräften eher kärglicher Naturverhältnisse war bis vor wenigen Jahrzehnten so weit verbreitet, daß sie sich kaum an einzelnen Denkern oder Denkrichtungen festmachen läßt: Sie fand sich im Christentum ebenso wie im Marxismus, bei Soziologen und Kolonialpolitikern wie bei Naturwissenschaftlern – und natürlich bei den Nazis, denen sie als willkommene Begründung für die angebliche Überlegenheit der im harten Überlebenskampf geformten »nordischen Rasse« gegenüber den »degenerierten südlichen Völkern« diente. Kein Wunder, daß sie auch in der Urgeschichtsforschung Eingang fand und dort zu der Theorie von der Herausbildung der »klassischen« paläolithischen Kulturen unter der Knute kärglicher Naturverhältnisse führte.

Gewaltorgien im Paradies?

In dieser Hinsicht bedeutete es eine einschneidende Veränderung, als nach dem Zweiten Weltkrieg plötzlich viele der frühen menschlichen Kulturleistungen bereits den Australopithecinen zugeschrieben wurden, jenen »Südaffen«, die vor mehreren Millionen Jahren die Savannenlandschaften Afrikas durchstreiften (vgl. Kap. 3). Bereits diese ältesten Hominiden sollten, so hieß es nun, in großem Stil Tiere gejagt und sich von ihrem Fleisch ernährt haben – ja, sie sollten aufgrund dieser Lebensweise sogar räuberische und mörderische Instinkte entwickelt haben, die bis auf den heutigen Tag die menschliche Psyche prägten. Die tropische Wiege der Menschheit wäre nach diesem neuen Szenario keineswegs das unschuldige, von pflanzlicher Kost und nährenden Früchten geprägte Paradies gewesen, als das man sie bis dahin gesehen hatte, sondern vielmehr ein Schauplatz des Tötens, des Mordens und blutigster Gewaltorgien – dies behauptete jedenfalls der Entdecker des ersten Australopithecus, der südafrikanische Anatom Raymond Dart (vgl. Kap. 3), und seine Ansichten sorgten in den fünfziger und sechziger Jahren für weltweites Aufsehen.

7. Kapitel

Frühe Lebensweise unter Afrikas Sonne

Während der ersten Nachkriegsjahre galten die Australopithecinen als körperlich schwache und vergleichsweise harmlose Geschöpfe, die eher von anderen Tieren bedroht wurden, als selber eine Bedrohung darzustellen. Zwar hatte Dart in den Schichten von Taung, der Stätte seines berühmten ersten Australopithecinenfundes (vgl. Kap. 3), auch die knöchernen Überreste zahlreicher anderer Tierarten geborgen und daraus gefolgert, der neuentdeckte »Südaffe« habe seinen Speisezettel bereits durch Fleischzugaben bereichert. Doch da es sich überwiegend um stark fragmentierte Knochen kleinerer und ungefährlicher Tiere wie Schildkröten, Vögel und Nager handelte, zwischen denen auch Schalen von Vogeleiern gefunden wurden, erschien der Australopithecus eher als ein Kleingetier sammelnder und Vogelnester plündernder Allesesser denn als ausgesprochener Fleischfresser und Jäger. Der Befund ließ sich daher ohne größere Schwierigkeiten mit dem Bild von der vorwiegend pflanzlichen Ernährung unserer frühesten Vorfahren in den Tropen (vgl. Kap. 6) vereinbaren.

Die Situation änderte sich jedoch schlagartig, als Dart 1947 ein neues Forschungsprojekt im Tal von Makapansgat begann, einem ziemlich entlegenen und öden Winkel Südafrikas 300 Kilometer nördlich von Johannesburg. Industriefirmen hatten dort mehrere Jahrzehnte lang die Kalkvorkommen einer großen Höhle abgebaut, und dabei waren die Arbeiter immer wieder auf Schichten eines aus Felstrümmern, Höhlenstaub und Kalk gebildeten Sedimentgesteins gestoßen, einer sogenannten »Breccie«, die auch Unmengen fossiler Tierknochen enthielt. Da dieses Gestein für die industrielle Verwertung unbrauchbar war, hatte man es auf einer vor der Höhle gelegenen Abraumhalde deponiert, und die in dieser »Abfalldeponie« eingeschlossenen Fossilien wurden nun von Dart und seinen Mitarbeitern in jahrelanger Arbeit freigelegt, untersucht und ausgewertet – ein äußerst mühseliges Geschäft, denn jeder einzelne Knochen mußte vor seiner Analyse erst mit dem Meißel aus der betonharten Breccie herausgelöst werden.

Ein schockierender Fund

Die Mühe lohnte sich jedoch, denn schon früh kündigten sich sensationelle Resultate an. Im Sommer 1948 stieß man auf den Unterkiefer eines etwa zwölfjährigen Australopithecinenjungen, der so stark zertrümmert war, daß Dart von einem »schockierenden Fund« sprach. »Der Junge war«, so schrieb der Forscher später,

> »durch einen heftigen Schlag getötet worden, welcher von einer wuchtigen Faust oder mit einer Keule in kalkulierter Genauigkeit auf die Kinnspitze geführt worden war. Der Knüppelhieb war so furchtbar, daß er den Kiefer auf beiden Seiten des Gesichts zerschmetterte und alle Vorderzähne herausschlug. Dieses extreme Fundstück veranlaßte mich 1948 und in den folgenden sieben Jahren, die mörderische und kannibalistische Lebensweise (der Australopithecinen, MK) weiter zu erforschen.«[1]

Darts Suche verlief überaus erfolgreich, denn der Forscher fand in seinem Knochenmaterial zahlreiche weitere Hinweise auf Gewaltanwendung und gewaltsame Tötung. Nicht weniger als ein halbes Dutzend Australopithecinenschädel wiesen Verletzungen auf, die nach seinem Urteil nur durch tödliche Schläge oder Stiche erklärbar waren. Auch 42 von 58 Pavianschädeln aus Makapansgat, Taung und einer weiteren südafrikanischen Höhle zeigten auffallende Frakturen. Bei mehreren dieser Stücke beobachtete Dart kleine, runde Löcher, bei anderen Eintiefungen mit einem charakteristischen Y-förmigen Ende (Abb. 37), die seiner Ansicht nach nur von einer doppelköpfigen Schlagwaffe herrühren konnten. Da an den Fundstätten der Australopithecinen aber bis dahin noch niemals Steingeräte aufgetaucht waren, dachte der Forscher an solche aus Knochen oder Bein: Die kleinen runden Löcher in den Schädeln stammten seiner Ansicht nach von Dolchen aus Tierhörnern oder scharfen Knochensplittern, für die Y-förmigen »Doppeldellen« machte er Keulen aus den Oberschenkelknochen von Antilopen verantwortlich. Diese Knochen besaßen nicht nur ein doppelköpfiges Gelenkende, das ausgezeichnet zur Form der Eintiefungen paßte, sie waren darüber hinaus auch der mit

Abb. 37 Pavianschädel aus Taung in Südafrika mit einer Eintiefung, die Raymond Dart auf einen Schlag mit einer Knochenwaffe zurückführte

Abstand häufigste Knochentyp unter den Antilopenresten von Makapansgat.

Tödliche Knochenwaffen?

Diese merkwürdige Häufung einer einzelnen Knochenart veranlaßte Dart, das gesamte Material der Fundstätte noch einmal detailliert statistisch auszuwerten, und dabei stellte er deutlich ins Auge springende Häufigkeitsunterschiede fest: Einzelne Knochentypen – neben den Oberschenkelknochen vor allem der Unterkiefer der Antilope – waren mit mehreren hundert Exemplaren unter den Tierresten vertreten, während von anderen, etwa den Wirbeln oder den Beckenknochen, kaum ein Stück auffindbar war. Ganz offensichtlich, so folgerte Dart, hatten die Australopithecinen eine strenge Auswahl getroffen und nur bestimmte Teile der von ihnen erlegten Jagdbeute mit in die Höhle gebracht. Auffallenderweise handelte es sich dabei aber keineswegs vorwiegend um jene Skeletteile, die das meiste Fleisch tragen. Das Auswahlkriterium mußte also ein anderes gewesen sein: Mitgenommen wurden nach Darts Überzeugung in erster Linie jene Knochen, die sich leicht zu Waffen und Geräten für die Tötung und Zerlegung von Beutetieren verarbeiten ließen – wobei sich unter letzteren offenbar nicht selten auch Artgenossen befunden hätten.

Die Theorie vom »Killeraffen«

Damit schien nach Ansicht des südafrikanischen Anatomen gesichert, daß die Australopithecinen keineswegs die harmlosen, friedlichen Pflanzensammler gewesen waren, für die man sie bis dahin gehalten hatte, son-

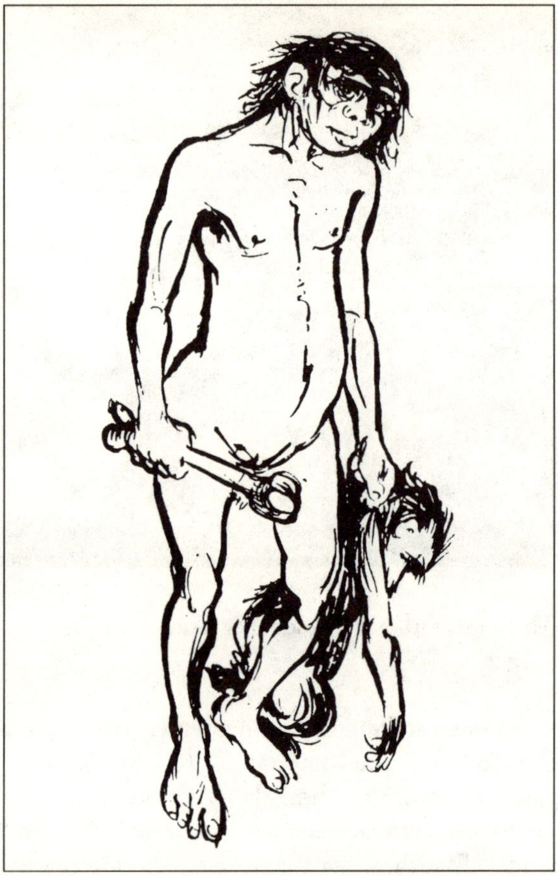

Abb. 38
Nach Raymond Dart erlegten die Australopithecinen mit Hilfe knöcherner Waffen häufig die unterschiedlichsten Tiere (Zeichnung: William Papas)

dern aktiv jagende und tötende Fleischfresser, deren bedeutsamste technologische Errungenschaft die Waffen waren, mit denen sie ihren Lebensunterhalt bestritten (Abb. 38). Dart formulierte es freilich noch eine Spur drastischer: In einem Aufsatz mit dem Titel »Der raubtierhafte Übergang vom Affen zum Menschen« bezeichnete er die Australopithecinen 1953 als

> »erwiesene Killer: fleischfressende Kreaturen, die lebende Beutetiere mit Gewalt packten, sie totschlugen, ihre zerschmetterten Leiber zerrissen, sie Glied für Glied zerlegten, heißhungrig ihren Durst mit dem noch warmen Blut der Opfer löschten und gierig das fahle, schmerzgekrümmte Fleisch verschlangen.«[2]

Urvater Kain

Der Forscher war unverkennbar ein Mann mit Phantasie und einem ausgeprägten Hang zur Dramatik, und so beließ er es denn auch nicht bei dieser abstoßenden Schilderung des Raubtiergebarens unserer frühesten

Abb. 39
Auch untereinander trugen die Südaffen mit ihren Mordinstrumenten laut Dart blutige Gefechte aus (Zeichnung: William Papas)

Vorfahren, sondern setzte noch eins drauf. Da die Australopithecinen, so argumentierte er, nach den aufgefundenen Verletzungsspuren auch ihresgleichen getötet und vermutlich gefressen hätten, müßten Krieg und Gewalt, Mord und Totschlag innerhalb der menschlichen Gesellschaft als das unheilvolle Erbe jener Killermentalität gebrandmarkt werden, die bereits jene frühen Wesen entwickelt hätten (Abb. 39). »Die verabscheuenswerte Grausamkeit des Menschen gegen den Menschen«, schrieb Dart 1959, »ist das unvermeidliche Nebenprodukt seiner Blutgier; dieses den Menschen auszeichnende Merkmal läßt sich nur durch seine karnivoren (fleischfressenden, MK) und kannibalistischen Ursprünge erklären.« Und er erläuterte dies mit einer ebenso drastischen wie Abscheu vor der »Bestie Mensch« erregenden Darstellung:

»Die blutbespritzten, von Schlächtereien besudelten Archive der menschlichen Geschichte, von den ältesten ägyptischen und sumerischen Aufzeichnungen bis zu den jüngsten unbeschreiblichen Greueln des Ersten und Zweiten Weltkriegs, passen zu dem universalen Kannibalismus, zu systematischen Tier- und Menschenopfern (...) und zu den weltweiten menschlichen Gebräuchen der Kopfjagd, des Skalpierens, der körperlichen Verstümmelung und der Nekrophilie (Leichenschändung, MK). Sie alle legen Zeugnis ab von dem gemeinsamen Merkmal der Blutgier, diesem Kainsmal, durch das sich der Mensch in seinen Nahrungsgewohnheiten von seinen äffischen Verwandten unterscheidet. Diese Raubtiergewohnheit verbindet ihn mit den tödlichsten Fleischfressern, ja sie machte es möglich, daß er jene letzten Endes sogar noch übertroffen hat.«[3]

Die australopithecine Gewohnheit des Tötens und Verspeisens anderer Geschöpfe begründete also nach Darts Überzeugung nicht nur eine spezifische Lebensweise, sondern wurde zum verhängnisvollen Charakterzug des Menschen, der bis heute unser Verhalten prägt. »Ob es uns paßt oder nicht«, schrieb der Forscher, »wir alle sind im Herzen Killer. Kain tötete Abel. Wir lieben Thriller, und unsere Zeitungen schwelgen in Verbrechen, die in den Theatern unter dem Etikett der Tragödie dargeboten werden.«[4]

Der Anatom und der Dramatiker

Der hier angeschlagene Ton war sensationsträchtig, und er sollte in der Tat Aufsehen erregen. Darts eigene Veröffentlichungen (er publizierte zwischen 1949 und 1965 nicht weniger als 40 Aufsätze zu dem Thema) erschienen freilich in zu spezialisierten Fachzeitschriften, als daß sie eine große öffentliche oder auch nur fachinterne Wirkung hätten erzielen können. Seine Thesen kamen jedoch dem amerikanischen Bühnenautor und Journalisten Robert Ardrey zu Ohren, und der erkannte sogleich, welche Vermarktungschancen dieser Stoff bot. Er trat mit Dart in Kontakt, sammelte mehrere Jahre lang zusätzliches Material und publicityträchtige Argumente und präsentierte das Ergebnis 1961 in einem Buch mit dem Titel *African Genesis* (»Adam kam aus Afrika«), das ein internationaler Megaseller wurde und die Hypothesen des bis dahin weitgehend unbekannten südafrikanischen Anatomen praktisch über Nacht einem Millionenpublikum bekannt machte.

Ardreys Werk begann mit den Worten: »Weder in Unschuld noch in Asien wurde die Menschheit geboren« (vgl. Kap. 3), und es kulminierte in dem Satz: »Der Mensch ist ein Raubtier, dessen natürlicher Instinkt ihn dazu treibt, mit der Waffe zu töten.«[5] Um dieses düstere Credo zu untermauern, mixte Ardrey mit dem professionellen Geschick des Dramatikers einen leicht konsumierbaren Cocktail aus Archäologie und Verhaltensforschung, Philosophie und Zeitgeschichte, persönlichen Erlebnisberichten und Weisheiten des »gesunden Menschenverstandes«, der sich als äußerst erfolgreich und durchschlagend erwies.

Der Theaterautor präsentierte seinen Lesern Dart in der Rolle des verkannten Helden, des mutigen Tabubrechers und Vorkämpfers für die wissenschaftliche Wahrheit, der beklagenswerterweise ein Einzelgänger innerhalb seiner Disziplin und ein einsamer Rufer in der Wüste geblieben war, weil die verschworene Gemeinschaft der Anthropologen zwanghaft an ihrer »romantischen Illusion« vom Guten im Menschen festhalten und sich der Einsicht in unsere wahre Natur nicht stellen wollte.

Nach Ardreys Meinung eine zutiefst kindische und irrationale Weigerung, denn Dart und seine »neue Aufklärung« hatten, so der Autor, unzweifelhaft bewiesen: Nicht das Streben zum Guten, sondern der Killerinstinkt beseelte von jeher den Menschen. Die Atombombe und das Wettrüsten waren ebensowenig »Fehltritte« und Abweichungen vom Pfad der uns eigentlich innewohnenden Tugenden wie die Unterdrückung in den totalitären Staaten oder die Kriminalität auf Amerikas Straßen – all diese Phänomene erschienen vielmehr als unvermeidliche, entwicklungsgeschichtlich konsequente Manifestationen unserer biologischen Prägung, die wir von den Australopithecinen übernommen haben. »Als Kinder des Tierreiches erbten wir (...) das Verhalten des Raubtieres«, formulierte Ardrey in seinem Bestseller, und »als die bedeutungsvollste unserer Gaben erwies sich das Vermächtnis des ›Mörderaffen‹, unseres unmittelbaren Vorfahren«. »Fernab von der Wahrheit«, so der Autor weiter,

> »liegt die alte Annahme, der Mensch hätte die Waffe hervorgebracht. Statt dessen hat die Waffe den Menschen hervorgebracht. Das mächtigste der Raubtiere war als logische Folge eines entwicklungsgeschichtlichen Überganges entstanden. (...) Und wenn die menschliche Geschichte von diesem Zeitpunkt an um die Entwicklung besserer Waffen kreist, dann hat dies seinen guten Grund. Es ist eine genetische Notwendigkeit. Wir entwerfen und perfektionieren unsere Waffen, wie Vögel unterschiedliche Nester bauen.«[6]

»Bestie Mensch« und kalter Krieg

Im Grunde war diese Story vom Erbe des »Killeraffen«, die es 1968 in Stanley Kubricks berühmtem Film »2001 – Odyssee im Weltraum« sogar zu Kinoehren brachte, natürlich keine wirklich neue Geschichte, sondern nur die aktualisierte und wissenschaftlich verbrämte Neuauflage eines alten und im westlichen Denken seit der Antike immer wieder aufgetauchten Motivs. Sie zeigte Anklänge an das christliche Dogma vom Sündenfall und von der »Erbsünde« ebenso wie an antik-philosophische Spekulationen über die »Bestie Mensch«. Jüngere Vorbilder finden sich in dem englischen Philosophen Thomas Hobbes, der im 17. Jahrhundert den »Krieg aller gegen alle« als den natürlichen Zustand des Menschen beschrieb, und dem schottischen Adligen James Burnett (Lord Monboddo), der bereits im 18. Jahrhundert die aggressiven Neigungen des Menschen auf seine jägerischen Ursprünge zurückführte.

Nun aber, in den fünfziger und sechziger Jahren, fiel die Idee vom Raubtier Mensch auf empfänglicheren Boden als je zuvor. Der Zweite Weltkrieg mit seinen 50 Millionen Toten, die Greuel des Nazismus und des Holocaust lagen erst kurze Zeit zurück. Sie hatten einer ganzen Generation vor Augen geführt, zu welcher Brutalität und Grausamkeit der Mensch fähig war. Bei vielen hatte sich als Reaktion darauf ein rabenschwarzer Kulturpessimismus breitgemacht; andere reagierten mit Zynismus und einer Philosophie der Stärke: Sie waren davon überzeugt, daß man in der Welt – brutal wie sie nun einmal war – nur überleben konnte, wenn man sich nach den Gesetzen der Wildnis ohne falsche Skrupel durchzuschlagen wußte. Beiden Auffassungen lieferte die »Killeraffen«-Theorie einen willkommenen ideologischen Unterbau, und mit dem Fortschreiten des kalten Krieges und dem Anwachsen der atomaren Bedrohung traf sie nur um so mehr den Nerv der Zeit: »Eine Welt, die sich der Herstellung hochexplosiver Spielzeuge verschrieben hat, konnte sich kaum den Luxus leisten, über Darts Theorien stillschweigend hinwegzugehen«, merkte Ardrey in seinem Buch sarkastisch, aber durchaus zutreffend an.[7]

Verhaltensforscher erheben Einspruch

Die öffentliche Wirkung der »Killeraffen«-Theorie war also enorm, ihr wissenschaftlicher Wert hingegen erwies sich als äußerst zweifelhaft. Die Unbekümmertheit, mit der sie das Töten anderer Tiere zum Zwecke der Nahrungssicherung mit der Aggression innerhalb der eigenen Spezies, der Tötung von Artgenossen, ja mit den sadistischsten und im wahrsten Sinne des Wortes krankhaften Formen menschlicher Grausamkeit gleichsetzte, mochte zwar viele von Ardreys Lesern faszinieren, war jedoch vom wissenschaftlichen Standpunkt her gänzlich unannehmbar. Die Unzulässigkeit einer solchen Gleichsetzung wurde von Fachleuten verschiedenster Disziplinen ausführlich begründet – unter anderem von dem bekannten Psychoanalytiker Erich Fromm in seinem 1973 erschienenen Buch »Anatomie der menschlichen Destruktivität«. Sogar der berühmte österreichische Verhaltensforscher und Nobelpreisträger Konrad Lorenz kritisierte Darts und Ardreys Szenario in seinem 1963 veröffentlichten Werk »Das sogenannte Böse – zur Naturgeschichte der Aggression«. Lorenz führte in diesem Buch den menschlichen Hang zur Gewalt zwar selbst auf tierische Ursprünge zurück, vertrat insofern einen Dart und Ardrey nahestehenden Ansatz und wurde deshalb auch oft in einem Zug mit ihnen kritisiert; die These von der »Raubtiernatur« des Menschen lehnte der Mitbegründer der Verhaltensforschung jedoch scharf ab, bedeutete sie doch nach seinem Urteil »eine gefährliche Verwechslung der beiden Begriffe des Raubtieres und des Kannibalen«. Diese Begriffe schlössen, so Lorenz, in der Realität »einander fast völlig aus«, denn gerade die echten Raubtiere besäßen »stammesgeschichtlich entstandene Sicherheitsmechanismen, die (sie) daran verhindern, ihre Fähigkeiten zum Töten großer Tiere gegen Artgenossen zu mißbrauchen«. Daß der Mensch solche Sicherungen nicht besitze und seine Gewaltpotenzen auch gegen seinesgleichen richte, beweise daher, so Lorenz, daß er »eben gerade *keine* ›Raubtiernatur‹ hat«.[8]

Nicht zur Jagd geboren

Jagd und innerartliche Aggression sind also zwei grundsätzlich verschiedene Dinge und dürfen nicht miteinander vermengt werden. Davon abgesehen, ist aber auch das menschliche Jagdverhalten anders strukturiert als dasjenige echter Raubtiere. Löwen, Leoparden oder Wölfe sind von Geburt an auf die Erlegung ihrer Beutetiere »programmiert«, sie besitzen von Natur aus die dazu erforderliche körperliche »Bewaffnung« wie scharfe Krallen und Fangzähne sowie entsprechende Instinkte – selbst zahme Hauskatzen, die von klein an nur wenig Kontakt mit Artgenossen und damit Gelegenheit zum Lernen hatten, zeigen oft beträchtliches Engagement und Geschick beim Fangen und Töten 'von Mäusen oder Vögeln. Kein Menschenkind würde im Gegensatz dazu ohne entsprechendes Vorbild und einschlägige Unterrichtung einen Drang zum Erlegen von Tieren – ganz zu schweigen von Großtieren – entwickeln. Und auch in unserer körperlichen Ausstattung weist nichts auf eine Raubtiernatur hin: Wir besitzen weder Krallen noch Fangzähne, sondern zerbrechliche Fingernägel und ein unspezialisiertes Gemischtköstlergebiß. Hätten unsere Vorfahren nicht schon frühzeitig ihre natürliche Ausstattung durch eine technische »Zusatzausrüstung«, durch künstlich hergestellte Waffen und Geräte ergänzt (vgl. Kap. 5), dann wären sie wohl schon beim Erlegen und Zerwirken mittelgroßer Tiere in ernsthafte Schwierigkeiten gekommen. Der Gedanke, daß die Natur ein biologisch so schlecht »ausgerüstetes« Wesen mit einem Tötungsinstinkt versehen und in den Kampf mit weit größeren, stärkeren und schnelleren Tieren geschickt haben sollte, mutet absurd an.

Unsere Vorfahren waren also aller Wahrscheinlichkeit nach keine genetisch programmierten Raubtiere, keine *»natural born killers«* wie die Löwen oder Leoparden, sondern »kulturelle Jäger« mit einer selbstgeschaffenen technischen Ausrüstung und selbstentwickelten Jagdverfahren und -methoden, die auf dem Wege des Lehrens und Lernens von einer Generation an die nächste weitergegeben wurden. Nur durch diesen nicht »angeborenen«, sondern »kulturell erworbenen« Charakter der Jagd war in den letzten zehntausend Jahren die vergleichsweise schnelle und problemlose Umstellung des größten Teils der Menschheit auf eine gänzlich andere Art der Nahrungsbeschaffung, auf Ackerbau und Viehzucht, möglich. Die jägerischen Traditionen wurden dabei innerhalb weniger Jahrtausende fast gänzlich aufgegeben, sie lebten nur noch in wenigen Völkerschaften beziehungsweise gesellschaftlichen Gruppen fort. Bei einem »geborenen« Raubtier wäre derartiges undenkbar: Unsere Hauskatzen jagen auch heute noch Mäuse, obwohl sie Jahrtausende der menschlichen Zähmung und Züchtung hinter sich haben und in ausreichender Menge Futter aus der Dose erhalten.

Hyänen als Knochensammler?

Die »Killeraffen«-Theorie griff also von ihren Erklärungsmustern her entschieden zu kurz, und auch ihr empirisches Fundament wurde schon früh angezweifelt. Dart hatte zwischen den Tierknochen aus Makapansgat auch Stücke versteinerten Hyänenkots, sogenannte »Koprolithen« gefunden, und Hyänen sind seit alters her als eifrige Aasverwerter und Knochensammler bekannt. Eine ganze Reihe von Anthropologen vertrat daher von Anfang an die Auffassung, die in der Höhle gefundenen Fossilien seien gar nicht von den Australopithecinen, sondern von Hyänen oder anderen tierischen Knochensammlern dorthin gebracht worden und stellten somit keine Nahrungs- und Beutereste der »Südaffen« dar. Dart versuchte dieses Argument zwar zu entkräften, indem er die Berichte über knochensammelnde Hyänen als Legenden abtat, wurde dabei aber kaum ernstgenommen. Ardrey wies etwas überzeugender darauf hin, daß in fünf Tonnen Breccienschutt aus Makapansgat nur zweihundert Koprolithen gefunden wurden – ein bißchen wenig für die zahlreichen Hyänen, deren es bedurft hätte, um eine solche Menge an Knochen in die Höhle zu schleppen. Keines der Argumente und Gegenargumente brachte indes wirkliche Klarheit; die Frage blieb lange Zeit in der Schwebe.

Beutereste von Leoparden?

Einen wesentlichen Beitrag zu ihrer Klärung leistete in den sechziger und siebziger Jahren der südafrikanische Forscher C. K. Brain. Brain, ursprünglich ein überzeugter Anhänger von Darts Hypothesen, untersuchte seit 1965 in unermüdlicher Kleinarbeit rund 20 000 fossile Knochen aus drei südafrikanischen Höhlen, die wie Makapansgat einige Überreste von Australopithecinen zusammen mit einer riesigen Masse von Tierknochen geliefert hatten. Brain wollte Darts Schlußfolgerungen an diesem Material überprüfen, stellte aber schon bald fest, daß die Analyse der Fossilien allein dazu nicht ausreichte. Nötig waren vielmehr umfangreiche Untersuchungen über die Einflüsse, die bei der Bildung der Höhlenablagerungen eine Rolle gespielt hatten, und über die Verhaltensgewohnheiten jagender und aasfressender Tiere.

Der Forscher beobachtete beispielsweise, daß Leoparden (deren Reste in den Höhlen zahlreich vertreten waren) häufig mit ihrer Beute auf einen Baum klettern, wenn sie beim Fressen gestört werden, und den Kadaver dort auf einem Ast ablegen, um ihre Mahlzeit in Ruhe beenden zu können. Dabei fallen immer wieder Stücke der Beutetiere auf den Boden hinab, und zwar bevorzugt Teile der Gliedmaßen, da diese am meisten über das Geäst hinweghängen. Brain stellte andererseits fest, daß in der Umgebung seiner drei Fundhöhlen wegen der dortigen Bodenbeschaffenheit sehr viel mehr Bäume wuchsen als im Umland, und er vermutete, daß zur Zeit der Australopithecinen dort möglicherweise die einzigen Baum-

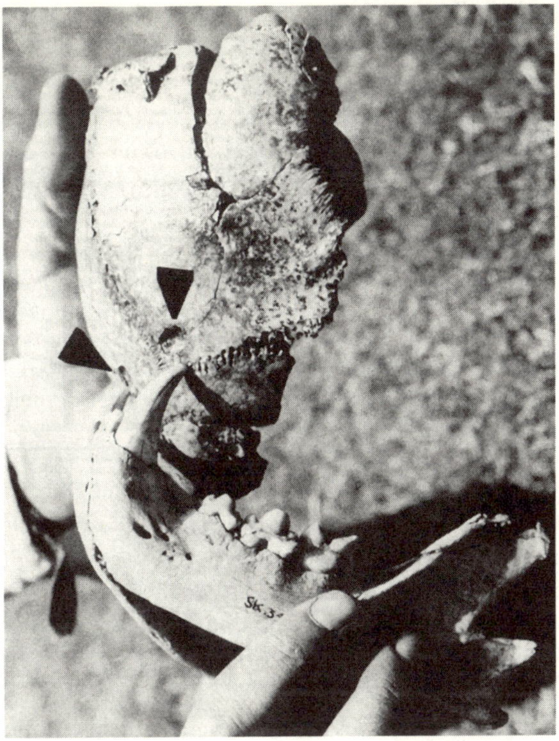

Abb. 40
Der Schädelknochen eines Australopithecinenkindes aus der Swartkrans-Höhle in Südafrika weist zwei Löcher auf, in die die Fangzähne eines am selben Ort gefundenen Leopardenkiefers fast genau hineinpassen

bestände in einer ansonsten weitgehend offenen Graslandschaft existiert hatten. Konnten nicht – so sein Gedanke, den er 1970 in der englischen Wissenschaftszeitschrift »*Nature*« publizierte – die Knochenfunde in den Höhlen Reste von Leopardenmahlzeiten sein, die die Raubkatzen vor Jahrmillionen auf diesen Bäumen eingenommen hatten? Teile ihrer Beute, vor allem Gliedmaßenknochen, wären dann regelmäßig von den Bäumen gefallen und in Bodenspalten gerutscht, die die unterirdischen Höhlenräume mit der Erdoberfläche verbanden; Regenwasser hätte die Kadaverreste anschließend tiefer ins Innere der Höhlen gespült und so im Laufe vieler Jahrtausende für die Ablagerung der vorgefundenen gewaltigen Knochenmassen gesorgt.

Wenn diese Hypothese Brains zutraf, dann hatten die Australopithecinen überhaupt nichts mit der Anhäufung der Tierreste in den Höhlen zu tun gehabt, dann waren sie möglicherweise selbst als Beute von Leoparden in die Breccienablagerungen gelangt, wie es bereits die Vertreter der »Hyänentheorie« vermutet hatten (vgl. S. 164). Freilich handelte es sich auch hierbei zunächst nur um eine Hypothese, ein theoretisches Modell, wie es gewesen sein *könnte* – doch je länger Brain in den Höhlen arbeitete, desto mehr konkrete Indizien fand er dafür, daß zumindest ein Teil der Knochen tatsächlich auf diesem Weg in die Fundschichten gelangt war.

Bißspuren weisen den Weg

So entdeckte der Forscher an mehreren Schädelbruchstücken von Australopithecinen eindeutige Bißspuren von Raubkatzen, unter anderem an dem Schädelfragment eines Kindes aus der Swartkrans-Höhle (Abb. 40). Das Fundstück wies, so der Forscher,

»zwei Löcher in den Scheitelbeinen (auf), die nahezu sicher von den Fangzähnen eines Raubtiers stammen. (...) Der Abstand dieser beiden Löcher, 33 mm, entspricht dem der unteren Fangzähne eines Leoparden aus der selben Ablagerung von Swartkrans. (...) Die Verletzung könnte dadurch verursacht worden sein, (...) (daß) ein Leopard das von ihm getötete Kind am Kopf packte und zu einem ruhig gelegenen Freßplatz zog«.[9] (Abb. 41)

Möglicherweise stammten auch die kleinen runden Löcher, die Dart in den fünfziger Jahren an einigen Schädeln aus Makapansgat festgestellt und als Einstichlöcher von Knochendolchen interpretiert hatte (vgl. S. 156), in Wahrheit von solchen Raubkatzenbissen. Doch was war mit den charakteristischen Y-förmigen »Doppeldellen« auf anderen Schädelexemplaren (vgl. S. 156 und Abb. 37), die den Anatomen ursprünglich zu seiner Theorie vom »Killeraffen« inspiriert hatten? Brain äußerte sich nur sehr vorsichtig über Darts Funde, wies aber auf die Möglichkeit hin, daß bei der Breccienbildung knöcherne Gelenkenden, die in dichtem Kontakt mit den Schädeln lagen, durch die Last des darüberliegenden Gesteinsmaterials in deren Oberfläche hineingepreßt worden sein könnten.

Abb. 41 Aus Abb. 40 erschlossener Befund: der Leopard könnte den jungen Südaffen am Kopf gepackt und ein Stuck weit mit sich geschleift haben

Eine solche Entstehung der Dellen als »Abdrücke« erschien auch deshalb plausibel, weil mehrere der Schädel im Ganzen stark zerdrückt und verformt waren.

Was schließlich die von Dart festgestellte merkwürdige Häufung bestimmter Knochenarten bei weitgehendem Fehlen anderer betraf, so konnte Brain zeigen, daß ganz ähnliche Häufigkeitsunterschiede auch in den Mahlzeitresten heutiger Raubtiere zu beobachten sind. Sie sind auf bestimmte Freßgewohnheiten dieser Tiere und auf den unterschiedlichen »Widerstand« zurückzuführen, den die verschiedenen Knochen dem kräftigen Raubtiergebiß entgegenzusetzen vermögen. Das doppelköpfige Gelenkende des Antilopenoberschenkels beispielsweise, das Dart wegen seiner besonderen Häufigkeit als die bevorzugte Waffe der »Killeraffen« angesehen hatte (vgl. S. 157), ist ein besonders robuster Skeletteil und übersteht aus diesem Grund eine Raubtiermahlzeit sehr viel öfter als andere Knochen. Sein überdurchschnittlich häufiges Vorkommen an den Fundstellen zeugt daher, wie Brain ausführte, keineswegs von einer bewußten Knochenauswahl durch die Hominiden, sondern ergibt sich gewissermaßen ganz von selbst.

Opfer statt Täter

Faßte man alle diese Fakten und Überlegungen zusammen, so blieb kaum etwas übrig von Darts und Ardreys blutrünstigem »Killeraffen«-Szenario. Zwar mochte auch Brain nicht völlig ausschließen, daß die Australopithecinen hin und wieder das eine oder andere Tier erlegten, wie es auch heutige Schimpansen tun (vgl. Kap. 6 und S. 172) – die große Masse der Knochen in den südafrikanischen Höhlen schien aber durch die Tätigkeit von Raubkatzen und Hyänen sowie durch ein kompliziertes Geflecht geologischer und ökologischer Vorgänge dorthin gelangt zu sein. Die »Südaffen« waren offenkundig selbst eine beliebte Beute der großen Katzen gewesen. Möglicherweise nutzten sie die Eingangsbereiche der Höhlen oder die Bäume in ihrer Umgebung als Schlafplätze, wie es auch heutige Paviane und Schimpansen tun, und diese vermeintlich geschützten Plätze verwandelten sich bei Raubtierüberfällen in tödliche Fallen.

Darts und Ardreys Theorie galt aufgrund der beschriebenen Erkenntnisse und Umdeutungen spätestens zu Beginn der siebziger Jahre als widerlegt. Die vermeintlichen Jäger und »Killer« hatten sich als oftmals selbst von Raubkatzen verfolgte und getötete Kreaturen entpuppt, und an die Stelle der phantasievollen Rekonstruktionen jagender und mit knöchernen Waffen aufeinander losgehenden Südaffen traten nun Abbildungen von Australopithecinen, die versuchten, ihren von Leoparden auf die Bäume verschleppten Artgenossen zu Hilfe zu kommen (Abb. 42). Das ältere Bild vom »Südaffen« als einem vorwiegenden Nahrungssammler und nur gelegentlichen Jäger kleinerer Tiere wurde wieder in

Abb. 42
Nicht Täter, sondern Opfer: Rekonstruktionszeichnung von Australopithecinen, die einem von Leoparden auf die Bäume verschleppten Artgenossen zu Hilfe zu kommen versuchen (Zeichnung: Mary Coombes)

seine Rechte eingesetzt, und selbst der allererste Australopithecinenfund, Darts »Kind von Taung« (vgl. Kap. 3), ist nachträglich zu einem Kronzeugen für die Verletzlichkeit dieser Wesen geworden: Nach neuen Erkenntnissen dürften mehrere Vertiefungen in dem fossilen Schädel von den Klauen eines Adlers stammen, der sich das hominide Kleinkind offenbar griff und mit ihm zu seinem Nest flog, wie es afrikanische Adler noch heute mit kleineren Primaten zu tun pflegen.

Eine neue Disziplin wird begründet

Die Auseinandersetzung um den »Killeraffen« war, wie wir gesehen haben, über weite Strecken hinweg ein »ideologischer« Streit, doch sie war zugleich ein Markstein in der methodischen Entwicklung der Urgeschichtsforschung: Ein Wissenschaftsstreit, in dem das »Handwerkszeug« geschmiedet wurde, das bis heute bei der Analyse großer Tierknochenkomplexe zur Anwendung kommt. Dart hatte als einer der ersten eine größere Fossilienansammlung vollständig nach Knochentypen, Artzugehörigkeit, Zustand und Verletzungsspuren der Knochen untersucht und die Ergebnisse statistisch exakt ausgewertet. Er war dabei auf Besonderheiten des Materials wie die erwähnten Häufigkeitsunterschiede der Knochen gestoßen, die zuvor niemandem aufgefallen waren, die aber heute gewissermaßen zum »täglichen Brot« der Fossilienexperten gehören. Auch wenn die weitreichenden und gewagten Schlüsse, die er aus seinen Beobachtungen zog, sich als verfehlt erwiesen haben, blieben diese Beobachtungen selbst dennoch wegweisend, und Darts »ideologische« Irrtümer mindern nicht seine Verdienste als »methodischer« Pionier.

Brain baute bei seiner Forschungsmethodik ausdrücklich auf Dart auf, erweiterte aber den Gesichtskreis der Untersuchungen. Er bezog ein breiteres Spektrum an Fragestellungen und Beobachtungen in den Erkenntnisprozeß ein und kam dadurch zu anderen, in vielerlei Hinsicht sogar entgegengesetzten Resultaten. Beide Forscher trugen so auf ihre Weise zur Begründung eines neuen, heute überaus bedeutsamen Wissenschaftszweiges bei: der sogenannten »Taphonomie« (von griech. »*táphos*« = »Leichenbestattung«). Diese erst in den letzten Jahrzehnten entstandene Forschungsdisziplin untersucht, was mit den Skelettresten eines Tieres nach dessen Tod geschieht, wie die unterschiedlichen Naturprozesse, andere Tiere oder auch der Mensch auf die Knochen und ihre Einlagerung einwirken. Die Taphonomie spielt, wie wir in den folgenden Abschnitten sehen werden, heute eine ganz zentrale Rolle bei der Deutung der urgeschichtlichen Hinterlassenschaften und hat damit einen wesentlichen Einfluß auch auf unser Bild vom frühen Menschen gewonnen. Die wohl wichtigsten Einsichten, die sie zu vermitteln vermag, zeichneten sich bereits in der beschriebenen Kontroverse um die südafrikanischen Höhlenfunde deutlich ab: Fossilienkomplexe sind oft vieldeutig und ganz unterschiedlich interpretierbar; der Schein des Naheliegenden kann dabei gründlich täuschen, und die für den »gesunden Menschenverstand« plausibelste Erklärung muß nicht immer die richtige sein. Diese mittlerweile vielfach bestätigten Erkenntnisse machen allen an der Forschung Beteiligten – Archäologen, Paläanthropologen und nicht zuletzt den Taphonomen selbst – bisweilen schwer zu schaffen. Doch der Forschungarbeit selbst, ihrer Spannung und Faszination ist der neue Trend zu größerer Exaktheit durchaus gut bekommen, wie sich in den folgenden Abschnitten zeigen wird.

»Man the Hunter«

Der Niedergang der »Killeraffen«-Theorie bedeutete keineswegs, daß man der Jagd fortan einen geringeren Stellenwert im menschlichen Evolutionsprozeß zuwies – ganz im Gegenteil, ihre Bedeutung wurde sogar noch stärker hervorgehoben. Allerdings setzte man ihre Anfänge etwas später an, nämlich beim Homo habilis vor rund zwei Millionen Jahren (vgl. Kap. 3). Vor allem aber begann man, ihre Voraussetzungen und Konsequenzen in einem gänzlich anderen Licht zu sehen, als Dart und Ardrey es getan hatten.

Die neue Orientierung zeichnete sich bereits Mitte der sechziger Jahre ab. 1966 fand in Chicago eine große Konferenz unter dem Titel »Man the Hunter« (»Der Jäger Mensch«) statt, die als bedeutsames Ereignis in die Annalen der Urgeschichtsforschung eingegangen ist. 75 Wissenschaftler aus der ganzen Welt, vor allem Archäologen, Völkerkundler und Verhaltensforscher, kamen zusammen, um in einem viertägigen Marathonprogramm »die erste umfassende Gesamtschau einer einzigartigen, entscheidenden Stufe der menschlichen Entwicklung« vorzunehmen – »der einst weltweit verbreiteten jägerischen Lebensweise des Menschen«, wie es auf dem Titelblatt des Kongreßberichtes hieß.[10] Diese gewichtige Formulierung wie auch das Konferenzmotto selbst, das unverkennbar auf die in den fünfziger Jahren weitverbreitete Formel »Man the Toolmaker« (vgl. Kap. 5) anspielte und sie offenkundig ablösen sollte, machten deutlich, worum es ging: Die Jagd sollte gewissermaßen »offiziell« und endgültig zum bedeutendsten Faktor in der menschlichen Entwicklungsgeschichte erhoben werden, zum Dreh- und Angelpunkt unserer Evolution.

An diesem Anliegen ließen auch die meisten der Vorträge kaum einen Zweifel. Besonders klar formuliert und begründet wurde es durch die Anthropologen Sherwood L. Washburn und C. S. Lancaster. Die menschliche Jagd, so betonten die beiden Forscher,

»ist weit mehr als eine Technik oder auch ein Komplex von Techniken. Sie ist eine Lebensweise, und der Erfolg dieser Anpassungsform (in all ihren sozialen, technischen und psychologischen Dimensionen) hat den Verlauf der menschlichen Evolution über hunderttausende von Jahren hinweg beherrscht. In einem sehr realen Sinn sind unser Intellekt, unsere Interessen, unsere Gefühle und unser grundlegendes soziales Leben allesamt evolutionäre Produkte des Erfolgs der Jagdanpassung. (...) Für diejenigen, die den Ursprung und die Natur des menschlichen Verhaltens verstehen möchten, gibt es (deshalb) keine andere Wahl als zu versuchen, den ›Jäger Mensch‹ (*Man the Hunter*) zu verstehen.«[11]

Kooperation statt Mord und Totschlag

Bis hierhin hätte die Passage auch aus einer von Darts oder Ardreys Arbeiten stammen können, doch in ihren weiteren Ausführungen setzten Washburn und Lancaster deutlich andere Akzente als die Vertreter der »Killeraffen«-Theorie. Die beiden Anthropologen betonten nämlich nicht so sehr die aggressiven und »destruktiven« Seiten der jägerischen Anpassung (obwohl sie diese ebenfalls erörterten). Statt dessen hoben sie in erster Linie die Notwendigkeit einer engen Zusammenarbeit und gemeinschaftlichen Organisation bei der Jagd hervor:

»Wir denken, daß bei der Erbeutung und Zerlegung großer Tiere Kooperation unter den Männern am meisten belohnt wurde, ein Verhalten, das bei den nichtmenschlichen Primaten einen absolut geringen Stellenwert einnimmt. Es ist schwer, sich die

Erlegung solcher Tiere wie Höhlenbären, Mastodonten oder Mammute (...) ohne ein hochgradig koordiniertes, kooperatives Handeln unter den Männern vorzustellen. Es kann sein, daß der Ursprung der Männergemeinschaften in den Notwendigkeiten der Zusammenarbeit bei der Jagd, der Beutezerlegung und im Krieg zu suchen ist.«[12]

Das klingt nach heutigem Geschmack markig genug, dennoch war es ein deutlicher Gegenakzent zu dem Szenario Darts und Ardreys, in dem die Vormenschen ihre Energien weniger der Zusammenarbeit widmeten als vielmehr dem Bemühen, sich gegenseitig die Schädel einzuschlagen. Und diese Akzentverschiebung trat um so deutlicher hervor, als Washburn und Lancaster auch noch andere Aspekte des frühen wildbeuterischen Lebens als ausgesprochen gemeinschaftsbildend beschrieben. Vor allem blieben nach ihrem Szenario die Frauen nicht untätig, während die Männer jagten, sondern sie sammelten pflanzliche Kost, die ja wie erwähnt bei vielen heutigen Jäger- und Sammlergruppen den Hauptteil der Nahrung ausmacht (vgl. Kap. 6). »Wenn die Männer jagen und die Frauen sammeln«, so fuhren die beiden Wissenschaftler fort, dann

»werden die Produkte geteilt und an die Kinder weitergegeben, und das gewohnheitsmäßige Teilen zwischen einem Mann, einer Frau und ihrem Nachwuchs wird zur Basis für die menschliche Familie.« – »Das ganze menschliche Verhaltensmuster des Sammelns und Jagens, um zu teilen – ja, der ganze Komplex wirtschaftlicher Reziprozität (Gegenseitigkeit, MK), der einen so großen Teil des menschlichen Lebens bestimmt, ist einzigartig für den Menschen. Ein Affe sammelt in seinem kleinen Wirkungsbereich nur, was er selbst im Augenblick zum essen benötigt.«[13]

Die Nahrungsteilungstheorie

Diese 1968 veröffentlichten Überlegungen wurden zum Ausgangspunkt für eine gänzlich neue Theorie der Evolution des menschlichen Verhaltens, die das Bild von unseren frühen Vorfahren die ganzen siebziger Jahre hindurch prägen sollte. Maßgeblich entwickelt wurde diese sogenannte »Nahrungsteilungstheorie« von dem (1985 verstorbenen) amerikanischen Urgeschichtsarchäologen Glynn Isaac; für ihre weltweite Verbreitung und Popularisierung sorgte vor allem Richard Leakey, der Sohn des bekannten Paläanthropologen-Ehepaares Louis und Mary Leakey (vgl. Kap. 3). Er machte die neue Auffassung durch mehrere vielgelesene Sachbücher über die Ursprünge der Menschheit bekannt, die er Ende der siebziger Jahre zusammen mit dem amerikanischen Wissenschaftsautor Roger Lewin veröffentlichte und die eine ähnliche öffentliche Ressonanz erzielten wie seinerzeit Ardreys »Adam kam aus Afrika« (vgl. S. 160).

Grundlegend für die Nahrungsteilungstheorie war die Beobachtung, daß die heutigen Affen und Menschenaffen ein gänzlich anderes Nahrungsverhalten zeigen als der Mensch. »Schimpansen und Paviane«, so betonten Leakey und Lewin 1979,

»kennen keine festen Mahlzeiten. Sie nehmen den ganzen Tag über Nahrung zu sich. Gelegentlich unterbrechen sie diese Tätigkeit, um sich den wichtigen Problemen des Gemeinschaftslebens zuzuwenden. (...) Gefressen wird jedoch immer alleine. Sie suchen zwar gemeinsam, in kleinen oder größeren Gruppen, nach allerlei Eßbarem. Aber wenn sie etwas gefunden haben, schnappt sich jeder ein Stück und verzehrt es für sich. Paviane und Schimpansen teilen ihre Nahrung nicht.«[14]

Eine bemerkenswerte Ausnahme von dieser Regel bilden, so hoben die beiden Autoren hervor, Jagdattacken, die Schimpansen gelegentlich gegen Äffchen und andere kleinere Tiere durchführen. Nach solchen Unternehmungen, die oft in Form einer gemeinschaftlichen Treibjagd ablaufen, geben die erfolgreichen Jäger nicht selten Stücke ihrer Beute an andere, darunter auch unbeteiligte Tiere ab – wenn auch eher widerwillig und erst auf langes Betteln hin. Dieser Gegensatz zum üblichen Freßgebaren ist um so auffälliger, wenn man berücksichtigt, daß auch einige in Rudeln lebende Raubtiere – also reine Fleischfresser – ihre Beute des öfteren untereinander teilen. Bei afrikanischen Wildhunden geht das, wie Leakey und Lewin beschrieben, so weit, daß kranke und deshalb jagdunfähige Tiere über längere Zeiträume hinweg von ihren Rudelgenossen regelrecht »miternährt« werden.

Jagd und soziales Verhalten

Anscheinend hängt dieses weitverbreitete Teilen der Fleischnahrung mit der oft gemeinschaftlichen Art der Beutegewinnung zusammen. Pflanzenfresser brauchen – wie das Beispiel der Schimpansen zeigt – bei der Nahrungssuche nicht zusammenzuarbeiten. Jedes Tier versorgt sich selbst, und aus dieser individuellen Nahrungsgewinnung resultiert ganz automatisch auch ein individueller Verzehr. Die Jagd hingegen kann in vielen Fällen nur von einer mehrköpfigen Gruppe erfolgreich durchgeführt werden, und dementsprechend gilt auch die Beute nicht als Besitz eines einzelnen Individuums, sondern als Nahrung für das ganze Kollektiv.

Auch die heutigen menschlichen Jäger teilen regelmäßig nach ganz bestimmten Regeln ihre Beute, wie völkerkundliche Studien unter Wildbeutern von Alaska bis Südafrika gezeigt haben. Dieses Verhalten des menschlichen Jägers geht freilich insofern weit über das bei Raubtieren beobachtete hinaus, als er das Fleisch nicht nur mit seinen unmittelbaren Jagdgenossen und gegebenenfalls seinem Nachwuchs teilt, sondern mit der ganzen sozialen Gruppe, der er angehört und deren Mitglieder in der Regel zum größeren Teil nicht jagen. Letzteres gilt zum einen für die Alten und die Jungen, die zu dieser gefährlichen und kräftezehrenden Art des Nahrungserwerbs nicht mehr oder noch nicht in der Lage sind, zum anderen für die Frauen, die sich wie erwähnt bei allen heutigen Wildbeutern auf das Sammeln pflanzlicher Kost und damit die Sicherung des »Nahrungsgrundstocks« konzentrieren (vgl. Kap. 6). Sie teilen die dabei gewonnenen Früchte, Wurzeln, Nüsse ihrerseits mit den jagenden Männern und den anderen nicht sammelnden Mitgliedern der Gemeinschaft, so daß eine Struktur gegenseitiger Versorgung und Abhängigkeit entsteht, bei der jeder ein Stückweit auf den Nahrungsbeitrag des anderen angewiesen ist.

Arbeitsteilung der Geschlechter

Die unter den Säugetieren sonst nur für den Verzehr von Fleisch geltende Gewohnheit der Nahrungsteilung griff beim Menschen also auf das gesamte Ernährungsverhalten über und begründete ein einzigartiges System, das auf dem »aufgeschobenen Verzehr« eines Teils der Nahrung zum Zwecke des Austauschs mit anderen sowie auf einer ausgeprägten Arbeitsteilung der Geschlechter bei der Nahrungsbeschaffung beruhte. Eine vergleichbare Arbeitsteilung existiert bei kaum einem anderen Säugetier: Weibliche wie männliche Schimpansen ernähren sich gleichermaßen von der selbstgesammelten pflanzlichen Kost, und bei den meisten Raubtieren jagen sowohl die Männchen als auch die Weibchen (eine Ausnahme bilden die Löwen, bei denen die Männchen – soweit möglich – von der Beute der Weibchen mitzehren). Nur beim Menschen wurden Frauen und Männer für völlig unterschiedliche, komplementäre Bereiche des Nahrungsaufkommens zuständig und begannen, die Produkte untereinander auszutauschen.

»Ein bedeutsames Resultat dieser Arbeitsteilung ist eine größere Vielfalt der Nahrungsmittel, die die Gruppe zu sich nimmt«, stellte Isaac 1978 zutreffend fest. Ursprünglich lagen ihr jedoch mit hoher Wahrscheinlichkeit objektive Zwänge zugrunde, die vermutlich mit der langen Betreuungsdauer der Kleinkinder beim Menschen zusammenhingen. »Unter heutigen menschlichen Jägern und Sammlern«, schrieb Isaac,

> »scheint die Existenz einer Arbeitsteilung klar daraus zu resultieren, daß die Frauen durch die Kinder behindert werden – ein Handicap, das sie am Jagen oder Aassuchen hindert, da diese Tätigkeiten eine schnelle Fortbewegung bzw. ein Durchwandern großer Areale erfordern. Auch für die Protomenschen dürfte die Einschaltung bedeutsamer Fleischmengen in ihre tägliche Kost ein Schlüsselfaktor gewesen sein, nicht nur im Hinblick auf die Entwicklung der Arbeitsteilung, sondern ebenso (...) auf den Transport und das Teilen der Nahrung.«[15]

Nahrungstransport und Wohnlager

Der hier angesprochene Nahrungstransport war ein weiteres zentrales Element in Isaacs Modell, denn wenn die einzelnen Mitglieder der Gemeinschaft bei ihren unterschiedlichen Unternehmungen oft tagelang voneinander getrennt waren, mußten die Früchte ihrer Tätigkeit anschließend zu einem gemeinsamen Treffpunkt gebracht werden, um sie dort miteinander konsumieren zu können. Dieser Treffpunkt ist bei heutigen Jägern und Sammlern das Lager, das zwar in der Regel mehrmals im Jahr seinen Standort wechselt (je nachdem, wo sich gerade die günstigsten Nahrungsressourcen befinden), das der Gemeinschaft aber doch für mehrere Tage, Wochen oder auch Monate als »logistischer Stützpunkt« dient. Hier verbleiben stets einige Gruppenmitglieder (oft die Alten, denen die Fortbewegung ohnehin Mühe bereitet), um das Feuer und die Behausungen zu hüten, hierher kehren allabendlich die Frauen mit den Kindern nach der Sammeltätigkeit zurück, hierher bringen schließlich auch die Jäger den größten Teil ihrer Beute, wenn sie einen der oft mehrere Tage dauernden Jagdzüge erfolgreich beendet haben.

Ähnlich dürfte es, so vermuteten jedenfalls Isaac und die Anhänger seiner Theorie, auch schon bei den frühesten hominiden Wildbeutern gewesen sein, denn die beschriebene Arbeitsteilung und der Nahrungsaustausch erforderten geradezu zwingend solche »logistischen Stützpunkte«. Archäologische Belege für deren Existenz schien es ebenfalls zuhauf zu geben: An verschiedenen Orten Ostafrikas entdeckte man bei Ausgrabungen bis zu zwei Millionen Jahre alte Fundflächen, auf denen primitive Steingeräte und eine große Anzahl zumeist zerstückelter und zerbrochener Tierknochen dicht beieinander lagen. Was in den südafrikanischen Höhlen gefehlt hatte – ein unzweifelhafter Hinweis auf hominide Tätigkeit in Form eindeutiger Steinwerkzeuge und Siedlungsabfälle –, war hier reichlich vorhanden. So bezeichnete Isaac diese Fundstätten denn auch als *»home bases«* oder *»home-floors«* (»Heimbasen« oder »Heimfluren«) – als gemeinschaftliche Wohn-, Eß-, Schlaf- und Lagerplätze also, wie sie nach seinem Modell schon für die frühhominide Lebensordnung unverzichtbar waren.

Eine vielseitige Theorie

Eins fügte sich nahezu zwanglos ins andere, das Modell harmonierte mit altbekannten völkerkundlichen Beobachtungen, aber auch mit den aktuellen archäologischen Entdeckungen (die in Ostafrika maßgeblich von Isaac und Leakey selbst gemacht wurden). Der »Erklärungswert« der Theorie erwies sich als geradezu phänomenal. Mit dem Dreiklang von Kooperation, Arbeitsteilung und Nahrungstausch konnte man nicht nur die Herausbildung vieler Eigenheiten der menschlichen Sozialordnung schlüssig herleiten – Elemente wie Jagd- und Sammelwirtschaft, Nahrungstransport und Lagerbildung schienen auch die Lösung einer ganzen Reihe von technologischen Fragen zu ermöglichen. Beispielsweise mußten, da der Nahrungstransport offensichtlich eine so große Rolle spielte, von Anfang an irgendwelche Tragebehältnisse aus geflochtenen Zweigen, Rinden, Fell oder ähnlichem existiert haben, die das Heimbringen auch kleinteiliger Kost wie Früchte oder Beeren ermöglichten. Und da das Sammeln pflanzlicher Nahrung offenkundig ebenfalls einen hohen Stellenwert innehatte, wären hölzerne Grabstöcke zum Freilegen schwer zugänglicher Wurzeln und Knollen, wie sie bei fast allen heutigen Sammlern in Gebrauch sind, überaus hilfreich gewesen.

Relaxte Jäger und Sammler

Es war diese »Erklärungsreichweite« und Vielseitigkeit, die die Nahrungsteilungstheorie sehr viel differenzierter, ja »eleganter« erscheinen ließ als die früheren, oft recht eindimensionalen und »grob geschnitzten« Erklärungsansätze.

Zudem zeichnete sie ein sehr viel sympathischeres, »menschlicheres« Bild der frühen Hominiden, als es die älteren Lehrmeinungen entworfen hatten. Leakey, Lewin und viele andere Autoren der siebziger Jahre stellten das Leben des Homo habilis und des Homo erectus nicht mehr als ein urzeitliches Jammertal voller Schrecken und Entbehrungen dar, wie es bislang oft der Fall gewesen war (vgl. Kap. 6). Sie wiesen statt dessen auf das weitgehend friedliche, gemächliche Leben hin, das die wenigen heute noch verbliebenen Jäger und Sammler der Tropen führen. Das meistzitierte Paradebeispiel waren die !Kung-Buschmänner der Kalahari-Wüste in Südafrika, die – wie in jenen Jahren vielfach zu lesen war – durchschnittlich nur 16 Stunden in der Woche zu arbeiten brauchten, um ihr Nahrungsaufkommen zu sichern, und den Rest ihrer Zeit für andere Tätigkeiten, soziale Kontakte und behaglichen Müßiggang zur Verfügung hatten.

Der Anthropologe Marshall D. Sahlins bezeichnete das Wildbeutertum angesichts solcher Verhältnisse als »ursprüngliche Wohlstandsgesellschaft«,[16] und »Das harmlose Volk« (so der Titel eines Buches jener Zeit über die !Kung) wurde für eine ganze Anthropologengeneration zum Inbegriff gelassenen Jäger- und Sammlerlebens. Dieses durchaus attraktive Vorbild (dessen Repräsentativität freilich in Fachkreisen nicht unumstritten war) sollte nunmehr auch die mögliche Daseinsform des Homo habilis und des Homo erectus illustrieren. So erschienen plötzlich »edle Wilde« auf der urzeitlichen Bildfläche, wo man zuvor nur Halbaffen und »Bestien« vermutet hatte.

Urzeitliche Solidarität

Es war also ein deutlich angenehmeres Bild von unseren Vorfahren, das die Nahrungsteilungstheorie präsentierte. Betont wurden nicht mehr – wie im »Killeraffen«-Szenario – jene Züge des Menschen, deren wir uns selbst schämen, sondern sympathische, positiv bewertete Eigenschaften, die der Theorie zufolge von Anbeginn an unseren evolutionären Werdegang bestimmten. Die einseitige Fixierung auf die »männliche« Jagd, die von emanzipierten Anthropologinnen und Anthropologen schon lange kritisiert worden war, wich hier einer Art urzeitlicher Gleichberechtigung der Geschlechter – man räumte der Fleischgewinnung und damit der männlichen Domäne nur mehr eine begrenzte Priorität als »Zündfunke« der evolutionären Umorientierung ein. Vor allem aber war die Menschheit nach dem neuen Modell nicht aus dem Geist der Gewalt, des Krieges aggressiver Affen gegeneinander und gegen die Natur geboren, sondern aus dem Geist der Kooperation und der gegenseitigen Hilfe, wie besonders Leakey und Lewin in ihren Büchern stark hervorhoben. »Das Teilen mit anderen und nicht das Jagen und Sammeln machte uns zu Menschen«, schrieben sie 1979, »das heißt konkret, daß wir zu humanen Lebewesen wurden, weil unsere Vorfahren lernten, ihre Nahrung zu teilen und jeder bereit war, seine besonderen Fähigkeiten an andere weiterzugeben oder sie davon profitieren zu lassen.«

»Je weiter sich das soziale und ökonomische Leben im Lauf der Jahrmillionen entwickelte«, fuhren die beiden Autoren fort,

> »desto dichter wurde das Netz von gegenseitiger Hilfsbereitschaft und Verbindlichkeit. Es ging dabei auch nicht nur um Nahrung, die von Hand zu Hand wechselte – im unausgesprochenen Einverständnis, daß der Gebende eines Tages dann der Nehmende sein würde. Gemeinschaften, zwischen denen sich ein feines Gespinst gegenseitiger Verpflichtungen gebildet hatte, halfen sich bei jeder nur denkbaren Tätigkeit. Das reichte vom Kinderhüten bis zum gemeinsamen Schärfen und Vergiften der Pfeilspitzen. Menschen haben sich zu allen Zeiten gegenseitig geholfen, und zwar nicht aus der bewußten Überlegung heraus, für eine gegebene Hilfeleistung über kurz oder lang eine andere zu erhalten, sondern weil sie psychologisch dazu motiviert sind.«[17]

Kein Zweifel, das war ein entschieden sympathischeres Völkchen als die sich gegenseitig niedermetzelnden Killeraffen, die 15 Jahre zuvor die Szene beherrscht hatten. Und doch kann man sich angesichts dieser fast liebevollen Beschreibung frühhominider Friedfertigkeit und Solidarität ein wehmütiges Lächeln nicht verkneifen, denn die Schilderung atmet nur allzu deutlich den Geist der siebziger Jahre, als die Ideale der Studentenbewegung und der Hippie-Ära, der Kommunen und Kooperativen noch im akademischen Milieu nachhallten – ein Geist, der in unserer heutigen Ellenbogengesellschaft mit ihren egomanischen Idealen schon wieder deutlich von gestern ist und merkwürdig fremd anmutet.

Ein Fachrebell tritt auf den Plan

Nun werden wissenschaftliche Hypothesen durch die Erkenntnis, daß sie einem verflossenen Zeitgeist entsprangen, natürlich noch nicht widerlegt, und aus dem Umstand, daß unsere heutige Gesellschaft Teilen und Solidarität nicht mehr so hoch bewertet wie noch vor zwanzig Jahren, folgt keineswegs, daß die frühen Hominiden dies ebenfalls nicht taten. Zu Beginn der achtziger Jahre geriet die Nahrungsteilungstheorie aber auch unter fachmethodischen Gesichtspunkten zunehmend unter Beschuß, und als Hauptinitiator und »Bannerträger« der Kritik trat ein Forscher auf, der auch zuvor schon des öfteren von sich reden gemacht hatte: der amerikanische Anthropologe Lewis R. Binford.

Binford ist schon seit langem als streitbarer Geist bekannt. Bereits in den sechziger Jahren brachte der Mitbegründer der sogenannten »Neuen Archäologie« (»*New Archaeology*«) die konservativeren Mitglieder der amerikanischen Prähistorikerzunft durch seine unkonventionellen und manchmal schockierend neuartigen Sichtweisen altbekannter archäologischer Phänomene in Rage. Diesen Mut zur Provokation, ja das offenkundige Vergnügen an ihr, hat er sich über die Jahrzehnte hinweg bewahrt. Freilich wurde der einstige Rebell gegen das wissenschaftliche Establishment bald schon selbst zu einer festen Institution in der englischsprachigen Urgeschichtsforschung. Er scharte eine große Gemeinde von Anhängern und Schülern um sich und formulierte eine Reihe eigener Lehrsätze über das Leben und Treiben der Frühmenschen, die er nicht minder energisch und verbissen vertrat als seine einstigen Professoren die Lehrmeinungen der Nachkriegsjahre. Aus dem notorischen Kritiker und Zweifler wurde so ein von der Richtigkeit seiner Positionen felsenfest überzeugter und sich des Gewichts seiner Persönlichkeit durchaus bewußter Begründer einer eigenen wissenschaftlichen »Schule«.

Tatsächlich bezweifelt heute kaum mehr jemand, daß Binford zu den bedeutsamsten Impulsgebern der modernen Urgeschichtsforschung gehört, und manchen gilt er gar als der größte archäologische Denker unserer Zeit. Der Forscher ist andererseits dafür bekannt, daß er zu polemischen Auseinandersetzungen neigt und seinen Fachkollegen gerne Noten erteilt – meistens schlechte. Damit hat er sich nicht nur Freunde gemacht, und so schwingt in den fachlichen Disputen, die er und andere Forscher bisweilen auf Konferenzen oder in wissenschaftlichen Journalen austragen, nicht selten auch ein Hauch von persönlichem Rivalentum mit. Kein Zweifel: Binford polarisiert, und seine Ansichten sind in der Regel extrem; doch gerade dadurch hat er die Fachwelt immer wieder aufgerüttelt und zur Überprüfung liebgewonnener Vorstellungen gezwungen – nirgends freilich so nachhaltig wie im Falle der Nahrungsteilungstheorie.

Fragwürdige Prämissen

Diese Theorie kranke, so erklärte Binford 1981 in einem vielbeachteten Buch mit dem Titel »*Bones – Ancient Men and Modern Myths*« (»Knochen – frühe Menschen und moderne Mythen«), an dem gleichen Fehler wie schon die älteren Hypothesen über die paläolithische Jagd und überhaupt die ganze traditionelle Urgeschichtsforschung: Als Ausgangspunkt aller Untersuchungen würden nämlich stillschweigend Sachverhalte vorausgesetzt, die durch die Untersuchungen eigentlich erst zu belegen seien. Wo sei denn zweifelsfrei bewiesen worden, so fragte der Forscher, daß die an den frühen afrikanischen Fundstellen entdeckten Steinwerkzeuge und Tierknochen (vgl. S. 174) tatsächlich in einem ursächlichen Zusammenhang miteinander standen, daß also die Geräte tatsächlich zur Zerlegung jener Tierkadaver verwendet wurden, von denen die Knochen stammten? In unzähligen Lehrbüchern und Grundlagenwerken der traditionellen Archäologie werde dies behauptet, so Binford, wirklich nachgewiesen aber sei es durch keine einzige exakte Analyse. Selbst die Annahme, daß die Knochen und Steinwerkzeuge gemeinsam, also zum gleichen Zeitpunkt und im selben Zusammenhang abgelagert wurden, sei eine reine Spekulation, und dazu noch eine recht gewagte, wie heutige Beobachtungen unter wildlebenden Tieren zeigten.

In vielen Gegenden der Erde töten Raubtiere, so führte Binford aus, noch heute jedes Jahr etwa zehn Prozent des gesamten Wildbestandes – in der afrikanischen Serengeti fallen ihnen beispielsweise nach Schätzungen 150 000 bis 200 000 Tiere jährlich zum Opfer. Viele weitere sterben an Krankheiten oder Altersschwäche, verhungern oder verdursten in Trockenperioden. Ein beträchtlicher Teil dieser Todesfälle spielt sich in der Nähe von Wasserstellen, Fluß- oder Seeufern ab, weil diese Örtlichkeiten ein bevorzugter Aufenthaltsort der Tierherden sind. Da das dort anzutreffende feuchte Erdreich überdies dafür sorgt, daß die Knochen gut erhalten bleiben, ist laut Binford allein schon aufgrund dieser natürlichen Faktoren mit einer hohen Knochendichte im Boden zu rechnen.

Die in Ostafrika ausgegrabenen archäologischen Fundflächen lagen in der Tat größtenteils im Bereich früherer See- oder Flußufer, weshalb – so der Forscher weiter – hominide Steingeräte, die dort zurückgelassen wurden, fast zwangsläufig mit einer großen Zahl von Tierknochen in die gleichen Schichten geraten mußten, selbst wenn beide Fundgattungen nicht das geringste miteinander zu tun hatten. »Daß man hier auf verhältnismäßig engem Raum Konzentrationen von Werkzeugen findet, die ringsum von reichen und in ihrer Zusammensetzung sehr wechselnden Tierknochenanhäufungen umgeben sind, besagt nicht viel«, schrieb Binford über eine derartige Fundstelle in Südafrika. Man könne sich nämlich »kaum vorstellen, daß es an dieser Fundstätte auch nur ein Stück Boden gab, wo man Geräte liegenlassen konnte, ohne daß gleichzeitig massenhaft Tierknochen vorhanden waren«.[18]

Ein weiterer wichtiger Faktor war nach Binford die schon erwähnte Gewohnheit von Hyänen und anderen fleischfressenden Tieren, Kadaverreste in ihre Horste zu schleppen, wodurch sich ebenfalls ohne jedes menschliche Zutun ansehnliche Tierknochenmengen ablagern konnten (vgl. S. 164). Hielten sich, so Binford, am Ort eines solchen Hyänenhorsts früher oder später auch zufällig einmal Hominiden auf und hinterließen sie dort einige Steingeräte, so verleite die traditionelle archäologische Logik zu dem Fehlschluß, die Tierknochen müßten von zerlegter und verspeister Jagdbeute des frühen Menschen stammen – ein Irrtum, den Brain ja bereits im Hinblick auf die südafrikanischen Höhlen korrigiert hatte (vgl. S. 167).

Der Mensch steht nicht im Mittelpunkt

»Eine Vergesellschaftung zwischen zwei oder mehr Elementen innerhalb einer geologischen Ablagerung belegt in keiner Weise eine (wirkliche) (...) Beziehung zwischen den Komponenten«, folgerte Binford aus diesen Überlegungen. Als illustrierendes Beispiel führte er den Befund von Laetoli in Ostafrika an, wo man in gehärteter Vulkanasche die 3,6 Millionen Jahre alten Fußspuren dreier Australopithecinen gefunden hatte (vgl. Kap. 3), neben ihnen aber auch die vieler anderer Tiere, unter anderem von Elefanten, Straußen und Perlhühnern. »Hielt der frühe »Mensch« also Herden von Elefanten, Straußen oder Perlhühnern?« fragte Binford und gab selbst die Antwort:

»Das ist zweifellos eine absurde Frage. Die Fußabdrücke und die anderen Spuren (...) müssen zwar als ungefähr gleichalt, aber keinesfalls als irgendwie kausal miteinander verknüpft betrachtet werden. (...) Um eine verhaltensmäßige Beziehung zwischen verschiedenen Materialien innerhalb einer geologischen Schicht anzunehmen, bedarf es offenkundig stärkerer Gründe als der Tatsache der Vergesellschaftung selbst.«[19]

Genau diese Einsicht werde aber permanent mißachtet, sobald es um die Begleitfunde frühmenschlicher Artefakte gehe. Hier verfahre man in der traditionellen Archäologie nach dem Prinzip, »wenn irgendein Hinweis auf die Anwesenheit von Hominiden existiert, sei alles Vorhandene das Ergebnis hominider Tätigkeit«; das aber sei eine unangebrachte Überbetonung der Rolle des Menschen, ein nicht zu rechtfertigender »Anthropozentrismus«.[20]

»Pleistozänarchäologen müssen einen solchen Ansatz aufgeben«, betonte Binford – »sie müssen einen Ansatz entwickeln, der Schichten, welche Steingeräte enthalten, als natürliche Ablagerungen, (...) (als das Ergebnis einer Vielzahl) von biotischen Vorgängen in der Umgebung einer Fundstätte ansieht.« Der Mensch sei dabei »nur ein möglicher Wirkfaktor«, und seine Einflußnahme sei »etwas, das der Beweisführung bedarf, nicht etwas, das einfach vorausgesetzt werden kann«. Mit anderen Worten: »Wir haben eine Menge zu lernen, und aus methodischer Sicht besteht die wichtigste Lektion darin, unseren Anthropozentrismus aufzugeben.«[21]

Ein neues Naturverständnis

Das waren und sind eindrucksvolle Sätze, die an das stark gestiegene Umweltbewußtsein seit Mitte der siebziger Jahre erinnern, zu dem ja auch die Einsicht gehörte, daß der Mensch keineswegs den Mittelpunkt der

Natur darstellt und daß er innerhalb seiner Umwelt nicht nach Belieben schalten und walten kann. Binfords Argumente wirken wie eine Übertragung dieser ökologischen Einsichten auf den archäologischen Bereich, und ohne Zweifel legten sie eine tatsächliche Schwäche der traditionellen Urgeschichtsforschung bloß. Wo diese das »Kulturwesen Mensch«, den »großen Techniker« (vgl. Kap. 5), am Werke sah, setzte sie in der Tat als selbstverständlich voraus, daß er seine Lebensumwelt immer schon ähnlich umfassend gestaltet und verändert habe, wie wir das heute tun – wenn auch mit etwas primitiveren Mitteln und entsprechend bescheideneren Resultaten. »Man the Toolmaker« wurde weithin als eine Art Urzeitversion des sich mit Hilfe der Technik die Welt unterwerfenden modernen Menschen aufgefaßt (vgl. Kap. 5), und so konnte es kaum ausbleiben, daß man die übrige Natur vorwiegend auf ihn bezogen sah. Möglicherweise bedurfte es erst des allmählichen Niedergangs der »industriellen Mentalität« seit Ende der siebziger Jahre, um die Einseitigkeit dieser Sichtweise zu durchschauen und sie so radikal in Frage zu stellen, wie Binford es tat.

Auf der Suche nach einer exakten Methodik

Nun ist der Zweifel zwar die Keimzelle der Erkenntnis, doch muß ihm natürlich die konkrete Nachprüfung und Untersuchung folgen, um zu empirisch gesicherten, positiven Resultaten zu gelangen. Binford widmete den größten Teil seines Buches daher dem Bemühen, eine exakte Methodik zu entwickeln, die es ermöglichen sollte, die bisherigen ungesicherten Vermutungen über den Ursprung der Tierknochen an archäologischen Fundstätten durch gesichertes Wissen zu ersetzen und so die Interpretation dieser Fundstätten aus einer weitgehend spekulativen Angelegenheit in ein Exerzierfeld objektiv kontrollierbarer, »exakter« Forschung zu verwandeln. Auf über 200 Seiten seines Buches präsentierte und diskutierte er unterschiedliche »diagnostische Kriterien«, mittels derer sich natürlich entstandene oder durch Raubtiere angehäufte Tierknochenablagerungen von solchen unterscheiden lassen sollten, für die der Mensch verantwortlich war. Er gab einen Überblick über die bis dahin großenteils verstreut gebliebenen Erkenntnisse, die Tierknochenbearbeiter, Archäozoologen und Taphonomen (vgl. S. 169) in verschiedenen Teilen der Welt an unterschiedlichem Knochenmaterial gewonnen hatten; in erster Linie aber griff er auf seine eigenen reichen Erfahrungen, Beobachtungen und Analysen zurück.

Binford hatte zwischen 1969 und 1972 im Rahmen seiner Forschungsarbeit mehrere Jahre bei den Nunamiut-Eskimo in Alaska verbracht und dabei unter anderem auch ihre Jagd- und Schlachttechniken studiert. Dutzende Male hatte er beobachtet und aufgezeichnet, wie die Eskimo Rentiere oder Elche zerlegten, was für Schnittspuren die dabei verwendeten Messer auf den Tierknochen hinterließen, welche Teile der Kadaver die Jäger in ihre Wohnlager mitnahmen und welche sie am Jagdort zurückließen, und wie sie schließlich die Röhrenknochen der Beutetiere zerbrachen und weiterverarbeiteten, um das darin enthaltene nahrhafte Knochenmark zu gewinnen. Diese verschiedenen Handlungsabläufe führten, wie Binford herausarbeitete, zu ganz charakteristischen »Mustern« der Knochenhäufigkeit, Knochenverteilung und Knochenzerstörung an den Jagd- und Wohnplätzen der Eskimo, und diese »Muster« verglich er mit denjenigen, die sich bei Mahlzeitresten von Raubtieren und Knochenansammlungen in Höhlen aasfressender Tiere beobachten ließen. Binford selbst hatte in Alaska zahlreiche Plätze untersucht, an denen Wölfe Beutetiere getötet hatten oder Eskimohunde mit Kadaverresten gefüttert worden waren. In Afrika hatten Forscher ganze Hyänenhorste ausgegraben und ihren Knocheninhalt statistisch exakt ausgewertet.

Wie man Tierknochen zum »Sprechen« bringt

Dabei traten bemerkenswerte Unterschiede zutage, die laut Binford ein klares Urteil darüber erlaubten, ob eine Anhäufung von Tierknochen durch menschliche Tätigkeit oder durch die Aktivitäten tierischer Räuber zustande gekommen war. Zum einen ließen sich die Schnittspuren der menschlichen Schlachtmesser deutlich von den Biß- und Nagespuren der Raubtierzähne auf den Knochen unterscheiden, zum anderen konzentrierten sie sich jeweils auf ganz unterschiedliche Bereiche des Skeletts. Binford stellte darüber hinaus aber auch fest, daß sich allein schon aus der Häufigkeit einzelner Knochenteile und ihren Bruchmustern Rückschlüsse auf die »Verwertung« durch Mensch oder Tier ziehen lassen. Beispielsweise gewinnen die Eskimo und andere Wildbeuter das fettreiche und daher begehrte Mark aus dem Inneren der Röhrenknochen, indem sie diese im Schaftbereich spalten und das Mark dann herausklopfen oder mit einem Stab herausholen. Bei dieser Prozedur bleiben die Gelenkenden der Knochen gewöhnlich erhalten, während der Schaft mehr oder minder in Mitleidenschaft gezogen wird. Tierische Fleischfresser zerkauen die Knochen dagegen von den Gelenkenden her, so daß diese immer mehr zerstört werden, bis letztlich nur noch die Knochenschäfte oder Fragmente von ihnen übrigbleiben. Ein Tierknochenkomplex mit vielen erhaltenen Schäften und verhältnismäßig wenigen intakten Gelenkenden weist daher, so Binford, auf die Tätigkeit tierischer Räuber oder Aasverwerter hin, während ein Knochenensemble mit vielen und gut erhaltenen Gelenkenden, aber wenigen und stark fragmentierten Knochenschäften eher von der Verwertung durch den Menschen zeugt.

Kampf gegen archäologische »Mythen«

Binford beschrieb in seinem Buch detailliert und kenntnisreich viele solcher »diagnostischer Kriterien«, und so wurde »*Bones*« buchstäblich über Nacht zu einem unverzichtbaren Standardwerk, das Archäologen, Archäozoologen und Taphonomen bis heute wertvolle Hilfe leistet. Doch damit gab sich der Forscher keineswegs zufrieden. Die Erarbeitung eines leistungsfähigen methodischen Instrumentariums war für ihn nur der erste Schritt auf dem Weg zu seinem viel ehrgeizigeren Ziel, die Urgeschichtsforschung von Grund auf zu reorganisieren, sie von den zahlreichen falschen Grundannahmen, phantastischen Spekulationen und »Mythen« zu befreien, in denen sie seiner Ansicht nach von Anbeginn an gefangen war, und sie in eine exakte Wissenschaft zu verwandeln, eine Art »Naturwissenschaft von den Anfängen des Menschen«. »Es ist so überaus einfach«, schrieb er,

> »die Aussagen archäologischer Befunde fehlzuinterpretieren und dadurch unsere Ideen vom Menschen und von der Vergangenheit zu verzerren. Solche Entstellungen sind früher an der Tagesordnung gewesen, und sie sind noch immer üblich, da viele Archäologen über keine wirkliche Methodik verfügen, um die Bedeutung archäologischer Beobachtungen zu entschlüsseln.«[22]

Erforderlich war daher laut Binford ein totaler Neubeginn: »Keine anderen Methoden außer Wunschdenken sind bislang auf die frühpleistozänen Fundplätze angewandt worden«, konstatierte der Forscher grimmig und hob die Notwendigkeit hervor, »die Luft von den vielen Glaubenssätzen zu reinigen, die unsere Sicht von der Vergangenheit eine Zeitlang in die Irre geführt haben«. Man müsse sich eingestehen, daß man außer einigen spekulativen Geschichten so gut wie nichts über die Lebensweise der frühen Hominiden wisse. Nun gelte es, diese Unwissenheit mit Hilfe neuer Methoden Stück für Stück zu reduzieren und durch fundierte Kenntnisse zu ersetzen – »Wissen aus Unwissen herauszuarbeiten«, wie es der Forscher formulierte.[23]

Olduwai als Fallbeispiel

An diesem hochgesteckten Ziel ließ Binford in seinem Buch von Anfang an keinen Zweifel. Das letzte Kapitel sollte als Krönung des Werkes an einem Fallbeispiel verdeutlichen, wie sich die von ihm entwickelten analytischen Methoden auf einen konkreten archäologischen Befund anwenden ließen und zu welch radikal andersgearteten Schlußfolgerungen sie gegenüber der traditionellen Interpretation führten. Hierfür hatte sich Binford ein hochkarätiges Untersuchungsobjekt ausgesucht: die Fundstellen in der Olduwai-Schlucht in Tansania, die eine so wichtige Rolle bei der Entdeckung und Erforschung unserer frühesten Vorfahren spielten (vgl. Kap. 3). Hier stießen die Paläanthropologen Louis und Mary Leakey in den fünfziger und sechziger Jahren nicht nur auf zahlreiche knöcherne Überreste von Australopithecus boisei (*Zinjanthropus*), Homo habilis und Homo erectus; sie legten auch eine ganze Reihe von archäologischen Fundflächen frei, auf denen sehr frühe Steingeräte des Oldowan und des ältesten Acheuléen mit Knochen verschiedener Tierarten in unterschiedlichen Erhaltungszuständen beisammenlagen. Die frühesten dieser archäologischen Fundkomplexe stammten aus der Zeit vor etwa 1–2 Millionen Jahren; zwar war es nicht möglich, sie zuverlässig einer der vor Ort belegten Hominidenarten zuzuordnen, für die ältesten unter ihnen vermutete man jedoch den Homo habilis, für die etwas jüngeren den Homo erectus als Urheber (vgl. Kap. 5).

Die Befunde waren in jedem Fall aufsehenerregend genug: An einigen Stellen fanden sich Skelettreste einzelner Großtiere – unter anderem eines Elefanten und eines Dinotheriums (ein ausgestorbener Verwandter des Elefanten) – samt darum herumliegenden Steingeräten; hier handelte es sich nach Ansicht von Mary Leakey um »*kill sites*«, um Tötungsplätze also, an denen die Hominiden Tiere erlegt und ausgeweidet hatten, ohne sich anschließend noch länger dort aufzuhalten. Andere Fundareale waren mit zahllosen winzigen Knochenteilen verschiedenster Tierarten übersät, zwischen denen sich Hunderte oder Tausende von Steingeräten und Steinabschlägen fanden; diese Fundflächen hielt Mary Leakey für »*living floors*«, für längerfristige Wohn- und Lagerplätze der Hominiden.

Auf einigen von ihnen schienen sich sogar Siedlungsstrukturen abzuzeichnen: An einer Stelle bildeten Lavabrocken einen auffälligen Steinkreis von rund vier Meter Durchmesser, der als der älteste Behausungsgrundriß der Welt gedeutet wurde; an einer anderen waren zwei Fundkonzentrationen durch einen schmalen, nahezu fundleeren Streifen voneinander getrennt, so daß man an die Spuren eines Windschutzzaunes dachte. Diese Rekonstruktionen waren indes nicht unumstritten, denn der Steinkreis konnte nach Meinung mancher Forscher auch vom Wurzelwerk eines großen Baumes stammen und der fundleere Streifen durch Zufall entstanden sein – die Interpretation der Fundflächen als Siedlungsplätze wurde aber kaum je angezweifelt und ging wie erwähnt in den siebziger Jahren in die von Glynn Isaac und Mary Leakeys Sohn Richard begründete »Nahrungsteilungstheorie« mit ein (vgl. S. 171 ff.). Ja, zum großen Teil *beruhte* diese Theorie auf den Befunden aus der Olduwai-Schlucht (daneben existierten noch einige ähnliche Aufschlüsse in Koobi Fora am Turkanasee), und dies galt auch für die anderen Hypothesen über das Jagdverhalten und die Lagernutzung der frühen Hominiden. Es war also offensichtlich, warum Binford sich gerade diesen Fundort ausgesucht hatte, um die Leistungsfähigkeit seiner neuen Auswertungsmethodik zu demonstrieren und den »archäologischen Mythen« ans Leder zu gehen: Er begab sich damit, wie es seine Art war, gewissermaßen direkt in die »Höhle des Löwen«.

Jäger oder Aas-verwerter?

Als Grundlage seiner Analyse diente ihm eine Tabelle, in der Mary Leakey Art und Anzahl der an den verschiedenen Grabungsplätzen der Olduwai-Schlucht aufgefundenen Tierknochen aufgelistet hatte. Binford wertete diese Angaben nach einem statistischen Ausschlußverfahren aus: Alle Knochenansammlungen, deren Häufigkeits- und Verteilungsmuster den an Raubtierfreßplätzen oder in Hyänenhöhlen festgestellten entsprachen, schrieb er der Jagd- und Knochensammeltätigkeit dieser Tiere zu; seine Suche galt in erster Linie Knochenkomplexen mit einer andersgearteten Zusammensetzung, die nicht dem »Raubtiermuster« entsprach und daher als mögliches Zeugnis frühhominider Einwirkung in Frage kam. Die statistische Auswertung förderte in der Tat derartige Knochenkomplexe zutage – für Binford überraschend, denn nach eigenem Bekunden hatte er eigentlich erwartet, das gesamte frühe Olduwai-Material werde sich aus der Tätigkeit tierischer Räuber und Aasfresser erklären lassen. Statt dessen trat nach den Worten des Forschers »eine deutlich ins Auge fallende Menge von Knochenüberresten« hervor, »die sich nicht mit dem in Einklang bringen ließ, was wir über afrikanische Raubtiere wissen«.[24] Sie entsprach freilich auch nicht den Mustern, die Binford bei seinen Untersuchungen der Schlacht- und Nahrungsabfälle alaskischer Eskimo festgestellt hatte (vgl. S. 180/181). Die betreffenden Knochenkomplexe aus Olduwai bestanden zu einem großen Teil aus Unterschenkel- und Schädelbruchstücken von Huftieren, aus Skeletteilen also, die charakteristischerweise eher wenig Fleisch tragen und für Fleischfresser daher höchstens wegen ihres Knochenmarks bzw. wegen des Gehirns von Interesse sein können. Was hatte die merkwürdige Anhäufung gerade solcher Knochen in den Fundschichten von Olduwai zu bedeuten?

Nach Binfords Ansicht bedeutete sie zweierlei: Sie bestätigte zum einen, daß die frühen Hominiden tatsächlich Teile tierischer Kadaver zusammengetragen und verwertet hatten; sie widerlegte zum anderen die Annahme, es habe sich dabei um Kadaver von Tieren gehandelt, die unsere Vorfahren selbst jagten und anschließend zerlegten und aufteilten, wie Isaac und Leakey es in ihrer Nahrungsteilungstheorie vermuteten (vgl. S. 173/174). Denn hätten die Hominiden die Tiere selbst erbeutet, so argumentierte Binford, dann hätten sie sicherlich nicht ausgerechnet die fleischärmsten Teile, sondern die fetten Oberschenkel und Hinterschinken zu ihren Lagerplätzen gebracht, und die Zusammensetzung der Knochenreste wäre eine gänzlich andere gewesen. Die festgestellte Häufung eher »magerer« Skelettpartien machte laut Binford nur dann einen

Abb. 43
Eine afrikanische Hyäne stillt ihren Hunger am Kadaver eines verendeten Elefanten

Sinn, »wenn man (sie) mit Aasfresserverhalten in Verbindung« brachte. Sie ließ nach Ansicht des Forschers vermuten, daß die Knochen von Tierkadavern stammten, die bereits weitgehend entfleischt waren, als die Hominiden sie vorfanden – es habe sich mit anderen Worten um Aas gehandelt, das großenteils schon durch andere Tiere ausgeschlachtet worden war (Abb. 43) und dessen verbliebene bescheidenen Reste unsere Vorfahren nutzten. »Das letzte bißchen Nahrung«, so Binford,

»das in der Regel auch dann noch an den Tötungsplätzen von Raubtieren übrigbleibt, wenn sich schon Aasfresser wie die Hyänen aus dem Staube gemacht haben, ist das in den Knochengehäusen wohlverborgene Mark. Dieses hätte der frühe Mensch verspeisen können, ohne mit den Raubtieren in seinem Umfeld in Konflikt zu geraten.«[25]

Die frühen Hominiden hatten dem Forscher zufolge also

»als Besucher von Raubtiertötungsplätzen oder Plätzen, wo ein Tier verendet war, das Knochenmark der Kadaver verzehrt (...) – eine Nahrung, die lediglich einen winzigen Bruchteil ihrer Gesamtnahrung ausgemacht haben kann. Was dies bedeutet, dürfte klar sein: weit davon entfernt, ein gewaltiger Jäger zu sein, war der Frühmensch allem Anschein nach der letzte, am meisten benachteiligte aller damaligen Aasfresser.«[26]

Demontage eines Modells

Damit erledigte sich nach Binford auch das Nahrungsteilungs- und Transportszenario von selbst, denn das Knochenmark war »in viel zu kleinen Mengen vorhanden, um geteilt (oder weggetragen, MK) zu werden«.[27] Ohne Transport und Verteilung größerer Nahrungsmengen aber war, so der Forscher weiter, auch der Theorie von den »*home bases*« (vgl. S. 173/174) das wichtigste Argument entzogen: Die Hominiden entnahmen und verzehrten das tierische Mark seiner Vermutung nach dort, wo sie die Kadaver gefunden hatten, oder an einem nahegelegenen Verarbeitungsplatz. Ihre übrige pflanzliche Nahrung (nennenswerte Fleischmengen fielen Binford zufolge ja nicht an) verspeisten sie ebenso unmittelbar und jeder für sich, wie heutige Schimpansen das bei der Nahrungssuche zu tun pflegen (vgl. S. 172). Damit aber war ein zentraler Treff- und »Stützpunkt« überflüssig, und das Leben des Homo habilis und vielleicht auch noch des frühen Homo erectus hätte ähnlich dem der heutigen Menschenaffen aus einer ununterbrochenen Abfolge von Streifzügen bestanden, die zwar innerhalb eines begrenzten »Reviers« stattfanden (und deshalb auch immer wieder zu denselben Plätzen zurückführten), die aber keine »Heimatbasis« im Sinne eines länger als einige Stunden bewohnten »Standlagers« kannten, wie es von den neuzeitlichen Jägergruppen her bekannt ist.

Kurz gesagt: Alles, was die Nahrungsteilungstheorie den frühen Hominiden an »menschlichen« Wesenszügen und »humaner« Lebensweise zugeschrieben hatte, war in Binfords Modell zur Gänze verschwunden. So verwandelten sich die frühen Bewohner der Olduwai-Schlucht aus »protomenschlichen« Jägern und Lagerbewohnern in noch weitgehend tierische Pflanzenfresser, Aasfledderer und ziellos umherstreifende Wesen, die mehr mit heutigen Schimpansen und Pavianen gemeinsam hatten als mit den modernen Jägern und Sammlern.

Die Höhle des Löwen als Schlafplatz?

Binford konnte für seine Behauptung, es habe sich bei den archäologischen Fundstätten in Ostafrika keinesfalls um länger bewohnte »Basislager« gehandelt, an denen die Hominiden gleichermaßen aßen und schliefen, noch ein weiteres überzeugendes Argument ins Feld führen, das mit der topographischen Situation dieser Stätten zusammenhing. Die Fundplätze von Olduwai und Koobi Fora, der zweiten wichtigen Fundregion aus dieser Zeit (vgl. S. 183), lagen nämlich ursprünglich an einem See beziehungsweise einem Fluß. Laut Isaac und Leakey hatten die Hominiden den Standort am Wasser bewußt ausgewählt, weil er gleich mehrere Vorteile bot. »Erstens ist Sand«, so erläuterte Isaac 1978,

»bequem zum sitzen und liegen. Zweitens kann man gewöhnlich Wasser finden, wenn man ein nicht zu tiefes Loch in den Sand eines Strombettes gräbt. Drittens ist der Baum- und Buschbewuchs in den von der Sonne ausgedörrten Flutebenen Ostafrikas oft entlang der Wasserläufe am dichtesten, so daß an diesen Plätzen auch Schatten und pflanzliche Kost zur Verfügung stehen.«[28]

Binford machte hingegen eine ganz andere Rechnung auf. Die Wasserstellen, Flußbetten und Seerandzonen in den ansonsten trockenen Steppen und Savannen Afrikas seien, so hob er hervor, nur tagsüber ein angenehmer Aufenthaltsort, wenn sich dort die Huftiere versammeln und zahlreiche Kadaver auffindbar sind, die von Aassammlern verwertet werden können; nachts werden diese Wasservorkommen dagegen von den Raubtieren in Besitz genommen und verwandeln sich für jedes dort noch verbliebene andere Tier in eine tödliche Falle. »Primaten – und damit auch wir –«, schrieb Binford,

»sind für das Leben bei Tageslicht geschaffen. Unsere Augen sind auf die Helligkeit des Tages eingestellt, und wir (...) vermögen uns während der Nacht nicht einmal sonderlich gut zu schützen. Man möchte wirklich nur zu gerne wissen, wie derart schlecht für das Leben im Dunkeln gerüstete Kreaturen es fertiggebracht haben sollen, in einer Landschaft wie der (...) beschriebenen unmittelbar an Wasserstellen sichere Schlafplätze zu finden. (...) Heutige Jäger und Sammler, die in relativ abgelegenen Gebieten Afrikas hausen, (nächtigen) in der Regel nie unmittelbar an Wasserstellen (...). Dabei entzünden sie noch Feuer, um Raubzeug fernzuhalten, und haben die Möglichkeit, sich im Notfall mit sehr viel wirkungsvolleren Waffen zu wehren, als frühe Hominiden sie besaßen. Ich jedenfalls würde, wenn ich in der afrikanischen Savanne im Freien übernachten müßte, mein Lager nie an einem Wasserloch aufschlagen! Und doch wollen Archäologen uns weismachen, unsere Ahnen hätten genau dort ihre ›Heimfluren‹ gehabt.«[29]

Dieses Argument, das von erfahrenen Afrikakennern umgehend bestätigt wurde, leuchtete um so mehr ein, als die Hominiden nach Isaacs und Leakeys Modell ja nicht nur tage- und wochenlang buchstäblich in der »Höhle des Löwen« genächtigt hätten, sondern dies auch noch inmitten faulender Fleisch- und Aasreste, die die Raubtiere geradezu unwiderstehlich anziehen mußten! Angesichts dieser Argumente half auch Isaacs Hinweis, unsere Vorfahren könnten sich ja des Nachts zum Schlafen auf schützende Bäume zurückgezogen haben, nichts mehr: Die Mehrheit der Fachleute wandte sich zu Beginn der achtziger Jahre ziemlich abrupt von der Deutung der Fundflächen als Lager- und Schlafplätze ab. Sogar Isaac selbst stellte diese Interpretation schließlich zur Disposition. Statt dessen vermuteten die Experten nunmehr, die Hominiden hätten sich an diesen Orten nur jeweils kurz aufgehalten, um Kadaverreste auszuschlachten und die gefahrvollen Stätten dann so schnell wie möglich wieder verlassen.

Was Schnittmarken verraten

Neben Binfords Analysen und Argumenten trugen aber auch noch andere Entwicklungen zu dieser Abkehr von den früheren Auffassungen bei. 1981, als das Buch des Forschers erschien, veröffentlichten die amerikanischen Anthropologen Pat Shipman und Richard Potts in der britischen

Wissenschaftszeitschrift »*Nature*« aufsehenerregende Untersuchungsergebnisse über die Tierknochen von Olduwai, die in eine ganz ähnliche Richtung wiesen wie Binfords Resultate und das Ihre zur Auflösung der früheren Vorstellungen beitrugen. Shipman und Potts hatten das Material im Nationalmuseum von Kenia im Original studiert und an einer Auswahl der Knochen akribisch genaue Untersuchungen mit dem Rasterelektronenmikroskop durchgeführt. Sie fahndeten nach Schnittspuren von Steinwerkzeugen, wie Binford und andere sie bereits mehrfach beobachtet und beschrieben hatten – jedoch an Knochen aus weit jüngeren Fundstätten. Und die beiden Anthropologen wurden tatsächlich fündig!

Auf rund einem Viertel der 75 von ihnen untersuchten Olduwai-Knochen zeigten sich unter dem Mikroskop feine Ritzlinien mit V-förmigem Querschnitt – charakteristische Oberflächenverletzungen, die durch die scharfen Schneiden von Steingeräten entstanden waren und sich eindeutig von den breiteren und im Querschnitt U-förmigen Bißspuren tierischer Zähne unterschieden. Damit war zweifelsfrei geklärt, daß zumindest ein Teil der Knochen wirklich mit den Steinwerkzeugen, die man in den gleichen Fundschichten von Olduwai geborgen hatte, in Berührung gekommen war. »Wir folgern, daß es eine funktionale Beziehung zwischen den Steingeräten und den Knochen an diesen Fundstätten gibt, nicht nur eine zufällige, nachträgliche Vergesellschaftung«, stellten Shipman und Potts in ihrem Artikel fest.[30] Das sah zunächst nach einer Untermauerung der traditionellen Sichtweise aus – jedoch nur auf den ersten Blick.

Viele der festgestellten Schnittspuren fanden sich nämlich nicht auf fleischtragenden Knochen oder Knochenteilen, wie zu erwarten gewesen wäre, wenn die Marken vom Schlachten erlegter Beutetiere gestammt hätten. Etwa die Hälfte von ihnen wurden vielmehr an Skeletteilen beobachtet, an denen es kaum Fleisch, sondern lediglich Haut und Sehnen abzutrennen gab – vor allem im unteren Bereich der Gliedmaßen. Dieser Befund stimmte nun weitgehend mit Binfords Hinweisen auf das merkwürdige Überwiegen der fleischarmen Unterschenkelknochen in Olduwai überein (vgl. S. 184), und der größere Teil der festgestellten Schnittmarken war überdies in der Mitte der Knochenschäfte plaziert, nicht in der Nähe der Gelenkenden, wo die Muskeln ansetzen und sich daher das Fleisch beim Schlachten eines Tieres am leichtesten ablösen läßt. »Offensichtlich dienten«, so folgerten Shipman und Potts, »die Manipulationen an den Knochen mit Hilfe der Steinwerkzeuge nicht allein der Gewinnung von Fleisch«,[31] und Shipman präzisierte in einem anderen Aufsatz: sie hätten *kaum* der Fleischgewinnung gedient. Diese Schlußfolgerung unterstützte nun deutlich Binfords Hypothese von der Verwertung bereits weitgehend entfleischter Kadaver; allerdings hatten es die Hominiden dabei nach Shipman und Potts weniger auf das in den Knochen befindliche Mark abgesehen, wie Binford vermutete (vgl. S. 185), als vielmehr auf Häute und Sehnen, die für vielerlei Zwecke hätten verwendet werden können – nicht zuletzt für die Anfertigung von Tragebehältern zum Transport pflanzlicher Kost, wie sie die Nahrungsteilungstheorie ja voraussetzte (vgl. S. 174) und wie Shipman sie nun erneut ins Spiel brachte.

Detektivische »Knochenarbeit«

In ihrem Bild von der eher bescheidenen hominiden Kadavernutzung stimmten Shipman und Potts aber weitgehend mit Binford überein. Und zu diesem Bild paßte auch die Tatsache, daß die beiden Forscher gesicherte Schnittmarken überhaupt nur auf etwa drei Prozent der untersuchten Olduwai-Knochen feststellen konnten. Der Anteil der Knochen mit Bißspuren von Raubtieren lag etwas höher, und auf einigen Stücken hatten Mensch wie Tier gleichermaßen ihre »Visitenkarte« hinterlassen. »Die Hominiden und die Raubtiere konkurrierten um Kadaver oder Knochen«, folgerten Potts und Shipman aus diesen Beobachtungen, »wobei sie es vielleicht auf unterschiedliche Substanzen abgesehen hatten«.[32] Die eigentlich spannende Frage war dabei natürlich die nach der zeitlichen Abfolge: Hatten tierische Aasfresser an den Resten frühmenschlicher Jagdbeute herumgenagt, nachdem die Hominiden diese zerlegt und das Fleisch größtenteils abtransportiert hatten (wie es der traditionellen Jagdhypothese entsprochen hätte)? Oder schnippelten unsere Vorfahren mit ihren Steinwerkzeugen lediglich an den kümmerlichen Überresten von Raubtierrissen und natürlich verendeten Tieren herum, nachdem alle anderen Räuber und Aasnutzer ihren Hunger gestillt hatten (wie es Binford behauptete)?

Mit geradezu kriminalistischem Spürsinn und etwas Glück gelang es Pat Shipman, auch diese Frage zumindest teilweise zu beantworten. Die Forscherin konnte nämlich 13 Knochen identifizieren, auf denen sich Werkzeugschnittmarken und Raubtierbißspuren »überlagerten«. In fünf dieser 13 Fälle befanden sich die Werkzeugmarken zuunterst und die Bißspuren darüber, hatten sich also offenbar zuerst Hominiden an den Kadavern zu schaffen gemacht und waren tierische Räuber ihnen nachgefolgt, wie es dem »Jagdmodell« entsprach; in den übrigen acht Fällen hingegen wurden tierische Zahnabdrücke durch Schnittlinien von Steinwerkzeugen überlagert, hatten also offenkundig die Tiere zuerst Zugang zum Kadaver gehabt, was nur schwer erklärbar wäre, wenn es sich um hominide Jagdbeute gehandelt hätte. »Diese Daten sind ein direkter, wenngleich begrenzter Beweis dafür, daß die Oldowai-Leute zumindest gelegentlich Aas aus Raubtierrissen plünderten«, kommentierte Shipman dieses Ergebnis.[33] Daß sie dabei von Zeit zu Zeit selbst Opfer der tierischen Räuber geworden sein mögen, legen einige hominide Skelettreste

Abb. 44
Kampf zwischen frühen Hominiden und Hyänen sowie Geiern um den Kadaver eines von Löwen erlegten Tieres (Zeichnung: William Stanford)

aus Olduwai nahe, die unzweifelhaft Bißspuren von Raubtierzähnen aufweisen.

Binfords Triumph

All die beschriebenen Forschungsresultate zusammengenommen führten dazu, daß sich Binfords Modell von den »marginalen Aasverwertern« (vgl. S. 185) zu Beginn der achtziger Jahre ziemlich rasch durchsetzte und zur einflußreichen neuen Lehrmeinung aufstieg. Die frühen Hominiden seien alles andere als potente Jäger gewesen, hieß es nun allenthalben in anthropologischen Zeitschriften und auf archäologischen Kongressen. Selten nur sei es ihnen gelungen, größere Fleischmengen aus einem aufgefundenen Kadaver herauszuschneiden und sich daran satt zu essen; in aller Regel hätten sie sich mit der Verwertung kärglicher Restsubstanzen wie Knochenmark, Haut oder Sehnen bescheiden müssen, die für andere Tiere nicht erreichbar oder nicht attraktiv waren. Dies war das neue Forschungscredo, und sein Begründer und Hauptverfechter Lewis Binford galt über Jahre hinweg zumindest in den USA und England als der ungekrönte König der Archäozoologen und Taphonomen. Seine Methoden setzten die Maßstäbe, und sein Wort hatte auch sonst entscheidendes Gewicht. Die Jagdhypothese und die Nahrungsteilungstheorie hingegen wurden ohne viel Federlesens in die Mottenkiste gestopft und nur ab und zu noch einmal hervorgeholt, um sie als warnendes Beispiel für forschungsgeschichtliche Verirrungen vorzuführen und wechselweise eines in die Urzeit projizierten Chauvinismus oder aber naiver sozialromantischer Illusionen zu bezichtigen. Binfords Triumph schien ein totaler zu sein – bis ein junger Forscher namens Henry T. Bunn seinem Szenario und dem »neuen Konsens« den Kampf ansagte.

Querschüsse aus unerwarteter Richtung

Bunn, ein Schüler von Glynn Isaac, hatte Ende der siebziger Jahre einen Tierknochenkomplex aus Koobi Fora und – etwa gleichzeitig mit Potts und Shipman – die Knochen aus einigen Fundstätten der Olduwai-Schlucht untersucht. In der gleichen Ausgabe von »*Nature*«, die Potts' und Shipmans vielbeachteten Artikel enthielt, veröffentlichte 1981 auch Bunn eine Zusammenfassung seiner Ergebnisse, die in wesentlichen Punkten von denen der anderen Fachleute abwichen. Unter anderem hatte der Forscher auf den über 1,8 Millionen Jahre alten Tierknochen aus Koobi Fora Spuren von Manipulationen mit Steinwerkzeugen entdeckt, deren »wahrscheinliches Ziel« nach seinem Urteil »die Abtrennung von Fleisch« war. Diese Beobachtungen erlaubten es, so schrieb Bunn in seinem Artikel,

> »Modelle der menschlichen Evolution zurückzuweisen, die den Genuß von Fleisch nicht als eine wichtige Komponente des frühhominiden Verhaltens einbeziehen«.[34]

Das war ein unverkennbarer Seitenhieb gegen Binford, der dem damaligen Forschungstrend genau zuwiderlief. Er kam zudem von einem ganz jungen Wissenschaftler, der noch an seiner Doktorarbeit saß und dessen Untersuchungsmethoden nicht unumstritten waren: Bunn arbeitete im Gegensatz zu Potts und Shipman normalerweise nicht mit dem Mikroskop und diagnostizierte überdies für die Tierknochen von Olduwai viel mehr Werkzeugschnittmarken als die beiden anderen Bearbeiter. So fanden seine Beobachtungen und Schlüsse 1981 weit weniger Zustimmung als die Ergebnisse von Binford, Potts und Shipman, und als er es 1982 gar wagte, in einer Buchbesprechung Binfords sonst überall hochgelobtes Werk »*Bones*« (vgl. S. 177) und besonders dessen Abschnitte über die Olduwai-Schlucht zu kritisieren, schlug der »Taphonomie-Papst« hart zurück und sprach Bunn in einem offenen Brief mehr oder minder unverhohlen die fachliche Kompetenz zur Beurteilung seiner Ideen ab.

Die Kritiker kapitulieren nicht

Bunn ließ sich indes nicht so leicht einschüchtern und dachte gar nicht daran, sich nach diesem Machtwort des großen Meisters einfach aus der Forschungsszene zurückzuziehen. Zusammen mit der Anthropologin Ellen M. Kroll wertete er seine Daten über die Olduwai-Knochen nochmals nach strengeren Maßstäben aus und wandte dabei die von Binford, Shipman und anderen entwickelten Methoden und Kriterien an. Die Ergebnisse dieser erneuten Analyse veröffentlichten Bunn und Kroll 1986 in einem ausführlichen Aufsatz in der Zeitschrift »*Current Anthropology*«, der sehr viel mehr Aufmerksamkeit erregte als Bunns kurzer Bericht in »*Nature*« fünf Jahre zuvor. Der Tenor war indes der gleiche: Das Bild von den »am meisten benachteiligten«, nur Kadaverreste plündernden und kaum zur Gewinnung nennenswerter Fleischmengen fähigen »marginalen Aasverwertern« sei ein Zerrbild, das auf Mängeln in der Materialauswertung beruhe und durch die Fakten selbst widerlegt werde.

Von einem Überwiegen fleischarmer Unterschenkel- und Fußknochen, wie Binford es behauptet hatte (vgl. S. 184), konnte laut Bunn und Kroll bei dem Material aus Olduwai nicht die Rede sein, sofern man auch kleinere Knochenstücke in der Auszählung berücksichtigte. Vielmehr waren gemäß ihren Analysen besonders bei größeren Tierarten die »fleischreichsten« Gliedmaßenknochen deutlich am häufigsten vertreten – wie bei einem Transport noch intakter Tierkadaver zu einem Zerlegungsplatz auch nicht anders zu erwarten. Ebensowenig traf nach ihrem Urteil Shipmans und Potts' Behauptung zu, die Plazierung der Werkzeugschnittmarken spreche gegen eine gezielte Entfernung des Fleisches von den Knochen (vgl. S. 188); diese Marken seien vielmehr auf den fleischreichsten Gliedmaßenknochen am zahlreichsten und häuften sich dort in der Nähe der Muskelansätze, also genau dort, wo man es bei Zerlegungsspuren erwarten könne. Shipman und Potts hätten, so erklärten die beiden Forscher die divergierenden Ergebnisse, in dieser Hinsicht offenbar eine zu geringe und nicht repräsentative Auswahl an Knochen untersucht.

Insgesamt, so Bunn und Kroll, deute alles darauf hin, daß die Hominiden von Olduwai »Zugang zu Kadaverteilen mit noch beträchtlichen Fleischmengen hatten und daß sie große Stücke Fleischs von den Knochen herunterschnitten«. Die Olduwai-Schlucht sei offenkundig ein Ort gewesen, »zu dem ausgewählte Kadaverteile von hohem Nährwert hintransportiert wurden«, und in Anbetracht der »großen Mengen an Fleisch und Knochenmark, die während der hominiden Eßgelage zur Verfügung standen«, sei es

»wahrscheinlich, daß vor zwei Millionen Jahren gemeinschaftliche Nahrungsteilung in einem Maße stattfand, das unter heutigen nichtmenschlichen Primaten unbekannt ist. Es bleibt zu entscheiden, ob (...) die archäologischen Fundflächen Eßplätze von ausgesprochen vorübergehendem Charakter oder aber intensiver bewohnte Orte waren, an denen sich verschiedenartige hominide Tätigkeiten abspielten.«[35]

Comeback einer Theorie

Da war sie also wieder, die vielgescholtene Nahrungsteilungstheorie, und das fünf Jahre nach ihrem offiziellen, nur von wenigen betrauerten Begräbnis. Interessant war indes nicht nur dieser Wiederbelebungsversuch, sondern auch die überwiegende Zustimmung, auf die er stieß. Bunns und Krolls Aufsatz wurde – wie in der Zeitschrift »*Current Anthropology*« üblich – von mehreren kompetenten Fachleuten kommentiert, und diese Kommentare fielen fast durchweg anerkennend, in der Mehrzahl sogar ausgesprochen positiv aus. Bunn und Kroll, so notierte einer der Kommentatoren, »führen uns in einer nahezu vollständigen Kehrtwendung zurück zu der vielgeschmähten, überholten These vom mächtigen Jäger, und sie tun es auf überzeugende Weise«.[36] Ihre Untersuchung zeige, so schrieb eine andere Kommentatorin,

»wie wichtig es ist, die taphonomischen und Aufzeichnungsprobleme im originalen Datenmaterial zu kennen, bevor man Hypothesen auf der Grundlage solcher Daten entwickelt. Bunns and Krolls Hypothese einer umfangreichen Nutzung von Fleisch ebenso wie von Knochenmark (...) sollte an die Stelle von Binfords These einer nur minimalen Aasverwertung treten«.[37]

Ein weiterer Kommentator sah »Binfords Interpretationen ernsthaft in Frage gestellt«,[38] und zwei andere Fachleute sprachen von »überzeugenden Beweisen für eine beträchtliche Fleischbeschaffung« in Olduwai.[39] Nur ein einziger von acht Kommentatoren wischte die Ergebnisse der beiden Forscher nach einigen anerkennenden Eingangsfloskeln brüsk beiseite: Lewis Binford selbst. »Bunns und Krolls Daten untermauern nicht ihre eigenen Argumente«, schrieb er unwirsch, »sondern unterstützen nachdrücklich die meinen«; »diese Studie hat kein intellektuelles Standbein außer eines in der Phantasie geborenen Bildes vom frühhominiden Leben«, setzte er in scharfer Tonart hinzu.[40] Das klang ein wenig nach Pfeifen im dunklen Wald. Kein Zweifel: Der Wind begann sich nach nur fünf Jahren schon wieder zu drehen.

Gemeinsame Verteidigung gegen Raubtiere

In der Tat geben Binfords Theorien und Ansichten heute auch in den USA bei weitem nicht mehr so deutlich den Ton an wie in den frühen achtziger Jahren. Mehr und mehr Elemente der älteren Jagd- und Nahrungsteilungstheorie werden wieder in die Diskussion gebracht, wenngleich in modifizierter Form. So sind viele jüngere Forscher der Ansicht, die frühen Hominiden hätten durchaus in großen Mengen Fleisch verzehrt und auch regelmäßig benutzte Lagerplätze gekannt, beides jedoch wegen der Gefährdung durch Raubtiere in bewußter räumlicher Trennung. Die Schlafplätze und Aufenthaltsorte hätten nach dieser Theorie weit abseits der raubtiergefährdeten Schlacht- und Eßplätze mit ihren Kadaverresten (vgl. S. 187) gelegen und wären nur bislang von den Archäologen noch nicht entdeckt worden.

Andere Forscher vertreten mittlerweile aber auch die Meinung, die Gefährdung durch Raubtiere – und damit das wichtigste Argument gegen die »home base«-Theorie (vgl. S. 186/187) – sei in der Vergangenheit stark übertrieben und in einem falschen Licht dargestellt worden. Die amerikanischen Anthropologen Robert J. Blumenschine und John A. Cavallo stellten beispielsweise bei langwierigen Feldforschungen in der Serengeti fest, daß Tierkadaver in bewaldeten Uferlagen – also gerade den ökologischen Zonen, in denen sich die frühen Hominiden oft aufhielten (vgl. S. 186) – viel länger von Geiern, Hyänen und Raubtieren unbehelligt bleiben als in der offenen Savanne. Nach ihrem Urteil hätten »Hominiden, die in den Uferwäldern Kadaver verzehrten, kaum in höherem Maße die Aufmerksamkeit gefährlicher Raubtiere auf sich gezogen als wenn keine Kadaver vorhanden gewesen wären«.[41] Blumenschine und Cavallo halten deshalb auch die Existenz frühhominider Lagerplätze in diesen ökologischen Zonen keineswegs für unmöglich.

Die amerikanischen Anthropologinnen Lisa Rose und Fiona Marshall wiederum trugen 1996 in einem Aufsatz zahlreiche Belege dafür zusammen, daß heutige Affen und Menschenaffen den Raubtieren in ihrer Umgebung keineswegs schutzlos ausgeliefert sind, sondern auf Angriffe mit koordinierter Gegenwehr reagieren und dadurch nicht nur Geparde und Schakale, sondern bisweilen sogar Leoparden oder Löwen in die Flucht schlagen. »Wir nehmen an«, so folgern die beiden Forscherinnen, »daß die Hominiden, statt ihre Aufenthaltsorte wegen der von Aasfressern ausgehenden Gefahr zu verlassen, die den Primaten eigene Tendenz zur kooperativen Verteidigung weiterentwickelten und sich selbst und ihre Lebensressourcen aktiv schützten.« Ein solches gemeinschaftliches Verteidigungsverhalten hätte nicht nur die Herausbildung der menschlichen Sozialstrukturen entscheidend gefördert, sondern auch

»die regelmäßige Nutzung einzelner Plätze für eine Vielzahl täglicher und nächtlicher Tätigkeiten erlaubt, einschließlich des Zusammenkommens der Gruppenmitglieder zum Essen und Schlafen. (...) Diese Orte wären zu Brennpunkten für eine breite Palette sozialer und nahrungssichernder Aktivitäten, der Steingeräteherstellung wie der Kadaverzerlegung geworden – weitgehend in derselben Weise, wie das in Isaacs (›*home base*‹)- oder Zentralplatz-Modell vorgeschlagen wurde.«[42]

Rückzug in die Bäume?

Schließlich wird auch Isaacs Gedanke, unsere Vorfahren könnten der von Raubtieren drohenden Gefahr entgangen sein, indem sie sich zeitweise einfach in die Bäume zurückzogen (vgl. S. 187), in den letzten Jahren immer wieder aufgegriffen und weiter ausgebaut. Dieser Gedanke liegt auch nahe, denn heutige Menschenaffen schlafen, wie man schon seit langem weiß, allnächtlich in »Nestern« aus zusammengebogenen Zweigen und Laub, die sie sich im Geäst der Bäume zurechtmachen; Schimpansen verzehren auch ihre gelegentlichen Fleischmahlzeiten bevorzugt über der Erde – im Gegensatz zur alltäglichen pflanzlichen Kost, die üblicherweise am Boden eingenommen wird. Der Gedanke, auch der Homo habilis oder gar der frühe Homo erectus könnten sich zumindest zeitweilig noch so verhalten haben, kam aber lange Zeit gar nicht auf, weil die aufrechte, zweibeinige Fortbewegung auf dem Boden so sehr als kennzeichnendes Merkmal des Menschen gegenüber den anderen Primaten galt, daß selbst ein zeitweiliger Rückzug in die Bäume als »Rückschritt ins Äffische« aufgefaßt worden wäre.

Neuere anatomische Erkenntnisse, denen zufolge sich die frühen Hominiden auch nach dem Übergang zum aufrechten Gang noch für lange Zeit ihre anatomische Anpassung an das Klettern bewahrten (vgl. Kap. 3), haben hier aber mittlerweile zu einem Umdenken geführt. Die Annahme, daß die Australopithecinen und vielleicht sogar noch die frühesten Vertreter der Gattung *Homo* mit Hilfe ihrer Fähigkeit zum Erklimmen von Bäumen einige der Probleme »unter sich ließen«, mit denen sie am Boden unvermeidlich konfrontiert waren, würde nach Ansicht zahlreicher Fachleute nicht wenige Aspekte ihres Lebens und Überlebens verständlicher machen – nicht zuletzt die unterm Strich erfolgreiche Behauptung gegenüber den großen Raubkatzen. »Mit Hilfe einfacher ›Plattformen‹ in den Bäumen, auf denen sich Ressourcen und Gerätschaften unterbringen ließen«, spekulierten unlängst etwa die Zoologen Barbara Fruth und William McGrew, konnten sich die frühen Hominiden

»bei Tag oder Nacht ausruhen und sich einem breiten Spektrum ortsgebundener Aktivitäten widmen. Archäologisch bleiben diese Plattformen und die zugehörigen Bäume natürlich unsichtbar, denn sie sind seit langem verschwunden und ihr nichtvergängliches Inventar hat sich auf dem Erdboden angesammelt, wo es zusammen mit verstreuten Abfällen das charakteristische Durcheinander eines »Wohnplatzes« bildet. Am besten ließen sich diese Überlegungen daher vermutlich auf paläoökologischem Weg testen, denn man würde den Fund derartiger Lagerstätten an Stellen erwarten, wo geeignete Bäume wuchsen.«[43]

Bei diesen Sätzen kommt einem unwillkürlich der merkwürdige Steinkreis aus der Olduwai-Schlucht in den Sinn, der nach traditioneller Auffassung von einer künstlichen Behausung stammen soll, während heutige

Fachleute ihn auf das Wurzelwerk eines großen Baumes zurückführen möchten (vgl. S. 183). Der Gedanke ist faszinierend, daß die Hersteller der in seiner Umgebung gefundenen Steingeräte möglicherweise nicht in ihm schliefen und aßen, sondern *über* ihm: im Geäst eines an dieser Stelle wachsenden Baumes oder anderer Bäume, die vor über 1,75 Millionen Jahren hier standen. Unsere Vorfahren hätten inmitten des Blattwerks dieser Bäume gehockt wie Erich Kästners wilde »Kerls« in seinem bekannten Gedicht »Über die Entwicklung der Menschheit«, und doch wären sie keine Affen mehr gewesen, denn sie verfertigten steinerne Werkzeuge, zerlegten damit Fleisch und Knochen und schritten während eines großen Teils ihrer Zeit aufrecht durch die Landschaft, was kein Affe tut. Vielleicht fehlte ihnen zum endgültigen Verlassen der Bäume nur noch eine einzige, aber entscheidende kulturelle Errungenschaft: das Feuer (vgl. Kap. 5). Solange sie nicht über dieses einfache, aber wirksame technische Hilfsmittel zur Abwehr von Raubtieren verfügten, mußten sie eben zeitweilig noch den natürlichen Schutz der Baumkronen in Anspruch nehmen – ohne daß dies das geringste an ihrem protomenschlichen Status geändert hätte.

Woher kam das Fleisch?

Die Diskussion über die Lebensweise der frühen Hominiden ist, wie schon diese wenigen Beispiele zeigen, also wieder einmal neu eröffnet, und dabei zeichnet sich ein »Comeback« zumindest einzelner Elemente der »*home base*«- und Nahrungsteilungstheorie ab (vgl. S. 171 ff.). Dieser Trend ist aber keineswegs gleichbedeutend mit einer einfachen Wiederbelebung der traditionellen Jagdtheorie. Denn selbst Bunn und Kroll, die wohl entschiedensten Kontrahenten Binfords, behaupteten in ihrer Kritik an seinen Hypothesen zunächst einmal nur, daß unsere Vorfahren schon vor annähernd zwei Millionen Jahren dicke Fleischportionen auf ihre Schlachtplätze trugen, dort untereinander verteilten und verzehrten. »Die Art der Gewinnung dieses Fleisches – ob erjagt, als Aas aufgefunden oder beides – bleibt unsicher und erfordert eine eigene Untersuchung«, stellte Bunn schon 1981 klar.[44] In ihrem Aufsatz von 1986 gingen die beiden Forscher zwar einen Schritt weiter und mutmaßten, eine nachträgliche Nutzung von Raubtieren getöteter und bereits ausgeschlachteter Tiere hätte nicht genügend Fleisch erbracht, um die in Olduwai belegten umfangreichen Zerlegungsspuren zu erklären; als mögliche Alternativen nannten sie neben der Jagd aber auch die Schlachtung natürlich verendeter Tiere und das gemeinschaftliche Verjagen tierischer Räuber von ihrer Beute beziehungsweise von Aas.

»Beim Versuch, diese verbleibenden Alternativen gegeneinander abzuwägen, geraten wir in eine Sackgasse«, bekannten Bunn und Kroll: »Jagd kann nicht kategorisch ausgeschlossen werden, aber es gibt auch keine soliden Hinweise darauf, daß die frühen Hominiden selber (...) größere Tiere erbeuteten.«[45] Und in der Tat ist es nahezu unmöglich, die Erlegung eines Tieres allein anhand seiner Knochenreste nachzuweisen, denn das Herunterschneiden eines Schinkenstücks vom Schenkel einer Antilope hinterläßt bei einigem Glück Spuren, die sich eindeutig identifizieren lassen – die Tötung derselben Antilope hingegen nicht, sofern nicht zwischen ihren Knochen die dazu verwendete Waffe gefunden wird. Waffenfunde aber sind aus den ältesten paläolithischen Fundstätten Afrikas einstweilen unbekannt, seit sich Darts vermeintliche »Knochenkeulen« als Fiktion erwiesen haben (vgl. S. 156 und 166).

So müssen wir uns, um in der Frage der Jagd klarer zu sehen, sehr viel jüngeren Abschnitten der Urgeschichte und uns vertrauteren Regionen zuwenden – den gemäßigten Breiten Europas nämlich, wo ungleich mehr altsteinzeitliche Fundstätten untersucht sind und daher auch ein viel umfangreicheres Fund- und Befundmaterial vorliegt. Im folgenden Kapitel wollen wir unter die Lupe nehmen, was dieses Material über die jägerischen Fähigkeiten und Leistungen unserer urzeitlichen Vorfahren auszusagen vermag.

8. Kapitel

Elefantenjäger im Herzen Europas

Wenn von Elefanten die Rede ist, denkt man im allgemeinen weniger an Europa als vielmehr an die tropischen und subtropischen Regionen Afrikas und Asiens, in denen die Dickhäuter heute noch von Natur aus vorkommen. Und doch waren Elefanten auch in unseren Breiten heimisch: Während des gesamten Eiszeitalters gehörten sie zur Tierwelt hiesiger Regionen. Ihr bekanntester Vertreter war das fast schon legendäre Mammut – für die meisten Menschen das Eiszeittier schlechthin –, das nichts anderes war als der durch eine dichte Fellbehaarung und eine dicke Fettschicht an arktische und subarktische Klimabedingungen angepaßte Elefantentypus der Kaltzeiten. Er ist nicht nur durch zahlreiche Skelettfunde gut bekannt, sondern auch durch eine Reihe »tiefgefrorener« und auf diese Weise buchstäblich »mit Haut und Haaren« erhalten gebliebener Kadaver, die im Dauerfrostboden Sibiriens aufgefunden wurden. Überdies malten und zeichneten die Menschen des Jungpaläolithikums vor 35 000 bis 12 000 Jahren häufig Mammutdarstellungen auf die Wände ihrer Bilderhöhlen oder schnitzten kleine Figürchen des Rüsseltiers aus Elfenbein (vgl. Kap. 9), so daß an der bedeutenden Rolle des Mammuts in ihrem Leben und Denken kein Zweifel bestehen kann.

Der europäische Waldelefant

Durch all diese faszinierenden Funde und Darstellungen ist das Mammut ein so populäres Tier geworden, daß es heute jedem Kind vertraut ist. Kaum jemand weiß hingegen, daß während der Erwärmungsphasen des Eiszeitalters, der sogenannten Zwischeneiszeiten oder Interglaziale (vgl. Kap. 3), auch wärmeliebende Elefantenarten ohne Fellbehaarung in Europa lebten. Von diesen sogenannten Alt- oder Waldelefanten sind freilich aufgrund der andersgearteten Überlieferungsbedingungen nur vergleichsweise wenige gut erhaltene und einigermaßen vollständige Skelette auf uns gekommen, die aber dennoch ausreichen, um sich ein verhältnismäßig klares Bild von diesen Tieren zu machen. Die Altelefanten ähnelten danach den heutigen afrikanischen Elefanten, konnten jedoch noch deutlich größer werden als diese: Während bei den modernen Dickhäutern eine Rückenhöhe und Stoßzahnlänge von etwa vier Metern das Maximum ist, sind für die Waldelefanten des Eiszeitalters Schulterhöhen und Stoßzahnlängen von bis zu fünf Meter belegt. Es handelte sich also um wahre Kolosse, die aufgrund ihrer Körperausmaße vermutlich kaum natürliche Feinde kannten und daher wie die modernen Elefanten vergleichsweise friedliche Tiere gewesen sein dürften. Sie durchstreiften in kleineren Herden die wald- und wasserreichen warmzeitlichen Landschaften Europas von Italien bis England und von Spanien bis Deutschland und ernährten sich hauptsächlich von Laub und Früchten. Wie ihre heutigen Nachfahren dürften aber auch sie sich beim geringsten Angriff des Menschen in aufgebrachte, gefährliche Gegner verwandelt haben. Nicht zu spaßen war sicherlich auch mit den vielerorts durch Funde belegten urzeitlichen Nashörnern, die Seite an Seite mit den Elefanten lebten und immerhin eine Rückenhöhe von mehr als zwei Metern sowie eine Hornlänge von über einem Meter erreichen konnten.

Frühe Großwildjäger?

Zusammen mit den Resten dieser Tiere wurden seit dem 19. Jahrhundert in Spanien wie in Frankreich, in England wie in Deutschland immer wieder frühe Steingeräte gefunden, Faustkeile des Acheuléen oder Abschlaggeräte des Clactonien (vgl. Kap. 5), aber auch jüngerer, mittelpaläolithischer Kulturen. Dies legte die Vermutung nahe, der früheste Mensch in unseren Breiten sei ein ausgesprochener Großwildjäger gewesen, der – im Gegensatz zu seinen Nachfahren am Ende der Eiszeit, die ganz überwiegend mittelgroße Tiere wie das Ren oder das Wildpferd bejagten (vgl. Kap. 6) – bevorzugt die größten Tiere seiner Umwelt erlegt habe. Dieser Gedanke paßte auch gut zur Theorie vom kulturellen Fortschritt unserer Vorfahren nach ihrem Auszug aus dem tropischen »Garten Eden« und zu ihrer vermuteten »Erziehung« durch das kühlere nördliche Klima (vgl. Kap. 6); selbst im warmzeitlichen Europa gab es ja einen ausgeprägten

Jahreszeitenwechsel und mitunter recht kühle Winter (vgl. Kap. 3), und zumindest während dieser Jahreszeit war pflanzliche Kost rar und die Frühmenschen mußten sich überwiegend von Fleisch oder aber von Vorräten ernähren. Dieser durch die Umwelt auferlegte Zwang habe – so vermutete man schon früh – dafür gesorgt, daß unsere Vorfahren endgültig zu Großwildjägern wurden, auch wenn sie ihre ersten Jagderfahrungen vielleicht schon in ihrer tropischen Urheimat gesammelt hatten (vgl. Kap. 7). Ein Elefant oder ein Mammut vermochte aber ungleich mehr Fleisch zu liefern als jedes andere Tier, und so nahm man weiter an, die urzeitlichen Bewohner Europas hätten es besonders auf diese großen Dickhäuter abgesehen gehabt – eine Beute, die sie (bei Anwendung entsprechender Konservierungsverfahren) für viele Wochen oder gar Monate von jeglichen Nahrungssorgen befreien konnte.

Dieses Modell war plausibel, einfach und klar, und es paßte gut in das erwähnte Heldenepos vom Aufstieg des urgeschichtlichen Menschen (vgl. Kap. 6). Es stellte die Forschung allerdings vor die schwierige Frage, auf welche Weise unsere Vorfahren den so gefährlichen »Riesen« erfolgreich zu Leibe gerückt sein sollten. Die Elefanten- und Nashornjagd ist ja selbst mit modernen Schußwaffen alles andere als ein Kinderspiel, und die Frühmenschen verfügten über nichts, was sich auch nur entfernt mit der Ausrüstung heutiger Großwildjäger messen könnte. Wie gelang es ihnen dennoch, die gewaltigen Dickhäuter zur Strecke zu bringen, mit welchen Methoden bezwangen sie sie? Einer der ersten Versuche, auf diese Frage eine überzeugende Antwort zu finden, wurde von deutschen Wissenschaftlern unternommen – und er sollte die Vorstellung von der urgeschichtlichen Jagd für Jahrzehnte prägen.

Bedeutende Funde bei Weimar

Goethe und Schiller haben die Stadt Weimar in Thüringen weltberühmt gemacht. Wenig bekannt ist hingegen, daß sich hier bis in die fünfziger Jahre hinein eines der Zentren der deutschen Urgeschichtsforschung befand.

Rund um Weimar erstrecken sich große Travertinbrüche, in denen das für Bauzwecke begehrte Gestein schon seit mehr als 200 Jahren abgebaut wird. Travertin ist ein Niederschlag von mehr oder minder reinem Kalk, und die Weimarer Travertinvorkommen entstanden, als vor 100 000 bis 200 000 Jahren stark kalkhaltige Quellwässer von den umliegenden Berghängen ins Tal der Ilm flossen, an der die Stadt gelegen ist. Die Quellwässer verdunsteten dabei teilweise und setzten unter der Einwirkung von Pflanzen den Kalk ab, der mächtige Travertinbänke von zusammen mehr als zehn Meter Höhe bildete. In diese Schichtpakete wurden zahlreiche Tier- und Pflanzenreste eingeschlossen, so daß die Steinbrüche in und um Weimar schon im 18. Jahrhundert auf reges Interesse bei Geologen und Naturforschern stießen. Johann Wolfgang von Goethe besuchte sie oft, nahm Schichtprofile auf und dachte sogar an eine Veröffentlichung der Funde aus dem Travertin. Er vermerkte in seinen Aufzeichnungen, daß dort »die wohlerhaltensten Reste von Quadrupeden (Vierfüßlern, MK) im calcinierten Zustande vorkommen«, unter anderem auch Teile von Waldelefanten und Waldnashörnern, jedoch »vom Elefanten nur Backzähne und verschiedene Knochenfragmente« und »vom Rhinoceros bloß Zähne«.[1]

Tatsächlich herrscht vor allem in den unteren Schichten der Weimarer Travertine eine typisch warmzeitliche Flora und Fauna vor, wie ja Travertine allgemein warmzeitliche Bildungen sind. Man schrieb diese Schichten daher lange Zeit der letzten Zwischeneiszeit zu, dem sogenannten »Eem-Interglazial« vor etwa 125 000 bis 100 000 Jahren. Mittlerweile hat sich jedoch herausgestellt, daß sie in einigen Fällen wohl wesentlich älter sind und bis in die Zeit vor 200 000 Jahren zurückreichen. Neben den erwähnten Tier- und Pflanzenresten kamen in ihnen seit Beginn unseres Jahrhunderts auch immer wieder Schädelbruchstücke, Kieferfragmente und andere Knochen des frühen Menschen zutage. Sie sind für die Paläanthropologie von beträchtlicher Bedeutung, weil man aus dieser Zeitperiode sonst nur vergleichsweise wenige menschliche Knochenreste kennt. Sie haben den Forschern allerdings auch einiges Kopfzerbrechen bereitet, weil sie eine merkwürdige Mischung aus urtümlichen und modernen, »neandertaloiden« und »sapienten« Merkmalen aufweisen, die nicht leicht zu erklären ist. Am ehesten dürften sie »warmzeitlichen« und daher noch nicht so stark kältespezialisierten Vor- oder Frühformen des Neandertalers zuzuordnen sein, dessen klassische Vertreter während der letzten Eiszeit vor etwa 100 000 bis 30 000 Jahren lebten (vgl. Kap. 2 und 4).

Diese Menschen hinterließen in den Weimarer Travertinen nicht nur ihre Gebeine, sondern – in bunter Mischung mit den Tierknochen – auch zahlreiche Steingeräte, und da ausgedehnte Ascheschichten und kleinere Holzkohlelinsen überdies von der Verwendung des Feuers zeugten, schien die Situation klar zu sein: Der frühe Mensch hatte hier über einen längeren Zeitraum hinweg immer wieder seine Lager aufgeschlagen und dabei in großer Zahl Tiere erlegt, vor allem Nashörner und Elefanten, deren Fleisch er an lodernden Lagerfeuern briet und anschließend verspeiste. Doch das Material schien darüber hinaus auch noch Rückschlüsse auf die Methoden zu erlauben, mittels derer die Altmenschen der großen Dickhäuter habhaft geworden waren – dies behauptete jedenfalls der Geologe und Paläontologe Wolfgang Soergel, der sich zu Beginn unseres Jahrhunderts intensiv mit dem Weimarer Material beschäftigte.

Warum starben die Elefanten so jung?

Soergel wertete unter anderem die Tierreste aus einem Travertinvorkommen bei Taubach vor den Toren der Stadt statistisch aus und erfaßte dabei auch die Altersklassen der Tiere, die sich besonders bei Elefanten relativ einfach anhand der Zahngröße und der Zahnentwicklung bestimmen lassen. Dabei stellte er fest, daß der Anteil der Jungtiere an den Taubacher Waldelefantenresten deutlich höher lag, als es nach der normalen Altersstaffelung in einer Elefantenherde zu erwarten gewesen wäre: Obwohl heutige Dickhäuter bis zu 80 oder 90 Jahre alt werden, waren 54 Prozent der in Taubach belegten Elefanten bei ihrem Tod noch jünger als 20 Jahre, und nur knapp 17 Prozent der Funde stammten von über fünfzigjährigen Exemplaren. Dieser »hohe Prozentsatz junger und sehr junger Tiere ist sehr auffällig«, kommentierte der Forscher,

»zumal das Elefantenmaterial anderer sehr reicher Fundorte, an denen der Mensch weder in Skelettresten noch in Artefakten (...) nachgewiesen ist, für (diese Altersstufe) sehr viel geringere Zahlen ergab. (...) Ich sehe in diesen Zahlen ebenso wie in den Fundverhältnissen den schlüssigen Beweis, daß im Taubacher Elefantenmaterial nicht die Reste einer Herde vorliegen, daß die ganz besondere Art der Altersstaffelung (...) (vielmehr) nur in der Jagdauslese des Menschen begründet sein kann.«[2]

Paläolithische Fallgruben?

Soergel glaubte mit seinen Ergebnissen auch den Schlüssel zur Erschließung der Jagdmethoden in Händen zu halten. Hätten die Urzeitjäger, so argumentierte er, gezielt einzelne Tiere erlegt, dann hätten sie sicherlich eher den älteren und fleischreicheren Individuen den Vorzug gegeben, zumal die Jagd auf Jungtiere keineswegs ungefährlicher gewesen sein konnte, da Elefantenmütter ihre Jungen energisch gegen Angriffe zu verteidigen pflegen. Die festgestellte Altersstaffelung mußte also durch ein anderes Jagdverfahren bedingt sein, dem die Jungtiere gewissermaßen »automatisch« häufiger zum Opfer fielen als die älteren Individuen. Und hier drängte sich nach Soergel vor allem der Gedanke an einen Fang mittels Fallgruben auf. »Bei wandernden Elefantenherden gehen«, so erläuterte der Forscher,

»Muttertiere mit den Jungen voran; sie geben gewissermaßen das Tempo an. Dieser Vortrab muß die durch Fallgruben gefährdete Zone also zuerst erreichen. Da in diesem Vortrab, aus dem die alten männlichen und die kinderlosen weiblichen Tiere ausgeschieden sind, junge Tiere relativ viel häufiger sein müssen als in der ganzen Herde, (...) da ferner die Gefährdung der noch wenig gewitzten jungen Tiere eine größere sein muß als die der erfahrenen alten, so ist in einer diesem Vortrab entnommenen Beute ein dem in Taubach nachgewiesenen ungefähr entsprechendes Massenverhältnis alter und junger Tiere ganz selbstverständlich. (...) Auch heute noch werden in Fallgruben vor allem junge Tiere gefangen.«[3]

Derartige Fallgruben müßten, so betonte Soergel, keineswegs übermäßig groß und aufwendig hergestellt gewesen sein; mit einem einfachen Grab-

Abb. 45
Paläolithische Jäger töten ein in der Fallgrube gefangenes Mammut mit Pfeilschüssen und Steinwürfen (Zeichnung von 1878)

stock ausgehobene Löcher, in denen die Tiere sich mit einem Bein verfingen und dadurch am Entkommen gehindert wurden, hätten wie bei manchen Jägern der Neuzeit bereits ausgereicht. Außerdem wühlten, so mutmaßte der Forscher weiter, die an den warmzeitlichen Flüssen und Seen ausgesprochen zahlreichen Nashörner sicherlich wie ihre modernen Nachfahren große Suhllöcher in den Lehm- und Schlickboden bei den Tränken. Und was, so fragte Soergel,

»lag näher für die Jäger, als diese Suhllöcher ihrer Jagd nutzbar zu machen, sie durch Einsetzen spitzer Holzpfähle auf dem Grunde, durch Verblenden mit Holz und Buschwerk und aufgestreuter Losung (Kot, MK) der Tiere in Fallgruben umzugestalten?«[4]

An der Fundstätte des berühmten *Homo heidelbergensis* in Mauer bei Heidelberg (vgl. Kap. 3) herrschte ein ganz ähnliches Verhältnis zwischen den Knochen junger und ausgewachsener Elefanten wie in Taubach, weshalb der Forscher trotz des Fehlens eindeutiger Steingeräte und anderer Kulturreste vermutete, auch der dortige älteste Mitteleuropäer habe den großen Dickhäutern bereits mit Hilfe von Fallgruben nachgestellt. Und auch für viele andere Fundstätten und Großtierarten nahm Soergel diese Jagdmethode an – nicht zuletzt für das Mammut, das noch von den Jungpaläolithikern der letzten Eiszeit vereinzelt auf diese Weise erbeutet worden sei.

Der Paläontologe präsentierte seine Daten und Argumente 1922 in einem kompakten, übersichtlichen Buch mit dem Titel »Die Jagd der Vorzeit«, das in Fachkreisen schnell zu einem vielzitierten Standardwerk wurde. Zahlreiche andere Urgeschichtsforscher übernahmen in der Folgezeit seine Fallgrubentheorie, so daß diese rasch zu einer Art »Allroundmodell« für den Jagdbetrieb im Paläolithikum wurde. Wer in älteren Werken über die Lebensweise in der Altsteinzeit stöbert, wird daher nicht selten auf Soergels Zahlenmaterial, fast unweigerlich aber auf das Mammut in der Fallgrube stoßen, das zum äußerst beliebten Motiv namentlich in der populären Literatur wurde (Abb. 45).

Vorbilder aus der Völkerkunde

Ursprünglich ging die Idee der Fallgrubenjagd allerdings vor allem auf völkerkundliche Vorbilder zurück. Afrikareisende haben vielfach beschrieben, wie die Eingeborenen des Schwarzen Kontinents Tiere der verschiedensten Arten, vor allem aber die großen Dickhäuter, in unterschiedlich gestalteten Grubenfallen fingen und anschließend erlegten (Abb. 46). Der Jagdexperte Arthur Berger beispielsweise berichtete 1928 über die Wandorobbo, eine Stammesgruppe in Ostafrika:

»Sehr beliebt sind bei diesen heimlichen Jägern auch die Fallgruben. Sie legen diese namentlich gegen Elefanten und Büffel (an), die sie sonst nicht so leicht zur Strecke bringen können, und zwar in der Weise, daß in viel begangenen Wechseln eine etwa vier Meter lange, anderthalb Meter breite und reichlich zwei Meter tiefe, unten sich verjüngende Grube ausgehoben wird, aus deren Sohle vielfach noch ein spitzer, anderthalb Meter langer Stamm emporragt. Die ganze Anlage wird sorgfältig mit Reisig, Blättern und Staub bedeckt, so daß sie sich in nichts von dem übrigen Erdboden unterscheidet. Diese Fallgruben sind gewöhnlich schachbrettartig angeordnet, um auf diese Weise einem etwaigen Ausbrechen der Tiere vorzubeugen. Solche Anlagen herzustellen bedarf es naturgemäß, namentlich da die Jäger ja nicht Hacke und Spaten, sondern nur den Grabstock und ihre Hände zur Verfügung haben, einer langen Zeit. Daher werden diese Plätze, die allerdings wohl in der Regenzeit oft recht leiden, ständig, jahrelang in Ordnung gehalten.

Im Laufe der Zeit lernt das Wild, namentlich die Elefanten, (...) meist die gefährlichen Plätze kennen, sie meiden oder wenigstens sie doch recht vorsichtig zu

Abb. 46
Elefantenfallgruben in Afrika
(Stich aus dem 18. Jahrhundert)

passieren. Deshalb verstecken sich die Jäger in der Nähe solcher Fallen und scheuchen die Tiere durch plötzliches Aufspringen oder Geschrei. Dadurch lassen die Tiere leicht, namentlich unerfahrene, jüngere, für einen Augenblick die Vorsicht außer acht, prellen vor und stürzen in eine Grube. Natürlich fällt gelegentlich auch einmal anderes Wild, hin und wieder auch ein einsamer Wanderer in eine solche Grube, mir wäre es beinah auch passiert.«[5]

Wenn schon die vergleichsweise gut ausgerüsteten neuzeitlichen Jägervölker sich dieser Jagdmethode bedienten, um einer direkten Konfrontation mit den großen und um ein Vielfaches überlegenen Dickhäutern aus dem Weg zu gehen, dann – so folgerte man – mußte das um so mehr für die Menschen der Altsteinzeit mit ihrer noch sehr dürftigen Bewaffnung gegolten haben. Letztere konnte nur aus einfachen Holzspeeren bestanden haben, und was, so fragte Soergel, »können zehn, was 15 solcher Speere bedeuten für ein Tier, das in der Mehrzahl seiner Vertreter größer und gewaltiger war als unsere heutigen Elefanten, zu deren Erlegung wir die Elefantenbüchse erfunden haben?«[6]

Die Überzeugung, den Dickhäutern sei im Paläolithikum auf andere Weise gar nicht beizukommen gewesen, schien die Annahme einer Fallgrubenjagd also geradezu unausweichlich zu machen.

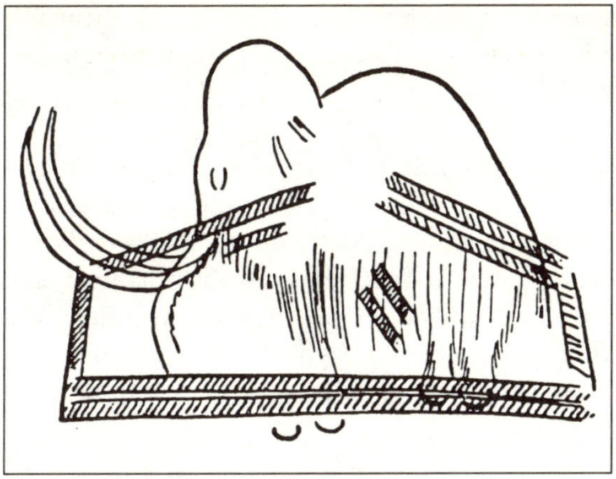

Abb. 47
Mammutdarstellung mit »hüttenförmigem« Zeichen aus der Höhle Font-de-Gaume in Frankreich – ein Beleg für jungpaläolithische Fallgrubenjagd?

Mangel an Beweisen

Tatsächlich aber sind – wenn man einmal von Soergels sehr unterschiedlich interpretierbarem Zahlenmaterial absieht – bis heute keine wirklich überzeugenden archäologischen Hinweise auf eine paläolithische Fallgrubenjagd gefunden worden. Zwar haben mehrfach Forscher die Entdeckung altsteinzeitlicher Jagdgruben gemeldet, doch hielten die Funde durchweg einer Überprüfung nicht stand oder müssen zumindest als fragwürdig gelten. So entpuppte sich ein 1904 bei Dewlish in England freigelegter, über 40 Meter langer Graben mit Elefantenresten bei genaueren Nachforschungen als geologische Bildung. Ein natürlicher Ursprung ist auch bei einer 1936 nahe Polch in der Eifel ausgegrabenen, rund einen Meter tiefen Grube mit Resten eines Mammutskeletts nicht ausgeschlossen. Und noch rätselhafter ist ein Befund, den der schweizerische Archäologe Otto Hauser 1907 bei Le Moustier in der Dordogne ausgrub: Er entdeckte dort über 20 jeweils auf Lücke zueinander liegende, eineinhalb Meter in den Boden gegrabene Trichtergruben mit jungpaläolithischen Steingeräten, die er als »Wildfanggruben« ansprach; in diesen Vertiefungen wurden freilich keinerlei Tierknochen gefunden, so daß die Deutung als Jagdfallen durchaus nicht zwingend ist.

So sind die konkretesten Hinweise auf die in der Altsteinzeit angeblich so weitverbreitete Fallgrubenjagd einige Darstellungen der französischen Höhlenkunst (vgl. Kap. 9), die Tiere zusammen mit merkwürdigen Gebilden oder Zeichen von dreieckiger beziehungsweise dachförmiger Gestalt zeigen. Besonders oft abgebildet wird eine Gravierung aus der Höhle Font-de-Gaume in der Dordogne, die angeblich ein Mammut in einer Grubenfalle darstellt (Abb. 47). Die bewußten Gebilde oder Symbole, die zum Teil auch ohne Verbindung mit Tierbildern in den Höhlen vorkommen, wurden von anderen Fachleuten freilich als Darstellungen von Hütten oder Zelten (»*tectiformes*«) interpretiert, was nicht weniger plausibel erscheint als die Fallgruben-Deutung. So kann also auch hier nicht von eindeutigen Belegen die Rede sein – und wenn, dann gälten sie zunächst nur für das Jungpaläolithikum.

Elefantenjagd mit Buschfeuern?

Nicht zuletzt aufgrund dieses »Mangels an Beweisen« geriet die Fallgrubentheorie in der Zeit nach dem Zweiten Weltkrieg allmählich aus der Mode, und man begann sich nach anderen Methoden umzusehen, die unseren Vorfahren die Erbeutung der großen Tiere ermöglicht haben könnten. Und wieder wurde man im völkerkundlichen Material fündig, das noch viele weitere Verfahren der Dickhäuterjagd kannte. »Grauenhaft ist die Art der Niam-Niam (am oberen Nil, MK), Elefanten zu erlegen«, berichtete Arthur Berger 1928:

> »Jahrelang schonen sie ganz besonders dicht stehende Grasstellen in weitem Umkreis, die sie als Erlegeplätze der Elefanten bestimmt haben. Ist eine Herde in der Nähe eines solchen Ortes festgestellt, so ruft die gewaltige Nachrichtentrommel die Jäger zusammen. Sie umkreisen in ungeheurem Bogen die Herde und treiben sie langsam dem besagten Gras- und Schilfdickicht zu. Hier stehen schon Jäger versteckt bereit, und, sobald die Herde in die scheinbar schützende Dickung eingezogen ist, setzen sie rundherum die Graswildnis in Brand. Versuchen die Tiere auszubrechen, so werden sie durch geschleuderte Fackeln, Speerwürfe und Geschrei in das brennende Dickicht zurückgetrieben. Der Rauch betäubt die Elefanten. In ihrer Angst, dem Ersticken nahe, laufen sie hin und her, bis sie bewußtlos zu Boden sinken oder den Wurfspeeren erliegen.«[7]

Kennern von Wildwestfilmen und -romanen ist dieses Jagdverfahren sicher nicht unbekannt: Einige nordamerikanische Prärieindianerstämme erbeuteten ihr Hauptjagdwild, den Bison, auf ganz ähnliche Weise: durch Treiben und Einkreisen mit Hilfe von Grasfeuern. Und bei Ausgrabungen in Spanien stieß man auf Hinweise, daß möglicherweise schon die Frühmenschen vor mehreren hunderttausend Jahren mit dieser Jagdmethode ganze Elefantenherden erlegt hatten.

Frühe Spuren aus einer Kaltzeit

Im Jahre 1888 wurden beim Bau einer Eisenbahnlinie durch ein Tal des zentralspanischen Hügellandes etwa 150 Kilometer nordöstlich von Madrid fossile Elefantenknochen entdeckt. Die Nachricht von diesen Funden kam einem spanischen Edelmann und Amateurarchäologen zu Ohren, dem Marqués de Cerralbo; er führte in dem bei der kleinen Ortschaft Torralba gelegenen Tal von 1909 bis 1911 größere Ausgrabungen durch und fand dabei zahlreiche weitere Elefantenreste, vor allem aber frühmenschliche Faustkeile und andere Steingeräte. Diese Grabungsergebnisse machten den Namen Torralba in Prähistorikerkreisen zu einem Begriff und fanden auch Eingang in zahlreiche Übersichtswerke der damaligen Zeit. Doch diese veralteten, und mit ihnen geriet auch das entlegene Tal im spanischen Hügelland für einige Jahrzehnte wieder in Vergessenheit.

Es rückte erneut ins Blickfeld der Forschung, als in den sechziger Jahren der amerikanische Urgeschichtsarchäologe F. Clark Howell dort erneut Ausgrabungen durchführte. Howell legte von 1961 bis 1963 über 600 Quadratmeter Fläche bei Torralba frei und über 1200 bei Ambrona, einer wenige Kilometer weiter nördlich gelegenen Fundstätte. Was er dabei mit seinem Team fand und akribisch genau dokumentierte, reihte die »Zwillingsstationen« Torralba und Ambrona unter die bekanntesten und wichtigsten paläolithischen Fundstätten der Welt ein.

Aufsehenerregend war allein schon ihr Alter, das durch geologische Untersuchungen und Blütenstaubanalysen ermittelt wurde: Die bei Torralba und Ambrona festgestellten archäologischen Fundschichten ließen sich einer Spätphase der sogenannten Mindel-Eiszeit zuweisen, der drittletzten Eiszeit in Europa, deren Ende vor über 400 000 Jahren angesetzt wird. Nicht nur dieses hohe Alter an sich war eine Sensation, sondern auch der Nachweis, daß hier Menschen schon zu dieser frühen Zeit den harten Umweltbedingungen einer Kälteperiode getrotzt hatten. Die meisten anderen europäischen Fundstätten des Homo erectus – ihm dürfte die Station vom Alter her zuzuschreiben sein, obwohl keine menschlichen Skelettreste dort gefunden wurden – stammen nämlich aus Wärmephasen, und so hatte man lange Zeit angenommen, dieser Frühmensch habe die winterkalten Zonen zunächst nur während günstiger Klimaperioden besiedelt und sich bei einschneidenden Klimaverschlechterungen wieder in wärmere, südlichere Gefilde zurückgezogen (vgl. Kap. 3). Doch in Torralba und Ambrona hatten Menschen schon vor über 400 000 Jahren unverkennbar während einer Kaltzeit ihre »Visitenkarte« hinterlassen – in einer Periode, in der die Durchschnittstemperatur bis zu sechs Grad unter der heutigen lag, in der Kiefernwälder und Grassteppen die Landschaft prägten und Fröste deutliche geologische Spuren im Boden hinterließen. Das war eine unerwartet klare Bestätigung der älteren Theorien über das Vermögen des frühen Menschen, sich durch Flexibilität und technische Hilfsmittel auch vergleichsweise unwirtlichen Umweltverhältnissen anzupassen (vgl. Kap. 6).

Tötungs- und Zerlegungsplätze

Zu der fraglichen Zeit führte durch das Tal, das von einem kleinen Fluß durchflossen wurde und stellenweise sumpfige Zonen aufwies, offenkundig ein beliebter Wanderweg für Tierherden. Bei den Grabungen der sechziger Jahre wurden in Torralba jedenfalls die Reste von mindestens 30 Waldelefanten, 26 Wildpferden, 25 Hirschen, zehn Auerochsen und sechs Nashörnern gefunden. Vermutlich stammen die Knochen nach dem Urteil der Experten sogar von noch weit mehr Tieren – und dabei sind die reichen Fossilfunde zu Beginn des Jahrhunderts noch nicht einmal berücksichtigt. In der Schwesterstation Ambrona wurden, nach der Anzahl der Stoßzähne zu urteilen, die Reste von mindestens 35 Elefanten geborgen; andere Tierarten waren dort seltener vertreten.

Der Ausgräber Howell betonte in mehreren Vorberichten über die Untersuchungen (eine umfassende Publikation ist bis heute nicht erschienen), daß die aufgefundenen Tierüberreste keineswegs aus vollständigen oder auch nur einigermaßen zusammenhängenden Skeletten bestanden, sondern daß sie ungeordnet und weit verstreut herumlagen und daß viele Skelettknochen fehlten. Dieses Fundbild konnte nach seinem Urteil kaum auf natürliche Weise zustande gekommen sein, und auch die jeweils knapp 1000 zwischen den Knochen aufgefundenen Steingeräte ließen seiner Meinung nach keinen Zweifel daran, daß der frühe Mensch für diese bemerkenswerte Ansammlung von Großtierresten verantwortlich war. »Viele Knochen der kleineren Tiere, ja selbst einige der enorm schweren Elefantenknochen waren aufgeschlagen«, berichtete Howell weiter,

»wahrscheinlich, um an das Mark heranzukommen. Von einem großen Elefantenschädel war die Decke völlig abgebrochen. Nachdenklich stimmt, daß die Knochen ganz durcheinandergeworfen waren. Es war fast unmöglich, das Skelett eines einzelnen Tieres völlig zu rekonstruieren. Je mehr die Fundstätte freigelegt wurde, desto klarer wurde, daß jemand hier Tiere zerlegt und ihre Teile fortgetragen hatte.«[8]

Nur an einigen Abschnitten der Grabungsplätze waren etwas klarer strukturierte Befunde vorhanden. So stieß man auf einer 30 Quadratmeter großen Fläche in Torralba auf die noch annähernd vollständige linke Skeletthälfte eines großen Elefanten ohne Beckenknochen, aber mit einigen Wirbeln, ohne Schädel, aber mit Stoßzähnen und vollständigem Unterkiefer; vier Steinabschläge lagen bei diesem Skelettrest. Etwas abseits davon fanden sich einige der fehlenden Teile des Elefantenskeletts zusammen mit Überresten anderer Tiere, zahlreichen Steinabschlägen sowie zwei faustkeilartigen Werkzeugen. An dieser Stelle wurden außerdem mehrere Holzkohleflecken sowie Holzreste ausgegraben. »Zusammengenommen scheinen diese Befunde auf primäre Tötungs- und Zerlegungszonen und sekundäre Schlacht- und Fleischverarbeitungszonen hinzudeuten«, kommentierte Howell den Befund.[9]

In Ambrona wurden an einer Stelle des Grabungsareals große Teile des Skeletts eines mächtigen Elefantenbullen entdeckt, dem jedoch einige Bein- und Fußknochen fehlten. Auch im Umkreis dieses Skeletts fand man zahlreiche Abschlaggeräte sowie vier faustkeilähnliche Werkzeuge.

Auch hier wurden kleine Holzkohleansammlungen und Spuren von Holzstückchen festgestellt.

Ähnliche Holzreste, die bei den Grabungen des Marqués de Cerralbo zu Beginn des Jahrhunderts zutage gekommen waren, besaßen teilweise stangenartige Form und waren mit einer Spitze versehen, so daß der Gedanke an Holzlanzen nahelag. Nach den Aufzeichnungen des Marqués waren sie »zwischen den Knochen von Elefanten« gefunden worden,[10] doch leider machte er keine genaueren Angaben. Bei Howells neuen Grabungen wurden ebenfalls Spuren eines 50 Zentimeter langen und 1,5 Zentimeter dicken, angespitzten Holzstabbruchstücks gefunden, das als mutmaßliche »Speerspitze« in die Literatur einging.

Jagderfolge des Homo erectus

Alle diese Funde und Befunde deuteten, so schrieb der mit Howell in Torralba und Ambrona tätige Geologe Karl W. Butzer, auf eine

> »wiederholte Erlegung und Zerlegung von Tieren an den beiden Fundorten im Verlauf eines ausgedehnten Zeitraums von vielen Jahrtausenden. (...) Es kann kaum ein Zweifel daran bestehen, daß alle Tiere, vielleicht mit einigen wenigen Ausnahmen, vom Menschen getötet wurden. Sie wurden mehr oder weniger vollständig am Tötungsort verzehrt, und die Knochen wurden aus dem Skelettverband herausgelöst und zum Teil über beträchtliche Flächen verstreut. Markhaltige Knochen wurden häufig zerbrochen und aufgespalten. Bei den Grabungen ließen sich keine Spuren von Behausungen oder etwas ähnlichem finden, und es ist möglich, daß Torralba wiederholt als kurzfristiges Jagdlager für nur wenige Tage Aufenthalt aufgesucht wurde.«[11]

Die Fundstätten bewiesen damit nach Butzer zweifelsfrei, daß »der Mensch des Acheuléen (...) ein erfolgreicher Jäger« gewesen war und machten überdies »eine langandauernde Konzentration auf die Elefantenjagd deutlich, möglicherweise bedingt durch (...) den außergewöhnlich hohen Fleischertrag im Verhältnis zur erbrachten Jagdleistung«.[12]

Sümpfe als Todesfallen?

Dabei dachte der Geologe wie schon die früheren Forscher indes nicht an eine unmittelbare Angriffsjagd, denn »da nur schwache Waffen zur Verfügung standen«, erschien es ihm »unwahrscheinlich, daß Großtiere wie der Elefant oder das Nashorn (...) jemals direkt angegangen worden wären«. Die Tiere wurden nach seiner Vermutung vielmehr mit hoher Wahrscheinlichkeit »in Sümpfe oder auf morastigen Grund getrieben, wodurch man ihre Beweglichkeit verminderte und vereinzelte Tötungen ermöglichte«.[13]

Das war ein neuer Gedanke, der zwar gewisse Anklänge an die ältere Fallgrubentheorie aufwies, jedoch von der Ausnutzung naturgegebener Todesfallen und Hindernisse ausging. Auch durch die Vorstellung vom

»Treiben« der Tiere wurde ein völlig neuer Akzent gesetzt. Wo Soergel noch einzelne Elefanten einer Herde auf friedlichem Marsch und ohne unmittelbares Zutun des Menschen in die vorbereiteten Fallgruben stürzen sah (vgl. S. 203), da trat nun die Vorstellung eines dramatischen, vom Menschen gelenkten Geschehens – der großangelegten Treibjagd auf eine ganze Elefantenherde – in den Vordergrund. Und ein wichtiges Indiz zur Untermauerung dieser Vorstellung bildeten die erwähnten Feuerspuren zwischen den Tierresten von Torralba und Ambrona. »Zahlreiches Brennmaterial verschiedener Art wurde aufgefunden«, schrieb der Grabungsleiter Howell,

> »teils Holzkohle, teils Kohle. Es war nicht derart an einer Stelle konzentriert, daß man annehmen könnte, es habe dort über längere Zeiträume hin Herde oder ständige Feuer gegeben; es kam eher weit verstreut vor. Wer auch immer diese Feuer angelegt haben mag, unbestritten ist, daß er über weite Strecken hin Gras und Gebüsch angezündet hat. Diese Vorkommen und die Funde von Elefantenknochen, die konzentriert in einem früheren Sumpf lagen, lassen vermuten, daß man diese Feuer zu einem bestimmten Zweck angelegt hatte, (nämlich) um die schwerfälligen Elefanten in (den) Sumpf zu treiben. Tiefer Schlamm ist auch für rezente Elefanten gefährlich, und wenn die Frühmenschen, die im Ambrona-Tal lebten, eine Elefantenherde in diesen Sumpf getrieben hätten, wäre es relativ leicht für sie gewesen, die Tiere immer dichter einzukreisen und schließlich zu erlegen.«[14]

Ein spektakuläres Szenario

All dies lief auf ein überaus spektakuläres Szenario hinaus, das in dem populärwissenschaftlichen Buch, dem Howells Zitat entstammt, durch eine Folge dramatisch gestalteter Gemälde illustriert wurde. Im Begleittext zu dem Bild »Die Jagd ist im Gange« wurden die Ereignisse wie folgt beschrieben:

> »Es weht ein Nordwestwind, und die Feuer, die die Jäger weit oben im Tal angelegt haben, treiben die Herden vor sich her. Schon ist eine Gruppe von Waldelefanten im Sumpf gefangen. Links hat eine Gruppe schreiender Jäger Feuer angezündet, um die Elefanten am Überqueren des Flusses, zum festen Boden hin, zu hindern. Rechts werden die Elefanten von steilen Bergflanken, über die gerade eine Herde leichtfüßiger Pferde entflieht, am Entkommen gehindert. Einige der in den Sumpf geratenen Elefanten könnten vielleicht noch entkommen, wenn jedoch ein so schweres Tier erst einmal knietief im Schlamm eingesunken ist, ist es vollkommen hilflos. Das Weibchen in der Mitte macht einen verzweifelten Versuch, sich zu befreien und gleichzeitig ihrem Jungen einen helfenden Stoß zu geben, doch es ist verloren. Die Jäger brauchen nur noch etwas abzuwarten: wenn es erst völlig erschöpft ist, wird es mit Steinen und Speeren getötet und anschließend wegtransportiert.«[15]

Reste von Speeren glaubte man ja wie schon erwähnt gefunden zu haben (vgl. S. 211), und auch Kalksteinblöcke und -brocken lagen vielfach auf den Fundflächen herum; sie waren nach Überzeugung der Ausgräber von ihrem nahe gelegenen Ursprungsort zum Jagdplatz hingeschafft worden, um als »Munition« zur Tötung der im Sumpf gefangenen Tiere zu dienen.

Zusätzlich untermauert wurde das Szenario der »Elefanten im Morast« nach Auffassung Howells auch noch durch eine merkwürdige Struktur, die er in Ambrona ausgegraben hatte: Mehrere große Schenkelknochen sowie der Stoßzahn eines Elefanten lagen dort in einer annähernd geradlinigen Reihe hintereinander, flankiert von quer dazu liegenden anderen Knochen. Hatte der Forscher offenbar zunächst an eine kultische Interpretation dieser »rätselhaften Anordnung«[16] gedacht, so erschien ihm schließlich eine praktische Erklärung doch einleuchtender: Die Frühmenschen könnten die Elefantenknochen, so mutmaßte er, als eine Art behelfsmäßiger »Brücke« oder »Überweg« so angeordnet haben, um beim Transport der Fleischlasten aus dem Sumpf nicht in den weichen Boden einzusinken. Diese Erklärung machte natürlich nur dann Sinn, wenn die Elefanten tatsächlich im Morast verendet waren.

Hinweise auf die Sozialstruktur?

Der amerikanische Archäologe Leslie G. Freeman, Howells leitender Assistent bei den Ausgrabungen, baute das Jagdszenario in den siebziger Jahren noch weiter aus, indem er die Verteilungsmuster der Tierknochen und Artefakte in Torralba detailliert auswertete und dabei mehrere »Aktivitätszonen« unterschied, an denen seiner Ansicht nach einzelne Jägergruppen ihren Fleischanteil zerlegt und weiterverarbeitet hatten; anhand der Gleichartigkeit der Knochenreste in diesen unterschiedlichen Zonen glaubte Freeman sogar, »eine relativ egalitäre Aufteilung der Jagdbeute« unter den »wahrscheinlich jeweils ähnlich aufgebauten sozialen Einheiten« nachweisen zu können, wie es den Prämissen der zu dieser Zeit sehr einflußreichen Nahrungsteilungstheorie entsprach (vgl. Kap. 7). Und da eine effektive Treibjagd relativ viele Jäger erfordert und erhebliche Fleischmengen erbracht haben mußte (Freeman schätzte den Ertrag eines einzigen Jagdzuges in Torralba auf 15 000 Kilogramm), schloß der Forscher auf eine »beträchtliche Größe« der in dem Tal jagenden Frühmenschengruppe – »vielleicht in der Größenordnung von 100 Personen oder mehr«.[17]

Diese Ergebnisse und Interpretationen wurden die ganzen siebziger Jahre hindurch allgemein anerkannt und in zahllosen fachwissenschaftlichen und populären Veröffentlichungen immer aufs neue referiert, zitiert und ausgeschmückt. Die Treibjagden von Torralba und die Elefanten im Morast hatten vor allem in der englischsprachigen Literatur dieser Zeit den gleichen Stellenwert wie das Mammut in der Fallgrube während der ersten Hälfte unseres Jahrhunderts: Sie waren das normsetzende Muster, das »Paradigma«, an dem sich die Vorstellungen von der urgeschichtlichen Jagd orientierten.

Binford greift ein

Die Szenerie veränderte sich jedoch zu Beginn der achtziger Jahre einschneidend, als der streitbare Lewis Binford, durch seine afrikanischen Erfolge ermutigt (vgl. Kap. 7), sich auch der vermuteten Jagdplätze in Europa und Asien anzunehmen begann. »Die wachsende Einigkeit über die Bedeutung des Aassammelns in den sehr frühen Menschheitsperioden lenkt die Diskussion wieder auf die Rolle der Jagd während des Mittelpleistozäns«, also der Zeitperiode vor etwa 400 000 bis 130 000 Jahren, erklärte Binford 1986:

»Die Methoden, die es ermöglicht haben, aus dem Fundmaterial des Altpleistozäns die Gewohnheit der Aasnutzung zu erschließen (vgl. Kap. 7, MK), sind bisher noch nicht auf die Daten (...) der wichtigsten mittelpleistozänen Fundstätten in den gemäßigten Zonen angewandt worden. Es besteht wenig Grund, die alten Schlüsse über eine jägerische Lebensweise an diesen Fundstätten zu akzeptieren, denn sie kamen auf die gleiche Weise zustande, wie die mittlerweile überholten Behauptungen über eine Jagd im Altpleistozän.«[18]

Das war eine unmißverständliche Kampfansage, und mit der ihm eigenen Vehemenz und Unnachsichtigkeit stürzte sich Binford auch hier wieder ins wissenschaftliche Gefecht. Keine Frage, daß dabei die Fundstätte von Torralba, »das bekannteste und am allgemeinsten anerkannte Beispiel für Großtierjagd (...) auf der ganzen Welt«,[19] eine zentrale, ja die Schlüsselrolle zu spielen hatte.

Binford wertete die wenigen veröffentlichten Daten über die Tierknochen und Steinwerkzeuge des spanischen Fundplatzes in einem komplizierten statistischen Verfahren zur Mustererkennung aus und gelangte dabei zu einer Reihe erstaunlicher Resultate. Seine Berechnungen, die er 1986 auf einer Konferenz von Fachwissenschaftlern vortrug, ergaben zunächst einmal, daß die Elefantenknochen und diejenigen anderer Großtiere wie Pferd, Hirsch und Auerochse unterschiedliche Verteilungsmuster zeigten und daher mutmaßlich auch auf unterschiedliche Weise in die Fundschichten gelangt waren. Die Elefantenreste wurden laut Binford ursprünglich zum großen Teil als vollständige Skelette eingelagert; ihre Unvollständigkeit und das Durcheinander der Knochen (vgl. S. 210) waren nach Meinung des Forschers nicht auf menschliche Einwirkung zurückzuführen, sondern durch natürliche Vorgänge wie Wassertransport, Bodenfließen oder Verschleppung durch lebende Tiere zu erklären, für die es konkrete Hinweise gab (beispielsweise Verrollungsspuren an vielen Knochen).

Zu dieser Vermutung paßte auch, daß nach Binfords Analyse nur ein kleiner Teil der rund 800 von Howell in Torralba aufgefundenen Steingeräte mit den Elefantenresten in Verbindung stand, die große Mehrzahl dagegen offenbar mit den Knochen anderer Tierarten zusammen in den Boden gelangt war. »Die häufigsten Fundsituationen sind jene, in denen Auerochsen-, Hirsch- und Pferdereste mit Steingeräten eingelagert wurden, während die Elefantenreste unabhängig davon und ohne Verbindung mit Geräten in den Boden gelangten«, schrieb Binford in seiner 1987 veröffentlichten Auswertung. Dieser Sachverhalt zeige, so der Forscher, daß kein maßgeblicher Zusammenhang zwischen den Elefantenresten und der Tätigkeit des frühen Menschen bestehe, sondern daß man es mit einer »Population natürlich verendeter Tiere« zu tun habe, an denen sich nur ab und zu auch einmal der Mensch zu schaffen machte.[20]

Aasverwerter auch in Europa?

Anders stand es nach Binford mit den Pferde-, Hirsch- und Auerochsenresten. Ihre vergleichsweise häufige Verbindung mit Steingeräten bezeugte nach seinem Urteil eine intensive menschliche Verwertung, und auch die Tatsache, daß nur wenige und immer wieder die gleichen Knochen angetroffen wurden, führte er auf eine künstliche Auswahl durch den Menschen zurück. Auch hier waren aber wiederum nicht die fleischreichen Körperpartien am häufigsten vertreten, sondern vom Nahrungsertrag her eher unergiebige Kopf- und Fußknochen, was Binford ja schon im Falle der ältesten afrikanischen Fundstellen festgestellt zu haben glaubte (vgl. Kap. 7). Frühere Bearbeiter hatten aus diesem Sachverhalt geschlossen, die Fundstätte von Torralba sei ein reiner Tötungs- und Zerlegungsplatz gewesen, an dem nur der wertlose »Knochenabfall« der Beutetiere liegengelassen wurde, während man die fleischreichen Beuteteile zu einem nahe gelegenen Lagerplatz brachte. Binford schloß aus dem Befund umgekehrt, die Tiere müßten andernorts verendet sein und man habe ihre Kopf- und Fußknochen hierher transportiert, um das noch in ihnen verbliebene Knochenmark und Fett als letzte Nahrungsressource zu gewinnen. Wie in Afrika habe es sich also vermutlich nicht um erbeutete, sondern um natürlich verendete Tiere gehandelt, deren Kadaver von den Frühmenschen aufgefunden und »endverwertet« wurden, nachdem zuvor bereits tierische Aasfresser ihren Hunger daran gestillt hatten. Das für Afrika entwickelte Modell der »marginalen Aasverwerter« (vgl. Kap. 7) traf nach Binfords Meinung also auch hier zu.

Damit aber war nach Auffassung des Forschers das gesamte von Howell und seinen Mitarbeitern entworfene Szenario widerlegt. »Es gab keine Massentötungen in Torralba, keine Treibjagden, keine Aktivitätszonen, in denen unterschiedliche soziale ›Arbeitsgruppen‹ große Mengen von Fleisch verarbeiteten«, formulierte Binford das Fazit seiner Analyse in provozierender Direktheit.[21] »Die in aufregender Weise strukturierte Beziehung zwischen Werkzeugen und Faunenresten, die ich hier demonstriert habe«, erklärte er,

»ist völlig unvereinbar mit den ›heldenhaften‹ Interpretationen, die so weit verbreitet sind. Stattdessen stehen die Muster in Einklang mit (a) einer minimalen und episodenhaften, sporadischen Anwesenheit von Hominiden; (b) einer Anhäufung von marginalen Teilen tierischer Skelette zur Knochenmarkgewinnung, wie sie bereits mehrfach aus dem Altpaläolithikum bekannt ist und sehr stark auf eine Nutzung von Aas hinweist; und (c) einer gelegentlichen Ausbeutung der Kadaver verschiedener Tierarten, die unabhängig voneinander in den Ablagerungen von Torralba verteilt sind. Diese ›ad hoc‹-Ausbeutung wurde von schlecht ausgestatteten Hominidengruppen durchgeführt. Nach der extrem geringen Häufigkeit von Werkzeugen in Zusammenhang mit Skelettfragmenten können wir dieses Verhalten nur als die naheliegende Nutzung von Ressourcen werten, die sich den Hominiden geradezu ›aufdrängten‹, und es zeigt keinerlei positive Hinweise auf geplante Jagd.«[22]

Spott über eine »heroische« Deutung

Dieses Urteil hätte nicht krasser mit dem Szenario der sechziger und siebziger Jahre kontrastieren können. Tatsächlich hatten Howell, Butzer und Freeman in Binfords Augen ein geradezu klassisches Beispiel der von ihm so vehement angegriffenen »anthropozentrischen« Sichtweise (vgl. Kap. 7) geliefert, das die Realität in skurriler Weise verfälschte. »Man erzählt uns«, so schrieb Binford mit offenkundigem Spott über die früheren Interpretationen,

»daß die Region ›einen unzweifelhaften natürlichen Reichtum‹ (vor allem Reichtum an Tieren) besitzt – dennoch müssen wir annehmen, daß keines davon in der Umgebung der Sümpfe von Torralba jemals von Raubtieren gerissen wurde oder eines natürlichen Todes starb. Man möchte uns also einreden, daß die Naturvorgänge erst in Gang kamen, als der Mensch die Bühne betrat. Als der Mensch eintraf, um Gemeinschaftsjagden auf große Gruppen von Tieren durchzuführen, da kooperierte die Natur, indem sie Zeugnisse dieser heroischen Jagdzüge einsedimentierte und bewahrte. Als der Mensch wieder ging, hielt auch die Natur inne, und keine weitere Einlagerung, kein natürlicher Tod von Tieren ereignete sich mehr. Wie außergewöhnlich!«[23]

Grundsätzlich traf diese ironische Darstellung zweifellos einen wunden Punkt. Doch was war mit den zahlreichen konkreten Hinweisen auf das Wirken des Menschen, die Howell und seine Mitarbeiter zwischen den Tierknochen in Torralba und Ambrona gefunden hatten? Wie ließen sich beispielsweise die an beiden Fundstätten aufgefundenen Feuerspuren (vgl. S. 210 und 212) mit Binfords Erklärungsmodell vereinbaren? Kein Problem, so betonte der Forscher, denn

»Feuer ist ein natürlicher und konstanter Bestandteil des Ökosystems. Das Vorhandensein verstreuter Holzkohle in einer geologischen Ablagerung erfordert keine ›heroische‹ Deutung. Dies gilt besonders für See- und Sumpfsedimente, wo schwimmender Kohlenstoff konzentriert ist«.[24]

Und die beschriebene auffällige Reihe von Elefantenknochen, die Howell als »Laufsteg« im Morast interpretiert hatte (vgl. S. 213)? Binford selbst ging nicht auf sie ein, andere Forscher haben aber in neueren Arbeiten die Vermutung geäußert, sie könne durch fließendes Wasser zustande gekommen, also ebenfalls natürlichen Ursprungs sein. Tatsächlich floß in dem Tal ja ein kleiner Fluß, der wahrscheinlich des öfteren einmal über seine Ufer trat – Hinweise auf Wassereinwirkung haben sich jedenfalls an der Fundstätte recht zahlreich gefunden.

Das stärkste Argument für die Jagdhypothese wären zweifellos die zwischen den Elefantenresten aufgefundenen »Lanzenspitzen« (vgl. S. 211), wenn – ja wenn sich ihre angenommene Funktion eindeutig nachweisen ließe. Doch eben dies ist aufgrund ihres schlechten Erhaltungszustandes leider nicht möglich. Außerdem ist ihre genaue Fundlage wie erwähnt nicht dokumentiert, so daß in jedem Fall ein Rest an Unsicherheit bestehenbleibt.

Man kann also, wenn man dies möchte, die »Jagdplatz«-Hypothese Howells und seiner Kollegen in der Tat mit einleuchtenden Argumenten verwerfen und die Befunde der beiden spanischen Fundstellen allein aus natürlichen Vorgängen – unter nur unwesentlicher Einflußnahme des Menschen – erklären. Einen absoluten Anspruch auf Wahrheit kann aber auch eine solche »minimalistische« Interpretation, wie Binford sie vorexerziert hat, nicht erheben; eine eindeutige Klärung der Frage könnten nur detaillierte Analysen aus erster Hand bringen, und die stehen einstweilen noch aus. Bis sie verfügbar sind, läßt sich nur allgemein abwägen, welches der beiden Modelle plausibler erscheint und ob eventuell noch andere Deutungsmöglichkeiten denkbar sind – Fragen, auf die wir am Schluß dieses Kapitels noch einmal kurz zurückkommen werden.

Großwildjagd erst vor 60 000 Jahren?

Binford zog die Jagdhypothese aber nicht nur in bezug auf Torralba in Zweifel, sondern auch im Hinblick auf ein halbes Dutzend weiterer europäischer und asiatischer Fundplätze der Zeit zwischen 400 000 und 80 000 v. h. – von Swanscombe in England bis hin zu der berühmten Fundstelle des »Pekingmenschen« bei Zhoukoudian in China (vgl. Kap. 3). Er untersuchte die Tierknochenablagerungen an allen diesen Fundstätten unter dem Gesichtspunkt ihres Zustandekommens und fand dabei nach eigenen Angaben nirgends auch nur den geringsten überzeugenden Beweis für menschliche Jagd. Entweder zeigten die Knochenensembles in ihrer Zusammensetzung und ihrem Zustand überhaupt keinen Hinweis auf eine Einwirkung des Menschen (keine spezifische Knochenauswahl, keine Schnittmarken von Steinwerkzeugen, keine Anzeichen für die Entnahme von Knochenmark), so daß Binford sie als die Überreste natürlicher Sterbeplätze oder von Raubtierhorsten erklärte, in die zum Beispiel Hyänen Teile ihrer Beute eingeschleppt hatten (vgl. Kap. 7); oder aber es waren zwar Hinweise auf menschliche Tätigkeit wie Werkzeugschnittmarken, Brandspuren oder charakteristische Bruchmuster an den Knochen vorhanden, ebenso aber auch Tierverbißspuren, die zeigten, daß sich neben dem Menschen auch Raubtiere an den Skelettresten zu schaffen gemacht hatten. Und da Binford in diesen Fällen zumeist auch auf das altvertraute Überwiegen fleischarmer Körperpartien stieß, schloß er auch hier auf finale Aasverwertung durch den frühen Menschen anstelle von Jagd.

Kein älterpaläolithisches Fundensemble, so lautete das mit Nachdruck vorgetragene Gesamturteil des Forschers, lasse bei genauerer Nachprüfung eine jägerische Lebensweise erkennen – ja man könne »behaupten, daß systematische Jagd (...) nicht vor dem Auftauchen des modernen Menschen, das heißt vor vielleicht 60 000 Jahren, ausgeübt« wurde.[25] »Unsere Vorfahren gingen«, so sein bündiges Resümee an anderer Stelle, »erst kurz vor dem Erscheinen der Menschheit zur Jagd über.«[26]

»Noch keine wirklichen Menschen«

Die Gleichsetzung des Begriffs »Menschheit« (»*humankind*«) mit dem modernen Homo sapiens in dem zuletzt zitierten Satz war kein Lapsus, sondern von Binford durchaus beabsichtigt, denn der Forscher sieht das angenommene Fehlen der Jagd beim Homo erectus und auch noch beim Neandertaler als einen unter vielen Belegen dafür, daß es sich bei diesen Wesen »um Kreaturen handelte, die sehr verschieden von uns selbst waren«.[27] Er vermied es daher in seinen Arbeiten zunehmend auch, diese Vorfahren (einschließlich des Neandertalers) als »Menschen« zu bezeichnen, und sprach statt dessen lieber allgemein von »Hominiden«.

Hier zeigen sich deutlich die tiefergehenden, »ideologischen« Implikationen der Jagddebatte, die ihr erst ihr wirkliches Gewicht verleihen. Binford wurde mit seinen Sichtweisen und Schlußfolgerungen schnell zu einem der wichtigsten Vordenker und Wortführer jener Fraktion unter den Urgeschichtsforschern, die »wirklich« menschliche Kultur und »wirklich« menschliches Verhalten ausschließlich für den Homo sapiens sapiens reservieren möchten und alle vormodernen Menschenformen im Denken und Handeln auf einer nicht näher definierten Zwischenstufe zwischen den Affen und uns ansiedeln. Diese noch nicht wirklich menschliche Verfassung spiegelte sich nach Binford besonders deutlich in der Art der Nahrungsgewinnung. »Systematische Jagd«, so schrieb er,

> »dürfte eine Verhaltensleistung gewesen sein, deren Auftauchen ungefähr mit dem unserer eigenen Art zusammenfiel. (...) Wir (die modernen Menschen, MK) haben eine einzigartige Fähigkeit: Wir können Merkmale von unserer konkreten Erfah-

rung ablösen, sie im Geist verarbeiten und uns Bedingungen vorstellen, die wir bis jetzt noch nicht konkret erfahren haben. Dieser Prozeß kann die Erfahrungen vieler Generationen beinhalten, und er ermöglicht die Planung von Tätigkeiten zur Sicherung des Lebensunterhalts. Die Fähigkeit, Information zu speichern und unsere Erfahrungen zu verallgemeinern, verleiht den existenzsichernden Maßnahmen moderner Gruppen einen Charakter, der sich stark von dem bei unseren älteren Vorfahren unterscheidet. Lernen besitzt enorme Vorzüge gegenüber der natürlichen Auslese im Hinblick auf die Informationsübertragung; es begünstigt Flexibilität, es ist schnell, und es ist von den unmittelbaren genetischen Kosten der Selektion befreit.«[28]

All das sind zweifellos zutreffende Beschreibungen der Besonderheiten menschlichen Intellekts und Planungsvermögens. Aber trifft es tatsächlich zu, daß unsere Vorfahren bis hinauf zum Neandertaler diese Besonderheiten in keiner Weise besaßen, daß sie nicht lernen, nicht abstrahieren und keine Informationen verarbeiten konnten? Binford und viele seiner Kollegen tendieren in der Tat zu dieser Auffassung. Und eben weil die vormodernen Hominiden ihrer Meinung nach zum vorausschauenden, planenden Denken und Handeln noch nicht in der Lage waren, habe ihnen auch die Fähigkeit zur systematischen Jagd gefehlt, jedenfalls zu der auf größere Tiere. »Es ist mein Eindruck, daß eine Bejagung von Kleingetier und Nagern, besonders von Kaninchen, am wahrscheinlichsten nachweisbar ist«, schreibt Binford über die mehr als 100 000 Jahre alten Fundstellen Eurasiens – ansonsten scheine »Aasnutzung die Hauptmethode der Fleischbeschaffung gewesen zu sein«.[29]

Nur ausnahmsweise Heldentaten

In den siebziger Jahren noch als omnipotenter Bezwinger des mächtigen Waldelefanten gefeiert, ist der Frühmensch hier also zum gemeinen Aasfresser und Karnickeljäger herabgesunken – drastischer hätte sich das Bild von unseren Vorfahren innerhalb von nur ein oder zwei Jahrzehnten kaum verändern können. Und Binford steht mit seiner Auffassung keineswegs allein, zumindest nicht in der angloamerikanischen Forschung. Der einflußreiche britische Urgeschichtsarchäologe Clive Gamble beispielsweise vertritt in seinen Schriften einen ganz ähnlichen, wenngleich etwas differenzierter formulierten Standpunkt. »Zweifellos jagten schon die archaischen Menschen Tiere«, räumt Gamble ein,[30] doch seien noch im Mittelpaläolithikum »Kleintiere bevorzugt« worden. »Obgleich es«, schreibt der Forscher weiter,

»unzählige künstlerische Darstellungen von Neandertalern gibt, die Felsblöcke auf Mammuts schleudern und ausgewachsene Bisonbullen und Wollnashörner mit eher zerbrechlich aussehenden Speeren und knotigen Keulen töten, gibt es unserer Ansicht nach kaum Belege dafür, daß dies ein regelmäßiges Vorkommnis oder die wahrscheinliche Art der Tötung solch großer Tiere war. Die langen Fundsequenzen der Grabungsstätten im Mittleren Osten liefern Hinweise darauf, daß mittelgroße und kleine Tiere das Hauptziel der Jagdstrategie bildeten. (...) Das Vorkommen von Großtieren wie Auerochse, Nashorn und Flußpferd in einigen Fundstellen ist wahrscheinlich das Resultat einer Nutzung (der Kadaver) als Aas.«[31]

Eine solche Aasnutzung mache »bei Großtieren mit ihren reichen Reserven an Fett und Knochenmark mehr Sinn als der Versuch, sie zu Tode zu steinigen«, urteilt Gamble an anderer Stelle und fügt hinzu: »Machismo-Heldentaten gegen drei Tonnen schwere Dickhäuter und eine Tonne schwere Großtierbullen« seien eher »unwahrscheinlich« gewesen.[32]

»Tiefkühlkost« als Winternahrung?

Der britische Forscher hat über diese allgemeinen Mutmaßungen hinaus aber auch noch eine eigene, spezielle Hypothese zur Art und Weise der vermuteten Aasnutzung entwickelt. Das eigentliche Überlebensproblem in den kühlen Zonen Europas, so betont er, seien die langen und kalten Wintermonate gewesen: »Die Jäger in den nördlichen Breiten müssen diese mageren Jahreszeiten in Rechnung stellen, während der die Beutetiere in andere Regionen abwandern.« Die Jägervölker der Neuzeit und auch des Jungpaläolithikums hätten dieses Problem gelöst, indem sie während der großen herbstlichen Wanderungen der Tiere (vgl. Kap. 6) mehr Fleisch erbeuteten, als sie unmittelbar benötigten, und aus diesen Überschüssen Vorräte anlegten, um den winterlichen Nahrungsengpaß zu überstehen. Nach Gambles Urteil gibt es aber »keine Hinweise darauf, daß die Neandertaler oder die anderen vormodernen Menschenformen zu einem solch komplexen Verhalten fähig waren«. Sie ernährten sich, so mutmaßt der Forscher, während der kalten Jahreszeit vielmehr von den Kadavern natürlich verendeter Tiere, die gefroren und daher für Nahrungskonkurrenten wie die Hyäne kaum verwertbar waren, von den Altmenschen dagegen mit Hilfe des Feuers aufgetaut und verzehrt werden konnten. »Die Nutzung dieser natürlichen Vorratslager wäre ein wichtiges Mittel gewesen, um über den Winter zu kommen«, faßt Gamble seine Hypothese zusammen,[33] nach der sozusagen naturgegebene »Tiefkühlkost« die Winternahrung der vormodernen Menschen gewesen wäre.

Dieser Gedanke ist ohne Zweifel originell, und man kann wohl tatsächlich davon ausgehen, daß Aasfunde auf diese Weise genutzt wurden, wenn sich die Gelegenheit dazu bot. Freilich stellt sich die Frage, ob die Altmenschen tatsächlich über Monate hinweg allein von dieser Nahrungsquelle hätten leben können und warum – sofern dies möglich war – die späteren Jungpaläolithiker es dann nicht ebenso taten. Gamble wirft diese Fragen freilich nicht auf, sondern sieht in den vermuteten unterschiedlichen »Überlebensstrategien« den Ausdruck einer grundsätzlich verschiedenen Denkungsart. Die »primitivere« Strategie der Altmenschen belege, so kommentiert er,

»daß die Neandertaler (zwar) planen konnten, aber nur mit begrenzter Zeittiefe und Vorsorge für die Zukunft. Sie verließen sich mehr auf den Reichtum an Wild – tot oder lebendig – als auf eine geschickte Technologie, um ihre Erfolgschancen angesichts schlechter voraussehbarer Umweltressourcen zu vergrößern«.[34]

Wie läßt sich Jagd nachweisen?

Um die intellektuellen und planerischen Fähigkeiten unserer älteren Vorfahren war es also, folgt man den zitierten Forschern, nicht zum Besten bestellt. Sie jagten gewöhnlich keine großen Tiere und wären dazu auch kaum in der Lage gewesen. Der altpaläolithische Großwildjäger Europas gilt diesen Forschern mithin – wie der jagende Frühhominide Afrikas (vgl. Kap. 7) – als reine Fiktion, als überholter und verstaubter Forschungsmythos einer früheren Archäologengeneration, die die »*ancients*« und die »*archaics*« – unsere »alten« und »archaischen« Vorläufer – mit Gewalt in eine Art »leicht verwässerte Version des modernen Menschen« verwandeln wollte, wie es Binford abfällig formulierte.[35] Mythen aber gehören in die forschungsgeschichtliche Rumpelkammer – das ist auch für viele andere unter den heutigen computergestützt arbeitenden High-Tech-Archäologen klar, die mit naturwissenschaftlicher Methodik und Präzision zu Werke gehen und Interpretationen nur noch dann anzuerkennen bereit sind, wenn sie sich eindeutig und mit zweifelsfreier Präzision nachweisen lassen.

Doch wie könnte ein solcher Nachweis, eine »positive Evidenz«, wie Binford und andere sie unablässig fordern, im Falle der Großwildjagd überhaupt aussehen? Indirekte Hinweise und Indizien werden, wie wir am Beispiel Torralbas gesehen haben, oft nicht mehr anerkannt, weil ihnen die geforderte Eindeutigkeit fehlt. Bliebe also eigentlich nur der Fund eines urzeitlichen Elefanten oder Mammuts, in dem noch die Waffe steckt, mit der frühe, vormoderne Menschen das Tier erlegten.

Ein solcher Fund ist erstaunlicherweise tatsächlich bekannt; er ist weit über 100 000 Jahre alt – und er stammt aus Deutschland, genauer gesagt aus Niedersachsen.

Ein Elefantenfund in Niedersachsen

In der Umgebung der alten Bischofsstadt Verden an der Aller, am westlichen Zipfel der Lüneburger Heide, gibt es örtliche Kalk- und Kalkmergelvorkommen, die lange Zeit als Dünger für die Landwirtschaft abgebaut wurden. Schon früh erregten sie auch das Interesse von Geologen und Vorzeitforschern, fanden sich in ihnen doch Knochen zahlreicher, zum Teil ausgestorbener Tierarten und darüber hinaus einzelne Objekte, die von der Anwesenheit des frühen Menschen zu zeugen schienen – beispielsweise Hölzer mit Brand- oder Bearbeitungsspuren.

Im März 1948 meldeten die Betreiber einer Mergelgrube bei der Ortschaft Lehringen unweit von Verden dem Leiter des dortigen Heimatmuseums, dem Mittelschulrektor a.D. Alexander Rosenbrock, bei Baggerarbeiten in ihrer Grube seien »große Knochen« gefunden worden. Rosenbrock eilte an die Fundstelle und stellte fest, es müsse sich um die Überreste »eines im Mergel eingeschlossenen Mammuts« handeln[36] (tatsächlich stammten die Knochen, wie sich später herausstellte, von einem warmzeitlichen Waldelefanten). Sie waren zum großen Teil bereits vom Bagger abgegraben und zusammen mit dem Mergeldünger auf die umliegenden Felder verstreut worden. Rosenbrock veranlaßte die zeitweilige Einstellung der Baggerarbeiten und kehrte in den darauffolgenden Tagen und Wochen zusammen mit einigen ehrenamtlichen Helfern immer wieder zu der Fundstelle zurück, um die verbliebenen Skelettreste zu bergen. Als er in der Umgebung der Knochen Feuersteinabschläge entdeckte, informierte er umgehend das Niedersächsische Landesmuseum in Hannover; dort ließ man bis zum Besuch der Fundstelle jedoch über eine Woche verstreichen, da der zuständige Geologe gerade im Urlaub war.

Holzlanze zwischen Dickhäuterrippen

Rosenbrock und seine Helfer arbeiteten währenddessen unermüdlich weiter an den Dickhäuterresten im Mergel und machten dabei eine Entdeckung, die herausragende Bedeutung für die Paläolithforschung gewinnen und den Fundort Lehringen weit über Fachkreise hinaus bekannt machen sollte. Beim Freilegen zweier Elefantenrippen mit Spachtel und Handfeger stießen sie plötzlich »auf ein Stück Holz, das im rechten Winkel zur Lage der beiden Rippen waagerecht (...) in die Mergelwand hineinragte«. Ihre Überraschung war groß, als sich das Objekt als eine über zwei Meter lange, regelmäßig gearbeitete Stange erwies – eine angespitzte Holzlanze, wie spätere Untersuchungen zeigten. »Sie lag in ihrer ganzen Länge in ungestörter Lage der Mergelschichten«, heißt es in einem Bericht, »war aber wohl durch den Druck des darüberliegenden Mergels oder vielleicht auch bei unserer Bergungsarbeit in 6 oder 7 Teile zerbrochen, die hintereinander lagen.«

Diese Einzelteile wurden geborgen, ohne daß man ihre genaue Position auf einer Zeichnung oder Fotografie festgehalten hätte; den Ausgräbern standen zu jener Zeit weder ein Fotoapparat noch Filme zur Verfügung, so daß die Fundsituation für ein Foto nachträglich mit Hilfe eines Besenstiels anstelle der Lanze »nachgestellt« werden mußte. Immerhin scheint aufgrund der übereinstimmenden Aussagen aller Beteiligten gesichert zu sein, daß die Holzwaffe zwischen den Rippen des Elefanten aufgefunden wurde. Möglicherweise war ursprünglich sogar noch eine zweite Lanze vorhanden, denn nach Rosenbrocks Bericht hatten sich in den ersten Tagen der Ausgrabung noch an einer anderen Stelle »schmale, lange, etwas gebogene Holzstücke« gefunden, die aber in ihrer möglichen Bedeutung nicht erkannt und deshalb weggeworfen wurden.[37]

Die erst nach dem Abschluß der Bergung von Knochen und Holzlanze am Fundort eingetroffenen Fachleute des Niedersächsischen Landesmuseums konnten sich nur noch den Bericht der Ausgräber anhören und die Skelettreste als die eines Waldelefanten bestimmen. Sie nahmen die hölzerne Lanze und einige der aufgefundenen Feuersteinartefakte zur Konservierung und Bestimmung mit nach Hannover. Archäologische Nachuntersuchungen an der Fundstelle erfolgten nicht; statt dessen geriet das Trauerspiel einer nicht sehr sachgemäß durchgeführten Fundbergung nachträglich zur Posse, denn nun entbrannte ein jahrelanger Streit zwischen dem Niedersächsischen Landesmuseum und dem Heimatmuseum Verden über den Verbleib der Fundobjekte. Diese Auseinandersetzung fand erst 1955, nach sieben Jahren, ein Ende: Die Lehringer Lanze mit ihren Beifunden ist seither als »Prunkstück« des Verdener Heimatmuseums zu besichtigen.

Tod am See

Die auf die Notbergung folgende eingehende Untersuchung der Fundstücke und ihrer Auffindungssituation erbrachte eine ganze Reihe wichtiger Ergebnisse. Zunächst einmal bestätigten geologische und pollenanalytische Analysen, daß das Fundensemble aus einer Warmzeit stammte, nämlich aus dem letzten (Eem=)Interglazial vor etwa 125 000 Jahren (vgl. S. 202). Der Lehringer Fundplatz lag während dieser Periode, wie die in der Mergelgrube erhaltenen Pflanzenreste und Schnecken bewiesen, im Bereich eines langgestreckten, etwa 250 mal 80 Meter großen Sees, der von dichten Laubwäldern umgeben war. Seine Uferzone »bestand aus kleinen Tümpeln und seichten, pflanzenreichen Gewässern«: Ein Paradies für Tiere verschiedenster Art, die – wie ihre Knochenreste bewiesen – den See des öfteren »als Tränke und Suhlplatz aufsuchten«.[38]

Hier also verendete vor 125 000 Jahren der Lehringer Elefant mit der Lanze zwischen den Rippen – kein unerfahrenes Jungtier, sondern ein rund 45 Jahre altes, ausgewachsenes Individuum, wie sich vor allem anhand der Zähne nachweisen ließ. Zwar waren infolge der Baggerarbeiten nicht mehr genügend Reste vom Skelett vorhanden, um seine genaue Größe zu bestimmen; allein schon das Bruchstück eines der Stoßzähne maß aber 2,50 Meter, so daß man sich eine ungefähre Vorstellung von den gewaltigen Ausmaßen des Dickhäuters machen kann.

Anatomie einer Waffe

Trotz dieser enormen Größe war das Tier offenkundig mit der zwischen seinen Rippen aufgefundenen Lanze zur Strecke gebracht worden, einem einfachen Holzobjekt ohne jede steinerne oder knöcherne Bewehrung. Die 2,38 Meter lange, durch das Gewicht des Elefanten stark verbogene Waffe war aus Eibenholz gefertigt, einem besonders harten und zähen

Material. Dank ihrer ausgezeichneten Erhaltung, die der konservierenden Wirkung des Wassers zu verdanken war, ließen sich bei einer minutiösen Untersuchung sogar noch Details ihrer Anfertigung erkennen: Die Hersteller – vermutlich frühe Neandertaler (vgl. S. 202) – hatten ein Eibenstämmchen mit Hilfe steinerner Werkzeuge entrindet, von nahezu 40 Zweigansätzen befreit und sorgfältig geglättet; anschließend hatten sie aus dem oberen, zwei Zentimeter dicken Ende (der untere Lanzenteil maß drei Zentimeter im Durchmesser) eine leicht assymmetrische Spitze herausgeschnitzt (Abb. 48), die möglicherweise im Feuer gehärtet wurde – jedenfalls besaß sie eine tiefschwarze Färbung im Gegensatz zum tabakbraunen Farbton der übrigen Lanze.

Insgesamt zeigt die Art der Bearbeitung, wie es in einem neueren Gutachten der Prähistoriker Hartmut Thieme und Stephan Veil heißt, »daß kein Gelegenheitswerkzeug vorliegt, sondern ein sorgfältig zugerichtetes Gerät«. Spezifische Abnutzungserscheinungen lassen nach dem Urteil der beiden Wissenschaftler »auf einen längerfristigen Gebrauch schließen«, denn besonders die Holzoberfläche des unteren Lanzendrittels wirkt »verschliffen und abgewetzt und läßt keine Bearbeitungsspuren mehr erkennen«.[39] Hier wurde die Waffe wohl über einen längeren Zeitraum hinweg immer wieder mit der Hand umfaßt; dies weist – zusammen mit ihrer Größe, ihrer Form und ihrer Gewichtsverteilung (der Schwerpunkt

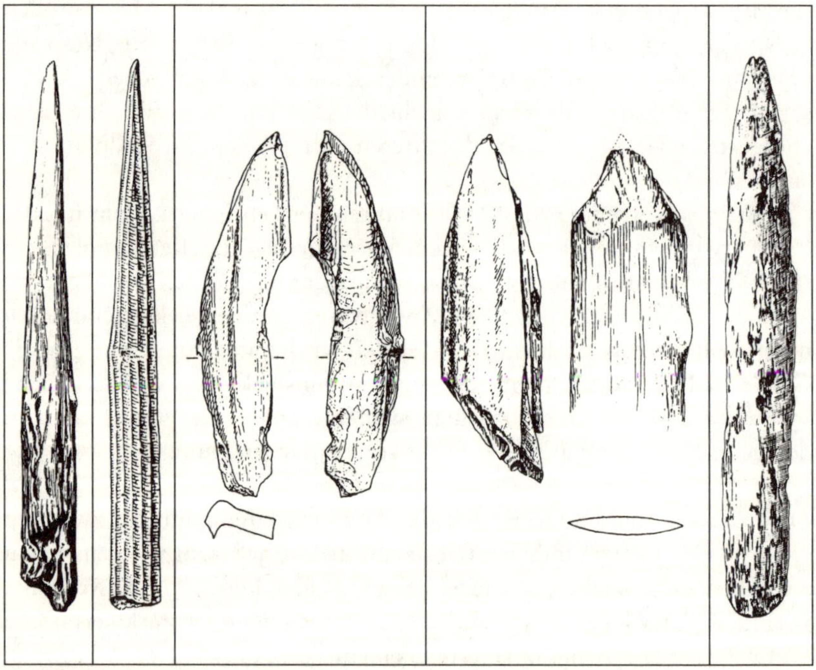

Abb.48 Älterpaläolithische Jagdwaffenreste. Von links nach rechts: Hölzerne Lanzenspitze aus Clacton-on-Sea in England (ca. 300 000 Jahre alt); Eibenholzlanze aus Lehringen in Niedersachsen (ca. 125 000 Jahre alt); Knochenspitze aus Gröbern in Sachsen-Anhalt, die wahrscheinlich auf einem hölzernen Schaft aufsaß (ca. 100 000 Jahre alt); ebensolche Knochenspitze und plattgedrückter Holzstab aus Hützel in Niedersachsen; Knochenspitze aus dem Moustérien des Vogelherds im schwäbischen Lonetal (über 40 000 Jahre alt). Die Zeichnungen sind nicht maßstabgetreu.

liegt hinter der Mitte) – darauf hin, daß es sich um eine Stoßlanze und nicht um einen Wurfspeer handelte.

Kampf zwischen David und Goliath

Die Waffe müßte dem Lehringer Elefanten demnach aus allernächster Nähe zwischen die Rippen gestoßen worden sein – die Altmenschen hätten den sicher über vier Meter hohen Koloß mit anderen Worten nicht aus sicherer Distanz, sondern in direkter Angriffsjagd erlegt. Ist eine solche Konfrontation zwischen »David und Goliath«, zwischen dem kleinen, unzureichend bewaffneten Neandertaler und dem gigantischen Dickhäuter der Urzeit wirklich denkbar? Reicht eine simple Holzlanze überhaupt aus, um die über zwei Zentimeter dicke Haut eines Elefanten zu durchdringen und dem Tier tödliche Verletzungen zuzufügen? Und war nicht die Gefahr viel zu groß, daß der verwundete Koloß im Todeskampf um sich schlug und seine Angreifer tötete?

Um diese Fragen zu klären, wandten sich die Wissenschaftler im Niedersächsischen Landesmuseum Hannover zu Beginn der fünfziger Jahre an alterfahrene Elefantenkenner und durchforsteten die Literatur über Dickhäuterjagden in Afrika – mit einigem Erfolg. Der Direktor des Hamburger Tierparks, Carl-Heinrich Hagenbeck, bestätigte ihnen, es sei »durchaus möglich, mit einem gehärteten Eibenspeer die Haut eines Elefanten (...) zu durchbohren. Die Spitze eines Eibenspeers dürfte die gleiche Festigkeit haben wie eine gewöhnliche Eisenspitze der heute lebenden Eingeborenen« (das afrikanische Eisen ist weicher als das unsere, MK), und seine Mitarbeiter hätten ihm des öfteren berichtet, »daß die Eingeborenen den Elefanten ihre Speere in den Körper werfen«.[40] Wie eine solche Elefantenjagd mit (unvergifteten) Speeren in Afrika vor sich ging, veranschaulichten völkerkundliche Berichte, aber auch die Abenteuer- und Reiseliteratur. Der österreichische Großwildjäger und Afrikareisende Ernst A. Zwilling beispielsweise berichtete 1940 in einem Buch über »Zwergvölker im westäquatorialen Urwald«, die »dem Elefanten mit der blanken Waffe, der Stoßlanze, nachstellen«. Zwilling schilderte eine solche Jagd wie folgt:

> »Katzengleich schleicht sich der Sohn des Urwaldes bei gutem Wind an einen ziehenden oder einen im dichtesten Busch eingestellten, ruhenden Elefanten, mit Vorliebe an einen Einzelgänger, heran. Schräg von hinten stößt er mit beiden Händen, mit voller Kraft, die schwere, etwa 2,10 m lange Stoßlanze in den Leib des Urwaldriesen. Das etwa 0,30 m lange und 0,13 m breite, haarscharfe, unvergiftete Lanzenblatt durchdringt spielend die Haut des Dickhäuters, um auf dessen Flucht immer tiefer einzudringen und damit das Gescheide (Gedärm, MK) zu zerschneiden. (...) Der Elefant geht nach vielen Stunden, oft erst nach Tagen unter furchtbaren Qualen, stets von Pygmäenjägern verfolgt, weit ab vom Jagdort, ein. Ein unglücklicher Ausgang für den Pygmäenjäger bei dieser Jagdart ist selten, da der Elefant von dem plötzlichen, schmerzhaften Stich überrascht, meist geradeaus davonbraust.«

Um den Erfolg eines solchen Unternehmens zu gewährleisten, bestrichen sich die Eingeborenen nach Zwilling vor der Jagd »mit der Losung (dem Kot des Elefanten, MK), um von den Dickhäutern nicht so schnell gewittert zu werden.«[41]

Mutige und erfahrene Jäger

Fast die gleiche Methode pygmäischer Elefantenjagd beschrieb auch der Forscher Jean Janmart für Belgisch-Kongo (Zaire), wo sie noch in den dreißiger Jahren praktiziert wurde:

»Der Jäger kriecht unter den stehenden Elefanten und stößt den Speer aufwärts mit einer blitzschnellen Bewegung in dessen weichen Bauch. Dies ist ein ausgesuchter Platz, weil der kurzhalsige Elefant weder unter seinen Bauch sehen noch dorthin mit seinem Rüssel reichen kann. Der Jäger benutzt dann den ersten Augenblick, während das verwundete Tier über das, was ihm widerfuhr, verdutzt ist, um zur Seite zu springen. Manchmal hat er Zeit, dem Schaft noch einen Stoß zu geben und dadurch die Wunde zu vergrößern.«[42]

Auch in Zaire rieben die Jäger vor der Jagd ihre Körper ein, um nicht gewittert zu werden, hier allerdings mit Schlamm.

Daß solche Jagden freilich alles andere als ungefährlich sind, konnte in den zwanziger Jahren der Afrikareisende Arthur Berger bei Elefantenjägern am Oberlauf des Nils miterleben. Er schilderte einen Unfall, der sich ereignete, als Eingeborene versuchten, einem von Europäern angeschossenen Elefanten mit der Lanze den Todesstoß zu versetzen:

»Der Häuptling war der erste, der seinen Speer stieß, kam aber beim Seitensprung zu Fall, wurde von dem erbosten Tier gepackt, und nur dem Umstand, daß der Elefant im selben Augenblick von der anderen Seite eine Lanze bekam, hatte er es zu danken, daß er nur in die Büsche geworfen und nicht zerstampft und aufgespießt wurde. Ich hatte hinterher mit der ärztlichen Behandlung seiner Wunden recht viel zu tun.«[43]

Aus diesen und ähnlichen Berichten folgerte 1956 der Leiter des Hannoveraner Forschungsteams, K. H. Jacob-Friesen, daß die Erlegung des Lehringer Elefanten mit der zwischen seinen Rippen aufgefundenen Holzlanze durchaus möglich gewesen sei. Wichtigste Voraussetzung dafür waren nach seinem Urteil »eine große Erfahrung mit den Gewohnheiten des Wildes und dazu noch persönlicher Mut«. Wie Zwillings afrikanischer Elefant habe wahrscheinlich auch der Lehringer Dickhäuter fernab vom späteren Fundort seine tödlichen Verletzungen erlitten und sich dann in einem weiten und erschöpfenden Marsch zum Lehringer See hingeschleppt, wo ihn die Jäger »nach langer Verfolgung im Wundbett fanden«[44] – sterbende Elefanten suchen auch heute noch häufig das Wasser auf.

Im letztgenannten Punkt sind die aktuellen Bearbeiter freilich etwas anderer Meinung. Hätte der Elefant zum Zeitpunkt seiner Erlegung im Schlamm gestanden und wäre dadurch in seiner Bewegungsfreiheit behindert gewesen, dann hätten geschickte Jäger nach Ansicht Thiemes und Veils durchaus vermocht, »mit einem gezielten Stoß das Tier so zu verwunden, daß es binnen kurzem zugrunde (ging)«; aus diesem Grunde sei es »nicht zwingend, ein langes Siechtum des Lehringer Elefanten anzunehmen, (...) sondern durchaus möglich, daß er am Seeufer gejagt und dort auch tödlich verletzt wurde«.[45]

Ein Dickhäuter wird zerlegt

Nach dem Tod des Dickhäuters mußte er zerlegt werden. Wie dies im neuzeitlichen Afrika vor sich ging, haben Augenzeugen mehrfach geschildert. »Unter ohrenbetäubendem Geschrei, Gezanke und Gedränge geht's an die Arbeit«, berichtete etwa der Wissenschaftsillustrator Wilhelm Kuhnert 1918:

»Im Augenblick ist nichts mehr vom Elefanten zu sehen, sondern nur eine dichtgedrängte Masse blutglänzender Menschenkörper, die säbeln, schneiden, reißen und zerren. Dort wischt sich einer den Schweiß mit der blutigen, verkehrten Hand von der Stirn, dort wetzt ein anderer mit erstaunlicher Sicherheit sein Messer auf dem Handballen (...). Ist erst die Bauchhöhle geöffnet, geht es dann sehr schnell mit dem Zerlegen. Ein starker Elefantenleib ist so geräumig, daß mehrere Leute in gebückter Stellung darin hantieren können. (...) Um die schlachtende Menge stehen im Kreise herum die Weiber und Kinder. Manche haben Körbe, andere nicht. Sie alle aber fangen die Fleischstücke auf, die ihnen die Männer in weitem Bogen über die Köpfe der anderen zuwerfen.«[46]

Der bereits zitierte Ernst A. Zwilling beschrieb in typischer Kolonialmanier die Zerlegung eines von ihm geschossenen Dickhäuters in Kamerun:

»Die Kunde, daß ein Elefant erlegt wurde, breitete sich schnell in der Mbo-Ebene aus. Mit meinem ins Dorf zurückgesandten Fährtensucher kamen Männer, Frauen und Kinder, alle mit Körben, Säcken und Taschen aus Wildfellen bepackt, gleich mit. Es war erstaunlich, was für eine große Zahl von Menschen die kleine Negersiedlung plötzlich beherbergte. (...) Ein ausgewachsener Waldelefant wiegt ungefähr seine 3500 bis 4000 Kilogramm, so daß Fleisch genug für die Schwarzen bereit lag. Sechs Mann setzte ich am Elefanten an, die den Aufbruch und die Zerteilung vornehmen sollten. (...) Vor allem legte ich Wert auf das schmackhafte Elefantenfett, von dem ich schließlich vierzig Kilogramm zusammenbekam. (...) Das Herz dieses Elefanten wog achtzehn Kilogramm, die Leber einundsechzig Kilogramm. (...) Die Eingeweide überließ ich sofort den Negern. Für sie war das Gescheide, da fett, ein besonders willkommenes Geschenk. Die Rauferei begann, die Eingeweide wurden hin- und hergezerrt. Männer, Frauen und Kinder stießen und schlugen sich, um mit ihren Dolchen oder Buschmessern Stücke davon abschneiden zu können.

Abb. 49 Frühmenschen beim Zerteilen eines erlegten Dickhäuters (Zeichnung: Adelhelm Dietzel)

(...) Unter gewaltigen Fleischlasten keuchten die Neger in der Nacht ihren Hütten zu. In den Dörfern setzte dann ein tagelanges Kochen und Rösten des in kleine Stücke oder Streifen geschnittenen Elefantenfleisches ein. Von weitem war so ein Dorf durch den penetranten Geruch, der dem Reisenden entgegenschlug, zu erkennen.«[47]

Ein ganz so wildes Getümmel dürfte bei der Zerlegung eines Dickhäuters im Paläolithikum (Abb. 49) wohl nicht geherrscht haben, allein schon, weil die damaligen Menschengruppen sehr viel kleiner an Zahl waren als in den beschriebenen neuzeitlichen Kulturen Afrikas. Was die Zitate aber drastisch vor Augen führen, ist die enorme Masse an Fleisch und Innereien, die bei der Schlachtung eines Elefanten anfällt – dabei waren die Dickhäuter des Eiszeitalters, wie erwähnt, ja noch beträchtlich größer als ihre heutigen Nachfahren (vgl. S. 200). Eine solche Masse an Fleisch konnte nur bei Anwendung wirksamer Konservierungstechniken sinnvoll genutzt werden: Zwilling berichtete, daß seine einheimischen Helfer in einem Fall nicht weniger als vier Tage benötigten, um das Fleisch eines einzigen Elefanten auf großen hölzernen Gestellen »bei ununterbrochenem Feuer« zu rösten – zum Abtransport der konservierten Filetstücke waren an die 20 Personen nötig. Seine Schilderungen verdeutlichen auch die vielfach belegte Tatsache, daß heutige Jäger stets bestrebt sind, ihre Beute restlos »auszuschlachten« und gewissermaßen »bis zur letzten Faser« zu verwerten. »Der Inhalt des Gescheides« (Gedärms), berichtete er über die erwähnte Elefantenschlachtung,

»wurde teilweise in Felltaschen von zwei alten Männern weggeschleppt. (...) Der Panseninhalt eines erlegten Elefanten gilt als Zaubermedizin und wird daher trotz der vielen Spul- und Eingeweidewürmer (...) von den Schwarzen getrunken. Selbst die Haut wird von den Schwarzen getrocknet und später nach langem Kochen leidenschaftlich gern verzehrt. Aus den riesigen runden Ohren des Kameruner Waldelefanten verfertigten die Eingeborenen früher Schilde, heute Fußsandalen« usw.[48]

Jagderfolg mit Schönheitsfehlern

Die Verwertung des Lehringer Elefanten dürfte den Urzeitjägern freilich nur unvollständig gelungen sein, denn wenn das Tier – wie es der geologische Befund vermuten läßt – im See verendete, dann waren den Altmenschen nur die aus dem Wasser herausragenden Teile des Kadavers ohne Schwierigkeiten zugänglich. Die unterhalb der Wasserlinie liegenden Körperpartien wären für sie nur schwer verwertbar gewesen, und auch die Holzlanze, über der der Elefant vermutlich zusammengesunken war, konnte von ihnen offenkundig nicht geborgen werden. Nur dadurch blieb diese einmalige »Momentaufnahme« altsteinzeitlicher Jagd überhaupt für uns erhalten, denn im Normalfall hätten die Jäger bei der Zerlegung der Beute sicherlich ihre Waffe herausgeschnitten und weiterverwendet – handelte es sich doch, wie die starken Abnutzungsspuren der Lehringer Lanze zeigen, keineswegs um ein »Wegwerfgerät«, sondern um ein lange und immer wieder benutztes Objekt (vgl. S. 224).

Die am Fundort geborgenen 25 Steinartefakte belegen dennoch zweifelsfrei, daß von dem Lehringer Elefanten einiges an Fleisch heruntergeschnitten wurde. Es handelt sich bei ihnen um nur wenig retuschierte oder weiterbearbeitete Abschläge von Kernsteinen (vgl. Kap. 5), die sich auf den ersten Blick so unansehnlich ausnehmen, daß Jacob-Friesen sie noch 1956 als »Abfallstücke« bezeichnete, die »kaum als Waidmesser zu brauchen gewesen« seien.[49] Mittlerweile hat sich aber herausgestellt, daß gerade derartige Abschläge wegen ihrer messerscharfen Kanten hervorragend zum Schneiden von Fleisch geeignet sind. In einem modernen Experiment mit zwei verendeten Zirkuselefanten verwendete man zum Auftrennen der 2,5 Zentimeter dicken Haut faustkeilartige Geräte mit kräftiger und stabiler (weil retuschierter) Schneide; das Abziehen der Haut und das Tranchieren des Muskelfleisches gelang aber bestens mit Hilfe unretuschierter Abschläge. »Außerdem stellte sich heraus, daß ein Team von drei Männern völlig ausreicht, um einen Elefanten in kurzer Zeit wirkungsvoll zu zerlegen«, heißt es in einem Bericht über das Experiment.[50]

Bei einer neueren mikroskopischen Untersuchung der Lehringer Artefakte wurde denn auch auf mindestens dreien von ihnen eine sogenannte »Fleischpolitur« festgestellt, wie sie aufgrund chemischer Vorgänge beim Kontakt mit tierischem Gewebe entsteht. Aus der Intensität dieser Politur und anderen Gebrauchsspuren ließ sich sogar noch die ungefähre Benutzungsdauer der Stücke (zweimal je 20 Minuten, einmal etwa 30 Minuten) und die genaue Art ihres Gebrauchs erschließen (zweimal Verwendung direkt auf dem Tierkörper mit Knochen- und Knorpelkontakt, einmal vermutlich Schneiden bereits vom Skelett abgelösten Fleisches). Es handelte sich also zumindest in diesen drei Fällen zweifelsfrei um steinerne »Schlachtmesser«, mit denen Fleisch vom Kadaver des Lehringer Elefanten heruntergeschnitten wurde.

Vom Mißgeschick profitiert

Derart scharfsinnige Analysen und Schlußfolgerungen würden selbst einem Sherlock Holmes Respekt abnötigen. Sie veranschaulichen in vorbildlicher Weise, wieviel Detailerkenntnisse sich bei entsprechender Sorgfalt und bei Einsatz aller technischen Möglichkeiten heute aus einem archäologischen Befund ableiten lassen. Es stimmt daher fast traurig, wenn man sich vorstellt, was die Forschung noch alles aus dem Lehringer Fundensemble hätte lernen können, wenn es nicht unter den beschriebenen ungünstigen Bedingungen, sondern im Rahmen einer sorgfältig durchgeführten und wissenschaftlich einwandfrei dokumentierten Forschungsgrabung geborgen worden wäre.

Doch auch so ist der Lehringer Befund der älteste völlig eindeutige Jagdnachweis, den wir aus Europa, ja aus der ganzen Welt kennen. Er beweist zweifelsfrei, daß schon der Mensch des Mittelpaläolithikums vor weit über 100 000 Jahren die größten Tiere seiner Umwelt tötete, und widerlegt damit definitiv die Behauptung Binfords und anderer Forscher, die menschliche Jagd sei erst 60 000 oder höchstens 80 000 Jahre alt (vgl. S. 218). Er zeigt zugleich, daß der altsteinzeitliche Jäger keiner aufwendigen Fallgruben oder großanlegten Treibjagden bedurfte, um die Kolosse der Urzeit erfolgreich zu bezwingen, sondern daß er, wie Thieme und Veil feststellen, »Waldelefanten mit der Lanze direkt angegriffen hat und zu erlegen vermochte«.[51]

Der Lehringer Glücksfund führt bei genauerem Hinsehen aber auch vor Augen, welche Verkettung von Zufällen vorliegen muß, damit sich ein solch eindeutiges Zeugnis urgeschichtlicher Jagd bis in unsere Tage erhält. Wäre der Lehringer Elefant nicht im Wasser des Sees über der Waffe zusammengebrochen, die ihm seine tödlichen Verletzungen zugefügt hatte, dann hätten die Jäger diese Waffe mit Sicherheit aus dem Kadaver herausgelöst und weiterverwendet. »Der jagdtechnische Befund« wäre damit, wie Thieme und Veil zutreffend hervorheben, »von den Jägern selbst zerstört« worden,[52] und zurückgeblieben wären nur die Elefantenknochen und die Steinwerkzeuge, die die Frage nach Jagd oder Aasverwertung offengelassen hätten. Selbst die teilweise Entfleischung des Elefanten durch die Mittelpaläolithiker wäre allein anhand der Knochen nicht nachweisbar gewesen, da diese keinerlei Schnittspuren aufwiesen.

Einzig der Verbleib der Jagdwaffe im Skelett der Beute vermag, das führt dieses Beispiel noch einmal eindrücklich vor Augen, die Erlegung eines Tieres durch den frühen Menschen zweifelsfrei zu beweisen. Gerade dieser Verbleib aber war eine seltene Ausnahme, die in der Regel nur dann vorkam, wenn bei der Jagd etwas »schiefgelaufen« war, wenn die Waffe unbrauchbar wurde oder wie im Lehringer Fall nach der Erlegung der Beute für die Jäger nicht mehr zugänglich war – ein simpler, auf der Hand liegender Sachverhalt, der für die Archäologie aber leider zu einer Quelle prinzipieller Unklarheit geworden ist.

Warum eindeutige Jagdbelege so selten sind

Selbst wenn diese außergewöhnlichen Umstände aber einmal eintraten, bedurfte es überdies noch günstiger Erhaltungsbedingungen, um die Beuteknochen und die Jagdwaffe über Jahrzehntausende hinweg zu konservieren. Hier wirkten die bereits im 5. Kapitel erwähnten Überlieferungsfilter: Je härter ein Material war und je kürzer (und günstiger eingebettet) es im Boden lag, desto größer waren seine Erhaltungschancen. Dementsprechend wurden Beutetierskelette mit eingelagerten steinernen oder knöchernen Waffenspitzen aus dem Ende der letzten Eiszeit und dem Beginn der Nacheiszeit am häufigsten entdeckt, wenngleich auch sie keineswegs in sonderlich großer Zahl bekannt sind. Die 12 000 Jahre alten Funde von Meiendorf und Stellmoor in Norddeutschland haben wir ja bereits kennengelernt (vgl. Kap. 6), aber auch Nordamerika ist in diesem Zusammenhang besonders erwähnenswert. Dort wurden an rund einem Dutzend Fundstätten der jungpaläolithischen »Clovis-Kultur«, die gleichfalls etwa 12 000 Jahre alt ist, Mammutüberreste zusammen mit steinernen Speerspitzen gefunden, an einem der Fundorte (Naco) sogar mehrere Projektile zwischen den Rippen eines einzelnen Mammuts.

Schon im älteren Jungpaläolithikum vor etwa 20 000 bis 35 000 Jahren werden vergleichbare Befunde deutlich seltener, obwohl auch in dieser Zeit die Waffenspitzen überwiegend aus »hartem« Knochen und Geweih gefertigt waren und niemand behauptet, daß die Jagd in dieser Periode eine weniger wichtige Rolle gespielt habe als in den Jahrtausenden danach. Um wieviel geringer müssen dann erst die Überlieferungschancen für »ungestörte« Jagdbefunde aus mittel- und altpaläolithischer Zeit veranschlagt werden, die ja um ein Vielfaches länger zurückliegt und in der die Materialien Stein, Knochen und Geweih offenbar nur ab und zu bei der Herstellung von Waffen Verwendung fanden, diese vielmehr oftmals ausschließlich aus (schlecht erhaltungsfähigem) Holz gefertigt waren, wie bei der Lehringer Lanze der Fall.

Bedenkt man all diese »negativen« Filter und Faktoren, so ist es nicht verwunderlich, daß der Jagdnachweis von Lehringen im Hinblick auf Alter und Eindeutigkeit einzigartig dasteht – man muß dann eher darüber staunen, daß er überhaupt in dieser Form erhalten blieb! Die Erwartung, der damalige Jagdbetrieb müsse sich durch häufige und unmißverständliche Zeugnisse zweifelsfrei für uns zu erkennen geben, ansonsten könne er eben nicht existiert haben, erscheint jedenfalls überzogen angesichts der beschriebenen Überlieferungsproblematik: Hieb- und stichfeste Beweise für die Jagd sind aus diesen weit zurückliegenden Zeiträumen vernünftigerweise kaum zu erwarten; wenn klare *Indizien* und Hinweise auf sie auftauchen, so bedeutet das schon viel.

Knöcherne Waffenspitzen

Tatsächlich gibt es neben dem Lehringer Befund noch weitere derartige Indizien und Hinweise. So wurde 1987 im Braunkohlentagebau bei Gröbern in Sachsen-Anhalt ein fast vollständiges Skelett eines ausgewachsenen Waldelefanten aus der Eem-Warmzeit geborgen, das mit einem Alter von rund 100 000 Jahren etwas jünger ist als der Lehringer Fund. In der Umgebung des Skeletts fanden sich wie in Lehringen zwei Dutzend Feuersteinabschläge, an denen zum Teil Gebrauchsspuren vom Zerlegen des Tierkadavers nachweisbar waren. Außerdem gehörte zu dem Fundensemble aber auch eine Knochenspitze mit bearbeiteten Kanten aus einem Hirschunterschenkel, die Oberflächenbeschädigungen aufwies, welche mutmaßlich durch eine Sehnen- oder Bastumwicklung zur Befestigung an einem Schaft verursacht waren. Die Bearbeiter vermuten, daß es sich um die Spitze einer Stoßlanze handelte, deren hölzerner Schaft im Boden zerfallen ist.

Interessanterweise wurde nun zu Beginn unseres Jahrhunderts bei Hützel in der Lüneburger Heide ebenfalls in warmzeitlichen Ablagerungen eine nahezu identische, gleichfalls aus Hirschknochen hergestellte Spitze gefunden. Sie lag hier aber mit einem sorgfältig bearbeiteten und zugespitzten Holzstab zusammen, der ursprünglich wohl zwei Zentimeter Durchmesser besaß, durch die Lagerung jedoch völlig plattgedrückt war (Abb. 48). Die Zusammengehörigkeit von Knochenspitze und Holzstab ist in diesem Fall wohl unzweifelhaft und kann daher auch für Gröbern vorausgesetzt werden, während dort durch das Zusammentreffen mit dem Elefantenskelett die Funktion als Lanze weitgehend gesichert scheint. Damit läge in Gröbern ein ähnlicher Glücksfund von Beutetier und Jagdwaffe vor wie in Lehringen, nur mit dem Unterschied, daß der letzte Beweis für die Tötung des Elefanten durch den Menschen – die Auffindung der Waffe *zwischen* seinen Rippen – fehlt. Außerdem hätte es sich eben nicht wie in Lehringen um eine reine Holzlanze gehandelt, sondern um eine zusammengesetzte Waffe mit hölzernem Schaft und knöcherner Spitze – auch dies ein Faktum von großer Bedeutung, da solche »komplexen« Waffen bislang als eine Neuentwicklung des Jungpaläolithikums galten und für die Zeit vor über 100 000 Jahren noch nicht angenommen wurden.

Holzlanzen vor 300 000 Jahren

Doch sogar aus einer mehr als dreimal älteren Warmzeit, dem sogenannten »Holstein-Interglazial« vor über 300 000 Jahren, sind mehrfach Fragmente von Lanzen erhalten, die nun offenbar ausschließlich aus Holz gefertigt waren. Das bekannteste Stück wurde schon 1911 an dem englischen Fundort Clacton-on-Sea 80 Kilometer nordöstlich von London gefunden (vgl. Kap. 5). Es handelt sich um ein 38 Zentimeter langes, unten abgebrochenes Spitzenfragment, das wie die Lehringer Lanze aus Eibenholz gefertigt ist, freilich einen sehr viel größeren Durchmesser von 3,6 Zentimetern besitzt und dadurch deutlich »gedrungener« wirkt (Abb. 48). Aufgrund dieser robusteren Form überlegte man einige Zeit, ob es sich nicht eher um das Ende eines Stocks zum Ausgraben von Wurzeln, Knollen und ähnlichem (vgl. Kap. 7) oder um einen »Tötungspflock« vom Boden einer Fallgrube gehandelt haben könnte. Ein in den siebziger Jahren durchgeführter Vergleich mit zahlreichen völkerkundlichen Grabstöcken, Fallgrubenpflöcken und Speeren ergab aber, daß die Deutung als Spitze einer Stoßlanze bei weitem die wahrscheinlichste ist.

Auf die gleichfalls zu Beginn unseres Jahrhunderts in Torralba in Spanien aufgefundenen Stangen- und Spitzenfragmente, die nach Meinung der Ausgräber ebenfalls von Lanzen stammen könnten, haben wir ja bereits hingewiesen (vgl. S. 211). Doch auch bei Ausgrabungen der letzten Jahrzehnte wurden mehrfach Reste möglicher Jagdwaffen aus dem Altpaläolithikum entdeckt. So fand Dietrich Mania an dem über 300 000 Jahre alten Homo erectus-Lagerplatz von Bilzingsleben in Thüringen (vgl. Kap. 5) »lanzenverdächtige« Holzstangenreste von über zwei Meter Länge, und Eberhard Wagner stieß in etwa gleichalten Travertinschichten von Stuttgart-Bad Cannstatt auf einen zweieinhalb Meter langen und drei Zentimeter dicken Stab aus Feldahorn (einem ausgesprochen harten und zähen Holz), der sich an einem Ende verjüngte und den er als »vermutliche Holzlanze« ansprach.[53] An einem rund 500 000 Jahre alten Fundplatz bei Boxgrove in England wiederum entdeckte man ein rundes Loch im Schulterblatt eines Nashorns, das nach Ansicht der Bearbeiter von einer Waffenspitze herrühren könnte.

Ein sensationeller neuer Befund

Die letzten Zweifel wurden aber durch sensationelle Funde ausgeräumt, die der Urgeschichtsarchäologe Hartmut Thieme (vgl. S. 224) jüngst im Braunkohlentagebau Schöningen bei Helmstedt in Niedersachsen machte. Thieme untersucht dort seit vielen Jahren die Landschaft, die Zug um Zug von riesigen Schaufelradbaggern abgegraben wird, auf archäologische Hinterlassenschaften. Dabei entdeckte er 1994 einen bis zu 400 000 Jahre alten paläolithischen Fundplatz mit zahlreichen Steinartefakten, Tausenden von Tierknochen und einer Feuerstelle, an dem neben anderen Holzobjekten bis heute auch fünf großenteils gut erhaltene hölzerne Speere zutage kamen (Abb. 50). Sie bestehen aus Fichtenholz und haben Durchmesser von drei bis fünf Zentimeter und Längen von 1,82 bis 2,30 Meter, wovon jeweils 25 bis 60 Zentimeter als Spitze ausgearbeitet sind. »Es sind dafür Stämmchen ausgewählt, gefällt, und die Spitzen der Speere jeweils völlig symmetrisch aus der Basis der Stämmchen herausgearbeitet worden«, schreibt Thieme in einem Vorbericht. »Der größte Durchmesser und Schwerpunkt liegt bei allen drei Speeren im Vorderteil des Schaftes«, wie es auch für moderne Sportprojektile typisch ist. Die Stücke sind daher laut Thieme »keine Stoßlanzen, sondern Wurfspeere« – ein bislang für das ältere Paläolithikum einmaliger Befund.[54]

Einmalig ist aber vor allem auch der Zusammenhang, in dem die Waffen entdeckt wurden: Sie fanden sich, wie Thieme berichtet, »inmitten zahlreicher Knochen von mehr als zehn Pferden, die vermutlich mit diesen Waffen an einem Seeufer gejagt worden sind«. Es handelt sich damit dem Forscher zufolge um »Fernwaffen, die zu einer Absichtsjagd nahezu ausschließlich auf Pferde, auf schnell flüchtiges Herdenwild eingesetzt wurden – eine Jagdtechnik und Spezialisierung, die bislang für das Altpaläolithikum (...) nicht belegt war«.[55]

Durch diesen sensationellen Befund ist wohl auch unzweifelhaft bewiesen, daß die Jagd schon vor mehreren hunderttausend Jahren eine systematisch und routinemäßig durchgeführte Tätigkeit war. Bisher hatten manche britische und amerikanische Forscher Funde wie die von Clacton oder Lehringen zwar als Jagdindizien anerkannt, in der Erlegung großer Tiere durch die frühen Paläolithiker aber eher sporadische und seltene Vorgänge gesehen, die keinesfalls typisch für die damalige Lebensweise gewesen seien (vgl. S. 219/220). Der Schöninger Befund mit seinen nicht weniger als fünf Speeren zeigt demgegenüber, daß die Jagd schon beim späten Homo erectus erheblichen Umfang und entsprechend große Be-

Abb. 50 Schöningen in Niedersachsen: Der Urgeschichtsarchäologe Hartmut Thieme vor einem Pferdeschädel (Mitte rechts) und dem ältesten Jagdspeer der Welt (ca. 400 000 Jahre alt)

deutung gehabt haben muß. Dieser Frühmensch war nach Thiemes Urteil bereits

»ein sehr geschickter und erfahrener Jäger (...), ausgestattet mit hervorragenden technischen Fertigkeiten in der Holzbearbeitung, und zu dieser frühen Zeit längst befähigt, eine Großwildjagd mit speziellen Waffen vorausschauend zu planen, zu organisieren, zu koordinieren und erfolgreich durchzuführen.«[56]

In der Tat wäre die Vorstellung etwas naiv, daß Menschen, die üblicherweise ausschließlich von der Erlegung kleinerer Tiere und vom Aasgenuß lebten (wie es viele angloamerikanische Forscher vermuten, vgl. S. 219), alle paar Jahre einmal auf Großwildjagd gingen und dabei ohne Schwierigkeiten schnelläufige Pferde oder gewaltige Elefanten zur Strecke brachten. Die Jagd mit dem Wurfspeer auf flinke Herdentiere und der direkte Angriff mit der Stoßlanze auf große Dickhäuter sind viel zu schwierig und gefährlich, um nur ab und zu einmal von ungeübten Jägern praktiziert zu werden. Sie erforderten gewiß eine intensive Ausbildung von Jugend an und regelmäßige Praxis, sollten sie nicht zu einem leichtfertigen Spiel mit dem Leben werden. Aus dem Fund *einiger* zuverlässiger Jagdnachweise läßt sich daher wohl doch mit hoher Wahrscheinlichkeit schließen, daß *regelmäßig* gejagt wurde, und damit entpuppt sich das

Bild von den »marginalen Aasverwertern« (vgl. S. 219/220) zumindest für diese Region und Epoche als folgenschweres Zerrbild.

Kein Motiv für Massenjagden

All dies sollte freilich nicht zum Rückfall in den von Binford zu Recht kritisierten Irrglauben verleiten, jeder Tierknochen, der zusammen mit einem paläolithischen Steingerät gefunden wird, müsse zwangsläufig ein Überbleibsel menschlicher Jagdbeute sein. Skepsis gegenüber dieser Annahme ist vor allem bei Fundstätten mit sehr vielen Resten außerordentlich großer Tiere wie Torralba oder den Weimarer Travertinen geboten, denn auf welche Weise sollte menschliche Jagdtätigkeit zur Konzentration derart vieler Dickhäuterknochen auf so engem Raum geführt haben? Das Szenario einer Erlegung ganzer Elefantenherden, wie es für Torralba zeitweise entworfen wurde (vgl. S. 212/213), erscheint bei genauerem Hinsehen als unrealistisch. Überschätzt werden dabei nicht nur die organisatorischen Möglichkeiten der kleinen Frühmenschengruppen, bei weitem überschätzt wird auch ihr Nahrungsbedarf: Eine Wildbeutergruppe von höchstens einigen Dutzend Personen hätte das Fleisch einer so großen Zahl auf einmal getöteter Dickhäuter gar nicht verwerten können, ein Großteil der Kadaver wäre selbst beim Vorhandensein einfacher Konservierungstechniken ungenutzt verfault. An den wenigen gesicherten Stätten paläolithischer Elefantenjagd wie Lehringen, Gröbern oder Naco (vgl. S. 222 und S. 231/232) wurden vielleicht auch deshalb jeweils nur Reste *eines* Dickhäuters gefunden, was darauf schließen läßt, daß sich die Jagd vorwiegend auf Einzeltiere richtete – was auch im modernen Afrika bei den lanzentragenden Elefantenjägern der Regelfall war (vgl. S. 225/226). Die Massenjagd auf ganze Dickhäuterherden kam dort erst auf, als es nicht mehr in erster Linie um deren Fleisch, sondern um das Elfenbein ihrer Stoßzähne ging, für das europäische Händler seit dem Beginn des Kolonialismus viel Geld bezahlten. Natürlich könnte theoretisch auch die Erlegung zahlreicher Einzeltiere im Laufe vieler aufeinanderfolgender Jahrhunderte oder Jahrtausende zu »Massenvorkommen« von Knochen wie in Torralba oder in Weimar geführt haben. In der Praxis ist dies jedoch nur schwer vorstellbar, denn es ließe sich kaum erklären, warum so viele aufeinanderfolgende Tötungen fast exakt am gleichen Ort stattgefunden haben sollten, und ein nachträgliches Zusammentragen der Skelettreste durch die Jäger scheidet angesichts der Größe und des Gewichts von Elefantenknochen nahezu aus.

Tödliche »Naturfallen«

So liegt es in der Tat nahe, sich nach Naturprozessen umzusehen, die bei der Ansammlung derart umfangreicher Fossilienkomplexe eine Rolle gespielt haben könnten, und hier hat die Taphonomie in den letzten Jahrzehnten ein umfangreiches und vielfältiges Material zusammengetragen.

Nach ihren Beobachtungen können beispielsweise Naturkastrophen oder kurzzeitige Verschlechterungen der Umweltverhältnisse ein Massensterben vieler Tierindividuen innerhalb kurzer Zeit verursachen: Außergewöhnliche Trockenperioden führen etwa dazu, daß gerade große und stark flüssigkeitsabhängige Tiere wie Elefanten oder Nashörner sich um die wenigen noch verbliebenen Wasservorkommen versammeln und dort in großer Zahl verhungern, verdursten oder an Entkräftung sterben; umgekehrt können bei plötzlichen Hochwassern und Überflutungen in Flußtälern oder an Seen zahlreiche Tiere auf einen Schlag ertrinken.

Neben solchen »katastrophischen« Ereignissen sorgen bisweilen auch längerfristig wirkende »Naturfallen« dafür, daß an einem bestimmten Ort über längere Zeiträume hinweg viele Tiere ums Leben kommen und ihre Knochen sich im Boden ansammeln. Ein berühmter Fall dieser Art ist der Fundort »Hot Springs« im amerikanischen South Dakota, wo sich vor 26 000 Jahren eine Art Krater mit schlüpfrigen, stark abschüssigen Rändern befand, von denen im Laufe mehrerer Jahrhunderte an die hundert Mammuts ins Innere rutschten, wo sie ums Leben kamen und eingelagert wurden. Ein anderes spektakuläres Beispiel sind die ehemaligen Teersümpfe von »Rancho La Brea« im heutigen Stadtgebiet von Los Angeles, in denen sich im Verlauf der letzten 30 000 Jahre des Eiszeitalters über 100 Tonnen Knochen von Tieren verschiedenster Arten ansammelten, die in dem bei Hitze flüssigen Asphalt steckengeblieben und verhungert waren – unter ihnen auch 17 Mammuts und andere Rüsseltiere.

Vergleichbar tückische Naturfallen dürften in der Umgebung der beschriebenen paläolithischen Fundstellen wohl kaum vorhanden gewesen sein, doch darf man nicht vergessen, daß all diese Fundstätten im Bereich von Wasservorkommen lagen, seien es nun Quellen, Flüsse, Sümpfe oder Seen. Dort hielten sich naturgemäß viele Tiere auf, und dorthin begaben sich sicherlich des öfteren auch sterbende Elefanten (vgl. S. 226), so daß an diesen Orten schon von daher alle Bedingungen für eine überdurchschnittliche Konzentration an Tierknochen gegeben waren (vgl. Kap. 7). Darüber hinaus aber ereigneten sich hier gewiß auch immer wieder tödliche Unfälle, denn wo Wasser, Schlamm und Morast sind, da ist auch die Gefahr des Ausrutschens, des Einsinkens und Steckenbleibens, die Gefahr des Ertrinkens allgegenwärtig. Von dieser Gefahr sind bevorzugt die jüngeren, noch unerfahrenen und unvorsichtigen Tiere betroffen, denen es zudem schwerer gelingt, sich aus einer mißlichen Lage wieder zu befreien. Ein Überwiegen dieser Altersklassen in den Fundresten, wie es Soergel bei den Elefanten von Weimar-Taubach beobachtete (vgl. S. 203), wäre somit nicht weiter erstaunlich und wurde bei den Mammuten im Krater von »Hot Springs« auch tatsächlich festgestellt.

Versuch eines Resümees

Man muß, das verdeutlichen diese Überlegungen wohl hinreichend, kein menschliches Handeln voraussetzen, um die Knochenkomplexe in den Travertinen von Weimar oder im Tal von Torralba plausibel zu erklären. Und doch belegen die zahlreichen an den Fundstätten ausgegrabenen Steingeräte, Feuerspuren und anderen Hinweise auf menschliche Aktivitäten zweifelsfrei, daß der frühe Mensch in irgendeiner Form auf diese Komplexe einwirkte. Er könnte zum einen, in Kenntnis der häufigen natürlichen Todesfälle an diesen Orten, selbige regelmäßig aufgesucht und die Reste dort aufgefundener Kadaver verwertet haben, soweit es noch möglich war – dies entspräche dem Binfordschen Modell; oder aber er jagte und erlegte an denselben Fluß- und Seeufern, in denselben Quell- und Sumpfgebieten, wo ohnehin schon viele Tiere eines natürlichen Todes starben, überdies noch einzelne weitere Individuen. Unter den zahllosen Knochenresten von Torralba oder Weimar würde dann der überwiegende Teil von natürlich verendeten Tieren stammen, unerkannt – und weitgehend unerkennbar – könnten sich dazwischen aber auch einzelne Reste frühmenschlicher Jagdbeute befinden. Diese Vermutung mag zwar auf den ersten Blick allzu »unentschieden« und daher unbefriedigend erscheinen, doch stellt sich die Frage, ob das Denken in starren Kategorien des »entweder/oder« nicht mehr unserem Wunsch nach »klaren Lösungen« als den sicherlich komplexen urgeschichtlichen Realitäten entspricht. Bei Licht besehen wäre es jedenfalls die naheliegendste und plausibelste Sache der Welt: Dort, wo es Wasser gab, hielten sich die Tiere auf; dort starben sie daher häufig eines natürlichen Todes, dort aber wurden sie überdies auch bevorzugt vom Menschen gejagt und zerlegt.

So kann man als Fazit dieses Kapitels festhalten, daß vermutlich keiner der extremen Standpunkte, die wir in der Jagdfrage kennengelernt haben, vollständig zutrifft, sondern daß die Wahrheit einmal mehr in der Mitte liegen dürfte. Binfords Kritik an der Jagdhypothese in ihrer traditionellen Form war zweifellos berechtigt und wirkte fruchtbar, denn sie zwang die Forschung, methodisch exakter zu arbeiten und konkret zu belegen, was vorher oft nur vermutet und behauptet worden war. Die weitreichenden theoretischen Schlußfolgerungen hingegen, die er aus seiner Kritik ableitete, waren vermutlich überzogen und irrig. Binford stellte gewissermaßen die richtigen Fragen, gab aber (zum Teil) die falschen Antworten. Indem er das Fehlen zwingender Beweise für die Jagd an vielen altpaläolithischen Fundstellen zu einem schlüssigen Beweis für die Nichtexistenz der Jagd im Altpaläolithikum umdeutete, beging er einen schwerwiegenden Denkfehler und schüttete gewissermaßen das Kind mit dem Bade aus. Und seine Tendenz, an einmal eingenommenen Positionen unbedingt festzuhalten, führte mehrfach dazu, daß er Beweise und Indizien nicht richtig wahrnahm und würdigte, wenn sie nicht in sein vorgefertigtes Bild paßten. Damit machte er sich, wie sein schärfster Kritiker Henry T. Bunn (vgl. Kap. 7) treffend bemerkte, »der gleichen Art von einspurigem Denken schuldig, für das er andere unentwegt kritisiert«. Das schmälere keineswegs seine methodischen Verdienste, fügte Bunn hinzu, aber man müsse bei Binfords Kreuzzug gegen die »archäologischen Mythen« (vgl. S. 182) doch stets im Auge behalten, »daß manche der modernen Mythen von Binford (selbst) in die Welt gesetzt werden«.[57]

Keine »Fünf-Minuten-Kultur«

Zu dieser Kategorie ideologischer Konstrukte gehört mit Sicherheit auch die Behauptung des Forschers, die vormodernen Hominiden hätten noch nicht umsichtig zu handeln und längerfristig zu planen vermocht, weshalb sie auch noch keine Menschen in unserem Sinne gewesen seien (vgl. S. 219). Diese Behauptung baut, wie wir gesehen haben, auf falschen Voraussetzungen auf, und sie ist angesichts der beschriebenen Fakten nicht haltbar: Wer wie die Frühmenschen von Lehringen und Schöningen (vgl. S. 221 ff. und S. 234/235) riesige Elefanten mit der Stoßlanze erlegte oder schnell flüchtende Pferde mit dem Wurfspeer abschoß, der mußte ohne Zweifel nicht nur über viel Geschick und Erfahrung, sondern auch über ein hohes Maß an Intelligenz, Umsicht und Planungsvermögen verfügen. Seine diesbezüglichen Fähigkeiten können nicht viel geringer gewesen sein als diejenigen neuzeitlicher Elefanten- und Pferdejäger, sonst wäre er unweigerlich gescheitert. »Mit anderen Worten, diese Hominiden lebten nicht in einer spontanen ›Fünf-Minuten-Kultur‹ und handelten nicht rein ›opportunistisch‹ als Antwort auf unmittelbare Situationen«, schrieb der britische Prähistoriker Robin Dennell in einem »*Nature*«-Kommentar zu den Schöninger Speerfunden (vgl. S. 234) – »vielmehr sehen wir eine beträchtliche Planungstiefe, gestalterische Verfeinerung und Geduld schon bei der Bearbeitung des Holzes, wie sie (bislang) nur dem modernen Menschen zugeschrieben wurde«.[58] Dies ist in der Tat die Lehre aus den Schöninger Entdeckungen und dem anderen hier präsentierten Material – und es steht zu hoffen, daß ihr in Zukunft auch im englischen Sprachraum ein größeres Gewicht beigemessen wird.

9. Kapitel

Die Geheimnisse der Bilderhöhlen

Die Nachricht von einer aufsehenerregenden Entdeckung ging im Januar 1995 um die Welt: Drei Höhlenforscher waren im wildromantischen Tal der Ardèche in Südfrankreich, das jedes Jahr von über einer Million Urlaubern, Campern und Kanufahrern bevölkert wird, auf eine prachtvolle Bilderhöhle aus dem Jungpaläolithikum gestoßen, in die seit der Eiszeit kein Mensch mehr einen Fuß gesetzt hatte.

Die Entdeckung der Grotte Chauvet

Die Entdecker Jean-Marie Chauvet (nach dem die »Grotte Chauvet« benannt wurde), Éliette Brunel Deschamps und Christian Hillaire erforschten schon seit Jahren gemeinsam die zahlreichen Höhlen des Ardèche-Tals – Brunel Deschamps und Hillaire in ihrer Freizeit, Chauvet seit 1993 von Berufs wegen: als staatlicher Beauftragter für die Bildergrotten der Region. Am Nachmittag des 18. Dezember 1994 war das Team an einem Felshang des Tals auf Prospektionstour unterwegs. In einer kleinen Karsthöhle nahmen die drei einen Luftzug aus einem mit Steinen und Erde verschütteten Höhlengang wahr. Sie räumten den Gang frei, zwängten sich hindurch und standen nach einem Abstieg mit der Strickleiter in einer riesigen Höhlenhalle. Im Licht ihrer Stirnlampen glänzten Tropfsteine, funkelten Sinterablagerungen und Kalzitkristalle – ein grandioses, in Weiß- und Orangetöne getauchtes unterirdisches Panorama. Doch

Abb. 51 Bilder von Pferden, Auerochsen und zwei kämpfenden Nashörnern in der Grotte Chauvet in Frankreich

nicht nur die Pracht der Tropfsteinhöhle ließ den Forschern den Atem stocken: Der Lichtkegel ihrer Lampen fiel auch auf rote Linien und Punkte, die an die Höhlenwände gemalt waren, auf farbige Abdrücke menschlicher Hände, schließlich auf zahlreiche in Rot oder Schwarz gemalte Tiere von außergewöhnlicher Schönheit und Lebendigkeit. Viele davon waren zu großen »Panneaux« vereinigt, zu Tierfriesen mit zahlreichen Motiven: Eine Gruppe von Pferden war in perspektivischer Staffelung dargestellt, zwei Nashörner standen sich im Kampf gegenüber, ein Rudel Löwen lauerte in konzentrierter Anspannung auf der Höhlenwand (Abb. 51 und 52). Die Bilder waren teilweise von einer Leuchtkraft und Frische, als seien sie eben erst angebracht worden – und doch ließen Kalzitablagerungen und Sinterbildungen, die einige von ihnen überdeckten, keinen Zweifel an ihrem hohen Alter. In der Umgebung der Gemälde entdeckten die Forscher auf dem Höhlenboden diverse Feuerstellen, die den Urhebern der Kunstwerke vermutlich als Lichtquelle gedient hatten; an den Höhlenwänden beobachteten sie Rußflecken und Abriebspuren von Fackeln.

Die drei Entdecker gingen äußerst umsichtig vor und sorgten dafür, daß außer den zuständigen Behörden niemand etwas von der unterirdischen Galerie und ihren Schätzen erfuhr. Nachdem der für Höhlenkunst zuständige Experte im Pariser Kulturministerium, der Prähistoriker Jean Clottes, die Gemälde Ende Dezember besichtigt und ihre Echtheit bestätigt hatte, wurde der Eingang der Grotte Chauvet mit einer Metalltür und einer Videoüberwachungsanlage vor abenteuerlustigen Eindringlingen gesichert. Der französische Kulturminister Jacques Toubon gab die Jahrhundertentdeckung am 18. Januar 1995 persönlich auf einer großen Pressekonferenz in Paris bekannt, und die bei dieser Gelegenheit präsentierten Fotos und Videoaufnahmen versetzten die Medien auf der ganzen Welt in einen wahren Begeisterungstaumel: Wochenlang war die Grotte Chauvet allgegenwärtig in Rundfunk und Fernsehen, auf den Bildseiten der Zeitungen, Illustrierten und Magazine. Ein wenige Monate nach der Entdeckung von Jean-Marie Chauvet und seinem Team herausgegebener Bildband über die Höhle wurde innerhalb kürzester Zeit zum Bestseller. Der Medienrummel hatte freilich auch seinen Preis: Bald schon berichtete die Presse über heftige Streitigkeiten im Zusammenhang mit der Grotte Chauvet, über Auseinandersetzungen zwischen den Grundbesitzern und dem Staat um die Eigentumsrechte an der Höhle und die Höhe der Entschädigungszahlungen, aber auch von Streitigkeiten zwischen dem Entdeckerteam und den Kulturbehörden wegen der Vermarktung der urgeschichtlichen Gemäldegalerie und der Bildrechte an den frühen Kunstwerken.

Zutritt nur für Fachleute

Bei letzterem geht es durchaus um beträchtliche Summen, denn Fotos und Filmaufnahmen werden vermutlich bis auf weiteres die einzige Möglichkeit bleiben, sich ein Bild von der Höhle und ihren Schätzen zu machen. Für gewöhnliche Sterbliche soll die Stahltür der Grotte Chauvet nämlich auf immer verschlossen bleiben, um das Innenklima der Höhle

Abb. 52 Hyänendarstellung in der Grotte Chauvet

und die empfindlichen Gemälde an ihren Wänden nicht durch den Schweiß und die Bakterien Abertausender von Besuchern zu gefährden, wie es in anderen Bilderhöhlen der Fall war. Nur kleine Gruppen handverlesener Spezialisten sollen Zutritt zu dem urgeschichtlichen Kunsttempel erhalten, um ihm Schritt für Schritt seine Geheimnisse zu entlocken. Auf den weltweiten Begeisterungssturm von 1995 folgt nun die geduldige, systematische Detailuntersuchung der Höhle, deren Dauer auf mindestens zehn Jahre veranschlagt wird. Erste Ergebnisse wurden bereits veröffentlicht, und sie sind äußerst vielversprechend.

So zeigt beispielsweise eine statistische Auswertung der 263 bislang in der Grotte Chauvet gezählten Tierbilder, daß die räumliche Verteilung in Rot und Schwarz ausgeführter Gemälde offenbar bestimmten Regeln folgte: Im vorderen Teil der Höhle herrschen rote Zeichnungen vor, im hinteren schwarze oder gravierte Darstellungen. Auch die Aufschlüsselung der vertretenen Tierarten hat zu interessanten Ergebnissen geführt, auf die wir später noch einmal zurückkommen werden (vgl. S. 270). Vor allem aber sollte die Auswertung von Materialproben der Wandgemälde im Hinblick auf ihr Alter ein überraschendes Resultat erbringen. Die schwarzen Tiere wurden mit Holzkohle gezeichnet, und diese Substanz läßt sich – im Gegensatz zu den für die roten Bilder verwendeten Ocker- und Hämatitfarben – relativ leicht und zuverlässig mit Hilfe der Radiokarbonmethode (C 14-Methode, vgl. Glossar) datieren. Die von Jean Clottes persönlich entnommenen Proben ergaben ein sensationelles Alter von 30 000 bis 32 000 Jahren, das die Grotte Chauvet ein halbes Jahr nach ihrer Entdeckung erneut in die Schlagzeilen katapultierte. Anfänglich hatte man ihre Gemälde nämlich aus stilistischen Gründen für höchstens 21 000 Jahre alt gehalten; nach der neuen Datierung waren sie hingegen die ältesten bekannten Höhlenmalereien überhaupt – älter, als es die Fachleute noch bis vor kurzem für möglich gehalten hätten (vgl. Kap. 10).

Das große Erstaunen, das die Entdeckung der Grotte Chauvet weltweit auslöste, läßt uns wenigstens ansatzweise nachfühlen, was die Menschen empfunden haben müssen, als vor nunmehr über hundert Jahren zum ersten Mal Höhlenmalereien aus der Eiszeit entdeckt wurden. Die Skepsis war damals so groß, daß die Wissenschaft die Darstellungen zunächst für lange Zeit verleugnete und ihren Entdeckern nicht etwa Anerkennung, Ruhm und Ehre zuteil werden ließ, sondern nur Spott und Verachtung. Besonders pikant war diese Ablehnung deshalb, weil sie keineswegs nur von konservativen, dem Gedanken an ein hohes Alter des Menschengeschlechts und seiner Kultur grundsätzlich abholden Forschern ausging, deren es ja damals noch viele gab (vgl. Kap. 1), sondern auch und gerade von ausgesprochen »fortschrittlich« und evolutionistisch denkenden Urgeschichtsarchäologen, denen der neue Beleg für die weit zurückliegenden Ursprünge unserer Kultur eigentlich durchaus hätte zupaß kommen müssen. Warum dies nicht der Fall war und wie man sich trotz dieser anfänglichen Ablehnung letzten Endes doch zur Anerkennung der frühesten Menschheitskunst durchrang, das sind ebenso spannende wie bezeichnende Kapitel der Forschungsgeschichte, denen wir uns im Folgenden näher zuwenden wollen.

Altamira: die erste eiszeitliche Bilderhöhle

1868 verfolgte ein Jäger auf einer Wiese beim nordspanischen Santillana del Mar rund 30 Kilometer südlich der Hafenstadt Santander einen Fuchs. Das Tier war mit einem Mal spurlos vom Erdboden verschwunden, und mit ihm der Jagdhund, der es gehetzt hatte. Der Jäger rief und pfiff vergeblich nach ihm; schließlich hörte er aus einer Felsspalte am Fuße eines Kalksteinhügels namens Altamira sein klägliches Winseln und Bellen. Um den Hund zu befreien, räumte er Geröll und Steine beiseite, mit denen die Felsspalte verschüttet war, und sah, daß das Tier in eine bislang unbekannte Höhle geraten war – eine erstaunlich geräumige Höhle, wie schon ein erster flüchtiger Blick verriet. Der Jäger erstattete dem Besitzer der Wiese und des Hügels, dem in der Nähe wohnenden Grafen Don Marcelino de Sautuola, Bericht über seine Entdeckung. Der inspizierte die Höhle kurz und ließ sie sodann verschließen. Damit war die Angelegenheit fürs erste erledigt.

1878 besuchte Sautuola indes die Weltausstellung in Paris und lernte die dort ausgestellten reichen Funde aus den Eiszeithöhlen Südwestfrankreichs kennen. Er war tief beeindruckt von den Artefakten in den Vitrinen und erinnerte sich an die Grotte auf seinem eigenen Grund und Boden. Nach Hause zurückgekehrt, begann er dort nach altsteinzeitlichen Überresten zu graben. Und er hatte tatsächlich Erfolg: In der Altamira-Höhle fanden sich – vermischt mit den Knochen eiszeitlicher Tiere – zahlreiche Steinwerkzeuge und Knochengeräte des Solutréen und des Magdalénien (vgl. Kap. 5).

Sautuola grub begeistert weiter, und eines Tages ereignete sich einer jener fast unwirklich anmutenden Zufälle, an denen die Geschichte der archäologischen Forschung so reich ist. Des Grafen fünfjähriges Töchterchen Maria wollte die Höhle, in der der Vater so viel Zeit verbrachte, endlich auch einmal sehen, und während dieser seiner Grabungsarbeit nachging, spielte sie in der Grotte herum und erkundete sie auf eigene Faust. Die Felsdecke von Altamira war stellenweise ziemlich niedrig, und Maria sprang auch in Bereichen der Höhle umher, in denen ihr Vater nicht oder nur mit Mühe stehen konnte. Plötzlich lief sie aufgeregt zu ihm und rief: *Papa, papa, mira, toros pintados!* (»Papa, Papa schau, gemalte Stiere!«) Der Graf glaubte zunächst an eine Einbildung seiner Tochter,

Abb. 53
Blick in den Höhlensaal von Altamira. An der Decke die bemalten Felsbuckel

doch dann hielt er die Lampe näher an die Höhlendecke, auf die Maria erregt zeigte, und sah mit einem Mal die »Stiere«: Ein Kalkbuckel reihte sich im Schummerlicht der Lampe an den anderen (Abb. 53), und jeder dieser Buckel trug das meisterhaft gemalte Bild eines einzelnen Tieres (Abb. 54). Zumeist waren es Bisons in den unterschiedlichsten Körperhaltungen – stehend, laufend oder liegend – doch auch ein Pferd, ein Wildschwein und ein großes Reh wurden im Schein der Lampe sichtbar (Abb. 55). All diese Tiere waren in vielfach schattierten Rot-, Braun- und Schwarztönen auf die Höhlendecke gemalt, und die Felsbuckel verliehen ihnen eine solche Plastizität und Lebensechtheit, daß Sautuola sich mitten in eine Tierherde hineinversetzt fühlte. Was er in diesen Augenblicken empfunden haben mag, läßt vielleicht eine Schilderung Herbert Kühns, des Altmeisters der deutschen Felsbildforschung, nachfühlen, der Altamira über vierzig Jahre später (1923) besuchte und seine Eindrücke wie folgt wiedergab:

»Und wo sind die Bilder?« frage ich. Der Chauffeur zeigt an die Decke, und plötzlich sehe ich die Fülle der Malereien. Die Buckel beginnen zu leben: der eine trägt das Bild eines stehenden Bisons, der andere das eines zusammengebrochenen Tieres. Der eiszeitliche Künstler hat die Unebenheiten der Decke als Relief verwendet. So ist das Bild Malerei und Relief zugleich, und es ist eigentlich unmöglich, es abzubilden. Hier steht die Hirschkuh, ein Bild, 1,5 m lang, meisterhaft in den Umrissen, in der

Zeichnung, in der Malerei. Und hier der Bison, wie getroffen vom Speer, ein Bild, das man nie vergißt, wenn man es einmal gesehen hat. Wie das Tier den Kopf senkt, wie die Hinterbeine untergeschlagen sind, wie das Fell leuchtet und lebt, (...) und wie die Farben die Schwierigkeiten meistern, das ist ein Wunder (...). Lebendige Bilder, lebendigstes Leben! Tiere, im Augenblick der Bewegung gemalt, wirklichkeitsnah, gegenwartsnah, Bilder, aus dem Erleben des Tages genommen. Und der Mensch der Eiszeit wird uns so vertraut.«[1]

Zweifel und Euphorie

Ähnliches mag dem spanischen Edelmann durch den Kopf gegangen sein, als er zum ersten Mal die urgeschichtlichen Meisterwerke sah, doch in seine Erregung mischten sich Zweifel: Konnten die Bilder wirklich so alt sein wie die in der Höhle aufgefundenen Steingeräte, oder stammten sie möglicherweise aus einer viel jüngeren Zeit? »Als wir nach Hause gingen, waren wir ganz still«, berichtete Maria de Sautuola 1923 Herbert Kühn, der sie besuchte, über die Stunden nach der Entdeckung. Ihr Vater habe ihr

»später so oft erzählt, was er gedacht hat. Die Höhle war ja überhaupt erst 10 Jahre vorher durch den Jäger aufgefunden worden. Die Bilder konnten also gar nicht modern sein, denn wenn Maler dagewesen wären, (...) dann hätte er davon gehört. Wir kannten jeden Fremden, unser Ort ist ja so abgelegen. (...) Aber auf der anderen Seite waren die Bilder wieder so vollkommen, daß man den Gedanken gar nicht fassen konnte, der Mensch der Eiszeit habe sie gemalt.«[2]

Sautuola wandte sich hilfesuchend an einen kompetenten Bekannten, Don Juan Vilanova y Piera, einen hoch angesehenen Professor für Geologie an der Universität Madrid. Der Wissenschaftler inspizierte die Höhle

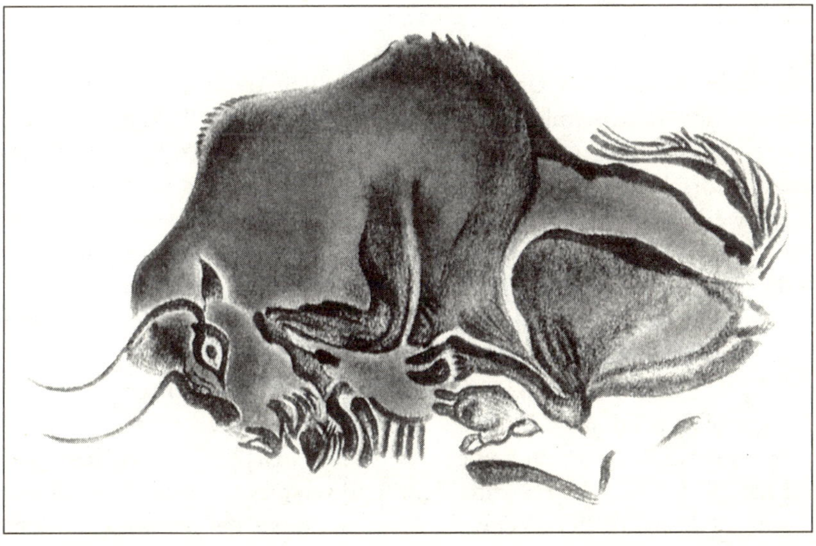

Abb. 54
Bisongemälde in der Höhle von Altamira

Abb. 55 Gesamtübersicht der Tiergemälde an der Decke des Höhlensaals von Altamira

zusammen mit dem Grafen, grub dort persönlich einige eiszeitliche Tierknochen und Steingeräte aus und gelangte ebenfalls zu dem Schluß, die phantastischen Tierbilder müßten wie die Artefakte aus dem Paläolithikum stammen. Diese Ansicht vertrat er kurze Zeit später auch bei einem Vortrag in Santander, in dem er die Entdeckung der Bilderhöhle öffentlich bekanntgab. Die Nachricht von den urzeitlichen Tiergemälden löste daraufhin in Spanien eine ähnliche Woge der Begeisterung und des Interesses aus, wie in unseren Tagen die Entdeckung der Grotte Chauvet. Die Presse des Landes berichtete auf den Titelseiten über Altamira, der archäologiebegeisterte Edelmann und seine kleine Tochter wurden über Nacht zu bekannten Persönlichkeiten, ja zu Nationalhelden, und Altamira wurde von Tausenden von Menschen besucht, die die Wundergrotte aus der Eiszeit mit eigenen Augen sehen wollten.

Die Fachwelt bleibt skeptisch

Die Euphorie und des Grafen Triumph sollten freilich nur von kurzer Dauer sein. Im September 1880 tagte in Lissabon der 9. Internationale Kongreß für Prähistorische Archäologie, auf dem die führenden Urgeschichtsforscher aus ganz Europa anwesend waren, und hier stießen die Kunstwerke von Altamira auf einhellige Ablehnung. Vilanova, der wissenschaftliche Fürsprecher Sautuolas, führte den Kongreßteilnehmern Kopien der Gemälde vor und lud sie zu einer Besichtigung der Höhle ein, doch kein einziger von ihnen nahm die Einladung an, und Altamira wurde im Kongreßbericht nur in einer winzigen Notiz erwähnt.

Wenig später beauftragte zwar eine einflußreiche Fachzeitschrift den Paläontologen Edouard Harlé, die Höhle zu untersuchen und ihre Bildwerke gründlich unter die Lupe zu nehmen – Harlés 1881 veröffentlichter Bericht fiel jedoch vernichtend aus und verstärkte nur noch die ablehnende Haltung in der Fachwelt. Wie, so fragte der wissenschaftliche

Emissär mit unverhohlenem Mißtrauen, sollten die Menschen des Magdalénien die nicht vom Tageslicht erhellte Höhle ausreichend beleuchtet haben, um derart vollkommene Gemälde zu schaffen, da doch nirgends Rußspuren von Feuern oder Fackeln zu erkennen waren? »Man muß schließen, daß alle diese Malereien aus einer Epoche stammen, in der das Beleuchtungswesen bereits sehr hoch entwickelt war«, urteilte er scheinbar plausibel, aber dennoch falsch, denn wenig später entdeckte man, daß in den magdalénienzeitlichen Höhlen Öllampen in Form von ausgehöhlten Steinen in Gebrauch waren, die mit Tierfett gefüllt wurden und in denen ein Docht aus pflanzlichem Material etwa so hell brannte wie bei einem heutigen Partylicht. Und warum, so bohrte der Paläontologe weiter, war die Ockerfarbe der Bilder noch so frisch, daß sie sich fast überall mit den Fingern abreiben ließ? Warum hatten sich kaum Ablagerungen auf den Gemälden gebildet? Wir wissen heute, daß das in den hermetisch vom Klima der Außenwelt abgeschlossenen Bilderhöhlen nicht selten der Fall war. Harlé aber schloß aus diesen und ähnlichen Beobachtungen, daß »die schönen Deckengemälde sehr neu« sein müßten.[3]

Zu perfekt für die Urzeit

Argumente dieser Art hätten eine skeptische und abwartende Haltung Altamira gegenüber gerechtfertigt, nicht aber die geradezu feindselige Ablehnung, auf die die Bilderhöhle bei nahezu allen Fachleuten stieß. Sie hatte andere, tiefere Gründe, und diese hingen eng mit dem Bild zusammen, das man sich damals vom Menschen des Paläolithikums machte.

Dieser Mensch war, das darf nicht vergessen werden, gerade erst seit wenigen Jahrzehnten bekannt (vgl. Kap. 1), und man stellte ihn sich im Zeichen des Evolutionismus und der Theorie von der Affenabstammung des Menschen äußerst primitiv vor – auch noch gegen Ende des Eiszeitalters. Zwar sprach man ihm nicht jegliches künstlerische Gestaltungsvermögen ab, denn in jenen Jahren waren aus dem Jungpaläolithikum Südwestfrankreichs bereits über hundert Knochenartefakte mit eingeritzten kleinen Tierzeichnungen oder plastischen Schnitzereien bekannt, und der Altmeister der französischen Urgeschichtsforschung, Gabriel de Mortillet, anerkannte einige unter ihnen durchaus als »kleine Meisterwerke«. Er schrieb ihnen allerdings im gleichen Atemzug eine »extreme Naivität« zu und sprach von der »Kindheit der Kunst«: »Die Menschen dieses Zeitalters hatten einen unbekümmerten Geist, ihnen fehlten Nachdenklichkeit und Voraussicht«, formulierte er 1883 und setzte hinzu: »Das ist es auch, was man noch heute bei verschiedenen wilden Völkerschaften beobachtet.«[4]

Die Gemälde von Altamira paßten nicht zu diesem Urteil, sie sprengten den Rahmen harmloser kleiner Tierskizzen, waren *zu* schön, *zu* aufwendig, *zu* gut durchkomponiert, um als spontane Kritzeleien unbekümmerter Wilder erklärbar zu sein. In ihrer Meisterschaft und Formbeherrschung waren sie den schönsten Kunstwerken der Neuzeit nahezu ebenbürtig, und das vertrug sich nicht mit einem streng evolutionistisch geprägten Weltbild, bei dem die Anfänge stets naiv, primitiv und beschränkt zu sein hatten, um das »Entwicklungziel« – den in der Gegenwart erreichten Zustand – als möglichst großartig und glanzvoll erscheinen zu lassen. »Das Vollendete kann und darf nur in der eigenen Zeit erscheinen«, faßte Herbert Kühn die damalige Haltung kritisch zusammen und schrieb weiter: »Die Anerkennung dieser Malereien wäre eine geistige Revolution gewesen, ein Angriff gegen den Gedanken des Fortschritts, bis zu der Höhe Europas – ein untragbarer Gedanke.«[5]

Allergisch gegen Spiritualität

Dazu kam noch ein weiterer Umstand: Die damalige Prähistorikergeneration hatte der Wissenschaft vom fossilen Menschen in langwierigem Kampf gegen dogmatische Bibelgläubigkeit, gegen die ideologische Macht des Klerus und der Kirche den Weg geebnet (vgl. Kap. 1). Deshalb hegten viele Forscher – allen voran Mortillet – eine ausgesprochene Abneigung gegen alles, was mit Religion oder Spiritualität zu tun hatte, und huldigten einem aus heutiger Sicht eher platten Materialismus. Weil sich die Vorgeschichtsforschung ihr Existenzrecht im harten Ringen mit der Religion erstritten hatte, wollte man nun um jeden Preis verhindern, daß die Fürsprecher des Überirdischen und Irrationalen durch die Hintertür wieder hereinkamen und Einfluß auf das Kind gewannen, das sie so lange in der Wiege zu erdrosseln versucht hatten (vgl. Kap. 1). Mortillet und andere waren daher krampfhaft bemüht, Religion und religiöses Empfinden als Degenerationserscheinungen jüngerer Epochen abzustempeln und möglichst vollständig aus der älteren Vorgeschichte zu verbannen – ein Bestreben, dem die Kunstwerke von Altamira überhaupt nicht gelegen kamen. Denn hier war ein enormer Aufwand für eine scheinbar völlig »unnütze« Angelegenheit getrieben worden, und die Frage, welche Motive für dieses »sinnlose« Handeln ausschlaggebend gewesen sein könnten, drohte in religiöse und spirituelle, in jedem Fall aber nichtmaterielle und damit »gefährliche« Bereiche zu führen. Nicht umsonst bezeichnete man die Höhle später als »Sixtinische Kapelle der Urzeit« – eine Sixtinische Kapelle aber wird nicht als Zeitvertreib geschaffen, wie man es damals für die Kleinkunstwerke annahm, ihr liegen tiefergehende Motive zugrunde. Und daß die Wunderhöhle ausgerechnet im streng katholischen und monarchistischen Spanien entdeckt worden war, noch dazu von einem Edelmann, machte sie dem antiklerikalen und republikanischen Prähistoriker Frankreichs auch nicht eben sympathischer.

Gefälschte Malereien?

So kam es gerade recht, als bekannt wurde, daß Sautuola eine Zeitlang einen wandernden Kunstmaler auf seinem Schloß beherbergt hatte. Es half nichts, daß dieser Künstler versicherte, die Altamira-Höhle niemals betreten zu haben, und daß er zur Schaffung so detailgetreuer Darstellungen lange ausgestorbener Tierarten wohl auch kaum in der Lage gewesen wäre: Die urgeschichtliche Bildergalerie schien sich nun endgültig als vorsätzliche Fälschung entpuppt zu haben. »Ich bin überzeugt, es ist eine absichtliche Irreführung in dieser Angelegenheit«, schrieb Mortillet 1881 an seinen Fachkollegen und Freund Émile Cartailhac, einen der schärfsten Kritiker der Entdeckung – »das ganze ist nichts als ein witziger Schabernack, (...) geschaffen und in die Welt gesetzt, um lachen zu können über die leichtgläubigen Prähistoriker«[6]. Cartailhac selbst urteilte elf Jahre später (1902) über die Affäre:

»Ein Einfluß, der oftmals glücklicher gewesen war, verleitete mich schon bald zur Skepsis: ›Nehmen Sie sich in acht! man möchte den französischen Prähistorikern einen Streich spielen!‹, schrieb man mir. ›Seien Sie auf der Hut vor den spanischen Klerikalen‹.«[7]

So verschwanden die Bilder schon nach kurzer Zeit wieder in der Dunkelheit, aus der sie zu früh aufgetaucht waren – »die Philosophie siegte über die Tatsachen«, wie Herbert Kühn 1976 trocken bemerkte.[8] Sautuola starb 1888 mit nur 57 Jahren als enttäuschter, verbitterter Mann, und die Höhlenkunstforschung verlor durch die unglückliche Affäre nicht weniger als zwei Jahrzehnte Zeit. Gänzlich aufzuhalten war ihre Entwicklung dadurch freilich nicht.

Die Höhlenkunst wird anerkannt

In den Höhlen Südwestfrankreichs, des »Mutterlandes« der Altsteinzeitarchäologie, gingen die Ausgrabungen weiter, und dabei stieß man gegen Ende des 19. Jahrhunderts immer öfter auch auf Wandgravierungen und -malereien, die denen von Altamira auffallend ähnelten. Einige Jahre lang wurden sie unter dem Eindruck des Bannstrahls gegen die spanische Höhle nicht öffentlich gemacht oder sogar regelrecht geheimgehalten, doch um die Jahrhundertwende hatten sich so viele und so eindeutige Befunde angesammelt, daß an der Existenz einer eiszeitlichen Höhlenkunst kaum mehr zu zweifeln war. 1895 entdeckte man beispielsweise in der Höhle La Mouthe in der Dordogne zahlreiche gravierte Tierbilder, die zum Teil erst beim Abtragen dicker Lehmschichten zum Vorschein kamen, mit denen die Höhle angefüllt war; ähnliche Umstände herrschten 1896 in der Grotte von Pair-non-Pair, so daß bei diesen beiden Bilderhöhlen an eine moderne Fälschung nicht zu denken war.

Den endgültigen Durchbruch brachten schließlich Tiergravierungen und wunderbare Tierfresken in Rot, Braun und Schwarz, die 1901 in den Höhlen Les Combarelles und Font-de-Gaume in der Dordogne entdeckt wurden. Sie waren teilweise von Stalagmiten überzogen, wodurch ihr hohes Alter zweifelsfrei bezeugt wurde. Diese Entdeckungen, noch im selben Jahr in einer bedeutenden französischen Fachzeitschrift veröffentlicht, führten innerhalb kurzer Zeit zu einem radikalen Umdenken in der Frage der Höhlenkunst, die nun plötzlich von den meisten französischen Forschern anerkannt wurde und überall auf größtes Interesse stieß. Auch Altamira geriet dadurch erneut ins Blickfeld, und selbst der vormals so ablehnende Cartailhac sprang über seinen Schatten und suchte die spanische Höhle 1902 zusammen mit einem jungen, vorgeschichtsbegeisterten katholischen Geistlichen namens Henri Breuil erstmals persönlich auf. »Lieber Freund, Abbé Breuil und ich wünschen, Sie wären hier in der Höhle Altamira«, schrieb er von dort aus voller Begeisterung an einen Kollegen:

»Sie ist die schönste, die seltsamste, die interessanteste von allen Höhlen mit Malereien. Seit acht Tagen kopiert der Abbé in Farben diese Bisons, diese Pferde, diese Hirsche, diese Eber, alle ungewöhnlich. Er hat schon eine große Anzahl von hervorragenden Zeichnungen und Hunderte von Kopien in Farben. Wir leben in einer neuen Welt.«[9]

Diese neue Welt hätten Cartailhac und seine Kollegen schon zwanzig Jahre vorher erleben können, wären sie nur beim Lissaboner Prähistorikerkongreß 1880 Vilanovas Einladung nach Altamira gefolgt – doch vermutlich hätten sie die Bilderhöhle damals noch mit anderen Augen betrachtet. Immerhin besaß Cartailhac die menschliche Größe, seinen Irrtum noch im gleichen Jahr (1902) in einem berühmtgewordenen Aufsatz mit dem Titel *mea culpa d'un sceptique* (»Schuldbekenntnis eines Skeptikers«) öffentlich einzugestehen und zu bedauern. Er entschuldigte sich auch persönlich bei der Entdeckerin der Höhlenbilder von Altamira, Maria de Sautuola, und nahm in der Folgezeit aktiv an der weiteren Erforschung der Höhlenkunstwerke teil, über die er in späteren Jahren voller Begeisterung schrieb:

»Die ungeahnten Malereien des Quartärs sind in jeder Hinsicht großartig und übertreffen jede ethnographische Parallele. Mögen jene Urvölker uns zeitlich noch so ferne stehen, wir fühlen uns ihnen so nahegerückt und eng verwandt im gleichen Kult der Kunst und des Schönen. Wir brauchen nicht zu erröten, sie unsere Ahnen zu nennen.«[10]

Die »Ära Breuil«

Die Hauptarbeit bei der Erschließung, Auswertung und Deutung der nun Jahr für Jahr zahlreicher werdenden Bilderhöhlen lag aber auf den Schultern einer neuen, jungen Prähistorikergeneration; der Beginn des 20. Jahrhunderts brachte in dieser Hinsicht auch einen Generationswechsel mit sich. Unter den neuen Aktivisten befanden sich auffälligerweise gleich mehrere katholische Geistliche – der 1898 verstorbene Mortillet muß, wie ein Kommentator spitz bemerkte, im Grab rotiert haben. Keiner von ihnen sollte indes einen so großen Einfluß auf die Höhlenkunstforschung der nächsten sechzig Jahre gewinnen wie jener junge Priester, der zusammen mit Cartailhac die Kunstwerke von Altamira »rehabilitiert« hatte: der Abbé Henri Breuil. In den folgenden Jahrzehnten war er immer wieder in Europa und in Afrika unterwegs, um urgeschichtliche Fundstätten zu besuchen und zu untersuchen. Niemals vergaß er dabei, Papier, Zeichenstift und Pastellfarben mitzunehmen, um Höhlenmalereien und Felsbilder vor Ort detailgetreu kopieren zu können. »Breuil besaß das Temperament, die Lebensenergie, das Wagende und auch die Phantasie«, schrieb der mit ihm befreundete deutsche Felsbildforscher Herbert Kühn 1976,

> »die unerläßlich sind für die schwierigen Aufgaben der Forschung in Bergen und Schluchten, in unterirdischen Höhlen und in unwegsamen Gebreiten. Breuil war unermüdlich in seiner Arbeit, wandernd zu Fuß, reitend auf Maultieren, kletternd und kriechend. Er war aber auch ein scharfer, logischer Denker, ein Mann der Genauigkeit, der Zuverlässigkeit, ein Gelehrter von überragendem Geist mit Kenntnissen in den Naturwissenschaften, in Anthropologie, Zoologie, Botanik, Geologie und zugleich in der Kunstwissenschaft. Er war ein begnadeter Maler und Zeichner. Seine Kopien der Bilder besitzen eine Genauigkeit und Sicherheit in der Wiedergabe, die heute noch erstaunlich erscheint.«[11]

Diese Kopien, in einer Reihe von Bänden über die wichtigsten Bilderhöhlen veröffentlicht, ermöglichten es auch Forschern und interessierten Laien, die die Höhlen nicht selbst aufsuchen konnten, sich ein präzises Bild von den dortigen Kunstwerken zu machen. Breuil schuf mit diesen Veröffentlichungen also überhaupt erst die Grundlage für eine fundierte Beurteilung und Diskussion der Höhlenkunst.

Seine zahlreichen Schriften – eine Liste führte bis 1957 nicht weniger als 900 Publikationen auf – setzten aber auch Normen in den Fragen der zeitlichen Einordnung und stilistischen Interpretation dieser Kunst. Beide Fragenkomplexe waren ziemlich verwickelt, denn eine direkte Datierung der Höhlengemälde, wie sie heute zum Teil mit Hilfe der Radiokarbonmethode durchführbar ist (vgl. S. 244), war damals noch nicht möglich, so daß man sich bei der Abschätzung ihres Alters und ihrer Aufeinanderfolge allein auf stilistische Erwägungen und die (unsichere) Verknüpfung mit den Fundschichten in den Höhlen stützen konnte. Breuil entwickelte ungeachtet dieser Schwierigkeiten ein in sich schlüssiges Interpretationsschema, das ein halbes Jahrhundert lang Bestand hatte und auf die Forschung äußerst anregend wirkte, auch wenn es heute weitgehend überholt ist. Bis in die sechziger Jahre hinein übte der Gelehrte einen derart beherrschenden Einfluß aus, daß man geradezu von der »Ära Breuil« sprach, und als er 1961 starb, »verlor die Welt«, wie Peter J. Ucko und Andrée Rosenfeld feststellten, »den Mann, der allein für die Dokumentation der paläolithischen Kunst mehr getan hatte als alle anderen Forscher zusammengenommen«.[12]

Beschwörung durch Bilder?

Natürlich beschäftigte sich Breuil auch mit den Beweggründen, die die jungpaläolithischen Menschen zur Schaffung ihrer Kunstwerke veranlaßt haben konnten, doch knüpfte er hier an den wegweisenden Entwurf eines anderen Forschers an. Der französische Prähistoriker Salomon Reinach, Leiter des Museums für Nationale Altertümer in Saint-Germain bei Paris, hatte schon 1903, nur ein Jahr nach der »offiziellen« Anerkennung der Höhlenkunst, ein Erklärungsmodell vorgelegt, das von Breuil und den meisten anderen Forschern in den folgenden Jahrzehnten übernommen wurde und das bis in die sechziger Jahre hinein beherrschend blieb, auch wenn zu dieser Zeit kaum mehr jemand wußte, von wem es ursprünglich stammte.

Reinach ging bei seinen Überlegungen zum Sinngehalt der Eiszeitkunst von zwei auffallenden Sachverhalten aus. Zum einen waren die in den damals bekannten Bilderhöhlen und auf den gravierten Knochen und anderen Kleinkunstwerken dargestellten Tierarten »nahezu ausschließlich jene, von denen sich ein Volk von Jägern und Fischern ernährt«, also potentielle Beutetiere; zum anderen waren ihre Bildnisse in den Höhlen »nicht im Eingangsbereich plaziert, wohin das Tageslicht fällt, sondern in die finstersten Höhlenbereiche verbannt, in die Tiefen der langen Höhlenkorridore, in die man nur schwer hineingelangt«.[13] Tatsächlich fanden sich auch später immer wieder Höhlengemälde mehrere hundert Meter weit im Inneren der Grotten, und manche von ihnen waren überdies in engen Gängen oder entlegenen Schächten angebracht, wo sie sich nur schwer betrachten ließen.

Diese ausgesprochen unzugängliche, ja verborgene Plazierung, die an die Bilderfriese ägyptischer Grabkammern erinnerte, bewies nach Reinach, daß es sich nicht um gewöhnliche Kunstwerke oder Dekorationen gehandelt haben konnte, die nur dem profanen Vergnügen des Beschauers dienten, sondern daß es bewußt dem Alltag entrückte Bilder gewesen sein mußten, die daher wohl einen »religiösen und mystischen Charakter« besaßen. »Der prähistorische Künstler wollte nicht *gefallen*, sondern *beschwören*«, vermutete der Gelehrte, und er fuhr fort: »Es ist in der Tat diese mystische Idee der *Beschwörung* durch die Zeichnung oder die Figur – vergleichbar der Idee der *Anrufung* durch das Wort – die man am Beginn der Kunstentwicklung im Rentierzeitalter zu suchen hat.«[14]

Abb. 56
Zeremonielle Tötung eines in den Sand gezeichneten Känguruhs durch australische Aborigines

Das metaphysische »Hilfsmittel« aber, mittels dessen sich die Beschwörung vollzog, war nach seiner Ansicht die Magie, genauer gesagt der Analogiezauber.

Magische Kunst

Aus zahllosen Filmen und Büchern ist uns die Geschichte von der Hexe oder dem Zauberer bekannt, die unliebsame Zeitgenossen quälen oder töten, indem sie kleine Püppchen von ihnen anfertigen und diese mit Nadeln durchstechen oder über dem Feuer rösten – woraufhin die Betreffenden auf geheimnisvolle Weise die gleichen Verletzungen und Qualen erleiden wie ihre malträtierten Repräsentanten en miniature. Diese Geschichte ist freilich kein origineller Einfall moderner Gruselbuchautoren oder Horrorfilmregisseure, sondern beruht auf einem uralten und bis in unsere Zeit hinein weitverbreiteten Aberglauben, demzufolge man Macht über eine Person oder eine Sache gewinnt, wenn man ihr Ebenbild oder auch einen Teil ihrer selbst beziehungsweise ihrer Ausstattung besitzt, zum Beispiel eine Haarlocke oder ein Kleidungsstück. Nach dem Prinzip »Gleiches bewirkt Gleiches« (*similia similibus*) übertragen sich die an diesem »Stellvertreter« bzw. »Innbild« vorgenommenen magischen Handlungen auf die repräsentierte Person oder Sache, weshalb man auch von »Analogiezauber« oder »sympathetischer Magie« (von griech. »*sympathein*« = »mitleiden«) spricht. Im Mittelalter wurden in bestimmten Regionen Frankreichs flüchtige Straftäter auf diese Weise von Staats wegen »in Abwesenheit hingerichtet«. Ein ähnlicher magischer Glaube ist auch einer der Gründe dafür, daß sich noch heute in vielen orientalischen Ländern die Menschen nicht gern von Fremden fotografieren lassen.

Viele neuzeitliche Völker setzten diese Art der Magie aber auch ganz bewußt und zielgerichtet zur Sicherung ihres Nahrungserwerbs und ihrer Lebensgrundlagen ein. Reinach wies in diesem Zusammenhang vor allem auf bestimmte Riten der australischen Ureinwohner hin (Abb. 56), bei denen diese ihre Beutetiere nachahmten, um Macht über sie zu gewinnen und ihre Vermehrung zu fördern. Er erwähnte auch die Gewohnheit mancher nordamerikanischen Indianer, Tierbilder zu zeichnen und sie anschließend absichtlich zu »verletzen« oder zu beschädigen, um auf magische Weise das Erlegen der Tiere vorwegzunehmen. Letzteres war beispielsweise bei den Ojibwa der Fall, über die der Prähistoriker R. R. Schmidt 1934 berichtete:

»Wenn der Ojibwa-Indianer sein eben entworfenes Tierbild mit dem Pfeil durchbohrt, singt er:

Ich schieße dich ins Herz, o Tier –
Ich treffe dein Herz.
Jedes Tier, meine Freunde,
Ich treffe es sicher.«[15]

Ganz ähnlichen magischen Zwecken mußten nach Reinachs Überzeugung auch die jungpaläolithischen Kunstwerke gedient haben. »Die Darstellung eßbarer Tiere in den Tiefen unserer Höhlen«, so schrieb der Gelehrte,

»ließe sich sehr gut erklären, wenn die religiösen Vorstellungen der Höhlenmenschen denjenigen der Arunta (australischen Ureinwohnern, MK) ähnlich gewesen wären. (...) Es ging darum, durch magische Praktiken die Vermehrung des Wildes zu sichern, von dem die Existenz des Clans oder Stammes abhing. Zu diesem Zweck fanden im finstersten Teil der Höhlen, zu dem Nichteingeweihte keinen Zutritt hatten, Zeremonien statt, an denen nur die Erwachsenen teilnahmen.«[16]

Die Höhlenbilder hatten demnach eine eminent praktische Funktion. In Anbetracht dessen war es, so Reinach weiter,

»notwendigerweise auch ein Anachronismus, (sie) als Kunstwerke im modernen Sinne des Wortes zu bezeichnen; (...) denn diese Kunst war nicht, wie die Kunst der zivilisierten Völker, ein Luxus oder eine Spielerei; sie war der Ausdruck einer sehr unentwickelten, aber sehr lebhaften Religion, Bestandteil magischer Praktiken, die als einziges Ziel die Erringung des täglichen Lebensunterhalts hatten. Ein Gemälde oder ein Schnitzwerk eßbarer Tiere sicherte den Erfolg der Jagd oder des Fischfangs nicht weniger als die Widerhakenharpunen oder die Speere«.

Die Menschen dieser Zeit glaubten nach Reinach also, »die Natur auf direktem Wege beherrschen und sie sich, innerhalb der Grenzen

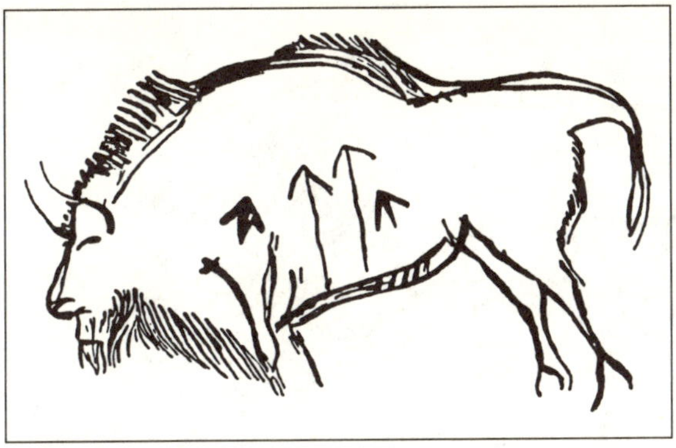

Abb. 57
Bisondarstellung mit pfeilartigen Zeichen in der Höhle von Niaux in Frankreich

ihrer Bedürfnisse, durch Gewalt oder Magie dienstbar machen zu können«.[17]

Sicherte Zauber den Jagderfolg?

Im Jahre 1903, als Reinach diese Überlegungen veröffentlichte, waren erst einige wenige paläolithische Bilderhöhlen bekannt, und so konnte sein Modell, das sich vor allem auf völkerkundliches Material stützte, nicht mehr als ein erster Erklärungsversuch sein. Doch je weiter die Erforschung der Höhlenkunst in den folgenden Jahren und Jahrzehnten voranschritt, desto mehr Entdeckungen wurden gemacht, die seinen Ansatz zu bestätigen und die magische Funktion der Höhlenkunst geradezu mit Händen greifbar zu machen schienen. So fanden sich in verschiedenen Höhlen beispielsweise Bilder von Bisons und anderen Tieren, in die pfeilartige oder P-förmige Symbole eingezeichnet waren (Abb. 57). Sie konnten nach allgemeiner Überzeugung nur Wurfspeere, Pfeile, Keulen oder Bumerangs darstellen, mit denen die Tiere ähnlich wie bei den Ojibwa-Indianern auf magische Weise »getötet« worden waren. In der Höhle Les Trois Frères in den französischen Pyrenäen entdeckte man 1912 überdies die gravierte Zeichnung eines Bären, dessen Körper mit kleinen Löchern gespickt war und aus dessen Maul und Nase Blut schoß (Abb. 58) – offenkundig ein besonders drastischer Beleg dieser Art von Jagdmagie. Auch die angeblichen Darstellungen von Tieren in Fallgruben oder Schwerkraftfallen, auf die wir ja bereits im letzten Kapitel eingegangen sind (vgl. S. 207), sollten nach Deutung vieler Prähistoriker bei der Sicherung des Jagderfolgs helfen.

Das vielleicht eindrucksvollste Zeugnis jagdmagischer Praktiken kam aber 1923 in der Montespan-Höhle im französischen Pyrenäengebiet zutage. In einer Kammer tief im Inneren entdeckte man mehrere große, aus Lehm geformte Tierfiguren, von denen eine einen Bären darstellte (Abb. 59). Die Skulptur besaß keinen Kopf, ihr Hals, der in einer glatt modellierten Fläche endete, wies aber ein Loch auf, das offenbar von

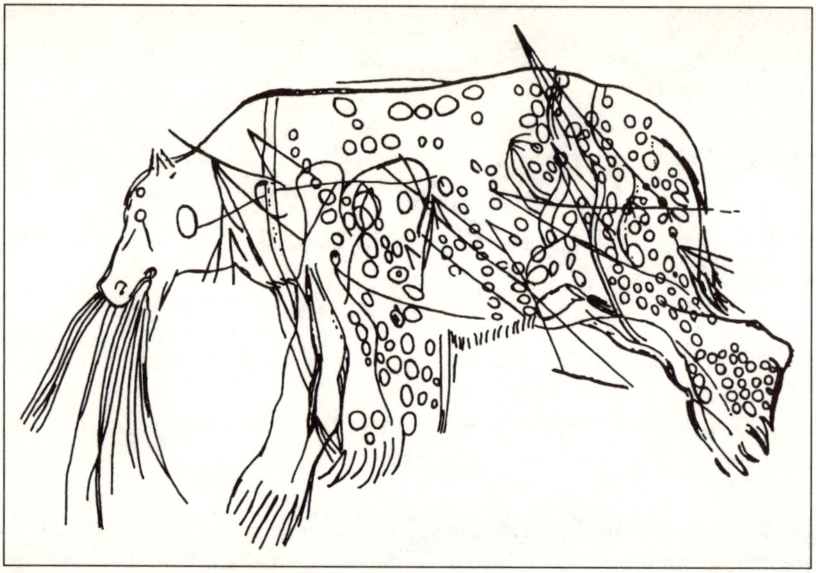

Abb. 58 Darstellung eines mutmaßlich verwundeten Bären in der Höhle Les Trois Frères in Frankreich

einem nicht erhalten gebliebenen Holzpflock herrührte; mit seiner Hilfe war an der Lehmfigur, so vermutete man, ein echter Bärenschädel befestigt worden, der bei der Entdeckung der Figur zwischen ihren Vorderpranken lag. Da die Oberfläche der Skulptur stellenweise wie poliert wirkte, äußerten einige Forscher sogar den Verdacht, ihr sei ein ganzes Bärenfell mitsamt dem noch daran befindlichen Kopf überhängt worden; es hätte sich somit um eine nahezu perfekte Tierattrappe gehandelt. Doch wozu sollte sie gut gewesen sein? »Die Antwort geben etwa dreißig runde, tiefe Löcher im Leib des Bären, die ganz so aussehen, als rührten sie von einer Holzlanze her«, schrieb der Prähistoriker Georg Kraft 1942. Er sprach von den »sichtlichen Spuren einer magischen Jagd«,[18] und gab damit den allgemeinen Konsens in der damaligen Fachwelt wieder.

Fruchtbarkeitsrituale und kultische Zeremonien

Auch für die von Reinach 1903 angenommene Fruchtbarkeitsmagie glaubte man in den neu entdeckten Bilderhöhlen immer wieder Belege zu finden: Da standen Tierbilder direkt neben abstrakten Phallus- oder Vulvendarstellungen; da waren mutmaßlich männliche Tiere dicht hinter mutmaßlich weiblichen abgebildet, so daß der Moment unmittelbar vor der Begattung festgehalten zu sein schien; da zeigten viele der Tierbilder auffallend geschwungene Bauchlinien, so daß man Darstellungen trächtiger Weibchen vermutete. Allerdings handelte es sich in allen Fällen nur um vage Andeutungen, die der Phantasie der (zu dieser Zeit ausschließlich männlichen) Urgeschichtsforscher einen beträchtlichen Entfaltungsspielraum boten.

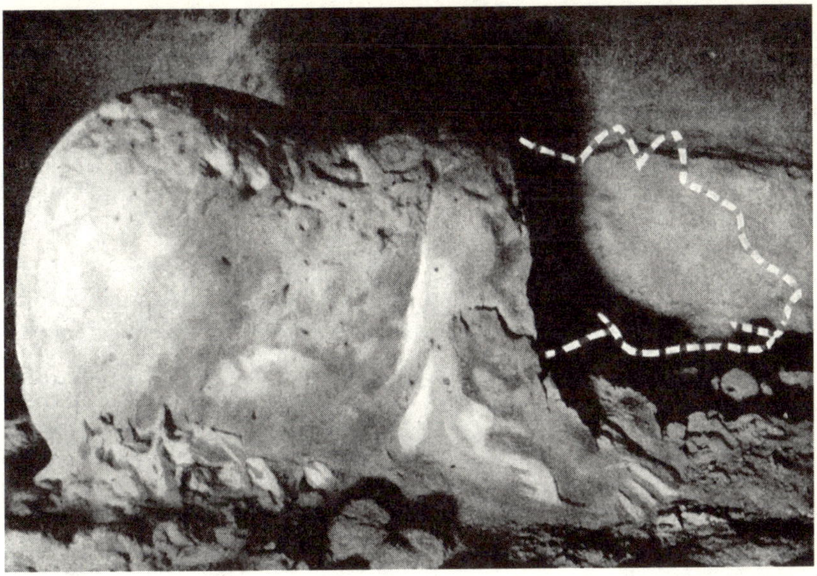

Abb. 59
Lehmplastik eines Bären ohne Kopf in der Höhle von Montespan in Frankreich

Bei einem Fundensemble schien der Zusammenhang zwischen Höhlenkunst und Geschlechtsmagie freilich eindeutig zu sein, und wieder ging es um ein Werk der plastischen Kunst. In der Höhle Tuc d'Audoubert in den französischen Pyrenäen entdeckte man 1912, nicht weniger als 700 Meter tief in der Erde, zwei über 60 Zentimeter lange, wunderschön modellierte Bisonfiguren aus Lehm, die gegen einen Felsen gelehnt waren und nach Auffassung der meisten Fachleute ein zur Kopulation ansetzendes Männchen hinter einem Weibchen darstellten. In einem kaum 1,5 Meter hohen benachbarten Höhlenraum fanden sich überdies eine Anzahl modellierter Lehmwülste von phallusartiger Gestalt sowie zahlreiche Abdrücke menschlicher Fersen im ehemals feuchten Lehm, die ihrer Größe nach zu urteilen von älteren Kindern oder Halbwüchsigen stammen mußten.

Den Spekulationen, was genau in diesen beiden Höhlenräumen während der letzten Eiszeit vor sich gegangen sein mochte, waren kaum Grenzen gesetzt, doch die Grundmotive Fruchtbarkeitszauber, Sexualsymbolik und Einführung der Jugendlichen in die Welt der Erwachsenen tauchten bei fast allen Interpretationsvorschlägen auf. »Diese Kultstätte mit ihren Fruchtbarkeitsbildern und den Fußeindrücken jugendlicher Tänzer erinnert an die Reifeweihen heutiger Jägervölker, die mit dem Eintritt der Knaben und Mädchen in den Lebenskreis der Erwachsenen vollzogen werden«, schrieb beispielsweise R. R. Schmidt 1934,[19] und Georg Kraft vermutete 1948:

»In diesen Räumen wurden kultische Tänze aufgeführt, das beweisen die Fersenabdrücke Jugendlicher von Tuc. (...) Im freien Raum vor den Bildern bewegten sich also keine Kunstfreunde, sondern tanzten die Jäger des Stammes oder die einzuweihende Jungmannschaft unter Führung des Zauberers. Die darstellende Kunst ist zugleich (und möglicherweise zuerst) mimischer Art; nach Analogie der Wildbeuter gehören dazu Musik und Tanz, kultische Formeln und Mythen. In der Tat gibt es (in jungpaläolithischen Fundstellen, MK) nicht nur Pfeifen, sondern (...) (auch) Flöten.«[20]

»Heiligtümer der Urzeit«

Diese und zahlreiche ähnliche Funde führten schließlich dazu, daß man in den Bilderhöhlen regelrechte Kultstätten sah, urgeschichtliche »Tempel« oder »Kathedralen« der Jagd- und Fruchtbarkeitsmagie, und in ihren Tierdarstellungen »die Altarbilder der Vorgeschichte«, wie sie Herbert Kühn 1952 nannte.[21] »Wenn wir eine bemalte Höhle aufsuchen«, schrieb im gleichen Jahr Henri Breuil,

»dann betreten wir ein Heiligtum, in dem sich vor Jahrtausenden sakrale Zeremonien abgespielt haben, geleitet zweifellos von den großen ›Eingeweihten‹ jener Zeit und veranstaltet, um den Novizen die fundamentalen Instruktionen zu erteilen, die für ihre Lebensführung notwendig waren.«[22]

Die Eiszeitkunst war aus diesem Blickwinkel also, wie von Reinach schon fünfzig Jahre zuvor vermutet, kein dekorativer Zeitvertreib, keine »Kunst um ihrer selbst willen«, wie man bis zur Jahrhundertwende angenommen hatte, sondern ein ökonomisch und gesellschaftlich unverzichtbares Instrument, das im Zweifelsfall über Leben oder Tod entscheiden konnte. Diese Betrachtungsweise vertrug sich auch gut mit den vorwiegend ökonomisch und »materiell« geprägten Denkgewohnheiten bis zur Mitte unseres Jahrhunderts, als man den frühen Menschen noch vorwiegend als *Homo oeconomicus* und »Man the Toolmaker« (vgl. Kap. 5) sah und der Gedanke kaum akzeptabel erschienen wäre, daß er einen wesentlichen Teil seiner Lebensenergie in Tätigkeiten investierte, die nichts mit der Erfüllung seiner unmittelbaren materiellen Bedürfnisse zu tun hatten.

Die magische Deutung der Höhlenkunst war auf diesem Hintergrund eine Art »Kompromiß« zwischen dem materialistischen Erbe, das die Urgeschichtsforschung aus dem 19. Jahrhundert mitgebracht hatte (vgl. S. 250), und den religiösen Ideen, die die vielen nun in ihr tätigen Theologen und Geistlichen in sie hineintrugen. Man erkannte zwar an, daß letztlich »sakrale«, spirituelle Motive die eiszeitliche Kunst hervorgebracht hatten, doch indem man diese spirituellen Motive in einen unmittelbar lebenspraktischen Zusammenhang stellte und mit ganz alltäglichen materiellen Zweckbestimmungen verkoppelte, nahm man der Interpretation gleichsam ihre ideologische »Einseitigkeit« und baute dem

Materialismus eine goldene Brücke. Die Menschen des Jungpaläolithikums waren zwar religiös und metaphysisch veranlagt, so lautete die Botschaft, doch ihre Religiosität zielte nicht vorrangig auf die Klärung abgehobener Fragen, sondern diente ganz bodenständig der Beschaffung der Jagdbeute am nächsten Tag und der Sicherstellung einer ausreichenden Nahrungszufuhr auch für spätere Jahre. Auf diese Weise wurde die magische Interpretation der Bilderhöhlen für religiös denkende Menschen wie für eingefleischte Materialisten gleichermaßen akzeptabel, und es ist kein Zufall, daß sie sich jahrzehntelang sowohl in den Lehrbüchern des kapitalistischen und christlichen Westeuropa als auch in denen des sozialistischen und materialistischen Osteuropa fand.

Schwächen der »magischen Theorie«

Gegen Ende der fünfziger Jahre wurde freilich immer deutlicher, daß die Eiszeitkunst in ihrer Struktur offenbar sehr viel komplexer und vielschichtiger war, als man bis dahin angenommen hatte, und daß die »magische Theorie« diese Kunst nicht zur Gänze erklären konnte. So entsprach beispielsweise die Häufigkeit, in der die einzelnen Tierarten auf den Höhlenwänden verewigt waren, keineswegs ihrem (aus den Tierknochenresten der Fundplätze bekannten) Anteil an der Jagdbeute und am Nahrungsaufkommen der Jungpaläolithiker, wie man es bei einer ganz auf die Jagdmagie und die Nahrungssicherung fixierten Kunst eigentlich hätte erwarten können. Nach einer Aufstellung aus den sechziger Jahren waren unter den mehr als 2000 in 66 Bilderhöhlen dargestellten Tieren über die Hälfte Pferde und Bisons (610 bzw. 510), während Mammuts, Steinböcke, Urrinder, Hirsche und Hirschkühe mit jeweils 100 bis 200 Bildern eine deutlich geringere Rolle spielten. Das Rentier aber war noch nicht einmal hundertfach vertreten, obwohl es nach den Knochenfunden das Hauptbeutetier des Magdalénien darstellte (vgl. Kap. 6). Allein schon diese Diskrepanz machte deutlich, daß die Eiszeitjäger auf den Wänden ihrer Bilderhöhlen nicht einfach ihren »Speisezettel« oder ihre »Abschußquote« verewigt hatten, wie es die magische Theorie in ihrer herkömmlichen Form behauptete.

Hinzu kamen Zweifel an den konkreten Argumenten, auf die sich diese Theorie stützte. Die Kopulationsabsicht vieler der abgebildeten Tierpaare wurde in Frage gestellt, die geschwollene Bauchpartie mancher Tiere immer häufiger als Stilmerkmal statt als Anzeichen von Trächtigkeit gedeutet. Auch die pfeilartigen Zeichen in der Umgebung mancher Tierbilder (vgl. S. 257) mußten, so gaben kritische Stimmen zu bedenken, nicht unbedingt wirkliche Pfeile oder Speere darstellen, sondern konnten auch andersgeartete Symbole sein, zumal sie in einigen Fällen ihr vermeintliches Ziel in merkwürdiger Weise zu »verfehlen« schienen. Und die geometrischen, »dachförmigen« Zeichen, die man so gerne als Fallgruben oder Schwerkraftfallen interpretierte, kamen oft auch allein oder zu weit von den Tierdarstellungen entfernt vor, als daß ihre jagdmagische Deutung wirklich hätte befriedigen können. Vor allem aber standen nur fünf bis zehn Prozent der zahlreichen Tierbilder überhaupt mit irgendwelchen Pfeilsymbolen oder anderen Zeichen in Verbindung, zeigten »Verletzungsspuren« oder andere Hinweise auf eine Rolle als »Jagdbeute«. Die magische Theorie schien daher, wenn überhaupt, nur auf einen kleinen Teil der Höhlenbilder überzeugend anwendbar zu sein – sie taugte nicht als »Universalschlüssel« zur Herleitung der gesamten Höhlenkunst.

Kein Fischen nach Vorbildern

Was aber war dann der Sinn all der anderen, durch die »magische Theorie« nicht erklärbaren Tierdarstellungen? Diese Frage stellten sich gegen Ende der fünfziger Jahre die beiden französischen Urgeschichtsforscher Annette Laming und André Leroi-Gourhan – und die Antworten, die sie zunächst völlig unabhängig voneinander und später im lockeren Gedankenaustausch erarbeiteten, schufen einen gänzlich neuen Rahmen für die Deutung der Höhlenkunst.

Beide Forscher lehnten es strikt ab, Antworten auf archäologische Fragen in völkerkundlichem Material zu suchen, wie Reinach es 1903 getan hatte (vgl. S. 256) und die Anhänger der jagdmagischen Theorie es bis in die sechziger Jahre hinein taten. »Das Wesen des prähistorischen Menschen läßt sich nicht dadurch erhellen, daß man jeweils ein vorgeschichtliches Faktum heranzieht und bei allen bekannten Völkern nach einem entsprechenden Beispiel sucht«, betonte Leroi-Gourhan,[23] der selbst erfahrener Ethnologe war und als solcher wußte, wie vielgestaltig der Fundus völkerkundlicher Vergleichsbeispiele war und wie fragwürdig das Ergebnis ausfallen mußte, wenn man in diesem Ozean möglicher Analogien mehr oder minder willkürlich nach Deutungshilfen fischte. Laming stimmte in dieser Ablehnung völlig mit ihm überein. »Man hat es zu eilig gehabt, große Hypothesen auszudenken und zu veröffentlichen und außerhalb des eigenen Gebietes Erklärungen zu finden«, schrieb sie 1959, »statt ein Inventar aufzustellen, das archäologische Material zu ordnen und für sich selbst sprechen zu lassen.«[24] Nötig war nach ihrer und Leroi-Gourhans Auffassung eine elementare Rückbesinnung der Prähistoriker auf ihre eigenen, auf die archäologischen Quellen. Und dabei sollten nicht einzelne plakative, aber im Grunde genommen untypische Befunde in den Vordergrund gestellt werden, wie es bei der Untermauerung der Jagdmagie-Theorie allzuoft der Fall gewesen war – es ging vielmehr um eine möglichst vollständige Analyse der gesamten Höhlenkunst oder wenigstens eines repräsentativen Ausschnitts aus ihr.

Die Bilderhöhle von Lascaux

Laming selbst widmete sich dieser Aufgabe vor allem in der berühmten Bilderhöhle von Lascaux in der Dordogne. Diese Grotte war 1940 von vier abenteuerlustigen Jungen entdeckt worden und hatte aufgrund ihrer großartigen Gemälde Altamira rasch den Rang als bekannteste Bilderhöhle abgelaufen. Sie bestand aus mehreren großen Räumen und Gängen, die mit ungewöhnlich eindrucksvollen Tierdarstellungen ausgeschmückt waren: Da gab es die grandiose, bald schon weltberühmte »große Halle der Stiere« (Abb. 60), diverse mit Tierfriesen bemalte »Galerien«, einen »Schacht« mit einer der merkwürdigsten szenischen Darstellungen der Urgeschichte (vgl. Kap. 11) und ein nur schwer zugängliches »Kabinett der Katzen« mit geheimnisvollen, in den Fels geritzten Felidendarstellungen.

Trotz der Großartigkeit und Aufwendigkeit vieler dieser Gemälde (die größte Stierdarstellung besaß eine Länge von nicht weniger als 5,5 Metern!) hatte man die Höhle bis zu Lamings Untersuchungen im gewohnten Rahmen der »magischen Theorie« interpretiert. Das schloß auch die Vermutung ein, die Gemälde selbst seien für ihre Schöpfer weniger wichtig gewesen als der »magische« Akt ihrer Herstellung, ja sie hätten möglicherweise nach der Fertigstellung jeglichen »Wert« für sie verloren, was man aus den nicht wenigen Übermalungen älterer Bilder durch neue schließen zu können glaubte. Der französische Schriftsteller und Kunsthistoriker Georges Bataille schrieb beispielsweise 1955 in einem Bildband über Lascaux, beim Zeichnen der Figuren habe es sich in erster Linie um »eine religiöse oder magische *Handlung*« gehandelt, und die Tierbilder seien »ohne Zweifel nicht als dauerhafter Schmuck gedacht« gewesen. »Obgleich die Absicht eines Ganzen in Lascaux zutage tritt«, urteilte Bataille,

Abb. 60
Die weltberühmte »Halle der Stiere« in der Bilderhöhle von Lascaux

»so war sie doch gewiß nur in zweiter Linie wichtig, und die jeweilige Überarbeitung wurde allein durch einen Zweck, die magische *Handlung*, bestimmt. Das Majestätische der Höhle erschien erst in der Folge wie ein Geschenk des Zufalls oder wie das Zeichen einer göttlichen Welt.«[25]

Annette Laming kam bei ihren Forschungen in Lascaux zu einem gänzlich anderen Ergebnis. Je länger sie dort arbeitete, desto mehr wuchs in ihr, wie sie schrieb,

»(die) Überzeugung, daß die Sehweise (der jungpaläolithischen Menschen, MK) der unseren sehr ähnlich war und daß sie sich einer Gesamtwirkung ihrer schöpferischen Werke in den Galerien und Räumen ihrer Höhlen wohl bewußt waren. In Lascaux treten mehr als in anderen Höhlen komponierte Gruppen hervor, und es besteht kein Grund, a priori daran zu zweifeln, daß (diese) Gruppen (...) von den paläolithischen Menschen mit Überlegung zusammengestellt worden sind und daß diese Kompositionen (...) einen bestimmten Zweck hatten.«[26]

Mythen aus der Urzeit?

Die Bilder waren demnach nicht, wie man bislang zumeist angenommen hatte, Überbleibsel und »Abfallprodukte« zahlloser, von immer neuen Jägergenerationen vollzogener magischer Einzelzeremonien, die die Höhlen im Lauf der Jahrtausende mit einem Gewirr von Gemälden und Zeichnungen angefüllt hatten; sie bildeten vielmehr – zumindest teilweise – eine zeitliche und künstlerische Einheit und erforderten deshalb auch eine ganzheitliche Betrachtungsweise. »Jede neue Entdeckung«, schrieb Laming 1959,

»bekräftigt die Auffassung, daß man der Deutung der Höhlenkunst nicht näherkommt, wenn man Bild für Bild untersucht, sondern daß man im Gegenteil einzelne Darstellungen, die man bisher aus ihrem Zusammenhang gerissen kopiert, fotografiert und untersucht hat, wieder zum Fries, zu dem sie gehören, zusammenfügen (muß). Es wäre vielleicht auch geboten, jeden Fries als wesentlichen Bestandteil mit der Gesamtheit der Höhle und ihrer geschmückten Räume in Zusammenhang zu bringen. Diese neue Methode der Betrachtung paläolithischer Höhlenkunst wird es möglich machen, die bestimmenden Beweggründe zu erkennen, denen die Malereien und Ritzzeichnungen ihre Entstehung verdanken.«[27]

In Lascaux fiel der Forscherin bei ihren Untersuchungen vor allem auf, daß die zentralen Bilderfriese immer wieder Rinder oder Bisons in Verbindung mit Pferden zeigten (Abb. 61), was nach ihrer Auffassung eine ungewöhnliche Kombination war. »In der Natur«, so schrieb sie, »leben Tiere derselben Spezies zusammen. Ein Bison Seite an Seite mit einem Wildpferd kann schwerlich ein gewohnter Anblick für die paläolithischen Jäger gewesen sein. Weshalb diese ungewöhnliche Darstellung in einer so realistischen Kunst?« Und sie äußerte den Verdacht, daß einige dieser

Abb. 61
»Springende Kuh« und kleine Pferdchen in der Bilderhöhle von Lascaux

Tiergruppierungen möglicherweise »mythische Szenen« wiedergeben und »uns die ältesten Geschichten der Menschheit überliefern« könnten.[28]

Leroi-Gourhans Systematik der Höhlenkunst

Leroi-Gourhan ging etwa zur selben Zeit den gleichen Fragen nach – allerdings in viel größerem Maßstab. Zusammen mit Fachkollegen inspizierte er seit 1955 systematisch nahezu alle bekannten Bilderhöhlen und geschmückten Felsschutzdächer (Abris) in Frankreich und Spanien. So konnte er eine nahezu lückenlose Dokumentation all ihrer Gemälde und Zeichnungen erstellen, mit genauen Angaben über den Standort und die räumliche Beziehung der Bilder zueinander. Sein Ziel war es, mit exakten statistischen Methoden Ordnung in dem scheinbaren Durcheinander der Bilderhöhlen zu schaffen, Muster und Strukturen erkennbar zu machen, die bei oberflächlicher Betrachtung verborgen blieben, und so Licht in das Dunkel der Höhlenkunst zu bringen. Da damals das Computerzeitalter zumindest für gewöhnliche Sterbliche noch nicht angebrochen war, verwendete er als technisches Hilfsmittel eine Lochkartenkartei, wie sie in Büros und Verwaltungsstellen üblich war, um die riesige Menge an aufgenommenen Informationen nach verschiedenen Fragestellungen und Gesichtspunkten sichten und gliedern zu können. Auf diesem Wege gelang es ihm, die Beobachtungen, die Laming in Lascaux gemacht hatte, statistisch zu erhärten, wesentlich zu erweitern und auf den Bereich der gesamten Höhlenkunst auszudehnen.

Wie seine Kollegin gelangte Leroi-Gourhan zu dem Ergebnis, daß die Höhlenkunst keineswegs »eine chaotische Welt (war), in der die Felsbilder von aufeinanderfolgenden Jägergenerationen ohne jede Ordnung auf

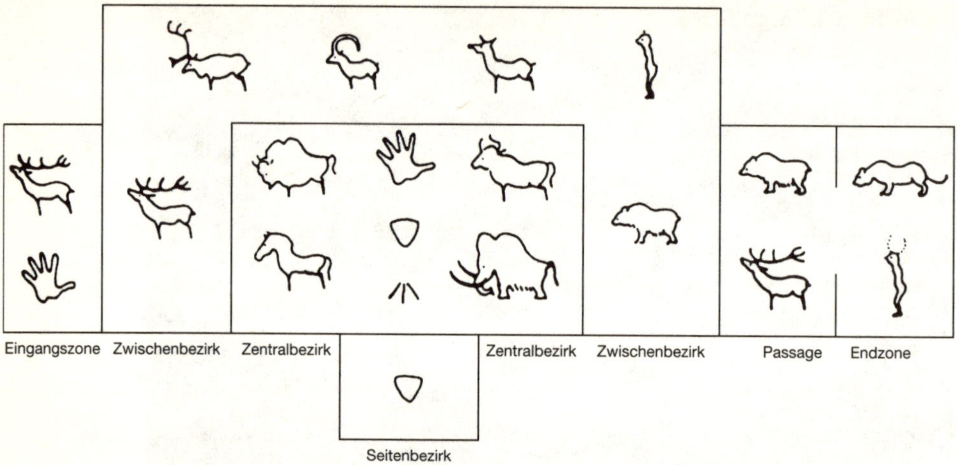

Abb. 62 »Idealschema« einer jungpaläolithischen Bilderhöhle nach André Leroi-Gourhan. Für die verschiedenen Höhlenbereiche sind danach unterschiedliche Tierarten und Symbole typisch

den Höhlenwänden angebracht worden waren«; die Verteilung der Darstellungen ließ nach seiner Analyse vielmehr »ein echtes Ordnungssystem erkennen«, das durch seine »unerwartete Einheitlichkeit« beeindruckte.[29] Kern dieses Ordnungssystems war das Nebeneinander immer wieder derselben Tierarten in bestimmten Höhlenteilen, das sich zu häufig wiederholte, um auf bloßen Zufall zurückzuführen zu sein. Am wichtigsten war die Gruppierung von Bison (oder Rind) und Pferd, die Laming schon in Lascaux erkannt hatte: Nicht weniger als 64 Prozent aller Bisons und 49 Prozent aller Rinder, die Leroi-Gourhan in den von ihm untersuchten Bilderhöhlen zählte, waren mit Pferden kombiniert – eine Verbindung mit anderen Tierarten kam dagegen nur in weniger als drei Prozent der Fälle vor. Die Bison-Pferd-Gruppe war überdies nicht nur zahlenmäßig die häufigste, sie beherrschte auch in auffallender Weise die großen Kompositionen im Zentrum der Höhlen, während andere Tierarten wie Hirsch oder Steinbock vor allem an der Peripherie oder im Bereich des Höhleneingangs und -endes abgebildet waren; Leroi-Gourhan bezeichnete sie daher als »Tiere der Randzone«. Die Ergebnisse schienen so eindeutig zu sein, daß der Forscher auf ihrer Grundlage sogar das topographische Schema einer »idealen Höhle« der Eiszeitkunst entwarf (Abb. 62).

Yin und Yang in der Steinzeit?

Ungeklärt war allerdings noch, welche Gedanken und Ideen sich hinter den von Leroi-Gourhan herausgearbeiteten Gestaltungsprinzipien verbargen. Welche Vorstellungen hatten die Menschen des Jungpaläolithikums zu einer solch regelhaften Ausgestaltung ihrer Bilderhöhlen inspiriert? Auf diese Frage glaubte Leroi-Gourhan eine Antwort in den zahlreichen Symbolzeichen gefunden zu haben, die – oft ganz unauffällig – über die Höhlenwände verteilt waren. Diese Zeichen waren bis dahin meist als zwar stark stilisierte, aber im Grunde doch naturalistische kleine Skizzen von Alltagsobjekten wie Waffen, Fallen oder Behausungen gedeutet worden (vgl. S. 207 und S. 257). Nach Leroi-Gourhans Auffassung handelte es sich hingegen durchweg um Geschlechtssymbole, die sich in eine »männliche« und eine »weibliche« Gruppe einteilen ließen (Abb. 63). Der »männlichen« Gruppe rechnete er alle länglichen, strichartigen und punktförmigen Zeichen zu, die nach seiner Deutung aus naturalistischen Phallusdarstellungen hervorgegangen waren, wie man sie in einigen Bilderhöhlen entdeckt hatte; zur »weiblichen« Gruppe zählte er alle ovalen, dreieckigen und rechteckigen Zeichen, die nach seiner Überzeugung ihr Urbild in Vulvensymbolen oder stilisierten Frauendarstellungen hatten, wie sie in der Eiszeitkunst häufig vorkamen.

Auffallend war nun, daß die »weiblichen« und die »männlichen« Symbole zum Teil in ähnlichen Zweiergruppen auftraten wie die unterschiedlichen Tierarten (zum Beispiel Dreieck plus Stäbchen, Rechteck plus Punkt), und daß sie eine ähnlich charakteristische und komplementäre Verteilung im Raum zeigten wie die Tierdarstellungen. Dieser Umstand brachte Leroi-Gourhan auf den Gedanken, Symbolzeichen wie Tierbilder könnten gleichermaßen den geschlechtlichen Dualismus symbolisiert haben. Die einzelnen Tierarten hätten dabei – wie die Zeichen – jeweils eines der beiden Geschlechter repräsentiert: Bison, Urrind und Hirschkuh galten nach seiner Rekonstruktion als »weibliche« Tiere;

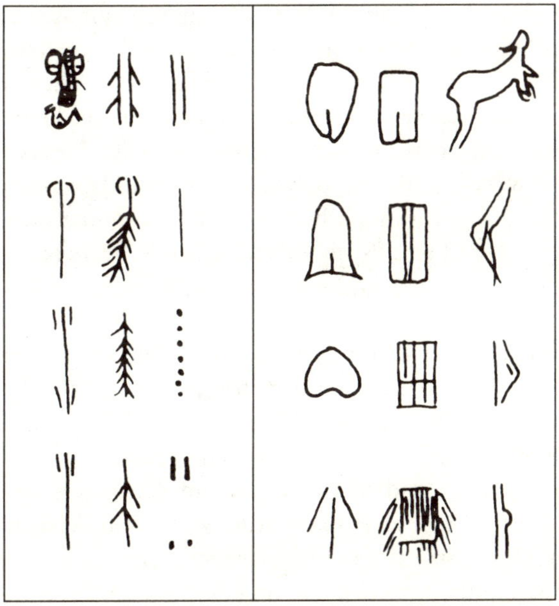

Abb. 63
»Männliche« (links) und »weibliche« (rechts) Symbolzeichen in der jungpaläolithischen Höhlenkunst nach Leroi-Gourhan

Pferd, Steinbock, Hirsch und Ren hingegen als »männliche« Arten – jeweils abgeleitet aus ihrer Korrespondenz mit den »weiblichen« bzw. »männlichen« Zeichen. Im Zentrum der Höhlen und Bilderfriese waren gemäß dem Modell des Forschers beide Geschlechter symbolisch vereinigt (Paarbildung von Bison und Pferd sowie Assoziation von »männlichen« und »weiblichen« Zeichen), an den Bildrändern sowie im Eingangs- und Endbereich der Höhlen dominierten hingegen die »männlichen« Tiere und Zeichen. Die Höhle selbst aber hatte nach Leroi-Gourhan »einen symbolisch weiblichen Charakter; (...) das würde erklären, mit welcher Sorgfalt die Verengungen, die ovalen Gänge, die Spalten und Grotten mit roter Farbe markiert und manchmal völlig ausgemalt worden sind«.[30]

Nach Auffassung des Forschers beruhte also die gesamte Höhlenkunst auf einem dualistischen, »binären« Gestaltungsprinzip, das die »grundlegende sexuelle Teilung« der Natur widerspiegelte und thematisierte. Leroi-Gourhan ging davon aus, daß es im Jungpaläolithikum

> »ein religiöses System gab, das sich auf Opposition und Ergänzung der männlichen und weiblichen Werte gründete, die symbolisch durch Tierfiguren und mehr oder weniger abstrakte Zeichen ausgedrückt wurden. (...) Die Steinzeitmenschen setzten zweifellos eine Teilung der tierischen und menschlichen Welt in zwei gegensätzliche Hälften voraus und stellten sich vor, daß die Vereinigung dieser beiden Hälften die Ordnung der Lebewesen gewährleistete.«[31]

Er konnte zur Unterstützung seiner Theorie darauf hinweisen, daß viele der großen historischen Religionen und Weltanschauungen auf einem ganz ähnlichen Geschlechterdualismus aufbauten, wie er in der chinesischen Philosophie des Yin und Yang seinen vielleicht klarsten, sicherlich aber seinen populärsten Ausdruck gefunden hat. Und daß Tiere bis heute starke geschlechtliche Assoziationen zu wecken vermögen, zeigt der spanische Stierkampf ebenso wie die Tatsache, daß auf Deutschlands Weiden jedes Jahr zahlreiche Pferde von Psychopathen verletzt, geschändet oder getötet werden – nach dem Urteil von Psychologen wegen der starken sexuellen Ausstrahlung, die sie auf manche Menschen ausüben.

Risse im statistischen Fundament

Leroi-Gourhans Theorie erschien also durchaus schlüssig, und sie übte in den sechziger und siebziger Jahren einen ähnlich starken Einfluß auf die Höhlenkunstforschung aus wie die »magische Theorie« in den Jahrzehnten zuvor. Doch mit der Zeit wurden immer mehr Schwachpunkte auch dieses neuen Entwurfs deutlich, und heute würde ihn so, wie er ursprünglich von Leroi-Gourhan ausgearbeitet wurde, wohl kein Wissenschaftler mehr vertreten. (Der große Urgeschichtsforscher selbst nahm im Laufe seiner weiteren Tätigkeit allerlei Korrekturen daran vor.)

Leroi-Gourhans Modell steht und fällt mit den statistischen Daten, auf denen es errichtet wurde, und die Forschungen der letzten Jahrzehnte haben deutlich gemacht, daß dieses Fundament keineswegs über alle Kritik erhaben ist. Mehr noch als in anderen Bereichen steckt bei der Statistik bekanntlich der Teufel im Detail, und verschiedene Fachleute haben in Nachbearbeitungen des von Leroi-Gourhan ausgewerteten Materials gezeigt, daß schon geringfügige Verschiebungen in der »topographischen« Aufteilung der Höhlen und Bilderfriese – also der Abgrenzung von »Zentral«- und »Randbereichen«, von Eingangs-, Mittel- und Endzonen – zum Teil schwerwiegende Veränderungen der ermittelten Ergebnisse zur Folge haben. Selbst eine »objektive«, statistisch einwandfreie Dokumentation der unterschiedlichen Tiergruppierungen ist kaum möglich, da das Urteil, welche Tiere auf einer Wand zusammengehören und welche nicht, in der oftmals verwirrenden Bildervielfalt der Höhlen zwangsläufig in gewissem Maße subjektiv bleibt. Aufgrund derartiger Unsicherheiten sehen heute viele Forscher in den von Leroi-Gourhan ermittelten Strukturen und Mustern bloße statistische »Phantome« und lehnen insbesondere seine Konzeption der »idealen Bilderhöhle« ab. Der französische Felskunstexperte Denis Vialou beispielsweise betonte, daß es »kein Stereotyp einer Bilderhöhle« und kein »allein gültiges Modell für die Ausgestaltung eines Höhlenheiligtums« gebe, daß vielmehr jede Höhle »ein eigener Mikrokosmos (sei), der in unverwechselbarer Weise aufgebaut ist«.[32]

Noch um einiges subjektiver und spekulativer ist die geschlechtliche Interpretation der Symbolzeichen und Tierdarstellungen, die den Kern von Leroi-Gourhans Modell ausmacht. Im Falle der Tierbilder ist sie um so fragwürdiger, als der Forscher das Geschlecht der einzelnen Tierindividuen – das oftmals nicht, in einigen Fällen aber doch erkennbar ist – bei seiner auf die unterschiedlichen Tierarten fixierten Einteilung völlig unberücksichtigt ließ, so daß bei ihm auch ein klar erkennbarer männlicher Bison oder Stier mit Rute als »weibliches Symboltier« firmierte. Die prinzipielle Subjektivität der ganzen Einteilung wird auch durch den Umstand illustriert, daß Annette Laming, die lange Zeit ebenfalls die Theorie der Geschlechtssymbolik vertrat, in genauer Umkehrung zu Leroi-Gourhan den Bison als männliches und das Pferd als weibliches Symboltier ansprach – eine Diskrepanz, die ihr später »der beste Beweis dafür zu sein (schien), daß beide Auffassungen falsch sind«, wie sie 1972 trocken und vermutlich zutreffend bemerkte.[33]

»Abweichende« Bilderhöhlen

Von diesen Unstimmigkeiten abgesehen sind auch noch einige Bilderhöhlen bekannt, die in der Darstellungshäufigkeit der einzelnen Tierarten völlig von den üblichen Verhältnissen und damit auch von Leroi-Gourhans Schema abweichen. Dies gilt nicht zuletzt für die Grotte Chauvet, deren Entdeckung im Jahr 1994 zu Beginn dieses Kapitels beschrieben wurde. Zu den vielfältigen Überraschungen, die sie für die Fachwelt bereithielt, zählte auch die Tatsache, daß nur 21 Prozent ihrer über 260 Tierbilder Pferde und Bisons zeigen, und daß auch andere sonst häufig abgebildete Tierarten wie Steinbock, Rind, Rentier und Rotwild mit einem Anteil von zusammen nur zwölf Prozent weit unterdurchschnittlich vertreten sind. Stark überrepräsentiert sind hingegen Nashörner, Löwen und Bären, die in den meisten anderen Höhlen zusammen gerade etwa fünf Prozent der Tierbilder ausmachen und daher in Leroi-Gourhans Schema auch nur als Randerscheinung vorkommen. In der Grotte Chauvet entfallen auf sie nicht weniger als 40 Prozent aller Gemälde, und auch das Mammut ist dort mit einem Anteil von 14 Prozent überdurchschnittlich oft dargestellt. Etwa 54 Prozent der Bilder dieser neuentdeckten Höhle zeigen folglich ausgesprochen große und gefährliche Tierarten. Diese Arten stehen außerdem im Zentrum der Höhlenräume und Bilderfriese, während sie üblicherweise (und nach Leroi-Gourhans Schema) nur vereinzelt in den Rand- und Endzonen der Grotten vorkommen.

Was hat diese krasse Abweichung vom üblichen Darstellungsinventar zu bedeuten, die sich ähnlich noch in einer Handvoll anderer Bilderhöhlen Frankreichs wiederholt? Bei der Beantwortung dieser Frage muß der Umstand berücksichtigt werden, daß die Grotte Chauvet – und auch die entsprechenden anderen Höhlen – aus dem Aurignacien vor 36 000 bis 28 000 Jahren stammen, also aus der ersten Phase des Jungpaläolithikums, während die große Mehrzahl der »klassischen« Bilderhöhlen (und fast alle von Leroi-Gourhan ausgewerteten) dem Gravettien (ca. 28 000 bis 22 000 v. h.), dem Solutréen (ca. 22 000 bis 18 000 v. h.) und vor allem dem Magdalénien (ca. 18 000 bis 12 000 v. h.) angehören, also beträchtlich jünger sind. Lange Zeit war man sogar der Meinung, es habe im Aurignacien überhaupt noch keine entwickelte Höhlenkunst gegeben (vgl. Kap. 10); bekannt waren aus dieser Periode lediglich eine Anzahl geschnitzter Tierplastiken aus Elfenbein, die in drei Höhlen der Schwäbischen Alb gefunden wurden: im Vogelherd und im Hohlenstein-Stadel unweit von Heidenheim sowie im Geißenklösterle bei Blaubeuren nahe Ulm (Abb. 64).

Das Motiv des »gefährlichen Tieres«

Interessanterweise überwiegen nun bei diesen aurignacienzeitlichen Kleinkunstwerken die großen und gefährlichen Tierarten ebenso stark wie bei den Bildern der Grotte Chauvet: Der Urgeschichtsforscher Joachim Hahn zählte 1986 unter 14 süddeutschen Tierplastiken nicht weniger als vier Löwen, vier Mammute und einen Bären. Er stellte des weiteren fest, daß einige der Tiere offenbar in aggressiven Körperhaltungen

Abb. 64 Elfenbeinfigur eines Löwen aus der Vogelherdhöhle im schwäbischen Lonetal

dargestellt worden waren, wie sie für Kampfbereitschaft, Droh- und Imponiergehabe typisch sind. Die Menschen des Aurignacien hatten also offenkundig eine besondere Vorliebe für das Motiv des großen und gefährlichen Tieres, und diese Vorliebe scheint in Osteuropa noch bis ins nachfolgende Pavlovien (ca. 26000 bis 20000 v.h.) angedauert zu haben, wie sich aus dort ausgegrabenen ganz ähnlichen Tierfiguren schließen läßt.

Kommt in dieser Vorliebe eine »chauvinistische« Weltanschauung, ein Kult der Stärke zum Ausdruck, ist »Kraft und Aggression« die Botschaft dieser Kunstwerke, wie Hahn es im Hinblick auf die süddeutschen Tierplastiken vermutet hat? Wollten sich die Menschen des Aurignacien, indem sie kämpfende Nashörner an die Höhlenwände malten (vgl. S. 242) und Löwen aus Elfenbein in Angriffsstellung schnitzten, die Stärke dieser Tiere aneignen, wie andere Forscher mutmaßen? Oder ging es ihnen darum, die von diesen Arten ausgehende Gefahr zu bannen, so wie manche nördlichen Jäger der Neuzeit kleine Raubtieridole bei sich trugen, um den Räubern ihre Gewogenheit zu signalisieren und sie von einem Angriff abzuhalten? Wir wissen es nicht, doch mit Sicherheit spiegeln diese frühen Kunstwerke eine völlig neue Facette der Eiszeitkunst, die mit den friedlichen Bison- und Pferdekompositionen der »klassischen« Bilderhöhlen des Solutréen und Magdalénien nur wenig gemeinsam hat und eine gänzlich andere Deutung erfordert.

Die »halluzinogene Theorie«

Neben derartigen Überlegungen hat in den letzten Jahren noch ein weiterer Interpretationsansatz an Bedeutung gewonnen, den man als die »halluzinogene Theorie« bezeichnen könnte. In vielen Bilderhöhlen existiert neben den mehr oder minder naturalistischen Tierdarstellungen auch noch eine größere Anzahl schwer interpretierbarer Bilder oder Kritzeleien. Sie reichen von wild wuchernden Linienbündeln, die mit den Fingern in den feuchten Höhlenlehm gezeichnet wurden (sogenannten »Makkaroni«), über undurchschaubare geometrische Kompositionen bis hin zu unidentifizierbaren Tieren und Mischwesen aus verschiedenen Tierarten (sogenannten »Monstren«). Der tschechische Arzt A. Pokorny wies schon in den späten sechziger Jahren auf die Ähnlichkeit einiger dieser »surrealistischen« Motive und Kritzeleien mit Bildern hin, die moderne Versuchspersonen nach der Einnahme halluzinogener Drogen wie LSD oder bestimmter Pilzgifte gezeichnet hatten. Nach seiner Auffassung sprach diese Ähnlichkeit dafür, daß auch ein Teil der Eiszeitkunst unter dem Einfluß von Drogen oder Giften – möglicherweise des Fliegenpilzes – entstanden war; doch fand diese nur in tschechischer Sprache veröffentlichte Hypothese seinerzeit keine besondere Beachtung.

Die gleiche Idee stellte in den achtziger Jahren der südafrikanische Archäologe David Lewis-Williams erneut zur Diskussion, und zwar zunächst im Hinblick auf die Felsbilder seiner Heimat. Nach Lewis-Williams' Theorie, die er durch völkerkundliche Studien bei den Buschmännern untermauerte, entstanden diese Bilder nach oder im Verlauf von Trancezuständen, die durch Drogen oder Ekstase bewußt herbeigeführt worden waren, und gaben die Erlebnisse, Visionen und Halluzinationen während dieser Trance wieder. Lewis-Williams ist seit einigen Jahren dabei, diese Hypothese in Zusammenarbeit mit französischen Forschern auch auf die Eiszeitkunst Europas anzuwenden, und dieser Ansatz stößt in der Fachwelt auf großes Interesse. Der französische Felskunstexperte Michel Lorblanchet, der jungpaläolithische Höhlenmalereien experimentell imitiert, hat beispielsweise darauf hingewiesen, daß ein in den Bilderhöhlen häufig verwendetes und oftmals mit dem Mund aufgesprühtes schwarzes Pigment, das Manganoxyd, bei längerem Gebrauch toxisch wirkt und zu Beeinträchtigungen des Nervensystems und rauschartigen Zuständen führen kann.

»Öffentliche« und »geheime« Bereiche

Die »halluzinogene Theorie« hat auch zu neuen Hypothesen über die Nutzung der Bilderhöhlen geführt. Nach Lorblanchet ging die »für viele bestimmte Kunst« in den großen bemalten Hallen von Altamira, Lascaux oder der Grotte Chauvet »mit verborgenen, schwierig zu begehenden und schwierig zu lesenden Wandbildern« in anderen Höhlenteilen einher, »die ausschließlich bestimmten Eingeweihten vorbehalten waren«.[34] Diese Bilder befanden sich in engen Höhlengängen und Nischen, in die oft nur eine einzelne Person hineinpaßte, und sie zeigten vielfach die Phantasiegebilde und »psychedelischen Monster«,[35] auf die sich die Theorie von der »halluzinogenen Kunst« stützt. Während in den großen Höhlenhallen möglicherweise Zeremonien mit zahlreichen Teilnehmern stattfanden – darunter wie Fußspuren verraten, nicht wenige Kinder (vgl. S. 259) –, könnten die engen Gänge und Nischen »Stätten schamanischer Geheimkulte«[36] gewesen sein, in denen nur wenige Auserwählte in tranceartigem Zustand Zwiesprache mit den Mächten der Erde, der Natur und ihres eigenen Unterbewußtseins hielten und den Höhlenwänden die grotesken Ausgeburten ihrer Phantasie anvertrauten. »Vielleicht gab es Weihegrade des Sakralen, und vermutlich hatte die Wandkunst auch eine soziale Komponente«, faßt Lorblanchet die aktuellen Überlegungen zusammen, die auf eine Zweiteilung der Höhlenkunst in einen »öffentlichen« und einen »geheimen« Bereich hinauslaufen.[37] Ganz neu sind auch diese Überlegungen indes nicht, denn der deutsche Höhlenfotograf Heinrich Wendel wies schon 1974 auf die Existenz kleiner bemalter »Kammern« und »Liegestätten« innerhalb der großen Eiszeithöhlen hin und betonte, diese müßten einer anderen, individuelleren und »jenseitigeren« Form der Kultausübung gedient haben als die geräumigen Bilderhallen – ein Hinweis, der zur damaligen Zeit freilich kaum Beachtung fand.

Anspruchsvolle Bescheidenheit

In den letzten Jahren haben sich also eine ganze Reihe neuer Betrachtungsweisen und Theorieansätze herauskristallisiert, und so ist es denn auch vielleicht das kennzeichnendste Merkmal der aktuellen Höhlenkunstforschung, daß nicht mehr wie zu Zeiten von Breuil und Leroi-Gourhan ein einzelnes Erklärungsmuster und Interpretationsmodell die Diskussion beherrscht, sondern daß ganz unterschiedliche Ansätze und Hypothesen miteinander konkurrieren beziehungsweise einander ergänzen. Dies ist auch zweifellos angemessen, denn wie unser kurzer Überblick gezeigt hat, ist das Material viel zu komplex und vielschichtig, als daß es sich in ein einziges Interpretationsschema hineinpressen ließe. »Keine Deutung wird jemals in der Lage sein, allen Aspekten der Eiszeitkunst zugleich gerecht zu werden« stellt Lorblanchet zutreffend fest, und er kennzeichnet den heutigen Trend mit der Bemerkung:

> »Die Erforschung der paläolithischen Wandkunst ist (...) in eine Phase getreten, in der überkommene Vorstellungen in Frage gestellt, dogmatische Verhärtungen zurückgewiesen und universale Deutungen (...) abgelehnt werden. Tatsächlich sind es jedoch nicht die Ideen und Konzepte der früheren Generationen, die verworfen werden, sondern deren Befangenheit in einem wohlgeordneten, verbindlichen System, das alles erfaßt, alles erklärt.«[38]

So ist die Forschung heute auf der einen Seite anspruchsvoller, auf der anderen Seite aber auch bescheidener und vorsichtiger geworden, und die Wahrheiten, die man sicher zu kennen glaubt, bleiben allgemeiner und sind weniger konkret als noch vor 20 Jahren. Unstrittig ist indes, daß die Bilderhöhlen und ihre Darstellungen innerhalb der jungpaläolithischen Kulturen eine äußerst wichtige Aufgabe innehatten – die Aufgabe nämlich, den Menschen in mythischer und künstlerischer Form nahezubringen, »was die Welt im Inneren zusammenhält«, wie es der deutsche Prähistoriker Gerhard Bosinski in einem Zeitschrifteninterview formulierte. »Es müssen Geschichten von den Mächten der Natur gewesen sein«, fügten die Journalisten hinzu,[39] und damit ist treffend umrissen, was wir heute über die damalige Bedeutung der Bilderhöhlen und ihrer Kunstwerke mit Gewißheit zu sagen vermögen.

10. Kapitel

Auf der Suche nach den Ursprüngen der Kunst

So verschiedenartig die Deutungen der jungpaläolithischen Kunst seit Beginn ihrer Erforschung auch ausfielen, über eines war man sich stets einig: Diese Gemälde, Zeichnungen und Kleinkunstwerke lassen keinen Zweifel am »vollhumanen« Status ihrer Schöpfer, sie bezeugen deutlicher als jede andere Fundgattung, daß die Eiszeitmenschen vor 30 000 Jahren über ähnliche geistige Anlagen, kreative Fähigkeiten und Empfindungen verfügten wie die Menschen der Gegenwart. »Wenn wir die Höhle von Lascaux betreten«, schrieb Georges Bataille 1955,

»so überwältigt uns ein Gefühl, das wir vor den Glasschränken mit den Knochen und Steinwerkzeugen des fossilen Menschen nicht haben. Es ist das gleiche Gefühl brennender Gegenwärtigkeit, das uns die Meisterwerke aller Zeiten übermitteln.«

Bataille sah in den Gemälden der französischen Bilderhöhle den »Übergang (von) der Welt der Arbeit zu derjenigen des Spieles« und »vom Homo faber zum Homo sapiens«. »Was wir in Lascaux erblicken, ist die Morgendämmerung des Menschengeschlechtes« urteilte er und fügte hinzu: »Vom ›Menschen von Lascaux‹ können wir mit Sicherheit und zum ersten Male sagen, daß er, indem er Kunstwerke schuf, unseresgleichen war.«[1]

»Visitenkarte« des modernen Menschen?

Auch nach Ansicht Leroi-Gourhans begann »mit dem oberen Paläolithikum ein neuer Abschnitt für die Menschheit«, der in der »graphischen Darstellung« seinen deutlichsten Ausdruck fand. Nach den Worten des Forschers zeigt die jungpaläolithische Kunst den Eiszeitmenschen »in voller Ausübung dessen, was wir als den Höhepunkt menschlicher Tätigkeit bezeichnen« und schafft »ein geistiges Ambiente, in dem wir uns deutlich wiedererkennen«. Die eiszeitlichen Bilder und Skulpturen »sind uns derart nahe«, so Leroi-Gourhan weiter, daß man »versucht (ist), sie so zu lesen, als stammten sie von unseren eigenen Künstlern«[2].

Man betonte also schon lange zu Recht die Einzigartigkeit des Jungpaläolithikums und seiner Kunst innerhalb der urgeschichtlichen Kulturabfolge, doch in den letzten 15 Jahren bekam diese Hervorhebung einen neuen Akzent. Vor allem amerikanische und britische Autoren verabsolutierten diese Einzigartigkeit nun zunehmend und deuteten die jungpaläolithische Kunst als einen klaren Beleg für die grundsätzliche Überlegenheit des Homo sapiens sapiens über den vormodernen Menschen, die man ja auch in anderen Bereichen wie der Werkzeugherstellung (vgl. Kap. 5) und der Nahrungsgewinnung (vgl. Kap. 8) nachgewiesen zu haben glaubte.

Die Eiszeitkunst wurde also nicht mehr nur als ein besonders eindrucksvolles Zeugnis der hochentwickelten Fähigkeiten des Cro Magnon-Menschen angesehen, sondern gleichzeitig auch als Beweis für die geistige Unreife der vormodernen Menschenformen gedeutet, von denen uns keine vergleichbaren Werke überliefert sind. Indem man die Leistungen unserer jungpaläolithischen Vorfahren in ein möglichst strahlendes Licht stellte, versuchte man diejenigen der alt- und mittelpaläolithischen Menschen also in zunehmendes Dunkel zu tauchen. Der Eiszeitkunst wurde auf diese Weise eine Art »Kronzeugenfunktion« für die Theorie vom kulturlosen Frühmenschen und von der Chancenlosigkeit der Neandertaler gegenüber »Evas Enkeln« zugewiesen.

Eine »kreative Explosion« vor 35 000 Jahren?

Ein wichtiger Markstein dieser Umorientierung war ein Buch mit dem Titel »*The Creative Explosion*« (»Die kreative Explosion«), das der einflußreiche amerikanische Wissenschaftsautor John E. Pfeiffer 1982 veröffentlichte. Er beschrieb in dieser fesselnden »Untersuchung über die Ursprünge von Kunst und Religion«, wie der Untertitel des Buches lautete, das Jungpaläolithikum als die eigentliche Ursprungsperiode des menschlichen Verhaltens in unserem Sinne, als den Ausgangspunkt »einer brandneuen Art von Evolution«. »Die Geschichte des Menschen«, so führte er aus,

»begann mit der lange, lange Zeit zurückliegenden Überschreitung einer etwas unscharfen Grenzlinie, durch die eine affenartige Kreatur zu einem menschenartigen Wesen wurde (...) (Diesem Ereignis) folgten Zeiträume vollständiger Monotonie, fast ereignisleere Äonen nur schrittweisen Wandels (...) Die große Befreiung, das große Sich-Losreißen, das unser einzigartiges Merkmal ist, kam während des Jungpaläolithikums. (...) Wir sind noch sehr jung, eine noch in den Kinderschuhen steckende Art, die gerade erst damit beginnt, neugierig zu sein, zu beobachten und zu erforschen. Der Prozeß, der bei den Cro Magnon-Menschen erste Schwungkraft gewann, beschleunigt sich in unserer Zeit weiter. Die gleichen Kräfte, die uns heute vorantreiben, trieben unsere jüngeren Vorfahren unter die Erde, mit Farben, Graviergeräten, Lampen und Vorstellungen über ihren Platz im System der Dinge. Das ist der Hauptanreiz für das Studium der Kunst in ihrem jungpaläolithischen Kontext.«[3]

Diese eiszeitliche Kunst kam, wie Pfeiffer seinen Lesern versicherte, »mit einem Schlag, soweit es die archäologische Überlieferung betrifft. Nichts kündigte ihren Aufstieg an, es gibt kein Anzeichen für rohe Anfänge«. Das müsse freilich »nicht unbedingt (bedeuten), daß niemals zuvor jemand Figuren gezeichnet hat«, setzte er ausdrücklich hinzu und hob an anderer Stelle hervor, »der Schlüssel zum Jungpaläolithikum« liege »in der Zeit der Neandertaler mit den ersten Hinweisen auf Bestattungen und Bestattungssitten« (vgl. Kap. 11).[4] Doch diese Einschränkungen wurden von vielen Lesern offenbar übergangen, nicht ernstgenommen oder schnell wieder vergessen. Was im Bewußtsein haften blieb und beträchtliche Wirkung entfaltete, war der Slogan von der jungpaläolithischen »kreativen Explosion« und von der Ankunft der Kunst »mit einem Schlag« (»*with a bang*«). Diese Formulierung fand nicht zuletzt Eingang in die heute übliche Bezeichnung »Big bang«-Theorie, die noch plakativer ist, weil *Big bang* im Englischen auch den »Urknall« bezeichnet, aus dem das gesamte Universum hervorging.

Körperschmuck und »bildhaftes Denken«

Das Grundmotiv von Pfeiffers Buch wurde rasch von anderen Autoren aufgegriffen und ausgebaut. Der amerikanische Archäologe Randall White beispielsweise veröffentlichte in den achtziger Jahren mehrere Arbeiten, in denen er das Aufkommen von Anhängern, Ketten und anderem Körperschmuck aus durchbohrten Tierzähnen, Muschelschalen oder Elfenbeinperlen im europäischen Jungpaläolithikum als einen überaus wichtigen Bestandteil des kulturellen »Big bang« kennzeichnete. »Der Körperschmuck tritt in Südwestfrankreich während des frühen Aurignacien (zwischen 35 000 und 33 000 v. h.) explosionsartig in Erscheinung«, schrieb er:

»Er scheint von Anbeginn an komplex gewesen zu sein, sowohl in konzeptioneller, symbolischer und technischer als auch in logistischer Hinsicht. (...) Dieser plötzliche, intrusive (von außen her eingedrungene, MK) und komplexe Charakter des frühesten Körperschmucks bleibt eine der größten Deutungsherausforderungen in der gesamten Evolution der Hominiden.«[5]

Nach einer Auflistung Whites sind aus dem europäischen Aurignacien ungefähr 2500 Schmuckstücke bekannt und aus dem nachfolgenden Gravettien (ca. 28 000 bis 22 000 v. h.) noch beträchtlich mehr: Allein eine aus dem Beginn dieser Periode stammende Fundstätte bei Sungir unweit von Moskau lieferte nicht weniger als 12 000 Schmuckelemente (Abb. 96), meist Elfenbeinperlen und Fuchszähne, die in bänderartiger Reihung auf den Skeletten eines Mannes und zweier Jugendlicher gefunden wurden und vermutlich ehemals auf ihrer Kleidung aufgenäht waren. Derartige Schmuckarrangements bezeugen nach White nicht nur ein ausgeprägtes Selbst- und Gruppenbewußtsein der jungpaläolithischen Menschen, sondern belegen (zusammen mit der Eiszeitkunst) auch die Herausbildung eines »visuellen, bildhaften Denkens«, das sich »revolutionierend« auf die weitere kulturelle Entwicklung ausgewirkt habe und »für die Menschheitsgeschichte mindestens so bedeutsam« gewesen sei »wie die Beherrschung des Feuers oder der Gebrauch von Steinen als Werkzeuge«.[6]

Ohne Sprache keine Kultur

Andere Fachleute zogen aus dem Material ähnlich weitreichende, wenn auch anders akzentuierte Schlüsse. Die Kunst, so hoben sie hervor, sei sehr stark von Symbolen geprägt, und auf Symbolen begrifflicher Art beruhe auch unser ganzes Denken – ohne sie wären weder Sprache noch menschliches Bewußtsein, weder Voraussicht noch planvolles Handeln vorstellbar. Das Fehlen eines künstlerischen Symbolismus im älteren Paläolithikum weise daher möglicherweise darauf hin, so argumentierten die betreffenden Forscher, daß er auch im Denken der frühen Menschen gefehlt habe. Lewis Binford etwa bediente sich dieser Argumentation, um seine bereits erwähnte These vom mangelnden Planungsvermögen der vormodernen Hominiden zu untermauern (vgl. Kap. 8). Er schrieb 1982:

»Es ist mein Eindruck, daß die Fähigkeit, Ereignisse und Bedingungen vorauszusehen, die man bis jetzt nicht erlebt hat, keine der Stärken unserer Vorfahren war, solange nicht klare Hinweise auf Symbolismus (im Fundmaterial) auftauchen, etwa persönliche Schmuckstücke, graphische Zeugnisse in Form von Malereien, ›Kunst‹ und ›Aufzeichnungen‹ (...) – Dinge (also), die das Erscheinen von ›Kultur‹ in unserem Sinne markieren. Nach meinem Dafürhalten ist das Auftauchen des Symbolismus eine grundlegende Veränderung und keine, die sich durch ausschließlich ›soziale Erklärungen‹ begreifen läßt.«[7]

Binford meinte damit, die Schaffung von Kunst sei erst durch eine Umgestaltung der gesamten »mentalen Struktur« unserer Urahnen möglich geworden, also letztlich durch ein besser organisiertes Gehirn. Und ähnlich sahen und sehen es auch viele andere Forscher. Die australischen Wissenschaftler Iain Davidson und William Noble, deren Deutung der Faustkeile als zufällig entstandene »Arbeitsabfälle« wir bereits kennengelernt haben (vgl. Kap. 5), steuerten 1989 eine besonders originelle Variante solcher Überlegungen bei: In einem vieldiskutierten Aufsatz stellten sie einen Zusammenhang zwischen der Fähigkeit, Objekte abzubilden, und dem Sprachvermögen her und fragten, »ob vor den ersten bildlichen Darstellungen irgendeine prähistorische Lautäußerung ›Sprache‹ gewesen sein könnte, wie wir sie verstehen«. Sie antworteten mit einem klaren »Nein«, und damit war auch ihr Urteil über den Entwicklungsstatus der »bilderlosen« und daher »sprachlosen« Menschen des älteren Paläolithikums gefällt: »Wir meinen, daß es etwas Derartiges wie Kultur nicht ohne Sprache und die sozial determinierte Teilung von Bedeutungen und Werten geben kann«, urteilten die beiden Forscher und fuhren beherzt fort: »Es ist daher irreführend, im Hinblick auf irgendwelche Hominiden vor dem vollständig modernen Menschen von Kultur zu sprechen.«[8]

Die im letzten Satz aufgestellte Behauptung ist äußerst schwerwiegend und verlangt nach einer fundierten Begründung und Untermauerung. Mehr als subjektive Mutmaßungen und Spekulationen hatten die beiden Autoren in ihrem Aufsatz allerdings nicht zu bieten – wie ich in einem anderen Buch gezeigt habe, sprechen durchaus gute Gründe dafür, die Anfänge unserer Sprache schon vor mehreren hunderttausend Jahren zu suchen.[9] Doch die Anhänger des »Big bang«-Szenarios gehen noch einen Schritt weiter. Der neuartige Symbolismus des Homo sapiens sapiens beziehungsweise das durch ihn bezeugte Sprachvermögen und mentale Niveau sei, so vermuten sie, auch der entscheidende Faktor gewesen, der dem frühmodernen Menschen seine Überlegenheit über den Neandertaler und andere »archaische« Menschenformen verschaffte und es ihm ermöglichte, diese evolutionäre Konkurrenz schnell und wirkungsvoll aus dem Feld zu schlagen. »Es scheint gute Anhaltspunkte für einen Bevölkerungswechsel in Europa zu Beginn des Jungpaläolithikums zu geben«, schrieben etwa die amerikanischen Archäologen Harold L. Dibble und Philip G. Chase 1990,

»(und) die Gleichzeitigkeit dieses Bevölkerungswechsels mit den ersten überzeugenden archäologischen Hinweisen auf eine gewohnheitsmäßige Verwendung von Symbolen ist auffällig. (...) Dieses zeitliche Zusammentreffen läßt vermuten, daß es die neue Anpassungsform war, die den Neuankömmlingen erlaubte, die früheren Bewohner dieser Gebiete zu ersetzen oder zu überschwemmen.«[10]

Urzeitliche »Informationsgesellschaft«?

Solche und ähnliche Überlegungen beherrschen heute die angloamerikanische Forschung und werden in Fachzeitschriften und auf Kongressen in immer neuen Variationen präsentiert und diskutiert. Auf den ersten Blick erscheinen sie ja auch durchaus einleuchtend und schlüssig, entsprechen sie doch den Denkgewohnheiten unserer eigenen Gesellschaft, die sich als »postindustriell« versteht und in der die Bereiche Kultur, Kommunikation und Informationsverarbeitung mittlerweile als wesentlich wichtiger eingeschätzt werden als die traditionellen Sphären der materiellen Produktion und Lebenssicherung. In einem solchen Kontext wirkt natürlich ein Ansatz elegant und zeitgemäß, der auch unsere paläolithischen Vorfahren nicht mehr in erster Linie als »Man the Toolmaker« oder »Man the Hunter« definiert (vgl. Kap. 5 und 6), sondern als kulturell kreative, abstrakt denkende und symbolisch kommunizierende Wesen, der also den Aufstieg des Homo sapiens sapiens in den Kategorien der modernen Informationsgesellschaft beschreibt. Der aktuelle Erfolg dieser Überlegungen und Modelle ist daher nicht verwunderlich, und erstaunen kann auch nicht, daß sie gerade in den USA ihren Ausgang nahmen. Doch daß ein Denkansatz »zeitgemäß« und modern ist, bedeutet – wie wir bereits mehrfach festgestellt haben – noch nicht, daß er kritischer Überprüfung standhält, und tatsächlich lassen die beschriebenen Hypothesen und Modelle zahlreiche Faktoren außer acht und vermögen eine ganze Reihe von Tatsachen nicht befriedigend zu erklären.

Unstimmigkeiten

Zu letzteren gehört vor allem der Umstand, daß ausgerechnet in den vermuteten Ursprungsgebieten des frühmodernen Menschen bislang kaum Anzeichen einer »künstlerischen Explosion« zu erkennen sind, die mit derjenigen in Europa auch nur entfernt vergleichbar wäre. Aus dem Paläolithikum des Nahen Ostens, der nach dem »Out of Africa«-Szenario ja eine Schlüsselrolle bei der Ausbreitung des Homo sapiens sapiens spielte (vgl. Kap.4), sind bis heute nur einige wenige »symbolische« Objekte bekannt, auf die wir noch zurückkommen werden; die eigentliche Blüte der Kunst begann in dieser Region dem archäologischen Material zufolge erst am Ende der Eiszeit, vor rund 12 000 Jahren, mit dem Heraufdämmern einer neuen Wirtschaftsweise – nämlich Ackerbau und Viehzucht – und dem damit verbundenen Seßhaftwerden des Menschen. Und auch in »Evas« Heimat Afrika sind die gesicherten altsteinzeitlichen Kunstwerke bislang an zehn Fingern abzuzählen: In zwei südafrikanischen Höhlen wurden gravierte Straußenei-Schalen aus dem Mittelpaläolithikum gefunden, und in der Apollo-11-Höhle in Namibia entdeckte man mehrere Steinplatten mit farbigen Tierbildern, die nach Radiokarbondaten etwa 27 000 Jahre alt sind. Andere frühe Kunstwerke sind vom Schwarzen Kontinent vorläufig nicht bekannt.

Die Ausbeute ist an europäischen Maßstäben gemessen also äußerst dürftig, und die Anhänger der »Big bang«-Theorie müßten nach ihrem eigenen Argumentationsmuster aus diesem Umstand eigentlich schließen, daß die frühmodernen Menschen Afrikas und Vorderasiens – die Großväter und Großmütter der europäischen Höhlenmaler (vgl. Kap. 4) – noch ebensowenig »echte«, symbolisch denkende und kreative Menschen waren, wie man dies ihren gleichermaßen »kunstlosen« Vorgängern und Zeitgenossen, den Neandertalern, ohne viel Federlesens unterstellt. Doch eine solche Folgerung würde das ganze Szenario vom Siegeszug der kulturell und mental weit überlegenen afrikanischen Auswanderer ad absurdum führen. Deshalb machen die Vertreter der »Big bang«-Theorie in diesem Fall eine Ausnahme und weisen darauf hin, daß in Afrika und im Nahen Osten möglicherweise die sozialen Anstöße für die Schaffung von Kunstwerken fehlten oder daß diese Werke aus irgendwelchen Gründen nicht bis in unsere Zeit überdauert haben. Räumt man diese Möglichkeiten aber im Hinblick auf den frühmodernen Menschen ein, dann müssen sie ebenso – und wegen der größeren zeitlichen Distanz noch in viel deutlicherem Maße – auch für die älteren Menschenformen gelten, und das Bild vom haushoch überlegenen, weil allein kunstfertigen Homo sapiens sapiens gerät wiederum ins Wanken.

Tatsächlich sind bei genauerem Hinsehen gleich mehrere Prämissen des beschriebenen Denkmodells kaum oder gar nicht aufrechtzuerhalten. Fragwürdig ist bereits die Grundannahme, ein »vollmenschlicher Geist« müsse sich uns – gewissermaßen als Gütezeichen – durch künstlerische Schöpfungen oder andere »symbolische« Zeugnisse zu erkennen geben. Nicht wenigen heutigen Menschen bereitet es beträchtliche Mühe, das Bild eines Pferdes oder einer Kuh auch nur halbwegs naturgetreu auf Papier zu bringen und sie verspüren auch keinerlei Verlangen, dies zu tun. Niemand würde deshalb ihre Befähigung in Frage stellen, Hochgeschwindigkeitszüge zu lenken, Computer im Verteidigungsministerium zu programmieren oder einen Großkonzern zu leiten. Höchste Intelligenz, technische Qualifikation und soziale Kompetenz können, wie jeder aus täglicher Erfahrung weiß, mit völligem künstlerischem Unvermögen und ästhetischem Desinteresse einhergehen – nur dem armen Neandertaler wird ganz bedenkenlos die Intelligenz und Menschlichkeit abgesprochen, weil er uns keine großartigen Kunstwerke und keinen aufwendigen Schmuck hinterlassen hat.

Gravierende Folgen lückenhafter Überlieferung

Vor allem aber unterschlägt die beschriebene Argumentationsweise die in den vergangenen Kapiteln immer wieder deutlich gewordene Tatsache, daß nur ein winziger Bruchteil dessen, was in urgeschichtlicher Zeit einstmals existierte, über die Jahrzehntausende hinweg im Boden erhalten geblieben und für uns heute noch auffindbar ist. Durch die natürliche Zersetzung fast aller organischen Materialien gingen nicht nur einige wenige, sondern die allermeisten Objektgattungen vollständig verloren. Was uns heute noch vorliegt, ist also nur die sprichwörtliche Spitze des Eisbergs. Und je älter die Zeit, aus der sie stammt, desto kümmerlicher nimmt sie sich erhaltungsbedingt aus.

Wir haben schon am Beispiel der Knochen-, Geweih- und Holzartefakte gesehen, wie leicht dieser »Überlieferungsfilter« zu fundamentalen Fehlurteilen führen kann (vgl. Kap. 5 und 8); er muß daher auch bei der Frage nach Kunst und Schmuck unbedingt in Rechnung gestellt werden, und zwar noch viel stärker als bei den Gerätschaften. Denn während letztere aufgrund ihrer Gebrauchsfunktion in aller Regel aus »harten« und damit auch vergleichsweise gut erhaltungsfähigen Materialien gefertigt wurden (Holz dürfte in den meisten Fällen der »weichste« in Frage kommende Ausgangsstoff gewesen sein), war bei den ja sehr viel weniger stark beanspruchten Kunst- und Schmuckobjekten die leichte Verarbeitung und Formbarkeit des Rohmaterials vermutlich oftmals wichtiger als seine Härte. »Weiche« und daher archäologisch kaum erhaltungsfähige Stoffe dürften somit in vielen Fällen bevorzugt worden sein.

Ein Blick ins Völkerkundemuseum illustriert diesen Sachverhalt in eindringlicher Weise: Während die Pfeilspitzen, Beile und Messer vormetallzeitlicher Kulturen fast immer aus Stein, Knochen, Obsidian (vulkanischem Glas) oder Hartholz gefertigt sind, ist auf dem Gebiet der Kunst und des Schmucks eine schier unglaubliche Vielfalt der verschiedensten – und größtenteils leicht vergänglichen – Materialien anzutreffen. Das Spektrum reicht von Bildern aus licht- und witterungsanfälligen Farbstoffen, Skulpturen aus leicht vergänglichem Weichholz oder Lehm, Flechtarbeiten aus Ästen, Fasern und Rinden, Perlen aus Pflanzensamen und -hülsen bis hin zu Schmuckbändern aus Leder, bemalten Häuten, Stickereien auf Gewebe oder dem berühmten Federschmuck der Indianer (Abb. 65) – ganz zu schweigen von den prächtigen Hautbemalungen und Tätowierungen vieler neuzeitlicher Naturvölker und den komplexen Sand- oder Erdzeichnungen der australischen Aborigines (Abb. 56).

Wären die Kunstwerke und Schmuckstücke der vormodernen Menschen von dieser Art gewesen, dann hätten sie – normale Überlieferungsbedingungen vorausgesetzt – kaum eine Chance gehabt, sich bis heute im Boden zu erhalten. Und der Gedanke erscheint keineswegs abwegig, daß der Neandertaler und der Homo erectus Plastiken lieber aus weichem Holz als aus hartem Elfenbein schnitzten und Schmuckketten lieber aus leicht zu durchbohrenden Fruchthülsen als aus nur mit Mühe perforierbaren Tierzähnen oder Knochen fertigten. Im Gegensatz zu den Jungpaläolithikern hatten sie vermutlich vielfach die Wahl, denn ihre Lebens-

Abb. 65
Zeremoniell geschmückter Prärieindianer in Nordamerika (Stich aus dem frühen 19. Jahrhundert). Denkaufgabe für Archäologen: Was bliebe von dieser prächtigen Kostümierung nach 10 000 Jahren der Einlagerung im Boden noch übrig?

umwelt war über lange Zeiträume hinweg deutlich wärmer und damit auch pflanzenreicher als diejenige der späteren Cro Magnon-Menschen in Europa, die selbst fürs Feuerungsmaterial oftmals auf Knochen zurückgreifen mußten, weil die fast baumlose eiszeitliche Tundrensteppe nicht mehr genügend Holz hergab. Aus diesem Blickwinkel betrachtet war die vielgerühmte »kreative Explosion« des Jungpaläolithikums vielleicht nur der »zähneknirschende« Übergang von bewährten und leicht zu verarbeitenden, aber auf dem Höhepunkt der letzten Eiszeit nicht mehr verfügbaren Rohmaterialien zu wesentlich schwerer verwertbaren, aber archäologisch erhaltungsfähigeren Stoffen. Wir wissen nicht, ob es tatsächlich so war, aber allein schon die Möglichkeit mahnt zur Vorsicht und verdeutlicht, wie wenig wir über die Hintergründe dieser Prozesse tatsächlich wissen.

Wahrheiten ohne Bestandsgarantie

Zur Vorsicht mahnen auch die Erfahrungen der letzten Jahrzehnte, die gerade auf dem Gebiet der urgeschichtlichen Kunst deutlich gezeigt haben, wie schnell vermeintlich gesicherte Wahrheiten ins Rutschen kommen und sich als forschungs- und überlieferungsbedingte Zerrbilder entpuppen können. Noch 1965 beschränkte André Leroi-Gourhan als der damals weltweit führende Experte sein großes, umfassendes Übersichtswerk über die paläolithische Kunst ausschließlich auf Europa, weil – wie er zutreffend hervorhob – zu dieser Zeit weder in Asien noch in Amerika, weder in Afrika noch in Ozeanien Felsbilder oder Kleinkunstwerke bekannt waren, die sich mit Sicherheit dem Eiszeitalter vor über 10 000 Jahren zuordnen ließen. »Die einzige Kunst dieser Art, die wir heute kennen, (hat) ihr Zentrum in Europa«, faßte der Forscher den damaligen Wissensstand zusammen, und er fügte hinzu, auch in Europa habe die Blütezeit der Höhlenkunst erst mit dem Magdalénien begonnen, während die wenigen älteren Zeugnisse »nichts (...) von der Virtuosität der klassischen Zeit erahnen« ließen.[11]

Leroi-Gourhan war freilich viel zu erfahren, um solche Aussagen für der Weisheit letzten Schluß zu halten und ihre Abhängigkeit vom Forschungsstand und den Überlieferungsbedingungen zu übersehen. Die urgeschichtliche Kunst sei, so schränkte er ausdrücklich ein,

> »nicht mehr als ein mühsam aus einigen hundert Dokumenten zusammengestelltes fragmentarisches Bild, das den kleinen Rest eines verlorengegangenen Ganzen darstellt. Das Überdauern der paläolithischen Kunst Westeuropas ist bestimmten Bedingungen zu verdanken, wie sie vielleicht nirgendwo sonst in dieser Verbindung gegeben waren.«

Daher könne man, so fuhr er fort, »mit ziemlicher Sicherheit annehmen, daß es noch einige andere wichtige Zentren der paläolithischen Kunst gegeben hat«, und man werde »vielleicht (...) eines Tages irgendwo auf der Welt Paläolithiker entdecken, die schon Jahrtausende vor diesen Menschen (den europäischen Eiszeitkünstlern, MK) Tierdarstellungen angefertigt haben«.[12]

Diese Worte des großen Prähistorikers haben sich als geradezu prophetisch erwiesen, denn heute sind altsteinzeitliche Kunstwerke – wenn auch mitunter nur in geringer Zahl – von vier der fünf Kontinente bekannt (die einzige derzeitige Ausnahme ist Amerika), und die Felskunst Australiens, deren Zeitstellung bis vor kurzem völlig unklar war, gilt als die älteste der Welt (vgl. S. 307). Innerhalb Europas hat wie beschrieben die Entdeckung der Grotte Chauvet alle früheren Vorstellungen über das Erblühen der Höhlenkunst erst im Magdalénien auf einen Schlag über den Haufen geworfen und zugleich das bisher nur in Westfrankreich und auf der Iberischen Halbinsel vermutete Verbreitungsgebiet dieser Kunst beträchtlich nach Osten erweitert. Ja, sogar in zwei schwäbischen Höhlen, dem Geißenklösterle bei Blaubeuren nahe Ulm und dem nicht weit davon entfernten Hohlen Fels bei Schelklingen, entdeckte der Urgeschichtsforscher Joachim Hahn Ende der achtziger Jahre bemalte beziehungsweise mit feinen Ritzlinien versehene Abbruchblöcke von den Höhlenwänden, die vermuten lassen, daß es auch in Mitteleuropa eine Höhlenkunst gab, von der freilich aufgrund der Verwitterungsbedingungen sonst nichts erhalten blieb. Kurz gesagt, es stellt sich heute alles gänzlich anders dar als noch vor wenigen Jahrzehnten, und das läßt erwarten, daß auch den vermeintlich »gesicherten Wahrheiten« von heute kein allzulanger Bestand vergönnt sein dürfte.

Ein fragwürdiger Lehrsatz

Es mutet daher absonderlich an, wenn viele Forscher ungeachtet dieser Erfahrungen mit dogmatischer Bestimmtheit an dem Lehrsatz festhalten, es könne vor dem Beginn des Jungpaläolithikums keine Kunst gegeben haben, und auf diesem Diktum weitreichende Schlüsse über die Einzigartigkeit des Homo sapiens sapiens und das Unvermögen der vormodernen Menschenformen aufbauen. Eine solche Argumentationsweise ist schon aus methodischen Gründen äußerst anfechtbar, denn selbst ein völliges Fehlen aussagekräftiger Belege ließe keineswegs mit Sicherheit darauf schließen, daß es im Altpaläolithikum keine Kunstobjekte gab. »Kein Fund (kann) beweisen, Homo erectus hätte keine Kunst erzeugt, während ein einziger Fund das Gegenteil zu beweisen imstande ist«, faßt der australische Felskunstexperte Robert G. Bednarik, einer der wenigen in dieser Frage differenziert denkenden Urgeschichtsforscher, den Sachverhalt ebenso knapp wie zutreffend zusammen.[13]

Aus dem Alt- und Mittelpaläolithikum sind indes durchaus eine ganze Reihe von Fundobjekten bekannt, die zumindest im »Verdacht« stehen, etwas mit Kunst und Symbolismus zu tun zu haben, und Jahr für Jahr kommen neue hinzu. Lange Zeit fielen diese Stücke in der Diskussion meist unter den Tisch – unter anderem deshalb, weil einige von ihnen nur an entlegener Stelle oder nicht auf Englisch publiziert wurden, in der einzigen Sprache, die viele angloamerikanische Urgeschichtsforscher beherrschen. In den letzten Jahren sind sie jedoch in Fachkreisen weithin bekannt geworden – nicht zuletzt dank zahlreicher Veröffentlichungen Bednariks und seines amerikanischen Kollegen Alexander Marshack, der sich seit über 30 Jahren mit der Kunst und dem Symbolismus in der Altsteinzeit beschäftigt – und bilden heute einen der Dreh- und Angelpunkte der Diskussion über die Entwicklungsgeschichte des menschlichen Geistes. Wir wollen uns die wichtigsten dieser kostbaren Zeugnisse aus der Morgenröte der Menschheit daher etwas näher anschauen – sie sind ein überaus faszinierendes Studienobjekt und bieten gleichzeitig einen Ausblick auf die möglichen Schlüsselfragen künftiger Forschung.

Die frühe Geburt der Farbsymbolik

Die erste Fundgattung, die auf frühen Symbolismus hindeuten könnte, sind rote und schwarze Farbstoffe wie Ocker, Rötel und Mangan. In den jungpaläolithischen Fundstellen sind sie fast allgegenwärtig, doch die Vorliebe des frühen Menschen für farbige und färbende Substanzen reicht sehr viel weiter in die Urgeschichte zurück: Schon in über eine Million Jahre alten afrikanischen Fundstätten stieß man mehrfach auf auffällige rötliche Mineralien, die möglicherweise von Hominiden dort hin gebracht wurden, und seit dem späten Acheuléen vor rund 350 000 Jahren kann ihre Verwendung durch den frühen Menschen dann als gesichert gelten. An dem aus dieser Zeit stammenden Homo erectus-Lagerplatz von Terra Amata bei Nizza (vgl. Kap. 5) wurden insgesamt 73 kleine Ockerstücke gefunden, deren Farbspektrum von Gelb über Braun bis zu Dunkelrot reichte und die nach Auffassung des Ausgräbers Henri de Lumley absichtlich erhitzt worden waren, um ihre Farbintensität zu steigern. Ockerbrocken, zum Teil mit Gebrauchsspuren, sind aber auch von mehreren anderen acheuléenzeitlichen Fundorten her bekannt, und an einem 250 000 Jahre alten Lagerplatz bei Becov in Tschechien wurde ein Ockerstück mit Abriebspuren sogar noch mit dem dazugehörigen Reibstein, auf dem man es zu Farbpulver zerrieb, und einer größeren Menge solchen Pulvers in einem Fundkomplex angetroffen.

Im Mittelpaläolithikum vor 100 000 bis 35 000 Jahren ist der Farbstoffgebrauch in Westeuropa und Afrika dann regelmäßig belegt, und in einzelnen französischen Fundstellen des Moustérien finden sich nun zugespitzte Farbbrocken in der Art einer »Zeichenkreide«. Auch Reibsteine mit zum Teil intensiven Farbspuren werden nun häufiger, und in einer 60 000 Jahre alten Fundschicht in Australien fand sich ein Rötelbrocken von nicht weniger als einem Kilogramm Gewicht (vgl. S. 308)!

Wozu benötigten die Menschen der Altsteinzeit diese offenbar so intensiv genutzten Farbstoffe? Die jungpaläolithische Höhlenkunst, deren Bilder entweder nach Art von Pastellzeichnungen mit Hilfe eines »Farbstifts« oder aber mit pulverisierten und »verflüssigten« Farbstoffen auf die Felswände gemalt beziehungsweise gesprüht wurden, hat uns bereits eine wichtige Verwendungsart vor Augen geführt. Bednarik vermutet aufgrund charakteristischer Abriebspuren, daß auch manche der älteren Ockerbrocken der »intentionellen Farbübertragung auf eine Felsfläche«, also der Gestaltung früher Kunst, gedient haben könnten.[14] Doch damit ist das mögliche und wahrscheinliche Verwendungsspektrum bei weitem noch nicht erschöpft. Rötelspuren an jungpaläolithischen Kleinkunstwerken und Artefakten lassen vermuten, daß auch Objekte des täglichen Gebrauchs häufig gefärbt oder bemalt wurden, und ebenso erscheint es möglich, daß die Eiszeitmenschen auch Tierhäute, Zelte und ihre Kleidung flächig einfärbten oder mit Mustern und Zeichnungen schmückten (die Behandlung mit Rötel trägt nach Auskunft von Experten unter anderem zur Konservierung von Tierhäuten bei).

In der Völkerkunde ist die Verwendung von Ocker darüber hinaus vor allem zur Körperbemalung, als Körperschutz und für medizinische Zwecke belegt. Neuzeitliche Gruppen, die der Sonne, dem Wind, der Kälte oder störenden Insekten besonders intensiv ausgesetzt waren, beugten diesen Natureinflüssen oftmals vor, indem sie ihre Haut mit einer schützenden Paste aus Rötel beziehungsweise Ocker und Fett einrieben. Ocker eignet sich aufgrund seiner blutstillenden und desinfizierenden Wirkung auch gut zur Behandlung von Wunden und Entzündungen, ja sogar von inneren Erkrankungen, wie die noch heute in der Naturheilkunde gebräuchliche Einnahme von »Heilerde« zeigt.

Vor allem aber war die Bemalung des Körpers zu Schmuckzwecken ein in der Völkerkunde nahezu universelles Phänomen. Sie entsprang nicht nur ästhetischen Motiven, sondern zeigte darüber hinaus meist auch die Gruppenzugehörigkeit beziehungsweise den sozialen Status des Trägers an oder brachte bestimmte Gefühle wie Freude, Trauer oder festliche Stimmung zum Ausdruck – ähnlich, wie sich bei uns heute Polizisten, Schaffner und Hotelpagen durch ihre grüne, blaue oder rote Uniform zu erkennen geben und die glückliche Braut Weiß, die trauernde Witwe hingegen Schwarz trägt. Die Körperbemalung diente also nicht zuletzt der sozialen Kommunikation und »Signalgebung« und war in vielerlei Hinsicht mit dem Gemeinschaftsleben und den kulturellen Gebräuchen der Völkerschaften verknüpft. Auf die Rolle von Rötel und Ocker beim Grabkult werden wir im nächsten Kapitel noch genauer eingehen.

Welche dieser vielen möglichen Verwendungen der Farbstoffe für die Menschen des älteren Paläolithikums im Vordergrund stand, wissen wir nicht – es läßt sich archäologisch wohl auch kaum erschließen. Wesentlich ist, daß Farben und Farbsymbolik offenbar bereits im Leben des entwickelten Homo erectus und des Neandertalers eine wichtige Rolle spielten, was man in der Forschung zu Recht als einen Hinweis auf zumindest keimendes »menschliches« Empfinden gewertet hat. »Jede Art des Gebrauchs von Ocker läßt auf vergleichsweise komplexe kulturelle Praktiken schließen«, betont Bednarik,[15] und so können wir diese aufgrund entsprechender Funde bereits für die Zeit vor über 300 000 Jahren annehmen.

Trugen Neandertaler Schmuck?

Eine ähnliche Funktion wie die Körperbemalung hatten vermutlich auch plastische Schmuckstücke, die wie erwähnt im europäischen Jungpaläolithikum überreich belegt sind (vgl. S. 278). Auch sie dürften nicht nur Ausdruck des Selbstwertgefühls ihrer Träger gewesen sein, sondern dane-

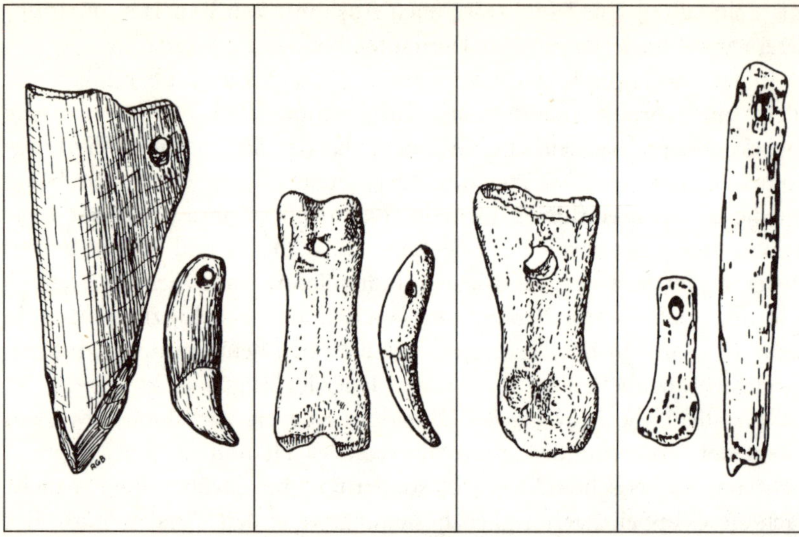

Abb. 66 Mutmaßliche Schmuckanhänger aus dem Mittel- und Altpaläolithikum. Von links nach rechts: Durchbohrte Knochenspitze und durchbohrter Wolfszahn aus der Repolusthöhle in Österreich (über 100 000 Jahre alt; Zeichnung: Robert G. Bednarik); perforiertes Zehenglied vom Rentier und angebohrter Fuchszahn aus La Quina in Frankreich (ca. 60 000 Jahre alt); perforiertes Zehenglied vom Ren aus Weimar-Taubach (über 100 000 Jahre alt); zwei durchbohrte Wolfsknochen aus der Bocksteinschmiede im schwäbischen Lonetal (ca. 100 000 Jahre alt). Die Zeichnungen sind nicht maßstabgetreu.

ben eine wichtige Rolle als »soziale Signale« gespielt haben. Schmuckstücke symbolisierten möglicherweise bestimmte Lebensstadien oder den sozialen Status, so wie bei uns heute der Ehering als äußeres Zeichen des Verheiratetseins fungiert. Schmucksätze an der Kleidung wie in Sungir (vgl. S. 278) werden gewiß nicht zuletzt die Zugehörigkeit zu einer bestimmten Gemeinschaft, vielleicht auch einer sozialen Gruppe signalisiert haben, so wie dies bei den nordamerikanischen Indianern der Fall war.

Viele Forscher nehmen wie erwähnt an, diese Schmucksitte sei erst beim frühmodernen Menschen aufgekommen, und betrachten sie als einen wichtigen Bestandteil der dem Homo sapiens sapiens zugeschriebenen »jungpaläolithischen Revolution« (vgl. S. 277). Sie übersehen dabei freilich, daß einzelne Schmuckstücke durchaus schon aus älterer Zeit bekannt sind. So fand man in Schichten des Moustérien, also der Kultur des Neandertalers, in La Quina in Frankreich einen angebohrten Fuchszahn und ein durchbohrtes Zehenglied vom Rentier, die offenbar als Anhänger dienen sollten (Abb. 66) – die Löcher waren exakt an den gleichen Stellen und in der gleichen Technik gebohrt worden wie bei vergleichbaren jungpaläolithischen Stücken. Zwei ähnlich durchbohrte Tierzähne kamen in rund 42 000 Jahre alten Ablagerungen der Fundstätte Bacho Kiro in Bulgarien zutage, und in einer etwa 38 000 Jahre alten Schicht von Kostenki in Rußland wurden nicht weniger als 13 durchbohrte Schmuckobjekte ausgegraben, darunter Fuchszähne, Muscheln, Fossilien und Steine.

Derzeit am meisten diskutiert werden aber eine Reihe durchbohrter oder mit Befestigungsrillen versehener Fuchszähne und Elfenbeinanhänger, die man in den fünfziger Jahren in einer Höhle bei Arcy-sur-Cure in Frankreich barg (Abb. 67). Sie wirken ausgesprochen »jungpaläolithisch«, und in der Tat ist die Fundstätte nach Radiokarbondaten etwa 34 000 Jahre alt und gehört dem Châtelperronien an, einer Kulturstufe, die traditionell dem frühen Jungpaläolithikum zugerechnet wird (vgl. Kap. 5). Dennoch siedelten dort, wie man aufgrund von Zahn- und Knochenfunden weiß, Neandertaler, die zu den spätesten Vertretern ihrer Art zählten (vgl. Kap. 4). Dieser Umstand ist von ganz erheblicher Bedeutung, denn wenn diese letzten Altmenschen »jungpaläolithische« Klingengeräte verfertigten und über »jungpaläolithischen« Schmuck verfügten, dann gerät das ganze Szenario vom »Import« des Jungpaläolithikums durch den frühmodernen Menschen ins Wanken, besonders aber die Behauptung, der Neandertaler sei zu vergleichbaren Kulturleistungen nicht fähig gewesen.

Die zahlreichen Anhänger dieser Theorie haben auf die Herausforderung mit der These von der »Akkulturation« (kulturellen Anpassung) der Neandertaler an die frühmodernen Menschen reagiert. Ähnlich wie sich in der modernen Welt die technologisch und kulturell »unterlegenen«

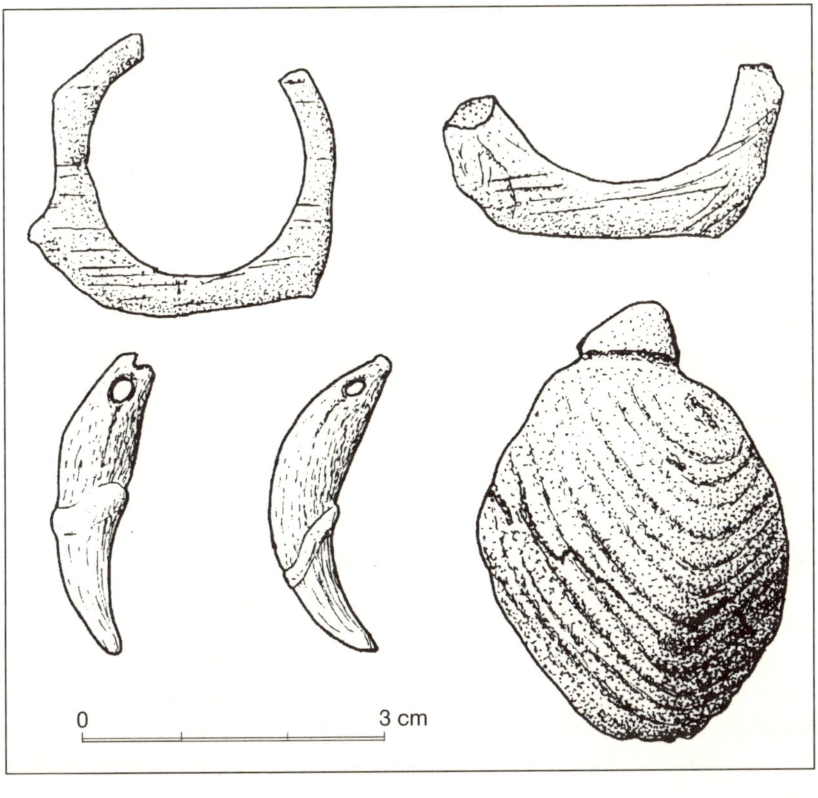

Abb. 67
Bruchstücke von Elfenbeinringen (oben), durchbohrte Tierzähne (links) und fossile Muschel mit Befestigungsrille (rechts) aus der Neandertaler-Fundstätte Arcy-sur-Cure in Frankreich (ca. 34 000 Jahre alt; Zeichnung: Robert G. Bednarik)

Naturvölker den übermächtigen Industrienationen und Kolonialmächten angepaßt und zahlreiche Errungenschaften von ihnen übernommen hätten, so lautet die Argumentation, hätten auch die letzten versprengten Neandertaler unmittelbar vor ihrem Verschwinden einzelne kulturelle Elemente von ihren eingewanderten Konkurrenten abgeschaut, mit denen sie ja einige Jahrtausende lang gleichzeitig lebten (vgl. Kap. 4) – vielleicht in einem letzten verzweifelten Versuch, mit ihnen gleichzuziehen und dem drohenden Untergang doch noch zu entgehen. Einige Forscher nehmen dabei an, die Altmenschen hätten die Geräte und Schmuckstücke der überlegenen Cro Magniden selbst nachgeahmt, und billigen ihnen damit immerhin eine größere Imitations- und Lernfähigkeit zu, als es nach den vielen negativen Einschätzungen ihrer geistigen Kapazität eigentlich zu erwarten wäre. Andere Fachleute gehen davon aus, daß die Neandertaler die Schmuckstücke durch Tausch oder Handel von ihren frühmodernen Nachbarn erworben haben müssen, was wiederum schlecht mit dem Szenario eines erbarmungslosen Konkurrenzkampfs zwischen den beiden Menschenformen bis hin zur Ausrottung zusammenpaßt (vgl. Kap. 2 und 4).

100 000 Jahre alte Perlen und Anhänger

Wirklich bewiesen oder auch nur wahrscheinlich ist keine der beiden Interpretationen. Aus den vermuteten Herkunftsgebieten des Homo sapiens sapiens – Afrika und dem Vorderen Orient (vgl. Kap. 4) – ist nämlich so gut wie kein altsteinzeitlicher Körperschmuck bekannt (er war möglicherweise aus nicht erhaltungsfähigen Materialien gefertigt), so daß sich für die europäische Tradition der knöchernen Anhänger und »Zahnperlen« dort kaum Vorläufer und Anknüpfungspunkte finden lassen. Solche sind hingegen im älteren Paläolithikum Europas durchaus vorhanden, so daß die Schmucktradition des Châtelperronien und des Aurignacien sich ohne weiteres aus einheimischen Wurzeln ableiten läßt.

Beispielsweise kennt man aus etwa 100 000 Jahre alten Schichten der Bocksteinschmiede im Lonetal auf der Schwäbischen Alb einen durchbohrten Schwanzwirbel und einen perforierten Mittelfußknochen vom Wolf, die sehr wahrscheinlich von frühen Neandertalern als Schmuckanhänger getragen wurden (Abb. 66). Einzelne Skeptiker haben zwar die künstliche Durchbohrung dieser Objekte angezweifelt, doch konnte Alexander Marshack mit Hilfe mikroskopischer Untersuchungen ihren Artefaktcharakter eindeutig nachweisen. Ebenfalls mindestens 100 000 Jahre alt sind ein durchbohrter Wolfszahn und eine durchbohrte Knochenspitze aus der Repolusthöhle in Österreich, die Bednarik kürzlich publizierte, sowie ein perforiertes Zehenglied vom Rentier aus Taubach bei Weimar (Abb. 66).

Die Neandertaler mußten, wie diese kostbaren Fundstücke zeigen, die

Abb. 68
Fragmente kleiner Schmuckperlen aus Straußeneierschalen, entdeckt in der libyschen Sahara (ca. 200 000 Jahre alt)

Anfertigung beinernen Schmucks nicht erst von den frühmodernen Menschen erlernen, sie praktizierten sie bereits Jahrzehntausende, bevor der Homo sapiens sapiens seinen Fuß auf europäischen Boden setzte. Und wenn man schon einen kulturellen Austausch zwischen den beiden Menschengruppen im Hinblick auf die Schmucktechnologie annehmen will, so erscheint der Gedanke sehr viel naheliegender, daß es die (möglicherweise an andersgearteten Schmuck gewöhnten) Einwanderer gewesen sein könnten, die im eiszeitlichen Europa mit seiner vergleichsweise schmalen Ressourcenpalette die Herstellung von Anhängern und Perlen aus Knochen und Zahn von den dort bereits seit langem lebenden Altmenschen abschauten.

Die allerersten Anfänge der Schmucksitte gehen aber vermutlich noch weit vor die Zeit der Neandertaler zurück. In altpaläolithischen Schichten bei Bedford in England fand man bereits vor Jahren durchlöcherte fossile Muscheln, die als Schmuckstücke gedient haben könnten. Eine mikroskopische Untersuchung durch Marshack ließ zwar keine menschlichen Manipulationen an den Löchern erkennen – diese enthielten jedoch organische Rückstände, die von einer Schnur oder einem Lederband stammen könnten, auf die die Fossile möglicherweise einst aufgezogen waren. Und von einem rund 200 000 Jahre alten Acheuléen-Fundplatz in der libyschen Sahara meldete der deutsche Urgeschichtsforscher Helmut Ziegert 1995 den Fund von Bruchstücken millimeterkleiner, runder Perlen aus Straußeneischalen (Abb. 68). Sollten sich derartige Entdeckungen häufen, so bliebe von der »symbolischen Revolution«, die viele Forscher zu Beginn des Jungpaläolithikums gewissermaßen über Nacht anbrechen sehen, noch weniger übrig, als es bereits angesichts der mittelpaläolithischen Funde der Fall ist.

Pretiosen der Altsteinzeit

In der Schmucksitte spiegelt sich der Sinn des Menschen für das Besondere und Schöne, und genau dem gleichen Sinn entspringt auch unser Interesse an außergewöhnlichen, »exotischen« Objekten. Noch heute ziehen uns Kristalle, Edelsteine und Versteinerungen geradezu magisch an und gelten aufgrund ihrer Seltenheit und ihres ästhetischen Reizes als kostbar und wertvoll. Auch bei den Naturvölkern wird ihnen oftmals ein hoher Rang zugemessen, werden sie gesammelt und aufbewahrt, und nicht anders war es bereits in der Altsteinzeit, wie das vorhandene Fundmaterial beweist. André Leroi-Gourhan sah in diesem Interesse an besonderen, schönen oder kuriosen Objekten eine der ältesten Quellen der Kunst und der Wissenschaft. »Das ästhetische Gefühl, das nach geheimnisvollen, bizarren Formen sucht«, schrieb er,

> »gehört sicher einer sehr tiefliegenden Schicht des menschlichen Verhaltens an; es ist nicht nur chronologisch die erste ästhetische Empfindung, für die wir Zeugnisse besitzen, sondern auch die Frühform der Naturwissenschaften, denn in allen Zivilisationen beginnt die Wissenschaft mit dem Sammelsurium der Kuriositäten. (...) Der eigentlichen figurativen Kunst geht etwas Dunkleres und Allgemeineres voraus, das einer reflektierten Betrachtung der Formen entspricht.«

»Gold, Diamanten und Edelsteine schöpfen«, so hob der Forscher weiter hervor, »aus den gleichen Quellen wie die bizarren Steine des Moustérien«, und »der Weg (führte) vom Erscheinen der ersten ›Kuriosa‹ bruchlos bis hin zu den Schaufenstern der Antiquitätenhändler« und in die Museen der Neuzeit.[16]

Die ältesten Ansammlungen auffälliger Kristalle sind aus mehrere hunderttausend Jahre alten frühmenschlichen Fundensembles bekannt, so aus Acheuléen-Schichten der Wonderwork-Höhle in Südafrika, aus dem Acheuléen der Fundstätte Singi Talav in Indien und von dem klassischen Homo erectus-Fundplatz Zhoukoudian bei Peking (vgl. Kap. 3). Auch versteinerte Schnecken und Meerestiere wurden mehrfach in alt- und mittelpaläolithischen Stationen gefunden, so eine fossile Zahnschnecke in einer rißeiszeitlichen Fundschicht der Grotte Vaufrey in Frankreich und ein versteinerter Armfüßer in einem eem-zeitlichen Horizont mit Steingeräten bei Stuttgart-Untertürkheim. Leider ist bei solchen Fundobjekten niemals mit letzter Sicherheit feststellbar, ob sie tatsächlich absichtlich aufgesammelt und verwahrt wurden, denn auch wenn sie vor Ort normalerweise nicht vorkommen und daher vom Menschen in die Fundstellen eingebracht worden sein müssen, kann dies auch zufällig und unbeabsichtigt bei der Heranschaffung des Rohmaterials für die Steingeräteherstellung geschehen sein, das bisweilen solche Fossilien und Kristalle enthielt.

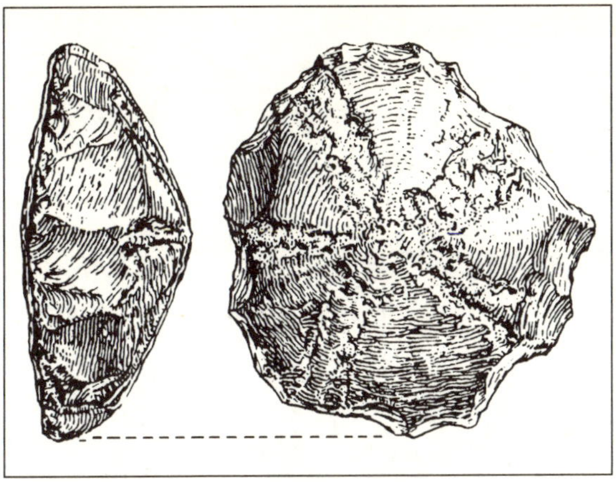

Abb. 69
Rundschaber aus einem versteinerten Seeigel (Aufsicht und Seitenansicht), gefunden bei Saint-Just-des-Marais in Frankreich (über 200 000 Jahre alt)

»Präparierte« Versteinerungen

Die Wertschätzung durch den frühen Menschen ist hingegen unzweifelhaft belegt, wenn er die Fundstücke in besonderer Weise behandelte oder »präparierte«. Auch dies war im Altpaläolithikum bereits der Fall, wie der britische Prähistoriker K. P. Oakley an einigen instruktiven Beispielen gezeigt hat. Im Flußschotter bei Saint-Just-des-Marais in Frankreich fand sich beispielsweise neben anderen Steingeräten des Acheuléen auch ein Rundschaber, der aus einem versteinerten Seeigel gefertigt war, und zwar dergestalt, daß der Mittelpunkt des Fossils exakt das Zentrum des Artefakts bildete (Abb. 69). An den rund 200 000 Jahre alten Acheuléen-Fundstätten Swanscombe und West Tofts in England wiederum entdeckte man zwei Faustkeile mit Versteinerungen eines Seeigels und einer Muschel, die so hergestellt worden waren, daß ihre Griffflächen durch die in der Mitte plazierten Fossilien »emblemartig« verziert wurden (Abb. 70). Ebenfalls in Swanscombe stieß man auf zwei große, künstlich bearbeitete Abschläge aus Korallengestein, einem Rohmaterial, das laut Oakley in der Umgebung der Fundstätte nicht vorkommt und aus fast 200 Kilometer Entfernung herangeschafft werden mußte. »Da dieses Material sich weniger gut verarbeiten läßt als der örtliche Feuerstein, kann es keine praktischen Gründe für seine Verwendung gegeben haben«, schrieb er und fragte: »Hatten Muster schon für die frühesten Mitglieder unserer Art einen symbolischen Wert; oder war Fremdartigkeit für sie in irgendeiner Weise magisch, eine Quelle der Freude?«[17]

Vor rund hunderttausend Jahren verzierten Altmenschen des Mittelpaläolithikums ein aufgesammeltes Fossil sogar zusätzlich, um es ihren Vorstellungen entsprechend zu gestalten: An dem Moustérien-Fundplatz von Tata in Ungarn entdeckte man ein versteinertes scheibenförmiges Meerestier, einen sogenannten Nummuliten von zwei Zentimeter Durchmesser, dessen Oberfläche auf einer Seite ein fast exakt rechtwinkliges

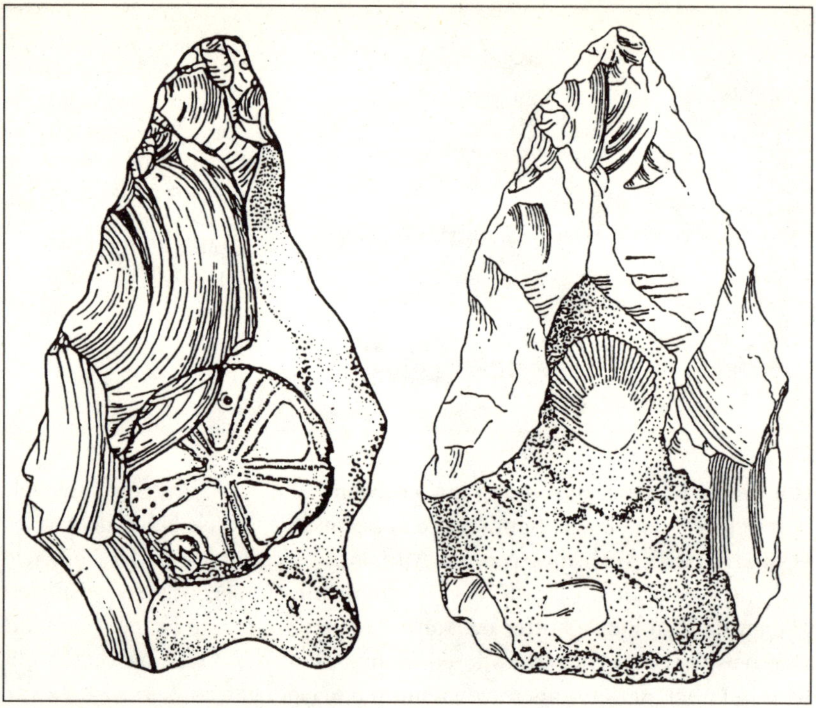

Abb. 70
Faustkeile aus Swanscombe (links) und West Tofts (rechts) in England mit Versteinerungen eines Seeigels bzw. einer Muschel im Rohmaterial (ca. 200 000 Jahre alt). Die Zeichnungen sind in unterschiedlichem Maßstab wiedergegeben

Kreuz trug (Abb. 71). Marshack, der das Objekt unter dem Mikroskop untersuchte, stellte fest, daß eine der beiden Kreuzlinien durch einen natürlichen Bruch entstanden war, während die andere nachträglich mit einem Steingerät eingraviert wurde, um die geometrische Markierung herzustellen. »Das Fossil war ein exotisches Objekt von vollendeter Kreisform und mag aus diesem Grund gesammelt, aufbewahrt und markiert worden sein«, bemerkte der Forscher zu dem Fundstück.[18]

Der Nummulit war freilich nicht das einzige Objekt aus Tata mit einer mutmaßlich »symbolischen« Bedeutung: Bekannt geworden ist der Fundplatz vor allem durch ein ovales, künstlich geformtes Plättchen aus Mammutelfenbein von knapp elf Zentimeter Länge (Abb. 71), das nach Marshacks Beobachtung auf einer Seite noch Spuren einer Einfärbung mit rotem Ocker erkennen ließ. Von diesen Spuren abgesehen »zeigt die Oberfläche das strahlende Weiß von poliertem Zahnschmelz oder Zahnzement«, schrieb der Forscher nach der Untersuchung des Stücks begeistert, »und macht es zu dem sinnlichsten aller beweglichen Artefakte aus dem Paläolithikum, sowohl für das Auge als auch für die Hand«. Es strahlt eine solche Schönheit und Eleganz aus, daß sogar sonst eher skeptische Forscher bereitwillig seine »Besonderheit« und Bedeutung anerkannten. Zur Herstellung des Objekts hatten die Altmenschen aus dem

Abb. 71 Künstlich geformtes und poliertes Plättchen aus einer Mammutzahn-Lamelle (Vorder- und Rückansicht) sowie mit einem Kreuz versehene Versteinerung aus Tata in Ungarn (ca. 100 000 Jahre alt

großen Backenzahn eines Mammuts, der eine lamellenartige Struktur besitzt, ein einzelnes Segment herausgetrennt und sorgfältig weiterverarbeitet – ein beträchtlicher Arbeitsaufwand, den man offenbar nicht scheute, obwohl keinerlei praktische Gebrauchsfunktion des Artefakts erkennbar ist. Der Ausgräber László Vértes verglich es mit den *Tschuringa*, oftmals ganz ähnlich geformten hölzernen oder steinernen Zeremonialobjekten der australischen Ureinwohner, die in deren Kult und Religion eine zentrale Rolle spielen. Ein solcher Vergleich muß natürlich spekulativ bleiben, doch scheint aufgrund der stark gerundeten Kanten des Stücks sicher zu sein, daß es lange Zeit in Benutzung war und oft angefaßt wurde. »Hier liegt also ein Zeugnis der Verfertigung symbolischer Artefakte für einen langen, vermutlich periodischen Gebrauch vor«, schrieb Marshack, »und zwar im Moustérien, 20 000 bis 30 000 Jahre vor dem Auftauchen der Bilder des Aurignacien, von denen ein ähnlicher kultureller Gebrauch gemacht wurde.«[19]

Zufallsprodukt oder frühe Plastik?

Die Freude des frühen Menschen an ungewöhnlichen Formen, die in den beschriebenen Fundobjekten zum Ausdruck kommt, mußte irgendwann einmal zur plastischen Kunst führen, doch ist bislang unklar, ob schon im Alt- und Mittelpaläolithikum erste Schritte in diese Richtung getan wurden. Eindeutig vom Menschen geschaffene figürliche Plastiken sind aus

Abb. 72 Figurenartig geformtes Knochenbruchstück (sogenannte »Pseudovenus«) aus dem Wildenmannlisloch in der Schweiz, vermutlich natürlichen Ursprungs

der Zeit vor dem Aurignacien nicht bekannt, doch ist die Suche nach ihnen so alt wie die Urgeschichtsforschung selbst, und seit Boucher de Perthes (vgl. Kap. 1) haben immer wieder einzelne Gelehrte die Auffindung von »Figurensteinen« oder anderen vermeintlichen Kunstwerken des Homo erectus beziehungsweise des Neandertalers proklamiert. Die meisten dieser Stücke entpuppten sich jedoch bei näherer Untersuchung als bloße »Naturspiele«, als von der Natur ungewöhnlich geformte Objekte, und die große Zahl solcher »Falschmeldungen« hat dazu geführt, daß derartige Funde heute in der Fachwelt mit größter Skepsis betrachtet werden und ihnen von vornherein der Ruch des Fragwürdigen, um nicht zu sagen Unseriösen anhaftet.

Diese Haltung ist naheliegend, aber nicht unproblematisch. Sie birgt zum einen die Gefahr, daß tatsächlich wichtige und interessante Funde aus Angst, sich lächerlich zu machen, gar nicht mehr veröffentlicht werden – ähnlich, wie es bei der Höhlenkunst nach dem »Altamira-Verdikt« der Fall war (vgl. Kap. 9). Sie übersieht zum anderen, daß das Vorhandensein derartiger »Figurensteine« oder »Naturplastiken« an frühen Fundstellen durchaus auch dann von Bedeutung sein kann, wenn der paläolithische Mensch keinerlei Veränderungen an ihnen vornahm; denn sofern er sie selbst aufsammelte und an seine Lagerplätze mitbrachte (was etwa im Falle ortsfremden Gesteins zu vermuten ist), läßt dies darauf schließen, daß er ihre Ähnlichkeit mit Objekten seiner Lebensumwelt erkannte, und das ist an sich schon eine nicht zu unterschätzende, jedenfalls charakteristisch »menschliche« Leistung. Es lohnt sich also durchaus, hier auch einige solche Fundobjekte näher zu betrachten, wobei wir uns auf zwei besonders markante Beispiele beschränken wollen – es gibt insgesamt sehr viel mehr derartige Stücke.

Frauenfiguren schon vor 250 000 Jahren?

Bei dem ersten Objekt handelt es sich um ein etwa zehn Zentimeter großes »Pseudokunstwerk« aus Höhlenbärenknochen, das 1926 zusammen mit einigen wenigen mittelpaläolithischen Steingeräten in einer schweizerischen Alpenhöhle, dem Wildenmannlisloch, gefunden wurde (Abb. 72). Der Ausgräber Emil Bächler schrieb über diese »Pseudo-Venus«, die bis in die sechziger Jahre hinein einige Popularität genoß, sie sehe

»auf den ersten Blick wie ein von Menschenhand bearbeitetes Gebilde aus, namentlich in der plastischen Kopfgestalt. Stirn, Augen (geschlossen), Mund, Hals, Rücken besitzen Naturgetreuheit en miniature. Dazu kommt die ›sinnende‹ Haltung der ganzen Figur.«[20]

Eine genauere Untersuchung ergab jedoch, daß die verengte »Halspartie«, die maßgeblich für die figürliche Wirkung des Knochenstücks verantwortlich ist, nicht künstlich herausgearbeitet wurde, sondern auf natürliche Weise entstand. Bächler vermutete dessenungeachtet, die Neandertaler vom Wildenmannlisloch hätten die menschenähnliche Form erkannt und das Objekt daher an geschützter Stelle in einer Nische der Höhlenwand deponiert. Selbst diese Vermutung ist angesichts der spärlichen Besiedlungsspuren in der Höhle (nur knapp 30 Steinartefakte wurden gefunden) aber eher zweifelhaft – es kann sich ebensogut um ein zufällig an dieser Stelle abgelagertes Naturprodukt handeln, das nie in die Hände des frühen Menschen gelangte.

Sehr viel überzeugender ist das zweite Objekt, das auch als einziger derartiger Fund eine Rolle in der derzeitigen fachwissenschaftlichen Diskussion spielt. Es handelt sich um einen etwa kastaniengroßen Brocken vulkanischen Gesteins, der 1981 von israelischen Archäologen in der Acheuléen-Fundstätte Berekhat Ram auf den Golanhöhen ausgegraben wurde, und der auffallend stark an eine gedrungene weibliche Figur erinnert (Abb. 73). Diese Ähnlichkeit kommt vor allem durch eine rundum laufende tiefe Furche im oberen Drittel des Objekts zustande, die den Kopf vom Körper abzutrennen scheint, während feinere Rillen im darunterliegenden Bereich anscheinend die Arme markieren. Nach Überzeugung der israelischen Archäologen sind diese Furchen künstlich und wurden »absichtlich vom Menschen eingeritzt«, um dem Stück die gewünschte Endform zu geben. »Es scheint so, als hätten die Bewohner der Fundstätte einen Steinbrocken ausgewählt, der einige Merkmale eines weiblichen Körpers aufwies«, schreibt Naama Goren-Inbar von der Universität Jerusalem: »Diese (Merkmale) wurden dann verstärkt, indem man die eingeritzten Rillen hinzufügte, die den Kopf und die Arme abtrennen.« Wäre dem wirklich so, dann läge, wie von Goren-Inbar vermutet, »der früheste Nachweis eines Kunstwerks« vor,[21] das noch aus der Zeit des Homo erectus stammen würde: Die Fundschicht, in der das Objekt zutage kam, war nach geologischen und naturwissenschaftlichen Datierungen zwischen 230 000 und 800 000 Jahre alt. Andere Fachleute haben sich indes skeptisch zur künstlichen Einritzung der Furchen geäußert und eine gänzlich natürliche Entstehung des Stückes nicht ausgeschlossen – selbst als »Pseudo-Kunstwerk« bliebe es aus den oben genannten Gründen aber interessant.

Es erscheint also alles in allem durchaus als möglich, daß schon die Menschen des Alt- und Mittelpaläolithikums in plastische Objekte Figuren »hineinsahen« und daß sie durch die künstliche Verstärkung dieser figuralen Wirkung vielleicht sogar schon bis an die Schwelle des plastisch-künstlerischen Schaffens gelangten. Technisch und mental wären sie dazu zweifellos in der Lage gewesen, wie ihre handwerklich und ästhetisch bis zur Vollkommenheit ausgearbeiteten Faustkeile beweisen. Manche Forscher betrachten diese symmetrischen und ausgesprochen formschönen Geräte ja selbst als regelrechte »Steinkunstwerke« (vgl. Kap. 5), und in der Tat ist bei manchem Faustkeil die Gebrauchsfunktion das einzige, was daran hindert, ihn als Kunst-

Abb. 73 Figurenartig geformter Vulkangesteinbrocken aus Berekhat Ram auf den Golanhöhen mit vermutlich künstlich eingekerbten Furchen (über 230 000 Jahre alt; Zeichnung: Robert G. Bednarik)

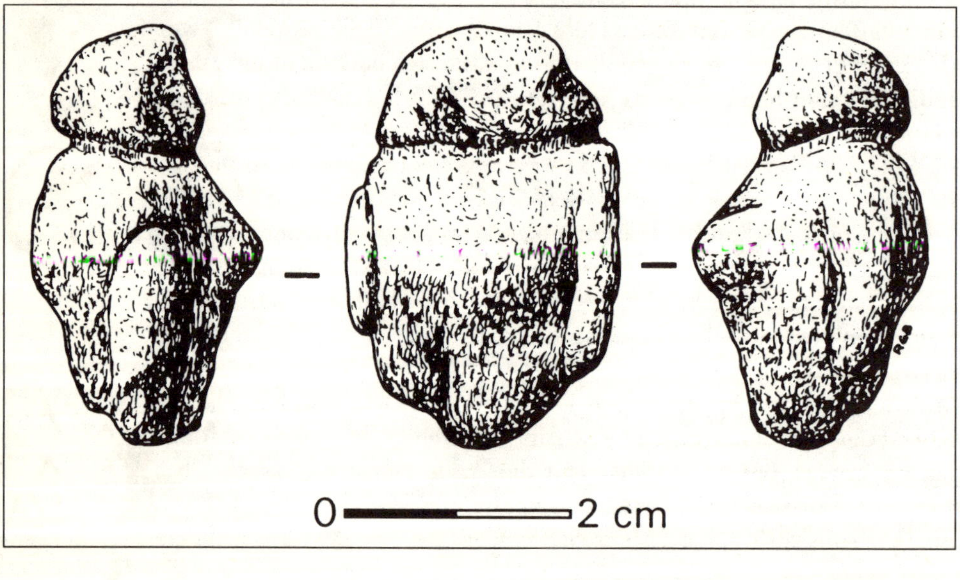

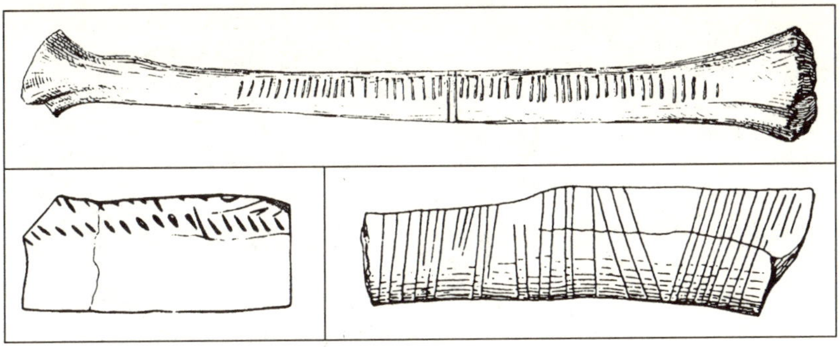

Abb. 74
Knochen mit Kerbenreihen aus Dolnì Vestonice in Mähren (oben, ca. 25 000 Jahre alt), aus Wyhlen bei Lörrach (unten links, über 100 000 Jahre alt) und aus La Ferrassie in Frankreich (unten rechts, ca. 40 000 Jahre alt)

objekt anzusprechen. Die Vollendung einer von der Natur vorgegebenen Form wie im Falle der »Steinfigur« von Berekhat Ram wäre angesichts dessen für die Menschen des Acheuléen sicherlich kein Problem gewesen.

Gravierungen auf Knochen und Stein

Nach den plastischen Objekten wollen wir uns nun den »graphischen« Schöpfungen zuwenden, unter denen die ältesten Zeugnisse Linienbündel und einfache geometrische Muster sind, die der frühe Mensch mit Steinwerkzeugen auf Knochen und möglicherweise auch in (nicht mehr erhaltenes) Holz einritzte. Die erste derartige Komposition kam zu Beginn unseres Jahrhunderts auf dem Neandertaler-Friedhof von La Ferrassie in der Dordogne zutage: Neben einem altmenschlichen Skelett fand sich dort ein Knochen, der mit auffälligen, gerade und schräg angeordneten Parallellinien versehen war (Abb. 74). Knöcherne Artefakte mit ähnlichen Liniensequenzen wurden seither auch an verschiedenen anderen Fundplätzen des Moustérien entdeckt, unter anderem in Frankreich (La Quina und Pech de l'Azé), Spanien (Cueva Morín), Italien (Valle Radice) und Palästina (Kebara-Höhle). Sie reichen zeitlich jedoch noch sehr viel weiter zurück: In Taubach bei Weimar (vgl. Kap. 8) fand man mehrere Knochengeräte mit Schnittfolgen aus der letzten Zwischeneiszeit vor über 100 000 Jahren, und mindestens ebenso alt ist ein Mammutstoßzahn-Bruchstück von Wyhlen bei Lörrach, das mit einer sehr regelmäßigen Reihe kurzer Schrägkerben versehen ist (Abb. 74). In Stránská Skála in Mähren schließlich wurde ein Elefantenwirbel mit einem annähernd symmetrischen Bündel aus 7 eingeritzten Linien gefunden, der noch aus der Zeit des Homo erectus stammt und mehrere hunderttausend Jahre alt ist (Abb. 75).

Die meisten und zugleich auch die bedeutendsten linearen Ritzungen hat aber der über 300 000 Jahre alte Homo erectus-Fundplatz von Bilzingsleben in Thüringen geliefert, dessen frühe Siedlungsstrukturen wir bereits kennengelernt haben (vgl. Kap. 5). Der Urgeschichtsforscher

Abb. 75
Linienbündel auf einem Elefantenwirbel aus Stránská Skála in Mähren (mehrere hunderttausend Jahre alt; Zeichnung: Robert G. Bednarik)

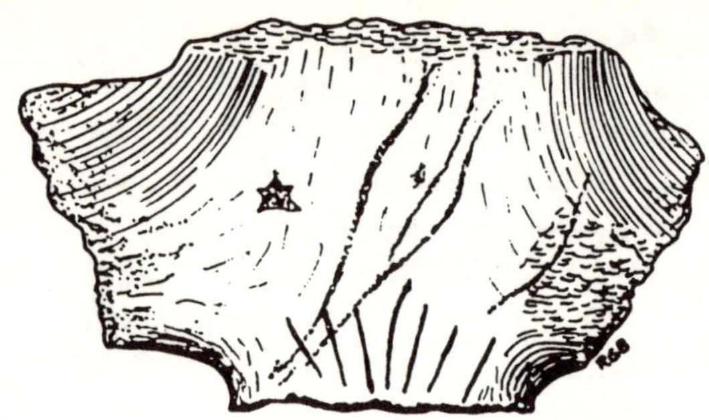

Dietrich Mania und sein Team entdeckten hier seit 1978 gleich eine ganze Reihe auffällig gravierter Knochenartefakte, darunter das Spaltstück eines Elefantenschienbeins mit fächerartig angeordneten Schnittreihen, die den Forscher eine ausgewogene symmetrische Komposition vermuten ließen (Abb. 76). Obgleich bereits zu Beginn der achtziger Jahre auf deutsch publiziert, begannen diese Artefakte erst 1988 eine Rolle in der internationalen Diskussion zu spielen, als Mania zusammen mit seiner Frau Ursula auf Einladung Bednariks vier der gravierten Artefakte mit detaillierten Zeichnungen und Fotos in der australischen Fachzeitschrift »*Rock Art Research*« vorstellte, wo sie von mehreren australischen, amerikanischen und britischen Fachleuten kommentiert wurden.

Keiner dieser Kommentatoren zweifelte daran, daß die Linien tatsächlich von frühen Menschen mit Steingeräten eingeritzt wurden – schwieriger zu beurteilen schien einigen hingegen, ob dies nicht auch zufällig bei der Arbeit geschehen sein könnte, beispielsweise beim Herausschneiden von Riemen aus Tierhäuten mit den Knochen als Unterlage. Einzelne Schnittfolgen auf Artefakten des französischen Moustérien werden in der Tat auf diese Weise erklärt, doch erscheint eine solche Deutung im Falle der Bilzingslebener Stücke schon aus praktischen Gründen eher unwahrscheinlich. Zwei der Artefakte wären nämlich aufgrund ihrer geringen Größe kaum als Schneideunterlagen geeignet, wie Bednarik zutreffend feststellte, und auch die Ritzlinien des großen Elefantenschienbeins befinden sich keineswegs auf der breiten und glatten Oberseite des Knochens, sondern auf der schmalen und kaum als Arbeitsfläche geeigneten Längskante. Die Schnittlinien eines vierten Artefakts wiederum sind jeweils aus drei einzelnen »Teilschnitten« zusammengesetzt (Abb. 76), was bei zufälligen Arbeitsspuren ebenfalls nur schwer erklärbar wäre. Alles spricht demnach dafür, daß es sich tatsächlich um sorgfältig angebrachte Ritzungen handelt, um echte »Gravierungen« also.

Bedeutungstragende Ritzsequenzen?

Interessanterweise sind nun ganz ähnliche Linienfolgen in großer Zahl auch von Knochenartefakten der jüngeren Altsteinzeit her bekannt (Abb. 74). In den letzten hundert Jahren haben sich die Fachleute immer wieder den Kopf darüber zerbrochen, was der Sinn dieser linearen Sequenzen aus dem Jungpaläolithikum gewesen sein könnte, ohne daß man auf diese Frage bis heute eine wirklich überzeugende Antwort gefunden hätte. Anfänglich dachte man entweder an eine reine Schmuckfunktion oder aber an »Zählmarken«, mit denen die Eiszeitjäger beispielsweise die Menge der von ihnen erlegten Tiere festgehalten hätten; in jüngerer Zeit entwickelte Marshack demgegenüber die Theorie, die Marken hätten »zeitliche« Notierungen über die Mondphasen und den Jahresverlauf enthalten und somit als eine Art steinzeitlicher »Kalender« gedient. Ich bin auf diese unterschiedlichen Deutungen an anderer Stelle ausführlich eingegangen[22] – im vorliegenden Zusammenhang ist wesentlich, daß kaum ein Forscher am bedeutungs- und sinntragenden Charakter dieser jungpaläolithischen Markierungen zweifelt.

Betrachtet man die Gravierungen von Bilzingsleben vor dem Hintergrund dieser fast 300 000 Jahre jüngeren Artefakte, so erscheint es nicht ausgeschlossen, daß auch sie bereits eine »semantische« (sinntragende) Funktion erfüllt haben könnten. »Sie müssen irgendeine Bedeutung ge-

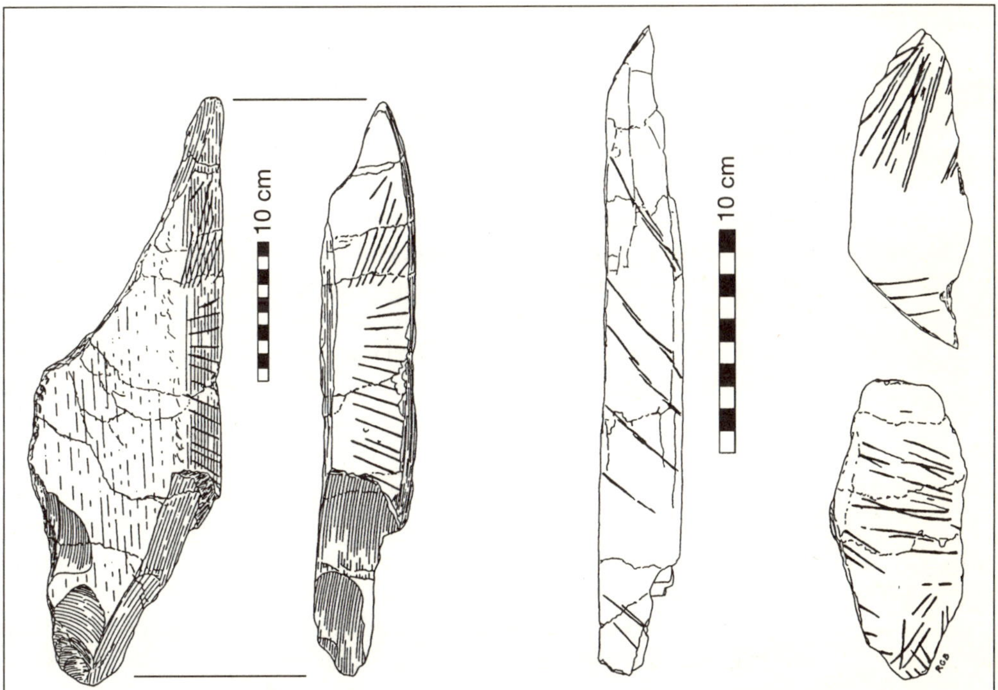

Abb. 76
Vier Knochenartefakte (das linke Objekt in Aufsicht und Seitenansicht) mit künstlichen Ritzungen und Gravierungen aus Bilzingsleben in Thüringen (über 300 000 Jahre alt; Zeichnung: Robert G. Bednarik)

habt haben«, schrieben die Manias in ihrem Aufsatz für »*Rock Art Research*«, »sei sie kommunikativer, mnemonischer (gedächtnisstützender, MK) oder anderer Art.« Es lasse sich daher aus ihnen auch erschließen, »daß der Homo erectus die Fähigkeit zum abstrakten Denken erlangt hatte« und daß er »bereits eine einfache Konzeption von der Welt« besaß. Und da nicht zuletzt »verbale Verständigung eine Voraussetzung für die Schaffung absichtsvoller Markierungen« sei, die »Information irgendeiner Art« vermittelten, wiesen die Bilzingslebener Ritzungen auch auf das Vorhandensein der Sprache beim Homo erectus hin.[23]

Diese Schlußfolgerungen gingen den meisten der australischen, britischen und amerikanischen Kommentatoren des Aufsatzes, unter denen sich auch prominente Vertreter der Theorie vom »kulturlosen Frühmenschen« (vgl. S. 279) befanden, indes entschieden zu weit. Sie stimmten zu, daß die Gravierungen offenbar absichtlich und ohne erkennbaren praktischen Grund an den Knochen angebracht worden waren – doch alle weitergehenden Schlüsse sahen die meisten von ihnen als überzogen an. »Die Marken bezeugen einen Sinn für Rhythmus und Symmetrie«, schrieb etwa der amerikanische Forscher John Halverson,

> »aber ich sehe nicht, wie wir viel mehr als das aus ihnen folgern können. (...) Rhythmische Aktivität und sich wiederholendes Handeln sind tatsächlich universelle tierische Merkmale: sie müssen nicht achtsam, zielgerichtet oder auch nur bewußt ausgeführt werden.«[24]

Whitney Davis aus den USA sprach sich ebenfalls dafür aus, die Einritzungen nicht als bedeutungstragend, sondern als »selbstgenügsam« zu betrachten, und wies darauf hin, daß auch Menschenaffen dazu in der Lage seien, »Linien in rhythmischer Form (zu) wiederholen« und »fächerartige Muster« hervorzubringen.[25] Und der australische Prähistoriker Iain Davidson kritisierte, die Ausführungen der Manias wollten den Leser »für die Möglichkeit erweichen«, daß die Bewohner des Bilzingslebener Lagerplatzes »Menschen, nicht Hominiden waren«, und somit eine Atmosphäre schaffen, die »die Annahme geplanten Handelns« bei diesen Wesen nahelege.[26]

Als Kritzeleien unterschätzt

Da war er also wieder, der »minimalistische« Ansatz, der Geist der »Neuen Archäologie« (vgl. Kap. 5, 7 und 8). Die Kritiker mögen mit vielen ihrer Einwände und Überlegungen Recht gehabt haben, denn es ist tatsächlich ohne weiteres denkbar, daß die Bilzingslebener Gravierungen in erster Linie motorischen oder visuellen Impulsen entsprangen, daß sie die Ecken und Kanten der Knochenartefakte nachempfanden, wie Bednarik in seinem Kommentar vermutete, oder daß sie den Kritzeleien entsprachen, die wir heutzutage bei Telefongesprächen und langen Sitzungen zu Papier zu bringen pflegen. Sie hätten in diesem Fall tatsächlich keinen tieferen »Sinn« gehabt, und doch wären sie – im Gegensatz zur Meinung der zitierten Kommentatoren – einer spezifisch *menschlichen* Eigenart beziehungsweise Gewohnheit entsprungen, die zweifellos auch eine der Ursprungsquellen der Kunst war. Denn die erwähnten Kritzeleien und Gemälde heutiger Menschenaffen entstanden ausschließlich bei Laborversuchen unter menschlicher Anregung und Hilfe; kein Affe und auch kein anderes Tier ist jemals in freier Wildbahn auf die Idee gekommen, zu zeichnen oder gar zu malen – mit Ausnahme eben unserer Vorfahren. Die zitierten Kommentare unterschätzten daher in fundamentaler Weise die Bedeutung der ersten graphischen Zeugnisse der Menschheit und reihten sich ein in die immer neuen Versuche, die frühmenschlichen Fähigkeiten und Leistungen herunterzuspielen.

Dietrich und Ursula Mania hoben demgegenüber zu Recht die kulturelle Dimension der Bilzingslebener Gravierungen hervor. »Kleinkinder und Menschenaffen«, so schrieben sie,

> »sind in der Lage, (...) Linien und Ritzmuster zu erzeugen. Aber sie haben keine Kultur, (...) wie sie zu verfertigen der Homo erectus von Bilzingsleben bereits imstande war. Diese Kultur fand ihren Ausdruck in den einfachen Wohnbauten (vgl. Kap. 5, MK), in der Nutzung des Feuers, der gezielten Werkzeugherstellung und (...) in gewissen Formvorstellungen. Deshalb müssen die Ritzmuster, die er auf den vier Knochenartefakten hinterlassen hat, auch anders bewertet werden als jene von Kleinkindern und Affen.«

Sie wiesen außerdem auf schwer erklärbare Widersprüche mit anderen Leistungen des Homo erectus hin, die sich bei Annahme einer »planlosen« Einritzung der Bilzingslebener Gravierungen ergeben:

> »Einerseits waren diese Menschen in der Lage, mit Überlegung ganz gezielt den Schaft eines Langknochens vom Elefanten längs zu spalten, indem sie in einer geradlinigen Reihenfolge einen Keil aufsetzten und einschlugen, andererseits sollen sie bei dem Einritzen regelmäßiger Strichfolgen auf so harter Unterlage, wie Knochen es sind, sich nichts gedacht haben.«[27]

Geometrische Muster und Motive

Der absichtsvolle und »bewußte« Charakter der Gravierungen wird auch durch andere, erst später veröffentlichte Ritzmotive unterstrichen, die in Bilzingsleben zutage kamen. Auf einem Elfenbeinartefakt entdeckte man beispielsweise einen drei Zentimeter großen doppelten Halbkreisbogen, auf einer Quarzitplatte ein mehrmals nachkorrigiertes D-förmiges Motiv, und auf dem Fußwurzelknochen eines Elefanten eine relativ komplexe geometrische Komposition aus zwei ineinander verschachtelten Rechtecken (Abb. 77). Der Erstbearbeiter der Bilzingslebener Gravierungen,

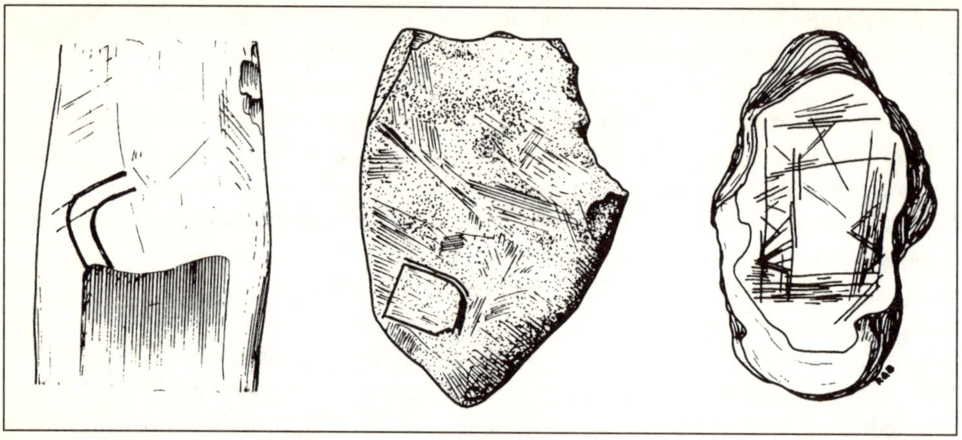

Abb. 77 Bogenförmige und geometrische Einritzungen auf Elfenbein-, Stein- und Knochenobjekten aus Bilzingsleben in Thüringen (über 300 000 Jahre alt; Zeichnung: Robert G. Bednarik)

der Prähistoriker Günter Behm-Blancke, glaubte auf einem Knochen sogar die stilisierte Darstellung eines Löwen erkennen zu können, doch hat der Ausgräber Mania diese Deutung ins Reich der Phantasie verwiesen.

Ähnlich »komplexe« Ritzmotive sind auch von anderen Fundstätten des Alt- und Mittelpaläolithikums bekannt. In einer über 200 000 Jahre alten Acheuléen-Schicht der Höhle Pech de l'Azé in Frankreich wurde ein Rinderknochen mit einer möglicherweise vom frühen Menschen eingravierten mäanderartigen Ritzung gefunden, aus dem Moustérien des Abri Tagliente in Italien stammt ein Knochenfragment mit einem eingeritzten Doppelhalbkreis, und aus 44 000 Jahre alten Schichten von Bacho Kiro in Bulgarien ein beinernes Fundstück mit einem eingravierten Zickzackmotiv; auf dem Neandertalerfriedhof von La Ferrassie in der Dordogne schließlich war eine Kinderbestattung mit einer Kalksteinplatte bedeckt, die an die 20 näpfchenartige, größtenteils paarweise angeordnete Vertiefungen aufwies (Abb. 78).

Der neueste in diesem Zusammenhang bedeutsame Fund wurde 1996 aus dem Nahen Osten gemeldet: an der 54 000 Jahre alten Fundstätte Quneitra auf den Golanhöhen entdeckte man ein Stück Feuersteinrinde, in das vier übereinanderliegende Halbkreise und eine größere Zahl weiterer Ritzlinien eingraviert sind (Abb. 79). Die Komposition könnte nach dem Urteil Alexander Marshacks einen Regenbogen inmitten einer Regenlandschaft darstellen, ließe sich aber ebensogut auch anders deuten, beispielsweise als stilisierte Abbildung eines Höhlenraumes. Träfe eine dieser Interpretationen zu, so würde es sich um die bislang älteste »darstellende« Gravierung der Welt handeln, denn die anderen graphischen Zeugnisse aus dem Alt- und Mittelpaläolithikum waren ja durchweg abstrakter und linearer Natur.

Die unbekannten Ursprünge der Höhlenmalerei

Zum Abschluß unserer Betrachtung wollen wir uns der Felskunst zuwenden, deren Anfänge durch die überraschend, ja geradezu »schockierend« frühe Datierung der Grotte Chauvet (vgl. Kap. 9) wieder völlig neu in die Diskussion gekommen sind. Nur ein kleiner Teil der westeuropäischen Höhlenmalereien ist durch Radiokarbondaten oder Verknüpfungen mit archäologischen Fundschichten (vgl. Kap. 9) wirklich zuverlässig datiert; die meisten Altersschätzungen beruhen auf den von Breuil und Leroi-Gourhan entwickelten stilistischen Kriterien, deren Brauchbarkeit durch die Befunde der Grotte Chauvet grundsätzlich in Frage gestellt worden ist. Die Entdeckung der Höhle Ende 1994 markiert daher auch in dieser Hinsicht einen Neuanfang, und viele Forscher sind angesichts der Perfektion der 32 000 Jahre alten Tierbilder von der traditionellen Annahme abgerückt, die Wandkunst sei erst zwei- bis dreitausend Jahre früher aufgekommen, am Beginn des Jungpaläolithikums vor rund 35 000 Jahren. Die Debatte um mögliche ältere Vorläufer und Ursprünge ist mittlerweile in vollem Gange, und dabei zeichnen sich zwei unterschiedliche Denkansätze ab.

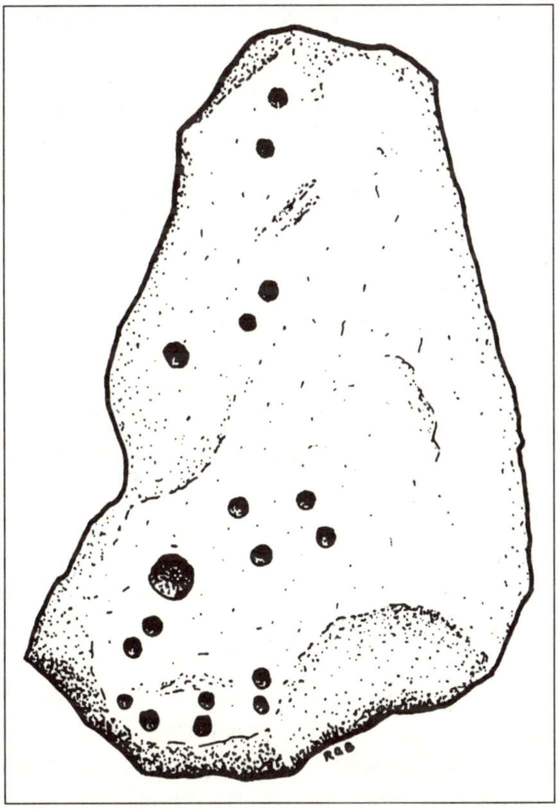

Abb. 78
Kalksteinplatte mit paarweise angeordneten näpfchenartigen Eintiefungen aus einem Neandertalergrab von La Ferrassie in Frankreich (über 40 000 Jahre alt; Zeichnung: Robert G. Bednarik)

Abb. 79
Ritzkomposition auf einem Stück Feuersteinrinde von Quneitra auf den Golanhöhen (ca. 54 000 Jahre alt; Zeichnung: Alexander Marshack)

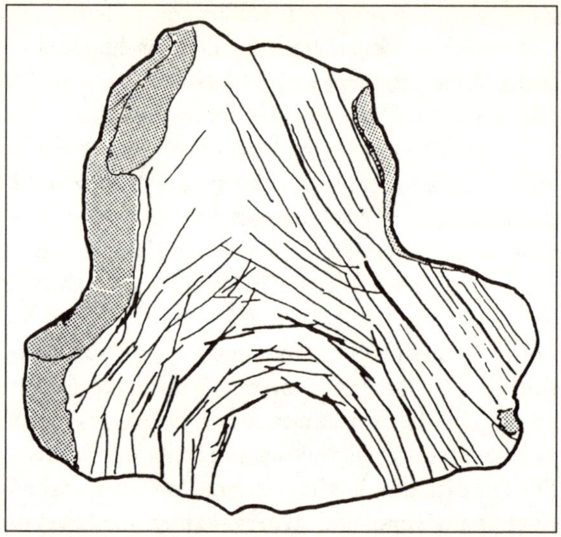

Die Anhänger der »Big Bang«- und der »Out of Africa«-Theorie halten an der unbedingten Verknüpfung der Kunst mit dem Homo sapiens sapiens fest (vgl. S. 285). Sie vermuten, der frühmoderne Mensch habe seine künstlerischen Fähigkeiten bereits in seiner afrikanischen Urheimat entwickelt und von dort aus über die Zwischenstation des Nahen Ostens nach Europa mitgebracht, so daß er hier von Anfang an voll ausgereifte Werke schaffen konnte. Diese Hypothese klingt plausibel, kann sich freilich bislang auf keinerlei konkrete Belege stützen, denn aus Afrika sind entsprechend alte Zeichnungen oder Malereien nicht bekannt (die frühesten dortigen Kunstwerke sind etwa 27 000 Jahre alte Tierbilder auf Steinplatten aus der Apollo-11-Höhle in Namibia), und im Vorderen Orient fehlt eine entwickelte Kunst bis zum Ende der Eiszeit fast völlig.

Andere Forscher halten es daher ebensogut für möglich, daß die europäische Höhlenmalerei einheimische Wurzeln hatte, daß ihre Tradition also bis zu den Neandertalern zurückreicht. Auch diese Hypothese kann sich allerdings kaum auf konkretes Material stützen, denn einige Kalksteinbrocken mit verschwommenen braunen Farbflecken, die zu Beginn des Jahrhunderts in den Moustérienschichten von La Ferrassie gefunden wurden, und ein Steinblock mit braunen, bläulichen und schwarzen Farbspuren aus dem Moustérien der namengebenden Höhle Le Moustier in Frankreich sind bis heute die einzigen und zudem unsicheren Indizien für eine Malkunst der Neandertaler geblieben. Der Ausgräber M. D. Peyrony glaubte in dem Fund von Le Moustier 1921 zwar »eine aus Flecken und unregelmäßigen Bändern zusammengesetzte Zeichnung« erkennen zu können, den ersten Beleg einer noch unbekannten Moustérienkunst, »die uns von einem Tag zum anderen enthüllt werden könnte«.[28] Doch diese Hoffnung hat sich bis zum heutigen Tag nicht erfüllt, was letztlich wenig besagt – auch aus den jungpaläolithischen Höhlenfundstätten Mitteleuropas liegen wie erwähnt bisher nur einige wenige gefärbte oder gravierte Felsbrocken vor, und doch gehen immer mehr Experten davon aus, daß es dort eine Wandkunst ähnlich derjenigen Westeuropas gegeben haben muß (vgl. S. 284/285).

Felskunst in Australien schon vor 70 000 Jahren?

Der Ursprung der europäischen Höhlenmalerei bleibt also vorläufig im dunkeln, gesichert scheint jedoch, daß er in sehr viel älterer Zeit zu suchen sein dürfte, als man dies noch vor kurzem annahm. Und ein immer höheres Alter wird auch der Felskunst einer ganz anderen Region unserer Erde zugeschrieben, Australiens nämlich, das sich in den letzten Jahren zu einem regelrechten »Wunderland« der Altsteinzeitforschung entwickelt hat. Die menschliche Besiedlung dieses Kontinents setzte wie erwähnt sehr viel später ein als die Afrikas und Eurasiens (vgl. Kap. 3), weil Australien schon seit Jahrmillionen durch eine über 70 Kilometer breite Wasserstraße vom asiatischen Festland abgetrennt ist. Diese natürliche Barriere verhinderte die Einwanderung neuer Tierarten und lange Zeit auch die des Menschen. Bis vor wenigen Jahrzehnten blieb unklar, ob unsere Vorfahren dieses Hindernis überhaupt schon während des Eiszeitalters überwunden hatten, und erst in den siebziger Jahren konnten einige der über 100 000 Felskunststätten Australiens als eindeutig altsteinzeitlich, das heißt älter als 10 000 Jahre, bestimmt werden. Seither sind die Daten für die Felsbilder und für die Besiedlung des Fünften Kontinents aber immer weiter nach unten gerutscht, und in den letzten Jahren haben sie ein unerwartet, ja sensationell hohes Alter erreicht.

Zu Beginn der neunziger Jahre datierten Forscher chemische Ablagerungen, die sich auf gravierten Felsbildern (Petroglyphen) in der Olary-Region im Süden Australiens gebildet hatten, mit naturwissenschaftlichen Verfahren auf ein Alter von bis zu 40 000 Jahren – die Bilder wären damit rund 8000 Jahre älter als die Gemälde der Grotte Chauvet, der frühesten Bilderhöhle Europas (vgl. Kap. 9). Ebenfalls mindestens 40 000 Jahre alt ist laut C 14-Analysen eine archäologische Fundschicht in einem nordaustralischen Felsschutzdach, die einen rot gefärbten Kalksteinbrocken enthielt; er brach vermutlich zur Zeit der Schichtbildung von der Decke des Abris ab und könnte ein Hinweis darauf sein, daß sie bemalt war. Wenn dem so wäre, läge hier die bislang älteste »farbige« Felskunst der Welt vor. Am nördlichsten Ende des Kontinents schließlich, in Arnhem Land, ermittelte man Altersdaten von

Abb. 80 Ausgrabungen unter einem der Steinblöcke von Jinmium in Australien, die vielleicht die älteste untersuchte Felskunst der Welt tragen

bis zu 60 000 Jahren für zwei Fundstätten, an denen sich Rötelstücke mit Gebrauchsspuren – darunter ein 1 Kilogramm schwerer Farbbrocken – als Hinweis auf künstlerische oder andere »symbolische« Aktivitäten fanden (vgl. S. 286/287).

Der größte »Knüller« aber wurde im September 1996 bekannt. »Es war das archäologische Gegenstück zur Entdeckung von Leben auf dem Mars«, staunte die angesehene amerikanische Wissenschaftszeitschrift »*Science*« und schrieb: »Vor zwei Wochen kam aus dem nordaustralischen Hinterland eine Meldung, die die wichtigste archäologische Nachricht seit Jahrzehnten sein könnte.«[29] Auch in Presse und Fernsehen war weltweit von einer epochemachenden Entdeckung die Rede; Schlagzeilen verkündeten die Auffindung eines »Stonehenge der Vorzeit«, und Zeitungen versicherten ihrer Leserschaft, die Kulturgeschichte des Menschen müsse neu geschrieben werden. Was war geschehen?

Seit 1992 hatte ein Forscherteam um den australischen Archäologen Richard Fullagar in Zusammenarbeit mit örtlichen Ureinwohnern Ausgrabungen an einer Jinmium genannten Fundstätte im Norden Australiens durchgeführt. Dort stehen mehrere gewaltige Sandsteinblöcke in der Landschaft (Abb. 80), und am Fuße eines dieser Blöcke legten die Archäologen paläolithische Fundschichten frei, deren früheste nach naturwissenschaftlichen Datierungen zwischen 116 000 und 176 000 Jahre alt sein sollen. Der untersuchte Steinblock ist überdies mit mehr als 3000 kleinen, künstlich eingemeißelten Näpfchen, sogenannten »Kupulen« (von lat. cupula = »Becher«) übersät (Abb. 81), die Muster und Formen bilden, darunter das Bild eines Känguruhs. Am Fuß des Sandsteinblocks

Abb. 81
Die Hand eines australischen Ureinwohners auf den näpfchenartigen Eintiefungen (»Kupulen«), mit denen die Stein-blöcke von Jinmium übersät sind

waren diese Näpfchen stellenweise von einer Fundschicht bedeckt, für die Altersdaten zwischen 50 000 und 75 000 Jahren ermittelt wurden; da die Eintiefungen älter sein müssen als die sie überlagernde Schicht, wären sie demnach vor über 50 000, vielleicht sogar über 75 000 Jahren entstanden. Ein ähnlich hohes Alter wurde für ein gleichfalls mit Näpfchen verziertes Wandfragment ermittelt, das von dem Sandsteinblock abgebrochen war: Es fand sich in einer auf 58 000 bis 75 000 Jahre datierten Schicht, müßte selbst also mindestens ebenso alt, wenn nicht älter sein.

Jinmium und die »Out of Africa«-Theorie

Diese Ergebnisse sind in der Tat sensationell und von äußerster Brisanz, denn sie widersprechen gleich zwei der heute in der Urgeschichtsforschung tonangebenden Theorien. Nach dem »Out of Africa«-Modell war Australien vor 75 000 Jahren noch gar nicht vom Menschen besiedelt, geschweige denn vor 116 000 oder gar 176 000 Jahren, als der Homo sapiens sapiens – dem allein die Anhänger dieses Modells die Überquerung von 70 Kilometer Wasserstraße zutrauen – sich gerade erst in Afrika herauszubilden begann (vgl. Kap. 4). Und nach dem »Big Bang«-Modell der Kulturentstehung hätte er zu dieser frühen Zeit erst recht keine Felsen verzieren können, denn Kunst entstand diesem Szenario zufolge ja erst in den letzten 40 000 Jahren als Resultat einer tiefgreifenden kognitiven und kulturellen Umwälzung, der »jungpaläolithischen Revolution« (vgl. S. 277). Die Anerkennung auch nur eines einzigen älteren Kunstwerks wäre für die Anhänger dieses Modells gefährlich, denn sie würde das Prinzip durchbrechen und den Gedanken nahelegen, daß es noch weitere ähnliche Zeugnisse gegeben haben muß, die uns nur aus irgendwelchen Gründen nicht überliefert sind (vgl. S. 282).

Zwei Auswege aus dem Dilemma böten sich an, doch beide würden schwerwiegende Korrekturen an den Grundannahmen der genannten Theorien erforderlich machen. Zum einen wäre es möglich, den im »Out of Africa«-Szenario angenommenen Siegeszug des frühmodernen Menschen über die ganze Welt (vgl. Kap. 4) um mehrere zehntausend Jahre »vorzuverlegen«, so daß Evas Enkel schon vor 80 000, 120 000 oder 180 000 Jahren Australien erreicht hätten und nicht erst vor 50 000 bis 60 000 Jahren, wie bisher vermutet (vgl. Kap. 3 und 4). Freilich müßte dann, um keine unrealistische Ausbreitungsgeschwindigkeit zu unterstellen, auch die Auswanderung aus Afrika und die Herausbildung des Homo sapiens sapiens auf dem Schwarzen Kontinent beträchtlich früher angesetzt werden, und das ließe sich nur schwer mit den genetischen und paläanthropologischen Ergebnissen in Einklang bringen, die die Wortführer der »Out of Africa«-Theorie bis heute so selbstsicher verkünden (vgl. Kap. 4).

Der andere (und sicher realistischere) Denkansatz liefe darauf hinaus, die Befunde von Jinmium nicht mit dem Homo sapiens sapiens, sondern mit einer anderen, älteren Menschenform in Verbindung zu bringen. Dann allerdings hätten diese Altmenschen bereits über erhebliche Kreativität und beträchtlichen Kunstsinn verfügt und wären überdies in der Lage gewesen, die technisch schwierige Überfahrt zum Fünften Kontinent (möglicherweise auf Flößen aus dem in Asien weitverbreiteten Bambusholz) erfolgreich zu meistern; das aber würde alles ad absurdum führen, was die Anhänger der »Big Bang«-Theorie in den letzten zehn Jahren über die angeblich mangelnde Planungsfähigkeit und Kreativität der vormodernen Menschen geschrieben haben (vgl. S. 278/279).

Die Konsequenzen aus den Entdeckungen von Jinmium wären also ganz erheblich, wenn – ja wenn sich die Altersdaten des Fundplatzes tatsächlich als zutreffend erweisen würden. Doch eben diese Daten werden von vielen Experten, darunter auch Gegnern des »Out of Africa«-Szenarios, in Zweifel gezogen – vor allem deshalb, weil das naturwissenschaftliche Verfahren, mit dem sie ermittelt wurden (die sogenannte Thermolumineszenzdatierung quarzhaltigen Sandes), vergleichsweise jung und für Fehler anfällig ist. »Unsere Ergebnisse müssen mit Vorsicht behandelt werden«, betonen auch die Ausgräber selbst[30] und wollen die gewonnenen Altersansätze baldmöglichst mit einer anderen naturwissenschaftlichen Datierungsmethode kontrollieren lassen. Bis dies geschehen ist, liegt die Diskussion über Jinmium gewissermaßen »auf Eis« und müssen alle oben skizzierten Überlegungen mit einem großen Fragezeichen versehen werden.

Abb. 82
In den Fels eingemeißelte kreisrunde Eintiefung (»Kupule«) in der Auditorium-Höhle in Indien (mehrere hunderttausend Jahre alt; Foto: Robert G. Bednarik)

Neue Entdeckungen und offene Fragen

Auch unabhängig von der Einschätzung Jinmiums ist das letzte Wort über die angerissenen Fragen aber noch keineswegs gesprochen. Paläobiologen sind bei der Analyse australischer Blütenstaubprofile nämlich schon seit längerem immer wieder auf einen dramatischen Wandel der Vegetation und eine beträchtliche Zunahme von Holzkohlepartikeln in der Zeit vor etwa 125 000 Jahren gestoßen, und sie neigen dazu, diese Veränderungen auf das Auftauchen des Menschen und von ihm gelegte Feuer zurückzuführen – im Widerspruch zu den traditionellen Annahmen der Archäologen. Auf der zwischen Australien und Java gelegenen Insel Flores wiederum entdeckten holländische und indonesische Forscher zu Beginn der neunziger Jahre Fundschichten mit frühen Steingeräten, die sie mit Hilfe paläomagnetischer Messungen auf ein Alter von mehreren hunderttausend Jahren datierten. Da allgemein angenommen wird, daß Flores – ebenso wie Australien – durchs Wasser von dem bereits früher besiedelten Java (vgl. Kap. 3) und vom asiatischen Festland abgetrennt war, könnten diese frühen Siedlungsspuren belegen, daß Fahrten übers offene Meer sogar schon vom Homo erectus unternommen wurden.

Zu guter Letzt hat Robert G. Bednarik vor wenigen Jahren aus Asien, von wo aus Indonesien und Australien kolonisiert wurden, die Entdeckung einiger Petroglyphen gemeldet, deren Alter das für die Näpfchen von Jinmium vermutete noch um ein Vielfaches übertrifft. Sie kamen in der Auditorium-Höhle nahe Bhopal in Indien zutage, und einmal mehr handelte es sich um in den Fels gemeißelte runde Vertiefungen (Abb. 82), zu denen hier noch eine Schlangenlinie hinzukam. Diese Linie und eine der »Kupulen« waren von einer Fundschicht mit Acheuléen-Geräten überlagert, so daß sie mehrere hunderttausend Jahre alt sein müssen und damit »die älteste bekannte Felskunst der Welt« darstellen, wie Bednarik betont.[31] Man wäre versucht, aus diesem Befund (und seiner Ähnlichkeit mit demjenigen von Jinmium) zu schließen, daß solche Näpfchen die »Keimzelle« der Felskunst bildeten, doch lassen zahlreiche Farbstoffbrocken aus anderen Acheuléen-Fundstätten Indiens (darunter ein Exemplar aus Hunsgi mit deutlichen Abriebspuren) es als möglich erscheinen, daß zur gleichen Zeit auch bereits auf Fels gemalt wurde (vgl. S. 286).

Das Heraufdämmern einer frühesten Kunstepoche

Es sind also bereits eine ganze Anzahl von Funden bekannt, die auf ein ästhetisches beziehungsweise künstlerisches Empfinden und Handeln des frühen Menschen schließen lassen, und man tut angesichts dieses Materials gut daran, sich vor allzu pauschalen Behauptungen über das Fehlen der Kunst im älteren Paläolithikum zu hüten. Bednarik schrieb 1988, noch vor der Entdeckung der Grotte Chauvet:

> »Der allem Anschein nach von den meisten Forschern geteilte Glaube, daß die Kunst ganz plötzlich mit einem ›großen Knall‹ zu Beginn des Jungpaläolithikums ihren Anfang nahm, hat keine logische oder faktische Grundlage. Die mit der ersten darstellenden Kunst in Europa gleichzeitigen Plastiken (vgl. Kap. 9, MK) sind so außerordentlich entwickelt, daß sie nur das Ergebnis einer langen Tradition sein können, die Figur von Berekhat Ram (vgl. S. 297/298, MK) ist über 233 000 Jahre alt, und der Gedanke, daß ein in kognitiver Hinsicht ungeschulter Neophyte in Westeuropa plötzlich damit begann, Kunst zu produzieren, mag zwar französischem Patriotismus schmeicheln, ist aber absurd.«[32]

»Wissen wir wirklich genug über die Hominiden des Mittleren Pleistozäns«, so fragte der Forscher 1989 anläßlich der Diskussion über die gravierten Artefakte von Bilzingsleben (vgl. S. 300 ff.), »um vorgefaßten Modellen darüber zu huldigen, was die Daten aussagen sollten, und jede Abweichung, auf die wir stoßen, hinwegzudiskutieren? Ich bezweifle es.« Und er warnte allzu hartnäckige Skeptiker mit dem Hinweis:

> »Die Philosophie, (...) daß etwas nicht sein kann, weil es dem derzeit gängigen Forschungsparadigma widerspricht, führt ganz offensichtlich zu einem übermäßigen Konservatismus in der Wissenschaft; wie Bertrand Russell einst schrieb, ist es ›unwissenschaftlich, irgendeine Möglichkeit von vornherein auszuschließen‹, und für alles muß es ein ›erstes Mal‹ geben, wie Virchow, Cartailhac und Scharen von Archäologen erkennen mußten.«[33]

Vielleicht werden genauere Untersuchungen des Gesteinsbrockens von Berekhat Ram oder der Petroglyphen von Jinmium ergeben, daß dieses »erste Mal« im Hinblick auf die Entdeckung einer älterpaläolithischen Kunst bereits stattgefunden hat. Doch selbst wenn dem nicht so wäre, nährt das Material, das wir in diesem Kapitel kennengelernt haben, doch die Hoffnung, daß mit dem Fortschreiten der Forschungen (nicht zuletzt in der sogenannten »Dritten Welt«) andere, eindeutige Kunstwerke aus dem Morgenrot der Menschheit ans Tageslicht kommen könnten – aus einer Zeit, die immerhin bis zu zehnmal so weit zurückliegt wie der Beginn des Jungpaläolithikums. Die letzten Jahre waren in dieser Hinsicht bereits sehr ereignisreich und spannend – die nächsten könnten noch um einiges spannender und ertragreicher werden.

11. Kapitel

Frühe Religion und moderne Fiktion

Noch bis vor wenigen Jahrzehnten sah man in der Religiosität einen ebenso elementaren Charakterzug des Menschen wie in seiner technischen Begabung oder seinem Sinn für Ästhetik und Kunst. Heute erscheint uns eine solche Gleichsetzung keineswegs mehr selbstverständlich, denn in unserer eigenen Kultur spielt die Religion bei weitem nicht mehr die bedeutsame Rolle von einst, und kaum ein Wissenschaftler wird heute noch ernsthaft behaupten, es könne kein Menschsein ohne Religion geben. Doch läßt sich religiöses Denken und Handeln dort, wo es auftritt, mit Sicherheit als spezifisch menschlich kennzeichnen, konnte die Verhaltensforschung doch nirdends sonst im Tierreich irgendein vergleichbares Verhalten beobachten. Damit aber ist die Religion in ganz ähnlicher Weise wie die Kunst als Kriterium zur Erfassung der »geistigen Menschwerdung« unserer Urahnen geeignet: Aus ihrem Fehlen lassen sich keinerlei grundsätzliche Schlüsse ziehen; ihr Vorhandensein beweist hingegen positiv, daß die Schwelle zum humanen Denken und Empfinden bereits überschritten wurde (vgl. Kap. 10).

Nachweise frühmenschlicher Religiosität lassen sich indes noch weit schwerer beibringen als solche der urgeschichtlichen Kunst. Dies beginnt schon mit Definitionsproblemen, denn was ist Religiosität oder allgemeiner gesagt Spiritualität, anhand welcher Merkmale läßt sie sich zuverlässig identifizieren? Über diese Fragen sind sich Religionswissenschaftler und Völkerkundler selbst im Hinblick auf die aus erster Hand studierbaren Glaubenssysteme der Neuzeit nicht einig; um so schwieriger sind sie für Kulturen zu beantworten, die seit Zehntausenden oder Hunderttausenden von Jahren verflossen sind und aus denen keinerlei Glaubensvorstellungen oder lebendige Rituale überliefert sind, sondern bestenfalls die materiellen Hilfsmittel und Objekte kultischer Gebräuche – und selbst diese nur in sehr unvollständiger und lückenhafter Form!

Wenige Requisiten auf leerer Bühne

Kein anderer Forscher hat diese Probleme klarer auf den Punkt gebracht als der uns aus den letzten Kapiteln bereits bekannte französische Prähistoriker André Leroi-Gourhan. In einem 1964 erschienenen Buch mit dem Titel »Die Religionen der Vorgeschichte« schrieb er:

»Die Menschen der Vorzeit haben uns nur verstümmelte Nachrichten hinterlassen. Am Ende eines langen Rituals, bei dem sie eine gebratene Bisonleber auf einer mit Ocker bemalten Rindenschale darboten, mögen sie irgendeinen Stein auf dem Boden niedergelegt haben. Die Gesten, die Worte, die Leber und die Schale sind verschwunden; und kommt uns kein Wunder zu Hilfe, so können wir den Stein nicht von den übrigen Steinen in seiner Umgebung unterscheiden.«[1]

Von der paläolithischen Religion ist nach den Worten des Forschers also gleichsam nur

»(das) Dekor auf uns gekommen, Spuren von Handlungen sind äußerst selten und in den meisten Fällen unverständlich. So haben wir nichts als eine leere Bühne vor uns, ganz so, als müßten wir ein Stück, das wir nie gesehen haben, aus ein paar bemalten Kulissen rekonstruieren, auf denen nichts als ein Schloß, ein See und dahinter ein Wald dargestellt wäre.«[2]

Und dies ist wohlgemerkt noch der günstigste Fall, denn religiöse Praktiken, die ganz ohne materielle Hilfsmittel ausgeübt wurden, sind archäologisch überhaupt nicht nachweisbar. »Sollte der Pithecanthropus (Homo erectus, MK) seinen Tag (also) mit einer Hymne an die aufgehende Sonne begonnen haben«, bemerkte Leroi-Gourhan trocken, dann »ist davon jedenfalls nichts übriggeblieben«.[3]

Trotz oder gerade wegen dieser schwierigen Quellenlage hat es an Hinweisen auf angebliche urzeitliche Kulte niemals gefehlt. Viele von ihnen erwiesen sich jedoch nachträglich als Falschmeldungen oder als moderne Konstrukte auf der Basis mißverstandener Befunde. In Prähistorikerkreisen kursiert daher der ironische Spruch, jedes Fundensemble, das seine Bestimmung nicht auf den ersten Blick zu erkennen gebe, werde der Einfachheit halber erst einmal als »kultisch« klassifiziert. Mehr noch als in anderen Bereichen ist daher auf dem Gebiet der urgeschichtlichen

Abb. 83
Sogenannter »Zauberer« oder »gehörnter Gott« aus der Höhle Les Trois Frères in Frankreich – das berühmteste Mensch-Tier-Mischwesen der eiszeitlichen Höhlenkunst

Religiosität eine penible Überprüfung und Auslese der Befunde nötig, um »die Spreu vom Weizen zu trennen«, das heißt die vergleichsweise wenigen glaubwürdigen Kultzeugnisse aus der Masse der fragwürdigen Fälle oder eindeutigen Fehlinterpretationen auszusondern.

Ein unheimliches Höhlenbild

Unter den Jägern und Sammlern der Neuzeit waren Tierkulte unterschiedlichster Art weit verbreitet, und so nahm man ähnliche Gebräuche schon seit langem auch für die Altsteinzeit an. Es ist ja in der Tat eine naheliegende Vermutung, daß das geistige Leben von Menschen, die in ihrem materiellen Dasein großenteils von der Jagd abhängig waren (vgl. Kap. 6), sich maßgeblich um die Tiere als wichtigste Lebensgrundlage gedreht haben dürfte. Mit der Entdeckung der Eiszeitkunst und ihrer einfühlsamen Tierdarstellungen (vgl. Kap. 9) bestätigte sich diese Vermutung in eindrucksvoller Weise, doch schien diese Kunst darüber hinaus auch einige ganz konkrete Hinweise auf religiöse Sitten und Gebräuche im Jungpaläolithikum zu liefern.

Neben den reinen Tierdarstellungen entdeckte man nämlich eine Reihe von Höhlenbildern, die merkwürdige Mischwesen aus Mensch und Tier zeigen, und auch einige figürliche Plastiken vergleichbarer Mischwe-

Abb. 84 Büffeltanz der nordamerikanischen Mandan-Indianer (Stich aus dem frühen 19. Jahrhundert)

sen sind heute bekannt. Ihre Körperhaltung und die unteren Körperpartien sind überwiegend menschlich gestaltet; die Köpfe aber weisen eine Schnauze auf, tragen Hörner oder ein Geweih, und auch Tatzen, Hufe oder Schwänze deuten unübersehbar auf das tierische Element hin. In mehreren Fällen handelt es sich um Mischungen von Mensch und Bison, doch auch Vogelmenschen, aufrecht dargestellte Steinböcke und andere phantastische Kompositionen kommen vor.

Die faszinierendste und gleichzeitig bekannteste Darstellung dieser Art ist zweifellos der sogenannte »Zauberer« aus der Höhle Les Trois Frères (»Dreibrüderhöhle«) im französischen Pyrenäengebiet (Abb. 83), der mit Attributen gleich mehrerer Tierarten versehen ist. Herbert Kühn beschrieb diese etwa 13 000 Jahre alte, in die Höhlenwand gravierte und zum Teil ausgemalte Figur folgendermaßen:

»Der Zauberer ist das eigentümlichste Bild der ganzen Höhle. (...) Schrecklich und unheimlich blicken seine großen runden Augen. Er schaut uns gerade an, der Mensch der Eiszeit. Es gibt nur wenige Bilder von solcher Wirkung, solcher Kraft. (...) Ein menschlicher Körper mit Oberschenkel, Knie, Waden, Füßen, tanzend, das eine Bein gerade aufgesetzt, das andere gehoben, beide gebogen im Knie. Der Zauberer im Zaubertanz. Aber er hat kein menschliches Gesicht, er trägt die Maske eines Hirsches mit großem Geweih, dazu hat er einen langen, spitzen Bart, der bis auf die halbe Brust fällt. An den Händen hat er Bärenpfoten, und hinten trägt er den Schwanz eines Wildpferdes. Der Oberkörper ist eingebogen, die Hände sind leicht erhoben und angezogen; so tanzt er, tanzt den Tiertanz und blickt uns dabei an, unverwandt mit seinen großen runden Augen. Unheimlich ist das Bild und packend.«[4]

Als Tier verkleidet

Kühns Beschreibung beinhaltete zugleich eine Interpretation, die sich nicht zuletzt an ethnographischen Vorbildern orientierte. Man weiß nämlich schon seit langem, daß beim kultischen Ritual sibirischer und nordamerikanischer Jägervölker, das auf magische Weise Einfluß auf Naturgeister und überirdische Mächte ausüben sollte (vgl. Kap. 9), Tänze in Tierverkleidung und mit tierischen Symbolen eine wichtige Rolle spielten (Abb. 84). Der deutsche Prähistoriker Leonhard Franz wies in diesem Zusammenhang etwa auf die büffeljagenden Mandan-Indianer im Nordamerika des letzten Jahrhunderts hin, die während eines bestimmten Zeremoniells

»bei Begleitung durch Trommeln und Rasseln sangen und tanzten, wobei sie Felle und Schädel von Büffeln übergezogen hatten und die Bewegungen der Tiere nachahmten. Zwischendurch tat einer der Zuschauer, als ob er mit seinem Bogen auf einen der Büffeltänzer schösse, der dann zu Boden fiel und den Todeskampf des Tieres nachahmte. (...) Auf diese Weise hoffte man den großen Geist, der den Lauf der Herden lenkt, in einem den Jägern günstigen Sinn zu beeinflussen.«[5]

Abb. 85 Trommelnder Schamane der sibirischen Tungusen (Darstellung aus dem frühen 18. Jahrhundert)

Stellten die Figur von Les Trois Frères und die erwähnten anderen Mensch-Tier-Wesen also derartige Maskentänzer bei jagdmagischen Ritualen dar? In der ersten Hälfte unseres Jahrhunderts, als man die eiszeitlichen Höhlenbilder generell als Zeugnisse einer Jagdmagie ansah (vgl. Kap. 9), lag dieser Gedanke natürlich nahe. »Die Jägervölker der ganzen Erde«, schrieb der deutsche Urgeschichtsforscher Richard Rudolf Schmidt 1934,

»glauben an die zauberische Wirkung des mimischen Tanzes, wenn sie das Leben und Treiben ihrer Jagdtiere gebärdenhaft vorführen.« – »Nirgends kann der urlogische Mensch seinen Wünschen leichter Ausdruck geben als im mimischen Tanz, der die ganzheitliche Handlung mit dem Erfolge vorahmend gestaltet.«[6]

Doch seit den sechziger Jahren traute man den Jungpaläolithikern wie erwähnt sehr viel komplexere Vorstellungen und Praktiken zu (vgl. Kap. 9), und so wurde der das Jagdwild imitierende Maskentänzer nun in einen regelrechten Zauberpriester umgedeutet, einen »Schamanen«, wie er von zahlreichen sibirischen und nordamerikanischen Völkerschaften der Neuzeit her gut bekannt ist. Tatsächlich ist die äußere Ähnlichkeit zum Teil verblüffend: Eine oft abgebildete Zeichnung aus dem Jahre 1705 zeigt beispielsweise einen Schamanen der sibirischen Tungusen mit krallenbesetzten Zehen und Fingern (Abb. 85), der in seinem Fellkostüm samt Kapuze mit Hirschgeweih wie ein neuzeitliches Abbild des Mannes aus der Dreibrüderhöhle aussieht.

Séance in Trance

Der Tungusenschamane schlägt auf der Zeichnung die Trommel, und in der Tat bestätigen viele Augenzeugenberichte, daß diese für die nördlichen Zauberer ein nahezu unentbehrliches Instrument war: Ihr dumpfer Klang half ihnen dabei, sich in rituelle Ekstase zu versetzen und sich in Trance auf eine »Seelenreise« zu begeben, in deren Verlauf sie Kontakt mit den Mächten der Ober- und der Unterwelt aufnahmen und Kranke heilten, die Seelen Verstorbener ins Totenreich geleiteten oder den Tierbestand sicherten. Es gibt zahllose Beschreibungen dieses bei den verschiedenen Völkerschaften sehr unterschiedlich gestalteten Rituals, der sogenannten schamanistischen *Séance* (»Sitzung«). Als Beispiel sei hier eine Schilderung des rumänischen Religionswissenschaftlers Mircea Eliade über eine solche Zeremonie bei den Tungusen zitiert. »Am Sitzungsabend legt der Schamane seine Tracht an«, schreibt Eliade,

»schlägt die Trommel, singt und ruft das ›Feuer‹ an, die ›Mutter Erde‹, und die ›Ahnen‹, denen man das Opfer darbringt. Nachdem geräuchert ist, geht man zur Wahrsagung über. Mit geschlossenen Augen wirft der Schamane seinen Trommelschlegel in die Luft; wenn er verkehrt zurückfällt, ist es ein gutes Zeichen. (...)

Abb. 86
Darstellung einer bisonköpfigen Gestalt aus Les Trois Frères, die aufrecht gehend zwei Tieren folgt

Nach diesen Vorkehrungen versammeln sich die Anwesenden im *wigwan* (Zelt, MK). Der Schamane beginnt zu trommeln, zu singen und zu tanzen. Er springt immer höher in die Luft. (...) Er erhitzt sich mehr und mehr, bis er zu Boden fällt – leblos, in Ekstase. Wenn er nicht zu sich kommt, besprengt man ihn dreimal mit Wasser. Nun erhebt er sich und beginnt mit gellender Stimme zu sprechen – Antworten auf gesungene Fragen, die zwei, drei Personen an ihn richten. Der Körper des Schamanen ist jetzt von einem Geist bewohnt und dieser antwortet an seiner Stelle. Der Schamane befindet sich ja in der Unterwelt. Wenn er zurückkommt, begrüßen alle mit Freudenschreien seine Rückkehr aus dem Totenland.«[7]

Beschreibungen wie diese haben weitgehend unsere heutigen Vorstellungen von Religion und Kult der Urzeit geprägt. Doch es besteht ein gewaltiger zeitlicher wie kultureller Abstand zwischen den geheimnisvollen Geweih- und Hörnerträgern auf den Wänden der Eiszeithöhlen und einem durch Augenzeugen verbürgten Ritual wie dem zitierten. Ist es daher überhaupt zulässig, derartige völkerkundliche Beispiele auf die Urgeschichte zu übertragen?

»Gehörnter Gott« oder getarnter Jäger?

Möglich sind, das muß ganz klar gesagt werden, auch andere Deutungen. Die Figur von Les Trois Frères könnte beispielsweise eine mythische Gestalt darstellen, vergleichbar dem *Minotauros* der griechischen Sage, oder ein göttliches Wesen ähnlich dem keltischen Hirschgott *Cernunnos*, der auf antiken Darstellungen stets mit Geweih wiedergegeben ist – in der französischen Forschung spricht man daher auch oft vom »gehörnten Gott von Les Trois Frères«. Selbst profane, nichtreligiöse Erklärungen sind durchaus denkbar, denn Jägervölker hatten nicht selten die Angewohnheit, in Tierverkleidung auf die Jagd zu gehen. Dementsprechend wurde eine zweite Bilddarstellung in der Dreibrüderhöhle auch vielfach

Abb. 87
Nacheiszeitliche Hirschgeweihmaske aus Bedburg-Königshoven im Rheinland (ca. 9700 Jahre alt)

als »Jagdszene« gedeutet, auf der eine menschenartige Gestalt mit Bisonkopf sich von hinten zwei Tieren nähert, von denen eines sich prüfend nach ihr umdreht (Abb. 86). Die aufrechte Körperhaltung dieser Gestalt würde indes schlecht zu einem getarnten Jäger passen, und auch ein bogenförmiger Gegenstand vor ihrem Mund, der zumeist als Flöte oder anderes Musikinstrument gedeutet wird, ließe sich im Zusammenhang einer Jagd nur schwer erklären. Erst recht ergäbe die von mehreren unterschiedlichen Tierarten abgeschaute Körperausstattung des »Zauberers von Les Trois Frères« als rein funktionale Jagdverkleidung kaum einen Sinn, weshalb wohl doch eher von einem kultischen Charakter der Darstellungen ausgegangen werden muß.

Archäologische Hinweise auf Schamanismus

Daß es in der europäischen Vorgeschichte tatsächlich Tierverkleidungen gab, ist durch archäologische Funde gesichert. An mehreren Fundorten in Deutschland und England wurden sorgfältig bearbeitete Schädeldecken und Geweihe vom Hirsch ausgegraben, die mit jeweils zwei oder vier Löchern zum Durchziehen einer Sehne oder Schnur versehen sind, so daß an ihrer Verwendung als Kopfaufsätze kaum ein Zweifel besteht. Teilweise wurden dabei die Geweihstangen in voller Länge am Schädeldach belassen, wie bei zwei Masken aus dem Erfttal bei Bedburg in Nordrhein-Westfalen der Fall (Abb. 87); teilweise trennte man sie aber auch bis auf kurze Stümpfe ab und verwendete nur die Stirnpartie der Schädel als Maske. Wohl kaum ein Tier würde sich durch eine derart stark »reduzierte«, letztlich nur symbolische Maskierung täuschen lassen – daher dürfte es sich zumindest in den letztgenannten Fällen nicht um Teile einer Jagdverkleidung, sondern tatsächlich um Zeremonialmasken gehandelt haben.

Alle beschriebenen Stücke stammen freilich aus der Nacheiszeit, dem Mesolithikum (»Mittelsteinzeit«) vor 10 000 bis 8000 Jahren. Für das Paläolithikum wurde bislang nur der Fund einer einzigen Rentiergeweihmaske von dem 13 000 Jahre alten Fundort Poggenwisch in Norddeutschland gemeldet, die indes zu stark fragmentiert ist, um sie eindeutig beurteilen zu können. Die Anhänger der Schamanismus-Hypothese weisen aber auf eine Reihe anderer Fundobjekte aus dem Jungpaläolithikum hin, die ihrer Ansicht nach die Ausübung schamanistischer Praktiken schon in dieser Periode belegen.

Die Schamanen der Neuzeit pflegten ihre kultischen Handlungen wie beschrieben mit dumpfen Schlägen auf einer Trommel zu begleiten, und an mehreren 15 000 bis 19 000 Jahre alten Fundstätten Mittel- und Osteuropas fanden sich sorgfältig gearbeitete, hammerartige Objekte aus Rentiergeweih, die besonders den Trommelschlegeln der samischen Schamanen in Lappland verblüffend ähneln (Abb. 88). Einige Forscher stuften sie daher als Teil jungpaläolithischer Schamanenausrüstungen ein, und in der Tat wäre etwa bei dem tungusischen Zauberer (Abb. 85) der Trommelschlegel neben dem Geweih das einzige Ausstattungsobjekt, das archäologisch überlieferungsfähig wäre.

Ebenfalls oft als Beleg für Schamanismus angeführt werden Geweihstäbe mit vogelköpfig gestaltetem Ende und kleine Vogelfigürchen aus Elfenbein, die an mehreren jungpaläolithischen Fundstellen geborgen wurden; da Vögel bei den neuzeitlichen Schamanen eine wichtige Rolle als Hilfsgeister spielten, interpretiert man diese Fundobjekte gerne als »Schamanenstäbe« beziehungsweise als symbolische Anhänger an einer Schamanentracht. Interessanterweise ist auch auf einer etwa 16 000 Jahre

Abb. 88 Mögliche jungpaläolithische Trommelschlegel aus Rentiergeweih. Von links nach rechts: vom Aschenstein bei Freden in Niedersachsen (ca. 19 000 Jahre alt); aus der Brillenhöhle bei Blaubeuren (ca. 15 000 Jahre alt); von Dobranicevka in der Ukraine (ca. 15 000 Jahre alt); rechts zum Vergleich ein Hammerschlegel der Samen in Lappland. Die Abbildungen sind nicht maßstabgetreu

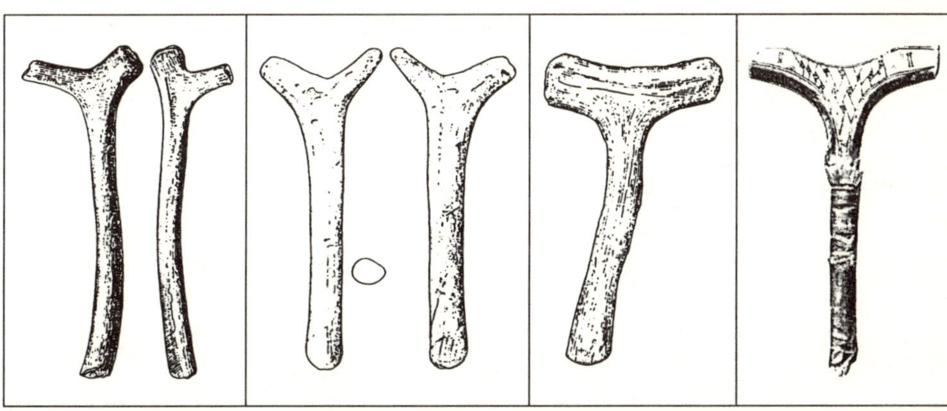

alten szenischen Darstellung in der berühmten Bilderhöhle von Lascaux in Frankreich (vgl. Kap. 9) ein Vogel auf einem Stab abgebildet, und zwar neben einem merkwürdigen vogelköpfigen Mann, der vor einem verletzten Bison zu Boden sinkt. Wie ich an anderer Stelle ausführlicher beschrieben habe,[8] sehen manche Forscher in dieser Szene die nahezu exakte Wiedergabe einer schamanistischen Trance und »Jenseitsfahrt«.

Eiszeitliche Flöten und Schwirrgeräte

Derartige kultische Zeremonien könnten, wie zahlreiche Autoren spekulieren, von den hohen, hellen Klängen knöcherner Flöten untermalt worden sein, wie sie sich an mehreren jungpaläolithischen Fundstätten fanden (Abb. 89). Diese Flöten waren zumeist 15 bis 20 Zentimeter lang, oft aus Vogelknochen gefertigt und mit bis zu vier Löchern versehen, so daß sich auf ihnen wohl schon komplexere Melodien spielen ließen. Zwei der ältesten, über 30 000 Jahre alten Exemplare wurden übrigens in Süddeutschland gefunden, in der Geißenklösterlehöhle bei Blaubeuren nahe Ulm.

Kultischen Charakter hatten mit hoher Wahrscheinlichkeit auch sogenannte »Schwirrgeräte«, kleine langovale Knochenplatten mit einem Loch an einem Ende, die ein charakteristisches Summen oder Brummen von sich gaben, wenn man sie an einer Schnur durch die Luft wirbelte (Abb. 89). Diese Objekte, von denen gleichfalls mehrere an jungpaläolithischen Fundstellen gefunden wurden, sind von der Formgestaltung her praktisch identisch mit den Schwirrhölzern, die bis heute bei den Ureinwohnern Australiens und manchen anderen Völkern in Gebrauch sind. Ihr Ton wird dort gewöhnlich als die Stimme eines Geistes oder eines anderen überirdischen Wesens angesehen, weshalb sie auch nicht als gewöhnliche »Musikinstrumente« fungieren, sondern im Rahmen unterschiedlicher kultischer Zeremonien Verwendung finden. Die Annahme erscheint zumindest plausibel, daß das auch schon im Jungpaläolithikum so war.

Man kann sich also durchaus mit einer gewissen Berechtigung ausmalen, wie Geweih- und Tiermasken tragende, in Felle gehüllte und mit Tierfigürchen behängte jungpaläolithische Schamanen zu dumpfem Trommelschlag und schriller Flötenmusik ihre ekstatischen Tänze und Zeremonien vollführten. Man kann freilich mit derselben Berechtigung auch einwenden, daß Trommelspiel und Flötenklang ebensogut der profanen Unterhaltung und Zerstreuung gedient haben können – und daß 25 000 Jahre alte Vogelfiguren nicht zwangsläufig religiöse Symbole gewesen sein müssen, nur weil Vogelplastiken und -schnitzereien bei einigen Völkerschaften vor 100 oder 200 Jahren solche waren. Für welchen dieser beiden Standpunkte man sich entscheidet – den »phantasievollen« oder den »nüchternen«, wird wohl letztlich eine Sache des Glaubens und des Temperaments bleiben, denn die Urgeschichtsforschung kann grundsätzlich nur die begründete Vermutung äußern, daß bestimmte Fundgattungen eine kultische Bedeutung hatten; es liegt leider außerhalb ihrer Möglichkeiten, den exakten und zweifelsfreien Nachweis dafür zu erbringen, daß dies wirklich der Fall war.

Musik bei den Neandertalern?

Noch schwieriger ist eine Beurteilung der Funde aus vorjungpaläolithischer Zeit. In der älteren Forschung glaubte man, Schwirrgeräte und Knochenpfeifen bereits für die Neandertaler nachweisen zu können, doch hielten die entsprechenden Belege einer genaueren Nachprüfung nicht stand. Bei den vermuteten Knochenpfeifen handelte es sich um durchbohrte Zehenknochen von Rotwild (Abb. 89), die in mehreren mittelpaläolithischen Fundstellen entdeckt wurden und von denen einige beim Hineinblasen einen lauten, schrillen Ton von sich gaben. Skeptische Forscher wiesen freilich schon vor Jahrzehnten darauf hin, daß derartige »Durchbohrungen« sehr leicht auch durch Tierverbiß zustande kommen können, und in den USA wurde eine »Pfeife« dieses Typs unlängst im Kot eines modernen Coyoten aufgefunden, was den Verdacht auf eine natürliche Entstehung auch der paläolithischen Stücke verstärkt.

Ebenfalls um ein Naturprodukt handelt es sich wahrscheinlich bei

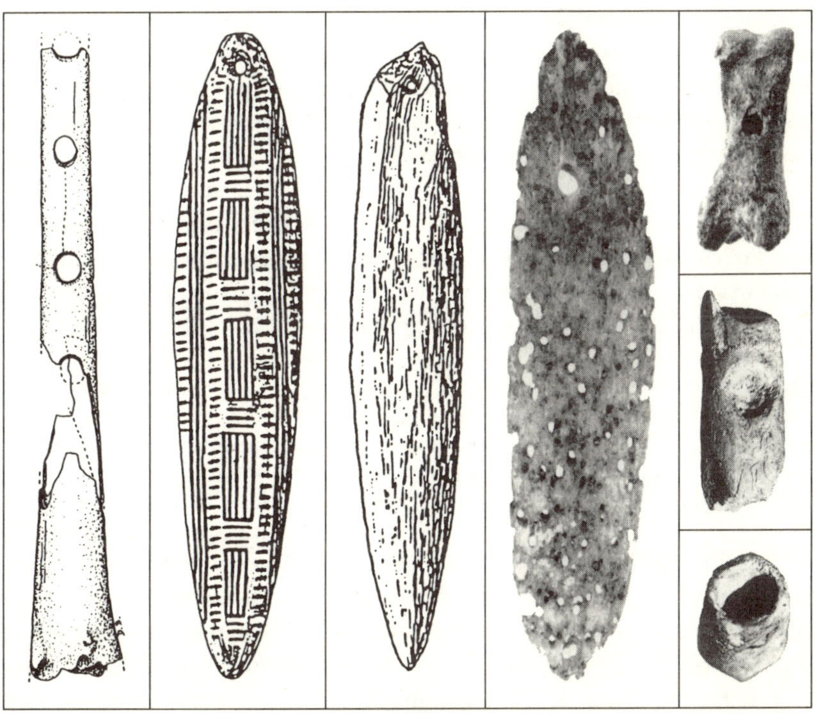

Abb. 89 Musikinstrumente und klangerzeugende Objekte aus dem Jung- und Mittelpaläolithikum. Von links nach rechts: Knochenflöte aus Isturitz in Frankreich (Jungpaläolithikum); verziertes knöchernes Schwirrgerät aus Lalinde in Frankreich (Jungpaläolithikum); Schwirrgerät aus Ahrensburg-Stellmoor bei Hamburg (Endpaläolithikum); angebliches Schwirrgerät aus der Höhle Pin Hole in England (Mittelpaläolithikum); umstrittenes »Knochenpfeifchen« aus La Quina in Frankreich (ganz rechts oben, Mittelpaläolithikum); mutmaßliches Flötenbruchstück aus der Höhle Haua Fteah in Libyen (Mittelpaläolithikum).

einem angeblichen »Schwirrgerät« aus dem Moustérien der Höhle Pin Hole in England (Abb. 89): Der spitzovale Bisonknochen ist auf seiner gesamten Länge von kleinen Löchern zerfressen, deren größtes sich ungefähr an der Stelle befindet, wo bei Schwirrgeräten die Durchbohrung sitzt. Neuere Untersuchungen haben freilich gezeigt, daß das Stück offenkundig aus dem Verdauungstrakt einer Hyäne stammt und die Löcher durch die Magensäure des Tieres hineingefressen wurden; der Knochen ist nach dem Urteil der Bearbeiter auch zu klein und zu zerbrechlich, um als Schwirrgerät verwendbar gewesen zu sein.

Aufgrund solcher Ergebnisse wurde die angebliche Musikalität der Neandertaler in den letzten Jahren mehr und mehr als Forschungsmythos angesehen – bis ein Neufund in jüngster Zeit die Diskussion von neuem belebte. Der slowenische Archäologe Ivan Turk fand 1995 in 43 000 bis 67 000 Jahre alten Schichten einer Höhle im ehemaligen Jugoslawien einen Bärenknochen mit zwei vollständigen und zwei ausgebrochenen kreisrunden Löchern, die in unterschiedlichem Abstand voneinander, aber exakt in einer Reihe angebracht sind. Das Fundstück ist noch nicht detailliert veröffentlicht, wird aber in den USA bereits als Flöte zur Erzeugung von Voll- und Halbtönen angesprochen und hat in Erinnerung gerufen, daß schon 1955 in 45 000 Jahre alten Schichten der Höhle Haua Fteah an der libyschen Mittelmeerküste ein Knochenfragment mit zwei Löchern zutage kam, das die Bearbeiter als Flöte oder Pfeife interpretierten (Abb. 89). Die genauen Einzelheiten bleiben sicherlich noch abzuwarten, doch wenn sich die Interpretationen bestätigen sollten, wäre das ein weiterer schwerer Schlag für die »Big bang«-Theorie (vgl. Kap. 10): Der Neandertaler, dem ja zumindest das Artefakt vom Balkan nach Ort und Zeitstellung mit Sicherheit zuzuschreiben wäre, hätte dann neben Schmuck (vgl. Kap. 10) auch bereits Musik gekannt und wäre damit als uns mental nahezu ebenbürtiger Menschentyp ausgewiesen. Das Flötenspiel beruht neben seinem kulturellen Stellenwert nämlich – wie Alexander Marshack (vgl. Kap. 10) 1988 hervorhob – auf

> »Handlungsabfolgen, an denen die rechte und die linke Gehirnhälfte gleichermaßen beteiligt sind; es erfordert visuelle, manipulative, akkustische und Atmungskoordination. (...) Es ist daher ein Endprodukt der gleichen ›mosaikartigen‹ Evolutionsprozesse, (...) die uns zur Anfertigung symbolischer Bilder befähigten und die wahrscheinlich auch in bestimmte Aspekte der Sprache einmündeten.«[9]

Frühe Riten schon beim Homo erectus?

Selbst für das noch sehr viel weiter zurückliegende Altpaläolithikum wurde aber ein Fund gemeldet, der in unserem Zusammenhang von Bedeutung sein könnte. An dem über 300 000 Jahre alten Homo erectus-Lagerplatz bei Bilzingsleben in Thüringen (vgl. Kap. 5 und 10) entdeckte das Team um Dietrich Mania nämlich ein bearbeitetes Stirnbein vom

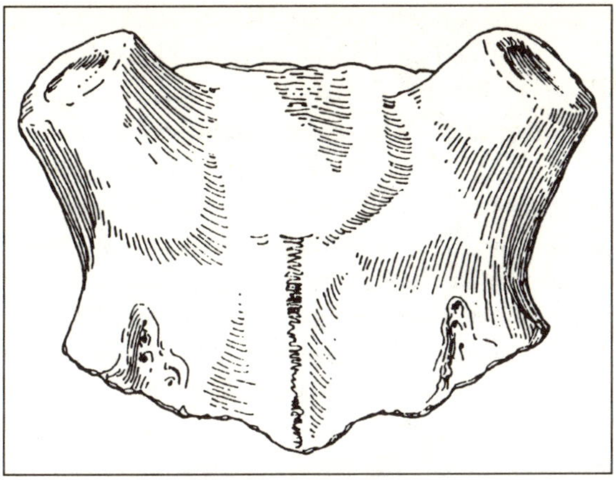

Abb. 90
Mögliche Hirschschädelmaske aus Bilzingsleben in Thüringen (über 300 000 Jahre alt)

Hirsch, das der Weimarer Prähistoriker Günter Behm-Blancke 1987 als rituellen »Kopfaufsatz« ansprach (Abb. 90). Das Stück stammt von einem Schädel mit abgeworfenem Geweih, dessen untere Partien vorne und hinten abgetrennt wurden. Die Bruchkanten sind nach den Worten des Ausgräbers Mania »regelmäßig und geglättet, die Form ist ausgesprochen symmetrisch, an den Rosenstöcken (Geweihansätzen, MK) finden sich Schnitt- und Hiebmarken«. Mania sieht ebenfalls eine »große Ähnlichkeit mit Hirschschädelmasken, die in späterer Zeit für bestimmte Riten hergestellt wurden«,[10] hält sich jedoch mit einer abschließenden Wertung zurück. Einer eindeutigen Bestimmung des Stückes steht vor allem der Umstand entgegen, daß es – anders als die beschriebenen Hirschschädelmasken der Nacheiszeit (vgl. S. 322) – keine Löcher zur Befestigung mit Hilfe einer Schnur besitzt; nach Behm-Blancke könnte es »durch eine unterhalb der Rosenstöcke entlanglaufende Bindung am Kopf des Trägers befestigt« worden sein,[11] doch das ist natürlich reine Spekulation.

Der Nachweis einer Zeremonialmaske in Bilzingsleben wäre um so spektakulärer, als an dem gleichen Fundort eine auffällige, mit Steinen und Knochenschutt bedeckte Fläche ausgegraben wurde, die Mania als künstlich angelegte »Pflasteranlage« bezeichnet. Die Tierknochen und -zähne im Bereich dieser Fläche sind nach seinen Angaben »oft zerquetscht und zerbrochen«, so als seien sie »unter stärkerer Belastung in den Untergrund gedrückt« worden. Als mögliche Ursache vermutet Mania ein »stärkeres und oft an Ort und Stelle wiederholtes Auftreten (...), wie es durch Stampfen mit den Füßen bei verschiedenen Bewegungsäußerungen hervorgebracht werden kann«.[12] Andere Autoren sprechen ganz unumwunden von einem »Ritualplatz«, und der Gedanke ist natürlich verlockend, daß dort vor über 300 000 Jahren kultische

Tänze mit Tiermasken wie dem aufgefundenen Hirschschädel stattgefunden haben könnten. Doch ist bislang leider nichts dergleichen wirklich nachweisbar, so daß man sich mit derartigen Vorstellungen einstweilen im Reich der Phantasie und nicht in dem gesicherten Wissens bewegt.

Damit sind die Auffälligkeiten der Thüringer Fundstätte indes noch keineswegs erschöpft, denn quer über den Bilzingslebener Lagerplatz verteilt fanden sich zahlreiche Schädelbruchstücke von mehreren Homo erectus-Individuen, die ausnahmslos stark fragmentiert waren. Manche von ihnen zeigen laut Mania »Bruchflächen an Stellen (...), wo sie nicht durch zufälliges Zerdrücken oder natürlichen Zerfall entstehen würden, sondern auf gezieltes Zerschlagen und Zertrümmern des Schädels mit einem Hiebgerät zurückgehen«. Der Ausgräber neigt deshalb dazu, den Befund als Zeugnis eines »frührituellen Verhaltens« zu deuten.[13]

Die Kannibalenmahlzeit von Krapina

Wir geraten hier auf ein gänzlich neues, weites Feld, denn schon seit langem wird intensiv darüber diskutiert und gestritten, ob der Homo erectus und nach ihm der Neandertaler möglicherweise einen Kult mit den Schädeln Verstorbener praktizierte oder aus rituellen Gründen Artgenossen verspeiste. Derartige Vermutungen sind so alt wie die Urgeschichtsforschung selbst, und als Vorbild dienten auch hier wieder völkerkundliche Berichte: Schilderungen von Kannibalismus (»Anthropophagie«, aus griech. *anthropos* = »Mensch« und *phagein* = »essen«), Schädeltrophäen und Kopfjagd bei »primitiven« Völkerschaften gehören zum Standardrepertoire der Reise- und Abenteuerliteratur – ja, der Menschenfresser galt über lange Zeiträume hinweg geradezu als der Inbegriff des rohen Wilden, des Primitiven. Vor diesem Hintergrund nahm man bereits in den Anfängen der Urgeschichtsforschung ganz selbstverständlich an, daß solche Praktiken auch bei unseren »primitiven« Vorfahren in der Altsteinzeit üblich gewesen seien.

Einen ersten handfesten Hinweis darauf lieferten Ausgrabungen, die der kroatische Paläontologe Karl Dragutin Gorjanovic-Kramberger von 1899 bis 1905 in einer Höhle bei Krapina unweit von Zagreb in Nordkroatien durchführte. In ihrem Verlauf kamen nicht nur zahlreiche Tierknochen, Steinwerkzeuge des Moustérien und Reste von Feuerstellen zutage, sondern auch mehr als 850 Fragmente menschlicher Knochen. Sie stammten – wie wiederholte Untersuchungen zeigten – von Neandertalern, und zwar von zwei bis drei Dutzend Individuen, die während der Eem-Warmzeit vor rund 130 000 Jahren (vgl. Kap. 8) an diesem Ort ihr Ende gefunden hatten. Außergewöhnlich an diesen Altmenschenresten war nicht nur ihre große Zahl, sondern auch ihr Zustand: Sie lagen in kleine Teile zerbrochen über die ganze Grabungsfläche verstreut, die

Abb. 91 Neandertaler verzehren einen toten Artgenossen – Phantasiedarstellung der »Kannibalenmahlzeit von Krapina« (Gemälde: Z. Burian)

markhaltigen Langknochen waren oftmals aufgespalten oder aufgebrochen, und viele der Skelettreste wiesen Brandspuren auf – so als hätten sie im Feuer gelegen. Gorjanovic-Kramberger sah in diesem merkwürdigen Fundbild eine Bestätigung der zuvor schon aufgetauchten Kannibalismus-Hypothese und schrieb zu Beginn unseres Jahrhunderts über den Neandertaler von Krapina:

»Dieser Mensch war Jäger und Nomade; unter solchen Bedingungen fanden Kämpfe auf Leben und Tod statt. Auf jeder Seite fielen Menschen, und die Sieger verfuhren mit den Toten wie mit der Beute aus einer erfolgreichen Jagd. Diese Menschen aßen ihre Stammesangehörigen, und zudem brachen sie die hohlen Knochen auf und sogen das Mark heraus.«[14]

Diese Deutung des kroatischen Forschers wurde von anderen Wissenschaftlern aufgegriffen und breitete sich besonders in der deutschsprachigen Forschung rasch aus, so daß die »Kannibalenmahlzeit von Krapina«

bald in keiner Darstellung über das Leben der Urmenschen mehr fehlte (Abb. 91). Auch Carl W. Neumann beschrieb in seinem schon mehrfach zitierten populären Buch von 1932 angewidert die »stumme(n) und dennoch beredte(n) Zeugen für den fürchterlichen Verdacht«, daß die Neandertaler »nicht einmal vor dem Verzehren von menschlichen Leichen zurückgeschreckt sind«, und fuhr dann voller Abscheu fort:

»Man möchte die Tatsache anders erklären, um nicht an das unerfreuliche Schauspiel eines Kannibalenschmauses im Frührot des Menschentums glauben zu müssen; möchte den alten Neandertalern trotz ihres flachen, ursprünglichen Schädels mit den gorillahaften Wülsten über den beiden Augenhöhlen Einsicht genug zur Erkenntnis verleihen, daß Brudermord sie nicht zu fördern vermöge auf ihrer geistigen Fortschrittsbahn, doch läßt der fatale Fund von Krapina kaum eine andere Deutung zu, als sein Entdecker sie für ihn gab.«[15]

Dieses köstliche Zitat zeigt deutlich, wie man die Befunde von Krapina damals wertete, nämlich als Beweis für äußerste Roheit und moralische Minderwertigkeit, und wie sie sich stimmig in das ohnehin schon vorhandene Bild vom brutalen, tierhaften Neandertaler einfügten (vgl. Kap. 2). Einige Forscher kamen freilich auch auf den Gedanken, es seien möglicherweise gar nicht die Altmenschen selbst gewesen, die hier ihresgleichen verspeist hatten, sondern die Bewohner der Höhle könnten einer »höheren Rasse« zum Opfer gefallen sein: dem modernen Homo sapiens. So fabulierte der deutsche Anthropologe Hermann Klaatsch 1920, eine Horde aus Asien eingewanderter »Aurignacmenschen« habe die Neandertaler von Krapina überfallen, und in den »Kämpfe(n) zwischen den beiden Rassen um den Besitz der Höhle« – der sogenannten »Schlacht von Krapina« – seien letztere untergegangen.[16] Auch der slowenische Forscher B. Skerlj äußerte 1939 den Verdacht, »daß der Neandertaler dort (in Krapina, MK) vom Homo sapiens irgendwelcher Rasse besiegt und offenbar aufgegessen wurde«,[17] und noch heute kursiert nach den Worten der Wissenschaftsautorin Helga Wingert »unter Humangenetikern das zynische Bonmot, der Neandertaler sei die Fleischreserve des geistig überlegenen Jungpaläolithikers gewesen«[18] – eine besonders brutale Variante der weitverbreiteten Verdrängungs- und Ausrottungstheorie (vgl. Kap. 2 und 4).

Schädelkult und Gehirnverzehr?

In den dreißiger Jahren festigten zahlreiche neue Fossilfunde das Bild vom Kannibalismus unserer Vorfahren; zugleich bahnte sich aber auch eine grundlegend neue Sichtweise dieses Phänomens an. Eine wichtige Rolle spielte dabei die berühmte, 500 000 bis 200 000 Jahre alte Fundstelle des Pekingmenschen (*Sinanthropus*) von Zhoukoudian in China (vgl. Kap. 3). Der deutsche Paläanthropologe Franz Weidenreich, der die

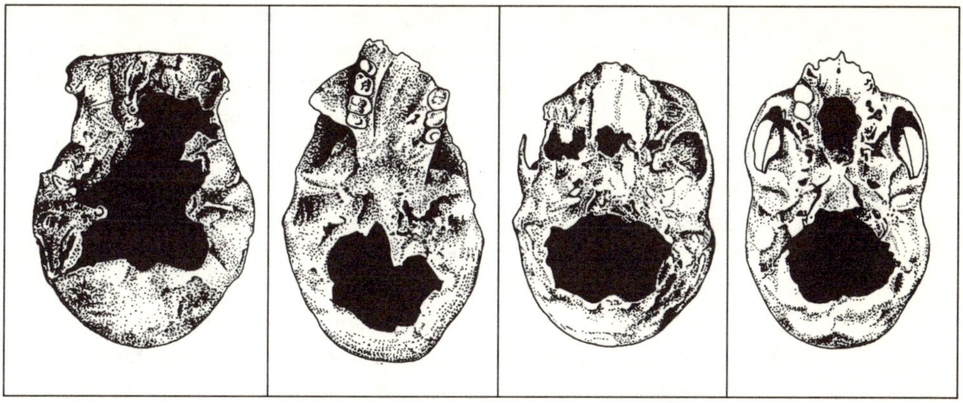

Abb. 92
Fossile Schädel mit erweitertem Hinterhauptsloch bzw. zerstörter Basis. Fundstätten von links nach rechts: Zhoukoudian in China (200 000 bis 500 000 Jahre alt); Steinheim in Württemberg (ca. 300 000 Jahre alt); Monte Circeo in Italien (über 50 000 Jahre alt). Rechts zum Vergleich ein von neuzeitlichen Kopfjägern auf Neuguinea geöffneter Schädel

dort aufgefundenen reichen Homo erectus-Reste auswertete und veröffentlichte, stellte fest, daß zwei der Gliedmaßenknochen der Länge nach aufgespalten worden waren, möglicherweise, um an das Knochenmark zu gelangen; die meisten der aufgefundenen Unterkiefer waren zerbrochen, vor allem aber fehlte bei allen restaurierbaren Schädeln die Basis bzw. die Region um das Hinterhauptsloch (*Foramen magnum*), durch das das Rückenmark ins Gehirn eintritt (Abb. 92).

Ähnliche Fragmentierungen waren auch schon bei einer Reihe anderer Frühmenschenschädel aus verschiedenen Fundstätten Eurasiens beobachtet worden: Weidenreich selbst hatte die Eröffnung des Hinterhauptslochs 1928 bei einem Schädel aus Weimar-Ehringsdorf (vgl. Kap. 8) diagnostiziert, und auch ein 1933 bei Steinheim an der Murr in Süddeutschland geborgener frühmenschlicher Frauenschädel zeigte den gleichen Befund (Abb. 92). Bei Ngandong auf Java wiederum entdeckte der deutsch-holländische Paläanthropologe G. H. R. von Koenigswald 1932 nicht weniger als elf mittelpaläolithische Schädel mit zerstörter Basis – vom übrigen Skelett wurden, wie in Zhoukoudian, nur wenige Knochen gefunden.

Diese merkwürdige Häufung isolierter Schädel und die regelmäßige Zerstörung ihrer Basis mußte, so vermuteten die Bearbeiter, einen besonderen Grund haben, und man sah ihn in dem Umstand, daß die künstliche Erweiterung des Hinterhauptslochs eine der einfachsten Möglichkeiten ist, an das Gehirn zu gelangen. Feldforschungen haben gezeigt, daß selbst Schimpansen die Knochen um das *Foramen magnum* erlegter Paviane des öfteren mit den Zähnen aufbrechen, wenn sie das begehrte Gehirn der Beutetiere fressen möchten. Vor allem aber ist das Verfahren von neuzeitlichen Kopfjägern und anderen Völkerschaften her bekannt, bei denen der menschliche Schädel beziehungsweise sein Inhalt eine besondere Verehrung genießt. Diese Gruppen entnehmen das Gehirn in aller

Regel durch das Hinterhauptsloch, um den Schädel selbst möglichst wenig zu zerstören und so weitgehend intakt aufbewahren zu können. Da lag es nahe, auch die Basiseröffnungen der erwähnten frühmenschlichen Schädel mit ähnlichen Praktiken in Verbindung zu bringen.

Nun war aus der Ethnographie aber bekannt, daß die Entnahme und das sich oft daran anschließende Verspeisen des Gehirns bei den erwähnten Neuzeitvölkern keineswegs einfach aus Hunger oder Appetit geschah, sondern daß dabei zumeist magische oder religiöse, also »spirituelle« Motive im Vordergrund standen. Konnte dies auch schon beim urzeitlichen Kannibalismus der Fall gewesen sein? Die Fachleute begannen gerade über diese Frage nachzugrübeln, als in Italien ein aufsehenerregender Fund gemacht wurde, der eine unerwartet klare Antwort zu geben schien.

Ein spektakulärer Fund in Italien

Knapp 100 Kilometer südlich von Rom erhebt sich an der Küste des Tyrrhenischen Meeres der Monte Circeo, ein schon von weitem sichtbarer Bergrücken. An einem Februartag des Jahres 1939 entdeckte ein Arbeiter, der dort seinem Tagwerk nachging, eine bis dahin unbekannte Höhle. Der Mann zwängte sich, von Abenteuerlust gepackt, auf allen vieren in die niedrige, dunkle Grotte, um sie genauer zu erkunden. Er tastete sich in gebückter Haltung über rutschige Erde, Steine und Tierknochen hinweg vorwärts, bis er am Höhlenboden einen auffälligen rundlichen Gegenstand bemerkte und ihn aufhob: Er hielt einen menschlichen Schädel in Händen! Aufgeregt kroch er mit dem Fundstück aus der Höhle und zeigte es bei nächster Gelegenheit einem Bekannten aus seinem Heimatort, dem begeisterten Amateurarchäologen und Fossiliensammler Alberto Blanc. Dieser suchte die Höhle umgehend zusammen mit dem Entdecker auf, ließ sich von ihm zeigen, wo und in welcher Position der Schädel gelegen hatte und veranlaßte seine genaue wissenschaftliche Untersuchung. Er leitete überdies eine teilweise Ausgrabung der Fundstätte in die Wege, bei der noch zwei Neandertaler-Unterkiefer, jedoch keinerlei andere menschliche Skelettreste entdeckt wurden.

Der Schädel selbst stammte, wie die Untersuchung ergab, von einem etwa 45jährigen typischen Neandertaler und war über 50 000 Jahre alt. Er wies eine nicht verheilte schwere Verletzung an der rechten Schläfe auf, aus der Blanc auf einen »gewaltsamen Tod« des Altmenschen schloß. Sein Hinterhauptsloch war in auffallend symmetrischer Weise erweitert (Abb. 92), was der Forscher in Übereinstimmung mit den Ergebnissen von Zhoukoudian und Ngandong als Beweis für die Entnahme des Gehirns deutete. Die eigentliche Besonderheit des Schädels vom Monte Circeo aber war seine anscheinend absichtsvolle und umsichtige Deponierung in der Höhle: Hatte man die Schädelreste an den anderen Fund-

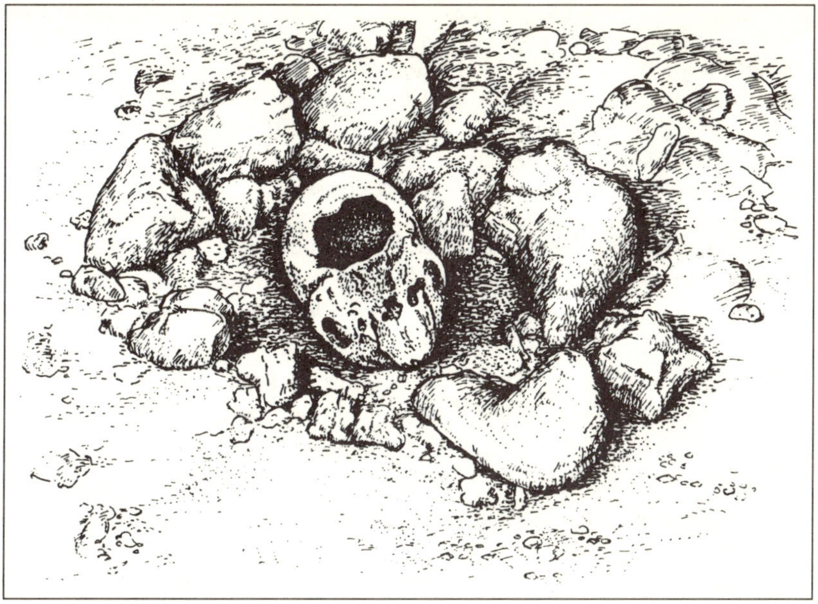

Abb. 93
Angeblich zeremoniell niedergelegter Neandertalerschädel vom Monte Circeo in Italien

stätten zumeist weit verstreut in den Fundschichten angetroffen, vermischt mit Tierknochen und anderen Abfällen, so war das Exemplar vom Monte Circeo nach Blancs Beschreibungen an exponierter Stelle regelrecht »beigesetzt« worden. Die Altmenschen hatten es nach seinen Worten »im Zentrum eines (...) annähernd runden Höhlenraums auf dem Boden niedergelegt und durch einen Kranz bzw. eine Krone aus Steinen geehrt« – gemeint war eine annähernd kreisförmige Geröllansammlung, die den Schädel bei seiner Auffindung umgab (Abb. 93). Er lag inmitten dieses Steinrings »auf der Stirn und dem linken Scheitelbein, die aufgebrochene Basis nach oben gekehrt, so als sei er als Becher benutzt worden«, berichtete Blanc weiter. In seiner Umgebung fanden sich überdies Anhäufungen von Tierknochen, die nach Ansicht des Forschers so »aussahen, als seien sie als Ritualopfer dort niedergelegt worden«.[19]

Völkerkundliche Parallelen

Alles in allem deuteten die Fakten, so faßte Blanc seine Beobachtungen zusammen, zweifelsfrei auf einen »rituellen Hintergrund« für den angetroffenen Befund hin. Sie ließen sich seiner Ansicht nach am besten mit Praktiken erklären, wie sie noch in unserem Jahrhundert bei Kopfjägern in der Südsee gebräuchlich waren. »Bei gewissen Stämmen in Neu Guinea«, so erläuterte der Forscher 1961,

»erhält ein neugeborenes Kind erst dann einen Namen, wenn ein Mann, dessen Namen man kennt, getötet und enthauptet worden ist. Der Vater oder ein naher Verwandter (des Kindes, MK) öffnet die Schädelbasis des Opfers, nimmt sein Gehirn heraus, bäckt es mit Sago (Palmenmark, MK) und ißt es, woraufhin das Kind den Namen des Getöteten tragen darf. Der geöffnete Schädel wird bis zum Tod des neuen Namensträgers als heiliges Objekt im Hause aufbewahrt. Diese grausige Sitte wird von Stämmen ausgeübt, die nicht besonders blutrünstig oder aggressiv sind und die eine ziemlich hohe Moral haben; der rituelle Kannibalismus wird (von ihnen) als eine strenge Verpflichtung gegenüber der Gemeinschaft auf der einen Seite und dem Neugeborenen auf der anderen betrachtet.«[20]

Der französische Prähistoriker F. M. Bergounioux stellte etwa gleichzeitig ein etwas anders geartetes, aber ebenfalls kultisches Erklärungsmodell nach ethnographischen Vorbildern zur Diskussion. Er hob hervor, daß bei verschiedenen Völkern, unter anderem in Indonesien, sogenannte »zweistufige Bestattungsriten« üblich waren, die zu einem ganz ähnlichen Befundbild führten wie bei den erwähnten paläolithischen Schädeln der Fall. Der Leichnam des Verstorbenen wurde dabei zunächst in der freien Natur aufgebahrt oder niedergelegt, bis er ausgetrocknet war und sich die Knochen leicht aus dem Skelettverband lösen ließen. War dies geschehen, dann wurde der Schädel des Toten vom Körper abgetrennt, sorgfältig von Geweberesten gesäubert und, so Bergounioux,

»als eine Art Schutzgott der Familie des Verstorbenen angesehen. Manchmal wurde nur der Unterkiefer aufbewahrt und, an einer Schnur befestigt, wie eine Medaille um den Hals getragen. Mit diesem Kult waren Praktiken ritueller Anthropophagie verbunden; das Hinterhauptsloch wurde durch Schläge mit einer Keule auf die Schädelbasis erweitert, dann wurde das Gehirn von denen verzehrt, die sich die Tugenden und Verdienste des Toten einzuverleiben wünschten. (...) (Diese Völker) glaubten, daß dem Kopf, dem Steuerungsorgan, das gestern noch so ausdrucksstark war und heute in fürchterlicher Erstarrung verharrt, eine besondere Verehrung zukommen muß. Und um sich seines schützenden Einflusses zu versichern, kamen sie auf die Idee, einige Knochen des Verstorbenen mit sich herumzutragen wie einen Talisman.«[21]

Ein Indiz humaner Denkweise?

Gehirnverzehr wurde bei neuzeitlichen Völkerschaften also sowohl als Teil der Abschiedsriten für Verstorbene als auch im Zusammenhang mit Kopfjagd und gewaltsamer Tötung beschrieben – stets aber folgte er, darin stimmten die meisten Berichte überein, strengen Regeln und fand im Rahmen genau festgelegter, kultisch begründeter Zeremonien statt. Die Schädelsetzung vom Monte Circeo überzeugte die Mehrzahl der Prähistoriker davon, daß das auch im Mittel- und Altpaläolithikum schon so gewesen war, daß die Frühmenschen das Gehirn ihrer getöteten oder verstorbenen Artgenossen also nicht einfach aus Hunger und Blutdurst »auffraßen« oder »verschlangen«, wie man bis dahin angenommen hatte, sondern daß sie sich von seiner Aufnahme in den eigenen Körper eine magische Kräfteübertragung versprachen oder damit toten Gruppenmitgliedern eine letzte Ehre erweisen wollten.

Aus diesem Blickwinkel betrachtet, erschien das Phänomen plötzlich nicht mehr als »unmenschliche« und »bestialische« Verirrung, sondern als »eine sehr menschliche Eigenart«, als ein »Zeichen des geistigen Erwachens der Menschheit, wenn auch nur schwer zu deuten und in Worte zu fassen«, wie G. H. R. von Koenigswald 1955 schrieb.[22] Der deutsche Prähistoriker Georg Kraft sprach 1942 von »einer Art heiligem Mahl«,[23] und Blanc, dem Mitentdecker des Circeo-Schädels, galt der urzeitliche Gehirnverzehr 1961 als Beleg dafür, daß »einige der primitiven ›mentalen Strukturen‹, die den menschlichen Geist kennzeichnen, ihren Ursprung bereits in den sehr frühen Stufen der Menschwerdung hatten«.[24] Mit anderen Worten: Was man noch wenige Jahrzehnte zuvor als Hinweis auf das besonders rohe, niedere und tierhafte Wesen des Urmenschen aufgefaßt hatte (vgl. S. 330), sah man nun als Zeugnis seiner spirituellen und damit bereits »humanen« Denkweise an. Der vermutete Kannibalismus hatte die Frühmenschen, so merkwürdig das auf den ersten Blick vielleicht auch erscheinen mag, in den Augen der Fachwissenschaftler ein gutes Stück näher an die heutige Menschheit herangerückt.

Kannibalismus – gab es den überhaupt?

Fast unnötig zu sagen, daß sich die Sichtweise der Forschung in der seither vergangenen Zeit bereits wieder grundlegend geändert hat. Ein wichtiger Grund dafür ist, daß das Thema Kannibalismus in der Völkerkunde, die ja von Anfang an die Vorbilder und »Leitmotive« für die Ausdeutung der urgeschichtlichen Befunde lieferte, heute sehr viel umstrittener ist als noch vor zwanzig Jahren. Wesentlich dazu beigetragen hat ein 1979 erschienenes Buch des amerikanischen Anthropologen William Arens mit dem Titel *The Man-Eating Myth* (»Der Menschfressermythos«), in dem die Berichte über den Verzehr von Menschenfleisch bei neuzeitlichen Völkern samt und sonders als Humbug abgetan werden. Arens war bei der Vorbereitung einer Lehrveranstaltung auf gewisse Widersprüche in den Ausarbeitungen zu diesem Thema gestoßen und hatte daraufhin in mehrjähriger Arbeit die gesamte relevante Literatur über neuzeitlichen Kannibalismus durchgesehen. Er gelangte zu einem vernichtenden Urteil: »Mit Ausnahme von Situationen, in denen es ums Überleben ging«, so schrieb er in seinem Buch,

> »war es mir nicht möglich, für irgendeine Gesellschaft einen gewohnheitsmäßigen Kannibalismus irgendwelcher Art angemessen dokumentiert zu finden. Gerüchte, Vermutungen, Befürchtungen und Anschuldigungen sind im Überfluß vorhanden, aber keine befriedigenden Nachweise aus erster Hand. Die gelehrten Ausarbeitungen der Fachleute nehmen kein Ende, aber ethnographische Beobachtungen zur Untermauerung fehlen.«[25]

Viele Völkerkundler haben Arens' Thesen seither übernommen und eigene Untersuchungen mit ähnlichen Ergebnissen vorgelegt. In Deutschland erregte nicht zuletzt eine vor wenigen Jahren veröffentlichte Doktorarbeit der Archäologin Heidi Peter-Röcher über das Thema »Kannibalismus in der prähistorischen Forschung« ein gewisses Aufsehen, in der sich die Autorin auch kritisch mit dem Problem der »historischen« Anthropophagie auseinandersetzt.

Die Argumente, mit denen Arens und die anderen Kritiker ihre Zweifel am »Menschenfressermythos« begründen, haben durchaus Hand und Fuß. Die Ethnographie, so weisen sie überzeugend nach, hat lange Zeit allzu gutgläubig jeden Bericht über angeblichen Kannibalismus für bare Münze genommen und dabei oftmals ihre sonst üblichen wissenschaftlichen Standards außer acht gelassen; »die Europäer und die Araber scheinen ein geradezu morbides Interesse am Kannibalismus zu haben und neigen dazu, fast jede Geschichte, die man ihnen darüber erzählt, zu akzeptieren«, vermerkte schon 1965 der britische Ethnologe E. E. Evans-Pritchard ironisch.[26] Viele der am häufigsten zitierten Berichte über Menschenfresserei stammen noch aus dem Zeitalter der Entdeckungen, als Europäer zum ersten Mal mit den fremden und exotischen Welten Amerikas, Afrikas und der Südsee in Berührung kamen und ihrem heimischen Publikum möglichst Sensationelles von dort berichten wollten. In der Reiseliteratur dieser Zeit finden sich neben den oft sehr drastischen Schilderungen kannibalischer Untaten auch allerlei Phantastereien über geschwänzte Menschen, Amazonenvölker und ähnliches, was die Legendenhaftigkeit dieser Berichte unterstreicht – dennoch werden sie, soweit es die Anthropophagie betrifft, bis heute unverdrossen zitiert.

Es folgten die Jahrhunderte der Eroberungen und des Kolonialismus, in denen fast ausschließlich Soldaten und Kolonialbeamte, Missionare, Kaufleute und Reisende über die Sitten und Gebräuche der fremden Völker berichteten – Menschen also, die kaum über eine wissenschaftliche Vorbildung und ein entsprechendes Urteilsvermögen verfügten, die dafür aber selbst oft ein Interesse daran hatten, die Traditionen der Unterworfenen möglichst abstoßend und brutal zu schildern, um ihre gewaltsame »Zivilisierung« und Missionierung zu rechtfertigen. Der Vorwurf der »Menschenfresserei« war in dieser Zeit, wie Arens und seine Mitstreiter gezeigt haben, ein Etikett, das man Fremden ziemlich willkürlich aufklebte, um sie zu diskreditieren, so wie man im ausgehenden Mittelalter Zehntausende von Frauen unter dem Vorwand der »Hexerei« grausam verfolgt und umgebracht hatte.

Das Problem der Glaubwürdigkeit

Erst seit Beginn des 20. Jahrhunderts nahmen Ethnographen, also wissenschaftlich ausgebildete Beobachter, ihre Arbeit unter den noch existierenden Naturvölkern auf; doch zu dieser Zeit war der Kannibalismus in den meisten Kolonialgebieten bereits verboten und wurde behördlicher-

Abb. 94
Greueldarstellung eines Verkaufsstandes mit Menschenfleisch in Afrika (Holzschnitt aus dem 17. Jahrhundert)

seits streng bestraft, sofern die betreffenden Völker unter dem Kolonialregime nicht ohnehin schon von ihren angestammten Traditionen abgelassen hatten. Kaum ein Ethnograph wurde daher unmittelbarer Augenzeuge des Verzehrs von Menschenfleisch – viele erfuhren aber in Gesprächen von ihren eingeborenen Informanten, daß kannibalische Gebräuche in früherer Zeit bei ihnen üblich gewesen seien und daß sie zum Teil auch selbst an entsprechenden Riten teilgenommen hätten. Diese Berichte waren oft sehr detailliert und umfaßten auch Informationen über die Motive und Hintergründe der geschilderten Praktiken, wie in unseren oben zitierten Beispielen über den rituellen Verzehr des Gehirns der Fall (vgl. S. 333/334).

Es ist die Glaubwürdigkeit dieser von Ethnographen bei ihren Feldforschungen aufgezeichneten Aussagen, um die sich die Diskussion letztlich dreht. Kaum ein Völkerkundler hält heute noch die älteren Gruselgeschichten über Europäer in afrikanischen Kochtöpfen, Missionare in

Erdöfen oder eingeborene Metzgerläden mit Menschenfleisch (Abb. 94) für eine glaubwürdige Quelle. Viele halten aber daran fest, daß die zahlreichen Berichte aus dem Munde verläßlicher eingeborener Informanten über zumeist rituellen Kannibalismus, mit Erläuterungen über Beweggründe und Verfahrensweisen und ohne jeden diskriminierenden oder selbstanklägerischen Unterton, nicht samt und sonders erfunden sein können. Arens und die anderen Skeptiker halten eben dies jedoch für durchaus wahrscheinlich und sprechen solchen »Berichten vom Hörensagen« jegliche Beweiskraft ab. »Augenzeugen für das Essen von Menschen ließen sich weder in antiken und mittelalterlichen noch in neuzeitlichen Berichten überzeugend nachweisen«, schreibt etwa Peter-Röcher im Schlußwort ihrer erwähnten Arbeit; »solange dies nicht erfolgt, ist davon auszugehen, daß es sich bei dem Phänomen des gesellschaftlich akzeptierten Kannibalismus um eine Fiktion handelt«.[27]

An naturwissenschaftliche Exaktheit gewöhnten Geistern mag eine solche forsche Schlußweise einleuchten – stellt man jedoch die historischen und kulturellen Rahmenbedingungen der völkerkundlichen Arbeit in Rechnung, so erscheint die Forderung nach ethnographischen Augenzeugenberichten »aus erster Hand« eher etwas blauäugig. Es ist nämlich eine alte Erfahrung der Feldforschung, daß einem Fremden, selbst wenn er jahrelang mit einer Gruppe zusammenlebt, bestimmte intime, religiöse oder auch tabuisierte Vorgänge stets verborgen bleiben – zumal, wenn sie behördlicherseits mit Verbot und Strafe belegt sind. Trotz dieser ungünstigen Voraussetzungen geben im übrigen durchaus einige Ethnographen an, kannibalische Praktiken (unter anderem bei Bestattungszeremonien) mit eigenen Augen gesehen zu haben. Ihre Berichte werden von den Skeptikern freilich wegen angeblicher Unstimmigkeiten in Zweifel gezogen.

Alles in allem kann man sich des Eindrucks nicht erwehren, daß die Kritiker bei ihrem ohne Zweifel verdienstvollen Versuch, das Gespinst aus Legenden, Vorurteilen und Klischees zu zerreißen, das den Menschenfresserkomplex seit jeher umgibt, letztlich übers Ziel hinausgeschossen sind. Auch wenn neue, »solidere« Berichte über Kannibalismus aus den genannten Gründen kaum mehr beizubringen sein werden, weisen die vielfältigen vorhandenen Quellen trotz aller skizzierten Mängel und Überzeichnungen doch darauf hin, daß in vielen Kulturen bei besonderen Anlässen – nur selten zur Stillung des Nahrungsbedürfnisses – begrenzte Mengen von Menschenfleisch oder anderen menschlichen Körpersubstanzen wie Knochenmark, Knochenasche oder Blut verzehrt wurden. Die damit verbundene Vorstellung, durch den Genuß dieser Substanzen ließen sich Kräfte übertragen oder magische Wirkungen erzielen, war sogar in unserem eigenen Kulturkreis keineswegs unbekannt, wie die bis ins letzte Jahrhundert weit verbreitete Einnahme von »Mumie« als Heilmittel und der Verzehr des »Fleischs und Bluts Christi« beim kirchlichen Abendmahl belegen.

Archäologische Zweifel

»Ritueller« Kannibalismus dürfte in der Neuzeit also durchaus existiert haben, und dennoch sind die Hinweise auf sein Vorhandensein bereits im Paläolithikum zumindest überprüfungsbedürftig. Die Debatte um die Interpretation von Tierresten an archäologischen Fundstellen (vgl. Kap. 7) hat nämlich in aller Eindringlichkeit gezeigt, wie vielfältig und stark Knochen allein durch Naturvorgänge in Mitleidenschaft gezogen und verändert werden können und wie sehr man diesen Faktor der »natürlichen Modifikation« in der älteren Forschung unterschätzt hatte. Diese Erkenntnisse müssen natürlich auch bei der Untersuchung der frühmenschlichen Knochen Berücksichtigung finden, weshalb man die Reste der vermuteten urgeschichtlichen Menschenfressermahlzeiten heute mit der gleichen subtilen Methodik, die bei der Analyse von Tierknochen üblich geworden ist, auf Schnittmarken, Zerlegungsspuren, Gebißabdrücke und ähnliches hin untersucht. Leider hat aber auch dies Vorgehen bisher keine Klarheit gebracht, denn die Fachleute kommen – ganz ähnlich wie im Falle der Faunenreste (vgl. Kap. 7) – trotz modernster Technik und standardisierter Analysemethoden zu völlig unterschiedlichen Resultaten.

So wurden beispielsweise die Neandertalerreste von Krapina, die ersten vermuteten Zeugnisse einer Kannibalenmahlzeit (vgl. S. 328/329), in den letzten 20 Jahren von einem halben Dutzend Experten unters Mikroskop genommen und analysiert, ohne daß dabei eine auch nur halbwegs einheitliche Bewertung herausgekommen wäre. Während der amerikanische Anthropologe Fred Smith und sein deutscher Kollege Herbert Ullrich den Kannibalismusverdacht bestätigten, machten der Amerikaner Erik Trinkaus und andere Forscher natürliche Ursachen wie starke Temperaturschwankungen, Herabfallen von Felsbrocken und Einwirkung von Raubtieren für den fragmentierten Zustand der Knochen verantwortlich, und die Amerikanerin Mary Russell entdeckte an dem Material zwar Hinweise auf besondere Bestattungssitten, nicht aber auf Kannibalismus.

Ähnlich gegensätzlich fallen auch die neueren Expertisen über die frühmenschlichen Schädel mit geöffneter Basis aus. Beim Steinheimer Schädel etwa hält der Paläontologe Karl Dietrich Adam eine absichtliche Erweiterung des Hinterhauptsloches zur Gehirnentnahme nach wie vor für erwiesen, während der Anthropologe Alfred Czarnetzki auf die Fragilität und Zerbrechlichkeit der Knochen gerade im Bereich der Schädelbasis hinweist und annimmt, daß es sich um einen durch die lange Lagerung im Boden beziehungsweise durch Erddruck entstandenen natürlichen Defekt handelt. Die gleiche Vermutung hat Lewis Binford im Hinblick auf die Schädel von Zhoukoudian (vgl. S. 330/331) geäußert, wohingegen der Anthropologe Milford Wolpoff (vgl. Kap. 4) eine zufällige Fragmentierung nahezu aller Homo erectus-Reste aus dieser Fundstätte für unwahrscheinlich hält und besondere frühmenschliche Verhaltensweisen dafür verantwortlich machen möchte. Die Meinungen gehen also wie so oft diametral auseinander, wobei im Falle der sicherlich besonders bedeutsamen Fossilien von Zhoukoudian eine erneute Untersuchung leider nicht möglich ist, da die Stücke in den Wirren des Zweiten Weltkriegs spurlos verschwunden sind (vgl. Kap. 3).

Kein Kult am Monte Circeo

Ein wirklich eindeutiges Ergebnis hat nur die Nachuntersuchung des Schädels vom Monte Circeo erbracht, immerhin jenes Fossils, das der Theorie vom urgeschichtlichen Schädelkult endgültig zum Durchbruch verhalf und das zu »einem Symbol für die Spiritualität und den Totenkult der Neandertaler« wurde, wie es der amerikanische Paläanthropologe Tim D. White und sein Kollege Nicholas Toth formulierten. Die beiden Forscher untersuchten das Stück 1986 gründlich neu und zogen dabei als Vergleichsmaterial eine Serie von 100 Schädeltrophäen mit erweitertem Hinterhauptsloch heran, die von neuzeitlichen Kopfjägern in Melanesien stammten – genau jenes Material also, das Blanc seinerzeit als nahezu identisch mit dem Circeo-Schädel bezeichnet hatte (vgl. S. 333). Die minutiöse Untersuchung enthüllte jedoch eine Fülle von Unterschieden: Die melanesischen Stücke wiesen zahllose Schnitt- und Schabemarken vom Entfleischen der Schädel mit Hilfe von Messern auf, und bei den meisten Exemplaren zeigten die Bruchkanten an der Basis charakteristische Bearbeitungsspuren, die die künstliche Vergrößerung des *Foramen magnum* (vgl. S. 331) unschwer erkennen ließen.

An dem Stück vom Monte Circeo hingegen fand sich nichts dergleichen, »keine einzige Schnittmarke, keine Kratzspur und kein Schlagmerkmal«, wie White und Toth in ihrem Bericht vermerkten; auch die »Symmetrie der Beschädigungen an der Schädelbasis« sei »anatomisch vorgegeben« und stelle daher »keinen diagnostischen Hinweis auf hominides Handeln dar«.[28] Statt dessen entdeckten die beiden Forscher ein kleines Loch im Bereich der linken Augenhöhle und weitere Beschädigungen, die wahrscheinlich durch Tierzähne verursacht wurden und darauf hindeuten, daß sich Raubtiere an dem Schädel zu schaffen gemacht haben. Tatsächlich wurden in der Fundhöhle zahlreiche Koprolithen (Kotbrocken) von Hyänen gefunden, und auch eine statistische Auswertung der dort abgelagerten Tierknochen durch die Archäozoologin Mary C. Stiner ergab, daß die Grotte wahrscheinlich ein Hyänenhorst war.

Keinerlei Belege für menschliche Manipulationen also, dafür aber deutliche Hinweise auf tierische Aktivität – dieses Ergebnis erschüttert, wie White und Toth zu Recht feststellten, die 50 Jahre lang nahezu unumstrittene Theorie über rituelle Praktiken in der Höhle am Monte Circeo. Derartige Vermutungen könnten sich nun höchstens noch auf die besonderen Fundumstände des Circeo-Schädels stützen, urteilten die Forscher zusammenfassend, doch auch diese seien bei näherem Hinsehen keineswegs so außergewöhnlich wie behauptet: Der »Steinkranz« etwa, der den Schädel umgab und ihn nach Blancs Deutung »ehren« sollte (vgl. S. 333), besaß keineswegs eine so regelmäßige Form, daß er nicht auch durch von der Höhlendecke herabgestürzte Steine entstanden sein könnte.

Sonderbehandlung für Schädel

Ist der urgeschichtliche Schädelkult also eine Fiktion, ein reines Konstrukt der Forschung? Viele Prähistoriker, zumal im englischsprachigen Raum, sind heute in der Tat dieser Auffassung, doch es gibt auch maßgebliche Gegenstimmen, und die Situation ist keineswegs geklärt. Zu denken gibt vor allem die Tatsache, daß an so vielen frühmenschlichen Fundstätten fast nur Schädel, Unterkiefer und Zähne gefunden wurden, nicht aber Knochen vom übrigen Skelett. Nach einer neueren Aufstellung der Prähistorikerin Eva-Maria Holtkamp bestehen beispielsweise 48 Prozent aller bekannten Neandertalerfunde ausschließlich aus Schädeln und Schädelteilen, weitere 24 Prozent allein aus Zähnen; nur 10 Prozent der Funde umfassen vollständigere Skelettreste und 17 Prozent Knochen vom Körperskelett. Bei den aufgefundenen Fossilien vom Homo erectus machen die Schädel und Schädelteile sogar 71 Prozent aus – Zähne sowie Knochen vom übrigen Skelett sind mit jeweils 13 beziehungsweise 14 Prozent vertreten, und Funde größerer Skelettpartien bleiben mit nur zwei Prozent seltene Ausnahmen. Diese Auslese ist merkwürdig und kann kaum allein aus den Überlieferungsbedingungen erklärt werden, zumal sie bei Tierresten nicht in dieser Weise zu beobachten ist; sie läßt vielmehr, wie sogar der eher skeptische André Leroi-Gourhan 1964 einräumte, die Möglichkeit real erscheinen, »daß die Menschen des Paläolithikums isolierte Schädel aufhoben«.[29]

Ein zweiter bedeutsamer Umstand ist die Tatsache, daß aus dem Mittelpaläolithikum nicht nur zahlreiche Schädelfunde ohne Skelett, sondern auch einige Skelettfunde ohne Schädel bekannt sind. 1983 fand man beispielsweise in der Kebara-Höhle in Palästina das ausgezeichnet erhaltene Skelett eines erwachsenen Neandertalers aus der Zeit vor 60 000 Jahren, dessen Unterkiefer zwar vorhanden war, dessen Schädel aber fehlte. Aus verschiedenen wohlüberlegten Gründen schlossen die Ausgräber ein natürliches Verschwinden oder eine Verschleppung durch Raubtiere aus und vermuteten, daß das Haupt des Toten absichtlich und mit Sorgfalt entfernt wurde. In ähnlicher Weise kam schon 1921 auf dem Neandertalerfriedhof von La Ferrassie in der Dordogne (vgl. Kap. 2) das Skelett eines etwa dreijährigen Kindes zutage, dessen Schädel – ohne Unterkiefer und Zähne – 1,25 Meter vom Körper entfernt begraben war. Warum die Schädel von diesen Skeletten abgetrennt wurden und was anschließend mit ihnen geschah, ist nicht bekannt; die Funde geben aber doch einen deutlichen Hinweis darauf, daß die Neandertaler beim Umgang mit den Toten dem Kopf offenbar zumindest ab und zu eine Sonderbehandlung zuteil werden ließen.

Jungpaläolithische Grabsitten

Damit sind wir beim letzten Punkt unserer Betrachtung angelangt, den »regulären« Bestattungen nämlich, bei denen wir zum Glück etwas festeren Boden unter den Füßen haben. Aus der Altsteinzeit sind insgesamt über 130 Gräber bekannt – darunter fast drei Dutzend von Neandertalern, deren älteste, im Nahen Osten aufgefundene, aus der Zeit vor rund 100 000 Jahren stammen. Seit dieser Zeit hat der frühe Mensch also zumindest einige seiner Toten bewußt in der Erde beigesetzt; aus den Jahrhunderttausenden davor besitzen wir keine entsprechenden Zeugnisse.

Am eindrucksvollsten erscheinen die Bestattungen aus dem Jungpaläolithikum. Die Verstorbenen wurden – in gestreckter Rückenlage

Abb. 95 Jungpaläolithische Hockerbestattung gefunden bei Les Eyzies, Dordogne (Foto: Erich Lessing)

oder mit angezogenen Beinen auf der Seite liegend – zumeist im Eingangsbereich von Höhlen oder unter Felsschutzdächern (Abris) begraben (Abb. 95); aus Osteuropa ist aber auch eine größere Anzahl von Bestattungen unter freiem Himmel bekannt. Teilweise wurden natürliche Bodenvertiefungen genutzt, teilweise hob man aber auch eigens Gruben aus, in denen man den Leichnam – bisweilen von Steinsetzungen umgeben oder durch Steinplatten geschützt – zur letzten Ruhe bettete. Oftmals wurde er dabei reich geschmückt oder mit anderen Beigaben versehen: Schon an früherer Stelle haben wir ja das Grab von Sungir bei Moskau mit seinen umfangreichen Schmuckarrangements kennengelernt (Abb. 96) und reich mit Ketten und Zierbändern aus Muscheln, Hirschzähnen und Fischwirbeln waren auch mehrere jungpaläolithische Bestattungen geschmückt, die man um die Jahrhundertwende bei Grimaldi an der ligurischen Rivieraküste ausgrub. Körper- und Kleidungsschmuck in etwas bescheidenerem Umfang ist auch sonst Bestandteil vieler jungpaläolithischer Bestattungen. Außerdem ist in den zumeist älteren Ausgrabungsberichten häufig von der Beigabe steinerner oder knöcherner Werkzeuge und von Fleischportionen als »Wegzehrung für das Jenseits« die Rede; einige der in diesem Zusammenhang genannten Geräte sind in

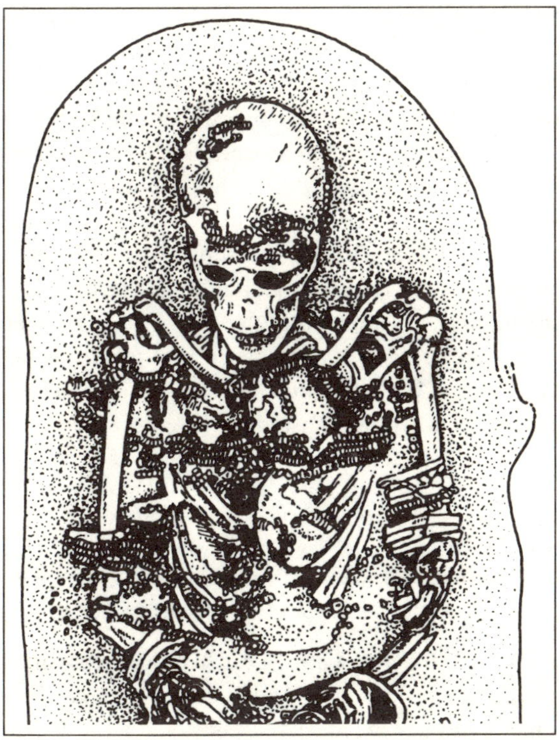

Abb. 96
Männerbestattung von Sungir in Rußland mit bänderartig angeordneten Schmuckelementen (ca. 28 000 Jahre alt)

der Tat von so außergewöhnlicher Schönheit oder Größe, daß sie mit einiger Sicherheit Totenbeigaben gewesen sein dürften. In vielen Fällen ist aber auch Vorsicht geboten, weil die Gräber nicht selten in gewöhnliche Kultur- und Siedlungsschichten eingetieft wurden, so daß Artefakte und Tierknochen auch aus diesen Ablagerungen stammen können.

Jenseitsglaube in der Eiszeit?

Manche Autoren schließen aus der Beigabensitte im Jungpaläolithikum, daß schon der frühmoderne Mensch an ein Weiterleben nach dem Tode geglaubt habe und die Verstorbenen für dieses Weiterleben mit Kleidung und Gerätschaften, Speis und Trank versehen wollte. Dieser Schluß ist indes keineswegs zwingend, denn wirklich »komplette« und funktionstüchtige Arbeits- oder Jagdausrüstungen fehlen unter den jungpaläolithischen Totenbeigaben fast völlig. Im Mittelpunkt der Beigabensitte stand ganz eindeutig der »symbolische« Schmuck, und dieser muß nicht unbedingt als Ausstattung für ein jenseitiges Leben gedacht gewesen sein; es kann sich auch um einfache Abschiedsgeschenke für den Verstorbenen oder um seine schon zu Lebzeiten getragenen Pretiosen und »Statussymbole« (vgl. Kap. 10) gehandelt haben, die als Teil seiner Persönlichkeit betrachtet wurden und ihn daher ganz selbstverständlich auch in den Tod begleiteten.

Ein weiteres Merkmal des jungpaläolithischen Grabbrauchs war die häufige Verwendung pulverisierter roter Farbstoffe (vgl. Kap. 10). Viele der Bestatteten ruhten auf einem »Bett« aus Rötel oder Ocker, waren mit diesen Mineralien bestreut oder von ihnen umgeben, so daß die Knochen in einigen Fällen tiefrot gefärbt aus der Erde kamen. Dieser Farbstoffgebrauch hatte mit großer Wahrscheinlichkeit eine tiefergehende symbolische Bedeutung: Rot ist nicht nur die am intensivsten wahrgenommene Farbe, es wird auch bis heute mit elementaren Substanzen oder Kräften wie Blut und Feuer, Leidenschaft und Leben in Verbindung gebracht. Der Gedanke liegt nahe, daß es dieser Symbolwert der Farbe war, der die Jungpaläolithiker dazu veranlaßte, ihre Verstorbenen mit Rötel zu bestreuen. Der Urgeschichtsforscher R. R. Schmidt mutmaßte schon 1934, es sei ihnen darum gegangen, »auf diese Weise dem Toten die Farbe zu bewahren, damit er wie im Leben strahle«,[30] und sein Kollege Georg Kraft schrieb 1942:

> »*Weil* Blut, Feuer, Sonne rot und warm sind, *weil* der Lebende Blut in den Adern hat und warm ist, kann Rötel Stellvertreter von Blut und Leben sein und darum wird der Tote (...) mit Rötel bestrichen: um ihm Blut und Leben zu geben.«[31]

Welche Motivation der Rotfärbung des Grabes auch immer zugrunde lag, fest steht, daß es sich um einen Brauch handelte, der auch in der jüngeren Menschheitsgeschichte immer wieder ausgeübt wurde. Alberto

Blanc, der Mitentdecker des Schädels vom Monte Circeo, schrieb darüber 1961:

»Die Praxis hat in Europa bis in historische Zeit überlebt, in die griechische, etruskische und römische Antike, wie zahlreiche Gräber und Sarkophage bezeugen, die Spuren von roter Bemalung im Inneren aufweisen. Homer und andere klassische Autoren berichten, daß die Toten in rote Leichentücher eingewickelt wurden, und der gleiche Begräbnisritus wurde von den Edelleuten im Florenz des 15. Jahrhunderts praktiziert. In der Gegenwart wird der verstorbene Papst in ein rotes Tuch gehüllt.«[32]

Alles in allem bezeugen die jungpaläolithischen Gräber ein bereits hochentwickeltes Totenbrauchtum, das bei den Bestattungen des Mittelpaläolithikums noch fehlt oder höchstens in Ansätzen erkennbar ist. Eine Einbettung des Leichnams in Rötel ist von keinem Neandertalergrab her bekannt – in einigen Fällen berichteten die Ausgräber allerdings von Farbstoffbrocken in der Umgebung des Toten, die sie als Beigaben interpretierten. Manche Neandertalerbestattungen sollen außerdem Steingeräte und Fleischportionen als Grabbeigaben aufgewiesen haben, doch stellt sich hier wie bei den entsprechenden jungpaläolithischen Befunden das Problem der Abgrenzung von den gewöhnlichen Siedlungsabfällen (vgl. S. 343), so daß diese Beobachtungen unsicher bleiben. Schmuckstücke wurden – soweit bisher bekannt – keinem Neandertaler bei der Bestattung mitgegeben. Steinerne Einbauten oder Steinpflaster, wie sie von einigen der Gräber gemeldet wurden, können angesichts der Möglichkeit natürlicher Felsverstürze ebenfalls nicht als gesicherte Ausstattungselemente gelten. So bleibt das Bild leider etwas unscharf, nicht zuletzt wegen des Fehlens einer präzisen Befunddokumentation bei den zumeist älteren Ausgrabungen.

Das »Blumengrab« von Shanidar

Diese Unschärfe hat mit dazu beigetragen, daß in jüngster Zeit sogar die Existenz der Neandertalergräber selbst in Zweifel gezogen wurde. 1989 veröffentlichte der amerikanische Archäologe Robert H. Gargett – beflügelt durch das zu dieser Zeit in Mode gekommene »Knacken archäologischer Forschungsmythen« – einen Aufsatz, in dem er die Befunde von sechs »klassischen« Neandertaler-Grabstätten einer kritischen Prüfung unterzog und dabei zu dem Ergebnis kam, in keinem einzigen der Fälle lägen sichere Beweise für eine Bestattung vor.

Eine der untersuchten Stationen war die Shanidar-Höhle in Irakisch-Kurdistan, in der der amerikanische Archäologe Ralph Solecki während der fünfziger Jahre die Skelettreste von insgesamt neun Neandertalern entdeckt hatte. Einer von ihnen hatte die besondere Aufmerksamkeit der Forschung erregt, denn in seiner unmittelbaren Umgebung fanden sich

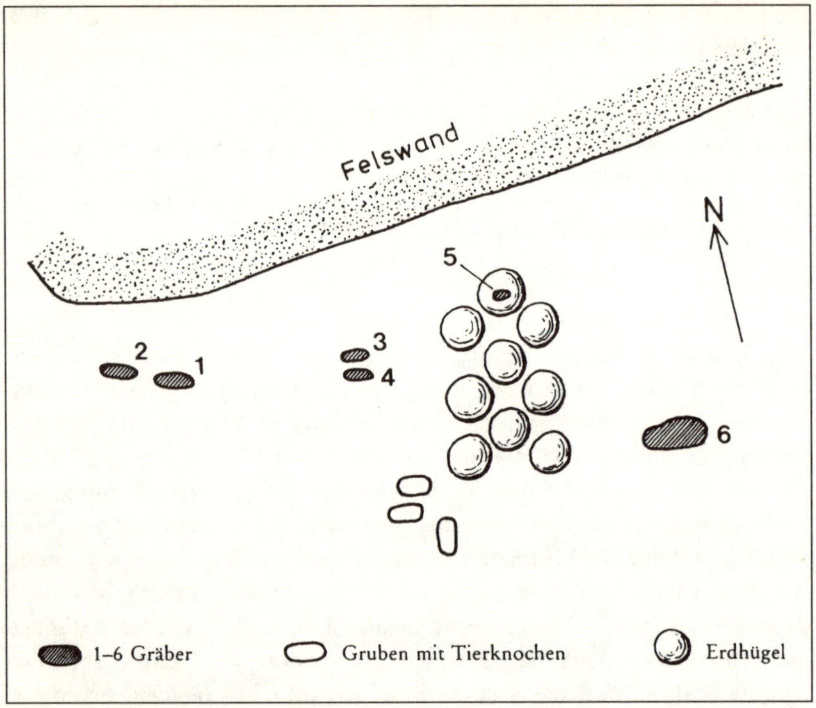

Abb. 97 Schematischer Lageplan von Gräbern und kleinen Erdhügelchen auf dem Neandertalerfriedhof von La Ferrassie in Frankreich

zahlreiche Blütenstaubkörner (Pollen) von buntblühenden Blumenarten, aus denen die Botanikerin Arlette Leroi-Gourhan seinerzeit schloß, der Tote sei vor über 50 000 Jahren »auf einem Bett aus Blumen« beigesetzt worden.[33] Diese Hypothese sorgte Ende der sechziger Jahre für erhebliches Aufsehen und trug wesentlich zur Herausbildung eines »menschlicheren« Bildes vom Neandertaler bei. »Sie läßt vermuten, daß sein Geist trotz seines archaischen Körpers modern war«, urteilte der Ausgräber Solecki damals,[34] und in einem 1971 veröffentlichten populärwissenschaftlichen Werk mit dem Titel *»Shanidar – The First Flower People«* (»Die ersten Blumenkinder«) schrieb er:

»Es ist das Ziel dieses Buches, zu zeigen, daß der Neandertaler uns näher steht als wir bisher zu glauben gewillt waren. Die Tatsache, daß Blumen in einem Neandertalergrab gefunden wurden, wird, so denke ich, eine tiefgreifende Wirkung haben und die letzten Einwände gegen die Einbeziehung (dieses Altmenschen) in unseren Familienstammbaum beseitigen. Wir können ihn ab jetzt nicht mehr teilnahmslos als eine Art von ›Labortier‹ ohne Gefühle und Empfindungen studieren. Er ist ein Teil und ein Abschnitt unserer Vergangenheit, der Anfänge unserer eigenen menschlichen Überlieferung, auch wenn sein Körper noch nicht völlig dem unseren vergleichbar war. Im Neandertaler erkennen wir (das erste Aufleuchten) der Sorge des Menschen um sich selbst, einen Sinn für Zusammengehörigkeit und Familie.«[35]

Dieses Urteil stieß seinerzeit auf allgemeine Zustimmung und wurde von den meisten Forschern übernommen. Die achtziger Jahre hingegen waren keine gute Zeit mehr für Blumenkinder und empfindsame Urmenschen, und so blieb auch das »Blumengrab von Shanidar« nicht unangefochten. Gargett kam in seinem erwähnten Aufsatz zu dem Ergebnis, der fragliche Neandertaler sei aller Wahrscheinlichkeit nach nicht bestattet, sondern – wie seine anderen Artgenossen in der Höhle – von herabstürzenden Felsbrocken getötet und verschüttet worden. Die Deutung der Blumenpollen als Reste von Grabsträußen lehnte der Forscher erst recht ab, denn »diese Interpretation ignoriert die wahrscheinlichste Wirkkraft für die Ablagerung der Blumen: den Wind«. Shanidar sei eine große Höhle, und so bestehe »eine gute Chance, daß irgendein starker Windstoß im Eingangsbereich zarte Blumen ebenso wie Zweige und Äste auf einige Entfernung in die Höhle hineintragen« könne.[36]

Rätselhafte Erdhügelchen

Nicht weniger ablehnend bewertete Gargett auch andere Befunde, die in der früheren Forschung viel Wirbel verursacht hatten. So waren unter dem schon mehrfach erwähnten Felsschutzdach von La Ferrassie in der Dordogne zwischen 1909 und 1921 nicht nur die Skelette von sechs Neandertalern – zwei Erwachsenen und vier Kindern – ausgegraben worden, man hatte darüber hinaus auch eine merkwürdige Struktur aus neun symmetrisch angeordneten kleinen Erdhügelchen freigelegt (Abb. 97), von denen einer die sterblichen Überreste eines neugeborenen Kindes enthielt. Dieser seltsame Befund gab seinerzeit Anlaß zu allerlei Spekulationen über ein hochentwickeltes Totenritual vor 40 000 Jahren und über mögliche symbolische Bezüge (zum Beispiel zur Schwangerschaftsdauer von neun Monaten). Gargett »löste« dieses Rätsel nun, indem er die Erdhügelchen auf frostbedingte Bodenveränderungen zurückführte und die Bestattungen von La Ferrassie als solche in Zweifel zog. »Es ist offensichtlich, daß die fraglichen Einlagerungen auch durch andere Vorgänge als durch absichtsvolles menschliches Handeln erzeugt worden sein können«, schrieb er über die untersuchten Bestattungsplätze insgesamt und sah in ihrer jahrzehntelangen unwidersprochenen Anerkennung den Beleg für eine »vor den sechziger Jahren in der ganzen Disziplin verbreitete Naivität« in taphonomischen Fragen. Solange keine deutlicheren Beweise vorlägen, so Gargett,

> »sollte die Arbeitshypothese lauten, daß die Neandertaler ihre Toten nicht begruben oder Erdschichten auf andere Weise zur Durchführung von Ritualen umlagerten. Die Beweislast, das Vorhandensein von Begräbnis und Ritual unter den Neandertalern zweifelsfrei zu belegen, liegt nunmehr bei den fossilen Zeugnissen.«[37]

Argumente für die Gräberthese

Gargetts Argumentationsweise folgte einem wohlbekannten Muster und lag im Grunde auch durchaus im Trend der englischsprachigen Forschung. Dennoch ging die Selbstverständlichkeit, mit der hier hochkomplexe geologische und archäologische Befunde per »Ferndiagnose« vom Schreibtisch aus umgedeutet wurden, offenbar selbst jenen Forschern zu weit, die eigentlich ähnlich wie Gargett dachten. Sein in der Zeitschrift »*Current Anthropology*« erschienener Aufsatz wurde nach dem dort üblichen Verfahren von einer größeren Zahl von Fachleuten kommentiert, und kaum einer von ihnen stellte sich vorbehaltslos hinter Gargetts Analyse – statt dessen bekam der Forscher deutliche Kritik zu hören. Der amerikanische Anthropologe Harvey M. Bricker wies etwa darauf hin, daß drei der Bestattungen von La Ferrassie 1912 unter der Aufsicht einer hochkarätigen Kommission aus den besten und erfahrensten Urgeschichtsarchäologen jener Zeit geborgen worden waren, die nach der Beendigung ihrer Arbeit in einem gemeinsam unterzeichneten offiziellen Bericht festhielten, am absichtsvollen Begräbnis der Toten könne angesichts der festgestellten Befunde »kein Zweifel« bestehen. »Welches Verständnis der Geomorphologie und Taphonomie«, so fragte Bricker,

> »erlaubt oder gebietet es uns am Ende des 20. Jahrhunderts, die Kompetenz von Capitan, Peyrony, Breuil und anderen (Mitgliedern der erwähnten Kommission, MK) im frühen 20. Jahrhundert als ungenügend zu betrachten? Ich finde nichts dergleichen in Gargetts Diskussion. (...) Keine der von ihm geäußerten Überlegungen zwingt oder berechtigt uns zu der Annahme, daß unsere Vorgänger alles falsch gemacht hätten«.[38]

Arlette Leroi-Gourhan und Ralph Solecki betonten in ihren Kommentaren, daß sie bei der Interpretation des »Blumengrabes« von Shanidar die Möglichkeit eines Pollentransports durch den Wind oder durch Tiere keineswegs »ignoriert«, sondern vielmehr ausgeschlossen hätten. Die in der Umgebung des betreffenden Neandertalerskeletts – und nur dort – aufgefundenen Pollenansammlungen stammten nach Umfang und Zusammensetzung zweifelsfrei von vollständigen Pflanzen, und es hätte nach den Worten Soleckis »eines Hurricansturms bedurft, um Blumensträuße (nicht einzelne Pollen) in die Höhle zu wehen und dabei genau die Stelle zu treffen, an der Shanidar IV (der Neandertaler, MK) lag«.[39] Leroi-Gourhan hatte, wie der Ausgräber weiter hervorhob, in den Bodenproben aus dem Bereich des Grabes sogar den Flügelrest eines Schmetterlings entdeckt, der vor 60 000 Jahren offenbar auf den dort niedergelegten Blumen gesessen hatte.

Und auch sonst gab es nach Ansicht der meisten Kommentatoren ausreichend Gründe, trotz Gargetts Einwendungen an der Existenz von Ne-

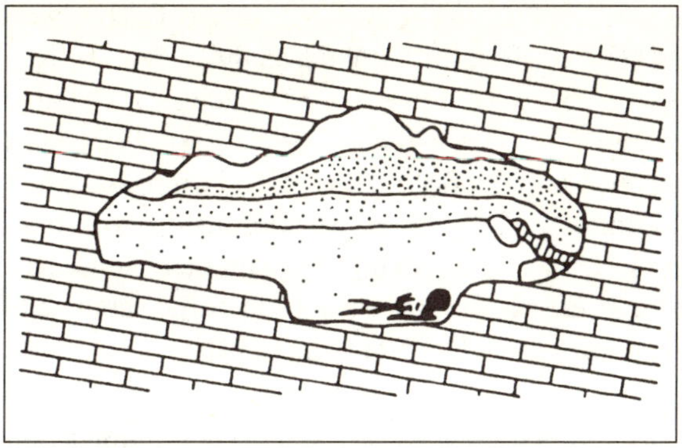

Abb. 98
Das Neandertalergrab von La Chapelle-aux-Saints in Frankreich im schematischen Längsschnitt

andertalergräbern festzuhalten. So hatte man die Skelette an mehreren Fundplätzen in ganz offenkundig künstlich ausgehobenen Gruben gefunden (Abb. 98); Gargett versuchte zwar, diese als natürliche Bodenvertiefungen zu interpretieren, in denen die Verstorbenen vor ihrem Tod möglicherweise Schutz gesucht oder sich zum Schlafen niedergelegt hätten – in einigen Fällen waren die Gruben jedoch von so regelmäßiger und symmetrischer Gestalt, daß eine natürliche Entstehung nahezu ausgeschlossen erscheint.

Auch die auffällige Hockerlage vieler Neandertalerskelette, also ihre Seitenlage mit angezogenen Beinen, ist nach Auffassung zahlreicher Forscher unnatürlich und ein Indiz für ihre absichtsvolle Beisetzung. Gargett argumentierte zwar, diese Position entspreche der natürlichen Schlafstellung und habe sich daher ganz von selbst ergeben, wenn die Betroffenen im Schlummer starben; diese Todesart müßte dann freilich merkwürdig oft vorgekommen sein, denn fast die Hälfte aller guterhaltenen Neandertalerskelette wurde in gekrümmter Haltung aufgefunden. Bei den Bestattungen aus dem Jungpaläolithikum war dies nur sehr viel seltener der Fall.

Schließlich wiesen mehrere Kommentatoren darauf hin, daß allein schon das Vorhandensein mehrerer Dutzend annähernd vollständiger Neandertalerskelette bemerkenswert sei und für ein Begräbnis dieser Individuen spreche. Hätten die Leichname über längere Zeit hinweg unbegraben auf dem Boden der Höhlen und Abris gelegen, dann wären sie unvermeidlich von den damals allgegenwärtigen Hyänen und Wölfen aufgespürt und in Stücke gerissen worden – wie es nach dem Zeugnis zahlreicher bruchstückhafter Fossilien ja offenbar auch nicht selten der Fall gewesen war. Daß so viele relativ vollständige Skelette erhalten blieben, war nach Ansicht der erwähnten Kommentatoren nur möglich, wenn die Toten beizeiten mit Erde bedeckt und dadurch geschützt wurden. Gargett meinte zwar, dies könne auch durch nach und nach herabrieselnde Sedimente, von der Höhlendecke herabgestürzte Felsbrocken oder ähnliches geschehen sein, doch dafür hätte der Zufall – wie die Kritiker einwandten – allzuoft genau zur richtigen Zeit am richtigen Ort mitspielen müssen. Die Annahme eines künstlichen Begräbnisses erscheint hier sehr viel wahrscheinlicher, und ein Beginn dieser Bestattungssitte erst im Mittelpaläolithikum könnte auch erklären, warum aus den vorangegangenen Urgeschichtsperioden keine ähnlich gut erhaltenen Menschenreste vorliegen – vom Homo erectus besitzen wir ja fast nur vereinzelte Schädel und Schädelteile, kaum ganze Skelette (vgl. S. 341).

Vorgefaßte Denkmodelle

Gargetts Arbeit wurde also insgesamt eher kritisch aufgenommen und hatte kaum nachhaltigen Einfluß auf den Gang der Forschung. Sie verdeutlicht aber beispielhaft die ideologische »Sogwirkung«, die der von Binford und anderen eingeleitete Standortwechsel in den achtziger Jahren (vgl. Kap. 7, 8 und 10) auf alle Bereiche der Urgeschichtsforschung ausübte. Gargett bezeichnete seine Untersuchung selbst als »Ergänzung zu anderen jüngst erschienenen oder noch in Arbeit befindlichen Abwägungen der biokulturellen Evolution im Mittelpaläolithikum, die alle darauf abzielen, das Rätsel der festgestellten kulturellen Kluft an der Grenze vom mittleren zum jüngeren Paläolithikum zu lösen«. Diese »Kluft« hatte ihn nach eigenem Bekunden dazu veranlaßt, die Neandertaler-Grabstätten kritisch unter die Lupe zu nehmen, denn:

»Ich war verwirrt von der ›Tatsache‹, daß sie (die Neandertaler, MK) ihre Toten bestatteten und daher angeblich über moderne spirituelle und gefühlsmäßige Fähigkeiten verfügten, obgleich sie augenscheinlich keine Kunst, (...) keine bearbeiteten Knochen (...) und keinen persönlichen Schmuck kannten.«[40]

Um diesen Widerspruch aufzulösen, verfaßte Gargett seine Arbeit. »Die Herausnahme der Bestattungssitte aus dem Verhaltensrepertoire der Neandertaler könnte uns dabei helfen«, so erläuterte er, »das Durcheinander im Mittelpaläolithikum und letztlich auch in den Fragen des Übergangs zum verhaltensmäßig modernen Menschen zu beseitigen.« Anders gesagt: Man mußte den Neandertaler auch auf spirituellem Gebiet ein wenig »primitiver« machen, damit er besser in das alt-neue Bild paßte, das viele angloamerikanische Forscher gerade von ihm zu entwerfen im Begriff waren (vgl. Kap. 4). Daß es dabei letztlich um die Untermauerung vorgefaßter Denkmodelle und Konzeptionen ging, gab Gargett unumwunden zu: »Meine Neigung, die Entwicklungszeugnisse unserer Art auf einen einzigen Ursprung zurückzuführen, verlangt von mir«, so bekannte er, »nach Diskonformität zu suchen, und zwar in körperlicher wie in verhaltensmäßiger Hinsicht.«[41]

Das Mysterium des Todes

Soviel zu den ideologischen Hintergründen und Motiven aktueller Urgeschichtsforschung. Gargetts Bemühungen, die Neandertaler auch auf dem Gebiet der Totenbehandlung zu »entmenschlichen«, hatten indes wie erwähnt nicht den gewünschten Erfolg. Die Mehrheit der Fachleute geht nach wie vor von der Existenz von Neandertalerbestattungen aus, und damit stellt sich die Frage, was diese über das Denken und Fühlen der Altmenschen auszusagen vermögen. Zweifellos spiegelt sich schon in der einfachen Sitte der Grablegung eine bewußte Auseinandersetzung mit dem Mysterium des Todes. Der Tod hat ja selbst in unserer heutigen, von Wissen und Ratio geprägten Gesellschaft kaum etwas von seiner Unfaßbarkeit verloren, und um so elementarer mußte sich das Problem für die Menschen der Altsteinzeit stellen, die die Abläufe des Lebens und Sterbens zwar aus alltäglicher Erfahrung kannten, sie sich aber nicht zu erklären vermochten. »Was empfanden diese Menschen im Angesicht eines toten Körpers?« fragte F.M. Bergounioux 1961 und versuchte sich in ihre Gefühle hineinzuversetzen:

> »Was konnte diese Erstarrung, diese Kälte, dieses eindrucksvolle und endgültige Verstummen bedeuten? Der tote Mensch ist da, daran kann kein Zweifel bestehen; doch er spricht nicht, er scheint nichts zu sehen oder zu hören – umso furchterregender wirkt er. Es scheint, als wahre er eifersüchtig ein schreckliches Geheimnis.«[42]

Die Beisetzung des Verstorbenen in der Erde – möglicherweise verbunden mit Zeremonien, von denen wir nichts wissen und über die wir nur spekulieren können – muß den damaligen Menschen geholfen haben, dieses Mysterium, dieses »schreckliche Geheimnis« zu verarbeiten und zu bewältigen, so wie das feierliche Begräbnis der Toten uns noch heute dabei hilft. Ob die Altsteinzeitmenschen dem Verstorbenen durch die Bestattung darüber hinaus ein Weiterleben im Jenseits ermöglichen wollten (vgl. S. 343), ob sie seinen Leichnam umgekehrt vielleicht fürchteten und durch die Grablegung zu »bannen« versuchten oder ob sie einfach verhindern wollten, daß er von Raubtieren zerrissen und in alle Winde verweht wurde, wissen wir nicht – wir können nur mit einer gewissen Zuversicht annehmen, daß es Motive solcher Art waren, die die Bestattungssitte hervorbrachten. Einige betont nüchtern und »modern« denkende Urgeschichtsforscher haben zwar eingewandt, es könne den Paläolithikern auch nur darum gegangen sein, sich der verwesenden und für die Gesundheit gefährlichen Leichname aus hygienischen Gründen möglichst wirksam zu entledigen. Doch dieser Einwand ist kaum überzeugend, denn allein für diesen Zweck wäre keine aufwendige Erdbestattung erforderlich gewesen – ein einfaches Niederlegen der Toten in der weithin unbesiedelten Landschaft, wie es von manchen historischen Indianerstämmen praktiziert wurde, hätte völlig ausgereicht. Aus »hygienischen« Gründen beerdigen mußte man die Toten nur dann, wenn sie unmittelbar an der Wohnstätte der Lebenden ihre letzte Ruhe finden sollten – doch zeugt eine solche »Siedlungsbestattung« ihrerseits wieder von Gefühlen der Verbundenheit, die weit über rein »praktische« Motive hinausgehen.

Es sieht also ganz so aus, als hätten wir in den Bestattungen der Neandertaler vor 40 000, 60 000 oder 100 000 Jahren tatsächlich bereits aussagekräftige Zeugnisse »humanen« Denkens und Handelns, ja wahrscheinlich sogar religiösen oder spirituellen Empfindens vor uns. Zusammen mit den Hinweisen auf Schmuck, Ästhetik und Musik schon bei den älteren Menschenformen (vgl. Kap. 10 und S. 326) läßt das Vorhandensein der Grabsitte seit etwa 100 000 Jahren den Schluß zu, daß unsere vormodernen Ahnen keineswegs so primitiv, »kulturlos« und unfähig zum symbolischen Denken waren, wie sie von manchen Forschern heute (wieder) dargestellt werden. Ihre archäologischen Hinterlassenschaften weisen sie als unsere Wegbereiter auch in geistiger und emotionaler Hinsicht aus, und wir sollten das kreative und schöpferische Erbe, das wir von ihnen übernommen haben, nicht verleugnen.

Nachwort

Der Mythos vom Super-Sapiens: Eine Polemik

In den Werken, die sich mit dem Menschen der Vorzeit befassen«, schrieb André Leroi-Gourhan als Resümee seiner zitierten Studien zum urgeschichtlichen Kult,

»wechselt dessen religiöse Persönlichkeit ganz nach den Vorstellungen der jeweiligen Autoren: bald ist er blutdürstiger Magier oder frommer Sammler von Schädeln seiner Vorfahren, bald ekstatischer Tänzer oder illusionsloser Philosoph; sein Verhalten wäre besser nicht an den Tatsachen zu studieren, die (...) zuweilen sehr schmal sind, sondern an den Biographien der Prähistoriker.«[1]

Das gilt, wie in diesem Buch umfassend vorgeführt wurde, keineswegs nur für die urgeschichtliche Religion, sondern für nahezu alle Gebiete des frühmenschlichen Denkens und Handelns. Robert G. Bednarik bemerkte daher 1992 ebenso ironisch wie zutreffend, bevor es gelingen könne, »eine auch nur halbwegs wissenschaftliche ›Archäologie der Ideologie‹ zu schreiben«, werde es »nützlich sein, ein wesentlich besseres Verständnis der ›Ideologien in der Archäologie‹ zu gewinnen«. »Sie und die Mythen, die sie hervorbringen«, fuhr der Forscher fort,

»unterscheiden sich signifikant in verschiedenen Teilen der Welt, und es ist keine leichte Aufgabe, aus ihnen den winzigen Teil herauszufiltern, der mit Recht als wissenschaftlich gesichertes Wissen angesehen werden kann.«[2]

Keine Forschung ohne Mythen

Diese Ideologieanfälligkeit der Urgeschichtsforschung und ihre Tendenz zur Mythenbildung, die in jedem einzelnen Kapitel dieses Buches deutlich geworden ist, hängt einerseits mit der Vieldeutigkeit der urgeschichtlichen Quellen zusammen, auf die bereits im Vorwort hingewiesen wurde, andererseits aber gewiß auch mit der Bedeutung der Urmenschenforschung für unser heutiges Selbstverständnis. An der Schnittstelle zwischen biologischer und kultureller Evolution angesiedelt und mit den Problemen der Grenzziehung im Übergangsbereich zwischen Tierwelt und menschlicher Gesellschaft befaßt, ersetzt sie im wissenschaftlichen Zeitalter gewissermaßen die im ersten Kapitel erwähnten Ursprungsmythen der Naturvölker und erfüllt damit eine hochgradig identitätsstiftende Funktion. Daher liegt die Tendenz nahe, unsere eigene Weltsicht in diese frühe Vergangenheit hineinzuprojizieren und sie als Spiegel unserer eigenen Empfindungen, Ängste, Träume und Ideale zu benutzen. *Nosce te ipsum* (lat. »Erkenne dich selbst«) pflegte früher über Werken zur menschlichen Entwicklungsgeschichte zu stehen, und in diesem Motto kommt die erwähnte Spiegelfunktion gut zum Ausdruck. »Die Linie, die unsere Kultur zwischen Mensch und Tier zieht, ist ebensosehr eine moralische wie eine konzeptionelle Grenze«, schreibt der amerikanische Anthropologe Matt Cartmill dazu, »präziser gesagt: es ist *die* moralische Grenze überhaupt«. Daher

> »sind die Geschichten, die wir über die menschlichen Ursprünge erzählen, Mythen, selbst dann, wenn sie wahr sind; und das Grundanliegen dieser Geschichten ist es, die menschliche Kontrolle und Beherrschung der Natur zu erklären und zu legitimieren.«[3]

Die heutige Generation angloamerikanischer Urgeschichtsforscher hält sich viel darauf zugute, nicht mehr so vorschnell zu urteilen und zu interpretieren, wie es in der älteren Forschung üblich war. In der Tat haben Binford und seine Schüler manche frühere Lehrmeinung überzeugend als Forschungsmythos entlarvt und so einen wichtigen Beitrag dazu geleistet, daß man heute detailliertere Fragen an das archäologische Material stellt, es einer exakteren Prüfung unterzieht. Das ist ein nicht zu unterschätzender Fortschritt, und doch führen richtige Fragen, wie wir an verschiedenen Beispielen sehen konnten, nicht immer und automatisch auch zu richtigen Antworten. So kann der Sturz alter Mythen nur allzu leicht darauf hinauslaufen, daß sie durch neue ersetzt werden.

Es ist ein je nach Sichtweise tragischer oder grotesker Umstand, daß gerade jene wissenschaftliche Schule, die vor über 20 Jahren mit dem Vorsatz aufbrach, die Urmenschenforschung vom Ballast mythischer Konstrukte und phantastischer Spekulationen zu befreien, mit der Theorie vom weltweiten Siegeszug des Homo sapiens sapiens selbst einen Mythos geschaffen hat, der alle früheren an Anspruch und Anmaßung um einiges übertrifft – einen »Mega-Mythos« gewissermaßen, der alle Fragen unseres Ursprungs »auf einen Streich« zu lösen verspricht. Das eine Grundelement dieses Mythos ist die Theorie vom Auszug unserer frühmodernen Vorfahren aus Afrika und ihrer schnellen und erfolgreichen Kolonisierung der ganzen Welt (vgl. Kap. 4); hinzu kommt als zweites Hauptmotiv die Hypothese vom noch sehr jungen Ursprung der menschlichen Kultur, vom jungpaläolithischen »Big bang« (vgl. Kap. 10).

Licht und Dunkel der »Out of Africa«-Theorie

Die »Out of Africa«-Theorie präsentierte sich in der zweiten Hälfte der achtziger Jahre betont modern und »naturwissenschaftlich-exakt«. Sie basierte maßgeblich auf Daten der Genetik, der in unserer Gesellschaft bekanntlich so ziemlich alles zugetraut wird, und auf computergestützten Auswertungen und Stammbäumen, die das Flair von »High-Tech« und nüchterner Objektivität noch verstärkten. In der Öffentlichkeit und den Medien wurde sie überdies geschickt als weltoffene, »emanzipatorische« Theorie verkauft, die Vorurteile zu überwinden helfe. Erstmalig figurierte hier eine »Eva« anstelle des früher obligatorischen »Adam« als Ursprung der heutigen Menschheit, und obgleich dieser Umstand zunächst nur »technischen« Faktoren geschuldet war (der Weitergabe der mitochondrialen DNA über die mütterliche Linie, vgl. Kap. 4), verlieh er der Theorie doch auch einen sehr zeitgemäßen, geradezu »feministischen« Touch. Und daß diese »Eva« mutmaßlich schwarz war und aus Afrika stammte, jenem Erdteil, der sonst meist nur im Zusammenhang mit Hungersnöten und Katastrophen in den Schlagzeilen der Weltpresse erscheint, unterstrich noch die Ausstrahlung von Vorurteilsfreiheit, Unkonventionalität und »Weltoffenheit«.

Vor allem aber galt und gilt die »Out of Africa«-Theorie als wichtiger Beitrag zur Überwindung von Rassenvorurteilen und Ethnozentrismus: Da wir alle aus einer noch sehr jungen gemeinsamen Wurzel stammen und ungeachtet unserer unterschiedlichen Hautfarbe und unserer sonstigen Besonderheiten »genetische Afrikaner« seien, so wurde und wird argumentiert, bleibe für Rassendiskriminierungen kein Raum mehr; es könne als nunmehr auch wissenschaftlich bewiesen gelten, daß »alle Menschen Brüder« (oder Schwestern) sind. Ein populärwissenschaftliches Buch des Genetikers und »Out of Africa«-Vorkämpfers Luca Cavalli-Sforza erhielt daher in Deutschland den Untertitel »Ein Genetiker entzieht dem Rassismus die Grundlage«,[4] und in zahlreichen Zeitungen und Zeitschriften wurden Artikel über die »Eva«-Theorie mit Fotocollagen von Menschen unterschiedlichster Rassenzugehörigkeit illustriert, um die neu untermauerte Einheit der Menschheit auch optisch zu verdeutlichen.

Nun ist das faktische Fundament der »Out of Africa«-Theorie, wie wir im 4. Kapitel gesehen haben, heute alles andere als unumstritten, und auch die Stellungnahmen zur anti-rassistischen Essenz dieser Theorie vermögen bei näherem Hinsehen kaum zu überzeugen. Denn soll die Einheit der Menschheit und die Gleichwertigkeit aller Rassen wirklich von der Frage abhängig gemacht werden, ob wir uns erst vor wenigen Jahrzehntausenden voneinander »trennten« und eine bis auf Nuancen identische Genausstattung besitzen – ob also, wie man früher in »völkischer« Manier gesagt hätte, »das gleiche Blut in unseren Adern fließt«? Wären tatsächlich rassistische Schlußfolgerungen unausweichlich, wenn sich als unsere letzten gemeinsamen Vorfahren nicht die frühmodernen Afrikaner vor 100 000 Jahren erweisen würden, sondern die Homo erectus-Gruppen, die vor rund 2 Millionen Jahren den Schwarzen Kontinent verließen und Eurasien zu besiedeln begannen (vgl. Kap. 3)? Hat nicht gerade dieses Denken in Kategorien abstammungsmäßiger »Nähe« und »Ferne« und die entsprechende Annahme »reiner«, unvermischter Entwicklungslinien den Rassismus historisch entscheidend befördert? Entspricht das moderne »multiregionale Modell« der Menschheitsevolution, das regional unterschiedliche Entwicklungszweige, aber auch einen ständigen genetischen Austausch, also eine Vermischung zwischen diesen Regionalgruppen des frühen Menschen annimmt (vgl. Kap. 4), nicht viel eher unseren heutigen Vorstellungen von ethnischem Kontakt und Austausch? Bietet es den Anhängern einer »multikulturellen« und »multiethnischen« Lebensweise nicht ein viel ansprechenderes und sympathischeres Modell als die Vorstellung einer ultra-expansiven Menschengruppe – sei sie nun schwarz, weiß oder welcher Hautfarbe auch immer –, die sich die gesamte Welt im Triumphzug unterwarf und wie eine Dampfwalze alle anderen Bevölkerungen niedermachte, die ihr dabei begegneten?

Man kann auf diese Fragen natürlich mit Recht erwidern, daß es völlig unmaßgeblich ist, was uns sympathischer oder unsympathischer, ansprechender oder abstoßender erscheint, weil die evolutionäre Realität sich kaum an unseren Vorstellungen von »political correctness« orientiert haben dürfte. Doch dieser Einwand muß dann gleichermaßen auch gegen die Propagandisten der »Out of Africa«-Theorie erhoben werden, die die Problematik des Rassismus selbst in den Vordergrund gerückt haben, um Sympathiewerbung für ihr Modell zu betreiben, und die bisweilen eine Art »Monopol« auf anti-rassistische Positionen für sich in Anspruch nehmen möchten. Dieser »ideologischen« Vermarktungsstrategie gegenüber ist es durchaus angebracht, auf die dunklen und aggressiven, ja geradezu »imperialistischen« Züge hinzuweisen, die das »Out of Africa«-Szenario eben auch aufweist.

Warum triumphierte der moderne Mensch?

In der Tat ist der eigentliche »Knackpunkt« und Pferdefuß dieses Szenarios in seiner heute vorherrschenden Form die Vorstellung von der totalen Verdrängung aller älteren Menschenformen durch unsere Vorfahren und vom daraus resultierenden »reinrassig afrikanischen« Genpool der frühesten modernen Populationen überall auf der Welt. Diese Hypothese war ursprünglich nicht Bestandteil der »Out of Africa«-Theorie, wie die Paläanthropologen sie auf der Basis des fossilen Materials entwarfen (vgl. Kap. 4) – ins Spiel gebracht und mit äußerster Rigorosität durchgesetzt wurde sie vielmehr von den Molekularbiologen, die auf die Exaktheit und Unfehlbarkeit ihrer Daten pochten. Die Mehrheit der Fossilforscher gab diesem vermeintlichen Druck des Faktischen im Laufe der Jahre mehr oder minder überzeugt nach und übernahm das Verdrängungsmodell, ohne den im wahrsten Sinne des Wortes »unglaublichen« Erfolg unserer frühmodernen Vorfahren auch nur halbwegs schlüssig und überzeugend erklären zu können. Denn diese hatten mit ihren bescheidenen Mitteln angeblich zustande gebracht, was keinem noch so mächtigen und aggressiven Eroberervolk der überlieferten Menschheitsgeschichte jemals gelang: sich auf der gesamten bewohnbaren Erdoberfläche als einzige überlebende Bevölkerung festzusetzen und alle anderen Menschengruppen mit Stumpf und Stiel auszulöschen.

Dieses Problem wurde wie beschrieben an die Urgeschichtsarchäologen weitergereicht und gab hier jenen Forschern ungeheuren Auftrieb, die schon zuvor eher eine Kluft als einen gleitenden Übergang zwischen der Kulturperiode des frühmodernen Menschen – dem Jungpaläolithikum – und den vorangegangenen Kulturepochen des Neandertalers und des Homo erectus – dem Mittel- und Altpaläolithikum – gesehen hatten. Diese Forscher nahmen die vermeintlich nachgewiesene »Nichtkontinuität« der anthropologischen und genetischen Entwicklung in Eurasien zum Anlaß, auch in der kulturellen Evolution einen entsprechenden Bruch zu proklamieren, wobei alle anspruchsvollen und »fortschrittlichen« Elemente ausschließlich den afrikanischen Einwanderern zugeschrieben wurden, während für die einheimischen Alt- und Frühmenschen jener Teil der Überlieferung reserviert blieb, der Stagnation und Rückständigkeit zu spiegeln schien (vgl. etwa die in Kap. 10 nachgezeichnete Debatte über den frühesten Schmuck oder die in Kap. 11 wiedergegebene Diskussion über die Neandertaler-Bestattungen). Die geistige Überlegenheit und das kreative Genie unserer frühmodernen Vorfahren wurde als Folge der »Out of Africa«-Theorie also noch stärker betont als je zuvor; im Gegenzug spielte man die Fähigkeiten und Leistungen der älteren Menschenformen auch dort immer weiter herunter, wo sie ganz offensichtlich waren – beispielsweise in der Werkzeugherstellung und bei der Jagd (vgl. Kap. 5 und 8). Das so entstandene Zerrbild erweckte längst überwunden geglaubte Vorurteile und Klischees wieder zum Leben; es zeigte unsere älteren Vorfahren erneut als jene geistig umnachteten und kulturlosen Halbtiere, die man in der Frühzeit der Forschung in ihnen gesehen hatte (vgl. Kap. 2 und 4).

Die »Out of Africa«-Hypothese und die »Big bang«-Theorie ergänzten und stützten sich auf diese Weise gegenseitig, bis sie fast untrennbar miteinander verwachsen waren: Die »Big bang«-Theorie bot mit dem Motiv der einmaligen Kulturbegabung und hochgradigen Überlegenheit des modernen Homo sapiens eine einleuchtende Erklärung für den angeblichen Erfolg der afrikanischen Auswanderer; und die »Out of Africa«-Hypothese lieferte mit dem Ausbreitungs- und Verdrängungsszenario den scheinbaren Beweis für die Realität dieser Überlegenheit. Beide zusammen ließen das (vermeintlich) Geschehene als unvermeidlich und vorgezeichnet erscheinen: Der Neandertaler und der Homo erectus mußten dem modernen Menschen weichen, weil sie intellektuell hoffnungslos unterlegen und rückständig waren – ihre eigene Unfähigkeit machte sie zu evolutionären »Verlierern«. Verlierer aber gelten nichts in unserer heutigen Gesellschaft, die einem exzessiven Kult des »Siegens« huldigt und immer häufiger nur den Erfolg als Qualitätsmerkmal anerkennt. Aus einem (vermuteten) evolutionären Ereignis vor 30 000 Jahren wurde so ein exemplarischer Vorgang, ein Lehrstück für unsere Zeit: Wer dem Fortschritt im Wege steht und sich nicht weiterentwickelt, der hat sein Existenzrecht verspielt – »wer zu spät kommt, den bestraft das Leben«.

Evolution und Zufall

Dabei könnte im Prinzip auch alles ganz anders gewesen sein, denn die Evolution hat nur selten die innere Logik und Folgerichtigkeit, die ihr hier unterstellt wird; sie ist über weite Strecken durch pure Zufälle bestimmt. Die berühmten Dinosaurier beispielsweise starben nicht deshalb vor 65 Millionen Jahren plötzlich aus, weil sie zu plump waren, »zuviel Panzer und zuwenig Hirn« besaßen, wie es ein beliebtes Bonmot der siebziger Jahre unterstellte, sondern weil ein riesiger Meteorit auf der Erde einschlug und soviel Staub und Schmutzpartikel in die Atmosphäre schleuderte, daß die Pflanzenwelt, auf die diese Urzeitgiganten mehr als alle anderen Tiere für ihre Ernährung angewiesen waren, in lang andauernder Kälte und Dunkelheit erstarb. Nicht nur »Fähigkeit« und »Leistung« entscheiden also über evolutionären Erfolg oder Mißerfolg, wie uns das eine moralisierende Weltsicht seit langem weismachen möchte, sondern sehr viel öfter auch Zufall und Glück, plötzliche Umweltveränderungen oder andere unwägbare Naturfaktoren.

Sollte die Geschichte von der vollständigen Auslöschung der Neandertaler und ihrer Gene also tatsächlich stimmen – worüber wie erwähnt das letzte Wort noch nicht gesprochen ist –, so folgt daraus keineswegs zwangsläufig, daß sie ihren frühmodernen Zeitgenossen in Leistungsvermögen und kultureller Anpassungsfähigkeit hoffnungslos unterlegen waren; sie können ihnen völlig ebenbürtig gewesen und dennoch durch einen evolutionären »Zufall« oder eine sich ins Negative kehrende Anpassung zum Untergang verurteilt worden sein. Möglicherweise waren sie zu lange dem evolutionären »Streß« der letzten Eiszeit ausgesetzt, deren Klima sie immerhin fast 50 000 Jahre lang erfolgreich getrotzt hatten. Vielleicht wurden aber auch die körperlichen Anpassungen, die sie zum Schutz vor der Kälte entwickelt hatten (vgl. Kap. 2), zu einem Handicap für sie. Es fällt nämlich auf, daß das Verschwinden der Neandertaler in eine Phase kurzzeitiger Klimaverbesserung fiel. So ist durchaus denkbar, daß der kräftige und muskulöse Körper, der diesen Altmenschen das Überleben unter kaltzeitlichen Bedingungen ermöglichte, in Erwärmungsphasen eher hinderlich für sie war – vor allem in der Konkurrenz mit Menschen, die deutlich leichter gebaut waren. Er verbrauchte nämlich sehr viel mehr Energie als der an warme Klimaverhältnisse angepaßte schlankere Körper der frühmodernen Einwanderer, und so fiel es den Neandertalern in einer Umwelt, die nun zwei menschliche Bevölkerungen statt nur eine ernähren mußte, möglicherweise immer schwerer, die erforderliche Kalorienzufuhr zu sichern. Bei gleicher Jagdleistung und gleichem Nahrungsaufkommen wären sie also ausgestorben, während der moderne Mensch überlebte. Es hätte sich dabei in der Tat um ein »Auskonkurrieren« gehandelt (vgl. Kap. 4), jedoch um eines, das viel mit Umweltveränderungen und körperlichen Besonderheiten zu tun hatte und nur wenig mit geistigen oder kulturellen Fähigkeiten, die in der englischsprachigen Forschung heute so gerne in den Vordergrund gestellt werden.

Heimliches Comeback des Schöpfungsglaubens

Ein derartiges Modell würde das Verschwinden des Neandertalers nicht weniger plausibel erklären als die so weit verbreiteten Hypothesen über seine Unterlegenheit und Rückständigkeit gegenüber dem modernen Homo sapiens. Diese sind indes für unser Ego schmeichelhafter, bestätigen sie uns doch in dem, was wir schon immer »wußten« und nur einige Jahrzehnte lang nicht so laut auszusprechen wagten: Wir stehen in der Entwicklungsgeschichte der Natur eben doch einzigartig und unerreicht da, kein anderes Wesen konnte uns je das Wasser reichen und auch unsere evolutionären Vorfahren waren bestenfalls noch sehr unfertige und plumpe Entwürfe unserer selbst – der strahlende, gottgleiche Mensch betrat tatsächlich erst mit dem Homo sapiens sapiens die Bühne.

Damit ist auf elegante Weise auch das Problem unserer nach wie vor etwas unheimlichen und unangenehmen »Affenabstammung« aus der Welt geschafft, das der Forschung wie auch der Öffentlichkeit seit der Durchsetzung des Darwinismus so sehr zu schaffen machte (vgl. Kap. 1):

Abb. 99 Bildeten sich unsere Fähigkeiten und Eigenarten in einem langwierigen Entwicklungsprozeß heraus oder sprang der »schöpferische Funke« ganz plötzlich auf den Menschen über? Detail aus Michelangelos Deckengemälde »Die Erschaffung des Menschen« in der Sixtinischen Kapelle in Rom

Im Weltbild vieler heutiger Forscher figurieren die vormodernen Menschenformen nur mehr im Hinblick auf biologische Entwicklung und Körperbau als unsere Urahnen. Die Herausbildung unserer geistigen, psychischen und kulturellen Eigenarten – damit aber gerade jener Merkmale, die nach unserem Selbstverständnis das eigentlich »Menschliche« ausmachen – wird hingegen zunehmend vom übrigen Evolutionsverlauf abgekoppelt. Sie vollzog sich nach Ansicht dieser Forscher keineswegs als schrittweiser Prozeß, der mit der körperlichen Entwicklung und dem Gehirnwachstum der Hominiden Hand in Hand ging, wie man es in den Nachkriegsjahrzehnten überwiegend angenommen hatte; sie ereignete sich nach dem »Big bang«-Szenario (vgl. Kap. 10) vielmehr »ad hoc« während der letzten 30 000 bis 50 000 Jahre, stellte also im Vergleich mit der fünf Millionen Jahre dauernden Evolutionsgeschichte der Hominiden (vgl. Kap. 3) ein ausgesprochen »punktuelles« Ereignis dar. Verdächtig oft sind hochangesehene Archäologen und Kulturforscher, ja selbst ansonsten eher nüchterne Naturwissenschaftler in den letzten Jahren bereit, die beim Homo sapiens sapiens vermeintlich vor sich gegangene »kreative Explosion« auf plötzliche Mutationen, Veränderungen einzelner Gene oder ähnliches zurückzuführen. Besonders oft begegnet man dieser Ansicht befremdlicherweise im Hinblick auf eine unserer komplexesten evolutionären Errungenschaften, das Sprachvermögen.[5]

In diesen Betrachtungsweisen ist das Evolutionsprinzip in gewissem Sinne eliminiert und statt dessen ganz still und heimlich der Schöpfungsglaube, der »Kreationismus« wiederauferstanden – wenngleich natürlich kein personaler Schöpfer oder Gott angenommen wird, sondern ein wundersames Wirken ebenso phantastischer wie obskurer Gene und Mutationen. Der moderne Mensch erscheint in dieser Perspektive als geistiger »deus ex machina«, als Geschöpf, das im Hinblick auf Intellekt und Verhalten keine Vorläufer und keine vorbereitende Entwicklung kennt – der Darwinismus scheint, zumindest was unsere psychokulturellen Merkmale betrifft, außer Kraft gesetzt. Das dürfte zwar keineswegs in der Absicht aller Anhänger der genannten Theorien liegen, doch laufen sie letztlich auf diese Konsequenz hinaus.

Lag Eden im Neandertal?

Ein solches Szenario wird, wie wir in diesem Buch immer wieder festgestellt haben, freilich keineswegs den archäologischen Fakten und Zeugnissen gerecht. Geht man unter realistischen Voraussetzungen an das Material heran und erwartet nicht, daß 300 000 Jahre alte Fundstätten das einstige Leben in gleicher Frische und Fülle widerspiegeln wie 30 000 oder 10 000 Jahre alte, dann begegnet man den frühesten Belegen von Kreativität, Kultur und Ästhetik, ja vielleicht sogar von Kunst und Religion bereits im Alt- und Mittelpaläolithikum – bei den so häufig bespöttelten und geschmähten Früh- und Altmenschen. Diese tiefsten Quellen unserer Kultur und unseres Intellekts liegen zwar nicht so deutlich zutage und nehmen sich vielleicht auch nicht ganz so eindrucksvoll aus wie der mächtige kulturelle und geistige Strom, der in jüngeren Zeiten aus ihnen hervorbrach – doch wer sie sucht und bereit ist, dabei etwas genauer hinzuschauen, der findet sie schon vor 60 000, 100 000, ja sogar vor 300 000 Jahren.

So gesehen könnte Eden, unser aller Ursprung, durchaus im Neandertal gelegen haben. Oder in Bilzingsleben, Zhoukoudian, Berekhat Ram – kurz: überall dort, wo die frühen Menschen lebten und wirkten.

Anhang

Glossar

In das Glossar wurden nur häufiger verwendete Begriffe aufgenommen. Lediglich an einzelnen Stellen erwähnte und dort erklärte Begriffe sind nicht aufgeführt.

Abri Felsüberhang, Felsschutzdach

Abschlaggeräte/Abschlagindustrien Aus breiten Abschlägen von einem Kernstein gefertigte Steingeräte und die durch sie geprägten archäologischen Kulturen des *Paläolithikums (vgl. *Moustérien)

Acheuléen Zusammenfassende Bezeichnung für die *Faustkeilkulturen des *Altpaläolithikums bis vor etwa 130 000 Jahren

Altpaläolithikum Älteste Epoche der Altsteinzeit (*Paläolithikum) bis vor ca. 130 000 Jahren, gekennzeichnet durch *Geröll-, *Faustkeil- und frühe *Abschlagkulturen

Altpleistozän siehe *Pleistozän

Anthropophagie Kannibalismus, »Menschenfresserei«

Archäologie Zweig der Altertumswissenschaften, der sich mit der Ausgrabung und Auswertung von Bodendenkmälern und Bodenfunden befaßt

Artefakt In der *Archäologie Bezeichnung für jeden vom Menschen hergestellten oder veränderten, im weiteren Sinne auch nur verwendeten Gegenstand

Aurignacien Archäologische Kultur des *Jungpaläolithikums vor etwa 36 000 bis 30 000 Jahren

Australopithecinen Gattung von *Hominiden, die vor ca. 4–1 Million Jahren in Afrika lebten, mehrere unterschiedliche Arten umfassend

»Big bang«-Theorie Besonders in der angloamerikanischen Forschung sehr einflußreiche Theorie, derzufolge sich die menschliche Kreativität und Kultur erst relativ spät und abrupt mit Beginn des *Jungpaläolithikums herausbildete

Bipedie Zweibeinige Fortbewegungsweise

C 14-Datierung/Radiokarbondatierung Naturwissenschaftliche Datierungsmethode für organische Materialien wie Knochen oder Holz, die auf der Messung des Gehalts an radioaktivem Kohlenstoff 14 (^{14}C) beruht

Cro Magnon-Mensch Sammelbegriff für die frühesten Vertreter des *Homo sapiens sapiens in Europa

diluvial/Diluvium ursprünglich »sintflutlich«; frühere Bezeichnung für das *Pleistozän oder Eiszeitalter

Eem *Warmzeit vor ca. 130 000 Jahren

Eiszeit siehe *Kaltzeit

Eiszeitalter siehe *Pleistozän

Ethnologie/Ethnographie Völkerkunde/ Völkerbeschreibung

Evolution Allmählich fortschreitende Entwicklung; im engeren Sinne stammesgeschichtliche Entwicklung der Lebewesen

Faustkeile/Faustkeilindustrien Tropfen- oder birnenförmige, aus einem *Kernstein gefertigte Mehrzweckgeräte und die durch sie geprägten archäologischen Kulturen des *Paläolithikums (vgl. *Acheuléen)

fossil/Fossilien »urzeitlich«; Sammelbegriff für die Überreste ausgestorbener Tiere und Pflanzen

Freilandfundstellen/-stationen Archäologische Fundstellen des *Paläolithikums, die nicht in Höhlen oder unter *Abris, sondern in der offenen Landschaft gelegen sind

Geröllgeräte/Geröllindustrien Einfach bearbeitete Geräte aus Geröllgestein und die durch sie geprägten Kulturen des *Paläolithikums (vgl. *Oldowan)

Glazial Siehe *Kaltzeit

Gravettien Archäologische Kultur des *Jungpaläolithikums vor etwa 30 000 bis 20 000 Jahren

Holozän Jüngster, nacheiszeitlicher Abschnitt des Erdzeitalters, begann vor ca. 10 000 Jahren

Holsteinzeit Sammelbegriff für eine Abfolge wichtiger *warmzeitlicher Klimaphasen während des *Eiszeitalters vor ca. 400 000 bis 300 000 Jahren

Hominiden In der Stammesgeschichte der *Primaten der Entwicklungszweig der »Menschenartigen«, der über eine Reihe von ausgestorbenen Formen zum heutigen Menschen führte

Homo erectus Frühmenschliche *Hominidenart, die vor 1,8 Millionen bis 300 000 Jahren in Afrika, Asien und Europa lebte

Homo habilis Relativ hochentwickelte *Hominidenart vor etwa 2 bis 1,6 Millionen Jahren in Afrika

Homo rudolfensis Vor etwa 2,5 bis 2 Millionen Jahren in Afrika lebende Hominidenart, die bisweilen dem *Homo habilis zugerechnet wird

Homo sapiens sapiens Der anatomisch moderne Mensch, dessen früheste Vertreter in Europa seit ca. 35 000 Jahren auch als *Cro-Magnon-Menschen bezeichnet werden

Interglazial Siehe *Warmzeit

Jungpaläolithikum Jüngste Epoche der Altsteinzeit (*Paläolithikum), umfaßt mehrere aufeinanderfolgende Kulturen in der zweiten Hälfte der letzten Eiszeit vor ca. 40 000 bis 10 000 Jahren, die technologisch durch *Klingenindustrien gekennzeichnet sind

Jungpleistozän siehe *Pleistozän

Kaltzeit (auch Eiszeit oder Glazial) Eine durch starke Temperaturabsenkung und damit verbundene Gletscherbildung gekennzeichnete Phase des *Eiszeitalters. Man unterscheidet in Mitteleuropa traditionell die Mindel-, Riß- und Würmeiszeit (von älter zu jünger), denen in Nordeuropa die Elster-, Saale- und Weichselvereisung entsprechen

Kerngeräte/Kernindustrien Aus Kernsteinen gefertigte Geräte und die durch sie geprägten archäologischen Kulturen des *Paläolithikums

Klingengeräte/Klingenindustrien Aus langschmalen *Abschlägen von einem Kernstein gefertigte Geräte und die durch sie geprägten archäologischen Kulturen des *Jungpaläolithikums

Kreationismus Schöpfungsglaube

Magdalénien Archäologische Kultur des *Jungpaläolithikums vor ca. 18 000 bis 12 000 Jahren

Mindel-Eiszeit siehe *Kaltzeit

Mittelpaläolithikum Mittlere Epoche der Altsteinzeit (*Paläolithikum) vor ca. 130 000 bis 35 000 Jahren, die wesentlich vom *Neandertaler und seinen *Abschlagindustrien (*Moustérien) geprägt war

Mittelpleistozän siehe *Pleistozän

Moustérien Archäologische Kultur des *Neandertalers, die vor allem durch *Abschlaggeräte gekennzeichnet war

»Multiregionale Theorie« *Evolutionsmodell, dem zufolge sich die Herausbildung des *Homo sapiens sapiens nicht nur in einer Region der Welt, sondern in mehreren Erdregionen gleichzeitig vollzog

Neandertaler *Paläolithischer Menschentypus, der in »klassischer« Ausprägung während der ersten Hälfte der letzten *Kaltzeit vor ca. 80 000 bis 30 000 Jahren lebte

Oldowan Bezeichnung für die afrikanischen *Geröllgeräteindustrien vor 2,5 bis 1,5 Millionen Jahren

»Out of Africa«-Theorie *Evolutionsmodell, dem zufolge sich der *Homo sapiens sapiens vor etwa 100 000 bis 150 000 Jahren in Afrika herausbildete und von dort aus die anderen Erdregionen besiedelte

Paläanthropologie Wissenschaft von den *fossilen Menschen- und *Hominidenfunden

Paläolithikum Altsteinzeit, umfaßt die frühen menschlichen Kulturen während des *Eiszeitalters bis zum Beginn des *Holozäns vor ca. 10 000 Jahren

Pleistozän (auch Eiszeitalter) Jüngste Epoche der Erdgeschichte, die durch den Wechsel von *Kaltzeiten und *Warmzeiten gekennzeichnet ist. Man unterscheidet in der Forschung das Ältest- und Altpleistozän vor ca. 2 Millionen bis 400 000 Jahren, das Mittelpleistozän vor ca. 400 000 bis 130 000 Jahren und das Jungpleistozän vor ca. 130 000 bis 10 000 Jahren

Pollenanalyse Naturwissenschaftliches Verfahren zur Untersuchung von Blütenstaub, das die Rekonstruktion der Vegetation von Landschaften mittels Pollendiagrammen ermöglicht

Prähistorie Siehe *Urgeschichte

Primaten »Herrentiere«: Säugetierordnung, die die Halbaffen, Affen, Menschenaffen und Menschen umfaßt

Radiokarbondatierung Siehe C 14-Datierung

Riß-Eiszeit siehe *Kaltzeit

Schamanismus/Schamane Sammelbegriff für religiöse oder magische Praktiken, bei denen Tiergeister und Tierattribute, rituelle Ekstase und Trance eine tragende Rolle spielen, und der diese Praktiken ausübende Zauberer bzw. Heiler

Silex Feuerstein, gut zu verarbeitendes Rohmaterial für die Herstellung von Steingeräten

Taphonomie Wissenschaftliche Spezialdisziplin, die sich mit den *archäologischen Überlieferungsbedingungen für Tierknochen und andere Fundgattungen beschäftigt und die die verschiedenen Naturprozesse untersucht, welche nach der Ablagerung auf sie einwirken

Travertin Bezeichnung für Kalkgesteine, die durch Ausscheidung in Gewässern entstehen

Urgeschichte (auch Prähistorie) Sammelbegriff für die ältesten Epochen der Menschheitsgeschichte vor dem Einsetzen schriftlicher Geschichtsquellen

Warmzeit (auch Zwischeneiszeit oder Interglazial) Warme Phase zwischen den *Kaltzeiten des *Eiszeitalters. In Europa sind vor allem die *Holstein- und die *Eem-Warmzeit von Bedeutung

Würm-Eiszeit Die letzte Eiszeit vor ca. 100 000 bis 10 000 Jahren, während der in Europa die Menschentypen des *Neandertalers und des *Cro Magnon-Menschen lebten

Literaturverzeichnis

Eine in Klammern gesetzte Zahl hinter einem Autorennamen verweist auf ein unter der betreffenden Nummer in diesem Verzeichnis aufgeführtes Buch.

Allgemeine Literatur zur Anthropologie und Archäologie des frühen Menschen

1 *Adam, Karl Dietrich:* Der Mensch der Vorzeit. Stuttgart 1984

2 *Bernhardt, Günter (Hg.):* Bilder früher Menschen. Archäologie und Rekonstruktion. Münster 1992

3 *Bibby, Geoffrey:* Faustkeil und Bronzeschwert. TB-Ausgabe Reinbek 1972

4 *Binford, Lewis R.:* Die Vorzeit war ganz anders. München 1984

5 *Binford, Lewis R.:* Debating Archaeology. San Diego/New York 1989

6 *Bordes, F. (Hg.):* The Origin of Homo Sapiens. Paris 1972

7 *Boule, Marcellin:* Les Hommes fossiles. Paris 1923[2]

8 *Boule, Marcellin/Vallois, Henri V.:* Fossile Menschen – Grundlinien menschlicher Stammesgeschichte. Baden-Baden 1954

9 *Bowler, Peter J.:* Theories of Human Evolution. A Century of Debate, 1844-1944. Oxford 1986

10 *Butzer, Karl W.:* Environment and Archeology. London 1972

11 *Butzer, Karl W.:* Archaeology as Human Ecology. Cambridge 1982

12 *Childe, V. Gordon:* Der Mensch schafft sich selbst. Dresden 1959

13 *Cunliffe, Barry (Hg.):* Illustrierte Vor- und Frühgeschichte Europas. Frankfurt/New York 1996

14 *Daniel, Glyn:* Geschichte der Archäologie. Bergisch Gladbach 1982

15 The Dawn of Humans. Artikelreihe in National Geographic 9/1995: 38-51; 1/1996:

2-35; 3/1996: 96-117; 2/1997: 72-99; 5/1997: 84-109
16 *Delson, Eric (Hg.):* Ancestors: The Hard Evidence. New York 1985
17 *Diamond, Jared:* Der dritte Schimpanse. Evolution und Zukunft des Menschen. Frankfurt 1994
18 *Eldredge, Niles/Tattersall, Ian:* The Myths of Human Evolution. New York 1982
19 *Engeln, Henning u. a.:* Der lange Weg zum Menschen. In: GEO 1/1995: 12-60
20 *Fagan, Brian M.:* Aufbruch aus dem Paradies. Ursprung und frühe Geschichte der Menschen. München 1991
21 *Foley, Robert (Hg.):* Hominid Evolution and Community Ecology. London 1984
22 *Franz, Leonhard:* Die Kultur der Urzeit Europas. Frankfurt 1969
23 *Gamble, Clive:* The Palaeolithic Settlement of Europe. Cambridge 1986
24 *Gamble, Clive:* The Peopling of Europe 700 000-40 000 Years B. P. In: Cunliffe, Barry, The Oxford Illustrated Prehistory of Europe. Oxford 1994: 5-41
25 *Gowlett, John A. J.:* Auf Adams Spuren. Die Archäologie des frühen Menschen. Freiburg 1985
26 *Grolle, Johann:* Auf der Spur des ersten Menschen. In: Der Spiegel 42/1995: 218-239; 43/1995: 136-154; 44/1995: 136-147
27 *Henke, Winfried/Rothe, Hartmut:* Paläoanthropologie. Berlin/Heidelberg 1994
28 *Herbig, Jost:* Im Anfang war das Wort. Die Evolution des Menschlichen. München/Wien 1984
29 *Herrmann, Joachim/Ullrich, Herbert (Hg.):* Menschwerdung. Natur- und geisteswissenschaftliche Ergebnisse. Berlin 1990
30 *Howell, F. Clark:* Der Mensch der Vorzeit. New York/Amsterdam 1965.
31 *Howells, William:* Getting Here: The Story of Human Evolution. Washington 1993
32 *Ingold, Tim (Hg.):* Companion Encyclopedia of Anthropology. London/New York 1994
33 *Jones, Steve u. a. (Hg.):* The Cambridge Encyclopedia of Human Evolution. Cambridge 1992
34 *Keefer, Erwin:* Steinzeit. Stuttgart 1993
35 *Kern, Fritz:* Der Beginn der Weltgeschichte. München 1953
36 *Kingdon, Jonathan:* Und der Mensch schuf sich selbst. Basel 1994
37 *Klaatsch, Hermann:* Der Werdegang der Menschheit und die Entstehung der Kultur. Berlin/Leipzig 1920
38 *Klein, Richard G.:* The Human Career. Chicago 1989
39 *Kraft, Georg:* Der Urmensch als Schöpfer. Die geistige Welt des Eiszeitmenschen. Tübingen 1948[2]
40 *Kühn, Herbert:* Geschichte der Vorgeschichtsforschung. Berlin/New York 1976
41 *Landau, Misia:* Narratives of Human Evolution. New Haven 1991
42 *Leakey, Mary D.:* Disclosing the Past. London 1984
43 *Leakey, Richard E.:* Die Suche nach dem Menschen – wie wir wurden, was wir sind. Frankfurt 1981
44 *Leakey, Richard E./Lewin, Roger:* Wie der Mensch zum Menschen wurde. TB-Ausgabe München 1985
45 *Leakey, Richard E./Lewin, Roger:* Der Ursprung des Menschen. Frankfurt 1993
46 *Lewin, Roger:* Bones of Contention. Controversies in the Search for Human Origins. New York 1987
47 *Lewin, Roger:* Spuren der Menschwerdung. Heidelberg 1992
48 *Lindig, Wolfgang:* Die Kulturen der Eskimo und Indianer Nordamerikas. Frankfurt 1972
49 *Müller-Karpe, Hermann:* Handbuch der Vorgeschichte. Band 1: Altsteinzeit. München 1966
50 *Müller-Karpe, Hermann:* Geschichte der Steinzeit. München 1974
51 *Narr, Karl J.:* Urgeschichte der Kultur. Stuttgart 1961
52 *Narr, Karl J. (Hg.):* Handbuch der Urgeschichte. Band 1: Ältere und Mittlere Steinzeit. Bern/München 1966

53 *Neumann, Carl W.:* Das Werden des Menschen und der Kultur. Leipzig 1932
54 *Osborn, Henry:* Fairfield Man Rises to Parnassus. Critical Epochs in the Prehistory of Man. Princeton 1927
55 *Pfeiffer, John E.:* The Emergence of Man. London 1970
56 *Reader, John:* Die Jagd nach den ersten Menschen. Basel 1982
57 *Richard, Nathalie:* L'Invention de la préhistoire – une anthologie. Paris 1992
58 *Schmidt, R. R.:* Der Geist der Vorzeit. Berlin 1934
59 *Shipman, Pat:* Die Evolution des Rassismus. Frankfurt 1995
60 *Streit, Bruno (Hg.):* Evolution des Menschen. Heidelberg 1995
61 *Washburn, Sherwood L. (Hg.):* Social Life of Early Man. London 1961
62 *Weaver, Kenneth F. u. a.:* The Search for Our Ancestors. In: National Geographic 5/1985: 560-629
63 *Wells, H. G.:* Die Weltgeschichte, erster Band. Berlin/Wien/Leipzig 1928
64 *Wendt, Herbert:* Ich suchte Adam. Die Entdeckung des Menschen. Rastatt 1961
65 *Wendt, Herbert/Loacker, Norbert (Hg.):* Kindlers Enzyklopädie »Der Mensch« Band 2: Die Entfaltung der Menschheit. Zürich 1982
66 *Wingert, Helga:* Spuren in die Vergangenheit. Frankfurt 1994
67 *Wolf, Josef/Burian, Zdenek:* Menschen der Urzeit. Prag/Hanau 1977
68 *Wolpoff, Milford H.:* Paleoanthropology. New York 1995[2]
69 *Young, J. Z. u. a. (Hg.):* The Emergence of Man. London 1981

Übersichtsarbeiten zu einzelnen Regionen

70 *Andree, Julius:* Der eiszeitliche Mensch in Deutschland und seine Kulturen. Stuttgart 1939
71 *Behm-Blancke, Günter:* Altsteinzeitliche Rastplätze im Travertingebiet von Taubach, Weimar, Ehringsdorf. Alt-Thüringen 4/1959-60
72 *Bosinski, Gerhard:* Eiszeitjäger im Neuwieder Becken. Koblenz 1992[3]
73 *Flood, Josephine:* Culture in Early Aboriginal Australia. In: Cambridge Archaeological Journal 6/1996: 3-36
74 *Freeman, Leslie G.:* Acheulean Sites and Stratigraphy in Iberia and the Maghreb. In: Butzer, Karl W./Isaac, Glynn L. (Hg.), After the Australopithecines. The Hague/Paris 1975: 661-743
75 *Herrmann, Joachim (Hg.):* Archäologie in der Deutschen Demokratischen Republik. Leipzig/Stuttgart 1989
76 *Kuckenburg, Martin:* Siedlungen der Vorgeschichte in Deutschland, 300 000 bis 15 v. Chr. Köln 1993
77 *Lumley, Henry de (Hg.):* La préhistoire Francaise. Bd. 1: Les civilisations paléolithiques et mésolithiques de la France. Paris 1966
78 *Müller-Beck, Hansjürgen (Hg.):* Urgeschichte in Baden-Württemberg. Stuttgart 1983
79 *Probst, Ernst:* Deutschland in der Steinzeit. München 1991

Der Kampf um den Entwicklungsgedanken

80 *Altner, Günter (Hg.):* Der Darwinismus. Die Geschichte einer Theorie. Darmstadt 1981
81 *Baumunk, Bodo-Michael:* Darwin und Darwinismus. Berlin 1994
82 Die Bibel nach der Übersetzung Martin Luthers. Stuttgart 1978
83 *Boucher de Perthes, Jacques:* Des premiers habitants des Gaules (1847). In: Richard (57): 69-82
84 *Cuvier, Georges:* Cuvier's Ansichten von der Urwelt (Die Umwälzungen der Erdrinde). Hg. v. Jakob Nöggerath. Bonn 1822
85 *Darwin, Charles:* Über die Entstehung der Arten durch natürliche Zuchtwahl (1859). Darmstadt 1988[9]

86 *Darwin, Charles:* Die Abstammung des Menschen (1871). Mit einer Einführung von Christian Vogel. Stuttgart 1982
87 *Darwin, Charles/Wallace, Alfred Russel:* Dokumente zur Begründung der Abstammungslehre. Stuttgart 1959
88 *Haeckel, Ernst:* Über die Entwicklungstheorie Darwins (1863). In: Ders., Gesammelte populäre Vorträge. Bonn 1878: 1-28
89 *Haeckel, Ernst:* Natürliche Schöpfungsgeschichte. 1873[4]
90 *Haeckel, Ernst:* Anthropogenie. Leipzig [5]1903
91 *Haeckel, Ernst:* Die Lebenswunder. Stuttgart 1904
92 *Haeckel, Ernst:* Der Kampf um den Entwicklungs-Gedanken. Berlin 1905
93 *Heberer, Gerhard (Hg.):* Der gerechtfertigte Haeckel. Stuttgart 1968
94 *Huxley, Thomas Henry:* Zeugnisse für die Stellung des Menschen in der Natur (1863). Mit einer Einleitung von Gerhard Heberer. Stuttgart 1963
95 *Lamarck, Jean:* Zoologische Philosophie (1809). Leipzig 1909
96 *Lyell, Charles:* De la présence d'objets fabriqués par l'homme dans des dépots post-pliocène (1860). In: Richard (57): 85-92
97 *Lyell, Charles:* Das Alter des Menschengeschlechts auf der Erde (1863). Leipzig 1864
98 *Roebroeks, Wil:* Das Bild vom Urmenschen im Wandel der Zeit. In: Jahrbuch des Römisch-Germanischen Zentralmuseums Mainz 40/1993: 3-25
99 *Schopenhauer, Arthur:* Parerga und Paralipomena (1851). Halle 1891-93
100 *Stripf, Rainer:* Evolution – Geschichte einer Idee. Von der Antike bis Haeckel. Stuttgart 1989
101 Uttermost Ends of the Earth. »Special section« über das Bild von den »wilden Völkern« in der victorianischen Ära. In: Antiquity 66/1992: 710 ff.
102 *Van Riper, A. Bowdoin:* Men among the Mammoths. Victorian Science and the Discovery of Human Prehistory. Chicago 1993
103 *Virchow, Rudolf:* Menschen- und Affenschädel. Berlin 1870
104 *Virchow, Rudolf:* Die Freiheit der Wissenschaft im modernen Staat. Berlin 1877
105 *Vogt, Carl:* Vorlesungen über den Menschen, seine Stellung in der Schöpfung und in der Geschichte der Erde. Gießen 1863

Der Neandertaler und seine Erforschung

106 *Andree, Christian:* Virchow und die Entdeckung des Neandertalers. In: Ders., Rudolf Virchow als Prähistoriker. Köln/Wien 1976: 151-164
107 *Bosinski, Gerhard:* Der Neandertaler und seine Zeit. Köln/Bonn 1985
108 *Boule, Marcellin:* L'homme fossile de la Chapelle-aux-Saints. Annales de Paléontologie 1911-1913
109 *Brace, C. Loring:* The Fate of the »Classic« Neanderthals: A Consideration of Hominid Catastrophism. In: Current Anthropology 5/1964: 3-43
110 *Brace, C. Loring u. a.:* Comment on »Tooth Wear in La Ferrassie Man«. In: Current Anthropology 22/1981: 426-430
111 *Fuhlrott, C.:* Menschliche Überreste aus einer Felsengrotte des Düsselthals (1859). Wiederabgedruckt in: Hundert Jahre Neandertaler. Düsseldorf 1956: 1-23
112 *Fuhlrott, C.:* Der fossile Mensch aus dem Neanderthal. Zwei Vorlesungen. Duisburg 1865
113 *Gore, Rick:* The Dawn of Humans: Neandertals. In: National Geographic 1/1996: 1-35
114 *Gorjanovic-Kramberger, Karl:* Der diluviale Mensch von Krapina in Kroatien. Wiesbaden 1906
115 *Holloway, Ralph L.:* The Poor Brain of *Homo sapiens neanderthalensis*: See

What You Please... In: Delson (16): 319-324
116 *Huxley, Thomas H.:* Further Remarks upon the Human Remains from the Neanderthal. In: Natural History Review 1864: 429-446 (wiederabgedruckt in: Archiv für Anatomie 1865: 1-24)
117 *King, William:* The Reputed Fossil Man of the Neanderthal. In: Quarterly Journal of Science 1864: 88-96
118 *Koenigswald, G. H. R. von (Hg.):* Hundert Jahre Neanderthaler 1856-1956. Köln/Graz 1958
119 *Mayer, F. J. C.:* Über die fossilen Überreste eines menschlichen Schädels in einer Felsenhöhle des Neander-Thales. In: Archiv für Anatomie 1864: 1-26
120 *Mayer, F. J. C.:* Zur Frage über das Alter des Menschengeschlechtes. In: Archiv für Anatomie 1864: 696-728
121 *Mayer, F. J. C.:* Über den sog. Neanderthal-Schädel. In: Archiv für Anatomie 1865: 482-491
122 *Mellars, Paul:* The Neanderthal Legacy. Princeton 1996
123 *Moser, Stephanie:* The Visual Language of Archaeology: A Case Study of the Neanderthals. In: Antiquity 66/1992: 831-844
124 *Otte, Marcel (Hg.):* L'Homme de Neandertal. Band 5: La Pensée. Liège 1988
125 *Overhage, Paul:* Der Neandertaler: Der Wandel seines Bildes. In: Stimmen der Zeit 160/1957: 209-224
126 *Schaaffhausen, Hermann:* Anthropologische Studien. Bonn 1885
127 *Schaaffhausen, D.:* Zur Kenntnis der ältesten Rassenschädel. In: Archiv für Anatomie 1858: 453-478
128 *Schwalbe, G.:* Der Neanderthalschädel. In: Bonner Jahrbücher 106/1901: 1-72
129 *Straus, W. L./Cave, A. J. E.:* Pathology and Posture of Neanderthal Man. In: The Quarterly Review of Biology 32/1957: 348-363
130 *Stringer, Christopher/Gamble, Clive:* In Search of the Neanderthals. London 1993
131 Symposium Commemorating the 100th Anniversary of the Discovery of Neanderthal Man. In: The Quarterly Review of Biology 32/1957: 323-369
132 *Tackenberg, Kurt (Hg.):* Der Neandertaler und seine Umwelt. Bonn 1956
133 *Tattersall, Ian:* The Last Neanderthal: The Rise, Success, and Mysterious Extinction of Our Closest Human Relatives. 1995
134 *Trinkaus, Erik/Shipman, Pat:* Die Neandertaler – Spiegel der Menschheit. München 1993
135 *Turner, William:* The Fossil Skull Controversy. In: Quarterly Journal of Science 1864: 250-259
136 *Vértes, László:* Tata. Eine mittelpaläolithische Travertin-Siedlung in Ungarn. Budapest 1964
137 *Virchow, Rudolf:* Untersuchung des Neanderthal-Schädels. In: Zeitschrift für Ethnologie 4/1872: 157-165
138 *Virchow, Rudolf:* Der Kiefer aus der Schipka-Höhle und der Kiefer von La Naulette. In: Zeitschrift für Ethnologie 14/1882: 277-310
139 *Vlcek, Emanuel:* Fossile Menschenfunde von Weimar-Ehringsdorf. Stuttgart 1993
140 *Wells, H. G.:* Der Neanderthaler und der Rhodesische Mensch. In: Ders., Die Geschichte unserer Welt. Berlin 1926: 47-51
141 *Wells, H. G.:* Die Grizzlys. In: Ders., Meistererzählungen. TB-Ausgabe Zürich 1996: 170-186
142 Zeitreise. Neanderthal Museum. Mettmann 1997

Die frühen Hominiden Afrikas, der aufrechte Gang und das Wachstum des Gehirns

143 *Clarke, Ronald J./Tobias, Phillip V.:* Sterkfontein Member 2 Foot Bones of the Oldest South African Hominid. In: Science 269/1995: 521-524

144 *Dart, Raymond A./Craig, Dennis:* Adventures with the Missing Link. London 1959
145 Die ersten Schritte des Menschen. In: DU – Die Zeitschrift der Kultur 8/1996: 14-35
146 *Falk, Dean:* Warum Schimpansen nicht steppen können. Die Entwicklung des menschlichen Gehirns. Basel 1994
147 *Gore, Rick:* The Dawn of Humans: The First Steps. In: National Geographic 2/1997: 72-99
148 *Hay, Richard L./Leakey, Mary D.:* Die versteinerten Fußspuren von Laetoli. In: Spektrum der Wissenschaft 4/1982: 44-51. Wiederabgedruckt in Streit (60): 50-57
149 *Isaac, Glynn L./McCown, Elizabeth R. (Hg.):* Human Origins. Louis Leakey and the East African Evidence. Menlo Park 1976
150 *Johanson, Donald:* The Dawn of Humans: Face-to-Face with Lucy's Family. In: National Geographic 3/1996: 96-117
151 *Johanson, Donald/Edey, Maitland:* Lucy. Die Anfänge der Menschheit. München 1982
152 *Johanson, Donald u. a.:* New partial skeleton of *Homo habilis* from Olduvai Gorge, Tanzania. In: Nature 327/1987: 205-209
153 *Johanson, Donald/Shreeve, James:* Lucys Kind. Auf der Suche nach den ersten Menschen. TB-Ausgabe München 1992
154 *Leakey, Mary D.:* Olduvai Gorge. Vol. 3: Excavations in Beds I and II, 1960-1963. Cambridge 1971
155 *Leakey, Mary D.:* Olduvai Gorge: My Search for Early Man. London 1979
156 *Leakey, Meave:* The Dawn of Humans: The Farthest Horizon. In: National Geographic 9/1995: 38-51
157 *Leakey, Meave G. u. a.:* New Four-Million-Year-Old Hominid Species from Kanapoi and Allia Bay, Kenya. In: Nature 376/1995: 565-571
158 *Leakey, Richard E./Lewin, Roger:* Die Menschen vom See. TB-Ausgabe Frankfurt 1982
159 *Martin, Robert D.* Hirngröße und menschliche Evolution. In: Spektrum der Wissenschaft 9/1995: 48-55
160 *Morell, Virginia:* Ancestral Passions: The Leakey Family and the Quest for Humankind's Beginnings. New York 1995
161 *Oliwenstein, Lori:* New Foot Steps Into Walking Debate. In: Science 269/1995: 476-477
162 *Schmid, Peter:* Vorteile des aufrechten Gangs. In: Naturwissenschaftliche Rundschau 49/1996: 108-109
163 *Schrenk, Friedemann:* Die Frühzeit des Menschen. München 1997
164 *Walker, Alan/Leakey, Richard:* Die Hominiden von Ostturkana. In: Spektrum der Wissenschaft 11/1978: 57-66
165 *Walker, Alan/Leakey, Richard (Hg.):* The Nariokotome Skeleton: *Homo erectus*. Cambridge 1993
166 *White, Tim D. u.a.: Australopithecus ramidus*, a New Species of Early Hominid from Aramis, Ethiopia. In: Nature 371/1994: 306-312
167 *Wood, Bernard:* The Oldest Hominid Yet. In: Nature 371/1994: 280-281

Die Ausbreitung des frühen Menschen und die Hominiden Eurasiens (Homo erectus und Präneandertaler)

168 *Beinhauer, Karl W./Wagner, Günther A. (Hg.):* Schichten von Mauer. 85 Jahre *Homo erectus heidelbergensis*. Mannheim 1992
169 *Binford, Lewis R./Ho, Chuan Kun:* Taphonomy at a Distance: Zhoukoudian, »The Cave Home of Beijing Man«? In: Current Anthropology 26/1985: 413-442
170 *Bosinski, Gerhard:* Die ersten Menschen in Eurasien. In: Jahrbuch des Römisch-Germanischen Zentralmuseums Mainz 39/1992: 131-181

171 *Culotta, Elizabeth:* Asian Hominids Grow Older. In: Science 270/1995: 1116-1117
172 *Dean, David/Delson, Eric:* Homo at the Gates of Europe. In: Nature 373/1995: 472-473
173 *Gabunia, Leo K.:* Der menschliche Unterkiefer von Dmanisi. In: Jahrbuch des Römisch-Germanischen Zentralmuseums Mainz 39/1992: 185-208
174 *Gabunia, L./Vekua, A.:* A Plio-Pleistocene Hominid from Dmanisi, East Georgia. In: Nature 373/1995: 509-512
175 *Gibbons, Ann:* Rewriting – and Redating – Prehistory. In: Science 263/1994: 1087-1088
176 *Gore, Rick:* The Dawn of Humans: Expanding Worlds. In: National Geographic 5/1997: 84-109
177 *Howell, F. Clark:* Observations on the Earlier Phases of the European Lower Paleolithic. In: American Anthropologist 68/1966: 88-201
178 *Koenigswald, G. H. R.:* von Begegnungen mit dem Vormenschen. Düsseldorf/Köln 1955
179 *Kuckenburg, Martin:* Wann besiedelte der Mensch die Erde? In: Universitas 1/1995: 76-84
180 *Lanpo, Jia/Weiwen, Huang:* The Story of Peking Man. Peking 1990
181 *Larick, Roy/Ciochon, Russell L.:* The African Emergence and Early Asian Dispersals of the Genus *Homo*. In: American Scientist 84/1996: 538-551
182 *Lewin, Roger:* Human Origins: The Challenge of Java's Skulls. In: New Scientist vom 7. 5. 1994: 36-40
183 *Mania, Dietrich/Dietzel, Adelhelm:* Begegnung mit dem Urmenschen. Die Funde von Bilzingsleben. Leipzig 1980
184 *Mania, Dietrich:* Auf den Spuren des Urmenschen. Die Funde von Bilzingsleben. Berlin/Stuttgart 1990
185 *Müller-Beck, Hansjürgen:* Die Ausdehnung des menschlichen Lebensraumes. In: Beiträge zur allgemeinen und vergleichenden Archäologie 3/1981: 1-16
186 *Roebroeks, Wil/Van Kolfschoten, Thijs:* The Earliest Occupation of Europe: A Short Chronology. In: Antiquity 68/1994: 489-503
187 *Roebroeks, Wil/Van Kolfschoten, Thijs (Hg.):* The Earliest Occupation of Europe. Leiden 1995
188 *Rukang, Wu/Shenglong, Lin:* Der Pekingmensch. In: Spektrum der Wissenschaft 8/1983: 102-111. Wiederabgedruckt in Streit (60): 150-159
189 *Schwartz, Jeffrey H./Tattersall, Ian:* Whose Teeth? In: Nature 381/1996: 201-202 (zu Longgupo)
190 *Shapiro, Harry L.:* Das Geheimnis des Pekingmenschen. Frankfurt 1976
191 *Sigmon, Becky A./Cybulski, Jerome S. (Hg.:) Homo erectus.* Papers in Honor of Davidson Black. Toronto 1981
192 *Sondaar, Paul Y. u. a.:* Middle Pleistocene Faunal Turnover and Colonization of Flores (Indonesia) by *Homo erectus*. In: Comptes Rendus de l'Académie des Sciences 319/1994: 1255-1262
193 Die Suche nach den ersten Europäern. In: Archäologie in Deutschland 3/1988: 2-41
194 *Svoboda, Jiri:* Middle Pleistocene Adaptations in Central Europe. In: Journal of World Prehistory 3/1989: 33-70
195 *Swisher, C. C. u. a.:* Age of the Earliest Known Hominids in Java, Indonesia. In: Science 263/1994: 1118-1121
196 *Tianyuan, Li/Etler, Dennis A.:* New Middle Pleistocene Hominid Crania from Yunxian in China. In: Nature 357/1992: 404-407
197 *Turner, Alan:* Hominids and Fellow Travellers: Human Migration into High Latitudes as Part of a Large Mammal Community. In: Foley (21): 193-217
198 *Wanpo, Huang u. a.:* Early Homo and Associated Artefacts from Asia. In: Nature 378/1995: 275-278 (zu Longgupo)
199 *Weidenreich, Franz:* The Skull of *Sinanthropus pekinensis*. Peking 1943
200 *White, Edmund/Brown, Dale:* Die ersten Menschen. TB-Ausgabe Reinbek 1977

201 *Wood, Bernard/Turner, Alan:* Out of Africa and into Asia. In: Nature 378/1995: 239-240

»Out of Africa« oder multiregionale Evolution?

202 *Aitken, M.J. u.a. (Hg.):* The Origin of Modern Humans and the Impact of Chronometric Dating. London 1992
203 *Akazawa, Takeru u.a. (Hg.):* The Evolution and Dispersal of Modern Humans in Asia. Tokio 1992
204 *Barinaga, Marcia:* »African Eve« Backers Beat a Retreat. In: Science 255/1992: 686-687
205 *Bräuer, Günter:* Adam kam aus Afrika. In: Bild der Wissenschaft 11/1987: 38-45
206 *Bräuer, Günter:* The Evolution of Modern Humans: A Comparison of the African and non-African Evidence. In: Mellars/Stringer (234): 123-154
207 *Bräuer, Günter:* Die Wurzeln der Menschheit. In: Bild der Wissenschaft 9/1991: 96-99
208 *Bräuer, Günter/Smith, F.H. (Hg.):* Continuity or Replacement. Controversies in Homo sapiens Evolution. Rotterdam 1992
209 *Brooks, Alison S./Wood, Bernard:* The Chinese Side of the Story. In: Nature 344/1990: 288-289
210 *Brown, Michael H.:* The Search for Eve. New York 1990
211 *Cann, Rebecca L. u.a.:* Mitochondrial DNA and Human Evolution. In: Nature 325/1987: 31-36
212 *Cavalli-Sforza, Luigi Luca:* Stammbäume von Völkern und Sprachen. In: Spektrum der Wissenschaft 1/1992: 90-98. Wiederabgedruckt in Streit (60): 118-125
213 *Cavalli-Sforza, Luca und Francesco:* Verschieden und doch gleich. Ein Genetiker entzieht dem Rassismus die Grundlage. München 1994
214 *Cavalli-Sforza, Luigi Luca u.a.:* The History and Geography of Human Genes. Princeton 1994
215 *Clark, J.D.:* Africa in Prehistory: Peripheral or Paramount? In: Man 10/1975: 175-198
216 *Fischman, Joshua:* Evidence Mounts for Our African Origins – and Alternatives. In: Science 271/1996: 1364
217 *Frayer, David W. u.a.:* Theories of Modern Human Origins: The Paleontological Test. In: American Anthropologist 95/1993: 14-50
218 *Gee, Henry:* Statistical Cloud over African Eden. In: Nature 355/1992: 583
219 *Gibbons, Ann:* Mitochondrial Eve: Wounded, But Not Dead Yet. In: Science 257/1992: 873-875
220 *Gibbons, Ann:* Mitochondrial Eve Refuses to Die. In: Science 259/1993: 1249-1250
221 *Gibbons, Ann:* Out of Africa – at Last? In: Science 267/1995: 1272-1273
222 *Gibbons, Ann: Homo erectus* in Java: a 250 000-year Anachronism. In: Science 274/1996: 1841-1842
223 *Gibbons, Ann:* Back to Africa. In: Science 276/1997: 535-536
224 *Grün, R./Stringer, C.B.:* Electro Spin Resonance Dating and the Evolution of Modern Humans. In: Archaeometry 33/1991: 153-199
225 *Harpending, Henry C. u.a.:* The Genetic Structure of Ancient Human Populations. In: Current Anthropology 34/1993: 483-496
226 *Hedges, S. Blair u.a.:* Human Origins and Analysis of Mitochondrial DNA Sequences. In: Science 255/1991: 737-739
227 *Henke, Winfried:* Besprechung von Bräuer/Smith (208). In: Bonner Jahrbücher 193/1993: 396-398
228 *Howells, W.W.:* Explaining Modern Man: Evolutionists versus Migrationists. In: Journal of Human Evolution 5/1976: 477-496
229 *Klein, Richard G.:* Anatomy, Behavior, and Modern Human Origins. In: Journal of World Prehistory 9/1995: 167-198

230 *Krings, Matthias u. a.:* Neandertal DNA Sequences and the Origin of Modern Humans. In: Cell 90/1997: 19-30
231 *Lewin, Roger:* Africa: Cradle of Modern Humans. In: Science 237/1987: 1292-1295
232 *Lewin, Roger:* The Unmasking of Mitochondrial Eve. In: Science 238/1987: 24-26
233 *Maddison, David R.:* African Origin of Human Mitochondrial DNA Reexamined. In: Systematic Zoology 40/1991: 355-363
234 *Mellars, Paul/Stringer, Chris (Hg.):* The Human Revolution. Behavioural and Biological Perspectives on the Origins of Modern Humans. Edinburgh 1989
235 *Pääbo, Svante:* DNA aus alter Zeit. In: Spektrum der Wissenschaft 1/1994
236 *Relethford, John H./Harpending, Henry C.:* Ancient Differences in Population Size Can Mimic a Recent African Origin of Modern Humans. In: Current Anthropology 36/1995: 667-674
237 *Stoneking, Mark:* DNA and Recent Human Evolution. In: Evolutionary Anthropology 1993: 60-73
238 *Stringer, Christopher B.:* Die Herkunft des anatomisch modernen Menschen. In: Spektrum der Wissenschaft 2/1991: 112-120. Wiederabgedruckt in Streit (60): 77-85
239 *Stringer, C. B./Andrews, P.:* Genetic and Fossil Evidence for the Origin of Modern Humans. In: Science 239/1988: 1263-1268
240 *Stringer, Chris/McKie, Robin:* Afrika – Wiege der Menschheit. München 1996
241 *Sussman, Robert W. u. a.:* A Current Controversy in Human Evolution. In: American Anthropologist 95/1993: 9-96
242 *Swisher, C. C. u. a.:* Latest *Homo erectus* of Java: Potential Contemporaneity with *Homo sapiens* in Southeast Asia. In: Science 274/1996: 1870-1874
243 *Templeton, Alan R.:* Human Origins and Analysis of Mitochondrial DNA Sequences. In: Science 255/1991: 737
244 *Templeton, Alan R.:* The »Eve« Hypotheses: A Genetic Critique and Reanalysis. In: American Anthropologist 95/1993: 51-72
245 *Tiemei, Chen u. a.:* Antiquity of *Homo sapiens* in China. In: Nature 368/1994: 55-56
246 *Tierney, John u. a.:* The Search for Adam and Eve. In: Newsweek 2/1988: 38-44
247 *Vigilant, Linda u. a.:* African Populations and the Evolution of Human Mitochondrial DNA. In: Science 253/1991: 1503-1507
248 *Wainscoat, J. S. u. a.:* Evolutionary Relationships of Human Populations from an Analysis of Nuclear DNA Polymorphisms. In: Nature 319/1986: 491-493
249 *Wilson, Allan C./Cann, Rebecca L.:* Afrikanischer Ursprung des modernen Menschen. In: Spektrum der Wissenschaft 6/1992: 72-79. Wiederabgedruckt in Streit (60): 86-93
250 *Wolpoff, Milford H.:* Multiregional Evolution: The Fossil Alternative to Eden. In: Mellars/Stringer (234): 62-108
251 *Wolpoff, M. H. u. a.:* Modern Human Origins. In: Science 241/1988: 772-774
252 *Wolpoff, Milford H./Thorne, Alan G.:* Multiregionaler Ursprung der modernen Menschen. In: Spektrum der Wissenschaft 6/1992: 80-87. Wiederabgedruckt in Streit (60): 94-101
253 *Wolpoff, Milford/Caspari, Rachel:* Race and Human Evolution: A Fatal Attraction. New York 1996

Neandertaler und moderner Homo sapiens und der Übergang vom Mittel- zum Jungpaläolithikum in Europa und Vorderasien

254 *ApSimon, A. M.:* The Last Neanderthal in France? In: Nature 287/1980: 271-272
255 *Bar-Yosef, Ofer/Vandermeersch, Bernard:* Koexistenz von Neandertaler und

modernem *Homo sapiens*. In: Spektrum der Wissenschaft 6/1993: 32-39. Wiederabgedruckt in: Streit (60): 110-117
256 *Bosinski, Gerhard:* Die mittelpaläolithischen Funde im westlichen Mitteleuropa. Köln/Graz 1967
257 *Bräuer, Günter:* Das Stirnbein von Hahnöfersand. In: Archäologisches Korrespondenzblatt 10/1980: 1-3
258 *Farizy, Catherine (Hg.):* De Néandertal à Cro-Magnon. Nemours 1988
259 *Farizy, Catherine:* Arcy-sur-Cure: un site clef pour la transition du Paléolithique moyen au Paléolithique supérieur. In: Farizy (258): 77-86
260 *Frayer, David W.:* Evolution at the European Edge: Neanderthal and Upper Paleolithic Relationships. In: Préhistoire Européenne 2/1992: 9-69
261 *Harrold, Francis B.:* Mousterian, Châtelperronian and Early Aurignacian: Continuity or Discontinuity? In: Mellars/Stringer (234): 677-708
262 *Heiss, Sebastian J.: Homo erectus*, Neandertaler und Cromagnon. Frankfurt 1994
263 *Hublin, Jean-Jacques u.a.:* A Late Neanderthal Associated with Upper Palaeolithic Artefacts. In: Nature 381/1996: 224-226
264 *Knecht, Heidi u.a. (Hg.):* Before Lascaux. The Complex Record of the Early Upper Paleolithic. Boca Raton 1993
265 *Lewin, Roger:* Die Herkunft des Menschen. 200 000 Jahre Evolution. Heidelberg 1995
266 *Marks, Anthony E.:* The Early Upper Paleolithic: The View from the Levant. In: Knecht (264): 5-21
267 *Mellars, Paul:* Technological Changes across the Middle-Upper Palaeolithic Transition. In: Mellars/Stringer (234): 338-365
268 *Mellars, Paul:* Major Issues in the Emergence of Modern Humans. In: Current Anthropology 30/1989: 349-382
269 *Mellars, Paul:* Cognitive Changes and the Emergence of Modern Humans in Europe. In: Cambridge Archaeological Journal 1/1991: 63-76
270 *Mercier, N. u.a.:* Thermoluminiscence Dating of the Late Neanderthal Remains from Saint-Césaire. In: Nature 351/1991: 737-739
271 *Oliva, Martin:* The Aurignacian in Moravia. In: Knecht (264): 37-55
272 *Pfeiffer, John E.:* The Creative Explosion. New York 1982
273 Review Feature: In Search of the Neanderthals. Solving the Puzzle of Human Origins. In: Cambridge Archaeological Journal 4/1994: 95-119
274 *Richter, Jürgen:* Die Theorie über die Einwanderung des modernen Menschen nach Europa auf dem archäologischen Prüfstand. In: Archäologische Informationen 19/1996: 67-73
275 *Straus, Lawrence:* Guy Age of the Modern Europeans. In: Nature 342/1989: 476-477
276 *Stringer, Chris:* The Dates of Eden. In: Nature 331/1988: 565-566
277 *Stringer, Chris B./Grün, Rainer:* Time for the Last Neanderthals. In: Nature 351/1991: 701-702
278 *White, Randall:* Rethinking the Middle/Upper Paleolithic Transition. In: Current Anthropology 23/1982: 169-192
279 *Wolpoff, Milford H. u.a.:* Neanderthal Dates Debated. In: Nature 356/1992: 200-201
280 *Zubrow, Ezra:* The Demographic Modelling of Neanderthal Extinction. In: Mellars/Stringer (234): 212-231

Übersichtliteratur zur Verhaltensevolution

281 *Allman, William F.:* Mammutjäger in der Metro. Wie das Erbe der Evolution unser Denken und Verhalten prägt. Heidelberg 1996
282 *Binford, Lewis R.:* An Interview with

L. B. In: Current Anthropology 28/1987: 683-694
283 *Cartmill, Matt:* Human Uniqueness and Theoretical Content in Paleoanthropology. In: International Journal of Primatology 11/1990: 173-192
284 *Davidson, Iain:* The Archaeology of Language Origins – a Review. In: Antiquity 65/1991: 39-48
285 *Dennert, E.:* Das Geistige Erwachen des Urmenschen. Weimar 1929
286 *Donald, Merlin:* Origins of the Modern Mind. Cambridge/Mass. 1993
287 *Gibson, Kathleen R./Ingold, Tim (Hg.):* Tools, Language and Cognition in Human Evolution. Cambridge 1993
288 *Goldsmith, A. Sean u. a. (Hg.):* Ancient Images, Ancient Thought. The Archaeology of Ideology. Calgary 1992
289 *Goodall, Jane:* The Chimpanzees of Gombe: Patterns of Behavior. Cambridge 1986
290 *Grolier, Eric de:* Glossogenesis: Palaeoanthropological Data. In: Wind, Jan u. a. (Hg.), Studies in Language Origins, Vol. 1. Amsterdam/Philadelphia 1989: 73-138
291 *Harnad, Stevan A. u. a. (Hg.):* Origins and Evolution of Language and Speech. Annals of the New York Academy of Sciences 280. New York 1976
292 *Klix, Friedhart:* Erwachendes Denken. Geistige Leistungen aus evolutionspsychologischer Sicht. Heidelberg 1993
293 *Kuckenburg, Martin:* Und sprachen das erste Wort. Die Entstehung von Sprache und Schrift. Eine Kulturgeschichte der menschlichen Verständigung. Düsseldorf 1996
294 *Leroi-Gourhan, André:* Hand und Wort. Die Evolution von Technik, Sprache und Kunst. Frankfurt 1980
295 *Mithen, Steven:* The Prehistory of the Mind. A Search for the Origins of Art, Religion and Science. London 1996
296 *Renfrew, Colin/Zubrow, Ezra B. W. (Hg.):* The Ancient Mind. Elements of Cognitive Archaeology. Cambridge 1994

Technologie und Kultur

297 *Becker, Peter-René:* Werkzeuggebrauch im Tierreich. Stuttgart 1993
298 *Brain, C. K./Sillen, A.:* Evidence from the Swartkrans Cave for the Earliest Use of Fire. In: Nature 336/1988: 464-466
299 *Clark, J. Desmond:* African Origins of Man the Toolmaker. In: Isaac (149): 1-53
300 *Dibble, Harold L.:* The Implications of Stone Tool Types for the Presence of Language. In: Mellars/Stringer (234): 415-432
301 *Engels, Friedrich:* Anteil der Arbeit an der Menschwerdung des Affen (1876). In: Marx/Engels Werke (MEW) Band 20. Berlin 1979: 444-455
302 *Eyth, Max:* Lebendige Kräfte. Berlin 1919
303 *Fejfar, Oldrich/Fridrich, Jan:* Prezletice. In: Archäologie in Deutschland 3/1988: 19-22
304 *Feustel, Rudolf:* Technik der Steinzeit. Weimar 1973
305 *Foley, Robert:* Hominid Species and Stone-Tool Assemblages: How are they Related? In: Antiquity 61/1987: 380-392
306 *Foley, Robert/Lahr, Marta Mirazón:* Mode 3 Technologies and the Evolution of Modern Humans. In: Cambridge Archaeological Journal 7/1997: 3-36
307 *Fridrich, Jan A:* Lower Palaeolithic Settlement Site at Prezletice. In: Anthropologie 25/1987: 97-99
308 *Gowlett, John A. J.:* Mental Abilities of Early Man: A Look at Some Hard Evidence. In: Foley (21): 167-192
309 *Gowlett, John A. J.:* Culture and Conceptualisation: The Oldowan-Acheulian Gradient. In: Bailey, G. N./Callow, P. (Hg.), Stone Age Prehistory. Cambridge 1986: 243-260
310 *Gowlett, J. A. J. u. a.:* Early Archaeological Sites and Traces of Fire from Chesowanja, Kenya. In: Nature 294/1981: 125-129
311 *Gutin, JoAnn:* Do Kenya Tools Root

Birth of Modern Thought in Africa? In: Science 270/1995: 1118-1119
312 *Hahn, Joachim:* Erkennen und Bestimmen von Stein- und Knochenartefakten. Tübingen 1993[2]
313 *Holloway, Ralph L.:* Culture: A Human Domain. In: Current Anthropology 10/1969: 395-412
314 *Isaac, Glynn:* Stages of Cultural Elaboration in the Pleistocene. In: Harnad (291): 275-288
315 *Isaac, Glynn:* The First Geologists. In: Bishop, Walter W. (Hg.), Geological Background to Fossil Man. Toronto 1978: 139-147
316 *Isaac, Glynn:* Foundation Stones: Early Artefacts as Indicators of Activities and Abilities. In: Bailey, G. N./Callow, P. (Hg.), Stone Age Prehistory. Cambridge 1986: 221-241
317 *James, Steven R.:* Hominid Use of Fire in the Lower and Middle Pleistocene. In: Current Anthropology 30/1989: 1-25
318 *Lumley, Henry de:* A Paleolithic Camp at Nice. In: Scientific American 5/1969: 42-50
319 *Marx, Karl:* Das Kapital. Kritik der politischen Ökonomie. Erster Band. Marx/Engels Werke (MEW) Band 23. Berlin 1979
320 *Müller-Beck, Hansjürgen:* Der Mensch – ein Techniker. In: Wendt/Loacker (65): 147-200
321 *Oakley, Kenneth P.:* Man the Toolmaker. London 1949
322 *Oakley, Kenneth P.:* Skill as a Human Possession. In: Singer, Charles u.a. (Hg.), A History of Technology, Vol.1. Oxford 1956: 1-37
323 *Schick, Kathy D./Toth, Nicholas:* Making Silent Stones Speak: Human Evolution and the Dawn of Technology. New York 1993
324 *Shennan, Stephen (Hg.):* Symbolic Aspects of Early Technologies. World Archaeology 27/1995
325 *Thieme, Hartmut:* Siedlungsstrukturen der saalezeitlichen Fundschicht B3 in Rheindalen. In: Ethnographisch-Archäologische Zeitschrift 30/1989: 561-572
326 *Toth, Nicholas:* Die ersten Steinwerkzeuge. In: Spektrum der Wissenschaft 6/1987: 124-134. Wiederabgedruckt in Streit (60): 138-148
327 *Weule, Karl:* Kulturelemente der Menschheit. Stuttgart 1910
328 *Wood, Bernard:* The Oldest Whodunnit in the World. In: Nature 385/1997: 292-293
329 *Wynn, Thomas:* Piaget, Stone Tools and the Evolution of Human Intelligence. In: World Archeology 17/1985: 32-43
330 *Wynn, Thomas:* Tools, Grammar and the Archaeology of Cognition. In: Cambridge Archaeological Journal 1/1991: 191-206
331 *Wynn, Thomas:* Tools and Tool Behaviour. In: Ingold (32): 133-161
332 *Yellen, John E. u. a.:* A Middle Stone Age Worked Bone Industry from Katanda, Zaire. In: Science 268/1995: 553-556

Der Mensch und die Jagd

333 *Berger, Arthur:* Die Jagd aller Völker im Wandel der Zeit. Berlin 1928
334 *Binford, Lewis R.:* Bones – Ancient Men and Modern Myths. New York/London 1981
335 *Bratlund, Bodil:* Hunting Strategies in the Late Glacial of Northern Europe: A Survey of the Faunal Evidence. In: Journal of World Prehistory 10/1996: 1-48
336 *Cartmill, Matt:* Tod im Morgengrauen. Das Verhältnis des Menschen zu Natur und Jagd. Zürich 1993
337 *Fraas, Oscar:* Vortrag über die neuesten Erfunde an der Schussenquelle. In: Jahreshefte des Vereins für vaterländische Naturkunde in Württemberg 23/1867: 48-74
338 *Fraas, Oscar:* Beiträge zur Culturgeschichte des Menschen während der Eis-

zeit. In: Archiv für Anthropologie 2/1867: 29-50
339 *Koenigswald, Wighart von/Hahn, Joachim:* Jagdtiere und Jäger der Eiszeit. Stuttgart 1981
340 *Lee, Richard B./DeVore, Irven (Hg.):* Man the Hunter. Chicago 1968
341 *Lindner, Kurt:* Die Jagd der Vorzeit. Berlin/Leipzig 1937
342 *Nitecki, Matthew H./Nitecki, Doris V. (Hg.):* The Evolution of Human Hunting. New York 1987
343 *Profé, O.:* Vorgeschichtliche Jagd. In: Mannus 6/1914: 107-134
344 *Rust, Alfred:* Das altsteinzeitliche Rentierjägerlager Meiendorf. Neumünster 1937
345 *Rust, Alfred:* Die alt- und mittelsteinzeitlichen Funde von Stellmoor. Neumünster 1943
346 *Rust, Alfred:* Vor 20 000 Jahren. Rentierjäger der Eiszeit. Neumünster 1962[2]
347 *Schuler, Alfred:* Die Schussenquelle. Eine Freilandstation des Magdalénien in Oberschwaben. Stuttgart 1994
348 *Soergel, Wolfgang:* Die Jagd der Vorzeit. Jena 1922
349 *Tromnau, Gernot:* Den Rentierjägern auf der Spur. Neumünster 1980
350 *Washburn, Sherwood L./Lancaster, C. S.:* The Evolution of Hunting. In: Lee/DeVore (340): 293-303
351 *Weniger, Gerd-Christian:* Wildbeuter und ihre Umwelt. Tübingen 1982
352 *Weniger, Gerd-C.:* Widerhakenspitzen des Magdalénien Westeuropas. Mainz 1995

Frühe Lebensweise unter Afrikas Sonne

353 *Ardrey, Robert:* Adam kam aus Afrika (1961). TB-Ausgabe Frankfurt 1993
354 *Ardrey, Robert* Adam und sein Revier. Wien 1968
355 *Binford, Lewis R.:* Human Ancestors: Changing Views of their Behavior. In: Binford (5): 301-328
356 *Binford, Lewis R.:* Fact and Fiction about the *Zinjanthropus* Floor. In: Current Anthropology 29/1988: 123-135
357 *Binford, Lewis R.:* Isolating the Transition to Cultural Adaptations. In: Binford (5): 464-481
358 *Blumenschine, Robert J./Cavallo, John A.:* Frühe Hominiden – Aasfresser. In: Spektrum der Wissenschaft 12/1992: 88-95. Wiederabgedruckt in Streit (60): 68-75
359 *Brain, C. K.:* New Finds at the Swartkrans Australopithecine Site. In: Nature 225/1970: 1112-1119
360 *Brain, C. K.:* The Hunters or the Hunted? An Introduction to African Cave Taphonomy. Chicago/London 1981
361 *Bunn, Henry T.:* Archaeological Evidence for Meat-Eating by Hominids from Koobi Fora and Olduvai Gorge. In: Nature 291/1981: 574-577
362 *Bunn, Henry T.:* Besprechung von Binford (334). In: Science 215/1982: 494-495
363 *Bunn, Henry T./Kroll, Ellen M.:* Systematic Butchery by Hominids at Olduvai Gorge, Tanzania. In: Current Anthropology 27/1986: 431-452
364 *Bunn, Henry T./Kroll, Ellen M.:* Erwiderung auf Binford (356). In: Current Anthropology 29/1988: 135-149
365 *Dart, Raymond A.:* The Predatory Transition from Ape to Man. In: International Anthropological and Linguistic Review 1/1953: 201-218
366 *Dart, Raymond A.:* Cultural Status of the South African Man-Apes. In: Smithsonian Report 4240/1956: 317-338
367 *Fromm, Erich:* Anatomie der menschlichen Destruktivität. TB-Ausgabe Reinbek 1977
368 *Isaac, Glynn:* The Diet of Early Man. In: World Archaeology 2/1971: 278-299
369 *Isaac, Glynn:* The Activities of Early African Hominids. In: Isaac (149): 483-514
370 *Isaac, Glynn:* The Food-sharing Behavior of Protohuman Hominids. In: Scientific American 4/1978: 90-108

371 *Isaac, Glynn:* Archaeological Tests of Alternative Models of Early Hominid Behaviour. In: Young (69): 177-188
372 *Lewin, Roger:* Protohuman Activity Etched in Fossil Bones. In: Science 213/1981: 123-124
373 *Lewin, Roger* Man the Scavenger. In: Science 224/1984: 861-862
374 *Lorenz, Konrad:* Das sogenannte Böse. Zur Naturgeschichte der Aggression. TB-Ausgabe München 1974
375 *Montagu, Ashley (Hg.):* Man and Aggression. New York 1968
376 *Potts, Richard:* Early Hominid Activities at Olduvai. New York 1988
377 *Potts, Richard/Shipman, Pat:* Cutmarks Made by Stone Tools on Bones from Olduvai Gorge, Tanzania. In: Nature 291/1981: 577-580
378 *Rose, Lisa/Marshall, Fiona:* Meat Eating, Hominid Sociality, and Home Bases Revisited. In: Current Anthropology 37/1996: 307-338
379 *Shipman, Pat:* Scavenging or Hunting in Early Hominids. In: American Anthropologist 88/1986: 27-43
380 *Washburn, Sherwood L.:* Australopithecines: The Hunters or the Hunted? In: American Anthropologist 59/1957: 612-614
381 *Zimmer, Dieter E.:* Kain und Konsorten. Über die Wurzeln der Aggression. In: Ders., Experimente des Lebens. Zürich 1989: 215-255

Elefantenjäger im Herzen Europas

382 *Adam, Karl Dietrich:* Der Waldelefant von Lehringen. In: Quartär 5/1951: 79-92
383 *Agenbroad, Larry D. u.a. (Hg.):* Megafauna and Man. The Mammoth Site of Hot Springs, South Dakota. 1990
384 *Andree, Julius:* Hützel bei Bispingen (Lanzenfund). In: Andree (70): 154-156
385 *Binford, Lewis R.:* Were There Elephant Hunters at Torralba? In: Binford (5): 383-422
386 *Binford, Lewis R.:* Subsistence – a Key to the Past. In: Jones (33): 365-368
387 *Binford, Lewis R./Stone, Nancy M.:* Zhoukoudian: A Closer Look. In: Current Anthropology 27/1986: 453-475
388 *Dennell, Robin:* The World's Oldest Spears. In: Nature 385/1997: 767-768
389 *Erfurt, Jörg u.a.:* Schlachtplatz eines Waldelefanten in eeminterglazialen Ablagerungen von Gröbern. In: Ethnographisch-Archäologische Zeitschrift 31/1990: 24-46
390 *Haury, Emil W.:* Artifacts with Mammoth Remains, Naco, Arizona. In: American Antiquity 19/1953: 1-24
391 *Haynes, Gary:* Mammoths, Mastodonts, and Elephants. Cambridge 1991
392 *Howell, F. Clark u.a.:* Observations on the Acheulean Occupation Site of Ambrona. In: Jahrbuch des Römisch-Germanischen Zentralmuseums Mainz 38/1991: 33-82
393 *Jacob-Friesen, K. H.:* Eiszeitliche Elefantenjäger in der Lüneburger Heide. In: Jahrbuch des Römisch-Germanischen Zentralmuseums Mainz 3/1956: 1-22
394 *Janmart, Jean:* Elephant Hunting as Practised by the Congo Pygmies. In: American Anthropologist 54/1952: 146-147
395 *Klein, Richard G.:* Reconstructing How Early People Exploited Animals: Problems and Prospects. In: Nitecki/Nitecki (342): 11-45
396 *Kuhnert, Wilhelm* Im Lande meiner Modelle. Berlin 1918
397 *Lister, Adrian/Bahn, Paul:* Mammoths. London/New York 1994
398 *Oakley, Kenneth P. u.a.:* A Reappraisal of the Clacton Spearpoint. In: Proceedings of the Prehistoric Society 43/1977: 13-30
399 *Thieme, Hartmut:* Erste Hinweise auf altsteinzeitliche Fallgrubenjagd in Mönchengladbach-Rheindahlen? In: Ausgrabungen im Rheinland 1978: 39-44

400 *Thieme, Hartmut:* Altpaläolithische Wurfspeere aus Schöningen, Niedersachsen. In: Archäologisches Korrespondenzblatt 26/1996: 377-393
401 *Thieme, Hartmut:* Lower Palaeolithic Hunting Spears from Germany. In: Nature 385/1997: 807-810
402 *Thieme, Hartmut/Veil, Stephan:* Neue Untersuchungen zum eemzeitlichen Elefanten-Jagdplatz Lehringen. In: Die Kunde N. F. 36/1985: 11-58
403 *Thieme, Hartmut/Maier, Reinhard:* Archäologische Ausgrabungen im Braunkohlentagebau Schöningen. Hannover 1995
404 *Wagner, Eberhard:* Ökonomie und Ökologie in den altpaläolithischen Travertinfundstellen von Bad Cannstatt. In: Fundberichte aus Baden-Württemberg 15/1990: 1-15
405 *Zwilling, Ernst A.:* Unvergessenes Kamerun. Zehn Jahre Wanderungen und Jagden 1928-1938. Berlin 1940

Kunst und Schmuck des Jungpaläolithikums

406 Am Anfang war die Kunst. In: DU – Die Zeitschrift der Kultur 8/1996: 38-83
407 *Bahn, Paul G.:* Expecting the Spanish Inquisition: Altamira's Rejection in its 19th Century Context. In: Goldsmith (288): 339-346
408 *Bahn, Paul G./Vertut, Jean:* Images of the Ice Age. London 1988
409 *Bataille, Georges:* Die Höhlenbilder von Lascaux. Stuttgart 1984
410 *Bednarik, Robert G.:* Developments in Rock Art Dating. In: Acta Archaeologica 63/1992: 141-155
411 *Bednarik, Robert G.:* The Paleolithic Art of Asia. In: Goldsmith (288): 383-390
412 *Bednarik, Robert G.:* The Pleistocene Art of Asia. In: Journal of World Prehistory 8/1994: 351-375
413 *Bégouen, Count:* The Magic Origin of Prehistoric Art. In: Antiquity 3/1929: 5-19
414 *Bosinski, Gerhard:* Die Kunst der Eiszeit in Deutschland und in der Schweiz. Bonn 1982
415 *Breuil, Abbé Henri:* Quatre cents siècles d'art pariétal. Montignac 1952
416 *Breuil, Abbé Henri/Obermaier, Hugo:* The Cave of Altamira. Madrid 1935
417 *Cartailhac, Émile:* La grotte d'Altamira, Espagne. »Mea culpa« d'un sceptique (1902). In: Richard (57): 327-335
418 *Chauvet, Jean-Marie u. a.:* Grotte Chauvet. Sigmaringen 1995
419 *Clottes, Jean:* Thematic Changes in Upper Palaeolithic Art: A View from the Grotte Chauvet. In: Antiquity 70/1996: 276-288
420 *Drößler, Rudolf:* Kunst der Eiszeit von Spanien bis Sibirien. Leipzig 1980
421 Geisterzeichen in der Tiefe. In: Der Spiegel 50/1996: 196-201
422 *Graziosi, Paolo:* Die Kunst der Altsteinzeit. Stuttgart 1956
423 *Hahn, Joachim:* Kraft und Aggression: die Botschaft der Eiszeitkunst im Aurignacien Süddeutschlands? Tübingen 1986
424 *Hahn, Joachim:* Eiszeitschmuck auf der Schwäbischen Alb. Ulm 1992
425 *Harlé, E.:* La grotte d'Altamira (1881). In: Richard (57): 303-314
426 *Kühn, Herbert:* Die Felsbilder Europas. Stuttgart 1952
427 *Kühn, Herbert:* Auf den Spuren des Eiszeitmenschen. TB-Ausgabe München 1965
428 *Laming, Annette:* Lascaux – Am Ursprung der Kunst. Dresden 1959
429 *Laming-Emperaire, Annette:* La signification de l'art rupestre paléolithique. Paris 1962
430 *Leroi-Gourhan, André:* Prähistorische Kunst. Freiburg 1971
431 *Leroi-Gourhan, André:* Höhlenkunst in Frankreich. Bergisch Gladbach 1981
432 *Lewis-Williams, J. D./Dowson, T. A.:* The Signs of All Times. Entoptic Pheno-

mena in Upper Palaeolithic Art. In: Current Anthropology 29/1988: 201-245

433 Der Löwenmensch. Tier und Mensch in der Kunst der Eiszeit. Sigmaringen/Ulm 1994

434 *Lorblanchet, Michel:* Höhlenmalerei. Ein Handbuch. Sigmaringen 1996

435 *Lorblanchet, Michel/Sieveking, Ann:* The Monsters of Pergouset. In: Cambridge Archaeological Journal 7/1997: 37-56

436 *Mortillet, Gabriel de:* Magdalénien: Art (1883). In: Richard (57): 288-299

437 *Müller-Beck, Hansjürgen/Albrecht, Gerd (Hg.):* Die Anfänge der Kunst vor 30 000 Jahren. Stuttgart 1987

438 *Patel, Tara* Stone: Age Picassos. In: New Scientist vom 13.7.1996: 33-35

439 *Reinach, Salomon:* L'art et la magie. In: L'Anthropologie 14/1903: 257-266

440 *Richard, Nathalie:* De L'art ludique à l'art magique. Interprétations de l'art pariétal au XIXe siècle. In: Bulletin de la Société Préhistorique Francaise 90/1993: 60-68

441 *Ucko, Peter J./Rosenfeld, Andrée:* Felsbildkunst im Paläolithikum. München 1967

442 *Vialou, Denis:* Frühzeit des Menschen. München 1992

443 *Wendel, Heinrich:* Eiszeitliche und altägyptische Sanktuare. In: Almogaren 5-6/1974-1975: 294-299

444 *White, Randall:* Production Complexity and Standardization in Early Aurignacian Bead and Pendant Manufacture. In: Mellars/Stringer (234): 366-390

445 *White, Randall:* Technological and Social Dimensions of »Aurignacian-Age« Body Ornaments. In: Knecht (264): 277-299

446 *White, Randall:* Bildhaftes Denken in der Eiszeit. In: Spektrum der Wissenschaft 3/1994: 62-69. Wiederabgedruckt in: Streit (60): 166-173

Anfänge von Kunst und Symbolismus

447 *Bahn, Paul G.:* Further Back Down Under. In: Nature 383/1996: 577-578 (über Jinmium)

448 *Bächler, Emil:* Das Alpine Paläolithikum der Schweiz. Basel 1940 (150-151: »Pseudo-Venus« vom Wildenmannlisloch)

449 *Bednarik, Robert G.:* Kommentar zu Mania/Mania (472). In: Rock Art Research 6/1989: 142-144

450 *Bednarik, Robert G.:* Mehr über die rote Farbe in der Vorgeschichte. In: Almogaren 23/1992: 179-191

451 *Bednarik, Robert G.:* Palaeoart and Archaeological Myths. In: Cambridge Archaeological Journal 2/1992: 27-57

452 *Bednarik, Robert G.:* Die Bilzingslebener Gravierungen. In: Ethnographisch-Archäologische Zeitschrift 34/1993: 549-553

453 *Bednarik, Robert G.:* Art Origins. In: Anthropos 89/1994: 169-180

454 *Bednarik, Robert G.:* Concept-mediated Marking in the Lower Palaeolithic. In: Current Anthropology 36/1995: 605-634

455 *Behm-Blancke, Günter:* Altpaläolithische Gravierungen von Bilzingsleben. In: Ethnographisch-Archäologische Zeitschrift 24/1983: 304-320

456 *Behm-Blancke, Günte:* Zur geistigen Welt des *Homo erectus* von Bilzingsleben. In: Jahresschrift für mitteldeutsche Vorgeschichte 70/1987: 41-82

457 *Bordes, Francois:* Sur l'usage probable de la peinture corporelle dans certaines tribus moustériennes. In: Bulletin de la Société Préhistorique Francaise 49/1952: 169-171

458 *Bordes, Francois:* Os percé moustérien et os gravé acheuléen du Pech de l'Azé II. In: Quaternaria 11/1969: 1-6

459 *Chase, P. G./Dibble, H. L.:* Middle Paleolithic Symbolism. In: Journal of Anthropological Archaeology 6/1987: 263-296

460 *Combier, Jean:* Témoins moustériens d'activités non utilitaires. In: Farizy (258): 69-72

461 *Davidson, Iain:* Kommentar zu Mania/Mania (472). In: Rock Art Research 7/1990: 52-56

462 *Davidson, Iain/Noble, William:* The Archaeology of Perception – Traces of Depiction and Language. In: Current Anthropology 30/1989: 125-155 und 330-342

463 *Dayton, Leigh:* Australia, The Oldest School of Art? In: New Scientist vom 8.8.1992: 9

464 *Dayton, Leigh/Woodford, James:* Australia's Date with Destiny. In: New Scientist vom 7.12.1996: 28-31 (über Jinmium)

465 *Echegaray, J. González:* Decorative Patterns in the Mousterian of Cueva Morin. In: Otte (124): 37-42

466 *Fullagar, R. L. K. u. a.:* Early Occupation of Northern Australia: Jinmium Rock-Shelter, Northern Territory. In: Antiquity 70/1996: 751-773

467 *Goren-Inbar, Naama:* A Figurine from the Acheulian Site of Berekhat Ram. In: Mitekufat Haeven 19/1986: 7-12

468 *Holden, Constance:* Art Stirs Uproar Down Under. In: Science 274/1996: 33-34 (über Jinmium)

469 *Knight, Chris u. a.:* The Human Symbolic Revolution: A Darwinian Account. In: Cambridge Archaeological Journal 5/1995: 75-114

470 *Leonardi, Piero:* Art paléolithique mobilier et pariétal en Italie. In: L'Anthropologie 92/1988: 139-202 (139-143: »Art mobilier pré-leptolithique«)

471 *Lindly, J. M./Clark, G. A.:* Symbolism and Modern Human Origins. In: Current Anthropology 31/1990: 233-261

472 *Mania, Dietrich/Mania, Ursula:* Deliberate Engravings on Bone Artefacts of *Homo Erectus*. In: Rock Art Research 5/1988: 91-107

473 *Marshack, Alexander:* Some Implications of the Paleolithic Symbolic Evidence for the Origin of Language. In: Harnad (291): 289-311. Wiederabgedruckt in: Current Anthropology 17/1976: 274-282

474 *Marshack, Alexander:* On Paleolithic Ochre and the Early Uses of Color and Symbol. In: Current Anthropology 22/1981: 188-191

475 *Marshack, Alexander:* The Neanderthals and the Human Capacity for Symbolic Thought. In: Otte (124): 57-91

476 *Marshack, Alexander:* Kommentar zu Davidson (461). In: Rock Art Research 8/1991: 47-58

477 *Marshack, Alexander:* A Middle Paleolithic Symbolic Composition from the Golan Heights. In: Current Anthropology 37/1996: 357-365

478 *Moog, F.:* Paläolithische Freilandstation im älteren Löß von Wyhlen. In: Badische Fundberichte 15/1939: 36-58

479 *Morell, Virginia:* The Earliest Art Becomes Older – and More Common. In: Science 267/1995: 1908-1909

480 *Oakley, K. P.:* Fossils Collected by the Earlier Palaeolithic Men. In: Mélanges de Préhistoire offerts à André Varagnac. Paris 1971: 581-584

481 *Oakley, K. P.:* Emergence of Higher Thought 3.0-0.2 Ma B. P. In: Young (69): 205-211

482 *Pelcin, Andrew:* A Geological Explanation for the Berekhat Ram Figurine. In: Current Anthropology 35/1994: 674-675

483 *Peyrony, M. D.:* Une pierre coloriée d'époque moustérienne. In: Association Francaise pour l'Avancement des Sciences 1921: 494-495

484 *Schäfer, Joachim:* Die Wertschätzung außergewöhnlicher Gegenstände im Alt- und Mittelpaläolithikum. In: Ethnographisch-Archäologische Zeitschrift 36/1996: 173-190

485 Splitter vom Ei. In: Der Spiegel 3/1995: 109 (Acheuléen-Straußeneiperlen)

486 Stonehenge der Vorzeit. In: Der Spiegel 40/1996: 240-241 (über Jinmium)

487 *Thiedig, F./Ziegert, H.:* Neue Lebensbilder des Menschen an altsteinzeitlichen Sahara-Seen. In: Beiträge aus der Universität Hamburg 30/1995: 7-15 (Acheuléen-Straußeneiperlen)
488 *Vértes, László:* Churinga de Tata. In: Bulletin de la Société Préhistorique Francaise 56/1959: 604-611
489 *Wreschner, Ernest E.:* Red Ochre and Human Evolution. In: Current Anthropology 21/1980: 631-644

Schamanismus und kultische Rituale

490 *Armstrong, L. A:* Bull-Roarer of Le Moustier Age from Pin Hole Cave. In: Antiquaries Journal 16/1936: 322-323
491 *Braem, Harald:* Die magische Welt der Schamanen und Höhlenmaler. Köln 1994
492 *Buisson, Dominique:* Les flutes paléolithiques d'Isturitz. In: Bulletin de la Société Préhistorique Francaise 87/1990: 420-433
493 *Chase, Philip G.:* Sifflets du Paléolithique moyen. In: Bulletin de la Société Préhistorique Francaise 87/1990: 165-167
494 Early Music. In: Science 276/1997: 205 (mittelpaläolithisches Flötenbruchstück)
495 *Eliade, Mircea:* Schamanismus und archaische Ekstasetechnik. Zürich 1956
496 *Hahn, Joachim/Münzel, Susanne:* Knochenflöten aus dem Aurignacien des Geißenklösterle bei Blaubeuren. In: Fundberichte aus Baden-Württemberg 20/1995: 1-12
497 *James, E. O.:* Religionen der Vorzeit. Köln o. J.
498 *Hoppál, Mihály:* Schamanen und Schamanismus. Augsburg 1994
499 *Jensen, Ad. E.:* Mythos und Kult bei Naturvölkern. München 1991
500 *Kirchner, Horst:* Ein archäologischer Beitrag zur Urgeschichte des Schamanismus. In: Anthropos 47/1952: 244-286
501 *Kitching, James W.:* Bone, Tooth and Horn. Tools of Palaeolithic Man. Manchester 1963 (23-24 und Taf. 3: angebliches »Schwirrgerät« aus Pin Hole Cave)
502 *Leroi-Gourhan, André:* Die Religionen der Vorgeschichte. Frankfurt 1981
503 *McBurney, C. B. M.:* The Haua Fteah (Cyrenaica). Cambridge University Press 1967 (90 und 100 sowie Taf. IV. 4: mittelpaläolithisches Flötenbruchstück)
504 *Miyakawa, H./Kollautz, A.:* Zur Ur- und Vorgeschichte des Schamanismus. In: Zeitschrift für Ethnologie 91/1966: 161-193
505 *Narr, Karl J.:* Bärenzeremoniell und Schamanismus in der Älteren Steinzeit Europas. In: Saeculum 10/1959: 233-272
506 *Otte, Marcel:* Préhistoire des religions. Paris 1993
507 *Schlette, Friedrich/Kaufmann, Dieter (Hg.):* Religion und Kult in ur- und frühgeschichtlicher Zeit. Berlin 1989
508 *Street, Martin:* Jäger und Schamanen. Bedburg-Königshoven, ein Wohnplatz am Niederrhein vor 10 000 Jahren. Mainz 1989
509 *Tromnau, Gernot:* Steinzeitliche Tanzmasken. In: Rentierjäger und Rentierzüchter Sibiriens früher und heute. Duisburg 1985: 90-95
510 *Tromnau, Gernot:* Archäologische Funde und Befunde zum Schamanismus. In: Ders. (Hg.), Schamanen: Mittler zwischen Menschen und Geistern. Duisburg 1991: 22-39

Bestattungen, Kannibalismus und Schädelkult

511 *Andree, Richard:* Die Anthropophagie. Eine ethnographische Studie. Leipzig 1887

512 *Arens, W.:* The Man-Eating Myth. New York 1979
513 *Bar-Yosef, O. u. a.:* La sépulture néandertalienne de Kébara. In: Otte (124): 17-24
514 *Behm-Blancke, Günter:* Der Kannibalismus in Ehringsdorf. In: Behm-Blancke (71): 131-142
515 *Bergounioux, F. M.:* Notes on the Mentality of Primitive Man. In: Washburn (61): 106-117
516 *Bergounioux, F. M.:* »Spiritualité« de l'Homme de Néandertal. In: Koenigswald (118): 151-166
517 *Binant, Pascale:* Les sépultures du paléolithique. Paris 1991
518 *Blanc, Alberto C.:* Some Evidence for the Ideologies of Early Man. In: Washburn (61): 119-136
519 *Diamond, Jared:* Der Kannibalismus lebt. In: GEO 10/1994: 146-162
520 *Gargett, Robert H.:* Grave Shortcomings – The Evidence for Neandertal Burial. In: Current Anthropology 30/1989: 157-190 und 322-330
521 *Harrold, Francis B.:* A Comparative Analysis of Eurasian Palaeolithic Burials. In: World Archaeology 12/1980: 195-211
522 *Helmuth, Hermann:* Kannibalismus in Paläanthropologie und Ethnologie. In: Ethnographisch-Archäologische Zeitschrift 9/1968: 101-119
523 *Holtkamp, Eva-Maria:* Neandertalerbestattungen und Schädeldeponierungen des Alt- und Mittelpaläolithikums. Dissertation Münster 1987
524 *Lehmann, F. R.:* Die Religionsgeschichte des Paläolithikums und die Völkerkunde. In: Archiv für Religionswissenschaft 35/1938: 288-306
525 *Leroi-Gourhan, Arlette:* The Flowers Found with Shanidar IV. In: Science 190/1975: 562-564
526 *Peter-Röcher, Heidi:* Kannibalismus in der prähistorischen Forschung. Bonn 1994
527 *Peter-Röcher, Heidi:* Kannibalismus in prähistorischer Zeit? In: Antike Welt 4/1996: 257-269
528 *Roper, Marilyn:* Keyes A Survey of the Evidence for Intrahuman Killing in the Pleistocene. In: Current Anthropology 10/1969: 427-459
529 *Russell, M. D.:* Mortuary Practices at the Krapina Neandertal Site. In: American Journal of Physical Anthropology 72/1987: 373-397
530 *Skerlj, B.:* Kannibalismus im Altpaläolithikum? In: Quartär 2/1939: 108-119
531 *Smith, F.:* The Neandertal Remains from Krapina. Knoxville 1976
532 *Solecki, Ralph S.:* Shanidar: The First Flower People. New York 1971
533 *Solecki, Ralph S.:* Shanidar IV, a Neanderthal Flower Burial. In: Science 190/1975: 880-881
534 *Stiner, Mary C.:* The Faunal Remains from Grotta Guattari: A Taphonomic Perspective. In: Current Anthropology 32/1991: 103-117
535 *Stumfohl, Helmut:* Die rote Farbe in Religion und Ritus. In: Almogaren 21/1990: 143-164
536 *Trinkaus, Erik:* Cannibalism and Burial at Krapina. In: Journal of Human Evolution 14/1985: 203-216
537 *Ullrich, Herbert:* Kannibalismus im Paläolithikum. In: Schlette/Kaufmann (507): 51-71
538 *Volhard, Ewald:* Kannibalismus. Stuttgart 1939
539 *White, Tim D./Toth, Nicholas:* The Question of Ritual Cannibalism at Grotta Guattari. In: Current Anthropology 32/1991: 118-138
540 *White, Tim D.:* Prehistoric Cannibalism at Mancos 5MTUMR-2346. Princeton 1992
541 *Wolpoff, Milford H.:* More on Zhoukoudian. In: Current Anthropology 27/1986: 45-46

Zitatennachweis

Die in Klammern stehenden Zahlen verweisen auf die Nummern im Literaturverzeichnis. Zitate aus fremdsprachigen Publikationen wurden selbst übersetzt, sofern nicht bereits eine deutschsprachige Übersetzung vorlag.

»Geleitworte«

1 Vierzeiler von G. Rostrevor Hamilton über den Australopithecus; zit. n. Dart (144): 42; Übers. n. Trinkaus/Shipman (134): 300
2 Kraft (39): 2

1. Kapitel
Gab es einen »fossilen Menschen«?

1 Huxley (94): 100
2 Horaz, Die Satiren. Liber I, 3. Satire, 99-105. zit. n. Lyell (97): 309
3 Die Bibel (82): 19-20
4 zit. n. Daniel (14): 38
5 Die Bibel (82): 23-25
6 zit. n. Wendt (64): 15-17
7 Wendt (64): 15
8 zit. n. Haeckel (92): 19; vgl. Wendt (64): 49
9 Cuvier (84): 90 und 98-99
10 Cuvier (84): 104-105
11 Haeckel (90): 73
12 Lamarck (95): 88/89
13 Schopenhauer (99): 145
14 Schopenhauer (99): 148
15 Schopenhauer (99): 148-50
16 Schopenhauer (99): 151
17 zit. n. Vogel in Darwin (86): XVI; vgl. Altner (80): 7
18 Huxley (94): 138-140
19 Vogt (105): Bd. 2, 279
20 Haeckel (88): 3-4; vgl. Huxley (94): 44
21 Haeckel (89): 577; vgl. Huxley (94): 51
22 zit. n.Vogel in Darwin (86): XVII
23 Vogt (105): Bd. 1, 13 und Bd. 2, 286; vgl. Huxley (94): 31 und 43-44
24 Vogt (105): Bd. 2, 260; vgl. Huxley (94): 36

25 Vogt (105): Bd. 1, 9; vgl. Huxley (94): 29
26 Haeckel (89): 565
27 Darwin (86): 118 und 272-273; vgl. Vogel ebd., XXXIV-XXXV
28 zit. n.Vogel in Darwin (86): XXXV
29 zit. n. Vogel in Darwin (86): XVI
30 zit. n. Heberer in Huxley (94): 4
31 Huxley (94): 145
32 Huxley (94): 144
33 Darwin (86): 273-274
34 Shipman (59): 98
35 Vogt (105): 218
36 Vogt (105): 231 und 242-243
37 Haeckel (91): 449-450
38 zit. n. Daniel (14): 43
39 zit. n. Boule/Vallois (8): 7
40 de Perthes (83): 72-74 und 77-78
41 zit. n. Kühn (40): 48
42 Lyell (96): 90-91
43 Lyell (96): 85
44 de Perthes (83): 71 und 73
45 Lyell (97): 308 und 319

2. Kapitel Von der Bestie zum Gentleman: Der Neandertaler

1 Fuhlrott (111): 10
2 Fuhlrott (111): 6 und 23
3 Schaaffhausen (127): 454; vgl. Huxley (94): 157-158
4 Schaaffhausen (127): 460 und 477; vgl. Huxley (94): 163-165
5 zit. n. Lyell (97): 44
6 Huxley (94):179-180
7 King (117): 90
8 Mayer (119): 14-16 und 21; Mayer (120): 707
9 Virchow (137): 159 und 162-165
10 Virchow (138): 290 und 310
11 Schaaffhausen (126): 161-162
12 Mayer (119): 21-23; Mayer (120): 727-728
13 Virchow (103): 38
14 Virchow (104): 29 und 31
15 Virchow (103): 36-37
16 Virchow (104): 30
17 Virchow (104): 12
18 Vogt (105): Bd.2, 79
19 Schwalbe (128): 58
20 Schaaffhausen (127): 464 und 469
21 King (117): 96
22 Virchow (137): 164-165
23 Mayer (119): 5-6; Mayer (121): 486 und 488
24 Turner (135): 258
25 Huxley (116) 442
26 Boule (7): 202-205; Übers. n. Boule/Vallois (8): 190-191
27 Boule (7): 228; Übers. n. Boule/Vallois (8): 204
28 Boule (7): 240; Übers. n. Boule/Vallois (8): 212
29 Boule (7): 233-234 und 239; Übers. n. Boule/Vallois (8); 207-208 und 211
30 Boule (108): 227; zit. n. Trinkaus/Shipman (134): 390
31 Boule (7): 246-247; Übers. n. Boule/Vallois (8): 216-217
32 zit. n. Trinkaus/Shipman (134): 303
33 Wells (140): 49
34 Wells (141): 173, 175, 181, 183 und 185
35 Bibby (3): 86
36 Stringer/Gamble (130): 26
37 Kern (35): 12
38 Straus/Cave (129): 359; Übers. n. Trinkaus/Shipman (134): 391

3. Kapitel Marksteine der Menschheitsevolution

1 Haeckel (89): 577
2 zit.n. Reader (56): 53
3 zit.n. Reader (56): 116
4 Dart (366), zit. n. Adam (1): 122
5 Clark/Tobias (143): 524
6 Falk in Davidson/Noble (462): 142
7 zit. n. Lewin (265): 182
8 Übersicht dazu bei Kuckenburg (293): 16-131
9 Wanpo (198): 278
10 Bosinski (170): 135 und 138

4. Kapitel Die »Schwarze Eva« und ihre Kinder

1 Thorne/Wolpoff (252): 85
2 Wainscoat (248): 493
3 Cann (211): 33
4 Cann (211): 33-34
5 Cann (211): 35-36
6 Der Spiegel 33/1993, 171
7 Brown (210): 7
8 zit.n. Lewin (232): 24
9 zit. n. Time, 26.1.1987, 38

10 Der Spiegel 33/1993, 171
11 Die Zeit, 7.2.1992, 17
12 Stringer/Andrews (239): 1268
13 Grün/Stringer (224): 153
14 Mercier (270): 738-739
15 Stringer/Andrews (239): 1266
16 Stringer (238): 118
17 Brown (210): 32
18 Diamond (17): 70-71
19 Stringer/Grün (277): 702
20 Wolpoff (251): 772; Wolpoff zit. n. Stringer/Gamble (130): 193
21 Barinaga (204): 686
22 Gee (218): 583
23 zit. n. Barinaga (204): 687
24 Templeton (243): 737; Templeton (244): 54
25 Barinaga (204): 686
26 Maddison (233): 359-360 und S. 362
27 Hedges (226): 739
28 Gibbons (219): 873
29 zit. n. Gibbons (220): 1249
30 zit. n. Gibbons (219): 874
31 zit. n. Gibbons (219): 874
32 Templeton (244): 68
33 Fischman (216): 1364
34 Relethford/Harpending (236): 669 und 671
35 Jones in Ders. (33): 320
36 Henke (227): 397

5. Kapitel
Der große Techniker

1 Eyth (302): 230-231; vgl. Kraft (39): 122
2 Marx (319): 194
3 zit. n. Kraft (39): 144
4 Neumann (53): 175-176
5 Weule (327); zit. n. Kraft (39): 143-144
6 Oakley (322): 21-22
7 Neumann (53): 10-11 und 82
8 Siehe dazu ausführlich Kuckenburg (293)
9 Kraft (39): 101 und 152
10 zit. n. Kraft (39): 101
11 zit. n. Gowlett (308): 176
12 zit. n. Gowlett (308): 176
13 Dennert (285) Frontispiz
14 Wynn (330): 200-201
15 Wynn (329): 33 und 41
16 Toth (326): 128 und 132
17 Kraft (39): 138 und 228
18 Neumann (53): 182
19 Gowlett (308): 176 und 185
20 Gowlett (308): 185
21 Wynn (329): 41
22 Davidson (284): 41-42
23 Kraft (39): 128
24 Mania (184): 78-82
25 Stringer/McKie (240): 165-167
26 Richter (274): 72

6. Kapitel
Der Mensch und die Jagd

1 Fraas (338): 32
2 Fraas (337): 69 und 70
3 Fraas (337): 63-64, 70 und 74
4 Fraas (338): 35
5 Fraas (338): 41-43
6 Neumann (53): 212
7 zit. n. Neumann (53): 208-209
8 Neumann (53): 224
9 Engels (301): 450
10 zit. n. Cartmill (336): 233
11 Kraft (39): 80
12 Kraft (39): 80
13 Osborn (54): 164
14 Osborn (54): 164-165

7. Kapitel
Frühe Lebensweise unter Afrikas Sonne

1 Dart (366): 325-326; zit.n. Brain (360): 4
2 Dart (365): 209; zit.n. Brain (360): 4
3 Dart (144): 198-199
4 Dart (144): 196
5 Ardrey (353): 15 und 393
6 Ardrey (353): 15 und 40
7 Ardrey (353): 41
8 Lorenz (374): 226
9 Brain (360): 238, 266 und 268
10 Lee/DeVore (340): Umschlagtext
11 Washburn/Lancaster (350): 293 und 303
12 Washburn/Lancaster (350): 296
13 Washburn/Lancaster (350): 297 und 301
14 Leakey/Lewin (158): 113
15 Isaac (370): 100-102
16 Sahlins in Lee/DeVore (340): 85
17 Leakey/Lewin (158): 113 und 131-132
18 Binford (4): 72
19 Binford (334): 19
20 Binford (334): 9-10
21 Binford (334): 18 und 293
22 Binford (334): 293
23 Binford (334): 243, 251 und 282
24 Binford (4): 54
25 Binford (4): 54
26 Binford (4): 56/57

27 Binford (355): 306
28 Isaac (370): 98
29 Binford (4): 66
30 Potts/Shipman (377): 577
31 Potts/Shipman (377): 579
32 Potts/Shipman (377): 579
33 Shipman (379): 30
34 Bunn (361): 575-576
35 Bunn/Kroll (363): 437-438, 440 und 442
36 Ambrose in Bunn/Kroll (363): 443
37 Behrensmeyer in Bunn/Kroll (363): 444
38 Blumenschine in Bunn/Kroll (363): 446
39 McHenry und O'Brien in: Bunn/Kroll (363): 447
40 Binford in Bunn/Kroll (363): 446
41 Blumenschine u.a. in: Rose/Marshall (378): 321
42 Rose/Marshall (378): 317 und 319
43 Fruth/McGrew in Rose/Marshall (378): 325
44 Bunn (361): 576
45 Bunn/Kroll (363): 441-442

8. Kapitel Elefantenjäger im Herzen Europas

1 zit. n. Behm-Blancke (71): 3
2 Soergel (348): 83 und 97
3 Soergel (348): 102-103
4 Soergel (348): 101
5 Berger (333): 97-98
6 Soergel (348): 118
7 Berger (333): 107-108
8 Howell (30): 84
9 Howell (177): 123
10 zit. n. Howell (177): 139
11 Butzer (10): 461
12 Butzer (10): 449 und 455
13 Butzer (10): 449 und 455
14 Howell (30): 84
15 Howell (30): 94
16 Howell (177): 128
17 Freeman (74): 681-682
18 Binford/Stone (387): 453
19 Binford (385): 383
20 Binford (385): 397 und 419
21 Binford (357): 473
22 Binford (385): 422
23 Binford (334): 17
24 Binford (385): 419
25 Binford (386): 366
26 Binford (357): 473
27 Binford (355): 327
28 Binford (386): 366
29 Binford (355): 324
30 Gamble (24): 37
31 Stringer/Gamble (130): 163-164
32 Gamble (24): 37-38
33 Stringer/Gamble (130): 164 und 167-168
34 Stringer/Gamble (130): 168
35 Binford (5): 290; vgl. Binford (282): S.691
36 zit. n. Jacob-Friesen (393): 1
37 Thieme/Veil (402): 22-23 und 51
38 Thieme/Veil (402): 20-22
39 Thieme/Veil (402): 44 und 50
40 zit. n. Jacob-Friesen (393): 17
41 Zwilling (405): 87, 89 und 94
42 Janmart (394): 146-147; vgl. Jacob-Friesen (393): 21
43 Berger (333): 104
44 Jacob-Friesen (393): 9 und 21
45 Thieme/Veil (402): 51
46 Kuhnert (396): 69-70; zit. n. Adam (382): 88-89
47 Zwilling (405): 102-103
48 Zwilling (405): 103, 105 und 132
49 Jacob-Friesen (393): 9
50 Thieme/Veil (402): 52
51 Thieme/Veil (402): 50-51
52 Thieme/Veil (402): 51
53 Wagner (404): 8
54 Thieme (400): 387
55 Thieme (400): 390
56 Thieme (400): 390
57 Bunn (362): 495
58 Dennell (388): 768

9. Kapitel Die Geheimnisse der Bilderhöhlen

1 Kühn (427): 28
2 Kühn (427): 34
3 Harlé (425): 311 und 313
4 Mortillet (436): 293 und 297
5 Kühn (40): 129 und 131
6 zit. n. Kühn (40): 131
7 Cartailhac (417): 331
8 Kühn (40): 132
9 zit. n. Kühn (40): 279
10 zit. n. Kraft (39): 191
11 Kühn (40): 277
12 Ucko/Rosenfeld (441): 128
13 Reinach (439): 258 und 262
14 Reinach (439): 262-263 und 265
15 Schmidt (58): 166
16 Reinach (439): 263

17 Reinach (439): 265-266
18 Kraft (39): 196-197
19 Schmidt (58): 179
20 Kraft (39): 197
21 Kühn (426): 8
22 Breuil (415): 23
23 Leroi-Gourhan (430): 36
24 Laming (428): 142
25 Bataille (409): 129
26 Laming (428): 150
27 Laming (428): 168
28 Laming (428): 153 und 158
29 Leroi-Gourhan (430): 10
30 Leroi-Gourhan (430): 209
31 Leroi-Gourhan (430): 172 und 209
32 zit. n. Lorblanchet (434): 193
33 zit. n. Lorblanchet (434): 88
34 Lorblanchet (434): 18
35 zit. n. Geisterzeichen (421): 196
36 Geisterzeichen (421): 198
37 Lorblanchet (434): 18 und 203
38 Lorblanchet (434): 89 und 312-313
39 zit. n. Focus 26/1995, 121

10. Kapitel
Auf der Suche nach den Ursprüngen der Kunst

1 Bataille (409): 11, 12 und 27
2 Leroi-Gourhan (430): 20; Leroi-Gourhan (502): 87 und 160
3 Pfeiffer (272): 13
4 Pfeiffer (272): 11
5 White (444): 385
6 White (446): 68-69
7 Binford in White (278): 178-179
8 Davidson/Noble (462): 128 und 137
9 Kuckenburg (293): 16-131
10 Dibble/Chase in Lindly/Clark (471): 243
11 Leroi-Gourhan (430): 28 und 50
12 Leroi-Gourhan (430): 28, 33 und 49
13 Bednarik (452): 550
14 Bednarik (450): 185
15 Bednarik (451): 33
16 Leroi-Gourhan (294): 452-453
17 Oakley (480): 582
18 Marshack (476): 48
19 Marshack (473): 299
20 Bächler (448): 150
21 Goren-Inbar (467): 11
22 Kuckenburg (293): 142-148
23 Mania/Mania (472): 95
24 Halverson in Mania/Mania (472): 104
25 Davis in Mania/Mania (472): 102
26 Davidson in Mania/Mania (472): 101
27 Mania/Mania (472): 104-105
28 Peyrony (483): 495; vgl. Kraft (39): 86-87
29 Holden (468): 33
30 Fullagar (466): 771
31 Bednarik (412): 357
32 Bednarik in Mania/Mania (472): 98
33 Bednarik (449): 142 und 144

11. Kapitel
Frühe Religion und moderne Fiktion

1 Leroi-Gourhan (502): 9
2 Leroi-Gourhan (502): 166
3 Leroi-Gourhan (502): 13
4 Kühn (427): 70-71
5 Franz (22): 79
6 Schmidt (58) 170-171
7 Eliade (495): 230
8 Kuckenburg (293) 154-155
9 Marshack (475): 70
10 Mania (184): 260
11 Behm-Blancke (456): 75
12 Mania (184): 270-271
13 Mania (184): 270
14 zit. n. Trinkaus/Shipman (134): 223
15 Neumann (53): 113 und 212
16 Klaatsch (37): 325
17 Skerlj (530): 113
18 Wingert (66): 54
19 Blanc (518): 128
20 Blanc (518): 126 und 128
21 Bergounioux (515): 114-115
22 Koenigswald (178): 57 und 209
23 Kraft (39): 83
24 Blanc (518): 134
25 Arens (512): 21
26 zit. n. Arens (512): Frontispiz; vgl. Peter-Röcher (526): 61 Fußnote 423 und 177 Fußnote 145
27 Peter-Röcher (526): 213
28 White/Toth (539): 118 und 123
29 Leroi-Gourhan (502): 56
30 Schmidt (58): 118
31 Kraft (39): 60
32 Blanc (518): 123

33 Leroi-Gourhan (525): 564
34 Solecki (533): 880
35 Solecki (332): xiv
36 Gargett (520): 176
37 Gargett (520): 177
38 Bricker in Gargett (520): 177-178
39 Solecki in Gargett (520): 324
40 Gargett (520): 157-158 und 187
41 Gargett (520): 187-188
42 Bergounioux (515): 114-115

Nachwort

1 Leroi-Gourhan (502): 8-9
2 Bednarik (411): 389
3 Cartmill (283): 178
4 Cavalli-Sforza (213)
5 siehe dazu ausführlich Kuckenburg (293)

Bildquellennachweis

1 rechts J. Wolf/Z. Burian, *Menschen der Urzeit,* Hanau ²1979, S. 77.
2 © Erich Lessing, Archiv für Kunst und Geschichte, Berlin.
3 H. Wendt, *Ich suchte Adam,* Rastatt 1961, Tafel 1.
4 H. Wendt, *Der Affe steht auf,* Reinbeck 1971, S. 67.
5 © Ullstein, Berlin.
6 G. Bosinski, *Der Neandertaler und seine Zeit,* Köln 1985, Tafel 1.
7 © John Reader, Science Photo Library, London/Focus, Hamburg.
8 Illustrated London News Picture Library
9 Boule/Verneau. *L'Anthropologie,* Band 20, Paris 1909, S. 267.
11 links J. Wolf/Z. Burian, *Menschen der Urzeit,* Hanau ²1979, S. 82/83.
12 Mitte Ebd., S. 86.
13 © Christian Creutz, Neanderthal Museum, Mettmann.
15 links Cleveland Museum of Natural History
15 rechts © Alan Walker, National Museums of Kenya.
22 A. Berger, *Die Jagd aller Völker im Wandel der* Zeit, Berlin 1928, S. 2.
27 © Adelhelm Dietzel
28 D. Mania, *Auf den Spuren des Urmenschen: die Funde von Bilzingsleben,* Stuttgart 1990, S. 49.
29 Ebd., S. 77.
30 © Adelhelm Dietzel
31 Württembergische Naturwissenschaftliche Jahreshefte, Jg. XXIII, Stuttgart 1867, Tafel II.
36 © Archiv für Kunst und Geschichte, Berlin.
37 C. K. Brain, *The Hunters or the Hunted?,* Chicago 1981, S. 263.
40 Ebd., S. 269.
41 Ebd., S. 270.

43 © John Bracegirdle, Planet Earth Pictures, London.
44 *The Illustrated London News,* May 9th, 1959, S. 800.
45 D. F. Weinland, *Rulaman,* Leipzig 1878.
46 A. Berger, *Die Jagd aller Völker im Wandel der Zeit,* Berlin 1928, S. 97.
49 © Adelhelm Dietzel
50 Institut für Denkmalpflege, Archäologisches Archiv, Dr. Hartmut Thieme.
51 © Jean Clottes, Agentur Sygma, London.
52 © Jean Clottes, Agentur Sygma, London.
53 H. Breuil/H. Obermaier, *The Cave of Altamira,* Madrid 1935, Tafel III.
54 Ebd., Tafel XXVII.
55 Ebd., Bild 4.
56 G. Buschan, *Die Sitten der Völker I,* Stuttgart 1920.
59 N. Casteret, *Höhlenwanderungen,* Leipzig 1951, Tafel 2.
60 © Archiv für Kunst und Geschichte, Berlin.
61 © Archiv für Kunst und Geschichte, Berlin.
64 J. Hahn/H. Müller-Beck/W. Taute, *Eiszeithöhlen im Lonetal,* Stuttgart 1985, Cover-Abbildung.
65 M. Wied, *Reise in das innere Nordamerica in den Jahren 1831 bis 1834*
67 © Robert G. Bednarik.
68 © Prof. Dr. Helmut Ziegert
72 I. Lissner, *So lebten die Völker der Urzeit,* Olten 1958, Abb. 57.
73 © Robert G. Bednarik.
75 © Robert G. Bednarik.
76 © Robert G. Bednarik.
77 © Robert G. Bednarik.
78 © Robert G. Bednarik.
79 A. Marshack in *Current Anthropology,* Band 37, Nr. 2, April 1996, S. 358.
80 © Reuters AG, Bonn.
81 © Rex Features, London.
82 © Robert G. Bednarik.
84 M. Wied, *Reise in das innere Nordamerica in den Jahren 1831 bis 1834*
87 © Römisch-Germanisches Zentralmuseum, Neuwied.
91 J. Wolf/Z. Burian, *Menschen der Urzeit,* Hanau [2]1979, S. 87.
95 © Erich Lessing, Archiv für Kunst und Geschichte, Berlin.
99 © Archiv für Kunst und Geschichte, Berlin.

Personenregister

Adam, Karl Dietrich 339
Andrews, Peter 103, 106
Ardrey, Robert 160 ff., 164, 167, 169 ff.
Arens, William 335 f.

Bächler, Emil 297
Bataille, Georges 263, 275
Bednarik, Robert G. 285 ff., 290, 300, 311 ff., 353
Behm-Blancke, Günter 304, 327
Berger, Arthur 205, 208, 226
Bergounioux, F. M. 334, 351
Bibby, Geoffrey 64
Binford, Lewis R. 176-191, 193, 196, 214-219, 221, 230, 236, 238, 278 f., 340
Black, Davidson 75 ff.
Blanc, Alberto 332 f., 335, 340 f., 344 f.
Blumenschine, Robert J. 194
Boise, Charles 80
Bosinski, Gerhard 91 ff., 274
Boule, Marcellin 59-63, 65 ff., 69
Brain, C. K. 164 ff., 169
Bräuer, Günter 96, 106
Breuil, Henri 252 ff., 260, 305
Bricker, Harvey M. 348
Broom, Robert 79 ff.
Brown, Michael H. 107
Buffon, Georges Leclerc 24
Bunn, Henry T. 191 ff., 196, 239
Burnett, James 161
Butzer, Karl W. 211, 216

Campbell, Harry 151
Cann, Rebecca L. 98, 102
Cartailhac, Émile 251 ff., 312
Cartmill, Matt 354
Cavalli-Sforza, Luca 355
Cavallo, John A. 194
Cave, A. J. E. 69
Cerralbo, Marqués de 208, 211
Chase, Philip G. 279
Chauvet, Jean-Marie 241, 243
Clarke, Ronald 86
Clegg, John 112
Clottes, Jean 242, 244
Coon, Carleton S. 69
Copernicus, Nikolaus 34
Cranach, Lukas d. Ältere 21
Crawford, Osbert Guy Stanhope 127
Curtis, Garniss 91
Cuvier, Georges 24 f., 27, 39
Czarnetzki, Alfred 339

Dart, Raymond 79 f., 154-162, 164, 166-171

Darwin, Charles 28 ff., 32-36, 40, 47, 57
Davidson, Iain 129, 279, 302
Davis, Whitney 302
Deacon, Terrence 90
Dennell, Robert 239
Dennert, Eberhard 127
Deschamps, Éliette Brunel 241
Diamond, Jared 107
Dibble, Harold L. 279
Dietzel, Adelhelm 131
Dubois, Eugène 75, 79
Eliade, Mircea 320
Engels, Friedrich 150
Evans-Pritchard, E. E. 336
Eyth, Max 118

Falconer, Hugh 40
Falk, Dean 90
Fraas, Oscar 140 ff.
Franklin, Benjamin 119
Franz, Leonhard 319
Freeman, Leslie G. 213, 216
Frere, John 38
Fromm, Erich 162
Fruth, Barbara 195
Fuhlrott, Johann Carl 45 ff., 51, 79
Fullagar, Richard 308

Gamble, Clive 67, 219 f.
Gargett, Robert H. 345-350
Goethe, Johann Wolfgang von 202
Goren-Inbar, Naama 298
Gorjanovic-Kramberger, Karl Dragutin 328 f.
Gowlett, John A. 129

Haeckel, Ernst 25 f., 32 ff., 37, 53, 73, 75
Hagenbeck, Carl-Heinrich 225
Hahn, Joachim 270, 284
Halverson, John 302
Harlé, Edouard 248 f.
Harpending, Henry C. 112
Hauser, Otto 207
Hedges, S. Blair 110
Henke, Winfried 116
Herder, Johann Gottfried 118
Hillaire, Christian 241
Hobbes, Thomas 161
Holtkamp, Eva-Maria 341
Horaz 19
Howell, F. Clark 209-214, 216 f.
Huxley, Julian 127
Huxley, Thomas Henry 19, 31 f., 35 f., 48 f., 58

Isaac, Glynn 128, 171, 173 f., 183 f., 186 f., 191, 195

Jacob-Friesen, K. H. 226
Janmart, Jean 226
Johanson, Donald 81
Jones, Steve 112

Kästner, Erich 196
Keiter, Friedrich 119
Kern, Fritz 68
King, William 48 f., 57, 69
Klaatsch, Hermann 330
Koenigswald, Ralph von 76, 331, 335
Kraft, Georg 126, 128, 131, 258 f., 335, 344
Krings, Matthias 113
Kroll, Ellen M. 192 f., 196
Kubrick, Stanley 161
Kühn, Herbert 246 f., 250 f., 253, 260, 318 f.
Kuhnert, Wilhelm 227

Lamarck, Jean-Baptiste 26 f., 29
Laming, Annette 262-266
Lancaster, C. S. 170
Leakey, Louis 77, 80, 82, 171, 183
Leakey, Mary 77, 80, 84, 171, 183 f.
Leakey, Meave 82, 85 f.
Leakey, Richard 77, 82, 171 f., 174 ff., 183 f., 186
Leroi-Gourhan, André 262, 265-270, 276, 284, 292, 305, 316, 341, 353
Leroi-Gourhan, Arlette 345, 348
Lewin, Roger 171 f., 175 f.
Lewis-Williams, David 272
Lightfoot, John 21
Linné, Carl von 23, 31
Lorblanchet, Michel 272 f.
Lorenz, Konrad 162
Lumley, Henri de 132, 286
Lyell, Charles 25, 40 f., 47, 49, 51

Maddison, David R. 109
Malthus, Thomas Robert 30
Mania, Dietrich 133 f., 233, 300, 302 ff., 326 ff.
Mania, Ursula 300, 302 f.
Marshack, Alexander 285, 290 f., 294 f., 304, 326
Marshall, Fiona 194
Marx, Karl 34, 119, 150
Mayer, Franz Joseph Carl 49 ff., 54, 56 f., 65
McGrew, William 195
McKie, Robin 136
Monboddo, Lord s. Burnett, James
Mortillet, Gabriel de 249 ff., 253

Neumann, Carl W. 119 f., 129, 148 f., 330
Noble, William 129, 279

Oakley, Kenneth P. 120, 122, 293
Osborn, Henry Fairfield 153

Pääbo, Svante 113
Perthes, Jacques Boucher de 39 ff., 45, 73, 296
Peter-Röcher, Heidi 336
Peyrony, M. D. 306

Pfeiffer, John E. 276 f.
Piaget, Jean 127
Pokorny, A. 272
Potts, Richard 187 ff., 191 f.
Prestwich, Joseph 40
Preuß, K. Th. 152
Protsch, Rainer 96

Reinach, Salomon 254, 256, 258, 260
Relethford, John H. 112
Richter, Jürgen 137
Rose, Lisa 194
Rosenbrock, Alexander 222
Rosenfeld, Andrée 254
Russell, Bertrand 312
Russell, Mary 339
Rust, Alfred 146

Sahlins, Marshall D. 175
Sautuola, Don Marcellino de 245, 247 f., 251
Sautuola, Maria de 245, 247, 252
Schaaffhausen, Hermann 46 f., 49, 55
Scheuchzer, Johann Jakob 22, 39
Schmidt, Richard Rudolf 256, 259, 320, 344
Schmitz, Ralf W. 113
Schopenhauer, Arthur 27 f., 93
Schuler, Alfred 143
Schwalbe, Gustav 54, 69
Shipman, Pat 36, 187 ff., 191 f.
Skerlj, B. 330
Smith, Adam 30
Soergel, Wolfgang 202-206, 237
Solecki, Ralph 345 f., 348
Stiner, Mary C. 340
Stoneking, Mark 98
Straus Jr., William L. 69
Stringer, Christopher 67, 96, 103 f., 106, 108, 136
Swisher, Carl 91
Swofford, David 110

Templeton, Alan R. 109, 111
Thieme, Hartmut 224, 231, 234 f.
Tobias, Phillip 86
Toth, Nicholas 128, 340 f.
Toubon, Jacques 243
Tournal, Paul 38
Trinkaus, Erik 339
Turk, Ivan 326
Turner, Alan 92
Turner, William 57

Ucko, Peter J. 254
Ullrich, Herbert 339
Ussher, James 21
Veil, Stephan 224, 231
Vértes, László 295
Vialou, Denis 269
Vilanova y Piera, Don Juan 247 f., 252
Virchow, Rudolf 50-54, 57, 65, 312
Vogt, Carl 32, 34, 37, 54

Wagner, Eberhard 233
Wainscoat, Jim 98
Washburn, Sherwood L. 170
Weidenreich, Franz 76, 115, 330
Wells, Herbert George 63 f.
Wendel, Heinrich 273
Wendt, Herbert 388
Weule, Karl 120
White, Randall 277 f.
White, Tim 81 f., 340 f.
Wilberforce, Samuel 35
Wilson, Allan C. 98-103, 109
Wingert, Helga 330
Wolpoff, Milford H. 96, 103, 108, 110, 340
Wynn, Thomas 127, 129

Ziegert, Helmut 291
Zubrow, Ezra 108
Zwilling, Ernst A. 225 ff., 229

Ortsregister

Abbeville 39 f.
Afar-Region 81
Ahrensburg-Stellmoor/Hamburg 146, 231, 324
Alaska 93, 180 f.
Altamira 245-250, 252 f., 263, 272
Ambrona/Spanien 209-213, 216
Apollo-11-Höhle/Namibia 280, 306
Aramis/Äthiopien 82
Arcy-sur-Cure/Frankreich 105, 138, 289 f.
Ardèche-Tal 241
Arnhem Land/Australien 307
Auditorium-Höhle (Bhopal)/Indien 311
Australien 286

Bacho Kiro/Bulgarien 288, 304
Bad Schussenried 140
Becov/Tschechien 286
Bedburg-Königshoven/Rheinland 322
Bedford/England 291
Berekhat Ram/Golan 297 f., 312, 361
Beringstraße 94
Berlin 50
Bhopal/Indien 311
Bilzingsleben/Thüringen 90, 131-135, 233, 299, 301 ff., 312, 326 ff., 361
Blaubeuren/Ulm 324
Bocksteinschmiede/Lonetal 288, 290
Bodensee 140
Bonn 45 f.
Border Cave/Südafrika 96
Boxgrove 234
Brixham 40

Chesowanja/Kenia 130
Chicago 170
Chou K'ou Tien s. Zhoukoudian
Clacton-on-Sea 124, 224, 233
Cueva Morín/Spanien 299

Dali/China 115
Dewlish/England 207
Dmanisi/Georgien 90 ff.
Düsseldorf 42 f., 47

Flores 311
Font-de-Gaume-Höhle/Dordogne 207, 252

Geißenklösterle/Blaubeuren 270, 284, 324
Gröbern/Sachsen-Anhalt 224, 232 f., 236
Grotte Chauvet/Südfrankreich 241 ff., 270 ff., 284, 305, 307, 312

Grotte Vaufrey/Frankreich 292

Hahnöfersand/Hamburg 106
Hannover 223
Haua Fteah/Libyen 324, 326
Hohlenstein-Stadel/Heidenheim 270
Hohler Fels/Schelklingen 284
Hot Springs/South Dakota 237
Hützel/Niedersachsen 224

Isturitz/Frankreich 324

Java 73, 75 f., 92, 311
Jebel Qafzeh 104 f.
Jinmium/Australien 308-312
Jinniushan/China 115

Kalahari-Wüste 175
Kanapoi 82
Kebara-Höhle/Palästina 104, 106, 299, 341
Klasies River Mouth/Südafrika 96
Koobi Fora/Turkanasee 90, 183, 186, 191
Kromdraai 80

La Chapelle-aux-Saints/Dordogne 58-62, 65 ff., 69 f., 73, 349
La Ferrassie/Dordogne 58, 299, 304 ff., 342, 346 f.
La Mouthe/Dordogne 251
La Naulette 50
La Quina/Frankreich 58, 288, 299, 324
Laetoli/Tansania 84, 179
Lalinde/Frankreich 324
Lappland 323
Lascaux/Dordogne 263 ff., 272, 275, 324
Lazaret-Höhle/Südfrankreich 134
Le Moustier 58, 125, 207, 306
Lehringen/Niedersachsen 221-226, 229 ff., 233, 236, 239
Les Combarelles 252
Les Eyzies/Dordogne 343
Les Trois Frères/Pyrenäen 257 f., 317 f., 320 ff.
Lissabon 248
Lonetal 224
Longgupo/China 90 ff.

Makapansgat/Südafrika 155, 164
Mauer/Heidelberg 90 f., 204
Meiendorf 146, 231
Mettmann 45
Mojokerto 90 f.
Monte Circeo/Italien 331 ff., 340, 345
Montespan/Pyrenäen 257, 259

Naco 236
Namur 54
Nariokotome 77, 90
Neandertal 43 f., 46-50, 52, 54 ff., 59, 66, 361
Ngandong/Java 331 f.
Niaux/Frankreich 257

Olary-Region/Australien 307
Olduwai-Schlucht/Tansania 77, 80, 83, 90, 123, 132, 182 ff., 186, 188 f., 191 f., 195
Omo-Kibish/Äthiopien 96
Ostafrika 86, 91 f., 174, 178, 186, 205

Pair-non-Pair 251
Pech de l'Azé/Frankreich 299, 304
Peking 75 f., 124
Petersfels/Engen 143
Pin Hole/England 324 ff.
Poggenwisch/Norddeutschland 323
Prezletice/Prag 132

Quneitra/Golan 304, 306

Rancho La Brea/Los Angeles 237
Repolusthöhle/Österreich 288, 290
Rheindahlen/Mönchengladbach 134
Rom 332
Rudolfsee s. Turkanasee

Saint-Césaire 105, 138
Saint-Just-des-Marais/Frankreich 293
Saint-Germain 254
Sangiran 90 f.
Santander 245, 248
Santillana del Mar 245
Schipkahöhle/Mähren 51
Schöningen/Niedersachsen 135, 234 f., 239
Schussenquelle/Oberschwaben 140 ff.
Schwäbische Alb 140, 290
Shanidar-Höhle/Irak 345 f., 348
Sibirien 93
Singi Talav/Indien 292
Skhul 104 f.
Solutré/Frankreich 147
Sommetal 40
Spy 54 f.
St. Acheul 41, 124
Steinheim an der Murr/Süddeutschland 331
Stettin 32
Stránská Skála/Mähren 299 f.
Stuttgart-Bad Cannstatt 233
Stuttgart-Untertürkheim 292
Sumatra 75
Sungir/Moskau 278, 342

Swanscombe/England 293 f.
Swartkrans-Höhle/Südafrika 130, 165 f.

Tabun-Höhle 104
Tata/Ungarn 293, 295
Taung/Südafrika 79 f., 155, 157, 168
Terra Amata/Nizza 132
Torralba/Spanien 131, 208-217, 221, 233, 236, 238
Trinil 75
Tuc d'Audoubert/Pyrenäen 259 f.
Turkanasee 77, 82 f., 86
Tyrrhenisches Meer 332

Valle Radice/Italien 299
Verden 221
Vértesszöllös/Ungarn 131
Vogelherd/Lonetal 270 f.

Wadi el Adjal/Libyen 134
Weimar 201 f., 236, 238, 290
Weimar-Ehringsdorf 331
Weimar-Taubach 203, 237, 288, 290, 299
West Tofts/England 293 f.
Wildenmannlisloch/Schweiz 296 ff.
Wonderwork-Höhle/Südafrika 292
Wyhlen/Lörrach 299

Zafarraya/Südspanien 105
Zhoukoudian 75, 77, 90 f., 131, 217, 292, 330 ff., 340, 361